Duisburger Forschungen

Band 49

DUISBURGER FORSCHUNGEN

Schriftenreihe
für Geschichte und Heimatkunde Duisburgs

Herausgegeben vom
STADTARCHIV DUISBURG
in Verbindung mit der Mercator-Gesellschaft

49. Band

Michael A. Kanther

Zwangsarbeit in Duisburg 1940–1945

Mercator-Verlag
2004

Einlieferungsstelle
für Manuskripte, Besprechungs- und Tauschexemplare:
STADTARCHIV DUISBURG
Karmelplatz 5, 47049 Duisburg

Redaktion:
Dr. Hans Georg Kraume
Städtischer Archivdirektor

ISBN 3-87463-365-9
Alle Rechte vorbehalten
Nachdruck mit Herkunftsangabe gestattet
Die Beiträge geben die Meinung der Verfasser,
nicht unbedingt die der Redaktion wieder
Printed in Germany
GERT WOHLFARTH GmbH
Verlag Fachtechnik + Mercator-Verlag, Duisburg 2004
Gesamtherstellung: Druckhaus Cramer, Greven

Inhalt

Einleitung — 1
  Zum Forschungsstand 1 – Die Zwangsarbeit in der Duisburger Stadtgeschichtsschreibung 4 – Die Zwangsarbeit in der Geschichtsschreibung einiger Duisburger Unternehmen 5 – Zur Quellenlage 7

Kapitel 1: Das System — 11
  Die deutsche Kriegswirtschaft 1939-45 11 – Ein arbeitsteiliges System: Die beteiligten Institutionen 18 – Nationalsozialistische Rassendoktrin und kriegswirtschaftliche Sachzwänge 31 – Löhne und Abgaben 38 – Zur Chronologie der Zwangsarbeiter-Beschäftigung 41 – Der Einsatz von Konzentrationslager-Häftlingen 50

Kapitel 2: Die Stadt — 53
  Der Untersuchungsraum und seine Wirtschaft bis zum Kriegsbeginn 53 – Der Arbeitsmarkt nach Kriegsbeginn 58 – Zwangsarbeiter-Zahlen 62 – Die wirtschaftliche Entwicklung im Krieg 65 – Der Luftkrieg 67 – „Sofortmaßnahmen" 71 – Rückgang der Bevölkerung 73 – 1944: In Erwartung von Ausländer-Unruhen 75

Kapitel 3: Der „Einsatz" — 81
  Allgemeine Bemerkungen 81 – Bergbau 83 – Ferngaswirtschaft 100 – Eisen- und Stahlindustrie (ATH, Krupp Rheinhausen und Mannesmann) 101 – Andere Hüttenindustrie (Nichteisen-Metalle) 118 – Metallverarbeitung, Maschinenbau und Werften 123 – Weitere Industrien 126 – Größere Bauunternehmen 127 – Reichsbahn und Reichspost 128 – Güternahverkehr und Transportschiffahrt 129 – Stadtverwaltungen und städtische Betriebe 130 – KL-Häftlinge im Trümmerräumdienst der Stadtverwaltung 134 – Luftschutzpolizei 135 – Kleinere Bau- und Handwerksbetriebe (Arbeitergestellung durch die Stadt- und Gemeindeverwaltungen) 136 – Kirchliche Einrichtungen 142 – Landwirtschaft und Privathaushalte 145

Kapitel 4: Die Lager — 149
  Das Lagersystem der Kriegswirtschaft 149 – Folgen des Luftkrieges: „Massivbau" und Großlager 156 – Deutsches Lagerpersonal 160 – Lager in Alt-Duisburg 165 – Lager in Rheinhausen, Homberg und Walsum 181 – Heizung im Lager 186 – Hygiene im Lager 188 – Luftschutz im Lager und im Betrieb 195

Kapitel 5: Lebensumstände 203

Unterschiede und „kleinster gemeinsamer Nenner" der Zwangsarbeiter-Schicksale 203 – Eingeschränkte Freizügigkeit 205 – Ernährung und Lebensmittelversorgung 208 – Versorgung mit Kleidung und anderen Konsumgütern 223 – Medizinische Versorgung 229 – Geburten 238 – Religiöse Betreuung 241 – Freizeit 248 – Urlaub und Familienheimfahrten 250 – Briefverkehr und Nachrichten 253

Kapitel 6: Ausländer und Deutsche 259

Ausländer in Duisburg bis 1939 259 – Der Rassismus des Regimes und der Rassismus der „kleinen Leute" 263 – Ausländer und Deutsche am Arbeitsplatz 266 – Ausländer und Deutsche jenseits der Arbeitsstätten 271 – „GV-Verbrechen" und Ausländerbordelle 274

Kapitel 7: Delikte und Strafen 279

Das Sonderstrafrecht für Polen und Ostarbeiter 279 – „Arbeitsvertragsbruch" 282 – „Arbeitsbummelei" 286 – Die *Arbeitserziehungslager* 288 – Mißhandlungen als Strafen für betriebliche „Vergehen" 292 – Todesstrafe für Aufsässigkeit: Der Fall Pawelschenko 299 – Diebstahlsdelikte 300 – Die „Kowalenko-Bande" 304 – Delikte unter Zwangsarbeitern 305 – Hinrichtungen kurz vor Kriegsende 306

Kapitel 8: Befreiung und Heimkehr 309

Duisburg im letzten Kriegsjahr 309 – Der Abzug der Zwangsarbeiter beginnt 312 – Das Kriegsende 319 – Nach der Besetzung Duisburgs 321 – Straftaten befreiter Zwangsarbeiter 322 – Alte und neue Unterkünfte 327 – Ernährung und Versorgung mit Kleidung 334 – Medizinische Versorgung 337 – Abtransport aus Duisburg und Rückführung in die Heimat 338 – Ausstehende Löhne 341

Kapitel 9: Die Gräber 345

Die Zahl der in Duisburg verstorbenen Zwangsarbeiter 345 – „Apartheid" noch im Tod: Beerdigungsvorschriften und -verfahren 346 – Waldfriedhof und Fiskusfriedhof 349 – Notbegräbnisse im letzten Kriegsjahr 350 – Die „Russengräber" auf dem König-Heinrich-Platz 351 – Die Gestaltung der Gräberfelder (1949/50) 353 – Zusammenlegungen von Grabstätten in den fünfziger Jahren 356 – Die Gegebenheiten im Jahr 2000 359

Kapitel 10: Displaced Persons 361

Repatriierung, Zwangsrepatriierung und Widerstand (1945/46) 361 – Betreuung durch UNRRA und IRO 365 – Die DPs als Dauerphänomen 366 – Der Übergang der Zuständigkeit an deutsche Institutionen (1950) und Versuche der Integration in die deutsche Gesellschaft 369 – Das Ende der Duisburger DP-Siedlung (1969) 373

Schlußbetrachtung 375

Rassismus versus Ratio und funktionale Humanität 375 – Opferbilanz und „zerbrochene Biographien" 376 – Der Systemzwang zur Beschäftigung von Zwangsarbeitern 377 – Zum Verhalten der Arbeitgeber und zum Schuldbewußtsein 379 – Die Zwangsarbeit und das „Überleben" der deutschen Industrie 381 – Was für die Forschung zu tun bleibt 382

Danksagung 385

Verzeichnisse 387

    Kriegsgefangenenlager 389

    Lager für zivile Arbeiter 395

    Tabellen 419

    Abkürzungen 421

    Quellen 423

    Literatur 437

    Bildnachweise 464

    Duisburger Mitglieder der Stiftungsinitiative
    Erinnerung, Verantwortung und Zukunft 465

    Register 467

VIII

Einleitung

Der Rat der Stadt Duisburg hat am 28. Februar 2000 beschlossen, daß die „Aufarbeitung der Geschichte der Zwangsarbeit während des Zweiten Weltkrieges in Duisburg" (in den heutigen Grenzen) durch die Stadt zu fördern sei, und in seiner Sitzung am 23. Mai 2000 der Initiierung eines entsprechenden Forschungsprojektes beim Stadtarchiv zugestimmt. Die Forschungstätigkeit begann am 1. Juni 2000. Das Ergebnis der Forschung wird hiermit dem Rat und der Öffentlichkeit vorgelegt.

Während des Zweiten Weltkrieges sind knapp zehn Millionen Menschen aus vielen Ländern Europas gegen ihren Willen ins Deutsche Reich verschleppt worden, um dort für industrielle Unternehmen, in der Bauwirtschaft, im Handwerk, in der Landwirtschaft, für Bahn und Post, für kommunale Dienste und für kirchliche Einrichtungen zu arbeiten. Ohne diese ausländischen Arbeitskräfte hätte weder die Energieerzeugung noch die Rüstungsproduktion aufrechterhalten – und damit der Krieg gegen drei Viertel der Welt weitergeführt – noch die deutsche Bevölkerung bis Ende 1944 auf einem vergleichsweise hohen Niveau ernährt werden können. Bereits im September 1941 arbeiteten mehr als zwei Millionen zivile Ausländer und mehr als eine Million Kriegsgefangene in Deutschland. Seit dem Frühjahr 1942 wurde die Zwangsarbeit von Ausländern zu einem Massenphänomen, das niemand mehr übersehen konnte. Die Zahl der gleichzeitig beschäftigten zivilen Zwangsarbeiter erreichte mit 7,6 Millionen, wobei die Häftlinge der Konzentrationslager nicht mitgerechnet sind, im Spätsommer 1944 ihren Höchststand; damals war jede vierte Arbeitskraft im Reich ein Ausländer oder eine Ausländerin.

Das historische Phänomen Zwangsarbeit wird seit dem Wiederaufleben der Entschädigungsdebatte nach der deutschen Wiedervereinigung von einer breiten Öffentlichkeit zur Kenntnis genommen; man kann schon lange nicht mehr von einem „Tabuthema" sprechen, was allenfalls vor 1985 seine Berechtigung gehabt hätte.[1] Eine Rückschau auf die Entwicklung der historischen Forschung[2] erweist, daß die Zwangsarbeit im Zweiten Weltkrieg seit Anfang der 1960er Jahre zunächst in der DDR als ein wichtiges Thema angesehen wurde. Die damals entstehenden Arbeiten, etwa das Buch von Eva Seeber (1964), waren mehr oder weniger ideologisch gefärbt, wovon auch die Behandlung des Themas in den Veröffentlichungen von Dietrich Eichholtz zur Geschichte der Kriegswirtschaft (seit

---

[1] Der Titel einer 1998 erschienenen, von der Vereinigung der Verfolgten des Naziregimes / Bund der Antifaschistinnen und Antifaschisten, Kreisvereinigung Oberhausen, herausgegebenen Lokalstudie zu Oberhausen ist in Anbetracht des Erscheinungsjahres grotesk: „Ein Tabuthema. Zwangsarbeit in der Zeit der Nazidiktatur 1939 bis 1945 am Beispiel Oberhausen", Oberhausen 1998.
[2] Zu den einzelnen Veröffentlichungen s. den Teil 3 des Literaturverzeichnisses.

1969) nicht freizusprechen ist. In den sechziger Jahren beschäftigte sich auch der amerikanische Historiker Edward Homze mit der Zwangsarbeit in Deutschland, wobei er den politischen Prozeß in den Vordergrund stellte. In Österreich erschien 1970 eine Zwangsarbeit-Studie von Norbert Schausberger. Von der westdeutschen Geschichtswissenschaft wurde das Thema, abgesehen von der quantitativ-deskriptiven Untersuchung von Hans Pfahlmann (1968), erst Ende der siebziger Jahre aufgegriffen. Allerdings haben westdeutsche Zeit-, Sozial- und Wirtschaftshistoriker, etwa Ludolf Herbst, Dietmar Petzina und Hans-Erich Volkmann,[3] die Zwangsarbeit schon früh in größeren Kontexten mitbehandelt. 1978 veröffentlichte Christian Streit eine umfängliche Untersuchung über das Schicksal der sowjetischen Kriegsgefangenen in Deutschland und den deutsch besetzten Gebieten, die bis heute ein Standardwerk geblieben ist; weitere Arbeiten von Streit zu diesem Thema folgten. Auch Alfred Streim erforschte Anfang der achtziger Jahre die Behandlung der sowjetischen Kriegsgefangenen. Eine der ersten von Historikern verfaßten Unternehmensgeschichten, die auf die Zwangsarbeit ausführlich eingingen, war das 1981 erschienene Buch von Gustav-Hermann Seebold über den Bochumer Verein für Gußstahlfabrikation zwischen 1927 und 1945. Die früheste dem Verfasser bekannte Lokaluntersuchung aus dem Jahr 1980 behandelte die Zwangsarbeit in Krefeld.[4]

Als ein Hauptphänomen der Kriegszeit wird die Zwangsarbeit jedoch erst seit dem 1985 erschienenen Buch von Ulrich Herbert: *Fremdarbeiter - Politik und Praxis des Ausländer-Einsatzes in der Kriegswirtschaft des Dritten Reiches* wahrgenommen. Herbert behandelte die *Arbeitseinsatz*-Politik und die Anwerbungs- und Rekrutierungspraktiken, die Haltung der „Arbeitgeber", die rassistisch motivierte staatliche Repression vor allem gegen Arbeiter aus der Sowjetunion und Polen, den „offiziellen" und den populären Rassismus des Regimes und der deutschen Bevölkerung, die Realität in den Arbeitsstätten und Lagern, die Ernährung und die medizinische Versorgung der Zwangsarbeiter; nur das Teilthema des „Arbeitseinsatzes" von KL-Häftlingen klammerte er aus (in der 1999 erschienen dritten Auflage des Standardwerkes geht er auch darauf ein). Seit 1985 kam die Forschung weiter voran. Die Befunde von Herbert und anderen wurden durch Untersuchungen zu einzelnen großen deutschen Unternehmen (Reichswerke „Hermann Göring" [1985], Daimler-Benz [1994 und 1997] und Volkswagenwerk [1987, 1988 und 1996]) sowie zur Landwirtschaft [Freitag 1996] untermauert und ergänzt.[5] Dies gilt auch für weitere Lokalstudien, vor allem zu Groß- und mittelgroßen Städten, etwa Berlin [Demps 1986], Bochum

---

[3] Die Veröffentlichungen in den Teilen 2 und 3 des Literaturverzeichnisses.

[4] Aurel Billstein, Fremdarbeiter in unserer Stadt. Kriegsgefangene und deportierte „fremdländische Arbeitskräfte" 1939-1945 am Beispiel Krefelds, Frankfurt a. M. 1980.

[5] Ausgewählte Studien zur Zwangsarbeit in einzelnen Wirtschaftsbranchen, Unternehmen und Institutionen (auch Stadtverwaltungen und Kirchen) sind im Teil 5 des Literaturverzeichnisses nachgewiesen.

[Grieger 1986 u. 1991], Ratingen [Kaminsky 1989], München [Heusler 1991 u. 1996], Offenburg [Boll 1994] und Hamburg [Littmann 1995].[6] Der von Herbert 1991 herausgegebene Aufsatzband *Europa und der „Reichseinsatz"* faßte erstmals Fallstudien deutscher und ausländischer Historiker zu einzelnen Ethnien und Herkunftsländern zusammen. Die Ostarbeiter und Ostarbeiterinnen und die italienischen Militärinternierten wurden, die sowjetischen Kriegsgefangenen blieben ein bevorzugter Gegenstand des Interesses.[7] In der Hochkonjunktur des Themas Zwangsarbeit seit Anfang der neunziger Jahre richtete sich der Blick erstmals auch auf kirchliche Einrichtungen als Arbeitgeberinnen von Zwangsarbeitern. Ein neues Forschungsthema wurde das auch zur Nachkriegsgeschichte gehörende Schicksal der *Displaced Persons*, dem 1985 zunächst Wolfgang Jacobmeyer nachging.[8] Klaus J. Bade, Ulrich Herbert und andere ordneten die Zwangsarbeit in die Geschichte der Ausländerpolitik in Deutschland und in die Geschichte der Migrationen ein.[9] Quelleneditionen und wissenschaftlich bearbeitete Sammlungen persönlicher Erinnerungen an die Zwangsarbeit rundeten das Bild der Forschung ab. Seit 1985 erschien auch keine Gesamtdarstellung der deutschen Kriegswirtschaft mehr, die nicht die Zwangsarbeit in gebührendem Umfang berücksichtigt hätte.

Dank der Veröffentlichungen der „nachherbertinischen" Zeit – seit 1985 – war die Zwangsarbeit schon vor dem Höhepunkt des öffentlichen Interesses in den Jahren 1998 bis 2001 der neben der Shoah besterforschte Teilbereich der NS-Zeit. Im Zusammenhang mit der seit 1998 in einer breiten Öffentlichkeit geführten Diskussion über die Entschädigung der noch lebenden ehemaligen Zwangsarbeiter und -arbeiterinnen durch die deutsche Wirtschaft, den Bund als Rechtsnachfolger des Deutschen Reiches, die Länder und Gemeinden sowie die Kirchen ist das abermals intensivierte Bemühen von Institutionen, Historikern und Bürgerinitiativen um das Thema zu sehen. Die über einige Jahre andauernde Entschädigungsdebatte aktivierte in der deutschen Gesellschaft erhebliche Selbstaufklärungskräfte und gab den Anstoß zur Finanzierung etlicher lokaler und regionaler Forschungsprojekte und von Unternehmensstudien. Die Zwangsarbeit wurde erneut im Rahmen der Kriegswirtschaft betrachtet, daneben auch die Frage wieder aufgegriffen, inwieweit die Unternehmen von Zwangsarbeit profitierten. In den Jahren 1998 bis 2003 erschienen vor allem zahlreiche weitere Lokalstudien (z. B. zu Münster [Schwarze 1999], Hannover [Anschütz 2000], Sprockhövel [Hockamp 2000], Berlin [Meyer/Neitmann 2001], Essen [Wisotzky 2001], Düsseldorf [Leissa/Schröder 2002], Gelsenkirchen [Schlenker 2003]),

---

[6] Nachweise im Teil 4 des Literaturverzeichnisses.
[7] Die Veröffentlichungen in Teil 3 des Literaturverzeichnisses.
[8] Wolfgang Jacobmeyer, Vom Zwangsarbeiter zum Heimatlosen Ausländer. Die Displaced Persons in Westdeutschland 1945-1951, Göttingen 1985.
[9] Wie Anm. 7.

und Hattingen [Kuhn/Weiß 2003], von denen viele (und alle genannten) wissenschaftlichen Ansprüchen genügen. Die Forschung zum „Arbeitseinsatz" bei und für Kommunalverwaltungen, zur Zwangsarbeit in kirchlichen Einrichtungen,[10] zu einzelnen Ethnien[11] sowie zum Repressionsapparat des NS-Staates machte Fortschritte. Mit dem Buch von Gabriele Lotfi über die sogenannten Arbeitserziehungslager[12] wurde 2000 Klarheit über diesen Kernbereich der Repression gegen Zwangsarbeiter gewonnen. Editionen von Erinnerungsberichten ehemaliger Zwangsarbeiter[13] erweiterten die Quellenbasis und gaben Einblicke in das damalige alltägliche Leben dieser Menschen. Überschaut man die Situation der Forschung im Herbst 2003, stellt man eine nur wenig verminderte Industrielastigkeit fest. Vielversprechende Untersuchungen zur Zwangsarbeit im Bergbau sind am Institut für soziale Bewegungen der Ruhr-Universität Bochum im Gang. Forschungslücken gibt es noch in einigen wenigen Wirtschaftsbereichen (etwa in der Bauwirtschaft und bei kleineren, mittelständischen Industrieunternehmen), bei der Zwangsarbeit von Juden in den Ghettos des Ostens und bei der Zwangsarbeit in den deutsch besetzten Ländern im Westen wie im Osten.

In der Duisburger stadthistorischen Literatur ist die Zwangsarbeiter-Beschäftigung erstmals 1974 behandelt worden. Im zweiten Band der *Geschichte der Stadt Duisburg* von Günter von Roden wird die Zwangsarbeit dreimal erwähnt, außerdem die Straftaten einiger befreiter Zwangsarbeiter in der Zeit von April bis Juli 1945 und die Episode der sogenannten *Russengräber* auf dem König-Heinrich-Platz.[14] Als ein Hauptphänomen der Kriegszeit erscheint die Zwangsarbeit erstmals in der Darstellung *Duisburg im Krieg 1939-1945* von Hans Georg Kraume, der das Thema auch in dem entsprechenden Kapitel der 1983 erschienenen *Kleinen Geschichte der Stadt Duisburg* behandelt.[15] Weitere lokalgeschichtliche Veröffentlichungen aus den achtziger und neunziger Jahren, die auf die Zwangsarbeit eingehen, waren die von Reinhold Lengkeit und anderen edierte Sammlung von Zeitzeugenberichten *Duisburger im Dritten Reich*[16] und eine Geschichte der Metallgewerkschaften von Jürgen Dzudzek.[17] Auch Rudolf Tappe

---

[10] Wie Anm. 5.
[11] Wie Anm. 7.
[12] Gabriele Lotfi, KZ der Gestapo. Arbeitserziehungslager im Dritten Reich. Mit einem Vorwort von Hans Mommsen, Stuttgart u. München 2000.
[13] Die Veröffentlichungen in Teil 3 des Literaturverzeichnisses.
[14] Günter von Roden, Geschichte der Stadt Duisburg, Bd. II, Duisburg 1974, S. 398f., 414f., 497, 431 (Straftaten befreiter Zwangsarbeiter) und 417 („Russengräber").
[15] Hans Georg Kraume, Duisburg im Krieg 1939-1945, Düsseldorf 1982, S. 20; ders., Die Zeit des Nationalsozialismus (1933-1945), in: Kleine Geschichte der Stadt Duisburg, Duisburg 1983, S. 309-354.
[16] Reinhold Lengkeit et al. (Hrsg.), Duisburger im Dritten Reich. Herausgegeben vom Progressiven Eltern- und Erzieherverband, Stadtverband Duisburg, Duisburg 1983.
[17] Jürgen Dzudzek, Von der Gewerksgenossenschaft zur IG Metall. Zur Geschichte der Metallgewerkschaften in Duisburg, Oberhausen 1991.

und Manfred Tietz, die sich mit den von ihnen herausgegebenen Bänden *Tatort Duisburg* (1989 und 1993) große Verdienste um die Erforschung der nationalsozialistischen Zeit in Duisburg erworben haben, gaben dem Thema in beiden Bänden Raum.[18]

In den Darstellungen der Geschichte von Duisburger Unternehmen wurde die Zwangsarbeit, von einer Ausnahme abgesehen, bis 1969 nicht behandelt. Bei der Ausnahme handelt es sich um eine Jubiläumsschrift der Duisburger Kupferhütte aus dem Jahr 1951, in der die Zwangsarbeit wenigstens nicht verschwiegen wird.[19] Für die weitaus meisten Unternehmen gilt, daß unmittelbar nach Kriegsende eine Verdrängung des dunklen Kapitels begann und mindestens bis um 1970 wirksam blieb. Ein Beispiel sind die Duisburger Stadtwerke, ein öffentliches Unternehmen. Als der Stadtarchivar Walter Ring 1953 aus Anlaß des hundertjährigen Jubiläums der Gasversorgung in Duisburg *„in Verbindung mit der Werkleitung"* eine Geschichte der Stadtwerke schreiben sollte, erwähnte er im Manuskript, daß die Stadtwerke während des Krieges ausländische Arbeiter eingesetzt hatten:

„Als Duisburg am 27. April und 13. Mai 1943 die ersten Großangriffe hinnehmen mußte, gingen die Verluste der Stadtwerke in die Hunderttausende. Ohne Nachbarschaftshilfe aus Düsseldorf, Krefeld und Mülheim, ohne den Einsatz von Kräften des RWE, der Technischen Nothilfe und holländischer Zwangsarbeiter wäre man damals nicht so schnell wieder Herr der Lage geworden. 1944 war das eigentliche Katastrophenjahr [...]."[20]

Für die Druckfassung des Buches wurde der ganze zweite Satz des obigen Zitates herausgestrichen.[21] Der industrienahe, nicht wissenschaftliche Autor Gert von Klass behandelte in seiner Festschrift zum sechzigjährigen Bestehen der

---

[18] Manfred Tietz, Solidarität auf Zeche Beeckerwerth, in: Rudolf Tappe u. Manfred Tietz (Hrsg.), Tatort Duisburg 1933-1945. Widerstand und Verfolgung im Nationalsozialismus, Bd. I, Essen 1989, S. 313-348; ders., Die „wertlose" Frau, in: Rudolf Tappe u. Manfred Tietz (Hrsg.), Tatort Duisburg 1933-1945. Widerstand und Verfolgung im Nationalsozialismus, Bd. II, Essen 1993, 354-397; ders., Ruhrort, Carpstraße 18, in: ebd. (Bd. II), S. 398-448.

[19] 75 Jahre Duisburger Kupferhütte 1876-1951 (verfaßt im Auftrag der Duisburger Kupferhütte von Walter Greiling und Kurt Horalek), Duisburg 1951, S. 155: *„Zu den speziellen Sorgen und Nöten der einzelnen Betriebe kamen die allgemeinen Erschwernisse durch Verdunkelungsvorschriften, Fliegeralarme, Entzug der jungen Arbeitskräfte und deren Ersatz durch Frauen und Ausländer, zunehmende Beschaffungsschwierigkeiten aller Art und anderes"*; S. 157, Zitat aus der Niederschrift über die Direktionsbesprechung am 12. November 1943: *„Die Duisburger Kupferhütte beschäftigte am 1. November 1943 2422 Arbeiter und Angestellte. Hiervon sind 28% Ausländer (einschließlich Kriegsgefangene) und 14,5% Frauen (einschließlich Ausländer)."*

[20] Das Manuskript ist in StADU 63/19 erhalten (hier: S. 100). RWE: Rheinisch-Westfälisches Elektrizitätswerk AG.

[21] Walter Ring, Von der Öllaterne zur Leuchtstoffröhre. Duisburger Energie- und Wasserversorgung seit hundert Jahren, Duisburg 1954, Kapitel „Die Stadtwerke in den Kriegsjahren 1939-1945", S. 117-122, hier: S. 121.

Kruppschen Friedrich-Alfred-Hütte in Rheinhausen (1957) den Zeitraum von 1897 bis 1957 auf 131 Seiten, von denen nur fünf auf die gesamte nationalsozialistische Zeit (betitelt „Die neue Ära") und nur eine auf den Zweiten Weltkrieg entfielen. Klass spricht vom Mangel an Güterwaggons und Transportproblemen, Luftkriegsschäden und dem Abbau von Anlagen, die zum Stammwerk nach Essen geschafft wurden, aber mit keinem Wort von der Zwangsarbeiter-Beschäftigung.[22] Hier war das Verschweigen möglicherweise eine Reaktion auf den Nürnberger Krupp-Prozeß zehn Jahre zuvor. Es dauerte bis 2002, bis eine wissenschaftlich fundierte Untersuchung der Geschichte des Krupp-Konzerns im Zweiten Weltkrieg erschien.[23] Mit seiner restriktiven Haltung stand der Krupp-Konzern in den fünfziger und sechziger Jahren nicht allein. Auch die Mannesmannröhren-Werke AG, die DEMAG, die Zeche Rheinpreußen und die Zeche Walsum, um nur einige Duisburger Unternehmen zu nennen, waren nicht bereit, in ihren Jubiläumsschriften die Zwangsarbeit auch nur am Rande anzusprechen. Abgesehen von der Kupferhütte war das erste Duisburger Unternehmen, das über das Thema Zwangsarbeit auch bei einem Jubiläum nicht hinweggehen wollte, die August Thyssen-Hütte AG. In dem zweiten, von dem bedeutenden Wirtschaftshistoriker Wilhelm Treue und dem Journalisten Helmut Uebbing verfaßten und 1969 erschienenen Band der Unternehmensgeschichte *Die Feuer verlöschen nie* finden sich zumindest einige Sätze über die Beschäftigung ausländischer Zwangsarbeiter.[24] Daß die ebenfalls von Uebbing verfaßte, zum Unternehmensjubiläum von 1991 veröffentlichte zweite Gesamtdarstellung der Konzerngeschichte *Wege und Wegmarken*[25] in dieser Hinsicht hinter das Buch von 1969 zurückfällt – die Zwangsarbeit wird in einem einzigen Satz erwähnt –, war der Konzeption des Werkes geschuldet (es handelt sich um eine sehr gestraffte historische Darstellung, in der viele Einzelunternehmen des Thyssen-Konzerns berücksichtigt werden sollten) und kein Ausweis fortbestehender Skrupel. Im Zuge der Vorbereitung der Jubiläumsfeier von 1991 hat die Thyssen AG (vormals August Thyssen-Hütte) einen Historiker beauftragt, aus den einschlägigen Unterlagen im Unternehmensarchiv eine Dokumentation zur Zwangsarbeit bei der ATH zu erarbeiten. Generell stellten sich die großen Unternehmen in ihren historischen Veröffentlichungen erst seit den achtziger Jahren ihrer Verstrickung

---

[22] Hüttenwerk Rheinhausen AG (Hrsg.), Stahl vom Rhein. Die Geschichte des Hüttenwerkes Rheinhausen, Darmstadt 1957, S. 64.
[23] Werner Abelshauser, Rüstungsschmiede der Nation? Der Kruppkonzern im Dritten Reich und in der Nachkriegszeit, in: Lothar Gall (Hrsg.), Krupp im 20. Jahrhundert. Die Geschichte des Unternehmens vom Ersten Weltkrieg bis zur Gründung der Stiftung, Berlin 2002, S. 267-472. Vgl. dazu die Kritik der Behandlung der Zwangsarbeit bei Krupp durch Abelshauser bei Michael Zimmermann, Zwangsarbeit im Ruhrgebiet während des Zweiten Weltkrieges. Eine Zwischenbilanz der Forschung, in: Forum Industriedenkmalpflege und Geschichtskultur, H. 2/2003, S. 11-19.
[24] Wilhelm Treue u. Helmut Uebbing, Die Feuer verlöschen nie. August Thyssen-Hütte 1926-1966, Düsseldorf u. Wien 1969.
[25] Helmut Uebbing, Wege und Wegmarken. Hundert Jahre Thyssen, Berlin 1991.

in nationalsozialistisches Unrecht insbesondere bei der Zwangsarbeit. Als Beispiel sei hier noch der Mannesmann-Konzern genannt, dessen 1990 erschienene Geschichte aus der Feder des Historikers und Unternehmensarchivars Horst A. Wessel der Zwangsarbeit einigen Raum gab.[26]

Das zu Duisburg Gesagte gilt für die Unternehmen und industriellen Verbände des ganzen Ruhrgebietes. Während der *Wirtschaftswunder*-Zeit wollte niemand das heikle Thema auch nur erwähnen, ja der gesamte Zweite Weltkrieg war ein Kapitel, das man am liebsten übersprungen hätte und, da dies schlechterdings unmöglich war, mit wenigen Sätzen abhandelte, in denen vor allem die Kriegsschäden der Unternehmen angesprochen wurden. In dem 81 Seiten langen historischen Teil der 1957 erschienenen, von Gerhard Gebhardt „*unter Mitwirkung der Gesellschaften des Ruhrbergbaus*" verfaßten Darstellung des Steinkohlenbergbaues im Ruhrgebiet[27] umfaßt das Kapitel „Der Ruhrbergbau im zweiten Weltkrieg" sage und schreibe eine Seite (S. 57), auf der natürlich von Kriegsgefangenen und zivilen Zwangsarbeitern nicht die Rede ist. Die großen Unternehmen an Rhein und Ruhr änderten, von Ausnahmen abgesehen, ihre Haltung zum Kriegskapitel ihrer Geschichte anscheinend erst zu Beginn der achtziger Jahre. Als Ulrich Herbert die Forschungen für sein 1985 erschienenes Buch betrieb, hatten etwa die Thyssen AG und die Mannesmann AG die einschlägigen Bestände in ihren Archiven schon freigegeben; im Falle Krupp jedoch blieb einstweilen alles unter Verschluß.

Die *Quellenlage* für regionale oder lokale Studien zur Zwangsarbeit ist von erheblichen Verlusten bestimmt, gibt jedoch auch keinen Grund zur Verzweiflung. Bei allen Stationen, die Zwangsarbeiter durchliefen, sind schriftliche Dokumente entstanden: bei der Anwerbung, Dienstverpflichtung oder gewaltsamen Rekrutierung im Heimatland, beim Transport nach Deutschland, bei den Sammelstellen in den Zielregionen, bei den Arbeitsämtern oder sonstigen Stellen, die für die Verteilung der Arbeitskräfte auf die verschiedenen Betriebe und Behörden zuständig waren, bei den Arbeitgebern (etwa Einstellungslisten, Lohnlisten, Zuweisungen zu bestimmten Lagern, Unfallmeldungen, Krankenlisten), bei der Verwaltung der Lager, bei der Organisation der Ernährung und der Versorgung mit Gebrauchsgütern, bei der Krankenversicherung und der ärztlichen Versorgung, bei der polizeilichen Überwachung und der Verfolgung von Straftaten (nach den damaligen Definitionen), in Gerichtsverfahren vor den Sondergerichten, bei der Beurkundung von Sterbefällen durch die Standesämter und bei Beerdigungen auf kommunalen Friedhöfen, beim Rücktransport in die Heimatlän-

---

[26] Horst A. Wessel, Kontinuität im Wandel. 100 Jahre Mannesmann 1890-1990. Hrsg.: Mannesmann-Archiv, Düsseldorf 1990.
[27] Ruhrbergbau. Geschichte, Aufbau und Verflechtung seiner Gesellschaften und Organisationen. Unter Mitwirkung der Gesellschaften des Ruhrbergbaus zusammengestellt von Gerhard Gebhardt, Essen 1957.

der und beim Aufenthalt in Lagern für *Displaced Persons*. Von einigem Wert sind auch die Berichte über den Zwangsarbeitereinsatz, die in der ersten Nachkriegszeit (1945/46) von den Industrieunternehmen für die lokalen und regionalen Stellen der Besatzungsmächte verfaßt werden mußten. Alle Institutionen des „Systems" haben Quellen produziert. Es wäre aber eine Idealsituation, wenn wirklich für jede Gemeinde Dokumente all dieser Provenienzen zur Verfügung stünden; die Wirklichkeit sieht ganz anders aus. Nicht allein aufgrund eines Befehls Himmlers vom Oktober 1944, alle schriftlichen Zeugnisse der Repression durch die GESTAPO und des Terrors gegen Regimegegner zu vernichten, sondern auch durch Kassationsentscheidungen bei den Behörden in der Nachkriegszeit sind wichtige Dokumente verloren gegangen. So gibt es für Duisburg beispielsweise keine Unterlagen des Arbeitsamtes aus der Kriegszeit, die in einigen anderen Städten durchaus noch vorhanden sind. Die Forschung zur Zwangsarbeit war daher immer genötigt, stärker, als es bei anderen Themen erforderlich ist, auf *Erinnerungsberichte von Augenzeugen* – nicht nur ehemaligen Zwangsarbeitern – zurückzugreifen. Wegen der erheblichen quellenhermeneutischen Probleme von Augenzeugenberichten, zumal wenn sie fünf oder sechs Jahrzehnte nach dem Geschehen gegeben werden, und wegen des beträchtlichen dafür nötigen Zeitaufwandes wurde für die vorliegende Darstellung nur in geringem Umfang von Quellen dieser Art, und zwar ausschließlich von bereits veröffentlichten Berichten, Gebrauch gemacht. Die benutzten archivalischen Quellen werden in einem Verzeichnis im Anhang aufgeführt.

Eine Lokalstudie zur Zwangsarbeit bezieht heute ihre Legitimation nicht von der Wissenschaft her (d. h. weil das Thema noch nicht behandelt worden wäre); schon 2000, als die Forschung im Stadtarchiv Duisburg einsetzte, waren mehrere Studien zu Industriegroßstädten erschienen, weshalb sich für jede neu begonnene Studie ein nicht geringes Redundanzproblem stellte.[28] Der für das vorliegende Buch betriebene Aufwand war allein durch den Willen der Duisburger Bürgerschaft legitimiert, Aufklärung über ein Kapitel der Stadtgeschichte zu erhalten. Es wurde versucht, die Zwangsarbeit in Duisburg in all ihren Aspekten und Bezügen (etwa auch in betriebswirtschaftlicher Hinsicht, was bei vielen Lokalstudien vernachlässigt wird) darzustellen und die jeweiligen mikrohistorischen Befunde in den makrohistorischen Kontext einzubetten. Das Inhaltsver-

---

[28] Auf die methodischen Probleme einer Lokalstudie zur Zwangsarbeit hat 1989 Uwe Kaminsky zu einer Zeit, in der sich das Redundanzproblem noch nicht stellte, in seiner Lokalstudie zu Ratingen hingewiesen (Uwe Kaminsky, Fremdarbeiter in Ratingen während des Zweiten Weltkrieges, in: Ratinger Forum. Beiträge zur Stadt- und Regionalgeschichte. Hrsg.: Stadtarchiv Ratingen, Heft 1, 1989, S. 90-212). *„Ein lokalhistorischer Zugriff muß also beide Extreme vermeiden. Er darf nicht nur exemplarische Signifikanz im Sinne von bloßer Konkretisierung und Veranschaulichung besitzen, sondern muß zu einer Differenzierung und einem genaueren Verstehen führen, sonst ist er nur eine von zahlreichen Ausformungen eines systematisch schon erfaßten Gegenstandes und kommt über heimat- und ortsgeschichtliche Bedeutung nicht hinaus"* (S. 90f.).

zeichnis soll einen schnellen „Zugriff" auf bestimmte Teilthemen ermöglichen. Die Namen der erwähnten Personen wurden zum Teil durch Verkürzung auf die Initialen verschlüsselt. Dies gilt für alle „Täter", die Unrechtshandlungen begangen haben, mit Ausnahme der mit vollem Namen erscheinenden sogenannten Persönlichkeiten der Zeitgeschichte, etwa Polizeipräsidenten und Kreisleiter der NSDAP. Täter, die anonymisiert wurden, sind z. B. Vorarbeiter, Meister oder Werkschutzleute, die Kriegsgefangene oder zivile Ausländer mißhandelten, oder ein Arzt, der sich weigerte, kranken ausländischen Arbeitern Hilfe zu leisten. Ausgeschrieben wird der Nachname hingegen bei allen Personen, deren Handeln untadelig war. Um eine möglichst gute Lesbarkeit herzustellen, wurde darauf verzichtet, bestimmten Substantiven („Ostarbeiter" u. a.) jedes Mal die weibliche Form anzuhängen. Soweit nicht ausdrücklich anderes gesagt ist, sind bei diesen Begriffen stets beide Geschlechter gemeint.

Kapitel 1
Das System

In dem gewaltigen Schicksalskampf Europas ist das Grossdeutsche Reich darauf angewiesen, zur Sicherstellung seiner Rüstung und Ernährung eine gewaltige Anzahl nichtdeutscher (ausländischer) Arbeiter und Arbeiterinnen ins Reich hereinzunehmen. Alle diese Arbeiter und Arbeiterinnen, darunter auch die Kriegsgefangenen, werden, wie es den ältesten Traditionen des deutschen Volkes und unserer Rasse entspricht, korrekt, anständig und menschlich behandelt.

Die Anwerbung der ausländischen Arbeitskräfte erfolgt grundsätzlich auf der Grundlage der Freiwilligkeit. Dort jedoch, wo in besetzten Gebieten der Appell der Freiwilligkeit [sic] nicht ausreicht, müssen unter allen Umständen Dienstverpflichtungen und Aushebungen vorgenommen werden. Es ist dies ein undiskutierbares Erfordernis unserer Arbeitslage.

Aus der Anordnung Nr. 4 des Generalbevollmächtigten für den Arbeitseinsatz über die Anwerbung, Betreuung, Unterbringung, Ernährung und Behandlung ausländischer Arbeiter und Arbeiterinnen vom 7. Mai 1942[1]

Im Phänomen Zwangsarbeit liefen verschiedene Traditionen, Institutionen und Doktrinen zusammen. Es gab zum ersten die Verfahrensweisen der regulären Arbeitsverwaltung im nationalsozialistischen Staat, die den Zielen des Vierjahresplanes und der Effizienz der Kriegswirtschaft, nicht dem einzelnen Menschen verpflichtet waren. Hinzu kam die Tradition der Saisonarbeit von Ausländern, vor allem Polen, im agrarischen Osten Deutschlands, die nun, nach Kriegsbeginn, rassistisch „aufgeladen" wurde. Ein drittes Element waren der moderne Kriegsgefangenen-Einsatz, wie er durch das 1929 geschlossene internationale Abkommen völkerrechtlich geregelt wurde, und die rassistisch begründete Abweichung von den Bestimmungen dieses Abkommens im Falle der sowjetischen Kriegsgefangenen, die formal mit der Tatsache legitimiert wurde, daß die Sowjetunion der Genfer Kriegsgefangenen-Konvention nicht beigetreten war. Schon seit dem Sieg über Polen, verstärkt seit Jahresanfang 1942 trat der Aspekt der *Arbeitskraft als Kriegsbeute* hinzu. Auch dieses Prinzip war nicht völlig neu; nach Artikel 52 der Haager Landkriegsordnung von 1907 konnten „*Naturalleistungen und Dienstleistungen von Gemeinden oder Einwohnern [...] für die Bedürfnisse des Besatzungsheeres*" gefordert werden, jedoch nur innerhalb des besetzten Landes. Die Leistungen der Einwohner des besetzten Landes für die Besatzung mußten „*im Verhältnis zu den Hilfsquellen des Landes stehen und solcher

---

[1] Ein Exemplar in: BA Berlin R 10/VIII/56.

Art sein, daß sie nicht für die Bevölkerung [...] Verpflichtungen" enthielten, *"an Kriegsunternehmungen gegen ihr Vaterland teilzunehmen"*. Gegen diese Bestimmung hat das Deutsche Reich schon 1940 mit den ersten Deportationen von polnischen Staatsbürgern ins Reichsgebiet und dann fortwährend bis Anfang 1945 verstoßen. Erscheinungen der zweiten (1941-43) und der dritten Kriegsphase (1943-45) schließlich erinnern an „Sklavenarbeit" als den ältesten historischen Typus; hier ist jedoch daran zu erinnern, daß die Zwangsarbeit von KL-Häftlingen schon vor dem Krieg, ja bereits mit der Einrichtung der ersten ständigen Konzentrationslager Dachau und Oranienburg im Frühjahr 1933 begonnen hatte. Die in den Anklageschriften der Nürnberger Prozesse vertretene Auffassung, die NS-Diktatur und die Wirtschaft hätten einen systematischen Plan für einen „Sklaveneinsatz" (*slave worker program*) während des Krieges verfolgt,[2] ist durch die jüngere Forschung seit 1985 widerlegt worden. Statt eines kohärenten Sklavenarbeits-Programms herrschte vielmehr zu Beginn des Krieges Konzeptlosigkeit in der Arbeitseinsatzpolitik; erst das Scheitern der Blitzkriegsstrategie im Feldzug gegen die Sowjetunion Ende 1941 und das Stalingrad-Debakel, die eine Verstetigung von Sachzwängen bewirkten, nötigten zu einer leidlich systematischen Arbeitseinsatzpolitik, die aber nicht widerspruchsfrei war und auch von den Akteuren nicht als ideal betrachtet wurde.

Schon seit 1938 gab es in Deutschland Freizügigkeitsbeschränkungen für Arbeitnehmer, die eingeführt wurden, um die Allokation der Arbeitskräfte im Sinne der Verwirklichung des Vierjahresplanes und der militärischen Aufrüstung steuern zu können. Nach den Dienstpflichtverordnungen vom 22. Juni und 18. Oktober 1938 und der *Verordnung zur Sicherstellung des Kräftebedarfs für Aufgaben von besonderer staatspolitischer Bedeutung* vom 13. Februar 1939 konnte jeder Deutsche zu einer bestimmten Arbeit „dienstverpflichtet" werden; auf diese Weise sollten alle nicht wehrfähigen Männer und Jugendlichen der Wirtschaft, vor allem den Vierjahresplan- und Rüstungs-Projekten und für den Bau des *Westwalles*, verfügbar gemacht werden. Als auch nach der Einführung dieses Instrumentes der Mangel an Arbeitern weiterhin die Kriegsvorbereitungen, darunter auch die Sicherstellung der „Brotfreiheit" durch eine optimierte Landwirtschaft, zu gefährden drohte, schloß Deutschland mit dem verbündeten Italien und einigen anderen Staaten Abkommen über einen Transfer von Arbeitskräften auf der Grundlage von Anwerbungen. Mitte 1939 beschäftigte die deutsche Landwirtschaft aufgrund solcher Abkommen rund 37 000 Italiener, 15 000 Jugoslawen, 12 000 Ungarn, 5 000 Bulgaren und 4 000 Niederländer.[3] Aus dem nach der Zerstörung des tschechoslowakischen Reststaates 1939 geschaffenen *Reichsprotektorat Böhmen und Mähren* wurden vor Kriegsbeginn etwa 100 000 Arbeiter für die deutsche Landwirtschaft und die Industrie rekrutiert. Trotz alledem fehl-

---
[2] Herbert, Fremdarbeiter, S. 12f.
[3] Ebd., S. 65

ten der deutschen Wirtschaft am Vorabend des Krieges, im Sommer 1939, als bereits 1,4 Millionen Männer zur Wehrmacht eingezogen waren, rund 1,2 Millionen Arbeitskräfte.

Die Entwicklung der Zwangsarbeit im kriegführenden Deutschland wurde durch einige Grundsatzentscheidungen des Regimes bestimmt. Am Anfang stand die Vorgabe Hitlers und anderer führender Persönlichkeiten, die Belastung der sogenannten *Heimatfront*, anders als es im Ersten Weltkrieg gewesen war, möglichst gering zu halten. Nie wieder sollte die Kampfkraft der deutschen Streitkräfte durch Unruhen und Streiks im Hinterland beeinträchtigt werden. Aus diesem Ziel ergaben sich weitere Prämissen:

1) Zunächst das Festhalten einer auf hohem Niveau produzierenden Landwirtschaft. Die Menschen im Reich sollten bei allen physischen und psychischen Belastungen, die der Krieg mit sich brachte, wenigstens keinen Hunger leiden. Tatsächlich war die Ernährung der Deutschen fast während des ganzen Krieges eindeutig besser als in den Jahren 1917 und 1918; nur im Frühjahr 1942 und in den letzten Kriegsmonaten seit Ende 1944 brach die Quantität der Ernährung erheblich ein. Die wirklichen Hungerjahre kamen erst nach Kriegsende (1945-48). Hier muß allerdings hinzugefügt werden, daß auch die Verfügung über das landwirtschaftliche Potential des größten Teils von Europa von Mitte 1941 bis 1944 dem Regime die relativ gute Lebensmittelversorgung der Deutschen ermöglichte – auf Kosten der Bevölkerung der unterworfenen Länder. Die Ausbeutung der Lebensmittelressourcen der besetzten Länder wäre jedoch noch drastischer ausgefallen, wenn das NS-Regime nicht entschieden hätte, im Reich selbst eine Landwirtschaft auf Vorkriegsniveau aufrecht zu erhalten, woraus sich ein Ersatzbedarf von zunächst einer halben Million, 1944 dann mehr als 2,7 Millionen Arbeitskräften ergab.[4]

2) Größere Bedeutung für die Entwicklung des Systems der Zwangsarbeit hatte jedoch der Verzicht des Regimes auf eine groß angelegte Mobilisierung der deutschen Frauen für die Rüstungsindustrie. Die Stimmung der Heimatfront sollte vor allem dadurch stabilisiert werden, daß die verheirateten und nicht ohnehin erwerbstätigen Frauen weiterhin ihre Aufgaben in den Familien und Haushalten erfüllen konnten, wie es ja auch der NS-Ideologie entsprach. Daher wurden die Unterstützungszahlungen des Reiches an die Soldatenfrauen so großzügig bemessen, daß die Frauen keine Erwerbstätigkeit aufnehmen mußten, um die Familien durchzubringen. In den ersten Kriegsjahren nahm die gewerbliche Frauenbeschäftigung sogar ab. Auch nachdem der Feldzug gegen die Sowjetunion im Winter 1941/42 festgelaufen war und sich herausstellte, daß die angekündigte Rückkehr eines großen Teils der Soldaten an die heimischen Arbeitsplätze nicht stattfinden würde, wollte man noch auf eine massenhafte Dienstverpflichtung

---

[4] Ebd., S. 314 (Tab. 41).

deutscher Frauen für die Industrie verzichten.⁵ Der Anteil der weiblichen Arbeitskräfte an der Gesamtheit der Beschäftigten in Deutschland blieb von 1939 bis 1944 *„nahezu konstant"*. Aus diesem Grunde konnte der Ersatzbedarf an Arbeitskräften nur durch die Beschaffung von hunderttausenden von Arbeitskräften aus der Sowjetunion gedeckt werden. Großbritannien dagegen verfolgte diesbezüglich eine andere Politik und mobilisierte das Reservepotential der Frauen für die Industrie in viel größerem Umfang. Auch in der Sowjetunion war der Anteil der Frauen an den Arbeitsplätzen in der Industrie und im Verkehrswesen sehr viel größer als im Deutschen Reich.

Erst 1943 kam es aufgrund eines Geheimerlasses Hitlers vom 13. Januar, der unter dem Eindruck der Entwicklung bei Stalingrad entstanden war, zu einer stärkeren Mobilisierung von deutschen Frauen für die Rüstungsindustrie. Die Dienstverpflichtung wurde von den meisten der betroffenen Frauen nur mit größtem Widerwillen hingenommen. Aber auch 1943 und im folgenden Jahr nahm der Fraueneinsatz im Reich nicht das Ausmaß an, das er in Großbritannien und der Sowjetunion hatte. Der Höhepunkt des industriellen Fraueneinsatzes in Deutschland lag 1944 mit 14,9 Millionen nur relativ unwesentlich über dem Stand von Mai 1939 (14,6 Millionen). Sogar im Sommer 1944 gab es in Deutschland noch 1,3 Millionen weibliche Hausangestellte (in einer Stadt wie Duisburg waren es nicht weniger als 8 000), wogegen dieses Phänomen der alten bürgerlichen Welt in Großbritannien fast völlig verschwunden war.⁶

Bei Kriegsbeginn herrschte in Deutschland Vollbeschäftigung, vor allem infolge der forcierten Rüstungsanstrengungen seit 1936. Neben 39,1 Millionen deutschen Arbeitskräften waren rund 300 000 ausländische respektive nichtdeutsche Arbeitskräfte tätig, vor allem Tschechen, Italiener, Jugoslawen, Ungarn und

---

⁵ In Anbetracht des relativ großen „Angebotes" an Fremdarbeitern und Kriegsgefangenen erklärte der Generalbevollmächtigte für den Arbeitseinsatz Sauckel am 20. April 1942, daß deutsche Frauen überhaupt nicht mehr für die Kriegswirtschaft dienstverpflichtet werden sollten, solange genügend ausländische Arbeitskräfte zur Verfügung stünden.

⁶ Zur Beschäftigung deutscher Frauen in der Kriegswirtschaft s. Herbert, Fremdarbeiter, S. 53-56 u. 275f.; Ursula von Gersdorff, Frauen im Kriegsdienst 1914-1945, Stuttgart 1969; Rüdiger Hachtmann, Industriearbeit im „Dritten Reich". Untersuchungen zu den Lohn- und Arbeitsbedingungen in Deutschland 1939-1945, Göttingen 1989; Bernhard R. Kroener, Der Kampf um den „Sparstoff Mensch". Forschungskontroversen über die Mobilisierung der deutschen Kriegswirtschaft 1939-1942, in: Wolfgang Michalka (Hrsg.), Der Zweite Weltkrieg. Analysen, Grundzüge, Forschungsbilanz, München u. Zürich 1989, S. 402-417; ders., „Soldaten der Arbeit". Menschenpotential und Menschenmangel in Wehrmacht und Kriegs-wirtschaft, in: Dietrich Eichholtz (Hrsg.), Krieg und Wirtschaft. Studien zur deutschen Wirtschaftsgeschichte 1939-1945, Berlin 1999, S. 109-27; ders., „Menschenbewirtschaftung", Bevölkerungsverteilung und personelle Rüstung in der zweiten Kriegshälfte (1942-1944), in: Bernhard R. Kroener, Rolf-Dieter Müller u. Hans Umbreit, Das Deutsche Reich und der Zweite Weltkrieg, Bd. 5: Organisation und Mobilisierung des deutschen Machtbereichs. 2. Halbband: Kriegsverwaltung, Wirtschaft und personelle Ressourcen 1942-1944/45. Hrsg. vom Militärgeschichtlichen Forschungsamt, Stuttgart 1999, S. 777-1001; Christine Ferreau, „Zwischenspiele". Frauenarbeit in der Eisen- und Stahlindustrie während der Weltkriege, in: industriekultur, Heft 4/2000, S. 14f.

Niederländer. Untersucht man die Kriegswirtschaft des Zweiten Weltkrieges, erkennt man zwei zentrale Tatsachen:

1) Jede Kriegswirtschaft sieht sich bei der Beschränktheit der materiellen Ressourcen der Notwendigkeit gegenüber, zwischen der militärischen Rüstung einerseits und der Versorgung der Bevölkerung andererseits Prioritäten zu setzen. In den ersten Kriegsjahren, bis einschließlich 1941, wurde die Rüstungsproduktion nur wenig zu Lasten der Konsumgüterproduktion ausgeweitet, weil man der Bevölkerung erhebliche Einschränkungen ihres Konsums nicht zumuten wollte. Das änderte sich erst 1942 und besonders nach dem Stalingrad-Debakel (Jahreswende 1942/43); nun wurden die materiellen Ressourcen stärker in die Rüstungsproduktion umgelenkt.

2) Hitler und die anderen führenden Persönlichkeiten des NS-Regimes waren von Anfang an entschlossen, den Krieg so weitgehend wie möglich auf Kosten fremder Völker und unter Schonung des eigenen Volkes zu führen. Dies bedingte eine erhebliche Ausbeutung der besetzten Länder in bezug auf Menschen und Rohstoffe. Bei dieser Politik blieb es bis zum Verlust der letzten besetzten Gebiete, wenngleich seit 1943 auch den Deutschen sehr viel schwerere Lasten als in den vorangegangenen beiden Kriegsphasen auferlegt wurden.

Das Konzept der Blitzkriege, das bis Ende 1941 die zentrale militärische Doktrin Hitlers und der Wehrmacht war, erforderte keine grundsätzliche Umorientierung der Industrieproduktion, d. h. keine Maßnahmen, die über das hinausgingen, was bereits der erste Vierjahresplan von 1936 vorgesehen hatte. Eine erste Forcierung der Waffen- und Munitionsproduktion erfolgte im Sommer 1940, nachdem sich herausgestellt hatte, daß Großbritannien den Krieg nicht aufgeben würde und Deutschland sich auf eine längere Kriegsdauer einstellen mußte. Der Anteil der Rüstungsproduktion an der gesamten Produktion erreichte jedoch noch 1942 nur 26 Prozent. Nachdem im Dezember 1941 die Rote Armee vor Moskau die Offensive der Wehrmacht beendet hatte und die Frontlinie gleichsam festgefroren war, mußte Hitler die Blitzkrieg-Strategie aufgeben; dies geschah offiziell am 10. Januar 1942 mit dem *Führerbefehl zur Rüstung 1942*. Die Konsequenz daraus war die Umstellung der Kriegführung und der Rüstungsproduktion auf einen Abnutzungs- und Erschöpfungskrieg, der, so die Vorstellung, mit dem „Ausbluten" der Gegner enden sollte. Daraus wiederum ergab sich für die Rüstungsunternehmen ein hoher Bedarf an zusätzlichen Arbeitskräften, der mit deutschen Männern nicht mehr zu decken war und mit deutschen Frauen nicht gedeckt werden durfte.

Nach dem Unfalltod des Rüstungsministers Dr. Fritz Todt im Februar 1942 trat der Architekt und Hitler-Liebling Albert Speer an seine Stelle. Er hat in den folgenden zwei Jahren, bis Mitte 1944, eine erhebliche Steigerung der kriegswirtschaftlichen Produktion (man sprach vom „Rüstungswunder") zuwege gebracht, was ohne die Ausbeutung von Millionen von Zwangsarbeitern aller Kategorien nicht möglich gewesen wäre. Das „System Speer" bedeutete zunächst eine größtmögliche Umstellung der industriellen Produktion auf die in den Vereinigten Staaten entwickelte tayloristische Produktionsweise, die im Kern aus dem Fließband-Prinzip und der Zerlegung eines Fertigungsprozesses in möglichst kleine Arbeitseinheiten bestand und in Deutschland vor Kriegsbeginn erst in Teilen der Automobilproduktion (Volkswagenwerk und Opel) praktiziert worden war. Der betriebswirtschaftliche Zweck des Verfahrens war die Senkung der Herstellungskosten durch die Produktion großer Serien statt hochwertiger Einzelstücke und Einzweck-Maschinen (*single purpose machines*), wie sie bis dahin für die deutsche metallverarbeitende Industrie charakteristisch gewesen waren. Es gelang Speer, das Fließbandverfahren in großen Teilen der Rüstungsendfertigung durchzusetzen. Für die Fließbandproduktion jedoch benötigte man weniger hochqualifizierte Facharbeiter als bei der traditionellen deutschen Produktionsweise und konnte in viel größerem Umfang einfache, angelernte Arbeiter einsetzen. Diese Umorientierung kam den Möglichkeiten des Zwangsarbeitssystems entgegen. Bis 1941 war der Einsatz von Zwangsarbeitern in der Industrie wenig produktiv und sehr kostenträchtig; das änderte sich jetzt in den modernisierten Industriebranchen wie der Flugzeugproduktion. Allerdings blieb der Einsatz fachfremder ausländischer Arbeitskräfte stets teurer als die Verwendung deutscher Arbeiter. Die Industrie mußte ausländische Zwangsarbeiter schließlich schon deshalb einstellen, weil sie keine deutschen Arbeiter mehr bekam – weder Facharbeiter noch ungelernte.

Das zweite Hauptelement des „Systems Speer" war die „Selbstverantwortung der Industrie", eine begrenzte Wiederherstellung der Autonomie der Industriellen zu Lasten der in der Rüstungsindustrie (im engeren Sinn) bis 1942 bestehenden Steuerungsgewalt der Wehrmacht; mit diesem Teilrückzug des Staates ging allerdings die Etablierung von Rationalisierungskommissionen einher, die über den optimalen Einsatz von Rohstoffen, Energie und Arbeitskraft wachten und Konzentrationen der Herstellung bestimmter Waffen an wenigen Standorten anordnen konnten. Beide Elemente des Systems zusammen mit einer Umverteilung von Ressourcen aus dem zivilen Sektor in die Rüstungsindustrie ermöglichte eine bedeutende Ausweitung der Produktionskapazitäten und eine enorme Steigerung des Ausstoßes an Flugzeugen, Panzern, militärischen Fahrzeugen und Geschützen. Die Flugzeugproduktion z. B. stieg von 1942 bis 1944 um das Dreifache, der Anteil der Rüstungsproduktion an der gesamten deutschen Produktion im gleichen Zeitraum von 26 auf 48 Prozent. Mitte 1944 erreichte die deutsche Rüstungsendfertigung ihren Leistungshöhepunkt,[7] was aber der Diktatur nichts

---

[7] Die erhebliche Produktionssteigerung bleibt unstreitig, wenngleich nachgewiesen wurde, daß Speer und sein Ministerium ihre Erfolgsbilanzen gefälscht haben und die quantitativen Angaben in diesen Dokumenten neben der Wahrheit liegen. Einen Nachweis für die Speerschen Fälschungen führt Rolf-Dieter Müller, Albert Speer und die Rüstungspolitik im totalen Krieg, in: Bernhard R. Kroener, Rolf-Dieter Müller u. Hans Umbreit, Das Deutsche Reich und

mehr nützte. Die Westmächte und die Sowjetunion hatten ihre Produktion ebenfalls vergrößert und geboten 1944 über ein viel stärkeres Potential als Deutschland; im Übrigen standen schon drei Monate später die alliierten Armeen im Osten und Westen an den Reichsgrenzen.

Im März 1944 fiel die Entscheidung, in der Kriegswirtschaft alle Kräfte auf die Flugzeugproduktion, die Produktion der „Vergeltungswaffen" (V-Waffen) und Kugellagern und die Erzeugung von synthetischem Treibstoff zu konzentrieren. Im Zusammenhang damit wurden viele Rüstungsbetriebe in unterirdische Räume (Höhlen und Stollen) verlagert, die unter furchtbarsten Bedingungen von Häftlingen der Konzentrationslager geschaffen oder ausgebaut wurden. Die Todesrate bei diesen Häftlingen war sehr hoch. Seit Mai 1944 ließen dann vor allem die zunehmend schweren Schäden durch Luftangriffe auf Industriebetriebe und Bahnhöfe, mittelbar auch die Zerstörung hunderttausender von Wohnungen (und damit der gewohnten Lebensformen) der Arbeiter die industrielle Produktion erheblich sinken. Im Mai und Juni 1944 flogen die alliierten Luftwaffen Angriffe auf die deutschen Kohlehydrierwerke und Erdölraffinerien, mit der beabsichtigten Folge eines weitgehenden Zusammenbruchs der deutschen Treibstofferzeugung. Seit September 1944 galten die Luftangriffe der Alliierten vor allem der Verkehrsinfrastruktur (Wasserstraßen und Eisenbahnnetz), aber erst im Frühjahr 1945 wurden die Materialströme durch Luftangriffe nachhaltig unterbrochen.

Die Initiative zur Einstellung und Beschäftigung von ausländischen Arbeitskräften ging von den Arbeitgebern aus, und wer beim Arbeitsamt keine ausländischen Arbeiter oder Arbeiterinnen beantragte, erhielt auch keine. Allerdings darf auch nicht verkannt werden, daß die meisten Betriebe im Falle einer Weigerung, „Fremd"- respektive Zwangsarbeiter einzustellen, hätten stillgelegt werden müssen, was das Regime bei kriegswirtschaftlich unverzichtbaren Betrieben nicht hingenommen hätte. Die Konsequenz wäre eine sofortige Absetzung der Geschäftsführung oder der Eigentümer gewesen; der Betrieb wäre durch einen kommissarischen, vom Rüstungsministerium eingesetzten Vorstand übernommen worden, der dann doch unverzüglich Zwangsarbeiter angefordert hätte, um die Aufrechterhaltung der Produktion zu gewährleisten. Spätestens seit 1944 waren die Unternehmen der Rüstungsindustrie nicht mehr autonom. Ein Beispiel für die faktische Übernahme eines großen Betriebes durch Speers Rüstungsministe-

---

der Zweite Weltkrieg, Bd. 5: Organisation und Mobilisierung des deutschen Machtbereichs. 2. Halbband: Kriegsverwaltung, Wirtschaft und personelle Ressourcen 1942-1944/45, Stuttgart 1999, S. 273-773, hier: S. 753f.; vgl. dazu die Rezension dieses Werkes von Lutz Budraß: http://hsozkult.geschichte.hu-berlin.de, 7. April 2000. - Zu den geschönten Erfolgsbilanzen Speers auch: Hans Mommsen, Der Mythos von der Modernität. Zur Entwicklung der Rüstungsindustrie im Dritten Reich, Essen 1999, S. 29.

rium und seine lokalen Arbeitseinsatzingenieure ist das Kruppsche Berthawerk in Markstädt bei Breslau.[8]

Wer glauben würde, das System der Zwangsarbeit wäre von einer einzigen großen, mächtigen und effektiven Behörde administriert worden, befände sich im Irrtum. Am System waren mehrere staatliche Teilbürokratien (zunächst das Reichsarbeitsministerium mit seiner nachgeordneten Verwaltung, das Wirtschaftsministerium und das Rüstungsministerium, außerdem die *Geschäftsgruppe Arbeitseinsatz* der Vierjahresplan-Administration), ferner das Oberkommando der Wehrmacht, der Polizeiapparat (Ordnungspolizei, GESTAPO und Sicherheitsdienst), die *Reichstreuhänder der Arbeit*, die *Deutsche Arbeitsfront* (DAF) mit ihrem *Amt für Arbeitseinsatz*, die Branchenorganisationen der Wirtschaft und natürlich die Arbeitgeber beteiligt. Seit Anfang 1943 hatte auch noch die Parteikanzlei der NSDAP mitzureden. Die Wirtschaftsgruppe Maschinenbau stellte im August 1946 in einem Bericht über den „Einsatz" ausländischer Arbeiter in der Branche während des Krieges fest, die *„Vielzahl der für den Arbeitseinsatz allmählich zuständig gewordenen amtlichen und halbamtlichen Behörden und Organisationsstellen"* habe „vielfach zu Kompetenzstreitigkeiten" geführt und „*die Durchführung der Arbeitseinsatzaufgaben nicht nur unendlich schwer, sondern auch wenig erfolgreich*" gemacht;[9] diesen Feststellungen dürften viele andere Branchenverbände und wohl die meisten industriellen Unternehmen zugestimmt haben.

Die Zersplitterung von Zuständigkeiten und das Fehlen klarer Abgrenzungen der Kompetenzen waren allgemeine Merkmale des deutschen Staates und des NS-Regimes schon vor 1939, besonders aber in der Kriegszeit. Peter Hüttenberger hat 1976 von dem NS-Staat als einer *Polykratie* gesprochen, in der mehr oder weniger starke Reste der rechtsstaatlichen Bürokratie und Justiz und neugeschaffene Institutionen der Diktatur mit oft widerstreitenden Interessen Machtkämpfe austrugen, die irgendwann durch ein Machtwort Hitlers zugunsten eines der Gegner beendet oder vorläufig beendet wurden. Es kam jedoch auch vor, daß Kämpfe zwischen rivalisierenden Personen und Institutionen Handlungsanwei-

---

[8] Darüber Werner Abelshauser, Rüstungsschmiede der Nation? Der Kruppkonzern im Dritten Reich und in der Nachkriegszeit 1933 bis 1951, in: Lothar Gall (Hrsg.), Krupp im 20. Jahrhundert. Die Geschichte des Unternehmens vom Ersten Weltkrieg bis zur Gründung der Stiftung, Berlin 2002, S. 267-472, hier: S. 375-99.

[9] TKKA VSt/1406: Bericht der Wirtschaftsgruppe Maschinenbau über den „Arbeitseinsatz" von Ausländern während des Krieges, 21. August 1946 (Abschrift), S. 1.

sungen Hitlers konterkarierten.¹⁰ Zu den Teilmächten gehörten die SS mit dem Polizeiapparat, die NSDAP mit ihren vielfältigen Organisationen, die Gauleiter, welche teilweise als *Reichsstatthalter* an der Spitze der Regierung der formell weiter bestehenden deutschen Länder standen, die Wehrmacht (mit einer gewissen Sonderstellung der Luftwaffe) und die Wirtschaftsbürokratie (Vierjahresplan-Verwaltung und Rüstungsministerium). Die *Deutsche Arbeitsfront* gehörte ungeachtet ihrer hohen Mitgliederzahl nicht zu den Teilmächten der „ersten Garnitur", was auch für die klassischen Sektoren der Staatsverwaltung galt. Die chaotischen Züge des NS-Staates verstärkten sich in den Kriegsjahren, ohne daß die Verwirklichung des Hauptzieles Hitlers und anderer führender Nationalsozialisten, der Genozid an den europäischen Juden, dadurch beeinträchtigt worden wäre.

Ein anderes, 1941 von dem Juristen Ernst Fraenkel im amerikanischen Exil entworfenes Paradigma des NS-Staates war das Neben- und Gegeneinander zweier Staatsformen, des traditionellen *Normenstaates* und des revolutionären *Maßnahmenstaates*, dem zunächst der SS-Komplex und die GESTAPO zuzuordnen sind. Die Fraenkelsche Dichotomie ist geeignet, den Blick auf das *Dritte Reich* zu schärfen, darf jedoch nicht im Sinne einer sauberen Trennung der beiden Sphären verstanden werden. Die Grenze zwischen den Sphären, etwa im Bereich der Polizei, wo die SS während des Krieges den gesamten Apparat unter ihre Kontrolle brachte, und bei der Justiz verschob sich mehrfach und verlief mitten durch Institutionen wie die Wehrmacht. Die Justiz bildete mit den *Sondergerichten* und dem *Volksgerichtshof* einen maßnahmenstaatlichen Sektor aus. Die Wehrmacht, zunächst ein Bestandteil des Normenstaates, wurde durch die Kriegsverbrechen im Feldzug gegen die Sowjetunion und in besetzten Ländern seit 1941 *auch* zu einem Instrument des Maßnahmenstaates. Teile der „klassischen" Staatsverwaltung wie die Finanzverwaltung beteiligten sich an Maßnahmen der Diktatur wie der Enteignung von auswandernden oder deportierten Juden. Aber bis zum Kriegsende haben Vertreter des Normenstaates, meist erfahrene Beamte, versucht, rechtsstaatliches „Erbe" gegen die immer aggressiver auftretenden Forderungen des Maßnahmen- und Polizeistaates zu verteidigen. Im Bereich des kriegswirtschaftlichen *Arbeitseinsatzes* agierten seit 1942 vor allem zwei starke Teilmächte: das Rüstungsministerium und der GBA auf der

---

¹⁰ Zur Struktur des NS-Staates u. ä.: Peter Hüttenberger, Nationalsozialistische Polykratie, in: Geschichte und Gesellschaft, 2. Jg. (1976), S. 417-42; ders., Führer und Polykratie im Nationalsozialismus, in: Aurelius Freytag et al. (Hrsg.), Geschichte und Verantwortung, Wien 1988, S. 123-38. - Norbert Frei, Der Führerstaat. Nationalsozialistische Herrschaft 1933 bis 1945, München 1987 (erweiterte Neuauflage München 2001; darin zur Entwicklung in der Kriegszeit vor allem S. 192-98 und das Schlußkapitel S. 207-15). - Dieter Rebentisch, Führerstaat und Verwaltung im Zweiten Weltkrieg. Verfassungsentwicklung und Verwaltungspolitik 1939-1945, Stuttgart 1989 (besonders S. 117-42, 309-30, 356ff., 512-31). - Ludolf Herbst, Entkoppelte Gewalt - Zur chaostheoretischen Interpretation des NS-Herrschaftssystems, in: Tel Aviver Jahrbuch für deutsche Geschichte, Bd. 28 (1999), S. 117-58.

einen, das Reichssicherheitshauptamt auf der anderen Seite. Demgegenüber konnte die Innere Verwaltung in einigen wenigen Betreffen wie dem betrieblichen Gesundheitswesen und dem Arbeitsschutz ihre Stellung behaupten.

Die mächtigsten der mit Angelegenheiten des Ausländer-„Einsatzes" befaßten Teilverwaltungen und Institutionen waren die Reichsarbeitsverwaltung und die erst 1942 geschaffene Behörde des *Generalbevollmächtigten für den Arbeitseinsatz* (GBA), die in personeller Hinsicht aus dem Reichsarbeitsministerium herauswuchs und schließlich faktisch an dessen Stelle trat. Die Reichsarbeitsverwaltung mit ihren 13 regionalen Landesarbeitsämtern und rund 400 lokalen Arbeitsämtern war schon vor dem Krieg zu einem Instrument der Lenkung der Ressource Arbeitskraft im Dienst der Rüstungswirtschaft geworden. Zunächst hatte 1935 die Einführung des *Arbeitsbuches* für alle Arbeitskräfte die berufliche Entwicklung für Behörden und neue Arbeitgeber transparent gemacht. Seit 1938 mußte jeder Arbeitsplatzwechsel vom zuständigen Arbeitsamt genehmigt werden. Die bereits erwähnten Dienstpflichtverordnungen von 1938 und 1939 schufen für die Vierjahresplan-Verwaltung und die Arbeitsämter die rechtliche Handhabe, jeden Arbeitnehmer und jede Arbeitnehmerin zu Arbeitgebern umzusetzen, die an der Erreichung der Ziele des Vierjahresplanes, darunter vor allem die militärische Aufrüstung, mitwirkten. Im Grunde liegt hier, wenn man von den Konzentrationslagern absieht, der Beginn der Zwangsarbeit im Deutschen Reich. Nach Kriegsbeginn wurden die Dienstpflichtverordnungen schrittweise auf ausländische Arbeitskräfte ausgedehnt. Göring als Beauftragter für den Vierjahresplan erließ am 20. Mai 1942 eine weitere Verordnung, nach der in kriegswirtschaftlich relevanten Betrieben Arbeitsverhältnisse nur durch das Arbeitsamt gelöst werden konnten und befristete, auslaufende Arbeitsverträge *„bis auf weiteres"* als verlängert zu gelten hatten. Die Grenzen der Landesarbeitsamtsbezirke entsprachen in Preußen den Provinzgrenzen; für den rheinischen Teil des Ruhrgebietes war das LAA in Köln, für den westfälischen Teil das LAA in Dortmund zuständig. Aufgrund einer Anordnung des GBA vom 27. Juli 1943 wurden anstelle der Landesarbeitsämter 40 *Gauarbeitsämter* eingerichtet, die außer den Aufgaben der Landesarbeitsämter auch die Befugnisse der bisherigen *Reichstreuhänder der Arbeit* übernahmen, bei denen es sich um Beamte handelte, die seit der Zerstörung der Gewerkschaften im Mai 1933 offiziell die Interessen der Arbeitnehmer im Wirtschaftsleben vertreten und – faktisch nach Weisungen der Regimeführung – die Lohntarife festgesetzt hatten.

Die Anwerbung von zivilen ausländischen Arbeitskräften und deren Vermittlung an die Unternehmen und öffentlichen Betriebe war zunächst Aufgabe der Reichsarbeitsverwaltung, die in allen von deutschen Truppen eroberten und besetzten Ländern Dienststellen für die Beschaffung von Arbeitskräften einrichtete. Schon am dritten Tag des Polen-Feldzugs, am 3. September 1939, nahm die erste dieser Stellen in Rybnik, im polnischen Teil Oberschlesiens, ihre Arbeit auf; Ende September sollen schon 70 Anwerbestellen auf polnischem Gebiet existiert haben.[11] Bei Beginn des Feldzugs gegen die Sowjetunion bildete das Reichsarbeitsministerium Werbekommissionen, die der vorstoßenden Wehrmacht praktisch auf dem Fuße folgten. Bis 1943 haben sich die Dienststellen der Arbeitsverwaltung in den besetzten Gebieten um freiwillige Meldungen ausländischer Arbeitskräfte bemüht, danach ging es nur noch mit Zwang. Die lokalen Dienststellen wurden von den deutschen Besatzungsbehörden, den Meldeämtern und später, als freiwillige Meldungen nicht mehr vorkamen, von SS, Sicherheitspolizei, GESTAPO und der jeweiligen einheimischen Polizei oder Miliz unterstützt, und sie hätten ihre Aufgabe ohne diese Unterstützung auch nicht erfüllen können. Die Arbeitsverwaltung teilte der SS die gewünschten Rekrutierungszahlen mit, und die sogenannten *Höheren SS- und Polizeiführer*, die Einsatzkommandos der SS, die Kommandeure der Sicherheitspolizei und die GESTAPO-Stellen in den besetzten Gebieten der Sowjetunion sorgten dann mit Hilfe der einheimischen Polizeien oder Milizen dafür, daß die Sollzahlen erreicht wurden.

Unternehmen und Betriebe, die zivile ausländische Arbeitskräfte nötig hatten, meldeten ihren Bedarf beim örtlichen Arbeitsamt und erhielten dann nach einiger Zeit bestimmte Arbeiter-Kontingente zugeteilt. Die Arbeitsämter hatten jedoch auch die Befugnis, Arbeitskräfte aus Betrieben abzuziehen, etwa dann, wenn es galt, kriegswirtschaftlich wichtigere Betriebe zu Lasten weniger wichtiger Betriebe besser auszustatten. Dies traf seit 1941/42 vor allem die Konsumgüterindustrie und große Teile des Handwerks; es gab aber auch Umsetzungen *zwischen* zwei kriegswirtschaftlich privilegierten Bereichen, etwa aus der Eisen- und Stahlindustrie zum Bergbau. Kriegsgefangene wurden von der Wehrmacht zur Verfügung gestellt, KL-Häftlinge vom 1942 gegründeten Wirtschafts-Verwaltungshauptamt der SS in Berlin. Im landwirtschaftlichen Bereich wirkten die Kreisbauernschaften, im Handwerk die Kreishandwerkerschaften an der Verteilung der zivilen oder kriegsgefangenen ausländischen Arbeitskräfte mit.

Die Schaffung der Institution des *Generalbevollmächtigten für den Arbeitseinsatz* durch einen Erlaß Hitlers vom 21. März 1942 sollte die Rekrutierung der nötigen Arbeitskräfte effektiver machen, wozu dem GBA die Aufgaben der im Oktober 1936 eingerichteten *Geschäftsgruppe Arbeitseinsatz* der Vierjahresplan-Behörde übertragen wurden; die Arbeitsverwaltung mußte ihm ihre Werbe-Dienststellen in den besetzten Gebieten abtreten. Die eigentliche Behörde des GBA in Berlin bestand aus den Abteilungen III und V des Reichsarbeitsministeriums, die formell und haushaltsrechtlich Teile des Ministeriums blieben. Das Amt wurde mit dem Reichsstatthalter und NSDAP-Gauleiter von Thüringen, Fritz Sauckel, einem *Alten Kämpfer* der NSDAP, besetzt.

Eine neue, höhere Stufe der Zwangsausübung begann im Frühjahr 1942, als im besetzten Gebiet der Sowjetunion Methoden der Zwangsrekrutierung ziviler

---

[11] Valentina Maria Stefanski, Zwangsarbeit in Leverkusen. Polnische Jugendliche im I. G. Farbenwerk, Osnabrück 2000, S. 19.

Arbeitskräfte eingeführt wurden, die brutaler waren als die zuvor in Polen praktizierten. „Rechtsgrundlage" für die Massendeportationen von sowjetischen Zivilisten war eine Verordnung des Reichsministers für die besetzten Ostgebiete vom 19. Dezember 1941, die alle Bewohner der besetzten Gebiete *„nach Maßgabe ihrer Arbeitsfähigkeit der öffentlichen Arbeitspflicht"* unterwarf. Seit dem Februar 1942 trieben deutsche Polizei- und SS-Einheiten, oft mit Hilfe kollaborierender ukrainischer oder weißrussischer Milizen, und stets nach Vorarbeiten lokaler Verwaltungsstellen, denen die Erfassung der in Frage kommenden Menschen oblag, in den Städten und Dörfern zwischen der Reichsgrenze und der Ostfront bevorzugt junge Männer und Frauen zusammen und verschickten sie in lediglich mit Stroh ausgelegten Güterwaggons der Reichsbahn nach Deutschland – bis zu 10 000 Menschen pro Woche. Die Aufforderung an die für Zwangsarbeit in Deutschland vorgesehenen Menschen, sich freiwillig zu melden, war mit der Androhung eines Entzugs der Lebensmittelkarten und manchmal auch von Repressalien gegen die Familie bei Nichtgestellung verbunden; wer trotzdem „abtauchte", mußte, da er ohne Lebensmittelkarten keine legale Existenzgrundlage hatte, immer wieder Diebstähle begehen oder sich einer Partisanengruppe anschließen. Nach tagelanger Fahrt in den Güterwaggons – die Transporte wurden vom GBA organisiert – kamen die Männer und Frauen in Durchgangslagern (DULAGS) der Reichsarbeitsverwaltung an, von denen es etwa 50 gab, zum Beispiel in Berlin-Wilhelmshagen, Soest, Köln-Deutz, Wuppertal und Friedrichsfeld (Kreis Dinslaken). In den Durchgangslagern, die als „Visitenkarten des Reiches", wie es bei der DAF hieß,[12] die höchsten baulichen und hygienischen Standards und besonders fürsorgliches Personal aufweisen sollten, übernahmen die Arbeitsämter der jeweiligen Region ihre Kontingente und organisierten dann den Weitertransport zu den Arbeitgebern. Letztere holten die ihnen zugewiesenen Arbeiter-Kontingente meist an den Bahnhöfen ab; es kam aber auch vor, daß Betriebsleiter ihre neuen Arbeiter schon im Durchgangslager übernahmen.

Weil es 1943 immer schwieriger wurde, in den besetzten Gebieten der Sowjetunion Freiwillige zu finden, die bereit waren, in Deutschland Arbeit aufzunehmen, ging das System, um die Sollzahlen zu erreichen, zu noch brutalen Gewaltmaßnahmen über, als bis dahin angewendet worden waren. Die deutsche Bevölkerung hat jedenfalls zum Teil von diesen Rekrutierungsmethoden gewußt, vor allem durch *„mündliche und schriftliche Äußerungen von zurückgekehrten oder im Urlaub befindlichen Beamten, Betriebsführern und Wehrmachtsangehörigen*

---

[12] StADU 41/436: Bericht des Beauftragten VIII der Zentralinspektion der DAF für die ausländischen Arbeitskräfte, Erich von Seydlitz-Kurzbach, für Mai und Juni 1944, vom 30. Juni 1944, S. 3. Seydlitz-Kurzbach moniert in diesem Bericht, daß in einigen Durchgangslagern seines Bezirkes, z. B. in Köln-Deutz und Wuppertal, Tuberkulosekranke untergebracht waren (vor allem Ostarbeiter beiderlei Geschlechts), weil die eigentlich für schwerkranke, „ausgemusterte" Zwangsarbeiter vorgesehenen Krankensammellager überfüllt waren. Er forderte daher den Bau weiterer Krankensammellager.

aus dem Osten".[13] In einer *Meldung aus dem Reich* aus dem April 1943 wurden einige dieser Methoden beschrieben:

„Diesen Grundsatz [der Freiwilligkeit - M. K.] *habe man im Laufe der Zeit verlassen, und man sei immer mehr zu Zwangsmaßnahmen bei der Anwerbung übergegangen, um die den einzelnen Bezirken auferlegten Sollziffern an Arbeitskräften für das Reich zu erreichen. Bei den Erfassungsaktionen handele man nur nach dem Gesichtspunkt, möglichst viele Kräfte zu erhalten. Dabei würden die Arbeiter ‚mit List oder Gewalt' zusammengeholt. Veranstaltungen, wie z. B. Kinovorführungen, lediglich zu dem Zweck, Teilnehmer festzuhalten und dem Arbeitseinsatz für das Reich zuzuführen, seien durchaus keine Seltenheit. Gerüchteweise sei auch das Umstellen von Dörfern, Kirchen und Leichenzügen zwecks Erfassung der Bewohner bzw. Verkehrsteilnehmer als Arbeitskräfte für das Reich bekanntgeworden. Die Auswirkungen dieser Aktionen würden überhaupt nicht in Betracht gezogen. Die Bewohner der Gebiete, die für den Arbeitseinsatz im Reich durchgekämmt werden, würden sich in der Mehrzahl dem Zugriff der Werbekommission durch die Flucht entziehen. Teilweise habe man daraufhin die Dörfer oder zumindest Einzelhäuser in Brand gesetzt, um dann die Löschmannschaften mitzunehmen. In anderen Fällen wurden den geflohenen Einwohnern Einrichtungsgegenstände, wie z. B. Betten usw. weggenommen."*[14]

Auch im *Generalgouvernement* wurden weiterhin arbeitsfähige Menschen für den *Einsatz* im Reich ausgehoben, darunter – bei der sogenannten Landarbeiteraktion im April 1942 – auch Jugendliche im Alter ab dreizehn Jahren. 1943, als es trotz aller Repressalien schon schwierig geworden war, den „Nachschub" zu gewährleisten, griff man auch ältere Menschen und sogar Kinder auf und verfrachtete sie ins Reich. Neben offenen Gewaltmaßnahmen gab es jedoch auch 1943 in den besetzten Gebieten im Osten noch Anwerbungspraktiken, die zumindest nach außen hin den Charakter der Freiwilligkeit trugen. So fand am 3. März 1943 im Hauptbahnhof von Krakau eine Feier statt, bei der der einmillionste polnische „Fremdarbeiter" aus dem *Generalgouvernement* vor seiner Fahrt nach Deutschland durch das Geschenk einer goldenen Uhr geehrt wurde.[15] Aus dem besetzten Gebiet der Sowjetunion kamen bis zum Frühjahr 1943 neben Zwangsrekrutierten auch freiwillige Arbeitskräfte nach Deutschland. Man hatte diesen Menschen bei der Anwerbung etwa die gemeinschaftliche Unterbringung von Familien, ausreichende Beköstigung mit denselben Rationen, die auch die deutschen Arbeiter erhielten, und das Recht, sich außerhalb der Wohnlager frei zu bewegen, versprochen. Die Enttäuschung, die sich nach der Ankunft im Einsatzbetrieb einstellte, war groß und bewirkte anhaltende Verbitterung. Der Rückzug der deutschen Armeen im Osten seit dem Frühjahr 1943 und der wachsende Wider-

---

[13] *Meldungen aus dem Reich* Nr. 377 vom 19. April 1943 (Edition S. 5153ff.).
[14] Ebd.
[15] Herbert, Fremdarbeiter, S. 218

standsgeist in den noch besetzten Gebieten ließ die Bereitschaft der Russen und Ukrainer, dem Werben der deutschen Besatzungs- und Arbeitsbehörden zu folgen, erheblich und immer tiefer sinken.

In den besetzten west- und nordeuropäischen Ländern, wo die Reichsarbeitsverwaltung 1940 ebenfalls Werbestellen einrichtete, gab es lange keine manifeste, physische Gewalt bei der Rekrutierung von Arbeitskräften wie im besetzten Polen, in der Ukraine und in Weißrußland. Westarbeiter fuhren normalerweise auch nicht in Güterwaggons, sondern in normalen Personenwagen der Reichsbahn nach Deutschland. Nachdem 1942 bei der Anwerbung freiwilliger Arbeitskräfte in Frankreich, Belgien und den Niederlanden nur noch geringe Erfolge erzielt wurden, entschied das NS-Regime im August 1942, in diesen Ländern die „Dienstverpflichtung" und damit den Arbeitszwang für die Bevölkerung einzuführen. Franzosen, Belgier und Niederländer, die nicht in einem von den deutschen Wirtschaftsbehörden als kriegswirtschaftlich wichtig eingestuften Betrieb im Heimatland arbeiteten, wurden zur Verfügungsmasse des GBA Sauckel. Die Dienstverpflichtungen für Franzosen und Belgier vom 4. September und 6. Oktober 1942 sahen generell unbefristete „Arbeitsverträge" vor. Die Regierung des unbesetzten Teils Frankreichs rief 1942 den Zwangsarbeitsdienst *Service de Travail Obligatoire* (STO) ins Leben und verpflichtete mit einem Gesetz vom 16. Februar 1943 die Männer der Geburtsjahrgänge 1920 bis 1922 zu einem zweijährigen Dienst im STO. Aufgrund der Kooperation der Regierung in Vichy mit dem GBA war den ersten beiden sogenannten *Sauckel-Aktionen* zur Aushebung französischer Arbeitskräfte (Juni bis Dezember 1942 und Januar bis April 1943) Erfolg beschieden: rund 490 260 französische Arbeiter, darunter 292 000 Facharbeiter, wurden für die deutsche Industrie verfügbar gemacht. Die dritte *Sauckel-Aktion* (Mai bis Oktober 1943) jedoch erbrachte weniger als die Hälfte der deutschen Forderung: 105 610 statt 240 000 Männer, darunter nur 25 640 Facharbeiter.[16] Insgesamt stieg die Zahl der Westarbeiter in Deutschland 1943 stark an, von 419 000 auf 1 164 000.[17]

Im Frühsommer 1943 war der Widerstand gegen die deutsche Besatzung in Frankreich bereits ein ernstzunehmendes Phänomen. Viele jüngere Franzosen, die sich der drohenden Verpflichtung zur Zwangsarbeit in Deutschland entziehen wollten, tauchten in die *Resistance* ab, handelten also wie schon 1942 die jungen Ukrainer und Russen, die der Deportation durch die Flucht in den Widerstand zuvorgekommen waren. Die vierte und letzte *Sauckel-Aktion* in Frankreich (Januar bis Juni 1944), bei der zunächst nicht weniger als eine Million Männer und

---

[16] Zu den vier *Sauckel-Aktionen* in Frankreich: Roger Frankenstein, Die deutschen Arbeitskräfteaushebungen in Frankreich und die Zusammenarbeit der französischen Unternehmen mit der Besatzungsmacht 1940-1944, in: Waclaw Dlugoborski (Hrsg.), Zweiter Weltkrieg und sozialer Wandel. Achsenmächte und besetzte Länder, Göttingen 1981, S. 211-223, hier: S. 220 (Tabelle).

[17] Herbert, Fremdarbeiter, S. 293 (November 1942 bis 31. Dezember 1943).

Frauen, nach einer Änderung der Zielstellung dann 885 000 Arbeitskräfte beschafft werden sollten, wurde für Sauckel ein krasser Fehlschlag; die Zahl der rekrutierten Personen lag zwischen 36 000 und 50 000.[18] Ende April 1943 kam es in den Niederlanden wegen des Befehls Hitlers, die ehemaligen, längst entlassenen Kriegsgefangenen wieder zu internieren und zum *Arbeitseinsatz* ins Reich zu holen, zu einem dreitägigen Generalstreik, der sein Ziel erreichte: die Maßnahme konnte nicht verwirklicht werden. Die zunehmende „Aufsässigkeit" der niederländischen und flämisch-belgischen Arbeiter, die freiwillig nach Deutschland gekommen waren, lag vor allem in dem Bruch der bei der Anwerbung gemachten Versprechungen und der geschlossenen Verträge begründet. Wie die Postspione des Sicherheitsdienstes den Briefen „germanischer" Fremdarbeiter in die Heimatländer entnahmen, warnten tausende Niederländer und Flamen ihre Familienangehörigen, Freunde oder Bekannten, den Versprechungen der deutschen Werber hinsichtlich Entlohnung, Unterbringung, Beköstigung und allgemeiner Behandlung (Gleichstellung mit den deutschen Arbeitern) zu glauben.[19]

Unterdessen schrumpfte auch das deutsch kontrollierte Gebiet diesseits der Ostfront zusehends. In Weißrußland ließen die Arbeitsverwaltung und ihre Helfer bei der SS schließlich alle noch vorhandenen Skrupel fallen und begannen, Jugendliche und sogar Kinder bis hinunter zu einem Alter von zehn Jahren nach Deutschland zu verschleppen. Erst in der zweiten Jahreshälfte 1944 ging das System auch im Westen zu offenen, handgreiflichen Gewaltaktionen über; so wurden noch im Oktober und November 1944 zehntausende von niederländischen Männern zwischen 16 und 60 Jahren von der Wehrmacht aus ihren Wohnungen oder von ihren Arbeitsplätzen geholt oder sonntags beim Verlassen der Kirchen nach dem Gottesdienst aufgegriffen und in Viehwaggons der Reichsbahn nach Deutschland geschafft, wo viele von ihnen dann keine anspruchsvollere Arbeit bekamen als Trümmerschutt wegzuräumen, der nach den alliierten Luftangriffen reichlich anfiel. So erging es J. A. Mosheuvel aus Rotterdam, der am 10. November 1944 *„von der Wehrmacht"* aus seiner Wohnung geholt und zusammen *„mit zehntausenden"* weiteren Niederländern nach Deutschland verschleppt wurde. Das Arbeiter-Kontingent, zu dem er gehörte, kam am 17. November in Duisburg an. Mosheuvels erster Arbeitgeber war die Stadtverwaltung oder die *Bauhilfe der Deutschen Arbeitsfront* (Kapitel 3), seine Unterkunft die Schule an der Duissernstraße. Seine Arbeit bestand darin, Schutt vom Dach des Rathauses zu räumen und Dachreparaturen auszuführen; schließlich erhielt er einen Verpflichtungsbescheid als Maschinenarbeiter bei der Stempelfabrik

---

[18] Wie Anm. 16.
[19] *SD-Berichte zu Inlandsfragen* vom 25. Oktober 1943 (in der Edition der *Meldungen aus dem Reich* S. 5926ff.)

Schnürle.[20] Der Amoklauf des Systems im Herbst und Winter 1944/45, nach dem Verlust Frankreichs, betraf im Westen Belgien und die Niederlande und im Osten das *Generalgouvernement*, wo die SS während und nach der Niederwerfung des Aufstandes in Warschau im August und September 1944 alle Menschen aufgriff, die als Arbeitskräfte für das Reich in Frage kamen.

Anders als die Arbeitsverwaltung und der GBA spielten die 1934/35 geschaffenen halbstaatlichen Organisationen der Wirtschaft im System der Zwangsarbeit keine zentrale Rolle. Die Branchenorganisationen der gewerblichen Wirtschaft, die *Wirtschaftsgruppen*, waren jedoch mindestens bis 1942 an den Schätzungen und Berechnungen des Arbeitskräftebedarfs der einzelnen Branchen beteiligt und verhandelten über die Bedarfsdeckung mit dem Reichsarbeitsministerium oder den Landesarbeitsämtern. Diese Verhandlungen liefen parallel zu den Kontakten zwischen den einzelnen Unternehmen und den zuständigen Arbeitsämtern. Seit der Neuorganisation der Wirtschaftslenkung 1941/42 übernahmen in einigen Schlüsselbranchen die fünf neugeschaffenen *Reichsvereinigungen* Aufgaben der weiter bestehenden Wirtschaftsgruppen.[21] Für das Ruhrgebiet waren nur die durch Anordnung des Reichswirtschaftsministers am 21. April 1941 gegründete *Reichsvereinigung Kohle* (RVK) und die am 29. Mai 1942 errichtete *Reichsvereinigung Eisen* (RVE) von Bedeutung. Einer der stellvertretenden Vorsitzenden der RVE war das Vorstandsmitglied, dann der Vorstandsvorsitzende der Vereinigte Stahlwerke AG, Dr.-Ing. Walter Rohland.

Das durch Führererlaß vom 17. März 1940 geschaffene *Reichsministerium für Bewaffnung und Munition*, geleitet von dem Ingenieur Fritz Todt, zog zunächst Kompetenzen des Reichswirtschaftsministeriums und der Vierjahresplan-Verwaltung an sich. Nach dem Unfalltod des Ministers am 8. Februar 1942 wurde Albert Speer zum Nachfolger berufen und zugleich zum *Generalbevollmächtigten für Rüstungsaufgaben im Vierjahresplan* bestellt. Mit dem Führererlaß über

---

[20] StADU 41/289: J. A. Mosheuvel, „Der Arbeitseinsatz" (Übersetzung des Artikels *De Arbeidsinzet* in der Zeitung *De Stem*, Breda [ohne Datum - wahrscheinlich 1966], sowie Schreiben von J.A. Mosheuvel an das Stadtarchiv Duisburg vom 20. Juni 1966.

[21] Im Bergbau waren nach der Gründung der Reichsvereinigung Kohle sowohl diese als auch die Bezirksgruppen der Wirtschaftsgruppe Bergbau an der Schätzung des Arbeitskräftebedarfs beteiligt. Zunächst ermittelten die einzelnen Zechen und Unternehmen ihren Bedarf und gaben die Daten an die Bezirksgruppen der Wirtschaftsgruppe weiter, die dann, offenbar unter Umgehung der Reichsinstanz, die Zahlen für ihr jeweiliges Revier (z. B. Ruhrgebiet, Saargebiet, Oberschlesien) der RVK zuleiteten. Diese verhandelte mit dem GBA und dem Rüstungsministerium, denen die Entscheidung über den Umfang und über die „Quellen" der Bedarfsdeckung (z. B. sowjetische Kriegsgefangene, Ostarbeiter, italienische Militärinternierte) vorbehalten war (BA Berlin R 10 VIII/15, fol. 1-17: Entwurf eines Berichtes über Entstehung, Struktur und Aufgaben der Reichsvereinigung Kohle, wohl nach Kriegsende verfaßt; hier: S. 12f.). - Beim Maschinenbau praktizierte man ein zweigleisiges Verfahren ohne Mittelinstanz. Die Unternehmen meldeten ihren Bedarf den örtlichen Arbeitsämtern, während die Abteilung Arbeitseinsatz der Wirtschaftsgruppe Maschinenbau mit dem Arbeitsministerium, den Landes-, dann Gauarbeitsämtern, dem GBA und den Rüstungskommandos und -kommissionen verhandelte (TKKA VSt/1406 [wie Anm. 9]).

die Konzentration in der Kriegswirtschaft vom 2. September 1942 erhielt das Ministerium die Bezeichnung *Reichsministerium für Rüstung und Kriegsproduktion* und übernahm weitere bisher vom Reichswirtschaftsministerium und nachgeordneten Behörden wahrgenommene Aufgaben. Die Organisation Todt wurde in das Ministerium einbezogen. Von den 11 „Zentralen Dienststellen" des Ministeriums waren mindestens drei, das Rüstungslieferungsamt, das Produktionsamt und das Amt Bau mit dem Hauptausschuß Bau und dem Reichsbeauftragten für Holzbau, mit Angelegenheiten des Zwangsarbeiter-Einsatzes oder des Baues von Lagern befaßt. Den flächendeckenden Unterbau des Ministeriums bildeten die bis 1942 zur Wehrmachtsverwaltung gehörenden *Rüstungsinspektionen* und *Rüstungskommandos* sowie die *Rüstungsobmänner*. Es gab zunächst eine Rüstungsinspektion für jeden Wehrkreis; später wurden die Rüstungsinspektionsbezirke der Einteilung der NSDAP-Gaue angepaßt. Seit 1944 waren die Rüstungskommandos insofern an der Lenkung der Ressource Arbeitskraft beteiligt, als sie nach jeder Personalanforderung durch einen Arbeitgeber die Notwendigkeit der Zuteilung im betreffenden Betrieb überprüften.

Die *Rüstungsobmänner* für die Wehrkreise oder für Teile von Wehrkreisen waren angesehene („führende") Persönlichkeiten der Industrie, die den Minister beraten und über *Bezirksobmänner* Beziehungen zur gewerblichen Wirtschaft, soweit sie an der Kriegsproduktion beteiligt war, pflegen sollten. Der Rüstungsobmann für den Wehrkreis VI b, der den Gau Essen mit dem westlichen Ruhrgebiet umfaßte, war der Generaldirektor der Deutsche Maschinenfabrik AG (DEMAG) in Duisburg, Hans Reuter.[22] Seit September 1942 haben *Rüstungskommissionen* in den Wehrkreisen (respektive Rüstungsinspektionsbezirken) die Aufgabenerfüllung der Behörden der Wehrmacht, der Rüstungsverwaltung, der Wirtschaftsverwaltung und der Arbeitsverwaltung sowie der regionalen Dienststellen der Selbstverwaltungsorganisationen der Wirtschaft koordiniert. Die NSDAP-Gauleiter, die in ihrer Eigenschaft als Reichsverteidigungskommissare eine Bürokratie des *Maßnahmenstaates* bildeten,[23] waren bestrebt, auf Kosten des Rüstungsministeriums und seiner nachgeordneten Dienststellen Einfluß auf die Verteilung der Arbeitskräfte für die Kriegswirtschaft zu gewinnen, konnten dabei aber keinen großen Erfolg erzielen.

Die *Deutsche Arbeitsfront* (DAF), genauer ihr *Amt für Arbeitseinsatz*, hat sich vergeblich bemüht, zur alleinzuständigen Institution für die „Betreuung" der ausländischen Arbeitskräfte und zum ausschließlichen Verhandlungspartner der Ar-

---

[22] Die Monatsberichte des Rüstungsobmanns des Wehrkreises VI b für die Zeit von August 1943 bis Juni 1944 befinden sich im Bestand RW 13 im Hauptstaatsarchiv Düsseldorf (13-5 bis 13-18).

[23] Zu den Gauleitern nach wie vor maßgeblich: Peter Hüttenberger, Die Gauleiter. Studie zum Wandel des Machtgefüges in der NSDAP, Stuttgart 1969.

beitgeber zu werden.[24] Gleichsam als Gegenstück zur Vierjahresplan-Verwaltung, zur Organisation Todt und zur Reichsautobahn-Gesellschaft auf der Arbeitnehmer-Seite hatte sich die DAF schon vor Kriegsbeginn um die Lebensumstände der mehreren tausend Arbeiter gekümmert, *„die infolge der großen Bauvorhaben, der Betriebsverlagerungen und der Kriegsmaßnahmen nicht zu Hause wohnen"* konnten, *„sondern oft weit entfernt von ihrem Heimatort in Arbeit stehen und in Lagern untergebracht"* waren. Das Amt für Arbeitseinsatz schrieb es seiner *„jahrelangen Aufklärungsarbeit"* zu, daß sich das durch Großküchen ermöglichte *„warme"* Gemeinschaftsessen *„außerordentlich ausgedehnt"* und *„Henkeltopf und Brotpaket"* als ursprüngliche Formen der Verköstigung des Arbeiters im Betrieb fast verdrängt habe. Bei Kriegsbeginn, heißt es in einer Veröffentlichung über die DAF von 1944, hätten in Deutschland nur 6 500 Werks- und 3 000 Lagerküchen existiert, im November 1943 jedoch 21 250 Werks- und 19 400 Lagerküchen.[25] Dieser Veröffentlichung zufolge war dem Amt für Arbeitseinsatz wegen seiner *„in der Betreuung der deutschen Arbeiter gesammelten reichen Erfahrungen"* auch *„die Fürsorge für die in Deutschland arbeitenden ausländischen Arbeitskräfte übertragen worden"*.

Tatsächlich hatte das Amt für Arbeitseinsatz ein Genehmigungsrecht für die Inbetriebnahme von Arbeiterlagern; seine Bescheinigung, daß *„ausreichende Unterkünfte zur Verfügung"* standen, war eine Bedingung für die Zuteilung ausländischer Arbeitskräfte an einen Arbeitgeber. Die Lager wurden, wie es heißt, *„laufend von der Deutschen Arbeitsfront überwacht"*,[26] sowohl durch lokale Dienststellen als auch durch die *Zentralinspektion*, deren Beauftragte ihre jeweiligen Zuständigkeitsregionen regelmäßig bereisten. Offiziell hatte die DAF bei der Bestellung der Lagerführer mitzuwirken, indem sie die vom Arbeitgeber vorgeschlagene Person überprüfte und, wenn sie keine Einwände zu erheben hatte, bestätigte; es gab sogar eine Lagerführer-Uniform der DAF. Realiter konnte sich die DAF wohl bei kleineren und mittelgroßen Unternehmen Geltung verschaffen, offenbar jedoch nicht auch bei großen Unternehmen des Bergbaues und der Schwerindustrie. So ist z. B. fraglich, ob die von der August Thyssen-Hütte AG

---

[24] Zur Deutschen Arbeitsfront: Timothy W. Mason, Sozialpolitik im Dritten Reich. Arbeiterklasse und Volksgemeinschaft, Opladen 1977; Marie-Luise Recker, Nationalsozialistische Sozialpolitik im Zweiten Weltkrieg, München 1985; Joachim Lehmann, Faschistische „Deutsche Arbeitsfront" und Ausländerbeschäftigung, in: Lothar Elsner (Hrsg.), Migration, Ausländerbeschäftigung und Gewerkschaften. Materialien des 9. Rostocker Migrations-Kolloquiums, Rostock 1988, S. 94-100; Tilla Siegel, Rationalisierung statt Klassenkampf. Zur Rolle der DAF in der nationalsozialistischen Ordnung der Arbeit, in: Hans Mommsen u. Susanne Willems (Hrsg.), Herrschaftsalltag im Dritten Reich, Düsseldorf 1988, S. 97-150; Rüdiger Hachtmann, Die Deutsche Arbeitsfront im Zweiten Weltkrieg, in: Dietrich Eichholtz (Hrsg.), Krieg und Wirtschaft. Studien zur deutschen Wirtschaftsgeschichte 1939-1945, Berlin 1999, S. 69-107.
[25] Richard Bargel, Neue deutsche Sozialpolitik. Ein Bericht über Grundgedanken, Aufbau und Leistungen, Berlin 1944, S. 23f.
[26] Ebd., S. 24.

eingesetzten Lagerführer immer von der DAF bestätigt wurden; ihren Abteilungsleiter *Gemeinschaftsläger*, Albert Kaschewsky, und die vier Lagerinspektoren jedenfalls hat die ATH ohne Mitwirkung der DAF bestellt.[27] Sogar die Einrichtung von Lagern geschah bisweilen ohne Wissen der DAF. Als der für das nordrheinische Gebiet zuständige DAF-Inspektor Mitte 1943 den Stadtkreis Duisburg bereiste, stellte er fest, daß es 147 Lager für zivile ausländische Arbeiter gab, wogegen die Unterlagen seiner Dienststelle nur 89 Lager aufwiesen.[28] Zwei „klassische" Teilverwaltungen des *Normenstaates*, die Gewerbe- und die Medizinalaufsicht bei den Bezirksregierungen, konnten in erfolgreicher Abwehr der Prätentionen des Amtes für Arbeitseinsatz der DAF ihre Zuständigkeiten im Lagerwesen behaupten (Kapitel 4). Die DAF war also nicht einmal in diesem Teilbereich, geschweige denn im gesamten Bereich des Ausländer-*Einsatzes*, die mächtige Institution, die sie sein wollte. Die Feststellungen der Lagerinspektoren hinsichtlich der Belegung der Krankenreviere und der zweckwidrigen Unterbringung von Tuberkulose- und Typhuskranken in den Durchgangslagern im Jahre 1944 dürften immerhin in die Planung weiterer Krankensammellager bei der Arbeitsverwaltung eingegangen sein. Im übrigen unterhielt die DAF noch eine „Rechtsberatung für Betriebsführer" mit lokalen Beratungsstellen; schließlich oblag ihr auch die Planung des Verkehrs der Urlauber-Sonderzüge für ausländische zivile Arbeiter. Alles in allem hat die DAF ihre weitgesteckten Ziele hinsichtlich des Ausländer-*Einsatzes* nicht erreichen können.[29]

Neben der DAF war auch die Arbeitsverwaltung bestrebt, die Lebensbedingungen der „Fremdarbeiter" mitzugestalten. So hielten Mitte Januar 1944 die Präsidenten der Gauarbeitsämter und *Reichstreuhänder der Arbeit* auf der Wartburg eine Tagung ab, die unter anderem Beschlüsse über „*Verbesserungen in der Betreuung, vornehmlich der Ernährung und Bekleidung*" und über die Sicherstellung eines „*kaufkraftbeständigen Lohntransfers der ausländischen Arbeitskräfte*" faßte.[30] Im Zusammenhang mit der ideologischen Überhöhung der deutschen Arbeitseinsatzpolitik im Frühjahr 1943 (Europa-Kampagne) griff schließlich auch die Parteikanzlei der NSDAP in die Materie ein; sie war an der Formulierung des *Merkblattes über die allgemeinen Grundsätze für die Behandlung der im Reich tätigen ausländischen Arbeitskräfte* vom 15. April 1943 beteiligt, von dem weiter unten noch die Rede sein wird.

---

[27] TKKA A/5596: Die August Thyssen-Hütte AG an das Arbeitsamt Duisburg (Direktor Triebel), 8. Februar 1946 (Dokumentation Ausländische Arbeitskräfte 1939-45, Dok. 7).
[28] StADU 41/436: Bericht des Beauftragten VIII der Zentralinspektion der DAF für die ausländischen Arbeitskräfte, Erich von Seydlitz-Kurzbach, für Oktober 1943, S. 1.
[29] Die Wirtschaftsgruppe Maschinenbau etwa stellte 1946 in einem Bericht über die Kriegszeit fest, die DAF habe versucht, „Einfluss auf die Gestaltung dieser Dinge zu gewinnen", damit aber „jedenfalls im Maschinenbau keinerlei Erfolge zu verzeichnen gehabt" (TKKA VSt/1406 [wie Anm. 9]).
[30] Dokumente zu dieser Tagung in HSTAD RW 23-87 (eine Akte der NSDAP-Gauleitung Essen).

Die administrative Zuständigkeit für das Kriegsgefangenenwesen war weniger kompliziert geregelt als der Bereich des Einsatzes der zivilen Zwangsarbeiter. Die Abteilung Kriegsgefangenenwesen des Oberkommandos der Wehrmacht setzte in Abstimmung zunächst mit dem Reichsarbeitsministerium, seit 1942 mit dem GBA, die Arbeitslöhne für die Kriegsgefangenen fest. Dienststellen der Wehrkreiskommandos verhandelten hinsichtlich der allgemeinen Personalplanung mit den Arbeitsämtern und hinsichtlich der Zuteilung einzelner Gefangenen-Kontingente und der Unterbringung (sprich: Lagerbau) mit den Arbeitgebern. Seit September 1939 hatte die Wehrmacht Kriegsgefangenen-Mannschaftsstammlager (STALAGS) sowie Offizierslager (OFLAGS) eingerichtet; auf dem Gebiet des heutigen Nordrhein-Westfalen befanden sich u. a. die Stammlager Hemer bei Iserlohn (VI A), Dortmund, Dorsten, Bocholt und Krefeld-Fichtenhain (VI J). Die STALAGS hatten nur eine relativ kleine Belegung, denn der Daueraufenthalt der Kriegsgefangenen-Mannschaften waren die Außenlager bei den Einsatzbetrieben, die regelmäßig von Offizieren der STALAG-Leitungen inspiziert wurden. Die Anfang Oktober 1939 erlassenen Richtlinien zum Kriegsgefangenen-Einsatz sahen vor, daß je 20 bis 50 Gefangene ein Arbeitskommando bilden sollten, aber in den Jahren seit 1942 existierten auch erheblich größere Kommandos. Die Wachmannschaften für die Lager der Einsatzbetriebe stellte die Wehrmacht; allerdings zeigte sich bald, daß die Zahl der dafür in Frage kommenden Soldaten älterer Jahrgänge, die nur noch bedingt oder gar nicht mehr fronttauglich waren, nicht ausreichte, weshalb die Arbeitgeber verpflichtet wurden, bewaffnete „Hilfswachleute" zu stellen. Nach einer Faustregel mußte auf je zehn Gefangene ein Wachmann kommen. Als Hilfswachleute sollten eigentlich hundertprozentig „zuverlässige" Stammarbeiter fungieren, die jedoch nur in sehr kleinem Umfang aus der Produktion abgezogen werden konnten, weshalb die Betriebe nicht umhin kamen, neues Wachpersonal einzustellen – in der Regel ältere Männer, die sich für harte Arbeit in Bergwerken und Fabriken nicht mehr eigneten, aber noch ein Gewehr tragen und schießen konnten. Die Waffenscheine für die Hilfswachleute erteilten auf Antrag der Betriebsleiter die Polizeipräsidien. Die Einstellung zusätzlichen Wachpersonals verursachte Mehrkosten, die aber vermutlich in vielen Fällen durch die Lohnkostenvorteile bei der Beschäftigung von Kriegsgefangenen gedeckt waren. Normalerweise trugen die Wachkommandos der Wehrmacht die Verantwortung für die Bewachung der Kriegsgefangenen in den Lagern und auf den Wegen, die zwischen den Lagern und den Arbeitsstätten oder Einteilungsplätzen der Betriebe zurückzulegen waren; vom Arbeitsbeginn bis zum Arbeitsschluß waren die Wachleute der Betriebe zuständig.[31]

---

[31] Vereinbarungen zwischen Wehrmacht, Stadtverwaltung und Arbeitgebern über die Bewachung französischer Kriegsgefangener in Homberg, die in einem städtischen Lager wohnten, aber bei verschiedenen Privatunternehmen arbeiteten, in StADU 22/1100 (1943/44).

Der *Einsatz* ausländischer Fremd- respektive Zwangsarbeiter und ihr Leben in Deutschland waren durch Widersprüche geprägt, die sich aus den prinzipiell unvereinbaren rassenideologischen Vorstellungen führender Nationalsozialisten einerseits und den kriegswirtschaftlichen Erfordernissen andererseits ergaben. Während die Wirtschaft und die staatliche Rüstungsbürokratie auf Deckung des Arbeitskräftebedarfs auch mit Ausländern bestanden, lehnten die NS-Ideologen, für die ein ethnisch homogenes Deutschland einen Wert an sich darstellte, den Zustrom „nichtgermanischer" Ausländer ins Reichsgebiet ab. Dabei waren auch die Wirtschaftsführer keineswegs von der Vorstellung einer multiethnischen Arbeiterschaft begeistert; sie gaben nur den betrieblichen Notwendigkeiten den Vorrang vor den sozialpolitischen Bedenken. Am Beginn des Ausländereinsatzes, 1940, war die Heranholung polnischer ziviler Arbeitskräfte im Ruhrbergbau heftig umstritten, wie sich im Mai in zwei Besprechungen in Münster zeigte, zunächst in einer Sitzung des Reichsverteidigungsausschusses für den Wehrkreis VI und dann in einer Konferenz von hohen Verwaltungsbeamten, leitenden Funktionären der NSDAP und Vertretern der Wirtschaft. Außer den NS-Funktionären wollten auch die staatlichen Behörden Westfalens und der Rheinprovinz keinesfalls eine zweite *„Invasion von Ausländern in das Ruhrgebiet"* mit der Folge unruhiger ethnisch-sozialer Verhältnisse, wie sie bis 1914 oder 1919/20 bestanden hatten, hinnehmen.[32] Beide konnten sich dabei auf Veröffentlichungen der führenden Soziologen des Industriegebietes (vor allem Wilhelm Brepohls, des Leiters der *Forschungsstelle für das Volkstum im Ruhrgebiet* in Gelsenkirchen[33]) stützen. Der Gauleiter von Westfalen-Nord, Dr. Alfred Meyer, versuchte anscheinend mit Erfolg, fürs erste einen Konsens herzustellen, der volkstumspolitische Dogmen und Forderungen mit wirtschaftlichen Erfordernissen verband. Er betonte, daß nach dem Sieg über Frankreich die zur Wehrmacht eingezogenen Bergleute an ihre Arbeitsplätze zurückkehren und die dann überflüssigen Polen wieder abgesiedelt werden würden.

Neben der Notwendigkeit einer Trennung der „Rassen" war den Ideologen ein weiterer Aspekt sehr wichtig, nämlich die Kontrolle der grundlegenden Produktionen, der Landwirtschaft und des Kohlenbergbaues, durch das deutsche Volk; zumindest diese beiden Wirtschaftszweige mußten *„in deutschen Händen"* bleiben. Für die Landwirtschaft, die in bestimmten Regionen längst nicht mehr ohne

---

[32] HSTAD RW 37-13, fol. 8-12: „Vermerk über die Besprechung" am 19. Juni 1940 „im Oberpräsidium in Münster". Auf dieser Besprechung warnte Gauobmann Stein von der NSDAP-Gauleitung Westfalen-Süd vor einer *„zweite*[n] *Invasion von Ausländern in das Ruhrgebiet"* und äußerte die Befürchtung, wenn *„noch mehr Ausländer in das Ruhrgebiet kämen, dann werde, auf die weitere Zukunft gesehen, kein Deutscher mehr den Bergarbeiterberuf ergreifen"*. Reichskohlenkommissar Paul Walter verteidigte demgegenüber die geplante Masseneinstellung polnischer Kräfte als unbedingt notwendig zur Gewährleistung der geforderten „Mehrproduktion" des Bergbaues.

[33] Roland Schlenker, „Ihre Arbeitskraft ist auf das schärfste anzuspannen". Zwangsarbeiter und Zwangsarbeiterlager in Gelsenkirchen 1940-1945, Essen 2003, S. 20f.

polnische oder italienische Saisonarbeiter auskam, hatte diese Vorstellung nichts mehr mit der Wirklichkeit zu tun; der Bergbau jedoch wies noch niedrige Ausländer-Quoten auf, und daran sollte sich möglichst auch nichts ändern. Zur Erleichterung der Vertreter von Staat und Partei im Ruhrgebiet hielt sich das Polen-„Problem" 1940/41 in Grenzen. Die relativ wenigen herangeholten polnischen Arbeiter aus Ostoberschlesien enttäuschten die Bergbauindustriellen, die daher auf weitere Polen-Transfers verzichteten, nachdem mit französischen Kriegsgefangenen bald eine Alternative zur Verfügung stand.[34] Franzosen, als Kriegsgefangene oder als angeworbene zivile Arbeiter, galten der Industrie und der Landwirtschaft als ideale Arbeitskräfte, solange die eingezogenen Stammarbeiter nicht aus der Wehrmacht zurückkehrten. Auch deshalb lebte im Herbst 1941, als sich die Notwendigkeit abzeichnete, sowjetische Kriegsgefangene und zivile Arbeiter in großer Zahl einzustellen, der Konflikt des Vorjahres wieder auf. In Berlin fanden die Rassenideologen und das RSHA auf der einen, die Wirtschaftsbürokratie auf der anderen Seite abermals zu einem Herrschaftskompromiß, wonach die Beschäftigung der Arbeitskräfte aus der Sowjetunion von harten Repressionsmaßnahmen und einem Sonderstrafrecht flankiert werden sollte, wie es seit 1939/40 schon für Polen galt – ein Kompromiß also auf Kosten der osteuropäischen Arbeiter, die man so dringend brauchte. Im Ergebnis hatte sich die Wirtschaft gegen die Ideologen durchgesetzt, doch allen Beteiligten, auch den Industriellen, war die Situation nur durch die Erwartung erträglich, daß nach dem – siegreichen – Kriegsende die dann entbehrlichen Arbeiter in den „Osten" zurückkehren würden. Die führende Persönlichkeit der Reichsarbeitsverwaltung, der Staatssekretär im Reichsarbeitsministerium Dr. Friedrich Syrup, hat diese Zukunftsperspektive hinsichtlich der Ausländereinsatzes 1941, noch vor dem Eintreffen der sowjetischen Kriegsgefangenen im Reich, in einem 1942 veröffentlichten Vortrag vor der Volkswirtschaftlichen Vereinigung im rheinisch-westfälischen Industriegebiet formuliert:

„Die Zahl der in Deutschland beschäftigten ausländischen Arbeiter [ohne Kriegsgefangene - M. K.] betrug am 1. April 1941 1307000, davon 1 038 000 Männer und 269 000 Frauen. [...]

Von den ausländischen Arbeitern werden 641 000 in der Landwirtschaft, die übrigen in der sonstigen Erwerbswirtschaft beschäftigt. [...]

Die Bedenken, die gegen eine derartig hohe Beschäftigung von Ausländern bestehen, sind zweifellos groß, zumal wenn die Ausländer nicht in besonderen geschlossenen Unterkünften untergebracht sind. Die Bedenken liegen in erster Linie auf dem Gebiete der Bevölkerungs-, Volkstums- und Rassepolitik. Diese Erwägungen haben während des Krieges gegenüber rüstungswirtschaftlichen Notwendigkeiten zurückzutreten. Ich darf aber besonders unterstreichen, daß

---

[34] Herbert, Fremdarbeiter, S. 104ff.

diese Notwendigkeiten nur während des Krieges gelten können. Nach dem Kriege kann der Einsatz von Ausländern nur für den Spitzenbedarf und für Zusatzarbeiten in Betracht kommen, denn – ganz abgesehen von entscheidenden Volkstums- und Rassegesichtspunkten – gehört nur der Boden auf die Dauer einem Volke, den es selbst pflügt, und die Kohle gehört ihm, die es selbst fördert. Die Zustände in Frankreich müssen uns eine abschreckende Lehre sein. Die Verhältnisse in der Landwirtschaft und im Bergbau müssen nach dem Kriege so gestaltet werden, daß die Arbeit in diesen beiden wichtigsten Urproduktionen entsprechend gewertet wird."[35]

Noch einmal sollte der Konflikt zwischen Rassenideologen und Wirtschaftsführern 1944 aufflackern, als mehr als 130 000 ungarische jüdische KL-Häftlinge in deutsche Industriebetriebe und damit auf deutschen Boden, der zum Stolz aller echten Nationalsozialisten bereits fast „judenfrei" gemacht worden war, geholt werden mußten (s. u.). Aber nicht nur die völkischen Ideologen und die SS waren gegen den massenhaften Arbeitseinsatz „nichtgermanischer" Ausländer im Reich. Auch die Industriellen hatten in den ersten beiden Kriegsjahren Bedenken gegen die Ersetzung der an die Wehrmacht verlorenen Leute durch polnische und sowjetische „Fremdarbeiter", weil sie sich davon nur einen geringen Nutzen für die Produktion versprachen, dem, so vermuteten sie nicht zu Unrecht, relativ hohe Kosten gegenüberstehen würden.[36] Die hauptsächliche Befürchtung war, daß die Durchmischung der Belegschaften mit ausländischen Zwangsarbeitern, die die in Frage kommenden Tätigkeiten meist nicht gelernt hatten, produktionstechnisch und betriebswirtschaftlich nachteilig sein würde. Der Bau und die Einrichtung von Lagern und Werksküchen und die Einstellung von Lager- und zusätzlichem Werkschutzpersonal mußten hohe Kosten verursachen, die man gern vermieden hätte. Viele Industrielle, darunter Walter Rohland, seit 1941 Vorstandsmitglied und seit November 1943 Vorstandsvorsitzender der Vereinigte Stahlwerke AG, sahen die deutschen Arbeitskräftereserven noch keineswegs ausgeschöpft; sie wiesen auf den niedrigen Anteil weiblicher Arbeitskräfte in der Rüstungsindustrie hin und kritisierten den Einsatz deutscher Facharbeiter für

---

[35] Friedrich Syrup, Arbeitseinsatz in Krieg und Frieden (Schriften der Volkswirtschaftlichen Vereinigung im rheinisch-westfälischen Industriegebiet, Hauptreihe Heft 10), Essen 1942, S. 15. Es handelt sich um das für den Druck überarbeitete Manuskript eines Vortrags vor der Volkswirtschaftlichen Vereinigung. - Zustände in Frankreich: Gemeint ist vermutlich der starke Zustrom polnischer Bergarbeiter in die französischen Kohlenreviere in der Zwischenkriegszeit.

[36] Während der Steinkohlenbergbau des Ruhrgebietes, des Aachener Reviers und Oberschlesiens, darüber hinaus auch die Unternehmen des rheinischen Braunkohlenbergbaues im Herbst 1939 den Einsatz polnischer Kriegsgefangener vehement ablehnten, waren der mitteldeutsche Braunkohlenbergbau sowie der Erz-, Kali- und Steinsalzbergbau durchaus zur Übernahme polnischer Kriegsgefangener bereit (BBA 15/269: Die Bezirksgruppe Steinkohlenbergbau Ruhr der Wirtschaftsgruppe Bergbau an den Reichskohlenkommissar und Beauftragten für die Leistungssteigerung im Bergbau, Paul Walter, 8. September 1939).

nicht kriegswichtige Bauprojekte der NSDAP und der SS.[37] Noch 1941 hat die Bezirksgruppe Steinkohlenbergbau Ruhr der Wirtschaftsgruppe Bergbau, die schon im September 1939 die Übernahme polnischer Kriegsgefangener abgelehnt hatte, *„vor der Beschäftigung von Ausländern geradezu gewarnt"*.[38] Doch im Spätherbst 1941 mußten Bergbau und Schwerindustrie im Westen erkennen und akzeptieren, daß der ständige Arbeitskräftemangel zumindest vorläufig nur durch den Einsatz von Kriegsgefangenen und zivilen Arbeitern aus der Sowjetunion zu beheben war und daß sogar *„auf lange Sicht [...] nur der richtig liege, der sich Russen verschaffe"*, wie es im Protokoll einer Sitzung des Beirates der Bezirksgruppe Nordwest der Wirtschaftsgruppe Eisen schaffende Industrie am 19. November formuliert wurde.[39]

Die Kompromisse von 1940 und 1941/42 bedingten die Einführung eines *Apartheids*-Systems, das gewährleisten sollte, daß Polen und Arbeiter aus der Sowjetunion außerhalb der Einsatzbetriebe nicht mit Deutschen in Kontakt kamen. Die *Polen-Erlasse* vom 8. März 1940 legten fest, wie die Trennung im einzelnen herzustellen war, von der Kennzeichnungspflicht der Polen mit dem Abzeichen „P" auf der Kleidung über den Lagerzwang und nächtliche Ausgangssperren (im Sommerhalbjahr von 21 Uhr bis 5 Uhr, im Winterhalbjahr von 20 Uhr bis 6 Uhr) bis zum Verbot des Besuches *„deutscher Veranstaltungen kultureller, kirchlicher und geselliger Art"* und zur Beschränkung des Gaststättenbesuches auf bestimmte, von der Polizei freigegebene Lokale, die während der Öffnung für Polen von Deutschen nicht besucht werden durften. Auf die Nichtbefolgung dieser Polizeianordnungen standen Geldstrafen von maximal 150 RM, alternativ bis zu dreiwöchige Haft. Sehr viel härtere Strafen waren für sexuellen Umgang von Polen mit Deutschen vorgesehen; polnische Männer, die eines „GV-Verbrechens" überführt wurden, waren öffentlich durch den Strang hinzurichten (Kapitel 6). Die *Ostarbeiter-Erlasse* vom 2. Februar 1942 gingen zum Teil noch über die Polen-Erlasse hinaus, indem sie jegliche Freizügigkeit außerhalb der Lager verboten. Erst im Frühjahr 1943 wurde diese Bestimmung aufgehoben, wogegen die nächtlichen Ausgangssperren bestehen blieben. Entsprechend dem P-Abzeichen der Polen trugen Ostarbeiter, Männer wie Frauen, ein

---

[37] Gustav Luntowski, Hitler und die Herren an der Ruhr. Wirtschaftsmacht und Staatsmacht im Dritten Reich, Frankfurt a. M. u. a. 2000, S. 205f. - Walter Rohland schrieb 1978 in seinen Erinnerungen, er habe sich *„in einer Denkschrift und mündlich gegenüber den Spitzen des Regimes erfolglos gegen den Einsatz von Fremdarbeitern"* ausgesprochen. „Die deutschen *Arbeitskraftreserven waren noch nicht ausgeschöpft, warum sollte man dann Fremde aus ihrer Umgebung reißen?"* (Walter Rohland, Bewegte Zeiten. Erinnerungen eines Eisenhüttenmannes, Stuttgart 1978, S. 147f.); dazu außerdem Speer, Erinnerungen, S. 234f.; Herbert, Fremdarbeiter, S. 146.

[38] BA Berlin R 10 VIII/15, fol. 1-17: Entwurf eines Berichtes über Entstehung, Struktur und Aufgaben der Reichsvereinigung Kohle (wohl nach Kriegsende verfaßt), hier: fol. 11.

[39] Herbert, Fremdarbeiter, S. 169f.

Abzeichen OST; ihre kriegsgefangenen Landsleute wurden nicht, wie die übrigen Kriegsgefangenen, mit einem K, sondern mit SU (für Sowjetunion) auf der Kleidung markiert.

Vom Kriegsbeginn bis zum Spätsommer 1941 entstanden aufgrund von Erlassen verschiedener Behörden sechs Kategorien von zivilen ausländischen Arbeitskräften (ohne die KL-Häftlinge), die im Folgenden nach dem Grad ihrer rechtlichen Diskriminierung aufgeführt sind:

1) Personen aus dem *Reichsprotektorat Böhmen und Mähren* (Tschechen), den besetzten Ländern in West- und Nordeuropa (Niederlande, Belgien, Luxemburg, Frankreich, Dänemark und Norwegen) und in Südosteuropa (Jugoslawien [respektive Serbien] und Griechenland),

2) Personen aus dem *Reichskommissariat Ostland* (das vor allem die ehemaligen baltischen Staaten umfaßte), aber ohne den zum Reichskommissariat gehörigen Teil von Weißrußland,

3) Polen aus den polnischen Gebieten, die dem Deutschen Reich eingegliedert worden waren (Westpreußen, der Warthegau, Ostoberschlesien und das sogenannte Südostpreußen),

4) Polen aus dem *Generalgouvernement* (d. h. dem polnischen Reststaat) und dem Bezirk Bialystok,

5) *Ostarbeiter* aus der Ukraine, Weiß- und Großrußland,

6) Juden und Zigeuner aller Staatsangehörigkeit, soweit sie nicht in Konzentrationslagern inhaftiert waren.

Nachdem die verschiedenen Erlasse und Verordnungen 1941/42 ein kaum noch zu überblickendes Chaos an Vorschriften über die Behandlung und Entlohnung von ausländischen Arbeitern und Arbeiterinnen geschaffen hatten, wurde die Rechtslage zunächst durch einen Erlaß des Reichsarbeitsministers vom 20. März 1942 hinsichtlich der Arbeitskräfte aus Ost- und Mittelosteuropa (ohne „Juden und Zigeuner") übersichtlicher gestaltet. Es gab nun vier Gruppen, nämlich die Arbeitskräfte aus dem „altsowjetischen Gebiet" (Gruppe A), die Angehörigen der ehemaligen baltischen Staaten (B), die Polen aus dem *Generalgouvernement und* den ins Reich eingegliederten Gebieten (C) sowie die „fremdvölkischen" Arbeitskräfte „nichtpolnischen Volkstums" aus den neuen Ostgebieten des Reiches und dem polnischen Reststaat (D). Während die Angehörigen der Gruppen B und D lediglich Aufenthaltsbeschränkungen unterworfen waren, bestand für die Ostarbeiter und die Polen (A und C) unbedingter Lagerzwang. Im Dezember 1942 nahm das Reichssicherheitshauptamt eine andere Kategorisierung mit aufenthalts- und strafrechtlicher Relevanz vor. Nach einer diesem Erlaß folgenden Verfügung vom 28. Dezember 1942 gab es nur noch vier Gruppen von Zwangsarbeitern: (1) „feindliche" Ausländer ohne Polen und Ostarbeiter, außerdem Angehörige des *Reichsprotektorates Böhmen und Mähren* und der früheren baltischen Staaten (nichtfeindlich), (2) Ostarbeiter, d. h. Arbeitskräfte aus dem „altsowjetischen" Gebiet nach dem Stand von 1938, (3) Polen aus den dem Reich eingegliederten Gebieten und dem *Generalgouvernement*, schließlich (4) „Juden und Zigeuner". Außerhalb dieser Kategorien standen die freiwillig nach Deutschland gekommenen Arbeitskräfte aus den verbündeten Staaten (Italien, Ungarn, Slowakei, Kroatien, Rumänien und Bulgarien) oder aus neutralen Staaten (z. B. die Schweiz und Spanien), die in fast jeder Hinsicht den Deutschen gleichgestellt waren.

Die rassistische Differenzierung der Ausländer aufgrund der nationalsozialistischen Ideologie war noch um einiges komplizierter. Sie kannte neben der deutschen „Herrenrasse" zunächst den Deutschen verwandte, ebenfalls germanische Völker, dann geringerwertige, aber immer noch relativ hochstehende „Rassen" (Romanen und andere nichtgermanische Völker, darunter West- und Südslawen), sodann die ostslawischen Völker der Sowjetunion und, auf unterster Stufe, jüdische „Untermenschen". West- und nordeuropäische zivile Arbeiter und Kriegsgefangene (Niederländer, Flamen, Dänen und Norweger) genossen als Angehörige germanischer Völker durchaus Respekt. Franzosen, Wallonen und Italiener rangierten als Romanen etwas darunter, ebenfalls die Ungarn und die baltischen Völker als eigene „Rassen" zwischen Germanen, Romanen und Slawen. An dritter Stelle folgten die west- und südslawischen Völker (Tschechen, Slowaken, Slowenen, Kroaten, Serben, Bulgaren) und die Rumänen, dann Polen, Ukrainer, Groß- und Weißrussen. Noch unter den Ostslawen standen Juden und „Zigeuner". Das war das nationalsozialistische Völkertableau. Die Tatsache, daß Italien, Ungarn, die Slowakei, Kroatien, Rumänien und Bulgarien formell gleichberechtigte Verbündete des Deutschen Reiches waren und Staatsangehörige dieser Länder, obwohl keine „Germanen", nicht anders behandelt werden durften als Deutsche, bereitete den Rassenideologen des NS-Staates gewisse Schmerzen. Der Abfall Italiens vom Deutschen Reich im September 1943 machte den bis dahin versperrten Weg zur rassischen Diskriminierung der Italiener in Deutschland frei, wenngleich in der folgenden Zeit faktisch nicht die schon vorher in Deutschland arbeitenden, freiwillig gekommenen Italiener, sondern nur die sogenannten Militärinternierten betroffen waren.

Im Alltag der Kriegsgesellschaft zeigte sich, daß der staatlich-offizielle und der populäre Rassismus nur zum Teil übereinstimmten. Deutsche, die mit Ausländern zu tun hatten, lobten oft wegen deren „Fleißes" die Ostarbeiter, wobei Ukrainer besser abschnitten als Groß- und Weißrussen. Die Ostarbeiter standen im faktischen Ansehen bei denen, die mit ihnen zu tun hatten, auch höher als die Polen. Andererseits war man von den „germanischen" Niederländern vielfach enttäuscht, weil sie viel weniger fügsam, kooperationswillig und „fleißig" waren als erwartet; weit verbreitete Urteile über Niederländer lauteten „störrisch", „widerspenstig", „faul" und „anmaßend". Die Italiener, Angehörige des größten der mit Deutschland verbündeten Staaten, wurden wie die Niederländer fast durchweg schlecht („faul", „frech", „anspruchsvoll", „undiszipliniert") beurteilt.[40] Viele deutsche Arbeiter, aber auch Angestellte in den personal- und betriebswirtschaftlichen Büros der Industriebetriebe waren darüber verärgert, daß „faule" Italiener und Niederländer höhere Lebensmittelrationen erhielten als die eigentlich „fleißigen", relativ hoch motivierten Ostarbeiter, die oft nur wegen Unterernährung keine vollwertige Arbeitsleistung erbringen konnten.

Unmittelbar nach der Schlacht um Stalingrad beschlossen Reichspropagandaminister Goebbels und der GBA Sauckel mit Zustimmung Hitlers eine publizistische Initiative zur ideologischen Neubewertung des Ausländer-*Einsatzes* und zur sozialen Aufwertung der „Fremdarbeiter"; diese Kampagne sollte von einer Verbesserung der Lebensumstände der Ostarbeiter und sonstigen Slawen in Deutschland flankiert werden. Um die „Motivation" der ausländischen Arbeiter zu erhöhen, proklamierte Goebbels einen Abwehrkampf ganz Europas – unter deutscher Führung – gegen den „jüdischen Bolschewismus", ganz dezidiert aber nicht gegen „Rußland", das von Goebbels als „erstes Opfer" des Bolschewismus bezeichnet wurde. Der Arbeitseinsatz von Ausländern im Deutschen Reich, aber auch die Arbeit für die deutsche Kriegswirtschaft in den besetzten Ländern wurde als Teil dieses Kampfes Europas zur Rettung von „Bolschewismus" und „Judentum" interpretiert. Die Europa-Kampagne wäre sinnlos gewesen, hätte sich der Appell an die europäische Solidarität nur an die Westarbeiter gerichtet. Die notwendige Einbeziehung der Ostarbeiter und Polen erforderte aber die Beendigung der schlechteren Behandlung dieser Ethnien, und es sollte nun endlich auch der Tatsache Rechnung getragen werden, daß der Arbeitswille bei den Ostarbeitern meist stärker war als bei den Westarbeitern und Italienern. Ein Autorenkollektiv unter Führung von Dr. Friedrich Didier, dem Vertreter des GBA, des Reichsarbeitsministeriums, der *Deutschen Arbeitsfront* und des *Reichsnährstandes* angehörten, verfaßte die Propagandaschrift *Europa arbeitet in Deutschland*, zu der Sauckel ein Geleitwort beisteuerte.

Dieser ideologische Überbau der Zwangsarbeit wurde von Anfang an vom Reichssicherheitshauptamt und der NSDAP-Führung beargwöhnt. Als es darum ging, konkrete Folgerungen für die Behandlung der ausländischen Arbeiter aus der Kampagne zu ziehen, setzten SS und Partei ein Mitspracherecht durch und konnten erreichen, daß die Rassenhierarchie, vor allem die Scheidung von „Germanen" und „Nichtgermanen", bestehen blieb. Das Ergebnis des Kompromisses, den die beiden Machtgruppen schließen mußten, war das *Merkblatt über die allgemeinen Grundsätze für die Behandlung der im Reich tätigen ausländischen*

---

[40] Dazu Herbert, Fremdarbeiter, S. 116-22 u. 220.

Arbeitskräfte vom 15. April 1943, das von der Parteikanzlei, dem RSHA und dem Propagandaministerium in ihren Verteilern verbreitet, aber nicht in der Presse veröffentlicht wurde.[41] Die bis dahin üblichen Diskriminierungen der Ostarbeiter und Polen verschwanden zum Teil. Aber erst im Dezember 1944 wurden die letzten Sondervorschriften für die Behandlung von Ostarbeitern aufgrund einer Initiative des zu Deutschland übergelaufenen sowjetischen Generals Andrej Wlassow, der damals zur Unterstützung der Wehrmacht zwei aus sowjetischen Kriegsgefangenen, Ostarbeitern, Kosaken und Georgiern bestehende Divisionen bildete, aufgehoben, nachdem auch die Polen-Vorschriften modifiziert worden waren. Vier Monate vor Kriegsende waren damit die Ostarbeiter den Westarbeitern offiziell gleichgestellt.

Die Entlohnung, der Urlaub und die Kranken- und Sozialversicherung der zivilen ausländischen Arbeitskräfte waren durch Vorschriften des Reichsarbeitsministeriums, des Beauftragten für den Vierjahresplan (bis März 1942), des Generalbevollmächtigten für den Arbeitseinsatz (seit März 1942), der Deutschen Arbeitsfront und der Reichstreuhänder der Arbeit geregelt. Die Arbeitgeber konnten von den Lohnsätzen weder nach oben noch nach unten abweichen. Qualifikationsunterschieden wurde bei West- und Ostarbeitern normalerweise Rechnung getragen. So erhielt zum Beispiel eine ukrainische Ärztin in einem Krankenhaus oder im Krankenrevier eines Lagers weniger an Lohn als eine gleichaltrige deutsche Ärztin, aber erheblich mehr als eine ukrainische Fließband-Arbeiterin, die wiederum mehr als eine ukrainische Putzfrau verdiente. Die Entlohnung war auch, aber nicht ausschließlich, an rassistischen Kriterien ausgerichtet. Im Januar 1940 setzte die *Reichstarifordnung für polnische landwirtschaftliche Arbeitskräfte* deren Lohn erheblich unter dem der deutschen Landarbeiter fest. Ostarbeiter hatten zunächst (1942) keinen Anspruch auf Lohnzuschläge für Überstunden, Sonntags- und Feiertagsarbeit und auf verschiedene Zulagen. Polen und Ostarbeiter zahlten deutlich höhere Lohnsteuern als die sonstigen zivilen ausländischen Arbeiter. Bei Polen und Ostarbeitern, für die das Wohnen in Lagern vorgeschrieben war – private Quartiere, etwa Zimmer zur Untermiete, durften sie nicht haben –, behielt der Arbeitgeber 1,50 RM pro Tag für „Kost und Logis" ein. Wegen der hohen Lohnsteuer und der verschiedenen Abzüge erhielten die Arbeiter dieser Gruppen am Ende der Woche nur geringe Beträge von wenigen Reichsmark ausbezahlt. Alle ausländischen zivilen Arbeiter und Arbeiterinnen außer Polen, Ostarbeitern und Juden bekamen für die gleiche Arbeit den vollen tariflichen Brutto-Wochenlohn der deutschen Arbeitneh-

---

[41] Zur Europa-Kampagne: Herbert, Fremdarbeiter, S. 276-83, sowie die Beiträge in dem von Richard J. Overy, Gerhard Otto u. Johannes Houwink ten Cate herausgegebenen Band: Die „Neuordnung Europas". NS-Wirtschaftspolitik in den besetzten Gebieten, Berlin 1997.

mer und auch Trennungszulagen. Der Netto-Wochenlohn eines deutschen oder westeuropäischen Facharbeiters betrug 40 bis 50 RM.

Die niedrigen Löhne der Ostarbeiter hätten sich in den Bilanzen der Unternehmen positiv niederschlagen können, wenn nicht der Staat den dadurch möglichen Gewinn mit der sogenannten *Ostarbeiterabgabe* abgeschöpft hätte. Diese von den Arbeitgebern zu zahlende Steuer sollte verhindern, daß Ostarbeiter lohnmäßig so billig wurden, daß Arbeitgeber in Versuchung geraten konnten, „teure" deutsche Arbeiter zu entlassen und durch Ostarbeiter zu ersetzen.[42] Im April 1943 wurde der Lohn für Ostarbeiter und Ostarbeiterinnen wesentlich erhöht und außerdem die Möglichkeit geschaffen, Ostarbeitern wegen „hervorragender" Arbeitsleistung oder besonders guter „Führung" und „Haltung" Zulagen zu gewähren; diese Prämien sollen mitunter 20 Prozent des Netto-Verdienstes betragen haben. Zu den Verbesserungen bei der Entlohnung im Jahre 1943 gehörte auch die den Arbeitgebern im November erteilte Erlaubnis, an alle ausländischen Arbeitskräfte außer Polen, Ostarbeiter, „Juden und Zigeuner" Weihnachts- oder „Abschluß"-Gratifikationen zu zahlen. Noch rechtzeitig vor dem Weihnachtsfest, am 6. Dezember 1943, nahm der GBA die Ostarbeiter aus der Sperrbestimmung heraus; auch sie durften nun Weihnachtsgratifikationen erhalten. Auf einer Besprechung leitender Persönlichkeiten der Vereinigte Stahlwerke AG in Essen am 12. November hatte man sich darauf geeinigt, daß die „*fleissigen, pünktlich und ordnungsgemäss vom Urlaub zurückgekehrten*" ausländischen Arbeiter „*unbedingt*" eine Weihnachts- und Abschlußgratifikation erhalten sollten, wogegen bei „*Bummelanten*" von Fall zu Fall entschieden werden sollte.[43]

Zivilen ausländischen Arbeitern waren die Tariflöhne für die verschiedenen Tätigkeiten meist gut bekannt. Dies wird in einem Beispiel aus Duisburg deutlich, wo die bei der Stadtverwaltung beschäftigte Ostarbeiterin Xenia Popowa, die ursprünglich, seit November 1943, zu einem Schrottsammel- und Schutträumkommando gehört hatte, am 4. Oktober 1944 einen Antrag auf Lohnerhöhung stellte, weil sie kurz zuvor zur Dolmetscherin im Büro des Lagers *Parkhaus Grunewald* befördert worden war, wo sowohl städtische Arbeitskräfte als auch Leute der *Bauhilfe der Deutschen Arbeitsfront* wohnten. Popowa wollte mit der dort bereits länger tätigen Dolmetscherin der *Bauhilfe* lohnmäßig gleichgestellt werden. Eine ukrainische Dolmetscherin verdiente damals bei einem Brutto-Stundenlohn von 0,71 RM rund 160 RM im Monat und lag damit über dem Ostarbeiter-Mindestlohn. Eine einfache Ostarbeiterin im kommunalen Dienst, wie es Popowa zunächst gewesen war, bekam nur einen Stundenlohn von 0,51 RM, somit einen Brutto-Monatslohn von rund 110 RM; es ging also um die

---

[42] Zu den Lohnsteuern für Polen und Ostarbeiter und zur Ostarbeiterabgabe: Herbert, Fremdarbeiter, S. 199-201.

[43] TKKA VSt/177: Erlasse des Generalbevollmächtigten für den Arbeitseinsatz vom 1. und 2. November und 6. Dezember 1943 und Auszug aus einer Niederschrift über die Besprechung am 12. November 1943 im Verwaltungsgebäude der Gelsenkirchener Bergwerks-AG in Essen.

beträchtliche Differenz von etwa 50 RM. Der zuständige Sachbearbeiter im Amt für Sofortmaßnahmen der Stadt Duisburg, Stadtamtmann Kochan, hat den Antrag beim Lohnamt befürwortet, das auch bereit war, die Höherstufung vorzunehmen, wenn Popowa offiziell als Vorarbeiterin anerkannt würde.[44]

Die dreifache Staffelung der Löhne nach Tätigkeiten, ethnischer Herkunft und Geschlecht der Arbeitskräfte wird aus den Lohnunterlagen der Jahre 1943 und 1944 eines katholischen Krankenhauses in Duisburg-Hamborn, des St. Barbara-Hospitals, deutlich. Die niedrigsten Löhne bezogen dort weibliche „Hausangestellte" aus osteuropäischen Ländern, größtenteils Ostarbeiterinnen; sie erhielten monatlich 18 bis 20 RM netto, bei einigen Frauen wurde der Lohn 1944 auf 25 RM erhöht. Etwas darüber rangierten Krankenpfleger; während eine Ostarbeiterin in dieser Tätigkeit 1944 mit 25 RM, ein Ostarbeiter 1943 mit 30 RM, im folgenden Jahr mit 44,60 RM entlohnt wurde, bekam ein französischer Krankenpfleger für die gleiche Tätigkeit 54 RM (jeweils netto p. m.). Ein Hilfsarbeiter, bei dem nicht klar ist, ob es sich um einen Deutschen oder einen Polen handelte, bezog 59 RM, ein „*russischer*" Hilfsarbeiter 44,60 RM und ein sehr alter, 1871 geborener niederländischer Hilfsarbeiter, der möglicherweise schon vor Kriegsbeginn im Krankenhaus beschäftigt und in diesem Falle kein Zwangsarbeiter war, 50 RM. Facharbeiter beschäftigte das Krankenhaus nur wenige, aber deren Lohn lag hoch über dem der Hilfsarbeiter. Ein französischer Elektriker bekam im Durchschnitt 134 RM und war dem Krankenhaus damit mehr wert als die 1943 eingestellte, 23 Jahre alte sowjetische Ärztin Dr. Jelena Lebedewa, die nur 100,60 RM netto im Monat erhielt. Die geringe Höhe dieses Salärs, die auch aus dem Vergleich mit dem Netto-Monatsgehalt des Chefarztes des St. Barbara-Hospitals – durchschnittlich 900 RM – deutlich wird, war vermutlich auch dem jugendlichen Alter und nicht nur der „rassischen" Zugehörigkeit dieser Ärztin geschuldet.[45]

Die von Anfang an niedrigen Einsatztarife der sowjetischen Kriegsgefangenen wurden auf Drängen der Arbeitgeber, vor allem des Bergbaues, wiederholt gesenkt. Nachdem im Juni 1942 der Einsatz von sowjetischen Kriegsgefangenen im Bergbau in großem Umfang begonnen hatte, erwies sich bald die geringe Produktivität der vielen durch Hunger und Mangelkrankheiten geschwächten Männer. Die Bezirksgruppe Ruhr der Wirtschaftsgruppe Bergbau verlangte daher vom Oberkommando der Wehrmacht eine Senkung der Kriegsgefangenentarife und stieß auf Verständnis; das OKW verfügte tatsächlich am 7. September 1942 eine vorübergehende Herabsetzung der Arbeitsvergütung für die im Steinkohlebergbau eingesetzten Gefangenen. Diese vorübergehende Reduzierung erschien

---

[44] StADU 600/971: Das Amt für Sofortmaßnahmen (Stadtamtmann Kochan) an das Lohnamt, 7. Oktober; Antwort des Lohnamtes, 13. Oktober 1944.
[45] Alle Angaben zum St. Barbara-Hospital: Archiv des Katholischen Klinikums Duisburg: St. Barbara-Hospital Duisburg-Hamborn-Neumühl, Ordner *Lohn- und Gehaltskonten 1941-1945*, Lohnkontenblätter.

der Bezirksgruppe Ruhr jedoch ungenügend. Am 1. Dezember 1942 überreichte sie dem OKW eine Studie, die nachweisen sollte, daß die *„an sich schon schlechte"* Ertragslage des Bergbaus durch den Einsatz der sowjetischen Kriegsgefangenen trotz der Tarifsenkung weiter verschlechtert werde, und in der behauptet wurde, daß für einen sowjetischen Kriegsgefangenen, der 50 Prozent der Arbeitsleistung eines vergleichbaren deutschen Arbeiters brachte, pro Schicht ein Verlust von 0,71 RM entstehe. Am 19. Februar 1943 beantragte die Bezirksgruppe Ruhr beim Reichsfinanzministerium eine Neuregelung, nach der ihr in Zukunft, wie der vom Staat besonders geförderten Landwirtschaft, nur noch 0,54 RM pro Gefangenen und Tag berechnet werden sollten. Es wurde eine für die Arbeitgeber günstige, kostensenkende Regelung getroffen. Dennoch unternahmen diese am 23. Februar 1944 einen neuen Vorstoß, indem sie wieder betonten, *„daß die Aufwendungen"*, d. h. die abzuführenden Beträge für den Einsatz von sowjetischen Kriegsgefangenen, *„zu hoch"* seien. Die Tagessätze wurden erneut gesenkt, mit dem Ergebnis, daß die sowjetischen Kriegsgefangenen nun die billigsten Arbeitskräfte waren, die deutschen Unternehmern zur Verfügung standen; ihre Vergütungen lagen noch unter den Tarifen für die Häftlinge der Konzentrationslager. Maximal waren 3,65 RM pro Tag aufzuwenden. Dagegen berechnete das Wirtschafts-Verwaltungshauptamt der SS für Arbeitssklaven aus den Konzentrationslagern Tarife von 4,00 RM (für Hilfsarbeiter) oder 6,00 RM (für Facharbeiter).[46]

Zum besseren Verständnis der Ausführungen in den folgenden Kapiteln, vor allem in Kapitel 3, ist es zweckmäßig, die wichtigsten Ereignisse und Zäsuren in der Entwicklung der Zwangsarbeit festzuhalten und der Darstellung gleichsam ein chronikalisches Korsett einzuziehen. Der schnelle Sieg über Polen im Herbst 1939 eröffnete der deutschen Kriegswirtschaft, hier im weiteren Sinn verstanden, d. h. mit Einbeziehung der Landwirtschaft, ein neues Arbeitskräftereservoir. Bis Anfang 1940 wurden rund 300 000 polnische Kriegsgefangene nach Deutschland gebracht und fast ausschließlich in der Landwirtschaft eingesetzt, einem traditionellen Einsatzfeld für Kriegsgefangene. Gleichzeitig begann die Anwerbung ziviler polnischer Arbeitskräfte, die aber nicht den erhofften Erfolg hatte, weshalb die deutschen Behörden zur zwangsweisen Rekrutierung ziviler Polen übergingen. Vom 1. Januar bis zum 30. Juni 1940 kamen über 272 000 zivile Polen aus dem *Generalgouvernement* ins Reichsgebiet; dann ließ die Rekrutierung nach, auch weil seit dem Spätsommer hunderttausende französische Kriegsgefangene zur Verfügung standen. Auch diese sowie die in Frankreich gefangen genommenen britischen Soldaten wurden 1940/41 zunächst überwiegend der

---

[46] Zu den Einsatztarifen der sowjetischen Kriegsgefangenen: Christian Streit, Keine Kameraden, 1978, S. 280-285.

Landwirtschaft zugeteilt;[47] in Duisburg sind britische Kriegsgefangene nicht nachweisbar. Die polnischen Kriegsgefangenen wurden größtenteils noch 1940 in den Zivilistenstatus überführt, blieben jedoch dem deutschen Zwangsregime unterworfen. Die niederländischen Kriegsgefangenen wurden bald nach der Kapitulation im Mai 1940 freigelassen, etwa ein Jahr später auch die Flamen unter den belgischen Kriegsgefangenen.

In der ersten Kriegsphase, von September 1939 bis Juni 1941, schien es zunächst so, als könne der große Arbeitskräftebedarf der deutschen Wirtschaft weitgehend durch Anwerbung von Freiwilligen gedeckt werden. Für diese Einschätzung sprach, daß in Polen und den besetzten Ländern im Westen kriegsbedingt eine hohe Arbeitslosigkeit herrschte; so zählte man in den Niederlanden 1940 etwa 400 000 Arbeitslose. Ende Oktober 1940 waren 1,2 Millionen französische und britische Kriegsgefangene im Reich eingesetzt, davon 54 Prozent in der Landwirtschaft; die gelernten Metallarbeiter unter den Kriegsgefangenen freilich hatte sich schon damals die Industrie gesichert. Im September 1941 arbeiteten rund 50 000 zivile Franzosen in Deutschland. Zunächst zeichnete sich nur ein Mangel an Facharbeitern ab, der für eine noch nicht umfassend auf das Fließbandverfahren umgestellte Industrie ein großes Problem darstellte und den man im Winter 1941 durch die Anwerbung französischer Facharbeiter zu beheben suchte. Die Industriellen wollten in der ersten Kriegsphase, vor allem wegen befürchteter betriebswirtschaftlicher Schwierigkeiten (etwa Störungen des Produktionsablaufes infolge längerer Anlernzeiten und Verständigungsprobleme) und daraus resultierender höherer Kosten, eigentlich keine „Fremdarbeiter", und sie wiesen zu Recht darauf hin, daß die deutschen Arbeitskräftereserven noch nicht ausgeschöpft waren.[48] Abgesehen davon wurden in den „Kriegspausen" im Winter 1939/40 und im Winter 1940/41 viele Soldaten zu den heimatlichen Arbeitsplätzen in Landwirtschaft und Industrie beurlaubt. Ein wirklich gravierender Mangel an Arbeitskräften in der Industrie trat erst 1941/42 nach dem Balkan- und dem Rußlandfeldzug auf, als die Hoffnung der Arbeitgeber auf die abermalige Rückkehr vieler tausender Soldaten in die industrielle und landwirtschaftliche Produktion aufgegeben werden mußte.

Im Oktober 1941 waren fast 2,14 Millionen „Fremdarbeiter" im Deutschen Reich registriert, davon über eine Million Polen. Die Zahl der französischen Kriegsgefangenen erreichte mit 952 000 fast die Millionmarke. Neben den zivilen Fremdarbeitern und den französischen und belgischen Kriegsgefangenen

---

[47] Anfang 1945 lebten im Deutschen Reich rd. 80 000 britische Kriegsgefangene, von denen rd. 12 000 in der Landwirtschaft, 14 000 im Bergbau, 17 000 im Hoch- und Tiefbau, 6 000 in der Baustoffindustrie, 5 000 bei der Reichsbahn, 2 500 in der Holzindustrie, 2 000 in der Forstwirtschaft und 2 000 - völkerrechtswidrig - in der Rüstungsendfertigung (Panzerproduktion) arbeiteten (BA Berlin R 3/466).
[48] Hans-Eckardt Kannapin, Wirtschaft unter Zwang, Köln 1966; Walter Rohland, Bewegte Zeiten. Erinnerungen eines Eisenhüttenmannes, Stuttgart 1978.

spielten seit dem Winter 1941/42 sowjetische Kriegsgefangene eine Rolle; auch sie sollten, wie 1939/40 die Polen, zunächst nicht eingesetzt werden, worin sich die nationalsozialistischen Ideologen und die Arbeitgeber, wenn auch aus unterschiedlichen Gründen, einig waren. Die Annahme, daß man die Arbeitskraft von Millionen Männern, für die man nur den sehr niedrigen Kriegsgefangenentarif hätte zahlen müssen, entbehren könne, führten neben anderem dazu, daß Ende 1941, ein halbes Jahr nach dem Beginn des Krieges gegen die Sowjetunion, bereits 60 Prozent der bis dahin 3,4 Millionen sowjetischen Kriegsgefangenen in den Lagern durch Hunger und Seuchen umgekommen waren. Dann jedoch zwangen die Verluste an deutschen Arbeitskräften infolge der Einberufungen das Regime und die Wirtschaft zu einer Kehrtwendung. Es gab nun zur Erschließung des Arbeitskräftepotentials in den überfüllten Kriegsgefangenenlagern schlechthin keine Alternative mehr. Die sowjetischen Kriegsgefangenen wurden größtenteils dem Bergbau zugewiesen. Andere Industriezweige mußten nach und nach dem Bergbau folgen und taten es widerwillig, weil sie die Arbeitsleistung der Gefangenen als gering einschätzten. Nach Angaben Sauckels wurden 1942 456 000 sowjetische Kriegsgefangene und knapp 1,5 Millionen zivile Arbeiter und Arbeiterinnen aus der Sowjetunion nach Deutschland gebracht – von April bis zum Jahresende rund 40 000 Menschen pro Woche. Ostarbeiter, Männer und Frauen, kamen in immer größeren Zahlen in die Betriebe der Rüstungsendfertigung, der Eisen- und Stahlindustrie, des Maschinenbaues, der Chemischen Industrie und der Bauwirtschaft, ebenso in das Transportwesen und den Postdienst, zu den Stadt- und Gemeindeverwaltungen, und in geringerem Umfang auch ins Handwerk, in den Großhandel, in Wäschereien und Krankenhäuser.

Im Februar 1943, nach der Kapitulation der 6. Armee in Stalingrad, mit der 250 000 deutsche Soldaten in Gefangenschaft gegangen waren, fehlten der Wehrmacht insgesamt zwei Millionen Soldaten. Abermalige Einberufungen waren die unvermeidliche Folge. Gleichzeitig forderte auch die kriegswichtige Industrie, der vom Regime immer höhere Produktionsanforderungen gestellt wurden, zusätzliches Personal. Im Dezember 1942 meldeten der Bergbau einen Bedarf von 80 000, die Eisen- und Stahlindustrie einen Bedarf von 60 000 Mann. Allein im engeren Rüstungsbereich wurden für das erste Vierteljahr 1943 mindestens 800 000 neue Arbeitskräfte gefordert; die gesamte Wirtschaft benötigte etwa 1,5 Millionen. Nun war es unumgänglich, alle nicht „kriegswichtigen" Betriebe, darunter auch einen Teil der etwa 7 000 deutschen Maschinenfabriken, stillzulegen, deren Arbeitskräfte in die Rüstungs- und die übrige kriegswichtige Industrie umzusetzen und in größerem Umfang nicht erwerbstätige Frauen dienstzuverpflichten. Doch das reichte bei weitem nicht aus, weshalb vor allem mehr ausländische Arbeitskräfte verfügbar gemacht werden mußten. Der GBA Sauckel erreichte im April 1943 in Verhandlungen mit der Regierung des unbesetzten Teils Frankreichs in Vichy, daß 250 000 französische Arbeitskräfte, darunter 150 000 Facharbeiter, aus der französischen Industrie „ausgekämmt" und der deutschen Industrie zur Verfügung gestellt werden konnten; als Gegenleistung wurden die französischen Kriegsgefangenen in ein „Erleichtertes Statut" überführt. Aber nicht nur hier tat sich für Sauckel und seine Behörde ein Problem auf. Rüstungsminister Speer trat seit 1943 dafür ein, die französischen Industriebetriebe, die für die deutsche Rüstungsproduktion arbeiteten (und das waren die meisten), von den „Auskämmaktionen" auszunehmen, weil sonst die Erfüllung der Aufträge nicht mehr gewährleistet wäre. Auf seine Intervention hin wurden tausende französischer Industriebetriebe zu „Sperrbetrieben" erklärt, die keine Arbeiter mehr abgeben mußten. Die Kontroverse zwischen Sauckel und Speer, von Hitler nicht durch ein Machtwort zugunsten eines der Gegner beendet, dauerte bis ins Frühjahr 1944 an, als die Arbeiter-„Anwerbungen" in Frankreich aufhörten.[49]

Obwohl schon in der ersten Jahreshälfte 1943 mehr als eine Million ausländischer Arbeitskräfte ins Reich geholt worden war, ließ das laute Rufen der Industrie nach Ersatz für die verlorenen deutschen Arbeitskräfte nicht nach. Im Spätherbst 1943 tat sich plötzlich eine neue Ressource auf. Nachdem Italien einige Wochen nach dem Sturz Mussolinis, am 8. September 1943, gegenüber den Alliierten kapituliert hatte, wurden die rund 600 000 italienischen Soldaten im Machtbereich der deutschen Wehrmacht (in Norditalien und auf dem Balkan) entwaffnet und gefangengenommen. Diese *Militärinternierten* stellten eine neue Verfügungsmasse für das System der Zwangsarbeit im Deutschen Reich dar. Im August 1944 wurden sie auf Befehl Hitlers aus dem Interniertenstatus entlassen und zu Zivilisten erklärt, was in der Regel eine bessere Behandlung als zuvor zur Folge hatte, aber ihre Arbeitsverhältnisse durften die Italiener nicht kündigen: sie blieben Zwangsarbeiter. Die Zuteilungen von Militärinternierten haben seit Dezember 1943 in unzähligen deutschen Betrieben in den Monaten zuvor entstandene „Lücken gestopft". Doch die Hoffnung Sauckels, 1944 in Nord- und Mittelitalien, d. h. in den Gebieten, die nun von der Wehrmacht besetzt waren, über eine Million weiterer, ziviler Italiener rekrutieren zu können, erfüllte sich nicht. Die Widerstandsbewegung (*Resistenza*) und das Vordringen der Alliierten nach Norden machten einen Strich durch die Rechnung des GBA, der nur knapp 50 000 italienische Zivilisten nach Deutschland holen konnte. Das Jahr 1944 brachte für Sauckel keine Erfolge mehr, die Hitler und Speer beeindruckt und die industriellen Arbeitgeber befriedigt hätten. Waren 1943 noch mehr als 1,8 Millionen ausländische Arbeiter und Arbeiterinnen nach Deutschland gekommen, konnten 1944 „nur" noch rund 640 000 Zugänge verbucht werden.[50] In diesem Zusammenhang ist auch der Industrieeinsatz hunderttausender Konzentrationslager-Häftlinge zu sehen, auf den später eingegangen wird. Im ersten Halbjahr

---

[49] Zu den Rekrutierungen in Frankreich und zur Sauckel-Speer-Kontroverse: Herbert, Fremdarbeiter, S. 292-96; Alan S. Milward, The New Order and the French Economy, Oxford 1970, sowie Frankenstein, Die deutschen Arbeitskräfteaushebungen (wie Anm. 16).

[50] Herbert, Fremdarbeiter, S. 300 (Tab. 40).

1944 hat der GBA erstmals mehr deutsche als ausländische Arbeitskräfte für Industrie und Landwirtschaft neu erschlossen; 850 000 Deutschen (darunter 500 000 Jugendliche) standen 650 000 Ausländer, einschließlich neuer, etwa auf den italienischen Kriegsschauplätzen gemachter Kriegsgefangener, gegenüber.[51]

Die schon 1943 praktizierten „Umsetzungen" von deutschen wie ausländischen Arbeitskräften in andere Wirtschaftsbereiche nahmen 1944 größere Ausmaße an. Im Januar 1944 wurden rund 2 500 polnische Arbeiter aus der Landwirtschaft anderer Gauarbeitsamtsbezirke in den Rüstungssektor des Gauarbeitsamtsbezirkes Essen umgesetzt. Aus dieser Verfügungsmasse bekam auch die August Thyssen-Hütte AG etwas ab; sie hatte ursprünglich keine Polen einstellen wollen, vermutlich weil die Verantwortlichen der Ansicht waren, die landwirtschaftlichen Arbeitskräfte seien für die Arbeit in der Stahlproduktion und -verarbeitung nicht geeignet. In Duisburg waren bereits im Oktober 1943 zwei junge Ostarbeiterinnen, die im städtischen Krankenhaus an der Papendelle als Hausgehilfinnen gearbeitet hatten, zum Reichsbahn-Ausbesserungswerk in Wedau versetzt worden; immerhin verfügte das Krankenhaus im Januar 1944 noch über acht Hausgehilfinnen aus der Sowjetunion.[52] Beim St. Barbara-Hospital in Hamborn schieden am 14. September 1944 vier ukrainische oder russische „Hausangestellte" aus dem Dienst, die aber nur vier Tage später wieder eingestellt wurden und bis Ende März 1945 im Krankenhaus blieben. Hier darf man wohl eine Umsetzung der Frauen in einen kriegswichtigen Industriebetrieb vermuten, die das Krankenhaus, mit welchen Mitteln auch immer, schon nach kurzem rückgängig machen konnte.[53] Die Verstärkung und Vollendung des *Westwalles* an der Reichsgrenze zwischen Kleve und Lörrach im Herbst 1944 führte abermals dazu, daß nichtgewerblichen Betrieben und Einrichtungen wie Krankenhäusern ausländische Arbeitskräfte entzogen wurden. So nahm das Arbeitsamt Duisburg am 14. September 1944 dem städtischen Krankenhaus an der Papendelle elf junge Ostarbeiterinnen weg, die zum Westwall „beordert" wurden.[54]

Die Arbeitskräftenot im letzten Kriegsjahr brachte viele Arbeitgeber dazu, die Beschaffung fehlender Arbeiter am Arbeitsamt vorbei in die eigene Hand zu nehmen und dabei auch halb- oder illegale Praktiken nicht zu scheuen. Die Gutehoffnungshütte etwa schickte Werber in die Eisenbahnzüge, in denen niederländische Arbeiter, über deren Zuweisung bestimmte Arbeitsämter zu disponieren hatten, nach Deutschland einreisten, versprachen den Niederländern alle möglichen Vergünstigungen und überredeten einige, in Oberhausen auszusteigen und bei der GHH Arbeit aufzunehmen. Öffentliche Unternehmen wie die Reichs-

---

[51] *Wirtschaftlicher Sonderdienst* Nr. 49 vom 10. Juli 1944 (Auszug in TKKA VSt/620).
[52] StADU 503/603: Vermerk der Verwaltung der Städtischen Krankenanstalten vom 19. Januar 1944.
[53] Wie Anm. 45.
[54] StADU 503/603: Die Städtischen Krankenanstalten (Haus Papendelle) an das Lohnamt, 14. September 1944.

bahn und die Organisation Todt, ja selbst die Wehrmachtsverwaltung gaben alle Skrupel auf und warben *„in den Urlaubsorten der Fremdarbeiter"* anderen Arbeitgebern Leute ab. Wenn ausländische Arbeiter in den Urlaubsorten die Werber der OT auf die Straffälligkeit einer illegalen, nicht vom Arbeitsamt genehmigten Abkehr vom bisherigen Arbeitgeber hinwiesen, erhielten sie zur Antwort, daß sie sich deswegen keine Sorgen machen und die Abkehr *„ruhig"* die Sache der OT sein lassen sollten.[55]

Die folgende Tabelle gibt einen Überblick über die quantitativen Verhältnisse des Ausländer-„Einsatzes" im Spätsommer 1944:

Tabelle 1: Kriegsgefangene und ausländische zivile Zwangsarbeiter im „Großdeutschen Reich" August / September 1944[56]

	1	2	3	4	5
Nationalität	Kriegsgef.	Zivilarbeiter			Insgesamt
		männlich	weiblich	insges.	(Sp. 1 u. 4)
Belgien	50 400	170 000	29 400	199 400	249 800
Dänemark	-	12 200	3 800	16 000	16 000
Großbritannien	80 725	-	-	-	80 725
Frankreich	600 000	603 800	42 700	646 500	1 246 500
Griechenland	-	12 500	3 100	15 600	15 600
Italien	427 200[a]	265 000	22 300	287 300	714 500
Litauen, Lettland u. Estland		28 500	16 300	44 800	44 800
Niederlande	-	233 600	21 000	254 600	254 600
Polen	28 300	1 088 500	573 800	1 662 300[b]	1 690 600
Protektorat Böhmen u. Mähr.[c]	-	232 000	44 300	276 300	276 300
Serbien	89 400	72 300	23 500	95 800	185 200
Sowjetunion	631 600	1 062 500	1 112 100	2 174 600	2 806 200
Insgesamt	1 907 600	3 780 900	1 892 300	5 673 200	7 580 800

Gerundete Werte
a Militärinternierte
b Arbeitskräfte „polnischen und ukrainischen Volkstums aus dem Generalgouvernement und dem Bezirk Bialystok" sowie polnische „Schutzangehörige des Großdeutschen Reiches" (d. h. Arbeitskräfte aus den vom Reich annektierten Gebieten Polens)
c Tschechen

---

[55] StADU 41/436: Bericht des Beauftragten VIII der Zentralinspektion der DAF für die ausländischen Arbeitskräfte, Erich von Seydlitz-Kurzbach, für Mai und Juni 1944, vom 30. Juni 1944, S. 1.
[56] Nach: *Der Arbeitseinsatz im Großdeutschen Reich* Nr. 10 vom 31.10.1944 u. Nr. 11/12 vom 30.12.1944; Kriegsgefangene: Stand vom 15.8.1944; Zivilarbeiter: Stand vom 30.9.1944. Die Quelle gibt auch die Zahlen der Arbeiter aus den verbündeten Staaten Ungarn (rd. 17 200 Männer und 7 000 Frauen) und Bulgarien (rd. 14 200 Männer und 2 000 Frauen) und der neutralen Schweiz (rd. 11 800 Männer und 5 200 Frauen) an.

Ausländische Arbeitskräfte (zivile Arbeiter und Kriegsgefangene) in ausgewählten Wirtschaftsbereichen im Deutschen Reich im August 1944

(Ausländeranteil an der Gesamtzahl der Beschäftigten in Prozent)

Wirtschaftsbereich	Prozent
Landwirtschaft	46,4
Bergbau	33,7
Bauwirtschaft	32,3
Metallindustrie u. Maschinenbau	30,0
Chemische Industrie	28,4
Verkehr (Reichsbahn u. a.)	26,0
Textil- u. Bekleidungsindustrie	11,1
Handel	6,0
Gesamte Wirtschaft	26,5

Nach Herbert, Fremdarbeiter, S. 314 (Tab. 41)

Nach Einstellung der im Sommer 1944 rekrutierten Arbeiter belief sich der Anteil der Ausländer („freie" Ausländer und Zwangsarbeiter) an der Gesamtzahl der Beschäftigten im August auf 26,5 Prozent.[57] Von den 7,6 Millionen ausländischen Zwangsarbeitern (ohne KL-Häftlinge) im Spätsommer 1944 waren fast 5,7 Millionen zivile Arbeitskräfte, davon zwei Drittel Männer und ein Drittel Frauen. Die Frauen kamen größtenteils, und zwar zu 87 Prozent, aus der Sowjetunion und Polen; von den männlichen zivilen Arbeitern kamen 62 Prozent aus Osteuropa. Die zivilen Arbeiter beiderlei Geschlechts aus der Sowjetunion (Ostarbeiter) machten 2,13 Millionen aus; es gab mehr Ostarbeiterinnen (1,11 Millionen) als zivile männliche und weibliche Arbeitskräfte aus Frankreich, Belgien und den Niederlanden zusammen (1,10 Millionen); Polen stellte 1,66 Millionen Arbeiter. Zum genannten Zeitpunkt lebten rund 1,9 Millionen Kriegsgefangene in Deutschland; demnach waren damals drei Viertel der ausländischen Zwangsarbeiter Zivilisten und ein Viertel Kriegsgefangene.[58] Die eingangs genannte Schätzzahl von knapp 10 Millionen Zwangsarbeitern (ohne KL-Häftlinge) über die gesamte Kriegszeit ergibt sich aus der Einbeziehung der Fluktuation, d. h. der Ersatzbeschaffung für Arbeiter, die geflohen, wegen Arbeitsunfähigkeit entlassen oder gestorben waren. In Würdigung aller darüber bekannten Tatsachen wurde das Ausmaß der Fluktuation auf ein Drittel des höchsten Beschäftigungsstandes im Sommer 1944 (7,6 Millionen) veranschlagt. Die Zahl der Häftlinge der Konzentrationslager ist seriös nicht genau zu bestimmen. Während des Krieges waren etwa 2,5 Millionen Menschen als Arbeitskräfte in den KL, und zwar zu 15 Prozent Deutsche und zu 85 Prozent Ausländer. Im August 1944 arbeiteten rund 500 000 KL-Häftlinge für die deutsche Wirtschaft, Ende 1944 gab es rund 600 000 KL-Häftlinge, von denen 480 000 als „arbeitsfähig" gemeldet waren.[59]

Wer die Belegschaftsstrukturen der Industriebranchen und einzelner großer Unternehmen sowie die halbwegs gesicherten lokalen Kopfzahlen ausländischer Arbeitskräfte im Jahre 1944 vergleicht, stellt fest, daß die Industrie des rheinisch-westfälischen Gebietes, vor allem die Montanindustrie, relativ niedrige Ausländerquoten hatte und die Städte an Rhein und Ruhr *nicht* die Hochburgen des *Einsatzes* ausländischer Zwangsarbeiter waren. Die Vereinigte Stahlwerke AG, deren Betriebe fast alle im heutigen Nordrhein-Westfalen (und zu einem großen Teil in Duisburg) lagen, ermittelte zum 31. August 1944 eine Ausländer-Quote von 34,1 Prozent der Gesamtbelegschaft.[60] Im Ruhrbergbau war der wohl höchste Ausländeranteil der gesamten Kriegszeit mit 38 Prozent im Februar 1944

---

[57] Herbert, Fremdarbeiter, S. 314 (Tab. 41).
[58] Ebd., S. 430.
[59] Ebd., S. 314-16 (Tabelle) u. 430.
[60] TKKA VSt/621: Bericht über den Fremdarbeitereinsatz im Konzern der Vereinigte Stahlwerke AG in den Jahren 1939-1945 (vom 21. März 1946), S. 2; eigene Berechnungen. - Zu den Ausländerquoten der VSt-Betriebsgesellschaften August Thyssen-Hütte AG und Gelsenkirchener Bergwerks-AG s. Kapitel 3.

erreicht.[61] Zwei Unternehmen der Rüstungsendfertigung, die Daimler-Benz AG und die Volkswagenwerk GmbH, wiesen ganz andere Verhältnisse auf. Bei Daimler-Benz waren 1944 mehr als die Hälfte aller Arbeitskräfte in den 17 Konzernwerken ausländische Zwangsarbeiter, darunter 5 600 KL-Häftlinge.[62] Beim VW-Werk in Wolfsburg, das in der Rüstungsproduktion keine so große Rolle spielte wie der Daimler-Benz-Konzern (das wichtigste Produkt war der VW-Kübelwagen, der an die Stelle des *Käfer*-Automobils getreten war), stieg der Anteil der ausländischen Arbeitskräfte von 14 Prozent am Jahresende 1940 auf 85,3 Prozent zum Zeitpunkt des Kriegsendes. Hier muß allerdings ergänzt werden, daß das erst 1937/38 gebaute Werk in den wenigen Friedensjahren noch keine deutsche Stammbelegschaft hatte entwickeln können.[63] Der Duisburger Industrielle Hans Reuter, Rüstungsobmann im Wehrkreis VI b, der sich im Oktober 1943 darum sorgte, daß in den Industriebetrieben des Ruhrgebietes ein *„aus Sicherheitsgründen erforderlich*[es] *[...] Mindestverhältnis von Deutschen und Ausländern erhalten bleibt"*,[64] hätte in Wolfsburg lernen können, wie eine deutsche Minderheit von Ingenieuren, Vorarbeitern, Meistern, Verwaltungsangestellten und Werkschutzleuten eine Mehrheit von Ausländern (Ende April 1944: 65,3 Prozent der Belegschaft) unter Kontrolle hielt.

War in Essen, der Stadt mit den wahrscheinlich meisten Zwangsarbeitern im Westen, im Frühjahr 1944 der Höchststand mit rund 42 000 ausländischen Arbeitern aller Kategorien erreicht, so zählte Berlin im Spätjahr 1944 nicht weniger als 400 000 und München etwa 80 000 ausländische Arbeiter (Kapitel 2). Im ganzen Ruhrgebiet lebten im Juni 1944 wohl über 220 000 zivile ausländische Arbeitskräfte; das war mehr, als Oberhausen Einwohner hatte, jedoch erheblich weniger als der für Berlin geschätzte Höchststand. In diesem Ungleichgewicht spiegelt sich zunächst die Tatsache wider, daß die Schwerindustrie an Rhein und Ruhr im Krieg nicht zu den „Wachstumsbranchen" gehörte, während die „moderne" Rüstungsindustrie (im engeren Sinne) in Berlin, Schlesien, Mittel- und Süddeutschland und in einigen Küstenstädten in großem Umfang Neuinvestitionen vornehmen konnte. Aus den Kapazitätserweiterungen der eigentlichen Rüstungsindustrie resultierte ein viel größerer Arbeitskräftebedarf, als er im Ruhrgebiet mit seinem geringen Besatz mit nach dem Fließbandprinzip produzierender Industrie gegeben war. Vor allem hieraus ist zu erklären, daß München und Nürnberg sehr viel mehr ausländische Zwangsarbeiter aufwiesen als Essen und Duisburg. Es scheint außerdem, daß das rheinisch-westfälische Gebiet, sozusagen als Kompensation für die besonders starke Belastung durch den Luftkrieg,

---

[61] Herbert, Fremdarbeiter, S. 256 (Tab. 32).
[62] Ebd., S. 419f.
[63] Hanns Mommsen u. Manfred Grieger, Das Volkswagenwerk und seine Arbeiter im Dritten Reich, Düsseldorf 1996, S. 1027 (Tabelle 5); Herbert, Fremdarbeiter, S. 421f.
[64] HSTAD RW 13-6: Rüstungsobmann Generaldirektor Hans Reuter an das Rüstungslieferungsamt im Reichsrüstungsministerium, 11. Oktober 1943.

bei der Einberufung von Arbeitnehmern zum Kriegsdienst gegenüber den süd-, mittel- und ostdeutschen Industrierevieren geschont worden ist. Ein entsprechender Befehl Hitlers ist jedoch nicht bekannt. Im gesamtdeutschen Vergleich hatte das Ruhrgebiet einen leicht unterdurchschnittlichen Ausländeranteil; im Gauarbeitsamtsbezirk Essen, der das westliche Ruhrgebiet und den unteren Niederrhein umfaßte, lag er Anfang 1944 bei 23,4 Prozent und im September 1944 bei 18,1 Prozent.[65]

Ein Teilthema der Zwangsarbeit ist der *Arbeitseinsatz von Konzentrationslager-Häftlingen* in der Industrie (vor allem der Rüstungsindustrie), der Bauwirtschaft und im kommunalen Dienst.[66] Die Häftlinge der Konzentrationslager haben von Anfang an, seit der Einrichtung der ersten Lager 1933, Zwangsarbeit geleistet, zunächst jedoch nur in den Lagern selbst. Seit 1938 arbeiteten KL-Häftlinge auch in SS-eigenen Baubetrieben, Baustoffgewinnungswerken und Werken für militärische Ausrüstung. Seit Mitte September 1942 stellte die SS sogenannte Baubrigaden auf, die teilweise in Großstädten stationiert waren und dort nach Luftangriffen Trümmerschutt räumen, teilweise auch auf Großbaustellen der Wehrmacht, etwa an Befestigungsanlagen, arbeiten mußten. In Duisburg waren von Oktober 1942 bis Mai 1944 Teile zunächst der I., dann der III. SS-Baubrigade stationiert. Der Einsatz von KL-Häftlingen außerhalb des SS-Wirtschaftskomplexes begann erst 1941, als das Volkswagenwerk als erstes Großunternehmen aufgrund eines Arrangements mit der SS ein Kontingent an Häft-

---

[65] Herbert, Fremdarbeiter, S. 316 (Tab. 44).

[66] Zu diesem Thema sind in den letzten zwei Jahrzehnten einige luzide Untersuchungen unterschiedlichen Umfangs erschienen, u. a.: Falk Pingel, Die Konzentrationslager im nationalsozialistischen Arbeitseinsatz, in: Waclaw Dlugoborski (Hrsg.), Zweiter Weltkrieg und sozialer Wandel. Achsenmächte und besetzte Länder, Göttingen 1981, S. 151-63; ders., Die KZ-Häftlinge zwischen Vernichtung und NS-Arbeitseinsatz, in: Wolfgang Michalka (Hrsg.), Der Zweite Weltkrieg. Analysen, Grundzüge, Forschungsbilanz, München u. Zürich 1989, S. 784-97; Rainer Fröbe, Der Arbeitseinsatz von KZ-Häftlingen und die Perspektive der Industrie 1943-1945, in: Ulrich Herbert (Hrsg.), Europa und der „Reichseinsatz", Essen 1991, S. 351-83; Karola Fings, Messelager Köln. Ein KZ-Außenlager im Zentrum der Stadt (Schriften des Dokumentationszentrums der Stadt Köln, Bd. 3), Köln 1996; dies., „Not kennt kein Gebot". Kommunalverwaltung und KZ-Außenlager, in: Wolfgang Benz (Hrsg.), KZ-Außenlager - Geschichte und Erinnerung (Dachauer Hefte Bd. 15), Dachau 1999, S. 66-76; Lutz Budraß u. Manfred Grieger, Die Moral der Effizienz. Die Beschäftigung von KZ-Häftlingen am Beispiel des Volkswagenwerks und der Henschel Flugzeug-Werke, in: Jahrbuch für Wirtschaftsgeschichte, Jg. 1993, Heft 2, S. 89-136; Manfred Grieger u. Klaus Völkel, Das Außenlager „Annener Gußstahlwerk" (AGW) des Konzentrationslagers Buchenwald. Hrsg. von der Stadt Witten, Essen 1997; Lutz Budraß, Der Schritt über die Schwelle. Ernst Heinkel, das Werk Oranienburg und der Einstieg in die Beschäftigung von KZ-Häftlingen, in: Winfried Meyer u. Klaus Neitmann (Hrsg.), Zwangsarbeit während der NS-Zeit in Berlin und Brandenburg, Potsdam 2001, S. 129-62; Hermann Kaienburg, KZ-Häftlingsarbeit im Spannungsfeld von Repression und Wirtschaftsinteresse, in: Meyer u. Neitmann (Hrsg.), Zwangsarbeit (s. o.), S. 23-44; Jan Erik Schulte, Zwangsarbeit und Vernichtung: Das Wirtschaftsimperium der SS. Oswald Pohl und das SS-Wirtschafts-Verwaltungshauptamt 1933-1945, Paderborn u. a. 2001; außerdem Herbert, Fremdarbeiter, S. 424-29.

lingen übernahm. Der I.G. Farbenindustrie AG stellte die SS 1941/42 KL-Häftlinge in größerem Umfang für den Bau des neuen Werkes in Auschwitz-Monowitz zur Verfügung. Um die Jahresmitte 1942 deutete sich an, daß die Kriegswirtschaft das große, noch weitgehend brachliegende Arbeitskräftepotential der KL-Häftlinge in viel größerem Umfang ausnutzen mußte, als bis dahin geschehen war, um dem Mangel an Arbeitern abzuhelfen. Im September 1942 entschied Hitler auf Vorschlag Speers, daß die SS ihre Häftlinge der Rüstungsindustrie leihweise überlassen sollte; Himmler und der Chef des SS-Wirtschafts-Verwaltungshauptamtes, SS-Obergruppenführer Oswald Pohl, die alle Häftlinge in den SS-eigenen Betrieben einsetzen wollten, mußten sich fügen. Die Belegungsstärke der KL stieg von 110 000 Häftlingen im September 1942 auf 524 300 im August 1944 und auf mehr als 700 000 Anfang 1945.[67] Während des ganzen Krieges wurden rund 2,5 Millionen Häftlinge in KL-Stammlagern oder Außenlagern eingesetzt, davon 15 Prozent Deutsche und 85 Prozent Ausländer.[68]

Obwohl die KL-Häftlinge neben den sowjetischen Kriegsgefangenen die billigsten Arbeitskräfte waren, die man bekommen konnte – die Arbeitgeber hatten der SS nur 6 RM pro Tag für einen Facharbeiter und 4 RM für einen Hilfsarbeiter oder eine Hilfsarbeiterin zu zahlen –, sträubten sich zunächst viele Industrielle, auf Häftlingsarbeit zurückzugreifen. Doch der permanente Arbeitskräftemangel zwang vielfach dazu, moralische Skrupel aufzugeben. KL-Häftlinge wurden vor allem von den Unternehmen der Rüstungsendfertigung nachgefragt. Die Luftwaffenführung hieß 1944 die Verwendung von KL-Häftlingen in den Betrieben des Flugzeugbaues ausdrücklich gut. General Erhard Milch, einer der Hauptverantwortlichen für die Luftwaffenrüstung, hatte schon im März 1942 ein Reservoir von Arbeitskräften für die Flugzeugindustrie erschließen wollen und die SS gebeten, bei der Verleihung von KL-Häftlingen die Luftrüstung bevorzugt zu behandeln. Falls der damals verfügbare Bestand an Häftlingen nicht ausreichen sollte, so Milch gegenüber einem Vertreter des Heinkel-Konzerns, *„fängt Himmler noch welche".*[69] Im Februar 1944 arbeiteten fast 36 000 Häftlinge für Zwecke der Luftwaffenindustrie, im folgenden Sommer waren es bereits rund 100 000.[70] Die Zahl der KL-Außenlager und Außenkommandos bei Industriebetrieben im Reichsgebiet betrug Ende 1942 82, ein Jahr später schon 186, im Sommer 1944 341 und Anfang 1945 662.[71]

Im Winter 1943/44 begann die Verlagerung von Betrieben der Rüstungsproduktion in Höhlen der Bergstollen, wo die Produktion nicht durch Luftangriffe beeinträchtigt werden konnte („Höhlenprojekte"). In Gebirgsstollen sollten auch

---

[67] Schulte, Zwangsarbeit und Vernichtung (wie Anm. 66), S. 402 (Tab. 6).
[68] Herbert, Fremdarbeiter, S. 430.
[69] Zitiert nach Lutz Budraß, Flugzeugindustrie und Luftrüstung in Deutschland 1918-1945, Düsseldorf 1998, S. 775.
[70] Budraß, Flugzeugindustrie (wie Anm. 69), S. 796.
[71] Herbert, Fremdarbeiter, S. 426.

die sogenannten V-Waffen hergestellt werden. Für den Bau dieser unterirdischen Fabrikanlagen wurden nichtjüdische KL-Häftlinge verwendet, denn jüdische Häftlinge sollten im Reichsgebiet, das 1943/44 zum Stolz der nationalsozialistischen Ideologen beinahe „judenfrei" gemacht worden war, eigentlich nicht mehr eingesetzt werden. Doch bald zeigte sich, daß die nichtjüdischen Häftlinge den immensen Arbeitskräftebedarf der Rüstungsbetriebe nicht decken konnten und man daher auch auf jüdische Häftlinge zurückgreifen mußte. Da bis Ende 1943 bereits mehrere Millionen europäischer Juden in den Vernichtungslagern ermordet worden waren, hatte die SS zunächst nicht viel anzubieten. Als nach der Besetzung Ungarns durch die Wehrmacht im Frühjahr 1944 rund 485 000 ungarische Juden nach Auschwitz kamen, wurde beschlossen, die arbeitsfähigen von ihnen der Rüstungsindustrie im Reichsgebiet zuzuführen. Nachdem Ende Mai die sogenannte Selektion abgeschlossen war (von den 485 000 Menschen mußten 350 000, die man als nicht arbeitsfähig befunden hatte, ins Gas[72]), wurden über 130 000 Männer und Frauen ins Reich geschafft und auf die Unternehmen, die Arbeitskräfte angefordert hatten, verteilt. Die Gußstahlfabrik von Krupp in Essen zum Beispiel erhielt 500 ungarische Frauen. In den Rüstungsbetrieben, abgesehen von den unterirdischen Fabriken für die V-Waffen („Mittelbau" I bis III), hatten die Häftlinge etwas größere Überlebenschancen als in den Baubetrieben, in denen man der von der SS beabsichtigten „Vernichtung durch Arbeit" kaum entgehen konnte. Dennoch beuteten die meisten Unternehmen die KL-Häftlinge restlos aus. Bei einer Erkrankung, die zu dauernder Arbeitsunfähigkeit führte, gaben die Unternehmen die Häftlinge an die SS zurück, was für die Ausgemusterten den sicheren Tod durch Vergasung im Vernichtungslager bedeutete.

---

[72] Ebd., S. 429.

Kapitel 2
Die Stadt

Im Februar 1944 waren über 30 000 Ausländer in Duisburger Betrieben beschäftigt. Meist waren sie in Lagern auf dem Gelände der Fabriken untergebracht, wo sie arbeiteten. Das freudlose Schicksal dieser Männer und Frauen erregte viel Teilnahme. Auch an ärztlicher Betreuung im Rahmen des Möglichen hat es ihnen nicht gemangelt. Als die Artilleriebeschießung der Stadt begann, wurden sie aus Duisburg fortgebracht. Die endgültige Lösung des Problems der 'Verschleppten Personen', der 'Displaced Persons', ist heute noch nicht gelungen.

Verwaltungsbericht der Stadt Duisburg für 1939-1944[1]

Zu Beginn des Zweiten Weltkrieges stand Duisburg mit rund 435 000 Einwohnern unter den Großstädten des Deutschen Reiches – in den Grenzen von 1937 – an vierzehnter Stelle; nach Essen und Dortmund war es die drittgrößte Stadt des Ruhrgebietes. Zum Untersuchungsraum dieser Studie gehören neben Alt-Duisburg in den Grenzen vom 1. August 1929 auch die am 1. Januar 1975 eingemeindeten Städte Rheinhausen und Homberg (im Kreis Moers) und Walsum (im Kreis Dinslaken), die Bürgermeisterei Rumeln-Kaldenhausen sowie Teile der Gemeinde Rheinkamp (Kreis Moers). Rheinhausen hatte 1939 rund 40 800, Homberg rund 26 700 und Walsum rund 23 000 Einwohner.[2] Die Einwohnerzahl des Untersuchungsraumes belief sich 1939 demnach auf rund 525 000. Als Standort der Stahlerzeugung, des Steinkohlenbergbaues und des Maschinenbaues sowie als Binnenhafenstadt und Verkehrsknotenpunkt war Duisburg von großer Bedeutung für die deutsche Kriegswirtschaft. Auch in Rheinhausen, Homberg und Walsum gab es Bergwerke und kriegswichtige Betriebe der Stahlerzeugung und der chemischen Industrie. Der Bezirk der Duisburg-Weseler Industrie- und Handelskammer lieferte ein Drittel der Roheisen- und drei Zehntel der Rohstahlproduktion sowie drei Zehntel der Produktion von Walzwerkserzeugnissen des „Altreiches" (d. h. Deutschlands in den Grenzen von

---

[1] Verwaltungsbericht der Stadt Duisburg für 1939-1944. Im Auftrage des Oberstadtdirektors herausgegeben vom Städtischen Statistischen Amt (verfaßt wohl 1949), S. 6f.
[2] Nach der Volkszählung vom 17. Mai 1939 hatte Duisburg 434 646 Einwohner (Statistisches Jahrbuch für das Deutsche Reich, 59. Jg. [1941/42], S. 13*; hier angegeben ist die Wohnbevölkerung, nicht die ortsanwesende Bevölkerung). Im Reichsgebiet in den Grenzen von 1938 – nach dem Anschluß Österreichs – nahm Duisburg wegen des Eintritts von Wien zwischen Berlin und Hamburg die 15. Stelle unter den Großstädten ein. Im Statistischen Jahrbuch 1941/42 auch die Angaben zu 1939 für Rheinhausen (40 864 Einwohner), Homberg (26 738) und Walsum (23 003; jeweils Wohnbevölkerung).

1937). Stahl war in der Rüstungsindustrie vor allem die Grundlage der Panzerfertigung. Die Duisburger Kupferhütte war das größte Kupferextraktionswerk der Welt mit einer erheblichen Bedeutung für die dem Prinzip größtmöglicher Autarkie verpflichtete deutsche Kriegswirtschaft; ihr galt der erste Luftangriff auf Duisburg am 13. Mai 1940. Die staatlichen Duisburg-Ruhrorter Häfen und die privaten Häfen der Industrie am Rhein von Huckingen (Mannesmann) bis Hamborn-Schwelgern (August Thyssen-Hütte) standen 1938 gemeinsam als größter Binnenhafen der Welt hinsichtlich des Gesamtgüterumschlags mit 31,2 Millionen Tonnen weit vor dem Hamburger Hafen, dem größten deutschen Seehafen (25,7 Millionen Tonnen); die Industriehäfen von Rheinhausen, Homberg und Walsum erreichten im selben Jahr zusammen mehr als ein Drittel des Hamburger Gesamtumschlags.[3] Auch Rheinhausen, Homberg und, in geringerem Maße, Walsum waren bereits Industriegemeinden, wenngleich die Landwirtschaft hier noch eine bedeutende Rolle spielte, was aber auch für den größten Teil des Duisburger Südens, für Obermeiderich und den Norden von Hamborn gilt.

Eine genauere Betrachtung des Duisburger Industriespektrums[4] erweist, daß die Grundstoffproduktion die Rüstungsendfertigung (d. h. die eigentliche Waffenproduktion) bei weitem überwog. Betriebe des Automobilbaues, die sich nach Kriegsbeginn dem Bau von Panzern und anderen Wehrmachtsfahrzeugen verschrieben, wie es bei Daimler-Benz und dem Volkswagenwerk geschah, waren nicht vorhanden. Die meisten Duisburger Unternehmen mußten ihre Produktion nicht wesentlich umstellen; nur die Deutsche Eisenwerke AG und die Eisenwerk Wanheim GmbH ersetzten in ihrer Produktpalette in größerem Umfang Friedens- durch Kriegserzeugnisse (s. u.). Die größten Duisburger Branchen und Arbeitgeber blieben Bergbau und Stahl. Der Steinkohlenbergbau war auf dem heutigen

---

[3] Statistik des Deutschen Reiches Bd. 540: Die Seeschiffahrt im Jahre 1938, Berlin 1940, S. 4; Statistik des Deutschen Reiches Bd. 547: Die Binnenschiffahrt im Jahre 1939, Berlin 1941, S. 5.

[4] Der Rundgang durch die Duisburger Wirtschaft stützt sich vor allem auf die folgenden Darstellungen: Hermann Freytag u. Otto Most (Hrsg.), Duisburg, Berlin 1937, S. 39, S. 51, S. 59, S. 61; Walter Ring, Chronik der Stadt Duisburg für die Zeit vom 1. April 1938 bis 31. März 1939, S. 21; Ders., Heimatchronik der Stadt Duisburg. Mit Beiträgen von Erich Schwoerbel u. L. Kalthoff, Köln 1954; Jahrbuch für den Ruhrkohlenbezirk, 40. Jg. (1942); Vereinigte Stahlwerke AG (Hrsg.), Kohle Eisen Stahl. Ein Überblick über die Vereinigte Stahlwerke Aktiengesellschaft, Düsseldorf, und ihre Betriebsgesellschaften mit Bildbericht über den Werdegang des Stahls, o. O. (Düsseldorf) 1939; Wessel, Kontinuität im Wandel (Mannesmann); Hildebrand, Wanheim-Angerhausen, S. 141f. u. 370-376 (Berzelius und Eisenwerk Wanheim); Werner Abelshauser, Rüstungsschmiede der Nation? Der Kruppkonzern im Dritten Reich und in der Nachkriegszeit, in: Lothar Gall (Hrsg.), Krupp im 20. Jahrhundert. Die Geschichte des Unternehmens vom Ersten Weltkrieg bis zur Gründung der Stiftung, Berlin 2002, S. 267-472 (Friedrich-Alfred-Hütte in Rheinhausen); Adreßbuch der Stadt Duisburg für 1939. Unveröffentlichte Quellen im ThyssenKrupp Konzernarchiv: TKKA FWH/2426: Aufzeichnung „Werk Hüttenbetrieb Duisburg-Meiderich" vom 17. April 1946; TKKA FWH/1690, 1697, 1698, 1699, 1741 u. 2426 (Werk der Stahlindustrie GmbH in Duisburg-Hochfeld).

Stadtgebiet 1940 mit neun fördernden Schacht- oder Doppelschachtanlagen vertreten;[5] die Doppelschachtanlage Friedrich Thyssen 2/5 in Hamborn war 1938 das achtgrößte Bergwerk des Ruhrgebietes. 1937 entfiel mit 15 000 Personen rund 1/6 der gewerblichen Beschäftigten in Duisburg auf den Bergbau einschließlich der Kokereien. Mit dem Bergbau technisch und betriebswirtschaftlich verbunden war die Ferngaserzeugung und -versorgung durch die Thyssensche Gas- und Wasserwerke GmbH (TGW) in Hamborn. Die TGW belieferten kommunale und regionale Gasversorger sowie industrielle Großabnehmer in der nördlichen Rheinprovinz mit Gas, das von den Kokereien der Gruppe Hamborn der Gelsenkirchener Bergwerks-AG übernommen und im Ferngaswerk in Alt-Hamborn für die Verwendung in Industrie und Haushalten aufbereitet wurde. Daneben förderten die TGW aus zwei in Laar und Beeckerwerth gelegenen Rheinwasserwerken Trinkwasser, mit dem die Tochtergesellschaft Niederrheinische Gas- und Wasserwerke GmbH die Verbraucher in Hamborn und Walsum versorgte.

Der Duisburger Wirtschaftsbereich mit dem größten Anteil an der Gesamtzahl der Beschäftigten war die Eisen- und Stahlindustrie. Im heutigen Stadtgebiet hatten drei Montankonzerne je einen großen Hüttenwerkskomplex: die Vereinigte Stahlwerke AG (Betriebsgesellschaft August Thyssen-Hütte AG mit drei Betrieben nördlich und zwei Betrieben südlich der Ruhr[6]), die Mannesmannröhren-Werke AG im Duisburger Süden und die Fried. Krupp AG (Betrieb Friedrich-Alfred-Hütte) in Rheinhausen. Die Duisburger Eisen- und Stahlwerke arbeiteten größtenteils für die Rüstungsproduktion, aber nicht alle ihre Betriebe waren als Rüstungsbetriebe im engeren Sinn anerkannt; von den fünf ATH-Betrieben fiel nur die Hütte Ruhrort-Meiderich in diese Kategorie. Die Einstufung als Rüstungsbetrieb brachte eine deutliche Bevorzugung bei der Zuteilung von Arbeitskräften durch die Arbeitsämter mit sich. Die Vereinigte Stahlwerke AG unterhielt in Duisburg außer den ATH-Betrieben und den vier Förderschachtanlagen der GBAG noch drei große Betriebe der Eisen- und Stahlverarbeitung, nämlich die Eisenwerk Wanheim GmbH, die Gießerei Hüttenbetrieb Meiderich der Betriebsgesellschaft Deutsche Eisenwerke AG und das Panzerfahrzeugwerk derselben Gesellschaft in Hochfeld. Die Eisenwerk Wanheim GmbH, die Eisenbahnmaterial, Gesenkschmiede-Erzeugnisse, Stahlhochbau- und Brückenbauteile, hydrau-

---

[5] Gelsenkirchener Bergwerks-AG, Gruppe Hamborn, 1937: Schachtanlagen Friedrich Thyssen 2/5, Friedrich Thyssen 4/8, Westende 3/4 (Laar), Beeckerwerth, dazu Kokereien bei der stillgelegten Schachtanlage Friedrich Thyssen 3/7, bei der Schachtanlage Friedrich Thyssen 4/8 und bei der Schachtanlage Westende; Zeche Neumühl (offiziell seit 1920: Gewerkschaft Neumühl) mit der Förderschachtanlage 1/2, einer Kokerei und fast 3 000 Arbeitern; Gewerkschaft Walsum: Förderschachtanlage 1/2; Gewerkschaft Diergardt-Mevissen: drei Förderschachtanlagen in Rheinhausen (2) und Duisburg-Neuenkamp (1).

[6] Es handelte sich um die eigentliche Thyssen-Hütte in Hamborn (Bruckhausen), die Hütte Ruhrort-Meiderich, das Hochofenwerk Hüttenbetrieb in Meiderich, die Niederrheinische Hütte und die Hütte Vulkan in Hochfeld.

lische Grubenstempel, Kappen für den Bergbau und Kupplungen herstellte, war 1936 in die Rüstungsproduktion eingestiegen, indem sie ihr Programm um Minen, Munitionsteile und (1938) Granaten erweitert hatte. Nach Kriegsbeginn verlagerte sich der Schwerpunkt weiter zur Waffenproduktion; 1941/42 begann die Herstellung von Bauteilen für Flugabwehrgeschütze. Die Gießerei Hüttenbetrieb der Deutsche Eisenwerke AG mit rund 1 000 Arbeitern (1939) produzierte u. a. Kokillen und Walzen für die Herstellung und Verarbeitung von Stahl. Ein Betrieb der Eisen- und Stahlverarbeitung waren schließlich auch die Eisenbauwerkstätten der Friedrich-Alfred-Hütte in Rheinhausen, die 1941 als Fried. Krupp Maschinen- und Stahlbau Rheinhausen zu einem selbständigen Unternehmen des Krupp-Konzerns gemacht wurden.

Die Industrie der Nichteisen-Metalle war in Duisburg mit drei Hüttenwerken vertreten: der bereits erwähnten Kupferhütte, der AG für Zinkindustrie vorm. Wilhelm Grillo in Hamborn, die, anders als die Kupferhütte, nicht unmittelbar kriegswichtig war, und der Berzelius Metallhüttengesellschaft mbH in Wanheim, die ebenfalls Zink und Zinklegierungen, ferner Zinn, Zinnlegierungen und Schwefelsäure produzierte und 1939 über eine Belegschaft von fast 1 400 Mann verfügte.

Zu den großen Arbeitgebern Duisburgs gehörte auch die DEMAG (Deutsche Maschinenfabrik AG), ein altes Unternehmen des westdeutschen Maschinenbaues, das unter anderem ganze Hochöfen und Walzwerke, Hafen-, Werft- und Schachtanlagen, Brücken, Kräne, Bohrmaschinen, Hebezeuge und Verladevorrichtungen baute. Eines der Stammwerke der DEMAG war das Werk „Harkort" in Hochfeld, der zweite Duisburger DEMAG-Betrieb, die Greiferfabrik, lag in Hamborn. Ein reiner Rüstungsbetrieb war das Werk der zur Betriebsgesellschaft Deutsche Eisenwerke AG (im Konzern der Vereinigte Stahlwerke AG) gehörenden Stahlindustrie GmbH an der Sedanstraße in Hochfeld. Dieser Betrieb war spätestens seit September 1941 mit der Herstellung, dem Umbau und der Reparatur von Panzern und Panzerwagen befaßt. Am 9. Juni 1943 wurde im Einvernehmen mit dem Oberkommando des Heeres die Verlegung eines Teils der Produktion der Stahlindustrie GmbH, und zwar der Endmontage der Panzer und Panzerwagen, von Duisburg in ein weniger luftkriegsbedrohtes Gebiet beschlossen; die Wahl fiel auf Teplitz-Schönau im damaligen Sudetengau, wo die Gebäude dreier ehemaliger Glashütten genutzt werden konnten. Das Duisburger Werk produzierte weiterhin die Fahrgestelle für die Panzer, die man mit der Eisenbahn ins Sudetenland transportierte. Für den Verlagerungsbetrieb wurden außer deutschen Arbeitskräften auch Westarbeiter (Franzosen) des Duisburger Werkes nach Teplitz-Schönau beordert. Im Januar 1944 kamen die ersten Fahrgestelle aus Duisburg in Teplitz an; seit April 1944 stieß das dortige Werk durchschnittlich 20 fertige Fahrzeuge pro Monat aus. Die Arbeitskräfte des Verlagerungsbetriebes kehrten erst nach der deutschen Kapitulation aus der Tschechoslowakei nach Duisburg zurück. Charakteristisch für Duisburg waren ferner die in den Hafengebieten gelegenen mittelgroßen oder kleinen Werften (vor allem das Unternehmen Ewald Berninghaus am Außenhafen, die Meidericher Schiffswerft vorm. Thomas & Co. GmbH und die Tritonwerft GmbH in Meiderich) und die kleineren Maschinenfabriken wie Josef Brand in Hamborn, die vor allem als Zulieferer des Bergbaues und der Stahlindustrie bedeutsam waren.

Die kleinen bis mittelgroßen Betriebe der Chemischen Industrie, z. B. die Gesellschaft für Teerverwertung mbH, die Rütgerswerke-AG, die Chemische Fabrik Curtius AG (einer der größten deutschen Schwefelsäure-Produzenten), das 1938 errichtete Sauerstoffwerk der I. G. Farbenindustrie AG in Hochfeld, die Filiale der Vereinigte Ultramarinfabriken AG und das Werk der Sachtleben AG in Homberg, spielten z. T. eine Rolle im Vierjahresplan. Höchst kriegswichtig war auch das nördlich von Duisburg-Hamborn gelegene, 1928 errichtete Werk der Ruhrchemie AG in Oberhausen-Holten, wo Ende 1936 eine sogenannte Fischer-Tropsch-Anlage zur Herstellung von synthetischen Treibstoffen (u. a. Flugbenzin) aus Kohle in Betrieb genommen worden war. Unmittelbar südlich der Stadtgrenze Rheinhausens lag ein noch größerer Betrieb der Chemischen Industrie, nämlich das Werk Krefeld-Uerdingen der I. G. Farbenindustrie AG. Kleinere bis mittelgroße Unternehmen der Elektrotechnischen Industrie (Kabelwerk Duisburg AG), der Papierindustrie (Betrieb der Aschaffenburger Zellstoffwerke AG in Walsum), der Blechwarenindustrie, der Industrie feuerfester Steine, der Textil- und der Tabakindustrie rundeten das Bild der Duisburger Industrie ab.

Duisburg war jedoch auch eine bedeutende Handelsstadt mit mehr als 50 Unternehmen des Kohlengroßhandels und jeweils mehreren Betrieben des Erz-, Eisen-, Schrott-, Holz- und Petroleumhandels. In Deutschland singulär war der Duisburger Getreidehandel mit seinen großen Speichern am Innenhafen, dem sogenannten „Brotschrank des Ruhrgebietes", die bekannten Unternehmen wie Lehnkering & Co., Koch & Co. und der Rheinisch-Westfälischen Speditionsgesellschaft mbH gehörten, und den damit verbundenen Großmühlen. Im Rahmen des Vierjahresplanes waren einige neue Getreidespeicher gebaut worden, so für die Rosiny-Mühlen AG und die Rheinischen Mühlenwerke am Südufer des Innenhafens und für Koch & Co. am Nordufer. Allerdings fiel der Großhandel im Vergleich mit der Industrie als Arbeitgeber nicht so stark ins Gewicht, was auch für die Reedereien gilt, deren bekannteste die Franz Haniel & Cie. GmbH in Ruhrort, die Rhenus Transportgesellschaft mbH, die Duisburger Niederlassung der Vereinigten Stinnes Reedereien und Rhenania in Homberg waren. Das größte Unternehmen des Deutschen Reiches, die Deutsche Reichsbahn, unterhielt in Duisburg-Wedau ein großes Ausbesserungswerk mit mehr als 1 600 Beschäftigten (davon rund 1 400 Arbeitern).

Die Weltwirtschaftskrise hatte Duisburg wie die anderen Städte des Ruhrgebietes schwer getroffen. Der Bergbau hatte erhebliche Produktions- und Absatzrückgänge hinnehmen müssen, und die Hütte Ruhrort-Meiderich der Vereinigte

Stahlwerke AG, die rund 12 000 Arbeitskräfte beschäftigte, war im Februar 1931 stillgelegt worden. Am 1. April 1933 hatten 39 Prozent der Einwohner Duisburgs von öffentlicher Unterstützung gelebt.[7] Obwohl die Erholung der Weltwirtschaft und der deutschen Wirtschaft schon vor der nationalsozialistischen Machtergreifung am 30. Januar 1933 eingesetzt hatte, war der allmähliche Rückgang der Arbeitslosigkeit seit 1933 Hitler und der NSDAP sehr zugute gekommen. In Duisburg war die Wiederinbetriebnahme der Hütte Ruhrort-Meiderich Ende April 1934 zu einem enormen Prestigeerfolg für das neue Regime geworden; der Vorstand der Vereinigte Stahlwerke AG, der den Zeitpunkt für verfrüht hielt, hatte schließlich dem Druck der NSDAP und des Aufsichtsratsvorsitzenden Fritz Thyssen nachgegeben. Durch die 1934 begonnenen Programme zur militärischen Rüstung und den forcierten Autobahnbau waren Stahlproduktion und Stahlverarbeitung, Maschinenbau, chemische Industrie und Bauwirtschaft immer stärker belebt worden. Bis zum Kriegsbeginn hatte sich die Industrie durch die rüstungsinduzierte Konjunktur und durch Rationalisierungsmaßnahmen von den Erscheinungen der großen Krise erholt. Die neue Hochkonjunktur führte dazu, daß die Arbeitslosigkeit in Duisburg fast verschwand; weil die Nachfrage nach Arbeitskräften nicht mehr zu befriedigen war, mußte die Arbeitszeit erhöht werden.

Nach der Mobilmachung mußten die durch die Einberufungen entstandenen Lücken aufgefüllt werden, wobei die als kriegswichtig eingestuften Betriebe und die öffentlichen Versorgungsunternehmen gegenüber den nicht oder nicht unmittelbar kriegswichtigen Betrieben bevorzugt wurden. Weil wegen der guten Konjunktur so gut wie keine männlichen Arbeitslosen mehr verfügbar waren, behalf man sich zunächst fast ausschließlich mit deutschen Frauen. Im Oktober 1939 traten die ersten Briefträgerinnen, bald darauf die ersten Straßenbahnschaffnerinnen ihren Dienst an.[8] In den ersten acht Kriegsmonaten scheinen in Duisburg noch keine Zwangsarbeiter gelebt und gearbeitet zu haben. Die ersten zivilen ausländischen Arbeitskräfte, die nicht freiwillig nach Duisburg gekommen sein könnten, waren 20 Polen aus Lodz und Umgebung im Alter von 15 bis 48 Jahren, die im Mai 1940 eintrafen und seit dem 24. Mai 1940 auf den Ziegeleien Graf Spee in Huckingen und Schäfersnolte sowie Wilms in Serm eingesetzt wurden, wo sie auch ihre Quartiere hatten.[9] Einige Wochen später, im Hochsommer 1940, kamen die ersten französischen, belgischen und niederländischen Kriegsgefangenen, anscheinend zuerst – Ende Juli – Franzosen, die per Schiff nach Duisburg transportiert wurden und am Anleger Mühlenweide in

---

[7] Ring, Heimatchronik der Stadt Duisburg (wie Anm. 4), S. 232.
[8] Wie Anm. 1.
[9] HSTAD 36-25: Namensliste der 20 „*nationalpolnische*[n] *Arbeiter*" (Anlage zu einem Schreiben der GESTAPO-Außenstelle Duisburg an die GESTAPO-Leitstelle Düsseldorf vom 31. Januar 1941 betreffend die Postüberwachung).

Ruhrort an Land gingen.[10] Die Berzelius Metallhütten-GmbH verfügte schon kurz nach Beendigung des Frankreichfeldzuges über französische Kriegsgefangene. Die August Thyssen-Hütte AG (ATH) mit ihren fünf Werken erhielt vor dem 1. Oktober 1940 französische Kriegsgefangene in unbestimmter Zahl. Im Juli und August 1940 bauten die Bauunternehmen Franz Brüggemann (Hamborn) und Vollrath Betonbau (Meiderich), die als Arbeitsgemeinschaft eine neue Sinteranlage für die ATH errichteten, ein Lager für 120 Kriegsgefangene auf dem Hüttengelände an der Alsumer Straße. Die Mannesmannröhren-Werke AG stellte für das Hüttenwerk Huckingen am 22. August 200 französische und vielleicht auch belgische Kriegsgefangene ein. Etwa zur gleichen Zeit erhielt die Eisenwerk Wanheim GmbH vom Arbeitsamt französische, belgische und niederländische Zivilarbeiter zugewiesen.

Im Spätherbst 1941 sah Duisburg die ersten sowjetischen Kriegsgefangenen, die seit dem 1. November in der Industrie eingesetzt wurden. Wohl im Februar 1942 stellten Duisburger Industriebetriebe erstmals Ostarbeiter, etwas später, im Frühjahr, die ersten Ostarbeiterinnen ein. Nach einer Arbeitsamtsstatistik verfügte die (Alt-) Duisburger Wirtschaft im August 1942 über 3 400 Kriegsgefangene, 7 935 Italiener, Westarbeiter und Polen (7 030 Männer und 905 Frauen) und 4 925 Ostarbeiter (3 175 Männer und 1 750 Frauen), mithin über 16 260 Ausländer, von denen nicht alle als Zwangsarbeiter einzustufen sind, jedenfalls nicht die Italiener. Die Tabelle S. 60f. zeigt die Beschäftigtenstruktur der (Alt-) Duisburger Wirtschaft ein halbes Jahr nach dem Beginn des Ostarbeiter-Einsatzes.

Seit dem 12. Oktober 1942 existierte in Duisburg ein Außenlager eines Konzentrationslagers, dessen zunächst rund 400 Häftlinge, Deutsche und Ausländer, als Teil der SS-Baubrigade I aus dem KL Sachsenhausen gekommen waren. Als die Baubrigade I im Februar 1943 zum Festungsbau auf die Kanalinsel Alderney verlegt werden sollte, erreichte die Stadtverwaltung in Verhandlungen mit der SS, daß der Duisburger Teil der Brigade mit 342 Häftlingen in Duisburg blieb, wofür die Zuordnung zu einer anderen Einheit, der SS-Baubrigade III, und die administrative Unterstellung unter das KL Buchenwald notwendig war. Das besonders traurige Kapitel der Beschäftigung von KL-Häftlingen in Duisburg endete am 10. Mai 1944 mit der Verlegung des Kommandos der Baubrigade III nach Wieda im Südharz, wo eine Eisenbahnstrecke gebaut werden mußte.[11]

In Rheinhausen hat die Friedrich-Alfred-Hütte der Fried. Krupp AG seit 1940 Kriegsgefangene und seit April 1942 Ostarbeiter und Ostarbeiterinnen beschäf-

---

[10] Verwaltungsbericht Duisburg für 1939-1944 (wie Anm. 1).
[11] Karola Fings, Messelager Köln, S. 48, 102ff. u. 142f. sowie Tabelle I (S. 218); zum Duisburger KL-Außenlager vgl. die Kapitel 3 (Arbeitseinsatz der Häftlinge) und 4 (Unterbringung).

Tabelle 2: Deutsche und ausländische Beschäftigte in (Alt-) Duisburg im August 1942[12]

Wirtschaftszweig	Beschäftigte gesamt[a]			Deutsche			Ausländer							Gesamt[a]		
							Kriegsgef.	Zivilarbeiter ohne Ostarbeiter			Ostarbeiter					
	M[b]	F	G	M	F	G		M	F	G	M	F	G	M	F	G
Land- und Forstwirtschaft	914	360	1274	402	305	707	142	309	7	316	61	48	109	512	55	567
Bergbau	17326	528	17854	15506	509	16015	671	897	19	916	252	-	252	1820	19	1839
Industrie der Steine u. Erden	447	60	507	341	57	398	31	67	3	70	8	-	8	106	3	109
Eisen- und Metallerzeugung (Hüttenindustrie)	33328	4261	37589	28605	3463	32041	2049	986	79	1065	1688	746	2434	4723	825	5548
Metallwarenherstellung	1919	774	2693	1793	594	2387	-	111	14	125	15	166	181	126	180	306
Maschinen-, Kessel- u. Fahrzeugbau	13043	2221	15264	11483	1758	13241	-	788	27	815	772	436	1208	1560	463	2023
Elektrotechnische Industrie	1371	1021	2392	1344	881	2225	-	27	12	39	-	128	128	27	140	167
Chemische Industrie	2341	545	2886	2245	531	2776	9	55	14	69	32	-	32	96	14	110
Textilindustrie u. Bekleidungsgewerbe	660	2336	2996	611	2245	2856	-	49	55	104	-	36	36	49	91	140
Sägewerke u. Holzindustrie	715	112	827	657	106	763	14	44	6	50	-	-	-	58	6	64
Nahrungsmittelgewerbe	2151	1643	3794	1974	1602	3576	-	177	41	218	-	-	-	177	41	218
Bau- u. Baunebengewerbe	6773	424	7197	5720	396	6116	351	702	8	710	-	20	20	1053	28	1081

Wirtschafts-zweig	Beschäftigte gesamt			Deutsche			Kriegs-gef.	Ausländer								
								Zivilarbeiter ohne Ostarbeiter			Ostarbeiter			Gesamt		
	M	F	G	M	F	G		M	F	G	M	F	G	M	F	G
Wasser- u. Energieversorgung	1425	359	1784	1387	339	1726	-	29	6	35	9	14	23	38	20	58
Handel, Banken u. Versicherungen	4306	8193	12499	4070	8049	12119	-	236	144	380	-	-	-	236	144	380
Reichspost	328	1001	1329	325	993	1318	101	3	8	11	-	-	-	3	8	11
Reichsbahn	3656	941	4597	3304	838	4142	-	97	10	107	255	93	348	352	103	455
Verkehrswesen ohne Post u. Bahn	6265	681	6946	3992	663	4655	-	2273	18	2291	-	-	-	2273	18	2291
														101	-	101
Gastronomie	374	1586	1960	343	1546	1889	-	31	40	71	-	-	-	31	40	71
Verwaltung, Schulwesen u. Kirchlicher Dienst	2072	3261	5333	2063	3236	5299	-	9	25	34	-	-	-	9	25	34
Gesundheits- u. Sozialwesen	894	2630	3524	856	2533	3389	-	37	44	81	1	53	54	38	97	135
Häusliche Dienste	8	9856	9864	8	9565	9573	-	-	291	291	-	-	-	-	291	291
Sonstige Industrien u. Gewerbe	1785	1515	3300	1568	1471	3039	32	103	34	128	82	10	92	217	44	261
Summen	102101	44308	146409	88597	41653	130250	3400	7030	905	7935	13175	1750	4925	13605	2655	16260

a) Bei Handel, Banken u. Versicherungen, bei Reichspost und Reichsbahn und beim Verkehrswesen ohne Post und Bahn: jeweils ohne Kriegsgefangene.
b) M = Männer, F = Frauen, G = Gesamt

---

[12] Der Arbeitseinsatz im Rheinland. Mitteilungen des Landesarbeitsamtes Rheinland, Köln, Kriegsfolge 3 (1942), S. 48-51 (Übersicht 2), 62-65 (Übersicht 3), 67 (Übersicht 4) u. 73 (Übersicht 7); Zeitstand für die zivilen Arbeitskräfte 15. resp. 20. August, für die Kriegsgefangenen 30. August.

tigt.¹³ Nach Homberg sind in der ersten Kriegsphase offenbar weder Kriegsgefangene noch zivile ausländische Arbeiter gekommen, obwohl einige mittelständische Betriebe seit August 1940 mehrfach großes Interesse an Kriegsgefangenen bekundet hatten. Erst im August 1942 erhielt Homberg für den Arbeitskräftebedarf kleiner und mittlerer Unternehmen 150 Ostarbeiter (110 Männer und 40 Frauen). Wenig später, im September 1942, bezogen 100 sowjetische Kriegsgefangene in Homberg Quartier. In Walsum hatte die Gewerkschaft Walsum im Sommer 1941 eine Anzahl polnischer ziviler Arbeiter, die als „Ostoberschlesier" bezeichnet wurden; wahrscheinlich handelte es sich um bergbauerfahrene Leute. Weiter zurück reichen die Nachrichten über ausländische Arbeitskräfte in Walsum nicht.

Die Zahl der Zwangsarbeiter, die auf dem Höhepunkt des „Reichseinsatzes" im Spätsommer 1944 in Duisburg lebten, läßt sich nicht präzise feststellen, sondern nur grob schätzen. Lediglich für Mitte bis Ende August 1942 ist die genaue Zahl aller ausländischen Arbeitskräfte (einschließlich der Kriegsgefangenen) in Alt-Duisburg in der Statistik des Landesarbeitsamtes Rheinland überliefert. Am 15. respektive 30. August 1942 lebten 12 860 zivile ausländische Arbeiter und rd. 3 400 Kriegsgefangene in Duisburg. Von den zivilen Arbeitskräften waren 10 205 Männer und 2 655 Frauen; 4 925 dieser Menschen (3 175 Männer und 1 750 Frauen) stammten aus der Sowjetunion, 7 935 (7 030 Männer und 905 Frauen) aus anderen Herkunftsländern.¹⁴ Im August und September 1944 wurde im Deutschen Reich mit fast zwei Millionen Kriegsgefangenen (einschließlich der italienischen Militärinternierten) und fast sechs Millionen zivilen Zwangsarbeitern, davon zwei Drittel Männer und ein Drittel Frauen, der Höhepunkt des Zwangsarbeitereinsatzes erreicht. In Duisburg – in den heutigen Grenzen – haben zu diesem Zeitpunkt vielleicht 34 000 Zwangsarbeiter (zivile Arbeiter und Kriegsgefangene) gelebt und gearbeitet. Eine genauere Schätzung ist nicht möglich, denn die Zahlenangaben zu einzelnen, vor allem großen Unternehmen erlauben nur leidlich begründete Hochrechnungen. Die fünf Werke der August Thyssen-Hütte AG beschäftigten am 31. August 1944 6 581 Ausländer, und zwar 4 421 zivile Arbeitskräfte und 2 160 Kriegsgefangene und Militärinternierte; das machte knapp 26 Prozent der ATH-Belegschaft aus – eine Quote, die mit dem Reichsdurchschnitt für die gesamte Wirtschaft fast übereinstimmt. Wohl zur gleichen Zeit wurden nach dem Arolsener Lagerkatalog bei der Gewerkschaft Neumühl rund 1630 zivile ausländische Arbeiter gezählt, bei der Gewerkschaft Diergardt-Mevissen 660, bei der Friedrich-Alfred-Hütte 3250, bei der Deutsche

---

¹³ Rüdiger Lison u. Reinald Lukas, „ ... war eine Lebensstellung damals. Und unser Werk". Ein Lesebuch zur Geschichte „von unten" der KruppianerInnen auf der Hütte Rheinhausen, o. O. (Duisburg), o. J. (um 1985), S. 98 u. 120.
¹⁴ Wie Anm. 12.

Eisenwerke AG 990, beim DEMAG-Hauptwerk in Hochfeld 750 und bei der DEMAG-Greiferfabrik in Hamborn 215.

Der wohl 1949 von einem oder mehreren Augenzeugen in der Stadtverwaltung verfaßte chronikalische Teil des Duisburger Verwaltungsberichtes für die Jahre 1939-1944 spricht von *„über 30 000"* Ausländern, die im Februar 1944 in Alt-Duisburg beschäftigt gewesen seien; in diesem Wert sind zweifellos die Kriegsgefangenen und die damals noch in Duisburg befindlichen KL-Häftlinge enthalten. Eine Statistik der Reichsarbeitsverwaltung für alle Arbeitsamtsbezirke des Reiches weist zum 30. September 1944 für den Bezirk Duisburg, der dem Alt-Duisburger Stadtgebiet entsprach, eine Zahl von 25 305 zivilen ausländischen und „protektoratsangehörigen" Arbeitern und Angestellten (18 536 Männer und 6 769 Frauen) aus; 12 888 dieser Personen waren Ostarbeiter beiderlei Geschlechts.[15] Von 25 300 muß, will man die Zahl der Zwangsarbeiter schätzen, eine unbestimmte Zahl an „freien" ausländischen Arbeitnehmern (man denke an die seit jeher starke niederländische Kolonie und die mehrere Hundert zählenden ausländischen Bergleute, die schon vor 1939 in Duisburg arbeiteten) abgerechnet werden, wahrscheinlich mindestens 3 000. Zu einer Zahl von höchstens 22 300 zivilen Zwangsarbeitern wären dann die Kriegsgefangenen hinzuzurechnen; KL-Häftlinge gab es im September 1944 nicht mehr. Etwa sieben Wochen vor dem Stichtag, am 10. August, hatte der Duisburger Kreisleiter der NSDAP, Wilhelm Loch, in einem Memorandum für die Essener Gauleitung behauptet, in Duisburg befänden sich insgesamt 21 954 Ausländer (15 536 Männer und 6 418 Frauen), worin die Kriegsgefangenen ebenfalls nicht enthalten sind; die Zahl der deutschen Arbeitskräfte gab Loch mit 120 753 an (74 636 Männer und 46 117 Frauen).[16] Der Kreisleiter hat diese Zahlen zweifellos einer amtlichen Quelle entnommen, wahrscheinlich der Statistik des Arbeitsamtes. Subtrahiert man auch von 21 954, wie oben, 3 000 freie Ausländer, und rundet man das Resultat auf 19 000, ergibt sich eine Differenz von 3 300 zivilen Zwangsarbeitern, die in den 50 Tagen zwischen dem 10. August und dem 30. September eingestellt worden sein müssen. Für Anfang 1945 liegen nochmals Angaben für einzelne Unternehmen vor; damals waren in den Zivilarbeiterlagern der ATH südlich der Ruhr, d. h. in Hochfeld, rund 1 100 Arbeiter und Arbeiterinnen untergebracht, in allen Lagern der DEMAG zusammen rund 1 000 und in den Lagern des Eisenwerkes Wanheim ebenfalls rund 1 000. Die letzten greifbaren Informationen über die Zahl der ausländischen Arbeiter (einschließlich der

---

[15] Mark Spoerer, NS-Zwangsarbeiter im Deutschen Reich. Eine Statistik vom 30. September 1944 nach Arbeitsamtsbezirken (Dokumentation), in: Vierteljahrshefte für Zeitgeschichte Bd. 49 (2001), S. 665-684, hier: S. 678.

[16] HSTAD RW 23/87 fol. 66-70: Kreisleiter Loch an den Reichsverteidigungskommissar in Essen, 10. August 1944: Vorschläge zur Mobilisierung aller Kräfte für den totalen Kriegseinsatz im Kreise Duisburg (hier: fol. 66).

Kriegsgefangenen) von Anfang März 1945 betreffen die August Thyssen-Hütte AG mit ihren fünf Betrieben (rund 7 000 Ausländer) und die Gruppe Hamborn der Gelsenkirchener Bergwerks-AG (5 045 Ausländer).[17]

Bei der Schätzung der Zahl der Zwangsarbeiter, die *während des ganzen Krieges* in Duisburg gelebt haben, muß die Fluktuation einkalkuliert werden, deren Ausmaß sich einer genauen Feststellung entzieht. Die Erkenntnisse über „Ersatz"-Beschaffung für geflohene, ausgemusterte und verstorbene ausländische Arbeiter lassen vermuten, daß zum Höchststand von August 1944 (34 000 Zwangsarbeiter im heutigen Duisburger Stadtgebiet) ein Drittel hinzuzurechnen ist, weshalb die Gesamtzahl bei 45 300 liegen dürfte.[18] Die quantitativen Befunde für Duisburg stimmen mit denen für Essen, Dortmund und Bochum weitgehend überein. In Essen lebten im Frühjahr 1944 etwa 42 000 Zwangsarbeiter aller Kategorien, womit Essen die Stadt mit den meisten Zwangsarbeitern zumindest im Ruhrgebiet, wahrscheinlich im ganzen heutigen Nordrhein-Westfalen war.[19] In Dortmund sind nach einer Schätzung von 1994 während des Krieges

---

[17] TKKA VSt/156: Berichte der Konzernwerke über die Versorgungslage an die Sozialwirtschaftliche Abteilung der Vereinigte Stahlwerke AG.

[18] Das Ausmaß der Fluktuation – genauer: der Ersatzbeschaffung für Zwangsarbeiter, die geflohen, wegen Arbeitsunfähigkeit ausgesondert worden oder gestorben waren – ist in der Forschung sehr umstritten. Was Duisburg anbetrifft, gibt es Quellen, die die genauen Personalbewegungen der Unternehmen oder Betriebe (d. h. alle Zu- und Abgänge) über die ganze Kriegszeit ausweisen, nur für die Abteilung Großenbaum der Mannesmannröhren-Werke AG (s. Kapitel 3). Dem Verf. erscheint die Ansetzung des Multiplikators 1,33 auf den Höchststand vom Spätsommer 1944 plausibel. Ulrich Herbert hat 1991 in der Einleitung zu dem von ihm herausgegebenen Band *Europa und der „Reichseinsatz"* die „*Zahl der insgesamt während der gesamten Kriegszeit für längere oder kürzere Zeit [...] nach Deutschland gebrachten ausländischen Arbeitskräfte*" aufgrund von Daten, die von den deutschen Besatzungsbehörden in den besetzten Ländern erhoben worden sind, auf etwa 9,5 Millionen geschätzt (S. 7); dies ergibt bei der Rückrechnung auf den Höchststand für das Reich 1944 (7,9 Millionen) einen Multiplikator von 1,2. Andere Forscher hielten und halten die Fluktuation für bedeutend größer. Jürgen Kuczynski, Die Lage der Arbeiter unter dem Kapitalismus, Bd. 6, Berlin (DDR) 1964, S. 278, nahm eine Gesamtzahl von 14 Millionen (einschließlich der KL-Häftlinge) an, worin ihm Dietrich Eichholtz (Unfreie Arbeit – Zwangsarbeit [1999], S. 139) und Mark Spoerer (NS-Zwangsarbeiter im Deutschen Reich [2002], wie Anm. 15, S. 665) folgen. Klaus Wisotzky schätzt für Essen eine Gesamtzahl von mehr als 100 000 Zwangsarbeitern, was eine Vervielfachung des lokalen Höchststandes (Dezember 1942) von 50 900 mit einem Multiplikator knapp unter 2 bedeutet (Klaus Wisotzky, Die „Parias der Kriegsgesellschaft". Aspekte des Zwangsarbeitereinsatzes in Essen, in: Zwangsarbeit in Essen. Hrsg. v. Historischen Verein für Stadt und Stift Essen u. Stadtarchiv Essen, Begleitheft für den Geschichtswettbewerb für Schülerinnen und Schüler, Essen 2001, S. 21-47, hier: S. 21 u. 47 (Tabellen), und Ders., Die Jahre der Gewalt – Essen 1914 bis 1945, in: Ulrich Borsdorf (Hrsg.), Essen. Geschichte einer Stadt, Bottrop u. Essen 2002, S. 459f. [für die Gesamtzahl der Zwangsarbeiter während des ganzen Krieges]).

[19] Zur Schätzung der Gesamtzahl der im Krieg in Essen tätig gewesenen Zwangsarbeiter s. die in Anm. 18 genannten Veröffentlichungen von Klaus Wisotzky. Die Essener Zwangsarbeiter waren vor allem bei der Fried. Krupp AG (Gußstahlfabrik, Hüttenwerk Borbeck, Bergwerke und Verarbeitungsbetriebe), in den Bergwerken der Gelsenkirchener Bergwerks-AG, des Stinnes-Konzerns und anderer Montanunternehmen sowie bei der Stadtverwaltung eingesetzt.

„*insgesamt fast 30 000 Kriegsgefangene und Zwangsarbeiter im Arbeitseinsatz gewesen.*"[20] Für Bochum, das im Frühjahr 1942 erst 4 500 ausländische Einwohner zählte (wohl ohne Kriegsgefangene), wurde für den Spätherbst 1944 eine Zahl von rund 32 500 Zwangsarbeitern geschätzt.[21] Für Gelsenkirchen, die fünftgrößte Stadt des Ruhrgebietes, konnten zu zwei Stichtagen, dem 15. August und dem 15. November 1943, absolute Zahlen ermittelt werden; am letztgenannten Datum gab es einschließlich von 2 657 Arbeitern der Organisation Todt, unter denen vermutlich auch Deutsche gewesen sind, 33 278 mutmaßliche Zwangsarbeiter in der Stadt. Vom Kriegsbeginn bis zum Sommer 1944 sind „*mindestens 40 000 Zwangsarbeiter [...] nach Gelsenkirchen gekommen.*"[22] In Mülheim an der Ruhr dürften über die gesamte Kriegszeit etwa 25 000 ausländische Zwangsarbeiter gelebt und gearbeitet haben.[23] Düsseldorf hatte nach den Berechnungen des dortigen Arbeitsamtes im November 1944 genau 30 081 ausländische Arbeitskräfte (einschließlich der Kriegsgefangenen); ob diese Zahl den absoluten Höchststand der Kriegszeit markiert, ist ungewiß.[24] Die großen Städte des Ruhrgebietes und Düsseldorf gehörten damit *nicht* zu den Städten mit den meisten ausländischen Arbeitskräften im Deutschen Reich; wie ein Vergleich einiger Großstädte zeigt, zählte Berlin im Spätjahr 1944 rund 400 000, München 80 000, das relativ kleine Königsberg 70 000, Hamburg 63 000 und Leipzig, Nürnberg und Magdeburg je 60 000 zivile ausländische Zwangsarbeiter, zu denen jeweils noch Kriegsgefangene unbestimmter Zahl kamen.[25]

Wenn es zutrifft, daß das rheinisch-westfälische Gebiet, sozusagen als Kompensation für die besonders starke Belastung durch den Luftkrieg, bei der Einberufung von Arbeitnehmern zum Kriegsdienst gegenüber anderen Industrierevieren geschont worden ist (Kapitel 1), dann hat sich dies für die Lenker der Kriegs-

---

[20] Günther Högl, Das 20. Jahrhundert: Urbanität und Demokratie, in: Gustav Luntowski, Günther Högl, Thomas Schilp u. Norbert Reimann, Geschichte der Stadt Dortmund. Hrsg. vom Stadtarchiv Dortmund, Dortmund 1994, S. 452.
[21] Manfred Grieger, Die vergessenen Opfer der Bochumer Heimatfront. Ausländische Zwangsarbeiter, Kriegsgefangene und KZ-Häftlinge in der heimischen Rüstungswirtschaft 1939-1945, Bochum 1991, S. 8 (für 1942), sowie Waltraud Jachnow et al. (Hrsg.), „ ... und die Erinnerung tragen wir im Herzen", Bochum 2002, S. 9f. (mit der Schätzung für 1944).
[22] Roland Schlenker, „Ihre Arbeitskraft ist auf das schärfste anzuspannen". Zwangsarbeiter und Zwangsarbeiterlager in Gelsenkirchen 1940-1945 , Essen 2003 (Schriftenreihe des Instituts für Stadtgeschichte Gelsenkirchen - Materialien Bd. 6), S. 27.
[23] Die Zahl nach Barbara Kaufhold, Vorbemerkungen, in: Geschichtsverein Mülheim an der Ruhr (Hrsg.), Das Zwangsarbeitersystem im Dritten Reich. Als Dolmetscherin in Mülheimer Lagern. Die Erinnerungen von Eleonore Helbach, Mülheim an der Ruhr 2003, S. 10f.
[24] Rafael R. Leissa u. Joachim Schröder, Zwangsarbeit in Düsseldorf. Struktur, Organisation und Alltag im Arbeitseinsatz von Ausländern im nationalsozialistischen Düsseldorf, in: Clemens von Looz-Corswarem (Hrsg.), Zwangsarbeit in Düsseldorf. „Ausländereinsatz" während des Zweiten Weltkrieges in einer rheinischen Großstadt, S. 19-362, hier: S. 102.
[25] Angaben für Berlin, Königsberg, Hamburg, Leipzig, Nürnberg und Magdeburg: Der Arbeitseinsatz im Großdeutschen Reich, Nr. 11/12 vom 30. Dezember 1944, zitiert nach Herbert, Fremdarbeiter, S. 317 u. 508 (Anm. 9); für München: Andreas Heusler, Ausländereinsatz. Zwangsarbeit für die Münchener Kriegswirtschaft 1939-1996, München 1996, S. 175.

Tabelle 3: Rohstahlproduktion der Duisburger[a] Hüttenwerke 1939/40–1944/45[29]
(in 1000 Tonnen)

Geschäfts-jahr	Thyssen-Hütte Hamborn	Hüttenwerke Ruhrort-Meiderich	Niederrh. Hütte Hochfeld	Mannesmann Huckingen	Krupp Rhein-hausen	Duisburg insgesamt
1939/40	1 807	1 167	293	1 015	183	5 465
1940/41	1 584	1 139	298	1 097	1 074	5 192
1941/42	1 537	1 091	267	1 063	995	4 953
1942/43	1 812	1 163	288	1 100	1 134	5 500
1943/44	1 745	1 106	283	920	1 085	5 139
1944/45	164	49	24	159	260	656

a) Stadtgebiet in den heutigen Grenzen

---

[26] Wagemann, Stunde Null (wie Anm. 27), S. 64.

wirtschaft und für die Unternehmen der Region bezahlt gemacht. Die fortdauernde Anwesenheit eines relativ großen Stammes von erfahrenen Arbeitern und „Schlüsselkräften" in den Betrieben scheint eine Produktion von gewohnter Qualität ermöglicht zu haben, die nur durch schwere Luftangriffe, nicht aber durch große Verwerfungen in der Belegschaftsstruktur und das weitgehende Wegbrechen von Kenntnissen und Erfahrung gestört wurde. Bis zum Sommer 1944 konnte die Kohleförderung trotz der Luftangriffe, die Schäden an den Tagesanlagen der Zechen verursachten, fast auf dem Niveau von 1940 gehalten werden; die Erzeugung von Koks und Kohlenwertstoffen stieg sogar bis 1943 leicht an. Auch die Rohstahl-Produktion der drei Duisburger Hüttenwerkskomplexe sank, weil Bombenschäden meist schnell repariert werden konnten, bis Mitte 1944 nicht erheblich unter die Werte des Geschäftsjahres 1939/40; sie schwankte zwischen 5,0 und 5,5 Millionen Jahrestonnen. Im vierten Kriegsgeschäftsjahr 1942/43 wurde sogar etwas mehr Rohstahl hergestellt als 1939/40 (Tabelle 3). Dies war *„eine Leistung, die bei den erschwerten Arbeitsbedingungen des Krieges nur durch einen hohen Einsatz von Fremdarbeitern und eine überdurchschnittlich hohe Arbeitsbereitschaft aller Mitarbeiter möglich war"* (Wagemann). 1944 ließen dann die zunehmenden Schäden durch Luftangriffe die Produktion in den Hüttenwerken schnell absinken. *„Tagelang konnte oft auch infolge der Vernichtung von Bahnhöfen, Eisenbahnstrecken und Straßen das gefertigte Eisengut nicht verladen werden. Am Ende des Krieges lagen die Werke praktisch still."*[27] Die Situation der letzten Kriegsphase wird im Kapitel 8 eingehender beschrieben.

Das Hauptproblem des Kriegsalltags in den Industriestädten war der *Luftkrieg* mit seinen – bis 1944 meist nächtlichen – Bombenangriffen.[28] Die anfängliche Überlegenheit der deutschen Luftwaffe gegenüber der britischen Royal Air Force (RAF), die seit 1942 von der Luftwaffe der Vereinigten Staaten unterstützt wur-

---

[27] Karl Wagemann, Die Stunde Null – 40 Jahre danach. Zerstörung, Demontage, Wiederaufstieg und Zukunft der Wirtschaft am Beispiel der Region Duisburg, Duisburg 1984, S. 65; BBA 55/608: Gelsenkirchener Bergwerks-AG, Bericht des Vorstandes über den Verlauf des Geschäftsjahres 1942/43.

[28] Zum Luftkrieg allgemein: Olaf Groehler, Bombenkrieg gegen Deutschland, Berlin (DDR) 1990; Marie-Louise Recker, Wohnen und Bombardierung im Zweiten Weltkrieg, in: Lutz Niethammer u. Franz-Josef Brüggemeier (Hrsg.), Wohnen im Wandel, Wuppertal 1979, S. 408ff., und neuerdings Jörg Friedrich, Der Brand. Deutschland im Bombenkrieg 1940-1945, München 2002; ferner Norbert Krüger, Die Bombenangriffe auf das Ruhrgebiet im Frühjahr 1943, in: Ulrich Borsdorf u. Mathilde Jamin (Hrsg.), Über Leben im Krieg. Kriegserfahrungen aus einer Industrieregion 1939-1945, Reinbek b. Hamburg 1989, S. 88-110. – Zu (Alt-) Duisburg: Die Wirkungen des Luftkrieges auf die Stadt Duisburg. Hrsg. im Auftrage des Oberstadtdirektors durch das Verkehrs- und Werbeamt, 1946/47; ferner Walter Ring, Heimatchronik der Stadt Duisburg (wie Anm. 4), S. 159f. u. 164f. und Hans Georg Kraume, Duisburg im Krieg 1939-1945, Düsseldorf 1982, S. 50. Archivalische Quellen für Duisburg im Bestand 55 (Luftschutzaufzeichnungen) im Stadtarchiv sowie u. a. in BBA 55/608: Gelsenkirchener Bergwerks-AG, Bericht über den Betriebsverlauf des 3. Vierteljahres des Geschäftsjahres 1943/44.

de, währte nur kurz. Vor Kriegsbeginn hatten 60 leichte und weitere schwere Flugabwehr- („Flak-") Batterien in Alt-Duisburg Stellung bezogen,[29] aber als die Luftangriffe 1940 einsetzten, mußte man feststellen, daß die Geschütze der RAF wohl empfindliche Verluste beibringen, jedoch niemals alle angreifenden Flugzeuge am Abwerfen der Bomben hindern konnten. Beim ersten Luftangriff auf Duisburg am 13. Mai 1940 trafen acht Sprengbomben, von denen drei Blindgänger waren, die Kupferhütte, wo nur geringe Schäden entstanden, aber schon am 16. Mai verzeichnete Duisburg die ersten drei Luftkriegstoten. Obwohl in Duisburg wie in allen Großstädten bereits vor dem Krieg mit dem Bau von Luftschutzräumen, meist in den Kellergeschossen von öffentlichen und privaten Gebäuden, begonnen worden war, konnten am 1. Juli 1939 nur 28000 Menschen (weniger als 7 Prozent der Bevölkerung nach dem Stand von Ende 1939) wirksam geschützt werden. Von Ende 1940 bis zum Kriegsende wurden in Duisburg 40 große Bunker, meist massive Hochbunker mit meterdicken Betonwänden, gebaut, ferner acht Stollen, die mit bergmännischen Methoden in Schlackenhalden und in den Kaiserberg vorgetrieben wurden; hinzu kam der Ausbau von über 5 000 Kellerräumen, die dem größten Teil der Bevölkerung Schutz bieten mußten. Diese Bauten finanzierte das Reich; bei der Planung und Ausführung war neben dem Polizeipräsidenten (als „Leiter des Luftschutzortes") das Luftschutzamt der Stadtverwaltung federführend. Einige der Stollenbauten in Schlackenhalden dienten als Ausweichkrankenhäuser, in denen selbst bei heftigster Bombardierung operiert werden konnte. Die Industriebetriebe hatten für diejenigen Belegschaftsangehörigen, die zum Zeitpunkt eines Fliegeralarms bei der Arbeit waren (man denke an die Nachtschichten in den Hüttenwerken), und für die Barackenlager der ausländischen Arbeitskräfte eigene Schutzräume herzustellen; letztere erhielten aber meist nur einen „Splitterschutzgraben" (Kapitel 4). Seit Mitte 1942 mußte der Bunkerbau forciert werden, was jedoch seit 1943 wegen der Baustoffknappheit nicht einfach war.[30]

Am 14. Februar 1942 beschloß das britische Kriegskabinett die neue Strategie der Flächenbombardements deutscher Städte, deren erklärtes Ziel es war, durch Zerstörungen der Wohngebiete die Bevölkerung zu demoralisieren und dazu zu bewegen, Hitler die Loyalität aufzukündigen. Die Luftangriffe wurden mit immer mehr Spreng- und Brandbomben herkömmlicher Art, mit Luftminen und mit neuartigen Kanister- und Phosphorbrandbomben vorgetragen und verursachten immer größere Personen- und Sachschäden. Die Tendenz ging von leichten und mittelschweren Schäden hin zu „schweren" und „Totalschäden". In Duisburg waren die in der Nähe der Häfen und Eisenbahnanlagen sowie der Hüttenwerke gelegenen Stadtteile, die zugleich besonders dicht bevölkert waren, von

---

[29] Kraume, Duisburg im Krieg (wie Anm. 28), S. 47.
[30] Zu Flak und Bunkerbau: Quellen im Stadtarchiv Duisburg, Bestand 55; Ring, Heimatchronik der Stadt Duisburg (wie Anm. 4), S. 161; Günter von Roden, Geschichte der Stadt Duisburg, Bd. 2, Duisburg 1974, S. 402; Kraume, Duisburg im Krieg (wie Anm. 28), S. 50.

Tabelle 4: Todesfälle durch Luftangriffe und Artilleriebeschuß in Alt-Duisburg 1940-1945[31]

Jahr	Angriffe	Spreng-bomben	Luft-minen	Brand-bomben	Tote	Tote pro Angriff	in % der Gesamtzahl der Toten
1940	57	609	-	ca. 1 050	38	0,7	0,6
1941	40	799	-	ca. 6 000	87	2,2	1,4
1942	39	1 665	73	> 120 000	542	13,9	8,9
1943	54	1 799	236	> 200 000	566	10,5	9,2
1944	81	22 234	604	> 350 000	4 482	55,3	73,0
1945	28	k. A.	k. A.	k. A. dazu 16 920 schwere Brandbomben	425	15,2	6,9
Summen/ Kriegs-durchschnitt	299				6 140	20,5	100

[31] Ring, Heimatchronik der Stadt Duisburg (wie Anm. 4), S. 163.

den Angriffen am stärksten betroffen. In der Nacht vom 1. zum 2. Juni 1942 traf Duisburg ein erster Großangriff, der 77 Todesopfer forderte, 239 Menschen verletzte und die Bevölkerung wie die Stadtverwaltung schockierte. Eine Konsequenz war die Beschleunigung der *Kinderlandverschickung* (s. u.). Bei dem Angriff am 12./13. Mai 1943 kamen 272 Menschen ums Leben, die weitaus meisten (233) innerhalb von Schutzräumen. Im Juni 1943 verfaßte Oberbürgermeister Freytag ein Memorandum über die Zerstörungen; er stellte darin fest, daß bis Mitte Mai 1177 Menschen getötet worden und 16,5 Prozent der Wohngebäude der Stadt völlig vernichtet waren, wobei die größten Wohnungsverluste im Stadtgebiet südlich der Ruhr (Altstadt 42 Prozent, Neudorf 28,7 Prozent und Duissern 21,5 Prozent) und in Meiderich (knapp 36 Prozent) eingetreten waren. Hamborn kam bis ins Frühjahr 1944 hinein mit geringeren Schäden davon, aber in der Nacht vom 16. zum 17. Juni 1944 traf ein schwerer Angriff auch diesen nördlichsten Bezirk, wobei in den westlichen Stadtteilen, im Gelände der August Thyssen-Hütte und an mehreren Schachtanlagen erhebliche Schäden entstanden. Der größte Luftangriff des Krieges, zugleich die größte Katastrophe in der Geschichte Duisburgs, war der Mehrfach-Angriff vom 14. und 15. Oktober 1944, als die RAF drei „Wellen" fast über das ganze Stadtgebiet schickte und innerhalb von 20 Stunden die anderthalbfache Menge an Bomben abwarf, die bis dahin auf Duisburg niedergegangen war. Mindestens 2 541 Menschen (darunter mindestens 183 Ausländer) kamen um; von den 246 Menschen, die am 18. Oktober noch vermißt wurden, muß wohl der größte Teil den Toten zugerechnet werden. 1933 Deutsche und 49 Ausländer wurden verletzt oder verschüttet. Der letzte Großangriff am 22. Januar 1945 galt besonders den Hamborner Werken der August Thyssen-Hütte AG; 1 048 von 1 195 abgeworfenen Sprengbomben fielen auf das Werksgelände und die angrenzenden Stadtteile und setzten das größte Hüttenwerk Europas endgültig außer Betrieb. Von den 145 Toten dieses Angriffs waren 115 Kriegsgefangene, die innerhalb von Luftschutzräumen starben; um welche Lokalitäten es sich handelte und welcher Nationalität die Kriegsgefangenen waren, ist nicht mehr festzustellen.[32]

Die Analyse der Statistik ergibt, daß die Zahl der auf eine Sprengbombe oder Luftmine entfallenden Toten von 1940 bis 1942 von 0,06 auf 0,3 stieg, danach aber wieder auf 0,2 (1944) sank, obwohl die Menge der Sprengbomben und Luftminen zunahm, ja sich 1944 gegenüber 1943 mehr als verzehnfachte. Man erkennt hier das Ergebnis des forcierten Baues starker Hoch- und Tiefbunker seit

---

[32] StADU Bestand 55 (Luftkriegsaufzeichnungen 1940-1945): Erfahrungsbericht zum 112. Luftangriff am 1./2. Juni 1942; Endbericht zum 161. Luftangriff am 13. Mai 1942; Nachtragsmeldung vom 18. Oktober 1944 zur Lagemeldung des Luftschutzortes Duisburg über die Luftangriffe vom 14. und 15. Oktober (240. und 241. Angriff; ein Endbericht ist nicht vorhanden); Endbericht zum 275. Luftangriff am 22. Januar 1945. - Der Bericht von Oberbürgermeister Freytag über die Auswirkungen der Luftangriffe auf Duisburg, datiert vom 21. Juni 1943, befindet sich in StADU 55 und StADU 41/282.

1942. Allerdings muß festgestellt werden, daß auch 1944 noch nicht alle Bürger in modernen Großbunkern Platz finden konnten und viele tausend Einwohner mit den weniger sicheren Luftschutzkellern Vorlieb nehmen mußten. Die hohe Zahl der Toten 1944 geht vor allem auf die zweite und dritte Welle des Großangriffs am 14. und 15. Oktober zurück, bei denen mehr als tausend Einwohner außerhalb der Schutzräume ums Leben kamen, weil die Bevölkerung nach der ersten Welle am Morgen des 14. Oktober nicht mit einem schon nach knapp 16 Stunden folgenden, weiteren Angriff gerechnet hatte und wegen der Zerstörung von Fernmeldeanlagen bei der ersten Welle kein Alarm gegeben werden konnte.[33] Nach gründlichen Ermittlungen wurde 1954 eine Gesamtzahl der Luftkriegstoten und durch Artilleriebeschuß Umgekommenen in Alt-Duisburg von 6 140 festgestellt. Von diesen 6 140 Menschen waren 5 431 Deutsche und 709 Ausländer;[34] der Anteil der Ausländer beträgt mithin 11,55 Prozent.

Rheinhausen erlebte 158 Luftangriffe; bei dem weitaus schwersten in der Nacht vom 21. auf den 22. Mai 1944 wurden im Lager Parallelstraße der Friedrich-Alfred-Hütte 43 Ostarbeiterinnen und Ostarbeiter sowie ein ukrainisches Kleinkind getötet. Während des ganzen Krieges starben in Rheinhausen 236 Deutsche und 83 zivile Ausländer durch Bomben.[35] Homberg kam bis zum Mai 1944 relativ glimpflich davon, dann jedoch häuften sich die Angriffe. Beim Drei-Wellen-Angriff auf Duisburg in der Nacht auf den 15. Oktober 1944 traten auch in Homberg erhebliche Schäden ein; 74 Menschen, darunter drei Ausländer, kamen ums Leben. Beim letzten Angriff auf Homberg, dem Tagesangriff vom 18. Dezember 1944, starben 30 Deutsche und ein Ausländer. Insgesamt mußten bei den 65 Luftangriffen auf Homberg 235 Menschen, und zwar 224 Deutsche und 11 Ausländer, ihr Leben lassen. Mit 4,7 Prozent lag die Ausländer-Quote bei den Luftkriegstoten unter dem Anteil an der Gesamtbevölkerung im Jahre 1944 (6,6 Prozent).[36]

Für eine halbwegs positive Stimmung an der „Heimatfront" war entscheidend, daß die Instandsetzung von leicht bis mittelschwer beschädigten Wohnungen ebenso schnell ausgeführt wurde wie die Reparaturen in den Produktionsstätten. Nur wenn Wohngebäude weitgehend oder völlig zerstört waren und in die Kategorien der „Totalschäden" oder „schweren Schäden" eingeordnet wurden, konnten die Kommunalverwaltungen den Wiederaufbau legitimerweise auf eine spä-

---

[33] Kraume, Duisburg im Krieg (wie Anm. 28), S. 59-65.
[34] Verwaltungsbericht Duisburg für 1939-1944, S. 17; Ring, Heimatchronik der Stadt Duisburg (wie Anm. 4), S. 164. Das von der Stadtverwaltung 1954 herausgegebene und 1955 mit einem Nachtrag versehene Gedenkbuch *Sie kamen nicht wieder - Menschenopfer des 2. Weltkrieges 1939-1945* weist eine Zahl von 5 702 „Heimatopfern" aus, worunter die vor allem bei Luftangriffen und durch Artilleriebeschuß umgekommenen deutschen Einwohner zu verstehen sind.
[35] StADU 24/2220: Verwaltungsbericht Rheinhausen für die Jahre 1939-1946, Teil A V.
[36] Verwaltungsbericht der Stadt Homberg für 1938-1958, Kapitel „Luftschutz" und Tabelle zur Bevölkerungsentwicklung (der Bericht ist unpaginiert).

tere Zeit vertagen. Im Januar 1941 wurde das Vorgehen der kommunalen Behörden bei der kurzfristigen Reparatur von Bombenschäden reichseinheitlich geregelt. Die Baumaßnahmen, die unmittelbar nach einem Luftangriff von der Stadtverwaltung beschlossen oder genehmigt werden durften („*alle Maßnahmen zur Beseitigung von Bomben- und Brandschäden an Wohngebäuden* [...], *durch die die noch erhalten gebliebenen Wohnräume mit geringem Aufwand an Material und Arbeitskräften in kürzester Zeit wieder bewohnbar gemacht oder in ihrer Bewohnbarkeit erhalten werden*" konnten), bezeichnete man nun als *Sofortmaßnahmen*, und die (Ober-) Bürgermeister wurden zu „Leitern der Sofortmaßnahmen" erklärt.[37] Die Stadt- und Gemeindeverwaltungen, normalerweise die Hochbauämter, hatten nun an jeder Schadensstelle zu prüfen, ob die Schäden kurzfristig behoben werden konnten, und, wenn das der Fall war, die Behebung einzuleiten. Der Leiter der Sofortmaßnahmen, faktisch war es meist nicht der (Ober-) Bürgermeister, sondern ein leitender Beamter der Hochbauverwaltung, verfügte über alle für diese Zwecke eingesetzten Arbeitskräfte, bei denen es sich in wachsendem Maße um Kriegsgefangene, zivile Zwangsarbeiter und KL-Häftlinge der SS-Baubrigaden handelte.

Nach dem schweren Luftangriff vom 2. Juni 1942 erwies sich die bis dahin in Duisburg bestehende Organisation, nach der die Sofortmaßnahmen eine von vielen Aufgaben der beiden Hochbauämter waren, als nicht mehr praktikabel. In der Verwaltungsberatung am 27. Juli 1942 wurde daher mit „*Rücksicht auf die neuerdings eingetretenen zahlreichen Fliegerschäden*" und „*zur Beseitigung dieser Schäden*" für die „*Sofortmaßnahmen zur Beseitigung von Bomben- und Brandschäden*" die Einrichtung einer besonderen Dienststelle unter dem Namen *Amt für Sofortmaßnahmen* mit der Kurzbezeichnung 19/5 beschlossen und zum Amtsvorstand der 52jährige Städtische Oberbaudirektor Dipl.-Ing. Max Gablonsky, Leiter des Hochbauamtes I (Süd), bestellt. Ihn unterstützte als Bürovorsteher der Stadtamtmann Gustav Kochan; das technische Personal kam zum großen Teil aus der Bauverwaltung. Schon am nächsten Tag nahm das Amt seine Arbeit auf. Es blieb über das Kriegsende hinaus als *Amt für die Behebung von Kriegsschäden* – so die Bezeichnung seit Mai 1945 – bestehen.[38] Im August 1942 wurde für die Sofortmaßnahmen für jedes der 17 Polizeireviere ein städtischer Beamter als Revierleiter eingesetzt, der die Reihenfolge der Beseitigungen der Schäden festlegte und „*die Verteilung der Arbeitskräfte*" auf die einzelnen

---

[37] 18. Anordnung des Generalbevollmächtigten für die Regelung der Bauwirtschaft im Reichsministerium für Bewaffnung und Munition vom 16. Januar 1941 und „Grundsätze für die Durchführung von Sofortmaßnahmen bei Bomben- und Brandschäden"; letztere in der Fassung von November 1943 in BA Berlin R 3901/21510, fol. 126. Über die Bedeutung und Durchführung der Sofortmaßnahmen vgl. auch Fings, Messelager Köln, S. 34-42 (Beispiel Köln 1941/42).
[38] Gründung des Amtes für Sofortmaßnahmen: Verwaltungsbericht Duisburg für 1939-1944, S. 39; ferner StADU 103 A/27443 (Personalakte Dipl.-Ing. Max Gablonsky) und StADU 103 A/3202 (Personalakte Gustav Kochan).

Baustellen vornahm. Der Einsatz von Architekten bei „*grossen Bombenschäden*" mußte durch die Stadtverwaltung genehmigt werden. Die zu diesem Zeitpunkt noch durch Architekten im Auftrag von Gebäudeeigentümern beschäftigten Handwerker sollten die begonnenen Arbeiten fortführen, sofern diese von der Stadt als Sofortmaßnahmen anerkannt worden waren.[39] In den letzten drei Kriegsjahren, d. h. in der Zeit der Flächenbombardements der deutschen Städte, entwickelten sich die Sofortmaßnahmen zu einer „*Hauptaufgabe*" der Kommunalverwaltungen[40] neben anderen Kriegsaufgaben wie der Trümmerräumung, der (von den Ernährungs- und Wirtschaftsämtern wahrgenommen) Lebensmittel- und Warenbewirtschaftung, der „Landverschickung" von Schulkindern und nicht berufstätigen Erwachsenen und den Fürsorgeleistungen für Kriegsversehrte. Ein großer Teil der traditionellen oder klassischen kommunalen Aufgaben war hingegen an Reichs- oder Parteibürokratien verloren gegangen, was die Oberbürgermeister etwa bei einer Sitzung ihres „Kriegsgremiums" im November 1943 beklagten. Die Verfügung über Zwangsarbeiter – Kriegsgefangene, Ostarbeiter und KL-Häftlinge – bei den Sofortmaßnahmen und bei der Trümmerräumung hat dazu beigetragen, den seit 1933 schrittweise entmachteten Kommunalverwaltungen neue Zuständigkeitsfelder zu erschließen, auf denen sie relativ autonom agieren konnten.

Obwohl schon seit Kriegsbeginn durch Einberufungen von Männern zum Kriegsdienst ein leichter Rückgang der Bevölkerungszahl eingetreten war, führte erst der verstärkte Luftkrieg seit dem Frühjahr 1942 dazu, daß Duisburg in erheblichem Umfang an Einwohnern verlor. Wie die Tabelle S. 74 ausweist, wanderten 1942 mehr als 10 000 und 1943 mehr als 20 000 Einwohner ab. Allerdings scheint man 1943 noch mit Zuzug gerechnet zu haben, denn am 16. November 1943 wurde Duisburg aufgrund der Verordnung zur Wohnraumlenkung vom 27. Februar 1943 zusammen mit Essen, Mülheim an der Ruhr, Oberhausen, Hamburg, Braunschweig und Danzig vom Reichswohnungskommissar zu einem „*Brennpunkt des Wohnungsbedarfs*" erklärt, „*mit der Wirkung, daß der Zuzug auswärtiger Familien nach diesen Städten nur mit vorheriger Zustimmung der betreffenden Stadt erfolgen darf, soweit er nicht auf Veranlassung oder mit Zustimmung einer Behörde geschieht.*"[41] Schon Ende 1940 begann die von der *Nationalsozialistischen Volkswohlfahrt* (NSV) in Zusammenarbeit mit den

---

[39] StADU 600/974: Der Kreisbeauftragte der Rk. d. b. K. in Duisburg an den Städt. Oberbaurat Gablonsky, 14. August 1942.
[40] So der Staatssekretär im Reichsministerium des Innern, Stuckart, auf einer Tagung der Oberbürgermeister, Landes- und Gauhauptleute und der Gauamtsleiter für Kommunalpolitik der NSDAP in Posen am 12. und 13. Februar 1944, zitiert nach Dieter Rebentisch, Führerstaat und Verwaltung im Zweiten Weltkrieg. Verfassungsentwicklung und Verwaltungspolitik 1939-1945, Stuttgart 1989, S. 506.
[41] BA Berlin R 3901/21510, fol. 117: Erlaß des Reichswohnungskommissars vom 16. November 1943.

Tabelle 5: Die Bevölkerung Alt-Duisburgs 1938-1944[42]

Jahr	Einwohner-zahl am Jahresanfang	Einwohner-zahl am Jahresende	Wanderungs-verlust	Mittlere Jahresbe-völkerung
1938	438 861	437 181	5 656	436 674
1939	437 181	436 053	3 766	434 874
1940	436 053	430 157	9 254	432 181
1941	430 157	425 730	6 949	425 671
1942	425 730	414 582	10 623	418 784
1943	418 499	397 182	20 801	406 581
1944	393 041	386 859	3 233	389 950
1945				168 702

Stadtverwaltungen organisierte *Kinderlandverschickung* (KLV).[43] Im März 1941 lebten rund 10 000 Duisburger Kinder und Jugendliche in „Gemeinschaftslagern" in Schlesien, Pommern, Württemberg und im *Reichsprotektorat Böhmen und Mähren*. Im Frühsommer 1942, nach den schweren Luftangriffen auf Köln Ende Mai und auf Duisburg Anfang Juni, wurde die KLV in allen Städten des Westens beschleunigt. Nicht nur die Gefahr für Leib und Leben der Kinder, sondern auch die weitgehende oder völlige Zerstörung von Schulgebäuden seit Mitte 1942 zwang die Gauleiter (in ihrer Eigenschaft als Reichsverteidigungskommissare), die Bezirksregierungen, die NSV und die Städte zur Fortsetzung des bei den Eltern unbeliebten Programms. Nach den verheerenden Luftangriffen im Frühjahr 1943 wurden die Duisburger allgemeinbildenden Schulen im Juni geschlossen und die noch nicht „verschickten" Kinder und Jugendlichen, soweit sie „lagerfähig" waren, mit ihren Lehrern in süddeutschen und böhmisch-mährischen Lagern untergebracht. Ende 1944 befanden sich mehr als 30 000 Duisburger Schüler und Schülerinnen in KLV-Lagern und weitere 6 000 in privaten Quartieren.[44] Einige der dadurch frei gewordenen Schulgebäude, die nicht oder nur teilweise zerstört waren, wurden als Unterkünfte für zivile Zwangsarbeiter oder Kriegsgefangene verwendet. Das galt auch für die große Berufsschule in Hamborn, nachdem der Reichsminister für Wissenschaft, Erziehung und Volks-

---

[42] Verwaltungsbericht Duisburg für 1939-44, Tabelle 14, und VB für 1945, S. 8. Die mittlere Jahresbevölkerung 1945 wurde als Durchschnittswert aus drei Tagesständen der ersten Jahreshälfte (4. April, 27. April und 2. Mai 1945) errechnet.

[43] Dazu allgemein: Gerhard E. Sollbach, „Mütter – schafft eure Kinder fort!" Kinderlandverschickung im Ruhrgebiet während des Zweiten Weltkriegs, in: Geschichte im Westen, Jg. 13 (1998), S. 135-166, sowie Heimat ade! Kinderlandverschickung im Dritten Reich, hrsg. vom Kultur- u. Stadthistorischen Museum, Duisburg (Eigendruck der Stadtverwaltung) 2001.

[44] Verwaltungsbericht Duisburg für 1939-1944, S. 82; Ring, Heimatchronik der Stadt Duisburg (wie Anm. 4), S. 160; Kraume, Duisburg im Krieg (wie Anm. 28), S. 28 u. 45f.

bildung am 1. September 1944 die Schließung aller Berufs-, Handels- und Fachschulen angeordnet hatte.

Als sich im Frühjahr 1943 herausstellte, daß der Bunkerbau mit der Zunahme der britisch-amerikanischen Luftangriffe auf die Großstädte nicht mehr Schritt hielt, ging das Regime dazu über, auch die Absiedelung von Erwachsenen, die nicht in die Kriegswirtschaft eingebunden waren, in ländliche Regionen respektive in Gebiete, die von den alliierten Bomberflotten noch nicht erreicht werden konnten (z. B. Schlesien und die österreichischen Gaue), zu fördern; die knappen Bunkerplätze sollten vor allem den Rüstungsarbeitern vorbehalten sein. In Duisburg waren zu dieser Zeit von rund 346 000 Lebensmittelkarten beziehenden Einwohnern (ohne die in der Kriegswirtschaft arbeitenden Ausländer) 169 000, also fast die Hälfte, nicht erwerbstätig.[45] Am 19. April 1943 gab der Reichsinnenminister einen Erlaß zur *„Umquartierung wegen Luftgefährdung und Bombenschäden"* heraus; in Berlin begannen Planungen, nach denen 317 000 Erwachsene (nicht erwerbstätige Frauen, alte Menschen über 65 Jahren und Invalide) sowie noch nicht schulpflichtige Kinder den Gau Essen verlassen sollten. Zunächst stieß das Programm wegen der Trennung der Männer von Ehefrauen und Kindern in der Bevölkerung auf starken Widerwillen, aber die schweren Angriffe auf Köln, Wuppertal, Düsseldorf, Krefeld und Oberhausen im Mai und Juni 1943 ließ die Bereitschaft zur Umquartierung wachsen. Allerdings kehrten viele Umgesiedelte nach einiger Zeit aus eigener Entscheidung in die Heimatstädte zurück, was das Regime ohne Erfolg zu unterbinden suchte, und die Industriellen befürchteten ein dauerndes Sinken der Leistungskraft der in den Städten zurückgebliebenen Arbeitnehmer aufgrund psychischer Belastungen. Als im Laufe des Jahres 1944 die Evakuierungspolitik mit der Notwendigkeit der Umsiedlung von Industriebetrieben kollidierte, weil es inzwischen an Unterkunftsmöglichkeiten mangelte, entschied sich das Regime kompromißlos für den Vorrang der Industrieverlagerungen. Am 7. September 1944 wurde das Umsiedlungsprogramm offiziell beendet.[46] Dennoch wanderten von Mitte 1944 bis März/April 1945 noch hunderttausende Zivilpersonen auf eigene Faust aus den bombardierten Städten des Westens in weniger gefährdete Gebiete ab, wo man sich selbständig Quartiere – oft bei Verwandten – besorgte.

Im Frühsommer 1944 wurde die Anwesenheit von mehr als sieben Millionen ausländischen Zwangsarbeitern im Reich von den führenden Persönlichkeiten des NS-Regimes und vor allem von den Polizei- und Sicherheitsorganen (Sicherheitsdienst, Sicherheitspolizei, GESTAPO und Ordnungspolizei) vor dem Hintergrund des Kriegsgeschehens in zunehmendem Maße als Gefahr für die „öffent-

---

[45] StADU 41/282: Bericht des Oberbürgermeisters Freytag über Auswirkungen der Luftangriffe auf Duisburg, 21. Juni 1943.
[46] Zum Thema Evakuierung: Groehler, Bombenkrieg gegen Deutschland (wie Anm. 25), S. 264-283.

liche Sicherheit" und die Kriegswirtschaft gesehen. In der Partei, im Reichssicherheitshauptamt und bei den lokalen Siciherheitsbehörden verbreitete sich die Ansicht, daß die abermalige Intensivierung des alliierten Luftkrieges, die eine Häufung der Fliegeralarme mit sich brachte und dadurch die kontinuierliche Kontrolle aller potentiellen „Unruheherde" verhinderte, günstige Bedingungen für „Aufstände" oder größere Sabotageakte der feindlich gesinnten Ausländer schaffe. Auch die lange erwartete, am 6. Juni einsetzende alliierte Invasion in Frankreich, mit der eine weitere Front für die Wehrmacht entstand, spielte bei der Lagebeurteilung eine Rolle; das Regime fürchtete sogar, die Invasion im Westen würde das unmittelbare Signal für einen Aufstand der Ausländer im Reichsgebiet sein. Das von den Sicherheitsorganen entwickelte Bedrohungsszenario war kein bloßes Hirngespinst, sondern spiegelte die damalige Flugblattpropaganda der Alliierten wider. Die RAF und die amerikanische Luftwaffe warfen über den deutschen Städten nicht nur Bomben, sondern auch Flugblätter ab, in denen sie, wie der Duisburger Polizeipräsident am 8. Juni feststellte, „*die Kriegsgefangenen und die ausländischen Arbeitskräfte in ihren Muttersprachen*" aufforderten, „*die Rüstungswerke durch Sabotagehandlungen in ihrer Produktion zu schädigen und nach Möglichkeit ganz stillzulegen, bei günstiger Gelegenheit (gemeint ist zweifellos die Zeit nach einem starken Luftangriff) die Lager zu verlassen, Fernsprechämter und wichtige Behördengebäude zu zerstören [...] und die zahlenmäßig schwachen deutschen Abwehrkräfte durch Aufstandshandlungen im gesamten Stadtgebiet weitgehendst zu zersplittern*", wofür ihnen „*Hilfe aus der Luft*" zugesichert wurde.[47]

Schon im Frühjahr 1943, als sich die Nachricht von der katastrophalen deutschen Niederlage bei Stalingrad unter den Zwangsarbeitern herumgesprochen hatte, waren Revolten und größere Sabotageakte von Ausländern erwartet worden. Ein Anzeichen dafür war die „*schadenfrohe, siegesbewußte und zum Teil sogar aufsässige Haltung*" vieler ausländischer Arbeiter, vor allem von Ostarbeitern[48] gewesen, die auf der falschen Annahme beruht hatte, die Wehrmacht wäre am Ende und die Besetzung Deutschlands durch die Rote Armee stünde unmittelbar bevor. Als das Kriegsende und die Befreiung dann auf sich warten ließen, wich die „Aufsässigkeit" der Ostarbeiter wieder dem gewohnten Fatalismus. Doch gut ein Jahr später wurden die Sicherheitsorgane erneut zu erhöhter Wachsamkeit aufgerufen. Im Frühjahr 1944 häuften sich im ganzen Reichsgebiet „Widerstandsakte" meist symbolischen Charakters, und die für Deutschland immer ungünstigere Kriegsentwicklung führte dazu, daß die Stimmung der Ausländer, besonders der Ostarbeiter, von Resignation und Apathie in Zuversicht und Kampfeswillen umschlug. Zwischen Februar und Mai deckte die GESTAPO die

---
[47] StADU 102/799: Einladung des Polizeipräsidenten von Duisburg zur Planbesprechung des Standortes Duisburg über die Bekämpfung von Ausländerunruhen am 14. Juni 1944, vom 8. Juni 1944.
[48] Herbert, Fremdarbeiter, S. 375.

Existenz der Organisation *Brüderliche Zusammenarbeit der Kriegsgefangenen* (BSW[49]) auf, die Anfang 1943 in München von sowjetischen Kriegsgefangenen, darunter Offizieren, gegründet worden war und die Bewaffnung aller Kriegsgefangenen und zivilen ausländischen Arbeiter, die Vorbereitung und Durchführung von Sabotageakten, die Unterstützung der Roten Armee und der westlichen Truppen nach der Invasion, die Kooperation mit deutschen Widerstandsgruppen und letztlich den Sturz der NS-Diktatur intendierte. Die BSW hatte sich in Süddeutschland recht weit verbreitet, in Nord- und Westdeutschland jedoch nicht Fuß fassen können.[50] Aber auch in den anderen Teilen des Reiches regte sich Widerstandsgeist unter den ausländischen Zwangsarbeitern. Gleichzeitig mit der Zerschlagung der BSW stellte die GESTAPO, die mit Hilfe der Werkschutzleute (hier und da auch von ausländischen Spitzeln) alle Ausländerlager ständig überwachte, *„in fast allen größeren Städten des Reichs organisierte Widerstandsgruppen unter Ausländern"* – fast nur Ostarbeitern, daneben wenigen Polen und Tschechen – fest, die allerdings fast in keinem Fall überregionale Verbindungen hergestellt hatten und nicht über Schußwaffen verfügten. Zwischen März und September 1944 wurden Widerstandsgruppen sowjetischer Kriegsgefangener und ziviler Arbeiter in 38 Städten aufgedeckt, denen insgesamt mindestens 2 700 Personen angehörten. In Duisburg und im westlichen Ruhrgebiet ist keine Organisation dieser Art belegt, wohl aber in Dortmund, wo im September 1944 die Existenz eines „Volkskomitees des Kampfes gegen den Faschismus" festgestellt wurde, dem 155 Ostarbeiter angehörten.[51]

Der Schutz der Industriebetriebe und der einheimischen Bevölkerung vor Aufständen und Gewaltakten von Ausländern war in erster Linie Sache der Schutzpolizei, der GESTAPO, der Sicherheitspolizei, des SD und, was die Betriebe anbetraf, der Werkschutzabteilungen. In die diesbezüglichen Vorkehrungen wurden jedoch auch die Kommunal- und Landkreisverwaltungen einbezogen. Am 25. April 1944 fand im halb zerstörten Duisburger Rathaus unter dem Vorsitz von Stadtdirektor Decker eine Besprechung von 18 Dienststellenleitern statt, in der für den Fall von lokalen *„Ausländerunruhen"* ein dreistufiger Alarmplan festgelegt wurde. Die erste Stufe sah nach dem Stichwort *„Drohende Ausländerunruhen"* die Alarmierung der NSDAP-Kreisleitung, der örtlichen Wehrmachtsdienststelle, der Technischen Nothilfe, der Reichsbahn, der Reichspost, der Stadtverwaltung, der Justizverwaltung und des Arbeitsamtes (!) durch die Schutzpolizei sowie der Industriebetriebe durch die GESTAPO vor. Bei Alarmstufe II (Stichwort *„Ausländerunruhen im Bereich ..."*) sollten der Hauptbahnhof, das Hauptpostamt, die beiden Fernsprechämter in Duisburg-Mitte und Hamborn, das Rathaus Duisburg und die Zentrale des Ernährungs- und Wirtschaftsamtes in der

---

[49] Die Abkürzung steht für *Bratskoje sotrudnitschestwo wojennoplennych*.
[50] Herbert, Fremdarbeiter, S. 367ff.
[51] Ebd., S. 370-74.

Schule an der Nahestraße von der Schutzpolizei besetzt und die übrigen Dienststellen und Anlagen der Reichspost, die Ausgabestellen des Wirtschaftsamtes und die Schlachthöfe durch verstärkte Streifen der Polizei gesichert werden. Die Stufe III sollte dann ausgerufen werden, wenn in der ganzen Stadt „Ausländerunruhen" festgestellt wurden; die Sicherungsmaßnahmen waren dieselben wie bei Stufe II. Weil die Schutzpolizei aus Mangel an Beamten die Bewachung der städtischen Verwaltungsgebäude bei den Stufen II und III nicht übernehmen konnte, mußte die Stadtverwaltung dafür „eigene Kräfte" einteilen und diese auch mit Schußwaffen ausrüsten. Auf einer Konferenz der Oberbürgermeister und Landräte des Regierungsbezirks Düsseldorf beim Regierungspräsidenten am 22. Mai wurde beschlossen, für die wichtigsten Dienstgebäude der Stadt- und Kreisverwaltungen „Überwachungstrupps" aus bewaffneten Beamten zu bilden. Vier Tage später meldete der Duisburger Oberbürgermeister dem Regierungspräsidenten, daß in Duisburg drei solcher Trupps gebildet worden seien, und zwar für das Rathaus Duisburg (1 „Führer" und 15 Mann), für das Stadthaus, die benachbarten Verwaltungsgebäude und die Hauptverwaltung der Stadtsparkasse (1 Führer und 30 Mann) sowie für das Rathaus Hamborn mit der Sparkassen-Zweigstelle (1 Führer und 15 Mann). Die Stadtwerke hatten eine eigene, etwa 100 Mann starke „Werkswehr". Ein Problem war die Beschaffung von Pistolen für alle 63 Wachmänner. Eine Bestandsaufnahme ergab, daß die Stadtverwaltung über 24 Dienstwaffen (23 Pistolen verschiedener Marken und ein Gewehr, die sich hauptsächlich in den Dienststellen der Stadtkasse und den Filialen der städtischen Sparkasse befanden), aber nur über geringe Munitionsvorräte verfügte, weshalb das Städtische Polizeiamt am 31. Mai für die Überwachungstrupps (in der offiziellen Formulierung: „für Sonderaufgaben der städtischen Polizei") beim Waffengeschäft Bernards 500 Schuß bestellte, was die GESTAPO in Berlin, bei der alle Beschaffungen dieser Art beantragt werden mußten, am 20. Juli 1944 nachträglich genehmigte. Auf Anordnung des Höheren SS- und Polizeiführers im Wehrkreis VI und auf Einladung des Polizeipräsidenten fand am 14. Juni 1944 im Gebäude der Technischen Nothilfe eine Übung des Standortes Duisburg „zur Bekämpfung von Ausländerunruhen" statt.[52]

Anders als etwa in Düsseldorf[53] ist es in Duisburg ausweislich der Quellen nie zu einem Aufstand von Zwangsarbeitern, ja nicht einmal zu einem Alarm gekommen. Die Aufmerksamkeit der GESTAPO wurde bald nach der Besprechung

---

[52] Die Vorgänge sind dokumentiert in StADU 102/799; dazu Kraume, Duisburg im Krieg (wie Anm. 28), S. 20.

[53] In der vom 8. Juni 1944 datierten Einladung des Duisburger Polizeipräsidenten zu der Planbesprechung des Standortes Duisburg über die Bekämpfung von Ausländerunruhen am 14. Juni (in StADU 102/799) wurde den Eingeladenen mitgeteilt, daß der Polizeipräsident von Düsseldorf „für das Gebiet seiner Verwaltung" am „14.6." (hier liegt offenbar ein Schreibfehler vor; gemeint ist wohl der 14. Mai) um 16 Uhr die Alarmstufe II ausgerufen habe, „da in Düsseldorf an diesem Tage nach einem schweren Luftangriff in etwa 20 Lagern Unruhen ausgebrochen waren".

vom 14. Juni durch das Attentat auf Hitler am 20. Juli vom Ausländer-„Problem" abgelenkt; für die Sicherheitsorgane galt es nun, das Ausmaß der Opposition gegen die Diktatur aufzudecken und tausende von echten oder vermeintlichen Gegnern des Regimes zu verhaften und zu verhören. Erst gegen Ende 1944 und Anfang 1945, als die Westfront näherrückte, wurde die Überwachung der Zwangsarbeiterlager in den Städten am Rhein wieder intensiviert (und, wie im Kapitel 7 ausgeführt wird, die Repression gegen vermeintliche Straftäter unter den Ausländern erheblich verschärft). Die Flugblatt- und Rundfunkpropaganda der Alliierten gegenüber den ausländischen Arbeitern in Deutschland änderte sich im Spätsommer 1944 fundamental. Seit der Rundfunkrede General Eisenhowers vom 5. September wurden die Ausländer nicht mehr zu Sabotageakten und Revolten aufgerufen, sondern im Gegenteil dazu, die *„Zerstörung von Verbindungslinien und Industrieanlagen zu verhindern"* und sich nach Möglichkeit aus den Städten aufs Land zu begeben, um als Arbeitskräfte bei Bauern die baldige Befreiung durch die Alliierten abzuwarten, ohne die Aufmerksamkeit der deutschen Polizeiorgane auf sich zu ziehen.[54] An diesem Punkt wird die Darstellung des Geschehens im Kapitel 8 wiederaufgenommen.

---

[54] Herbert, Fremdarbeiter, S. 376.

Kapitel 3
Der „Einsatz"

Dann war da dieses große Stahlwerk! Ich komme aus einem Dorf und hatte so was noch nie gesehen. Da haben wir alle geweint. Und überall flogen glühende Metallkügelchen herum, die brannten die Arbeitskleidung durch, da und da. Wir fingen an zu schreien, weil keiner von uns das jemals gesehen hatte ...[1]

Obwohl Duisburg, wie im vorigen Kapitel gezeigt wurde, ebenso wie Essen, Dortmund und Bochum nicht zu den Städten mit den höchsten Zahlen ausländischer Arbeitskräfte gehörte, haben seit Mai 1940 nach und nach fast alle Branchen der Duisburger Industrie zivile „Fremdarbeiter" und viele Unternehmen außerdem auch Kriegsgefangene eingesetzt. Es ist daher einfacher, aufzuzählen, welche Industriezweige ausweislich der Quellen offenbar *keine* Fremd- oder Zwangsarbeiter beschäftigten: die Tabakindustrie (einer der ältesten Duisburger Wirtschaftszweige) und die Brauereien. Was den Groß- und Einzelhandel betrifft, so wurde nur ein Fall von Kriegsgefangenen-Beschäftigung bei einem Unternehmen in Duisburg-Mitte (Krupp Eisenhandel GmbH) gefunden;[2] auch bei der für Alt-Duisburg so charakteristischen Branche des Getreideumschlags und der Getreidelagerung in den großen Speichern am Innenhafen ist der Einsatz von zivilen ausländischen Arbeitern nur für ein Unternehmen, die Duisburger Lagerhaus-Vereinigung, nachgewiesen. Nicht im Einzelhandel, wohl aber im Großhandel, und zwar vor allem im Brennstoff- und Grubenholzhandel, ist die Beschäftigung ausländischer Arbeiter anzunehmen. Nachdem im Januar 1941

---

[1] Erinnerungen Olga Moiseewa, veröffentlicht in: Manfred Tietz, Die „wertlose" Frau, in: Rudolf Tappe u. Manfred Tietz (Hrsg.), Tatort Duisburg, Bd. 2, Essen 1993, S. 354-397, hier: S. 393. Die Ukrainerin Olga Moiseewa wurde im Mai 1943 nach Deutschland deportiert; ihr Arbeitsbeginn im Stahlwerk der August Thyssen-Hütte war vermutlich Anfang Juni 1943.

[2] In StADU 600/972. Die Krupp Eisenhandel GmbH beschäftigte im Juni 1942 schon „*seit längerer Zeit*" zunächst fünf Kriegsgefangene in ihrem Materiallager an der Wörth- und Adelenstraße in Hochfeld. Nach einem Schreiben des Unternehmens an die Stadtverwaltung Duisburg (Oberbaurat Gablonsky) vom 18. Juni 1942 waren die Gefangenen dort bei kriegswichtigen Arbeiten, und zwar Auslieferungen von Eisen für Luftschutzbauten, eingesetzt. Vor dem 18. Juni wurden drei Gefangene (vermutlich auf Anordnung der zuständigen Wehrmachtsdienststelle) abgezogen, was für die Krupp Eisenhandel GmbH ein großes Problem schuf, da sie vom Arbeitsamt keine Ersatzkräfte erhalten konnte. Das Unternehmen wandte sich daher an die Stadtverwaltung und an die Kreishandwerkerschaft mit der Bitte, sich für eine „*Rückbeorderung*" der drei Gefangenen einzusetzen, „*mit denen wir recht zufrieden waren*", und wies darauf hin, daß sonst die „*störungsfreie Abwicklung*" der kriegswichtigen Lieferaufträge des Luftgaukommandos VI nicht möglich sei; das Ergebnis ist nicht bekannt. Die beim Krupp Eisenhandel beschäftigten Gefangenen waren wahrscheinlich wie die bei kleineren Bau- und Handwerksunternehmen tätigen Gefangenen in einem von der Stadtverwaltung unterhaltenen Lager untergebracht.

nach Einberufungen zum Kriegsdienst so gravierende Personaldefizite im Kohlenhandel aufgetreten waren, daß die rechtzeitige Versorgung der Bevölkerung und der Wirtschaft gefährdet war, hat das Reichsarbeitsministerium den Landesarbeitsämtern empfohlen, Fremdarbeiter, Kriegsgefangene *„und Juden"* für Tätigkeiten im Kohlenhandel zu verpflichten; zum Beginn der folgenden Heizperiode im Oktober 1941 wurde der Einsatz von sowjetischen Kriegsgefangenen im Kohlenhandel in Aussicht genommen.[3]

Das diesem Kapitel vorangestellte Zitat verweist auf ein Kernproblem des Einsatzes ziviler ausländischer Arbeiter im Deutschen Reich. In den ersten drei Kriegsjahren waren die nach Deutschland verschleppten oder mit Versprechungen gelockten Menschen in der Regel mit industrieller oder zumindest gewerblicher Arbeit vertraut, wie es sich die „Arbeitgeber" selbstverständlich wünschten. Nicht nur Frankreich, Belgien und die Niederlande, sondern auch die Länder östlich der damaligen Grenze Deutschlands waren Industrieländer, und die deutschen Behörden, die für die Rekrutierung von Ausländern für die Kriegswirtschaft zuständig waren, haben es bis ins Jahr 1943 hinein meistens verstanden, den Unternehmen im Reich die geforderten industrietauglichen Arbeitskräfte zu verschaffen. Nur im Bergbau und in der Bauwirtschaft, wo schon immer viele ungelernte Arbeiter ihr Auskommen gefunden hatten, lagen die Dinge etwas anders. Seit dem Frühjahr 1943 jedoch war es nicht mehr möglich, die Hüttenwerke und Fabriken mit genügend gewerblichen Arbeitskräften zu versorgen. Daher wurden der Industrie nun notgedrungen auch immer mehr landwirtschaftliche Arbeiter und Arbeiterinnen zugewiesen; Alternativen gab es nicht mehr. Zu diesem Millionenheer gehörte die junge Ukrainerin, die sich viele Jahrzehnte später, 1992, an ihren schockierenden ersten Tag im Hüttenwerk erinnerte. Aber auch für die „andere Seite", die Arbeitgeber, schuf der Fremd- respektive Zwangsarbeitereinsatz bis dahin unbekannte Probleme. Im Bergbau, in der Eisen- und Stahlindustrie und in anderen Industriebranchen waren zwar schon während des Ersten Weltkrieges Erfahrungen mit der Beschäftigung „dienstverpflichteter" Ausländer gemacht worden, jedoch hatte damals der „Ausländereinsatz" bei weitem nicht das Ausmaß erreicht, das er im Zweiten Weltkrieg seit 1942 annahm. Der individuellen Not der verschleppten Menschen stand beim Arbeitgeber die hochproblematische Notwendigkeit gegenüber, mit einem reduzierten Stamm an Meistern und Vorarbeitern in kürzester Zeit immer größere Gruppen von industriefremden Menschen mit unterschiedlichem Bildungsniveau – und sehr unterschiedlicher Kenntnis der deutschen Sprache – für industrielle Tätigkeiten anzulernen, ohne das Produktionstempo deutlich zu drosseln, wobei unterschiedliche Wege beschritten wurden.[4] Diese enormen Herausforderungen

---

[3] BA Berlin R 3901/20480: Erlaß des Reichsarbeitsministers vom 8. Februar 1941 sowie Erlaß des Reichsarbeitsministers vom 17. Oktober 1941.
[4] Herbert, Fremdarbeiter, S. 317-322.

in der zweiten und dritten Phase des Krieges hatten zweifellos bei Kriegsbeginn weder die Wirtschaft noch die Bürokratie vorausgesehen. Viel seltener als die Unterqualifizierung scheint die *Überqualifizierung* verschleppter ausländischer Menschen in der deutschen Wirtschaft vorgekommen zu sein. Auch hierfür gibt es ein Beispiel aus Duisburg. Kazimierz Pustola, Ingenieur und Eigentümer einer Fabrik für Elektromaschinen und Apparaturen in Warschau, wurde nach der Zerstörung seiner Fabrik während der Niederwerfung des Warschauer Aufstandes im September 1944 mit zweien seiner Söhne nach Deutschland deportiert, kam zur August Thyssen-Hütte AG in die Hütte Ruhrort-Meiderich und wurde dort in der Reparaturabteilung für Elektromotoren eingesetzt, wo er zum Zeitpunkt des großen Luftangriffes vom 14./15. Oktober mit der Untersuchung eines Elektromotors befaßt war. Es hing wohl mit Bombenzerstörungen in den Betrieben der ATH zusammen, daß er am 21. Oktober mit anderen polnischen und italienischen Zwangsarbeitern dem Hüttenwerk der Mannesmannröhren-Werke in Huckingen überstellt wurde.[5]

Der „Arbeitseinsatz" in Duisburg soll nun, geordnet nach Wirtschaftszweigen (respektive Arbeitgebern), beginnend mit dem Bergbau und schließend mit den Privathaushalten, in seiner quantitativen wie qualitativen Dimension so eingehend dargestellt werden, wie es die Quellen erlauben. Die relativ gute Quellenlage zum Bergbau und zur Eisen- und Stahlindustrie bedingt eine umfänglichere Behandlung dieser beiden wichtigsten Branchen der Duisburger Wirtschaft. Auch über den Fremdarbeiter-Einsatz bei den Kommunalverwaltungen und bei den Betrieben des Bauhandwerks wissen wir inzwischen einiges, wogegen die Quellenlage bei der Industrie der Nichteisen-Metalle, der Chemischen Industrie, dem Maschinenbau, der Bauindustrie, bei Post und Bahn sowie bei den kirchlichen und karitativen Einrichtungen für Duisburg nicht eben erfreulich, bei den übrigen Industriezweigen, dem Handwerk, dem Handel, der Landwirtschaft und den Privathaushalten schlichtweg desolat ist.

Der *Steinkohlenbergbau* im Ruhrgebiet ging bereits mit einem erheblichen Arbeitskräftedefizit in den Krieg. Bei Beginn des Krieges, als ein Angriff Frankreichs an der Westgrenze des Reiches und der Verlust des Saargebietes nicht ausgeschlossen werden konnten (daß sich die Armeen beider Seiten von September 1939 bis zum 10. Mai 1940 in einer *drôle de guerre* gegenüberstehen würden, war nicht unbedingt vorauszusehen), wurden die Bergleute des Saarreviers zwangsweise ins Ruhrgebiet gebracht, damit ihre Arbeitskraft der deutschen Kriegswirtschaft erhalten blieb, und auf mehrere Zechen des Ruhrreviers verteilt. Ende September 1939 arbeiteten im rheinischen Teil des Ruhrreviers etwa 1800 saarländische Bergleute; die Gesamtzahl der Saarländer auf den Ruhrzechen

---

[5] StADU 41/450: Fragment des ins Deutsche übersetzten Tagebuches von Kazimierz Pustola.

stieg bis Mitte Oktober auf rund 2 600.[6] Wegen der großen Unterbringungsprobleme sollten die Familien der Bergleute im Saargebiet zurückbleiben, aber trotz des Verbotes brachten viele der umgesetzten Kumpel ihre Familien mit an die Ruhr. Die zuständigen Behörden ließen jedoch nicht mit sich reden und ordneten die polizeiliche Rückführung der Familien ins Saargebiet an, die auch vollzogen wurde. Den als Protest gegen diese Maßnahme erwarteten Kündigungen der Saarbergleute wurde *„durch Dienstverpflichtung vorgebeugt"*.[7] Das Regime wandte hier schon in der ersten Phase der Kriegswirtschaft ein Instrument an, das die freie Wahl des Arbeitsplatzes außer Kraft setzte, um Schädigungen der kriegswirtschaftlichen Interessen aufgrund individueller Präferenzen der Arbeitnehmer auszuschließen. Nach der Entspannung der Lage an der Westgrenze im Juni 1940 konnten die Saarbergleute in die Heimat zurückkehren.

In der Zeit vom Kriegsbeginn bis zum Stalingrad-Debakel wurden die Bergleute, auch die jüngeren, größtenteils nicht zum Kriegsdienst eingezogen. Der Preis dafür waren – neben der schon im April 1939 dekretierten Verlängerung der Schicht auf achteinhalb Stunden – Erhöhungen des Fördersolls und zusätzliche Schichten an Sonntagen. Im Oktober 1939 wurden alle Untertage-Arbeiter als Schwerstarbeiter eingestuft, weshalb sie fortan die höchsten Lebensmittelrationen erhielten.[8] Im Winter 1939/40 legten mehrere Zechen des Ruhrgebietes, darunter im heutigen Duisburger Gebiet die Zeche Walsum, einige tausend polnische Bergarbeiter aus Ost-Oberschlesien an, die nach ersten Erfahrungen größtenteils als leistungsschwach beurteilt wurden, die man aber dennoch nicht entbehren wollte. Ihre Hauptaufgabe war anscheinend sowohl unter Tage wie über Tage die Entlastung der deutschen Bergleute von bestimmten Tätigkeiten. Der Reichskohlenkommissar Paul Walter schrieb diesbezüglich am 29. Mai 1940 an den Gauleiter von Westfalen-Nord in Münster, Dr. Alfred Meyer:

„Eine Beschränkung des Einsatzes der Polen auf bestimmte Betriebsteile wie nur im Untertage-Bergbau ist nicht zweckmäßig. Es muß als Grundsatz gelten, die polnischen Arbeitskräfte über- und unter Tage möglichst als Hilfskräfte zu verwenden, um damit Aufstiegsmöglichkeiten für deutsche Volksgenossen zu schaffen.

Es sind über Tage die Polen bevorzugt mit gesundheitsschädlichen Arbeiten, wie in den Kokereien, Aschekanälen der Heizanlagen oder als Transportarbeiter beim Lagern von Kohlen und anderem Material zu beschäftigen.

Der geschlossene Einsatz der Polen unter Tage getrennt von deutschen Arbeitskräften ist undurchführbar, da es sich meist um ungelernte Kräfte handelt.

---

[6] BA Berlin R 3901/20154: Arbeitslagebericht des Landesarbeitsamtes Rheinland für die Zeit vom 11. bis zum 17. Oktober 1939.
[7] Ebd.: Arbeitslagebericht des Landesarbeitsamtes Rheinland für die Zeit vom 20. bis zum 27. September 1939.
[8] Herbert, Fremdarbeiter, S. 257.

Es sind auch bereits beim Einsatz mit deutschen Arbeitern zusammen gute Arbeitsergebnisse erzielt worden, während beim geschlossenen Einsatz der Polen unter Tage die Erfahrungen schlecht sind."[9]

Nach dem Frankreichfeldzug im Sommer 1940 hofften die Ruhrzechen auf französische zivile Arbeiter, die sozusagen als Ideal-Ersatz für verlorene deutsche Arbeiter galten. Am 20. Juni 1940 befahl Göring als Beauftragter für den Vierjahresplan dem Reichskohlenkommissar, *„die beschleunigte Vermittlung der ausländischen Arbeitskräfte aus Belgien und Nordfrankreich zum Ruhrbergbau sofort in die Wege zu leiten."* Am folgenden Tag teilte Walter dem Gauleiter Meyer die weitere Anordnung Görings mit, *„dass die ausländischen Arbeitskräfte wohl in Lagern unterzubringen sind, sonst aber wie die deutschen Arbeitskräfte zu entlohnen und zu behandeln seien"*; abgesehen von der lagermäßigen Unterbringung sollten sie keinen *„Beschränkungen irgendwelcher Art"* unterworfen sein, *„da sonst die Gefahr besteht, dass die Arbeitskräfte nicht freiwillig bereit sind, im deutschen Bergbau Arbeit aufzunehmen"*.[10] Im Juli und August 1940 wurden für den Ruhrbergbau außerdem rund 5 000 Arbeiter aus Italien angeworben, mit denen man Halbjahresverträge abschloß. Ende März 1941 sollten weitere 4 000 Italiener kommen, später, nach der Fertigstellung weiterer Barackenlager, noch einmal 6 000. Als die meisten der 1940 angelegten 5 000 Italiener nach dem halben Jahr abkehren wollten, wurden sie dringend gebeten, zu bleiben, aber man konnte sie wohl nicht aufhalten.[11] Der Gruppe Hamborn der Gelsenkirchener Bergwerks-AG gelang es immerhin, 58 Prozent der im Geschäftsjahr 1940/41 angeworbenen 291 Italiener zum Bleiben zu bewegen.[12] Sowohl die Westarbeiter als auch die Italiener, die 1940 und 1941 zum deutschen Bergbau kamen, waren keine Zwangsarbeiter. Im August 1940 begann der Einsatz von französischen und belgischen Kriegsgefangenen im Bergbau, der sich aber in engen Grenzen hielt.

Im September 1940 arbeiteten bei der Gruppe Hamborn der Gelsenkirchener Bergwerks-AG (GBAG), dem größten Bergbauunternehmen in Duisburg, 609 zivile Ausländer, und zwar 235 Jugoslawen, 142 Polen, 54 Ungarn, 42 Italiener, 29 Belgier und 97 sonstige Ausländer.[13] Vor dem 25. November 1940 bekam die

---

[9] BBA 13/1760: Reichskohlenkommissar Paul Walter an Gauleiter Dr. Alfred Meyer, 29. Mai 1940.

[10] HSTAD RW 37-23: Reichskohlenkommissar Paul Walter an Gauleiter Dr. Alfred Meyer, 21. Juni 1940; zu der Entwicklung allgemein: Herbert, Fremdarbeiter, S. 104f.

[11] BBA 13/3028: Rundschreiben Nr. 45/1941 an die Mitglieder vom 28. Januar 1941 betreffend die Heimfahrt der italienischen Arbeiter, mit Anlage 2: Bezirksgruppe Steinkohlenbergbau Ruhr der Wirtschaftsgruppe Bergbau an den Reichsarbeitsminister (z. H. Dr. Letsch), 14. Januar 1941; BBA 13/3029: Bezirksgruppe Steinkohlenbergbau Ruhr an die Bergwerksdirektoren, 27. März 1941.

[12] BBA 55/1316: Gelsenkirchener Bergwerks-AG, Betriebsbericht der Gruppe Hamborn für das Geschäftsjahr 1940/41, S. 62ff.

[13] BBA 55/1315: Gelsenkirchener Bergwerks-AG, Betriebsbericht der Gruppe Hamborn für das Geschäftsjahr 1939/40, S. 61.

GBAG-Gruppe Hamborn weitere zivile Arbeitskräfte aus Belgien, zu deren ersten Einsatzorten die Schachtanlage Beeckerwerth gehörte.[14] Wie die Tabelle 6 zeigt, hatte die Gruppe Hamborn stets die zweitniedrigste Ausländer-Quote der vier Gruppen der GBAG. Aber in den vier Jahren von September 1940 bis September 1944 hat sich die Zahl der Ausländer in der Gruppe Hamborn fast verzehnfacht, während sich die Zahl bei der gesamten GBAG nur etwas mehr als verachtfachte. Eine „Innenansicht" der Gruppe Hamborn (Tabelle 7) im selben Zeitraum läßt erkennen, daß die Gesamtzahl der Arbeiter zu-, die Zahl der deutschen Arbeiter jedoch erheblich abnahm, was die These stützt, der Bergbau habe „Klasse" durch „Masse" ersetzt - und ersetzen *müssen*. Der Anteil der Deutschen an der Arbeiterschaft sank von 95,5 auf 66,4 Prozent; dennoch lag diese Quote bei der Gruppe Hamborn im September 1943 noch über der Quote für den gesamten Ruhrbergbau (65,4 Prozent). Die Zahl der Westarbeiter, Italiener und sonstigen „Fremdarbeiter" außer den Ostarbeitern war, abgesehen von 1941, relativ gering, ebenso die Zahl der Ostarbeiter. Die ersten Zugänge an sowjetischen Kriegsgefangenen hingegen summierten sich schon in wenigen Monaten 1942 zu mehr als 1 100 Personen, und dieser „Bestand" verdreifachte sich beinahe im folgenden Geschäftsjahr 1942/43. Der Anteil der Ausländer an der „Gefolgschaft" wuchs erst im Geschäftsjahr 1941/42 auf über zehn Prozent. Dann jedoch bewirkte der starke Zustrom von sowjetischen Kriegsgefangenen ein schnelles Anwachsen des Ausländeranteils von 14,7 auf 33,6 Prozent in zwei Geschäftsjahren. Der Ausländeranteil beim gesamten Ruhrbergbau im September 1944 lag mit 34,6 Prozent nur unwesentlich über dem Anteil bei der GBAG-Gruppe Hamborn.

Die Zeche Neumühl bekam im Januar 1941 32 zivile Arbeiter aus Belgien, denen im April und Mai 162 Polen folgten, gelernte Bergleute aus dem ehemaligen polnischen Teil des oberschlesischen Kohlenreviers. Sie waren vielleicht noch „freie" Fremdarbeiter. Seit Juli 1941 arbeiteten auch Jugoslawen auf der Zeche Neumühl, die Zeitverträge für ein Jahr abgeschlossen hatten. Von Dezember 1941 bis September 1943 kamen in mehreren Transporten 436 polnische Arbeiter (jetzt wohl Zwangsarbeiter) nach Neumühl, von denen viele – wohl meist erfolgreiche – Fluchtversuche unternahmen; aufgrund dieser Erfahrungen wurde die Zuweisung polnischer Zwangsarbeiter an den Bergbau im September 1943 eingestellt.[15] Im Sommer 1941 hatte auch die Zeche Walsum polnische zivile Arbeiter aus Ost-Oberschlesien, die vermutlich bergbauerfahren waren. Von August bis Ende September 1941 wanderten rund 100 dieser Polen *„heimlich"* von der Zeche ab, um in die Heimat zurückzukehren. Als Grund dafür wurden Gerüchte angenommen, denen zufolge die Polen *„neuerdings in den* [ins

---

[14] BBA 55/1315 (wie Anm. 13), ferner HSTAD RW 37-23: Schreiben der GBAG (Gruppe Hamborn) an den Höheren SS- und Polizei-Führer West in Düsseldorf, 13. März 1941.

[15] Schwieren, Neumühl, S. 98f.

Tabelle 6: Beschäftigung von Ausländern bei der Gelsenkirchener Bergwerks-AG 1940-44[16]

Zahl der ausländischen Beschäftigten am

Gruppe	30.9. 1940	Anteil der Gruppe (%)	30.9. 1941	Anteil der Gruppe (%)	30.9. 1942	Anteil der Gruppe (%)	30.9. 1943	Anteil der Gruppe (%)	30.9. 1944	Anteil der Gruppe (%)
Dortmund	1522	39,9	2334	36,7	5050	39,8	10409	40,5	13091	41,2
Bochum	50	1,3	178	2,8	718	5,7	1865	7,3	2920	9,2
Gelsenkirchen	1691	44,4	2825	44,4	4808	37,9	9180	35,7	10503	33,0
Hamborn	547	14,4	1021	16,1	2104	16,6	4230	16,5	5283	16,6
GBAG gesamt[a)]	3810	100	6358	100	12680	100	25684	100	31797	100

a) Ohne die Hauptverwaltung in Essen

---

[16] Nach BBA 55/595 u. 55/596: Gelsenkirchener Bergwerks-AG, Berichte über die Geschäftsjahre 1943/44 (S. 27-30) u. 1944/45 (S. 33-37); ferner 55/608: Gelsenkirchener Bergwerks-AG, Niederschriften der 10.-13. Aufsichtsratssitzung mit Anlagen und Schriftwechsel, 1940-45 (S. 11); außerdem 55/1316, 55/1317 u. 55/1318: Gelsenkirchener Bergwerks-AG, Betriebsberichte für die Geschäftsjahre 1940/41 (S. 62ff. u. 103), 1941/42 (S. 40ff. u. 91) u. 1942/43 (S. 44-46 u. 107).

Tabelle 7: Beschäftigte (nur Arbeiter) der Gruppe Hamborn der Gelsenkirchener Bergwerks-AG 1940-1944[17]

Zeitstand[a)]	Beschäft. insgesamt	Deutsche arbeiter	% v. Sp. 1	Ziv. Ausländer ohne Ost-	% v. Sp. 1	Ostarbeiter	% v. Sp. 1	Sowjet. Kriegsgefangene	% v. Sp. 1	Ausländer gesamt	% v. Sp. 1
	1	2	3	4	5	6	7	8	9	10	11
Sept. 1940	13 609	13 000	95,5	609	4,5	-	-	-	-	609	4,5
Sept. 1941	13 456	12 434	92,4	1022	7,6	-	-	-	-	1022	7,6
Sept. 1942	14 311	12 207	85,3	868	6,1	63	0,4	1173	8,2	2104	14,7
Sept. 1943	15 867	11 637	73,3	639	4,1	256	1,6	3335	21,0	4230	26,7
Sept. 1944	15 717	10 434	66,4	n. z. e.		n. z. e.		n. z. e.		5283	33,6

n. z. e.: nicht zu ermitteln
a) Jeweils Monatsende

---

[17] Nach BBA 55/595, 55/596 u. 55/597: Gelsenkirchener Bergwerks-AG, Berichte über die Geschäftsjahre 1942/43 (S. 18-21), 1943/44 (S. 27-30) u. 1944/45 (S. 33-37); ferner 55/1316, 55/1317 u. 55/1318: Gelsenkirchener Bergwerks-AG, Betriebsberichte für die Geschäftsjahre 1940/41 (S. 62ff. u. 103), 1941/42 (S. 40ff. u. 91) u. 1942/43 (S. 44-46 u. 107); außerdem 55/1319 u. 55/1320: Zahlenberichte zu den Betriebsberichten für 1943/44 und 1944/45.

Deutsche Reich] *eingegliederten Ostgebieten"* (darunter Ost-Oberschlesien) respektive im Generalgouvernement bleiben konnten.[18]

Im Großen und Ganzen waren die Leiter der Zechen an Rhein und Ruhr im Sommer 1941 mit der Leistung der „Ausländer" unzufrieden und – noch – nicht bereit, den massenhaften Ausländer-Einsatz als Dauerlösung für die Kriegszeit zu akzeptieren.[19] Der Bergbau rechnete seit dem erfolgreichen Frankreich-Feldzug im Frühsommer 1940 und dem Abschluß der Operationen auf dem Balkan 1941 lange mit der Rückkehr der rund 80 000 (Ruhrbergbau: 25 000) eingezogenen Bergleute aus dem Kriegsdienst. Nach dem Beginn des Krieges gegen die Sowjetunion im Juli 1941 zeigte sich jedoch, daß diese Hoffnung illusorisch war, weil die Wehrmacht nicht einmal einen Teil dieser Soldaten freigeben konnte. Aufgrund dieser Erkenntnis regte im September der Reichsarbeitsminister bei Göring an, im ukrainischen Erzbergaugebiet von Kriwoj Rog zivile Bergarbeiter für den deutschen Bergbau anzuwerben, da dort viele Bergleute arbeitslos seien. Der Leiter der Reichsvereinigung Kohle und Nachfolger des Reichskohlenkommissars Walter, Paul Pleiger, unterstützte diesen Vorschlag und erhielt im November die Genehmigung, zehn- bis zwölftausend ukrainische Bergleute in den Ruhrbergbau zu überführen; sie sollten als Schlepper und Hilfsarbeiter verwendet werden. Von Ende Dezember 1941 bis August 1942 wurden jedoch nur 800 zivile Ukrainer im Ruhrbergbau angelegt, mit denen man freilich gute Erfahrungen machte. Wie bereits im Kapitel 1 ausgeführt, drängte der Arbeitskräftemangel die Verantwortlichen im Frühjahr 1942 zu der Entscheidung, in großem Umfang sowjetische Kriegsgefangene einzusetzen. Das Oberbergamt Dortmund meldete im Bericht für Juli 1942 an die Bergbauabteilung des Reichswirtschaftsministeriums, daß 8 000 sowjetische Kriegsgefangene von den Ruhrzechen angelegt worden seien.[20]

---

[18] HSTAD RW 36-10, fol. 189f.; Die GESTAPO-Leitstelle Düsseldorf an das Reichssicherheitshauptamt, 30. Oktober 1941

[19] Dieser Standpunkt wurde von Generaldirektor Ernst Buskühl von der Harpener Bergbau AG, dem Vorsitzenden der Bezirksgruppe Steinkohlenbergbau Ruhr der Wirtschaftsgruppe Bergbau, auf der „Besprechung in Reichsverteidigungsangelegenheiten" am 25. August 1941 im Landeshaus in Münster formuliert (Protokoll der Besprechung in HSTAD RW 37-13, fol. 31-36, hier: fol. 34f.).

[20] BA Berlin R 3101/30459, fol. 88: Monatsbericht des Oberbergamtes Dortmund an die Bergbauabteilung des Reichswirtschaftsministeriums für Juli 1942, S. 6.

Im Juli 1942 erhielten als erste Zechen im Bergrevier (seit 1943 Bergamtsbezirk) Duisburg[21] die Schachtanlagen Diergardt I (90) und Wilhelmine Mevissen I/II (230) sowjetische Kriegsgefangene zugewiesen; im August wurden auf den GBAG-Schachtanlagen Friedrich Thyssen 2/5 und 4/8 in Hamborn insgesamt 542 sowjetische Kriegsgefangene angenommen.[22] Die Zeche Neumühl bekam im September und Oktober 1942 erstmals 187 sowjetische Kriegsgefangene.[23] Die Zeche Walsum, die wohl schon im Herbst 1941 Ostarbeiter beschäftigt hatte, verfügte im September 1942 über 331 sowjetische Kriegsgefangene und 238 zivile Ausländer verschiedener Nationalität, darunter 24 Frauen; die Männer arbeiteten größtenteils unter Tage, die Frauen als Putzfrauen oder am Leseband.

Ende Februar 1942 waren im Ruhrbergbau knapp 3000 sowjetische Kriegsgefangene und 1211 Ostarbeiter eingesetzt. Weitere große Zugänge an Ostarbeitern in den folgenden Wochen ließen deren Zahl bis Mai 1942 auf 11 700 steigen, während sich die Zahl der sowjetischen Kriegsgefangenen nur auf 3 700 erhöhte. Im September 1942 hatte der Ruhrbergbau 37 067 Ostarbeiter und Kriegsgefangene.[24] Nachdem Ende 1942 der gesamte Geburtsjahrgang 1922 zur Wehrmacht einberufen, zugleich aber dem Bergbau abermals eine Steigerung der Förderung abverlangt worden war, mußten 1943 wiederum ausländische Arbeitskräfte, insbesondere Kriegsgefangene, in großen Zahlen angelegt werden. Der Grubenvorstand der Zeche Neumühl veranschlagte im Februar 1943 den zusätzlichen Bedarf auf 500 Mann und rechnete mit der Zuweisung von Kriegsgefangenen.[25] Zu diesem Zeitpunkt kann auch für die zivilen ausländischen Arbeiter im Bergbau nur noch von Zwangsarbeit gesprochen werden. Der Bergbau war der bei den verschleppten Ausländern am wenigsten beliebte Einsatzbereich der ganzen deutschen Wirtschaft, woraus sich die besonders hohe Zahl von Fluchten erklärt; Ende 1943 wurden sie zu einer Massenerscheinung. Der hauptsächliche

---

[21] Die Steinkohlenzechen auf dem heutigen Duisburger Gebiet gehörten zu drei verschiedenen Bergrevieren (seit 1943: Bergämtern). Zum Bergamtsbezirk Duisburg (Bergrevier Duisburg) gehörten die Schachtanlagen der Gruppe Hamborn der Gelsenkirchener Bergwerks-AG in Hamborn und Beeck (Friedrich Thyssen 2/5 und 4/8, Beeckerwerth und Westende) mit drei Kokereien (Friedrich Thyssen 3/7, 4/8 und Westende), die Stinnes-Zechen Diergardt und Wilhelmine Mevissen in Rheinhausen mit zusammen drei fördernden Schachtanlagen sowie die Zeche Alstaden in Oberhausen. Zum Bergrevier (Bergamtsbezirk) Dinslaken-Oberhausen mit Sitz in Dinslaken gehörten die Zeche Neumühl in Hamborn, Eigentum der Familie Haniel, sowie die Zeche Walsum, Eigentum der Thyssensche Gas- und Wasserwerke GmbH (in der Unternehmensgruppe Thyssen-Bornemisza), mit je einer fördernden Doppelschachtanlage. Die große Haniel-Zeche Rheinpreußen mit vier fördernden Schächten in Moers gehörte zum Bergrevier (Bergamtsbezirk) Krefeld.

[22] HSTAD BR 1136-255: Statistik des Bergamtes Duisburg, „Belegschafts- und Angestelltenwechsel 1934-1943".

[23] Schwieren, Neumühl, S. 100.

[24] BA Berlin R 3101/30459, fol. 51: Monatsbericht des Oberbergamtes Dortmund an die Bergbauabteilung des Reichswirtschaftsministeriums für Februar 1942, S. 6, sowie R 3101/30470, fol. 408: Monatsbericht für November 1942, S. 3.

[25] BBA 11/363, fol. 20f.: Protokoll der Grubenvorstandssitzung der Gewerkschaft Neumühl am 26. Februar 1943; ferner Schwieren, Neumühl, S. 105.

Grund für die Fluchten waren die Schwere der Arbeit unter Tage bei mangelhafter Ernährung und die trotz Verbotes oft vorkommenden Mißhandlungen der sowjetischen Kriegsgefangenen wie der zivilen sowjetischen Arbeiter. Immer wieder mußten tausende neuer Arbeiter aus der Sowjetunion in die Ruhrzechen geschafft werden, und deren Arbeitskräftebedarf *„blieb ein Faß ohne Boden, obwohl durch den Masseneinsatz der Russen gerade die Stabilisierung der ausländischen Belegschaften erreicht werden sollte"* (Ulrich Herbert).[26] Im Dezember 1943 waren fast 38 Prozent der im Ruhrbergbau tätigen Arbeiter Ausländer (ein Jahr zuvor: 23 Prozent), drei Viertel davon Kriegsgefangene und Ostarbeiter.[27] Im September 1944 schließlich betrug die Quote der Kriegsgefangenen an der Gesamtbelegschaft des Ruhrbergbaues 23,8 Prozent und die Quote der Ostarbeiter 8,1 Prozent.[28] Die Tabelle S. 92 kann diese Entwicklung verdeutlichen.

Nach Stalingrad konnte die weitgehende Schonung der deutschen Belegschaften im Steinkohlenbergbau nicht mehr aufrecht erhalten werden, wenngleich hier immer noch andere Maßstäbe angelegt wurden als bei den übrigen Industriebranchen. Waren 1942 nur 7,9 Prozent der deutschen Arbeiter im Bergbau bei der Wehrmacht (bei der gesamten Industrie: 28,4 Prozent), betrug diese Quote 1943 schon 13,9 Prozent (gesamte Industrie: 35,1) und stieg 1944 auf 20,2 Prozent (gesamte Industrie: 39,9).[30] Von Anfang August bis Mitte Oktober 1943 verringerte sich die Zahl der deutschen Belegschaftsmitglieder im Bereich der Bezirksgruppe Ruhr der Wirtschaftsgruppe Bergbau um rund 5 000 Mann, weitgehend Untertagearbeiter. Den Ersatz konnten nur noch ausländische Zwangsarbeiter stellen. Wegen der *„schlechten Erfahrungen"*, die man mit Westarbeitern und Italienern gemacht hatte, besonders aber auch wegen der allmählichen Erschöpfung der personellen Ressourcen in Westeuropa – die französischen, belgischen und niederländischen Zechen, die ja ebenfalls für die deutsche Kriegswirtschaft förderten, verfügten nur noch über das zur Betriebsfähigkeit unbedingt notwendige Minimum an Arbeitskräften – blieb nur der Ausweg, in größtem Umfang Kriegsgefangene, weit überwiegend sowjetische, in die deutschen Bergwerke zu schaffen. Die seit September 1943 verfügbaren italienischen Militärinternierten waren als Arbeitskräfte willkommen, wurden als Menschen jedoch kaum besser behandelt als die sowjetischen Kriegsgefangenen. Wie der Rüstungsobmann im Wehrkreis VI b am 5. November 1943 an das Rüstungslieferungsamt im Reichsministerium für Rüstung und Kriegsproduktion schrieb, hatte die Gesamtbelegschaft des Ruhrbergbaues von August bis Mitte Oktober von rund 378 000 auf rund 404 000 Mann erhöht werden können, und zwar durch *„erhebliche Neuzuweisungen an ausländischen Arbeitskräften, hauptsächlich*

---

[26] Herbert, Fremdarbeiter, S. 264f.
[27] Ebd., S. 256 (Tab. 32).
[28] BA Berlin R 3101/30459, fol. 231: Monatsbericht des Oberbergamtes Dortmund an die Bergbauabteilung des Reichswirtschaftsministeriums für September 1944, S. 6f.
[30] Herbert, Fremdarbeiter, S. 257 (Tab. 34).

Tabelle 8: Belegschaftsentwicklung im Ruhrbergbau 1942-1944[29]

Zeitstand	Beschäftigte insgesamt	Deutsche	%	West- arbeiter u. a. ziv. Ausländer	%	Kriegs- gefangene	%	Ost- arbeiter	%
Dez. 1942	372874	287172	77,0	20115	5,4	43783	11,7	21804	5,8
März 1943	370995	267606	72,1	32081	8,6	48498	13,0	22810	6,2
Juni 1943	375028	264468	70,5	32352	8,6	47940	12,8	30268	8,1
Sept. 1943	397682	260090	65,4	29683	7,5	76024	19,1	31885	8,0
Dez. 1943	399932	248954	62,2	38344	9,6	82318	20,6	30316	7,6
Feb. 1944	390842	242272	62,0	37146	9,5	81677	20,9	29747	7,6
Juni 1944	385398	265284				91462	23,7	28652	7,4
Sept. 1944	394079	268351				93877	23,8	31851	8,1

[29] Nach den Angaben bei Herbert, Fremdarbeiter, S. 256 (Tab. 32) sowie nach BA Berlin R 3101/30459: Monatsberichte des Oberbergamtes Dortmund an die Bergbauabteilung des Reichswirtschaftsministeriums für Juni (fol. 213f.) und für September 1944 (fol. 231); Additionen und Quotenberechnung durch den Verf. – In den Zahlen der Kriegsgefangenen für Juni und September 1944 sind die Italienischen Militärinternierten enthalten (Juni: 80092 Kriegsgefangene und 11370 Militärinternierte), die im September jedoch tatsächlich bereits in den Zivilistenstatus überführt worden waren.

Kriegsgefangenen und neuerdings militärinternierten Italienern", wodurch eine starke Verschiebung im Verhältnis von in- und ausländischen Arbeitern eingetreten sei.[31] Im Bereich des Bergamtes Duisburg nahm von April bis November die Gesamtzahl der Arbeiter um 790 ab, während der Anteil der Kriegsgefangenen – weit überwiegend aus der Sowjetunion – von 18 auf 31 Prozent anwuchs und sich die Zahl der Ostarbeiter verdreifachte.

Tabelle 9: Kriegsgefangene und Ostarbeiter im Bereich des Bergamtes Duisburg von April bis November 1943[32]

Zeitstand	Arbeiter gesamt	Kriegsgefangene				Ostarbeiter			
		u. T.	ü. T.	gesamt	%	u. T.	ü. T.	gesamt (darunter Frauen)	%
April	15227	2298	464	2762	18,1	185	75	260 (5)	1,7
Mai	15144	2135	571	2706	17,9	218	137	355 (5)	2,3
Juni	15044	2080	538	2618	17,4	450	212	662 (5)	4,4
Juli	14960	2465	731	3196	21,4	564	206	770 (k. A.)	5,1
Aug.	14851	2712	934	3646	24,5	640	208	848 (6)	5,7
Sept.	14652	3226	1084	4310	29,4	585	227	812 (6)	5,5
Okt.	14498	3208	1244	4452	30,7	557	234	791 (6)	5,5
Nov.	14437	3282	1198	4480	31,0	559	227	786 (7)	5,4

Die Zeche Walsum hat nach einer nicht vorbehaltlos vertrauenswürdigen Quelle während des ganzen Krieges 4591 Ausländer beschäftigt, und zwar 1758 sowjetische Kriegsgefangene, 323 belgische Kriegsgefangene, 867 Ostarbeiter, 603 zivile Belgier, 533 Polen, 175 Kroaten, 77 Ungarn, 63 Italiener, 60 Niederländer, 52 Serben, 48 Tschechen und Slowaken, 15 Franzosen und 17 weitere, „nichtfeindliche" Ausländer.[33] Mindestens 269 dieser Menschen, darunter die Kroaten und Ungarn, waren freiwillig gekommen, was auch für die zusammen

---

[31] HSTAD RW 13-7: Monatsbericht für Oktober 1943 des Rüstungsobmanns im Wehrkreis VI b, Generaldirektor Hans Reuter, an das Rüstungslieferungsamt im Rüstungsministerium, 5. November 1943.
[32] Nach den Angaben in HSTAD BR 1136-190.
[33] Archiv des Heimatvereins Walsum: Akte „Zweiter Weltkrieg". Bei der Quelle handelt es sich um die Kopie einer nach Kriegsende angefertigten Zusammenstellung der in den Kriegsjahren bei der Zeche beschäftigten Ausländer nach Nationalitäten (Kriegsgefangene und zivile Arbeiter gesondert), wobei zu jeder Nationalität die Zahl der Verstorbenen nach Todesursachen angegeben ist. Die genauen Zahlen lassen vermuten, daß die Aufstellung auf Unterlagen der Personalabteilung der Zeche basiert, jedoch ist die Provenienz ebensowenig erkennbar wie der Autor und der Zweck (respektive Adressat) der Aufstellung.

mit den Tschechen ausgewiesenen Slowaken und wahrscheinlich für die Italiener gelten muß, die wohl nicht als Militärinternierte anzusprechen sind. Die Gesamtzahl von fast 4 600 Ausländern scheint sehr hoch, auch wenn man eine außergewöhnlich hohe Fluktuation und „Ersatzbeschaffung" in einem Umfang von bis zu 50 Prozent dieser Zahl annimmt. Denn die junge Zeche, die erst 1936 die regelmäßige Förderung aufgenommen hatte, gehörte mit einer Belegschaft von 1 412 Personen und einer Förderung von 570 000 Tonnen Kohle im Jahre 1940 noch nicht zu den großen Bergwerken im Ruhrgebiet, in deren Klasse sie erst in den fünfziger Jahren aufstieg.[34] Von der für den Endausbau geplanten Tagesförderung von 10 000 Tonnen war Walsum mit 2 000 Tagestonnen 1941 noch weit entfernt. Die hohe Ausländerzahl bei der Zeche resultierte wahrscheinlich aus dem relativ kleinen Umfang der deutschen Stammbelegschaft und der kriegswirtschaftlichen Zielsetzung einer bedeutenden Fördersteigerung, die nur durch ein schnelles „Aufpumpen" der Belegschaft mit Ausländern zu erreichen war. Die Kohlevorkommen der verkehrsgünstig mit eigenem Hafen am Rhein gelegenen Zeche Walsum galten als wichtigste kurzfristig mobilisierbare Steinkohlenreserve im ganzen Deutschen Reich.[35]

Die Zeche Neumühl erhielt 1944 noch einmal 375 sowjetische Kriegsgefangene; ein letztes Kontingent kam noch im Februar 1945, wobei es sich um Leute der GBAG-Schachtanlage Lohberg in Dinslaken handelte, die angesichts des Vorstoßes der amerikanischen Truppen von Nordwesten her in eine Zeche gebracht werden sollten, in der sie noch einige Tage länger zum Nutzen der deutschen Kriegswirtschaft arbeiten konnten. Im Januar 1945 kamen außerdem 27 niederländische Bergarbeiter von der Zeche Mauritz nach Neumühl, die im Saal der Gastwirtschaft Heiden an der Lehrerstraße (damals Kleibauerstraße) einquartiert wurden. 176 Ostarbeiter aus den seit September 1944 evakuierten Zechen des Saargebietes verstärkten ebenfalls die Neumühler Belegschaft.[36]

Das Jahr 1944 brachte dem Bergbau eine weitere, erhebliche Abnahme der deutschen Stammbelegschaft. Im Bergamtsbezirk Duisburg ging der Anteil der Deutschen an der Arbeiterbelegschaft von 75,4 auf 63,3 Prozent zurück. Der „Absturz" von April (24 557 Arbeiter) auf Mai (18 714) hat wohl mit den immensen Einberufungen zum Kriegsdienst nach den starken Verlusten der Wehrmacht an der Ostfront zu tun. Hierdurch wurde die Aufstockung der deutschen Zechenbelegschaften nur wenige Monate zuvor (Januar 1944) wieder rückgängig gemacht. Bei den Westarbeitern des Bergamtsbezirks Duisburg zeigt der Sprung von August auf September 1944 die Statusänderung der italienischen Militärin-

---

[34] Joachim Huske, Die Steinkohlenzechen im Ruhrrevier, Bochum (Selbstverlag Deutsches Bergbau-Museum) 1987, S. 953f.
[35] BA Berlin R 10 VIII/20, fol. 11-18: Dr. Heinz H. F. Kurz an Reichsminister Dr. Fritz Todt, 26. November 1941 (zu Walsum: fol. 12f.); ebd. fol. 9f.: Stellungnahme eines unbekannten Autors zu dem Schreiben von Kurz an Todt, 7. Februar 1942.
[36] Schwieren, Neumühl, S. 100 u. 106ff.

Tabelle 10: Belegschaftsentwicklung (nur Arbeiter) im Bereich des Bergamtes Duisburg 1944[37]

Stand	Arbeiter gesamt	Deutsche	Sp. 2 in % von Sp. 1	West-arbeiter	Ost-arbeiter	Zivile ausländ. Arbeiter gesamt	Sp. 6 in % von Sp. 1	Ital. Mil. Intern.[a]	Sonstige Kriegs-gef.	Kriegs-gef. gesamt	Sp. 10 in % von Sp. 1
	1	2	3	4	5	6	7	8	9	10	
1943											
Dez.	19 539	13 136	67,23	850	779	1629	8,34	284	4490	4774	24,43
1944											
Jan.	25 587	19 286	75,37	842	766	1608	6,28	280	4413	4693	18,34
Feb.	25 366	19 100	75,29	829	756	1585	6,25	269	4412	4681	18,45
März	25 179	18 981	75,38	813	753	1566	6,22	267	4365	4632	18,40
April	24 557	18 673	76,03	787	745	1532	6,24	312	4040	4352	17,72
Mai	18 714	12 759	68,18	772	729	1501	8,00	479	3975	4454	23,80
Juni	18 869	12 706	67,34	779	709	1488	7,89	496	4179	4675	24,78
Juli	19 121	12 674	66,28	779	803	1582	8,27	704	4161	4865	25,44
Aug.	19 127	12 444	65,06	819	792	1611	8,42	711	4361	5072	26,52
Sept.	19 362	12 295	63,50	1443	789	2232	11,53	-	4835	4835	25,00
Okt.[b]											
Nov.	k. A.	7640	-	4584	k. A.	k. A.	-	k. A.		k. A.	
Dez.	18 160	11 495	63,3	1269	778	2047	11,27	-	4618	4618	25,43

a) Die Militärinternierten wurden am 1. September 1944 in den Zivilistenstatus überführt und sind in der Tabelle ab September 1944 bei den Westarbeitern aufgeführt.
b) Für Oktober 1944 liegen keine Angaben vor.

[37] Nach den Angaben in HStAD BR 1136-190.

ternierten an, die hauptsächlich in zwei großen Schüben (von April auf Mai und von Juni auf Juli) angelegt worden waren. Die erhebliche Zunahme des Anteils der Kriegsgefangenen von April bis August beruhte teilweise auf einem absoluten Zuwachs und teilweise auf dem Rückgang des Anteils der Deutschen.

Im August 1944 verfügte der gesamte Bergbau im Deutschen Reich über rund 1,29 Millionen Arbeitskräfte, wovon 433 790 Ausländer waren (196 782 zivile Arbeiter und 237 008 Kriegsgefangene); ihr Anteil an der Gesamtheit der Beschäftigten betrug 33,7 Prozent. Dies war nach dem Ausländeranteil der Landwirtschaft (46,4 Prozent) und vor dem Anteil der Bauwirtschaft (32,2 Prozent) die zweithöchste Quote aller Wirtschaftsbereiche.[38] Im Juli 1944 belief sich die Zahl der Arbeiter im Ruhrbergbau nur noch auf 385 511 (davon 121 404 Kriegsgefangene und Ostarbeiter). Am 1. Oktober 1944 zählte der Ruhrbergbau rund 226 000 inländische und 164 000 ausländische Arbeitskräfte, mithin insgesamt 390 000 „Gefolgschaftsmitglieder", von denen freilich 42 000 für Schanzarbeiten an der Westgrenze des Reiches abgegeben worden waren. Die Produktivität des Ruhrbergbaues hatte seit ihrem absoluten Höchststand 1939 erheblich nachgelassen, wozu neben der Reduzierung der Stammbelegschaften auch die Auswirkungen der Luftangriffe und -alarme auf die Physis der Beschäftigten (Ermüdung und Erschöpfung) beigetragen hatten. Von August 1944 an sank die Förderung infolge von häufigeren Luftangriffen und Feierschichten erheblich. Im Oktober befand sich der Ruhrbergbau materiell und personell in einer desolaten Verfassung; so verfügte er statt der rd. 24 000 Bahnwaggons, die normalerweise eingesetzt wurden, nur noch über rd. 8 000 Waggons.[39] Dabei wurde dem Ruhrbergbau zur gleichen Zeit die Aufgabe zugedacht, die Leistung des oberschlesischen Reviers mit zu übernehmen, wenn dieses verloren ging, was Ende Januar 1945 eintrat.

Die *Einsatzpraxis* bei den sowjetischen Kriegsgefangenen und Ostarbeitern im Bergbau entwickelte sich in zwei Phasen. In der kürzeren ersten Phase der „Russen"-Beschäftigung, vom Frühjahr 1942 bis zum Jahresende, gab es in der Regel deutsch-russische Gruppen mit einheitlichem Gedinge (Leistungslohn), die meist aus einem aufsichtführenden Deutschen und drei bis fünf „Russen" bestanden. Die Arbeitskräfte aus der Sowjetunion arbeiteten als Schlepper, Zuträger und Hilfsarbeiter; die höherwertigen Arbeiten blieben den Deutschen, die sich somit erheblich entlasten konnten. Es zeigte sich jedoch bald, daß durch dieses System nicht die Förderleistungen erzielt wurden, die man anstrebte, und daß es effektiver war, wenn die „Russen" bei der Arbeit unter sich blieben. Seit Ende

---

[38] Herbert, Fremdarbeiter, S. 314 (Tab. 41).
[39] Juli 1944: HSTAD RW 13-15: Monatsbericht für August 1944 des Rüstungsobmanns im Wehrkreis VI b, Generaldirektor Hans Reuter, an das Rüstungslieferungsamt im Reichsministerium, 8. September 1944; Oktober 1944: BA Berlin R 3/466: Vermerk von Dr. Schütte (im Planungsamt des Rüstungsministeriums) vom 10. Januar 1945.

1942 oder Anfang 1943 wurden daher reine „Russenstrebe" eingeführt, und die neu angelegten Kriegsgefangenen und Ostarbeiter kamen nur noch zur Anlernung in gemischte deutsch-russische Gedinge.[40] Die Ernährungskrise in der ersten Jahreshälfte 1942 führte bei den Ostarbeitern und sowjetischen Kriegsgefangenen zu einem erheblichen Nachlassen der Arbeitsleistung, bis hin zu völliger Arbeitsunfähigkeit. Das Oberbergamt Dortmund wies von Februar bis August in fast jedem seiner Monatsberichte an das Reichswirtschaftsministerium darauf hin, daß die Ostarbeiter und Kriegsgefangenen bei der schweren Arbeit unter Tage mit den für sie vorgesehenen Rationen nicht auskamen und vor allem durch Fettmangel physisch verelendeten.[41] Erst im Oktober konnten die Rationen für die sowjetischen Arbeitskräfte erhöht und die Unterernährung bekämpft werden (Kapitel 5).

Aufgrund einer Verfügung Pleigers vom 25. August 1942 wurden bei den Bergwerksverwaltungen *Arbeitskreise für Leistungssteigerung* gebildet, die sich neben vielen, überwiegend technischen Aspekten auch mit dem Ausländer-Einsatz befaßten. Die Reichsvereinigung Kohle bildete ebenfalls einen Ausschuß für die Leistungssteigerung, der aber anscheinend nur auf dem Papier bestand und durch regionale Unterausschüsse vertreten wurde; dem regionalen Arbeitsausschuß für die westdeutschen Steinkohlenreviere (Ruhr, Saar und Aachen) gehörten von den Zechenleitern des Duisburger Raumes die Generaldirektoren Bergassessor a. D. Heinrich Kost (Gewerkschaften Rheinpreußen und Neumühl) als Vorsitzender und Dr.-Ing. Wilhelm Roelen (Gewerkschaft Walsum) an. Die Ausschüsse erörterten unter anderem die Erfahrungen, die mit sowjetischen Kriegsgefangenen gemacht worden waren. Im November 1942 berichtete Generaldirektor Kost, ein intellektuell über den Durchschnitt herausragender Vertreter seines Standes und Gegner des Nationalsozialismus,[42] der Bezirksgruppe Steinkohlenbergbau Ruhr der Wirtschaftsgruppe Bergbau schriftlich über den Einsatz der Kriegsgefangenen in seinem Bergwerk, wo nach ersten schlechten Erfahrungen ein intelligenteres Verfahren zu Erfolgen geführt hatte:

„Die ersten russischen Gefangenen wurden sofort mit Schwerstarbeit beschäftigt, ohne Rücksicht auf ihren körperlichen und seelischen Zustand. Der Russe wurde als Hilfskraft des deutschen Arbeiters behandelt, ohne selbständig an der Leistung interessiert zu werden. Es hat sich gezeigt, daß erst bei individueller

---

[40] Herbert, Fremdarbeiter, S. 263 u. 328.
[41] Monatsberichte für Februar (S. 6f.), März (S. 9f.), April (S. 13), Juli (S. 8f.) und August 1942 (S. 7), in: BA Berlin R 3101/30459 und R 3101/30470.
[42] Bergassessor a. D. Heinrich Kost (1890-1978) war seit 1932 Generaldirektor der Gewerkschaft Rheinpreußen, mit der seit Anfang 1933 die Führung der Gewerkschaft Neumühl in Personalunion verbunden war. Als Gegner des Regimes - trotz Mitgliedschaft in der NSDAP (seit November 1934) - wurde er ständig von der GESTAPO beobachtet (HSTAD NW 1035-1120: Entnazifizierungsakte). Die westlichen Besatzungsmächte ernannten ihn 1947 zum Generaldirektor der Deutschen Kohlenbergbauleitung; bis 1964 war er Präsident der Wirtschaftsvereinigung Bergbau in der Bundesrepublik Deutschland.

Behandlung und bei Zuteilung einer Arbeit, welche persönliche Leistung und eigenes Handeln verlangt, das Interesse des Russen an der Arbeit wächst und merklich höhere Leistungen als bisher erzielt werden. Es hat sich ferner gezeigt, daß der Deutsche vielfach den Russen ausnutzt und antreibt, um sich selbst auf Kosten des Russen eine Arbeitserleichterung oder eine bequemere Arbeit zu verschaffen. Hierdurch wird ein erheblicher Teil des Russeneinsatzes hinfällig. Um durch den Russeneinsatz überhaupt eine Fördersteigerung erzielen zu können, ist Voraussetzung, daß die bisherige Leistung des Deutschen erhalten bleibt und die Arbeit des Russen eine zusätzliche Förderung erbringt. In mehreren Fällen konnte einwandfrei ein Nachlassen der deutschen Leistung auf Kosten der russischen Leistung festgestellt werden. Es wurde daher in jüngster Zeit dazu übergegangen, diesen Deutschen die zugeteilten Russen wieder abzunehmen und die bereits eingearbeiteten Russen zu selbständigen Gruppen von 6-7 Russen zusammenzuschließen, welchen ein Deutscher als Aufsichtshauer beigegeben wird. Diese Maßnahme hat sich sofort bewährt. Der Deutsche muß ohne Russen seine alte Leistung wieder erbringen, um seinen früheren Lohn erzielen zu können. Die Russengruppen, die derart selbständig eingesetzt werden, haben sich sofort an der Leistung interessiert gezeigt. Die Gesamtleistung der Gruppen liegt nach den bisherigen Erfahrungen von Anfang an etwa 5-10 % höher als die bisherige eingestufte Leistung des einzelnen Russen. Eine weitere Steigerung ist mit Sicherheit zu erwarten. Als deutsche Aufsichtshauer werden zuverlässige und gute Bergleute ausgewählt, welche z. Zt. nicht mehr vor Kohle arbeiten, beispielsweise wegen Abbauhammerkrankheit, sodaß hierdurch möglichst wenig Vollhauer vom Kohlenstoß abgezogen werden. Der Aufsichtshauer wird an der Leistung der Russen interessiert, soll aber wiederum auch nicht durch die Minderleistung der Russen schlechter gestellt werden. Versuchsweise wird ein Lohn für den Aufsichtshauer eingeführt, daß [sic] der Aufsichtshauer als Grundlohn den Hauerdurchschnittslohn seines Betriebspunktes und dazu einen Leistungszuschlag verdient, welcher nach der Leistung der ihm zugeteilten Russen im Verhältnis zu der entsprechenden Leistung der Vollhauer des betreffenden Betriebspunktes gestaffelt ist.

Einige Russen zeigen besonderes Verständnis und besonders gute Leistungen. Diese Russen sind bei Neuzuteilungen als Stammmannschaft für die neu zu bildenden Gruppen vorzusehen. Es ist zu erwarten, daß hierdurch die neuen Russen schneller und verständnisvoller angelernt werden, sodaß auch schneller eine hinreichende Leistung erzielt werden kann."[43]

Ähnlich urteilten auch die Verantwortlichen bei der Gewerkschaft Diergardt-Mevissen in Rheinhausen: „*Es wurde festgestellt, daß die Leistungen der russischen Kriegsgefangenen im allgemeinen zufriedenstellend sind. Wünschenswert*

---

[43] BBA 16/590: Generaldirektor Heinrich Kost an die Bezirksgruppe Steinkohlenbergbau Ruhr der Wirtschaftsgruppe Bergbau, 2. November 1942.

wäre, wenn mehr Tabak zur Verfügung stände [sic], um besonders gute Leistungen noch mehr als bisher zu belohnen. Seitens der Kriegsgefangenen werden immer wieder Bitten nach dieser Richtung hin vorgetragen".[44] Die positiven Erfahrungen mit sowjetischen Arbeitern, die überhaupt arbeitsfähig waren, ließen anfängliche negative Vorurteile über die „Russen" verschwinden, was man auch einem Bericht des Grubenvorstands der Zeche Neumühl aus 1942 entnehmen kann:

„Im Verlaufe des Jahres wurden in großem Umfange Ostarbeiter und sowjetische Kriegsgefangene eingesetzt. Die ursprünglich gehegten Bedenken wegen verstärkter Sabotagegefahr und schlechter Arbeitsdisziplin haben sich nicht bestätigt, vielmehr haben wir bei den Russen sowohl hinsichtlich Arbeitswilligkeit wie Regelmäßigkeit im Verfahren von Schichten von sämtlichen bisher beschäftigten Ausländern die besten Erfahrungen gemacht. Der Einsatz im Grubenbetrieb hat sich am zweckmäßigsten in Form von Gruppen zu 5-8 Russen unter Leitung eines deutschen Aufsichtshauers bewährt. Obwohl uns zum überwiegenden Teil ungelernte Kräfte zugewiesen sind, konnten nach wenigen Monaten Leistungen der Russengruppen von 60-80% der deutschen Vollhauerleistung erzielt werden. Die Russen wurden zunächst in geringer Anzahl in der zweiten Jahreshälfte [1942] eingesetzt. Durch Sonderaktionen der Bezirksgruppe Steinkohlenbergbau Ruhr zur Fördersteigerung wurden jedoch von September bis Dezember die Unterkünfte erheblich erweitert und zum Jahresende durch Umsetzung von Russen aus der Landwirtschaft in den Bergbau eine weitere Anzahl Russen zugeteilt. Im Zuge dieser Umsetzung wurden auch 300 Polen angelegt."[45]

Es gab indes auch andere Ansichten über die sowjetischen Kriegsgefangenen, die etwa in einem Lagebericht des Bergamtes Duisburg vom 9. August 1943 formuliert wurden:

„Die Leistungen der Ausländer sind nicht immer zufriedenstellend. Besonders wird über die mangelnde Leistung der französischen Kriegsgefangenen Klage geführt. Die Leistung der Russen beträgt im Durchschnitt 55-60% der Leistung der deutschen Arbeiter. Während ein Teil der Kriegsgefangenen sich sehr schnell eingearbeitet hat und die volle Leistung erbringt, wird daneben erheblich über die Faulheit der anderen geklagt. Da das Schlagen der Kriegsgefangenen verboten ist, haben die Zechen nur wenig Mittel, um die Leute zu einer besseren Leistung anzuhalten. Ich könnte mir vorstellen, daß eine Heraushebung der fleißigen und ordentlichen Kriegsgefangenen auch auf die übrigen Gefangenen anspornend wirkt."[46]

---

[44] BBA 16/587: Niederschrift über die 16. Sitzung des Arbeitskreises für Leistungssteigerung der Gewerkschaft Diergardt-Mevissen am 29. März 1944.
[45] Schwieren, Neumühl, S. 101.
[46] Zitiert nach Schwieren, Neumühl, S. 129.

Bis Ende 1942 lag die Produktivität sowohl der sowjetischen Kriegsgefangenen als auch der Ostarbeiter im Bergbau sehr niedrig; im folgenden Jahr erfüllten verschiedene Maßnahmen zur Leistungssteigerung im Großen und Ganzen ihren Zweck. Einer vermeintlichen „Arbeitsunlust" bei Ostarbeitern wurde durch Kürzungen der Verpflegungssätze und Tabakrationen begegnet, bei guten Leistungen gab es entsprechende Vergünstigungen. Seit Anfang 1943 erhöhte sich die Produktivität allmählich. Aber weil die Ernährung trotz allem in längeren Phasen nicht ausreichte und die brutale Behandlung der Kriegsgefangenen und Ostarbeiter durch Steiger und Vorarbeiter trotz wiederholter Abmahnungen seitens der Betriebsleitungen nicht abzustellen war, nahmen die Fluchten zu. Das statistisch ausgewiesene Ansteigen der Leistungen war auch darin begründet, daß absolut arbeitsunfähige, kranke und erschöpfte Kriegsgefangene in den Bergwerken zweimal wöchentlich ausgesondert und in die Stammlager abtransportiert wurden, wo man sie, wenn es noch nicht zu spät war, „aufpäppelte", oder wo sie anderenfalls starben. Allein im STALAG Hemer sind 23 470 sowjetische Kriegsgefangene bestattet worden.[47]

Die Kampagne zur Leistungssteigerung seit 1943 war nicht schlechthin erfolglos, aber von den Ergebnissen, die in der Metallindustrie erzielt worden waren, blieb die Produktivität des Bergbaues weit entfernt. Die Anlernmaßnahmen beschränkten sich – und das war intendiert – auf die Erlernung weniger Arbeitsvorgänge, insbesondere bei der Kohlengewinnung. Im Bergbau gab es einfach weniger Möglichkeiten zu „berufsrichtigem" Einsatz als in der Eisen- und Stahlindustrie oder gar im Maschinenbau; eine „qualifizierte Beschäftigung", die den Wert der Arbeitskraft des Zwangsarbeiters gesteigert und dadurch auch eine „bessere Behandlung" zur Folge gehabt hätte, war schwerer zu bekommen. Daher blieben die Leistungsmargen bei Kriegsgefangenen, teilweise auch bei Ostarbeitern, deutlich unter den in der Metallindustrie erreichten Margen. Im Bergbau blieb der Arbeitseinsatz der sowjetischen Kriegsgefangenen und der italienischen Militärinternierten letztlich *„extensiv und von menschenverachtender Brutalität"* (Ulrich Herbert) geprägt.[48]

Die mit dem Bergbau eng verbundene *Ferngaswirtschaft*, in Duisburg vertreten durch die Thyssensche Gas- und Wasserwerke GmbH (TGW) in Hamborn, hat ebenfalls zivile ausländische Arbeiter eingesetzt. Das Ferngaswerk von TGW an der Beecker Straße in Alt-Hamborn hatte eine deutsche Friedensbelegschaft von rund 1 000 Beschäftigten. Es ist nicht zu ermitteln, wann TGW die ersten ausländischen Arbeitskräfte einstellte; am wahrscheinlichsten ist das Jahr 1942. TGW richtete zwei Lager ein, zunächst eines für 100 Bewohner (70 Männer und 30 Frauen) auf dem Gelände des Ferngaswerkes, dann ein weiteres für 50

---

[47] Herbert, Fremdarbeiter, S. 260ff. u. 330.
[48] Ebd., S. 266 u. 330.

Bewohner in der Gastwirtschaft Kleine-Natrop an der Wolfstraße in Hamborn-Marxloh, die neben einer Werksbahnlinie lag, weshalb die dort untergebrachten Ausländer den weiten Weg zum Ferngaswerk vermutlich nicht zu Fuß zurücklegen mußten. Wenn die TGW tatsächlich, auch im letzten Kriegsjahr, nicht mehr als 150 ausländische Arbeitskräfte beschäftigt hat, dann gehörte sie zu den Unternehmen mit den niedrigsten Ausländerquoten von den hier behandelten Unternehmen.[49]

Der *Einsatz* ausländischer Arbeitskräfte in der anderen großen Industriebranche der *Stadt Montan*, der *Eisen- und Stahlindustrie*, soll am Beispiel des größten Duisburger Stahlunternehmens, der August Thyssen-Hütte AG (ATH) dargestellt werden, deren Gesamtbelegschaft (Arbeiter und Angestellte) 1939/40 aus rd. 21 600 Personen bestand.[50] In der ATH mit ihren fünf Betriebseinheiten, die am 1. Oktober 1940 knapp 10 Prozent und ein Jahr später 15,3 Prozent ihrer männlichen Belegschaft an die Wehrmacht verloren hatte, waren seit August oder September 1940 französische und belgische Kriegsgefangene und seit dem Frühherbst 1941 zivile, zunächst west-, dann auch südeuropäische Arbeiter beschäftigt.[51] Der Geschäftsbericht für das Jahr 1940/41 stellte fest, daß der *"Abgang durch Einberufungen [...] so gut wie möglich durch Frauen, Kriegsgefangene und ausländische Arbeiter"* ersetzt worden sei.[52] Zum 1. Oktober 1941 weisen die Quartalsberichte der ATH an den Vorstand der Vereinigte Stahlwerke AG in Düsseldorf erstmals 398 westeuropäische Zivilarbeiter aus, die im September gekommen sein dürften.[53] Am Abend des 6. Mai 1942 trafen 64 Frauen aus der Sowjetunion bei der ATH ein; sie waren die vermutlich ersten Ostarbeiterinnen des Unternehmens. Am 16. Mai kamen weitere sowjetische Frauen und – anscheinend erstmals – auch Männer zur ATH. Die erste Nachricht über einen konkreten Einsatz von Ostarbeiterinnen stammt vom 30. Mai 1942, als 15 *"russische"* Frauen im Preßwerk der Hütte Ruhrort-Meiderich beschäftigt waren.[54] Im September 1942 übernahm die ATH die ersten sowjetischen Kriegsgefangenen.

---

[49] Die Quellenlage zu TGW ist äußerst dürftig. Es gibt nur Belege für die beiden Lager: Weinmann (CCP), S. 414 und AVG/BUR.
[50] Zur August Thyssen-Hütte AG im Zweiten Weltkrieg allgemein: TKKA A/12615: Michael A. Kanther (Bearb.), Dokumentation *Ausländische Arbeitskräfte bei der August Thyssen-Hütte AG 1939-1945*, Duisburg (Thyssen AG) 1990 (im folgenden zitiert: Dokumentation Ausländische Arbeitskräfte 1939-45); Treue/Uebbing, Die Feuer verlöschen nie, S. 116-121; Uebbing, Wege und Wegmarken, S. 46ff.
[51] Zu den Einberufungen 1940 resp. 1941 und zu den Kriegsgefangenen 1940: Geschäftsbericht der ATH für 1939/40, S. 2, sowie Treue/Uebbing, Die Feuer verlöschen nie, S. 117f.
[52] TKKA: Geschäftsbericht der ATH für 1940/41, S. 3.
[53] TKKA A/8200 (Ostarbeiterlisten) und VSt/3758 (Statistische Quartalsberichte der ATH AG 1934/35-1943/44).
[54] TKKA A/9238: Vermerk der Hütte Ruhrort-Meiderich, Hauptwerkstatt, vom 30. Mai 1942.

Das größte der fünf Betriebseinheiten der ATH, zugleich das größte Hüttenwerk des Ruhrgebietes, war die eigentliche Thyssenhütte in Hamborn mit mehr als 11 000 Beschäftigten (1940). Für sie ist die Beschäftigung ziviler Fremdarbeiter erstmals für Ende Juli 1943 belegt,[55] jedoch darf ein erheblich früherer Einstellungszeitpunkt angenommen werden, denn es ist höchst unwahrscheinlich, daß die 998 Ostarbeiter und Ostarbeiterinnen, die zum genannten Zeitpunkt in dieser Hütte arbeiteten, erst kurz zuvor in einem einzigen Transport gekommen sind. Im Betrieb Hütte Ruhrort-Meiderich, der zweitgrößten Betriebseinheit, begann der Einsatz ziviler ausländischer Arbeitskräfte anscheinend im Sommer oder Frühherbst 1941 mit westeuropäischen Arbeitern, deren Zahl sich am 1. Oktober auf 398 belief.

Im Geschäftsjahr 1941/42 nahm die deutsche Belegschaft der ATH weiter ab. Am 1. Oktober 1941 standen 19 Prozent, am 1. Oktober 1942 26 Prozent der Stammbelegschaft im Felde.[56] Die Lücken in den Betrieben konnten nur zum Teil durch Kriegsgefangene, Ostarbeiter beiderlei Geschlechts und italienische Arbeiter gefüllt werden; ein vollständiger Ersatz für die an die Wehrmacht verlorenen Deutschen war nicht möglich. Im Mai und Juni 1942 erhielt die ATH in zwei Schüben 426 angeworbene Italiener. Im Juli, noch vor dem Eintreffen der ersten sowjetischen Kriegsgefangenen, wurden 359 Ostarbeiter in ihre Arbeitsplätze und Unterkünfte eingewiesen. Am 1. Oktober 1942 stellte die ATH weitere 148 männliche und 115 weibliche Arbeitskräfte aus der Sowjetunion (Ukrainer, Groß- und Weißrussen) ein.[57] Die Zahl der Kriegsgefangenen bei der ATH war für ein so großes Unternehmen bis zum Sommer 1942 relativ gering (sie blieb unter 1 000); hierbei ist jedoch zu bedenken, daß Kriegsgefangene in der ersten Kriegsphase vor allem für die Landwirtschaft und den Bergbau vorgesehen waren. Vom Herbst 1942 bis zum Herbst 1944 wurden, wie Tabelle 11 ausweist, große Kontingente von Kriegsgefangenen übernommen. Die Werte zeigen ein langsames Wachsen des „Bestandes" auf 982 Kriegsgefangene im Mai 1941, dem ein von Schwankungen geprägter Rückgang bis zum Sommer 1942 folgte. Seit dem Spätsommer oder Herbst 1942 nahm die Kriegsgefangenen-Belegschaft sprungartig zu, bis man im Januar 1943 über fast 2 400 Gefangene verfügte. Vom Frühjahr bis zum Herbst 1943 scheint die ATH in beträchtlichem Umfang Kriegsgefangene abgegeben zu haben, die in andere Wirtschaftsbereiche umgesetzt worden sein dürften; durch Todesfälle allein ist der Rückgang um rund 880 Leute (Januar - Oktober) nicht erklärbar. Im Winter 1943/44 stieg die Zahl der Kriegsgefangenen wieder, bis im September 1944 mit 2 820 Gefangenen wohl

---

[55] TKKA A/8200; Dokumentation ausländische Arbeitskräfte 1939-45, Tabelle 2.
[56] Treue/Uebbing, Die Feuer verlöschen nie, S. 117f.
[57] TKKA A/9238: Liste der „Namen der am 1.10.42 eingetroffenen Zivil-Russen" sowie „Liste [des Arbeitsamtes Duisburg - M. K.] über die am 1. Oktober 42 eingetroffenen Zivilrussen (Männer)" vom 7. Oktober; Geschäftsbericht der ATH für das Jahr 1941/42, S. 2; Dokumentation Ausländische Arbeitskräfte 1939-45, S. 6 und Tabelle 3.

der absolute Höchststand erreicht war. Man darf daraus folgern, daß 1944, als der Rüstungsindustrie Produktionsvorgaben wie nie zuvor gestellt worden waren, mangels weiterer ziviler Arbeitskräfte ein massenhafter Einsatz der relativ unproduktiven Kriegsgefangenen unumgänglich geworden war.

Tabelle 11: Kriegsgefangene bei der August Thyssen-Hütte AG 1940-1944[58]

1940		1941		1942		1943		1944	
Aug.	628	Jan.	797	Jan.	742	Jan.	2 397	Jan.	2 530
Sept.	699	Feb.	960	April	730	April	1 834	April	2 465
Okt.	731	März	932	Juli	719	Juli	1 565	Sept.	2 820
Nov.	750	April	915	Okt.	1 278	Okt.	1 523		
Dez.	797	Mai	982	Dez.	2 250				
		Juni	960						
		Juli	960						
		Aug.	824						
		Sept.	804						
		Okt.	821						
		Nov.	784						
		Dez.	742						

Hinsichtlich der zivilen Fremdarbeiter war die Entwicklung, wie anscheinend bei allen Unternehmen der Schwerindustrie, durch die wechselnde Einstellung kleinerer und größerer Arbeiterkontingente geprägt; auf Gelegenheitsgewinne von zehn oder zwanzig Arbeitern folgten große Schübe von mehr als 100 Personen und umgekehrt. Für die Zeit von Mai 1942 bis Anfang September 1943 sind Zugangslisten („Transportlisten") für Ostarbeiter und Ostarbeiterinnen erhalten.[59] Diese Quelle läßt erkennen, daß nicht allein acht größere Transporte von „Russen" mit über 70 Personen die ATH erreichten, sondern auch neun Kontingente mittlerer Stärke (21 bis 70 Personen) und sieben kleinere Zugänge (bis zu 20 Personen) eingestellt wurden. Als der bis dahin wohl größte Schub trafen am 8. Juni 1943 412 sowjetische Frauen ein; am 17. August 1943 kamen außer 81 ledigen Ostarbeitern (Männern und Frauen) auch neun Familien, die zusammen 37 Personen umfaßten. Bei den kleineren Einstellungen fällt auf, daß sich die ATH für spezielle Aufgaben auch Handwerker zu verschaffen wußte, wie fünf Zimmerleute, die am 8. Juli 1942 eingestellt wurden. Aus einer Notiz, nach

---

[58] TKKA: Monatsberichte der Vereinigte Stahlwerke AG; ferner VSt/3758: Statistische Quartalsberichte der August Thyssen-Hütte AG; Dokumentation Ausländische Arbeitskräfte 1939-45, Tabelle 1. Bei den Zahlen (Stand meist zum Monatsbeginn) handelt es sich um Durchschnittswerte.

[59] TKKA A/9238; die Archivalie enthält „Transportlisten" mit tausenden von Namen von Arbeitern und Arbeiterinnen aus der Sowjetunion, zum großen Teil mit Angabe der Berufe.

der am 20. Juli 1942 zwei „*Russen*" „*zugelaufen*" seien, wird deutlich, daß ausländische Zwangsarbeiter schon zu diesem Zeitpunkt eine – nach dem Arbeitsrecht des NS-Staates illegale – Mobilität herstellten, indem sie von einem unliebsamen Arbeitgeber flohen und ihre Arbeitskraft einem anderen Unternehmen anboten, das sie gerne übernahm und keinesfalls bei der GESTAPO anzeigte.[60] Größere Zugangsschübe an – weit überwiegend männlichen – Westarbeitern konnte die ATH von Januar bis Juli 1943 verzeichnen, z. B. 248 Franzosen im Februar, 186 Franzosen im März, 115 Niederländer im Juni und 260 Franzosen im Juli.[61] Die vielen kleineren, mittleren oder größeren Zugänge an zivilen ausländischen Arbeitskräften führten dazu, daß sich bis Ende August 1944 eine Gesamtstärke von 4421 zivilen Fremdarbeitern akkumulierte (vgl. Tabelle 13).

Für die Ostarbeiter der ATH liegen für die zweite Jahreshälfte 1943 und das folgende Jahr monatliche „Bestandsangaben" vor (Tabelle 12). Dabei fällt auf, daß stets deutlich mehr sowjetische Frauen als Männer in den ATH-Werken arbeiteten. Bis Anfang 1944 gab es ungefähr dreimal soviel Frauen wie Männer, dann änderte sich die Relation durch größere Zugänge von Männern. Ende 1944 hatte die ATH jedoch immer noch doppelt soviel Ostarbeiterinnen wie Ostarbeiter.

Der Geschäftsbericht der ATH für 1942/43 ging etwas ausführlicher, zugleich aber auch zum letzten Mal, auf die Beschäftigung ausländischer Arbeitskräfte ein:

„Die Zahl der bei uns arbeitenden männlichen deutschen Gefolgschaftsmitglieder hat sich weiter vermindert. Der Ausfall wurde so gut wie möglich durch deutsche Frauen, belgische, französische und russische Kriegsgefangene, Ostarbeiter und Ostarbeiterinnen, italienische Militärinternierte, freie Belgier, Franzosen, Holländer, Italiener und andere gedeckt. Die Gesamtzahl der Arbeitskräfte hat sich erhöht. Für die Unterbringung der fremden Arbeitskräfte wurden im Laufe des Krieges 22 Läger mit 11 Küchen für insgesamt 7 500 Personen errichtet. Für Notfälle sind 2 Ausweichläger außerhalb des Stadtbezirks für 4 000 Personen in Angriff genommen."[62]

Die Industriellen wünschten sich noch im Frühjahr 1943 vor allem dienstverpflichtete deutsche Frauen, obwohl man mit ihnen im betrieblichen Alltag nicht durchweg gute Erfahrungen gemacht hatte; wahrscheinlich wurde der betriebswirtschaftliche Nachteil industriefremder ausländischer Frauen, daß die Anlernung bei fehlenden oder erheblich mangelhaften Deutschkenntnissen mehr oder

---

[60] TKKA A/9238: Vermerk „Namen der vom Polizeipräsidium Duisburg bzw. Oberhausen abgeholten Zivil-Russen".
[61] TKKA: Dokumentation Ausländische Arbeitskräfte 1939-45, Tabelle 3.
[62] Geschäftsbericht ATH AG für 1942/43, S. 2. Die Berichte für die folgenden Geschäftsjahre 1943/44 und 1944/45 erschienen erst im November 1946 respektive im Januar 1948; in ihnen wird die Beschäftigung ausländischer Arbeitskräfte nicht mehr besonders erwähnt.

Tabelle 12: Ostarbeiter und Ostarbeiterinnen bei der August Thyssen-Hütte AG Juli 1943 bis Dezember 1944[63]

Stand	Thyssenhütte (Hamborn)		Hütte Ruhrort-Meiderich		Hochöfen Hüttenbetrieb (Meiderich)		Niederrhein. Hütte (Hochfeld)		Hütte Vulkan (Hochfeld)		ATH gesamt	
	m	w	m	w	m	w	m	w	m	w	m	w
1943												
31.7.	31	967	200	327	-	71	270	284	-	27	501	1676
31.8.	98	1035	195	354	-	63	270	284	-	27	563	1763
30.9.	170	1067	194	363	-	73	264	285	2	27	630	1815
31.10.	157	1044	184	362	-	72	266	284	2	27	609	1789
30.11.	158	1025	184	384	-	67	264	283	2	27	608	1786
31.12.	157	1007	182	366	-	96	261	280	2	27	602	1776
1944												
31.1.	162	1002	182	366	-	107	260	280	2	27	606	1782
29.2.	240	1001	183	363	8	103	260	277	2	27	693	1771
31.3.	350	1146	189	361	16	103	259	277	2	27	816	1914
30.4.	399	1155	162	358	18	80	259	277	2	26	840	1896
31.5.	347	1134	194	356	34	92	257	278	3	26	835	1886
30.6.	370	1107	210	356	40	81	262	278	10	30	892	1852
31.7.	406	1143	220	351	58	80	245	269	10	39	939	1882
31.8.	371	1119	240	354	58	80	244	269	14	39	927	1861
30.9.	369	1130	236	353	57	80	246	270	14	39	922	1870
31.10.	368	1127	269	354	57	79	244	270	12	39	950	1869
30.11.	368	1127	269	354	57	79	244	270	12	39	950	1869
31.12.	368	1029	270	353	57	79	244	270	12	39	951	1870

[63] Nach TKKA A/8200; Dokumentation Ausländische Arbeitskräfte 1939-45, Tabelle 2.

weniger schwierig war, hoch gewichtet. Ende März 1943 hatte die ATH, die damals 2 223 Frauen, darunter 693 Ostarbeiterinnen, beschäftigte, weitere 1 000 deutsche Arbeiterinnen angefordert.[64] Es ist sehr fraglich, ob eine solche Forderung zu diesem Zeitpunkt realistisch war; vermutlich ist hier ein Maximalziel für die Verhandlungen mit dem Arbeitsamt gesteckt worden, ähnlich wie man es heute zum Auftakt von Tarifverhandlungen kennt.

Seit Mitte 1942 nahm der Kampf der verschiedenen Branchen der deutschen Industrie um den knappen „Rohstoff Mensch" immer härtere Formen an. Die Eisen- und Stahlindustrie konkurrierte hierbei vor allem mit dem Bergbau, dem von den Lenkern der Kriegswirtschaft ein Vorrang eingeräumt wurde, obgleich die Stahlproduktion nicht weniger kriegswichtig war. Es fehlte nicht mehr nur an Facharbeitern, sondern an Arbeitern überhaupt, weshalb auch jeder einzelne ungelernte Arbeiter wertvoll wurde. Als sich die ATH im Dezember 1942 mit der Forderung des Arbeitsamtes Duisburg konfrontiert sah, *„56 ausgesucht kräftige Russen für den Bergbau"* abzugeben, wandte sie sich an die Bezirksgruppe Nordwest der Wirtschaftsgruppe Eisen schaffende Industrie um Hilfe bei der Abwehr der Forderung; man wollte keinen einzigen Ostarbeiter verlieren, obwohl, wie es der damalige Abteilungsleiter und spätere Vorstandsvorsitzende Dr.-Ing. Walter Eichholz ausdrückte, *„gerade unser Russen-Menschenmaterial ungewöhnlich schlecht"* sei:

„Das Arbeitsamt Duisburg teilte uns gestern nachmittag telef[onisch] mit, daß wir bis spätestens Mittwoch, dem 30.12.42, 56 ausgesucht kräftige Russen für den Bergbau abgeben müssen. Wie wir nachweisen können, ist gerade unser Russen-Menschenmaterial ungewöhnlich schlecht. Wir haben oft einen Krankenstand von 20%. Der Entzug von 56 der kräftigsten Russen, die bei uns auch nur für schwere und schwerste Arbeiten eingesetzt sind, ist vollkommen untragbar, besonders im Hinblick auf den sowieso so hohen Mangel an Arbeitskräften. Im vergangenen Geschäftsjahr betrug allein unser Ausfall an SM-Rohstahl, hervorgerufen durch Leutemangel, einige 10 000 t. Unsere Sinteranlagen produzierten wegen ungenügender Besetzung 100 000 t weniger als im Vorjahr, eine Minderleistung, die einen entsprechenden Ausfall an Roheisen, somit an Rohstahl und an Walzfabrikaten zur Folge hatte. Wenn wir bisher auch die Stillegung von

---

[64] TKKA VSt/652: Bedarfsmeldung der Abteilung Sozialwirtschaft der Vereinigte Stahlwerke AG „für den Fraueneinsatz auf Grund der Arbeitsmeldepflicht", 31. März 1943. Die ebenfalls zum Konzern der VSt gehörende Eisenwerk Wanheim GmbH mit 429 Frauen (davon 244 Ostarbeiterinnen) hatte 205 deutsche Arbeiterinnen angefordert; die Gießerei Meiderich der VSt-Betriebsgesellschaft Deutsche Eisenwerke AG mit 45 Frauen (darunter keine Ostarbeiterinnen) wünschte weitere 60 deutsche Frauen.

Hochöfen und Martinöfen eben noch verhüten konnten, dann bedeutet doch die allzu schwache Besetzung in diesen Betrieben eine Minderleistung, die dem Stillstand mehrerer derartiger Betriebseinheiten gleichkommt."[65]

Die ATH hatte, so Eichholz weiter, zu diesem Zeitpunkt schon elf Prozent der Vorkriegsbelegschaft, genau 2 413 Arbeitskräfte, verloren. Hinzu käme, daß sie unter den Werken der Eisen- und Stahlindustrie am stärksten von Bombenschäden betroffen worden sei („neuerdings" besonders bei der Niederrheinischen Hütte in Hochfeld), und daher auch am meisten Arbeitskräfte für deren Beseitigung einsetzen müsse. Er fuhr fort:

„Unter Hinweis auf die der Bezirksgruppe bekannten Umstände (Einberufungen, Frostperioden, Produktionssteigerung usw.) bitten wir daher dringendst, den vom Arbeitsamt Duisburg in Aussicht genommenen Entzug der 56 Russen für den Bergbau zu verhindern. Sollte dieser jedoch durchgeführt werden, dann würde die Produktion direkt oder indirekt weiter zurückgehen."[66]

Eichholz' Hilferuf an die Nordwestgruppe macht wohl deutlich, daß bei der knappen Personaldecke der Entzug schon weniger Arbeitskräfte enorme Ausfälle verursachen konnte, was der Arbeitsverwaltung vermutlich nicht hinreichend klar vor Augen stand. Drei Monate zuvor hatte ein Mißverständnis in der Kommunikation zwischen der ATH und der Arbeitsverwaltung schwerwiegende Folgen gezeitigt. Mindestens seit dem Frühjahr 1942 war es immer häufiger notwendig geworden, kurzfristig größere Gruppen von Arbeitern von einem Werk oder Betrieb zu einem anderen zu verlegen, was bei ausländischen Arbeitskräften meist auch einen Wechsel der Unterkunft und bisweilen Änderungen der Essenszeiten mit sich brachte, unter Umständen wenig erfreuliche Dinge, die mit den behördlichen Vorschriften über die Behandlung ausländischer Arbeiter kollidieren konnten. Vor diesem Hintergrund hatte die ATH wohl im Juli 1942 bei einer Verhandlung mit dem Landesarbeitsamt in Köln den Wunsch geäußert, 342 französische Kriegsgefangene, die auf der Niederrheinischen Hütte und im Werk Hochöfen Hüttenbetrieb an den Hochöfen arbeiteten, gegen 500 sowjetische Kriegsgefangene umzutauschen, was klipp und klar damit begründet wurde, daß man beim Einsatz von *„Russen"* viel weniger *„durch die notwendige Rücksichtnahme auf die bestehenden Vorschriften über Unterbringung und Verpflegung eingeengt"* war als beim Umgang mit Kriegsgefangenen westlicher Länder. Am 1. August stellte die ATH einen entsprechenden Antrag beim Arbeitsamt Duisburg. Unabhängig von diesem Tausch sollte sie im Rahmen der sogenannten Röchling-Aktion *„zur Leistungssteigerung"* 1 500 sowjetische Kriegsgefangene

---

[65] TKKA A/5012: Dr.-Ing. Walter Eichholz (Abteilung Betriebswirtschaft der ATH) an die Bezirksgruppe Nordwest der Wirtschaftsgruppe Eisen schaffende Industrie in Düsseldorf, 29. Dezember 1942 (Dokumentation Ausländische Arbeitskräfte 1939-45, Dok. 29). – Eichholz war Vorstandsvorsitzender der ATH von 1943 bis 1946. – SM: Siemens-Martin.
[66] Ebd.

erhalten. Das Arbeitsamt Duisburg hatte jedoch nicht verstanden, daß die ATH insgesamt 2 000 „Russen" haben wollte, und meinte, der Ersatz für die Franzosen sollte durch ein Drittel des Röchling-Kontingentes erfolgen. Nachdem im Laufe des August in fünf Schüben 502 sowjetische Kriegsgefangene gekommen und eingestellt worden waren, zog das Arbeitsamt am 31. August, für die ATH völlig überraschend, die 342 Franzosen ab – eine kleine Katastrophe, da noch kein „russisches" Ersatzpersonal für die Tätigkeiten an den Hochöfen zur Verfügung stand. Bei der Niederrheinischen Hütte mußten ein Hochofen und ein Siemens-Martin-Ofen stillgelegt werden, beim Hüttenbetrieb in Meiderich konnte die ATH den Ausfall eines Hochofens gerade noch abwenden, indem sie sofort 120 Kriegsgefangene vom Werk Thyssenhütte nach Meiderich verlegte. Der Ausfall bei der Niederrheinischen Hütte führte im Stahlwerk und im Grobblechwalzwerk zu einem Produktionsrückgang von etwa 20 Prozent. Zwar klärte sich das Mißverständnis auf, doch die 342 Franzosen konnten der ATH offenbar nicht zurückgegeben werden; stattdessen kamen am 4. September lediglich 133 andere französische Kriegsgefangene aus einem Lager in Bocholt. Weil zur selben Zeit wegen einer behördlich angeordneten Massen-Entlausung täglich 200 „Russen" fehlten, geriet die gesamte ATH mit ihren fünf Werken in größte Kalamitäten. Die Produktion der Niederrheinischen Hütte mußte noch weiter zurückgefahren werden, bis es die Umsetzung weiterer 100 Kriegsgefangene aus der Thyssenhütte und 20 ziviler „Russen" aus der Hütte Ruhrort-Meiderich nach Hochfeld Anfang September möglich machten, den stillgelegten Hochofen wieder anzublasen. In Hamborn mußten dafür die Schlackenverwertung und die Steinfabriken stillgelegt und der Erzverladebetrieb eingeschränkt werden. Im Hafen Schwelgern lagen Schiffe mit Erzfracht und Eisenbahnwaggons fest. Das Landesarbeitsamt sagte die vollständige Zuweisung der restlichen etwa 1 500 „Russen" bis zum 15. Oktober zu, wofür Thyssen dann die 133 Franzosen zurückgeben sollte.[67] Auch dieses Beispiel zeigt, wie dünn die Personaldecke der schwerindustriellen Unternehmen war und wie problematisch der Ausfall weniger hundert Arbeiter sein konnte. Man versteht, daß die Unternehmen mit allen legalen und halblegalen Mitteln versuchten, sich „Arbeitervorräte" anzulegen.

Die Lage besserte sich bis zum Kriegsende nur noch für kurze Phasen. Im dritten Quartal 1943 verlor die Stahlindustrie im Nordwesten (Ruhrgebiet und Raum Düsseldorf) mehr als 9 000 Arbeitskräfte netto, davon rund 4000 jüngere und leistungsfähige Leute durch Einberufung zur Wehrmacht. Ende September 1943 belief sich der ungedeckte Arbeitskräftebedarf bei den „Nordwestwerken" auf

---

[67] Schriftverkehr über den Vorgang „Abzug der Franzosen", vor allem ein Bericht der ATH an die Geschäftsführung der Reichsvereinigung Eisen in Berlin vom 5. September 1942, in BA Berlin R 10 III/52, fol. 183-87 u. 207.

rund 26 000; davon sollten 16 000 durch italienische Militärinternierte abgedeckt werden.[68] Von 1943 an kam es mehrfach zu größeren Umschichtungen von Arbeitern zwischen verschiedenen Wirtschaftsbereichen, wobei auf die Qualifikationen für industrielle Tätigkeiten immer weniger Rücksicht genommen wurde. Im Dezember 1943 bekamen die Eisen- und Stahlwerke der Vereinigte Stahlwerke AG tausende von polnischen Landarbeiter zugewiesen. Diese wurden – wohl zu recht – als völlig unqualifiziert für industrielle Arbeit angesehen, weshalb die ATH die ihr angebotenen rund 800 Polen zunächst ablehnte. Sie ließ dann doch 487 der Landarbeiter zu einer Untersuchung kommen und stellte im Januar 1944 etwa 440 Polen und Polinnen ein, während 44 bis zum März durch das Arbeitsamt als nicht einsatzfähig zurückgeführt wurden.[69] Im Herbst 1943 erhielt die ATH mehrere hundert italienische Militärinternierte, die willkommener waren als die polnischen Landarbeiter; etwa ein Jahr später, im September 1944, verfügte sie über 1250 nun in den Zivilistenstatus überführte Italiener.[70] Am 1. und am 10. September 1944 hat die ATH nochmals insgesamt 832 polnische Arbeitskräfte eingestellt; es war neben der Einstellung von 690 Italienern, ebenfalls im September, und von 247 Belgiern im November, der letzte große Personalzugang des Jahres 1944, vermutlich der Kriegszeit überhaupt.[71] Anfang März 1945, knapp vier Wochen vor der Besetzung des Duisburger Nordens durch US-amerikanische Truppen, beschäftigte die ATH in ihren fünf Werken noch rund 7 000 Ausländer, einschließlich der Kriegsgefangenen. Die Zahl der „Inländer" zum selben Zeitpunkt: rund 18 000.[72]

Die Verteilung der Kriegsgefangenen und zivilen Zwangsarbeiter auf die einzelnen Werke der ATH-Hüttengruppe ist nur für einen einzigen Stichtag, den 31. August 1944, überliefert; allein die Ostarbeiter-Beschäftigung ist für einen längeren Zeitraum (von Juli 1943 bis Dezember 1944) nach Werken aufgeschlüsselt worden (Tabelle 12). Die Tabelle 13 weist den Umfang der Beschäftigung aus-

---

[68] BA Berlin R 10 III/65, fol. 56-60: Bericht der Bezirksgruppe Nordwest der Wirtschaftsgruppe Eisen schaffende Industrie über das dritte Vierteljahr 1943, Oktober 1943 (verfaßt von Walter Rohland).
[69] TKKA VSt/619: Telegramm der ATH an die Abteilung Sozialwirtschaft der Vereinigte Stahlwerke AG vom 16. März 1944 und Vermerk der Abteilung Sozialwirtschaft vom 21. März 1944; Vermerk von Dr. Oemler, Sozialwirtschaftliche Abteilung der Vereinigte Stahlwerke AG, über eine Besprechung mit Regierungsamtmann Rüsch vom Gauarbeitsamt Essen über Probleme des Arbeitseinsatzes am 7. Januar 1944.
[70] TKKA: Monatsbericht der Vereinigte Stahlwerke AG für September/Dezember 1943, S. 72; der dort erkennbare, relativ hohe Personalzugang von 23266 um 646 auf 23912 ist hauptsächlich auf die Einstellung dieses ersten Kontingentes an italienischen Militärinternierten zurückzuführen; ferner TKKA A/5227: Liste der von Kriegsgefangenen und Internierten bewohnten Lagern, Stand 8. September 1944 (Dokumentation Ausländische Arbeitskräfte 1939-45, Dok. 15).
[71] Einstellungen von Polen, Italienern, Niederländern und Belgiern 1944: TKKA A/8643, A/8644, A/8645 und A/8646; Dokumentation Ausländische Arbeitskräfte 1939-45, Tabelle 3.
[72] TKKA VSt/156: Bericht über die Versorgungslage bei der August Thyssen-Hütte AG, 3. März 1945.

ländischer Arbeitskräfte in der ATH für die gesamte Betriebsgesellschaft und die fünf Werke am genannten Stichtag und damit wahrscheinlich auch den personellen Höchststand des „Ausländereinsatzes" während des ganzen Krieges aus.

Die fünf Werke der August Thyssen-Hütte AG beschäftigten am 31. August 1944 6 581 Ausländer, und zwar 4 421 zivile Arbeitskräfte und 2 160 Kriegsgefangene und Militärinternierte; das machte knapp 26 Prozent der Gesamtbelegschaft aus, eine Quote, die mit der Quote für die gesamte deutsche Wirtschaft etwa übereinstimmt. Im einzelnen läßt sich erkennen, daß die Anteile der deutschen Belegschaft bei der Hütte Ruhrort-Meiderich und der Thyssenhütte (den größten und modernsten Werken der ATH) über dem ATH-Durchschnitt liegen, im Werk Hochöfen Hüttenbetrieb und in den beiden Hochfelder Werken darunter. Die letztgenannten Werke hatten dementsprechend überdurchschnittliche Ausländer-Quoten. In den Hochfelder Werken kam auf zwei deutsche Beschäftigte ein Ausländer. Die Thyssenhütte und die Hütte Ruhrort-Meiderich scheinen demnach am meisten vom Entzug deutschen Stammpersonals verschont geblieben und bei der Zuteilung *deutscher* Ersatzarbeitskräfte begünstigt worden zu sein; die beiden Hochfelder Werke hatten am meisten Personal an die Wehrmacht abgeben müssen. Der Anteil der zivilen Fremdarbeiter an der Gesamtbelegschaft der ATH machte 17,4 Prozent aus, der Anteil der Kriegsgefangenen 8,5 Prozent. In der Hütte Vulkan war die Kriegsgefangenen-Quote mit 18 Prozent besonders hoch, was sich daraus erklärt, daß der Vulkan ein reiner Hochofenbetrieb und technisch weitgehend veraltet war. Das Werk war bereits während der Weltwirtschaftskrise, im Oktober 1931, geschlossen, aber im Zuge der nationalsozialistischen Autarkie- und Rüstungspolitik am 1. Februar 1938 mit zwei von drei Hochöfen wieder in Betrieb genommen worden. In einem solchen Werk ohne modernste, hochkomplizierte Technik konnte man die relativ unproduktiven Kriegsgefangenen am ehesten halbwegs nutzbringend einsetzen.

Es ist auf den ersten Blick erstaunlich, daß die ATH trotz der Kriegsumstände ihre Gesamtbelegschaft von 1939/40 bis 1943/44 um rund 5700 Arbeitskräfte vergrößern konnte.[73] Dieser erhebliche Zuwachs kam nur durch die Einstellung von Ausländern zustande. Da diese aber aus verschiedenen Gründen in den meisten Fällen weniger produktiv waren als deutsche Arbeiter (Kapitel 1), drängt sich die Vermutung auf, daß die ATH – wie alle Unternehmen des Montanbereiches – notgedrungen *Qualität durch Quantität ersetzt* hat.

Im Folgenden soll untersucht werden, wie sich der Fremdarbeiter- und Kriegsgefangeneneinsatz in den Betrieben und Betriebsteilen der ATH konkret gestaltet hat, und zwar zunächst für Männer. Ein großer Teil der ausländischen zivilen Arbeiter und der Kriegsgefangenen hat in den Eisenbahnwerkstätten (EBW) der Thyssenhütte in Hamborn gearbeitet; es dürfte sich dabei vor allem

---

[73] Treue/Uebbing, Die Feuer verlöschen nie, S. 118. Geschäftsjahr 1939/40: rd. 21600, 1943/44: rd. 27300 Arbeitskräfte.

Tabelle 13: Beschäftigte der August-Thyssen-Hütte AG am 31. August 1944[74]

Werk	Beschäftigte ingesamt	Deutsche M	F	Gesamt	Sp. 4 in % v. Sp. 1	Zivile Ausländer M	F	Gesamt	Kriegs-gef. u. Mil.-Int.	Aus-länder gesamt	Sp. 10 in % v. Sp. 1
	1	2	3	4	5	6	7	8	9	10	11
Thyssen-Hütte (Hamborn)	13 682	8 306	2 026	10 332	75,52	1 148	1 096	2 244	1 106	3 350	24,48
Hütte Ruhrort-Meiderich	6 934	4 337	912	5 249	75,70	712	443	1 155	530	1 685	24,30
Hochöfen Hüttenbetrieb	1 548	914	165	1 079	69,70	173	128	301	168	469	30,30
Niederrheinische Hütte	2 828	1 707	192	1 899	67,15	361	289	650	279	929	32,85
Hütte Vulkan	427	258	21	279	65,34	39	32	71	77	148	34,66
ATH ingesamt	25 419	15 522	3 316	18 838	74,11	2 433	1 988	4 421	2 160	6 581	25,89

[74] Nach TKKA VSt/622; Dokumentation ausländische Arbeitskräfte 1939-45, Tabelle 4.

um Rangier- und Ladearbeiten gehandelt haben. Ostarbeiter wurden bei den körperlich schwersten Arbeiten eingesetzt, aber auch Westarbeiter wurden kaum geschont. Niederländer setzte die ATH oft als Bauarbeiter ein. Bei den belgischen Kriegsgefangenen der ATH wurde für einen Stichtag, den 18. März 1942, die Verteilung auf die einzelnen Betriebsstellen in der Thyssenhütte und in der Hütte Ruhrort-Meiderich ermittelt:

Tabelle 14: Einsatz der belgischen Kriegsgefangenen der ATH AG nach Betriebsstellen im März 1942[75]

Thyssenhütte (Hamborn)		Hütte Ruhrort-Meiderich	
Martinwerk I	11	Martinwerke	29
Drehofen	6	Hochofen	19
Hochofen	39	Thomasschlackenmühle	8
Hochofen-Werkstatt	11	Maschinenbetrieb	5
Zentralkesselhaus	15	Elektrobetrieb	24
Eisenbahn-Werkstatt	27	Bauabteilung	15
Hafen Schwelgern	13	Koppe	2
Kohlenabfuhr	1	Summe	102
Bauabteilung	8		
Schreinerei	3		
Hausverwaltung	3		
Koppe	12		
Kommandierte im Lager	15		
Summe	164		

Nach dieser Übersicht waren die meisten Belgier bei schwerer Arbeit eingesetzt, insbesondere bei „Feuerarbeit" an den Hochöfen und in den Siemens-Martin-Werken; auch die Arbeit in der Hochofen-Werkstatt, der Eisenbahn-Werkstatt und der Bauabteilung dürfte zu den physisch schwereren Tätigkeiten gezählt haben. Ein kleinerer Teil der Belgier konnte leichtere Arbeit im Elektrobetrieb, in der Schreinerei und in der Hausverwaltung verrichten. Bemerkenswert ist noch, daß die ATH einige ihrer Ostarbeiter kurzfristig an kleinere Unternehmen, und zwar an Werften und Schrottverwertungsbetriebe, zu denen sie vermutlich Geschäftsbeziehungen unterhielt, ausgeliehen hat. Von den 52 Ostarbeitern, die am 13. Mai 1943 bei der ATH eintraten, wurden sofort 11 von der Firma Lohbeck

---

[75] TKKA A/5012: Aufstellung „Belgische Kriegsgefangene" (Dokumentation Ausländische Arbeitskräfte 1939-45, Dok. 2). – Koppe: gemeint ist vermutlich das Unternehmen für Eisenkonstruktionen Gebr. Koppe in Duisburg-Duissern.

übernommen, 14 von der Firma Heck und 27 von der Triton-Werft; in allen Fällen kehrten die Ostarbeiter nach ein bis zwei Wochen zur ATH zurück.[76]

Die weiblichen Fremdarbeiter der ATH führten vielfach die gleichen Arbeiten wie die Männer aus. Seit Mai 1942 waren in der Hütte Ruhrort-Meiderich 15 „russische" Frauen im Preßwerk beschäftigt. Für Mitte Juni 1943 belegt eine Betriebsliste, daß 17 Ostarbeiterinnen im Elektrobetrieb I, 10 im Elektrobetrieb II und 10 in der Bauabteilung eingesetzt waren.[77] Am 8. Juni 1943 kam ein großer Transport mit 412 Ostarbeiterinnen an, die in das große Lager EBW (Eisenbahnwerkstätten) in Hamborn eingewiesen und im Werk Thyssenhütte auf die folgenden Einsatzorte verteilt wurden:[78]

Hochofenbetrieb	53
Thomaswerk	51
Martinwerk I	14
Martinwerk II	45
Zurichtung IV/V	64
(zwei Schichten; pro Schicht: 32)	
Sonderstahlzurichtung	16
Eisenbahn-Werkstatt	51
Eisenbahnbauamt	20
Eisenbahnbauamt (Abt. Schweinsbruch)	50
Hafen Schwelgern	25
Firma Babcock (Neues Kraftwerk)	20

In den Einsatzlisten tritt oft die Bezeichnung „Hilfsarbeiterin" auf, die keine genaue Zuordnung erlaubt. So lebten am 1. Oktober 1942 im Lager Talbahnstraße 50 Frauen mit verschiedenen Berufen, die im Werk Hochöfen Hüttenbetrieb als *„Hilfsarbeiterinnen"* eingesetzt waren; auch 14 *„Russinnen"*, die am 26. Oktober 1942 das Lager Parkstraße (später *Lakmé*) bezogen, trugen diese Klassifizierung. Für zwei Stichtage, den 31. Dezember 1943 und den 31. Dezember 1944, wurde die Beschäftigung von Ostarbeitern und Ostarbeiterinnen an 52 Einsatzstellen im Werk Thyssenhütte untersucht. Das Ergebnis zeigt, daß

---

[76] TKKA A/9238 („Transportlisten"). Bei den Unternehmen Lohbeck und Heck handelte es sich wahrscheinlich um den Schiffsreparaturbetrieb Katharina Lohbeck am Pontwert 359 im Ruhrort-Meiderichter Hafengebiet und die Schrottverwertung Karl Heck & Co. KG am Hafenbecken C.

[77] Ebd. – Das Archivale enthält auch eine Betriebsliste für den Maschinenbetrieb vom 15. September 1943.

[78] Ebd. („Transportlisten"); bei drei Frauen fehlt die Angabe. – Babcock: gemeint ist die Deutsche Babcock & Wilcox Dampfkessel-Werke AG, Berlin/Oberhausen, ein Unternehmen für Maschinenbau und Eisenkonstruktionen, das wahrscheinlich im Auftrag der ATH am Bau des neuen Kraftwerks beteiligt war.

es an den meisten Stellen, auch dort, wo die Arbeit am härtesten war wie an den Hochöfen, viel mehr sowjetische Frauen als Männer gab. Dies gilt außer für die Hochöfen auch für das Thomas-Stahlwerk, das Siemens-Martin-Stahlwerk II (nur 1943), das Blechwalzwerk, die Elektrozentrale, die Bauabteilung, die Eisenbahnwerkstätten und die Bahnmeisterei; das Siemens-Martin-Stahlwerk I hatte überhaupt keine männlichen Ostarbeiter. Nur an den Straßen III und V, an der Blockstraße 3, in der Walzendreherei und im Zentralkesselhaus, zum 31. Dezember 1944 auch im Siemens-Martin-Werk II, in der Gaszentrale und im Fuhr- und Kraftbetrieb, waren mehr Männer als Frauen eingesetzt.[79]

Während schon ihre zivilen männlichen Landsleute bei den deutschen Industriellen nicht den schlechtesten Ruf genossen, waren die weiblichen Arbeitskräfte aus der Sowjetunion nach den ersten Erfahrungen, die man im Frühjahr und Sommer 1942 gemacht hatte, wegen ihrer Lernbereitschaft, ihres Fleißes und ihrer zupackenden Art recht beliebt. Daß die Unternehmen 1943 und 1944 immer wieder neue Kontingente an Ostarbeitern – Männern und Frauen – verlangten, lag in erster Linie an dem im Vergleich mit Deutschen und Westarbeitern weniger weit reichenden arbeitsrechtlichen Schutz.[80] Die *besondere* Wertschätzung der Ostarbeiterinnen muß jedoch auch mit einer spezifischen, nicht völlig negativen Einstellung zur erzwungenen Arbeit und einer gewissen Robustheit, die den deutschen Frauen offenbar fehlte, zu tun gehabt haben, wobei diese Eigenschaften einen „Durchschnittstyp" auszeichneten und nicht verallgemeinert werden dürfen. Man bewegt sich hier auf einem hochproblematischen Terrain und gerät in Gefahr, in eine Art von „positivem" Rassismus zu verfallen, zumindest aber nationale Stereotype zu kultivieren. Wilhelm Temme, vom 1. Juli 1943 bis zum 1. Dezember 1945 kaufmännisches Vorstandsmitglied der ATH, erinnerte sich 1987, „*in Hamborn*" (d. h. im Werk Thyssenhütte) seien zeitweilig etwa 3000 Russinnen und Ukrainerinnen, „*fleißige Mädchen*", beschäftigt gewesen, die auch schwere Arbeit nicht gescheut hätten. Er berichtete von einem unkonventionellen Arbeitseinsatz, dem Ausladen von 60 Bahnwaggons mit Erzen (insgesamt 7200 Tonnen), den die Ostarbeiterinnen anstandslos ausgeführt hätten. Als der Waggonkipper durch einen Bombenschaden vorübergehend unbenutzbar geworden war und die Erze im Werksbahnhof eintrafen, habe er seinem Vorstandskollegen Dr. Walter Eichholz vorgeschlagen, die Waggons durch junge Ostarbeiterinnen mit Schaufeln ausladen zu lassen. Aufgrund eigener Erfahrungen, die er in seiner „Lehrzeit" während des Ersten Weltkriegs beim „Schüppen" von Kohle gemacht hatte (als Tagesleistung hatte er 30 Tonnen in Erinnerung) meinte Temme, die „Mädchen" würden pro Tag und Person 15 bis 20 Tonnen ausschaufeln können, und überzeugte den zunächst skeptischen Eichholz („*Aber*

---

[79] TKKA A/8200 (Arbeiterlisten); Dokumentation ausländische Arbeitskräfte 1939-45, Tabelle 5.
[80] Herbert, Fremdarbeiter, S. 325f.

das bringen die nie fertig!") von der Durchführbarkeit seiner Idee. Temme hielt diesen Sondereinsatz für eine relativ leichte Arbeit, mit der die Ostarbeiterinnen in sechs Stunden fertig geworden wären.[81] Eines der „fleißigen Mädchen", die Ukrainerin Olga Moiseewa, die wohl Anfang Juni 1943 zur ATH gekommen war, hatte die Ladearbeit mit der Schaufel anders in Erinnerung. Sie sprach 1992 über einen ähnlichen Einsatz wie den von Temme beschriebenen; der Unterschied bestand nur darin, daß es nicht Waggons mit Erzen, sondern mit Baustoffen auszuladen galt:

„Wir haben Waggons ausgeladen, Waggons voll mit Sand, Lehm, Kalk ... Jedes Mädchen hatte allein einen Waggon abzufertigen. 25 Tonnen Ladung mußten in 12 Stunden ausgeladen werden; 25 Tonnen, das war ein Waggon. Das war die Norm. Das mußte geleistet werden, egal, was Du hattest. Am Anfang waren meine Knie immer wund und blutig, weil ich mit der Schüppe ständig dagegenschlug. [...] Mit großen Schaufeln mußte die Ladung – Lehm oder Sand – runtergeworfen, auf einen Schubkarren geladen und dann weggeschleppt werden. Das war schwer, aber die schwierigste Arbeit überhaupt, das war der Kalk. Das war ungelöschter Kalk, das war Pulver, solche Klumpen. Trotz des Giftstaubs habe ich ohne Schutzmaske gearbeitet; ich konnte darin nicht atmen, bekam zu wenig Luft. Dann luden wir auch Ziegelsteine aus – 9, 10, 40 Kilo schwer. Sie wurden für den Ausbau großer Öfen (Kokillen) verwendet. Die Ziegelsteine schleppten wir ein paar Meter zur Seite und haben sie aufgestapelt. Dann kam ein großer Kran, der wurde von uns mit den Palletten beladen. [...] Ich habe die ganzen Jahre im Thomaswerk als Schlepperin gearbeitet."[82]

Festzuhalten bleibt, daß in der Eisen- und Stahlindustrie und in der Industrie der Nichteisen-Metalle, ebenso wie in der Bauwirtschaft und im Verkehrswesen, teilweise möglich war, Technik durch Menschenkraft zu ersetzen. Die Darstellung des Einsatzes ziviler Fremdarbeiter und Kriegsgefangener in den Betrieben der August Thyssen-Hütte AG macht es überflüssig, die Thematik für die beiden anderen großen Duisburger Eisen- und Stahlwerkskomplexe in Rheinhausen (Krupp) sowie in Huckingen und Großenbaum (Mannesmann) ähnlich ausführlich zu behandeln. Das Kruppsche Hüttenwerk in Rheinhausen, die Friedrich-Alfred-Hütte, hat seit 1940 zunächst italienische und belgische Arbeiter beschäftigt; zumindest die Italiener waren keine Zwangsarbeiter. 1941 arbeiteten außer den Italienern und Belgiern auch Niederländer, Franzosen und Kroaten auf der Hütte. Am 1. April 1942 wurden rund 350 Ostarbeiter und Ostarbeiterinnen eingestellt, deren Zahl sich bis Mitte 1943 beträchtlich erhöhte; so kamen im April 1943 Ostarbeiter in unbekannter Zahl, daneben auch französi-

---

[81] TKKA A/10938: Abhörmanuskript eines Gespräches zwischen Wilhelm Temme, Dr. Otto Voigtländer und Jürgen M. Lohmann am 29. Dezember 1987; bei einer Tagesleistung von 20 Tonnen mußten zum Ausladen der insgesamt 7 200 Tonnen an einem Tag 360 Ostarbeiterinnen eingesetzt werden.
[82] Zitiert bei Tietz, Die „wertlose" Frau (wie Anm. 1), S. 393.

sche Arbeiter, von der Essener Gußstahlfabrik zur Rheinhausener Hütte, wahrscheinlich wegen der starken Bombenschäden, die bei den Luftangriffen am 5. und 12. März auf dem Essener Werksgelände entstanden waren. Die völlige oder teilweise Zerstörung von 29 Werkstätten und der wochenlange Ausfall von mehr als der Hälfte der durchschnittlichen Energiekapazität hatten viele ausländische Arbeitskräfte der Gußstahlfabrik zu „totem Kapital" gemacht.[83] Im Herbst 1944 waren 2220, im Dezember 2513 zivile ausländische Arbeiter auf der Friedrich-Alfred-Hütte beschäftigt. Für die letzten anderthalb Kriegsjahre liegen die folgenden Zahlen vor:

Tabelle 15: Ausländische Beschäftigte bei der Friedrich-Alfred-Hütte der Fried. Krupp AG 1943-1945[84]

Zeitstand	Zivile ausl. Arbeitskräfte	Kriegsgefangene	Ausländer gesamt
Sept. 1943	1645	193	1838
März 1944	1876	667	2543
Juni 1944	1682	536	2218
Sept. 1944	2220	133	2353
Dez. 1944	2513	131	2644
Feb. 1945	2444	130	2574

Die Betriebe der Mannesmannröhren-Werke AG im Duisburger Süden erhielten bis 1944 dienstverpflichtete deutsche Arbeitskräfte, die aus als nicht kriegswichtig eingestuften Berufen und Betrieben „herausgezogen" worden waren (zum Beispiel Friseure und Kellner) und für den Kriegsdienst aus Alters- oder Gesundheitsgründen nicht in Frage kamen. Obschon die Stahlindustrie solche fachfremden, für die schwere und teilweise gefährliche Arbeit im Hüttenwerk eigentlich nicht geeigneten Leute nur ungern einstellte, zeigte sich normalerweise bald, daß nach Anlernung ein halbwegs produktiver Einsatz durchaus möglich war. So schrieb das Unternehmen in seinem Geschäftsbericht für 1943, daß der neue Höchststand der Produktion in diesem Jahr *„der vielfach notwen-*

---

[83] Zur Friedrich-Alfred-Hütte: Werner Abelshauser, Rüstungsschmiede der Nation? Der Kruppkonzern im Dritten Reich und in der Nachkriegszeit 1933 bis 1951, in: Lothar Gall (Hrsg.), Krupp im 20. Jahrhundert. Die Geschichte des Unternehmens vom Ersten Weltkrieg bis zur Gründung der Stiftung, Berlin 2002, S. 267-472 (darin über die Zwangsarbeit S. 400-431 und über den Luftkrieg S. 432-445); außerdem StADU 24/2220 (Entwurf zum Verwaltungsbericht der Stadt Rheinhausen für 1939-1946), 24/4203-4205 (Ausländer-Meldekartei Rheinhausen) und 611/3927; ferner Weinmann (CCP), S. 411 und Klingenburg, Spurensuche, S. 76.

[84] Nach Abelshauser, Rüstungsschmiede der Nation? (wie Anm. 83), S. 424f. (Tabelle 3.10).

dig gewesenen Ausbildung neuer ungelernter Hilfskräfte und diesen selbst das beste Zeugnis" ausstelle.[85] Doch auch bei Mannesmann konnten die Lücken schon seit 1942 nur noch mit – ebenfalls meist ungelernten – ausländischen Arbeitskräften gefüllt werden. Wie der Unternehmenshistoriker Horst A. Wessel schreibt, wurde auf *„die mit Rücksicht auf die Betriebssicherheit eingeschränkte Verwendung [...] je weniger Rücksicht genommen, je größer der Mangel an Arbeitskräften wurde und je mehr die Erfüllung befohlener Produktionsziele eine existentielle Bedeutung erhielt"*. Mannesmann meldete zwar noch Wünsche an, die besondere Fertigkeiten und Berufserfahrungen betrafen, *„aber nur in seltenen Fällen erhielt man tüchtige Hütten- und Walzwerker"*.[86]

Das Hüttenwerk der Mannesmannröhren-Werke in Huckingen stellte am 22. August 1940 200 Kriegsgefangene (Franzosen und vermutlich auch Belgier) ein, die von 20 deutschen Soldaten bewacht wurden. Ein knappes Jahr später, Anfang August 1941, waren französische Kriegsgefangene in den Betriebsteilen Hochofen (Sinterei), Siemens-Martin-Stahlwerk, Thomas-Stahlwerk und Elektrostahlwerk tätig. Im Februar und März 1942 bekam Mannesmann vom Arbeitsamt Duisburg insgesamt 143 Ostarbeiter zugewiesen; zumindest die 66 Ostarbeiter, die am 13. März im Hüttenwerk Huckingen eintrafen, brachten ihre Familien mit. Die Abteilung Großenbaum beschäftigte von August bis zum Jahresende 1940 rund 60 französische Kriegsgefangene, deren Zahl sich durch einen Zugangsschub im Januar 1941 auf 117 erhöhte, um dann bis zum Jahresende auf 82 zu sinken. 1942 wurden rund 20 Kriegsgefangene aus der Abteilung abgezogen; es blieb bis zum September 1943 bei der relativ geringen Kommandostärke von 60 bis 63. Im Oktober 1943 übernahmen sowohl das Hüttenwerk als auch die Abteilung Großenbaum eine Anzahl italienischer Militärinternierter (in Großenbaum waren es rund 150), die am 1. September 1944 den Status von zivilen Ausländern erhielten und in ein „freies" Arbeitsverhältnis überführt wurden; übrig blieben 56 Kriegsgefangene. Großenbaum erhielt im August 1942 die ersten zivilen Fremdarbeiter, 33 Männer und sieben Frauen aus der Sowjetunion; im Dezember verfügte das Werk über 104 männliche und 84 weibliche Ostarbeiter. Im folgenden Jahr zählte Großenbaum zwischen 113 und 202 männliche und rund 90 weibliche Fremdarbeiter aus der Sowjetunion, Frankreich und den Niederlanden. 1944 arbeiteten in Großenbaum von Januar bis August etwa 250 männliche und 140 weibliche, von September bis Dezember um 440 männliche und 172 weibliche zivile Ausländer aus sechs Ländern. Im Februar und März 1945 gab es in der Abteilung Großenbaum 451 männliche und 178 bis 198 weibliche zivile Arbeiter aus der Sowjetunion, Italien, Frankreich, den Niederlanden und Belgien. Bis Ende Februar 1945 zog die Wehrmacht die verbliebenen 56 franzö-

---

[85] Zitiert nach Wessel, Kontinuität im Wandel, S. 250.
[86] Ebd., S. 251.

sischen Kriegsgefangenen ab.[87] Die Abteilung Großenbaum beschäftigte während des Krieges kontinuierlich eine kleine Zahl von freiwilligen ausländischen Arbeitern, und zwar zwischen 15 und 22 Männern und bis zu drei Frauen; diese Arbeitskräfte stammten größtenteils aus den Niederlanden, daneben aus Italien und aus dem *Reichsprotektorat Böhmen und Mähren*.[88] Die Tabelle 16 läßt erkennen, daß die Abteilung Großenbaum bis zum Kriegsbeginn überhaupt keine weiblichen Arbeiter hatte und daß die Zahl der deutschen Frauen nicht über 220 (Oktober 1944) stieg. Im Übrigen verlief die Entwicklung nicht synchron zur Entwicklung bei der ATH; man erkennt vielmehr eine gewisse Verzögerung. Die Zahl der deutschen Männer ging um mehr als ein Drittel zurück (von 1 559 auf 981), aber den Ersatz dafür stellten bis zum Sommer 1942 fast ausschließlich deutsche Frauen. Bis in den Spätsommer oder Frühherbst 1942 gab es nur 17 zivile – und freiwillige – ausländische Arbeiter. Erst um die Jahreswende 1943/ 44 stieg die Quote der zivilen Fremdarbeiter auf über 20 Prozent, im folgenden Herbst dann allerdings erheblich auf 32,5 und sogar auf 34,5 Prozent im Januar 1945. Die Zunahme der zivilen Fremdarbeiter zwischen Juli und Oktober 1944 von 409 auf 635 spiegelt den Übertritt der italienischen Militärinternierten in den zivilen Status wider. Der „Bestand" an Kriegsgefangenen der Abteilung Großenbaum blieb während des ganzen Krieges recht klein.

Die *Industrie der Nichteisen-Metalle* war in Alt-Duisburg mit einer Reihe von mittelgroßen Betrieben vertreten, die zum Teil eine erhebliche Bedeutung für die deutsche Kriegswirtschaft – wenn auch nicht für die Rüstungsproduktion im engeren Sinne – hatten. Leider ist die Quellenlage zu diesen Betrieben, was den Einsatz von Fremdarbeitern angeht, abgesehen von der AG für Zinkindustrie (Grillo) recht unbefriedigend. Die Duisburger Kupferhütte AG in Hochfeld beschäftigte am 1. November 1943 2 422 Arbeiter und Angestellte, von denen 28 Prozent Ausländer (zivile Arbeiter und Kriegsgefangene) waren. Ostarbeiterin-

---

[87] Kriegsgefangene: Mannesmann-Archiv M 12.821.1: Bericht über den Fremdarbeitereinsatz bei den Mannesmannröhren-Werken, Abt. Heinrich-Bierwes-Hütte, Duisburg-Huckingen; Schreiben des Betriebes an die Rechtsabteilung der Mannesmannröhren-Werke AG in Düsseldorf vom 31. August 1940; Aktenvermerk vom 7. August 1941; Italienische Militärinternierte: Ebd. S. 21. – Mannesmann-Archiv M 12.821.2 (Tabellen zum Werk Großenbaum). – Zivile Fremdarbeiter: wie vor, ferner Lengkeit et al. (Hrsg.), Duisburger im Dritten Reich, S. 61 (Mannesmannröhren-Werke, Abt. Heinrich-Bierwes-Hütte, Werkschutz: Bericht über den Einsatz russischer Zivilarbeiter, 24. März 1942). Zum Zwangsarbeitereinsatz bei Mannesmann in Huckingen vgl. auch die Ausführungen im Kapitel 7 über Mißhandlungen von ausländischen Arbeitern durch deutsche Vorgesetzte.
[88] Mannesmann-Archiv M 12.821.2 (Tabellen); bei der seitens der Militärregierung angeordneten Erhebung am 1. September 1945 wurden diese Arbeitskräfte in den vorgeschriebenen Formularen unter *Spontaniously foreigner auxiliary labour* (Freiwillige ausländische Hilfskräfte), im Unterschied zu *Contributed foreigner auxiliary labour* (Zugewiesene ausländische Hilfskräfte, d. h. zivile Zwangsarbeiter) eingetragen.

nen sind seit Sommer 1942 bezeugt.[89] Ein Hüttenbetrieb mit relativ hoher Ausländerquote und eigenem Lager war auch das Werk C. Heckmann in Hochfeld (Hüttenstraße 137/139), seit 1927 eine Zweigniederlassung der Vereinigte Deutsche Metallwerke AG (Kupfer- und Messingwerke). Die Berzelius Metallhütten-GmbH in Wanheim verfügte seit dem Sommer 1940 über französische Kriegsgefangene, später über dienstverpflichtete Westarbeiter (Niederländer, Belgier und zeitweilig Franzosen), seit 1942 über Ostarbeiter und 1943/44 über italienische Militärinternierte. Am 31. Mai 1944 bestand die Belegschaft bei Berzelius aus 1015 deutschen Beschäftigten (einschließlich der Angestellten), 393 ausländischen Zivilarbeitern und 98 Kriegsgefangenen.[90]

Die Aktiengesellschaft für Zinkindustrie vormals Wilhelm Grillo mit Werken in Alt-Hamborn und Oberhausen, in Hamborn volkstümlich *Zinkhütte* genannt, ist ein Beispiel für einen Betrieb, der nicht unmittelbar zur Rüstungsindustrie gehörte und daher in den ersten Kriegsjahren Arbeitskräfte nicht nur durch Einberufungen zur Wehrmacht verlor, sondern auch Facharbeiter an vordringlich kriegswichtige Unternehmen abgeben mußte. Die Gesamtzahl der Beschäftigten des Werkes Hamborn stieg zwar von Juli 1939 bis Ende 1941 erheblich an (von 632 auf 794), doch bestanden die Zugewinne wohl ausschließlich aus ungelernten Arbeitern, insbesondere Frauen. Bereits von September 1939 bis Ende 1940 war der Anteil der Frauen an der Belegschaft gewachsen; bis Ende 1941 hat sich diese Entwicklung nochmals akzeleriert. In der Aufsichtsratssitzung am 30. Oktober 1941 stellte man fest, daß die Entziehung nicht nur von Arbeitskräften überhaupt, sondern auch von Facharbeitern durch das Arbeitsamt Duisburg *„trotz energischer Gegenwehr fortgesetzt"* worden sei; das Unternehmen hatte vom Kriegsbeginn bis zu diesem Zeitpunkt mehr als 35 Prozent der Vorkriegsbelegschaft verloren.[91] Die AG für Zinkindustrie gehörte somit ebenfalls zu den Betrieben, bei denen „Klasse" durch „Masse" ersetzt wurde. Es blieb ihr nichts anderes übrig, als die vom Arbeitsamt angebotenen, ungelernten Arbeiter und Arbeiterinnen zu übernehmen, ja sie mußte froh sein, wenn ihr Bedarf überhaupt anerkannt wurde. Als sie im März 1942 anscheinend erstmals die Vermittlung von 30 ausländischen Arbeitskräften beantragte, wurde dies vom Arbeitsamt aufgrund eines Prüfungsberichtes der zuständigen Unterkommission des Reichsrüstungsministeriums („Todt-Unter-Kommission") verweigert.[92] Doch schon wenig später, im Spätfrühling oder Sommer, besserte sich die Lage, und die AG

---

[89] Anna Powstjanko, eine 1923 geborene Ukrainerin, wurde im Juni 1942 nach Deutschland deportiert und bei der Kupferhütte eingestellt; Tietz, Die „wertlose" Frau (wie Anm. 1), S. 379f.
[90] Hildebrand, Wanheim-Angerhausen, S. 300f.
[91] Grillo-Archiv GAA 22, Aufzeichnungen zu Aufsichtsratssitzungen; die Zahlen für 1939 und 1941 aus den Entwürfen für die Geschäftsberichte für 1940 und 1941 sowie aus einer Vorlage zur Aufsichtsratssitzung am 31. März 1942.
[92] Grillo-Archiv GAA 23, fol. 4: Das Arbeitsamt Duisburg an die AG für Zinkindustrie, 15. April 1942.

Tabelle 16: Belegschaftsentwicklung (nur Arbeiter) in der Abteilung Duisburg-Großenbaum der Mannesmannröhren-Werke AG 1939-1945 (Monatsdurchschnittswerte)[93]

Stand	Gesamt-zahl	Deutsche Arbeiter		Deutsche gesamt	Sp. 4 in % von Sp. 1	Zivile ausl. Arbeiter[a]		Zivile Ausl. gesamt	Sp. 8 in % von Sp. 1	Kriegsgef. u. Militär-internierte	Sp. 10 in % von Sp. 1
		Männer	Frauen			Männer	Frauen				
	1	2	3	4	5	6	7	8	9	10	11
1939											
Juli	1574	1559	-	1559	99,0	15	-	15	1,0	-	-
Dez.	1440	1390	35	1425	99,0	15	-	15	1,0	-	-
1940											
Jan.	1501	1451	35	1486	99,0	15	-	15	1,0	-	-
April	1634	1427	192	1619	99,1	15	-	15	0,9	-	-
Juli	1659	1395	249	1644	99,1	15	-	15	0,9	-	-
Okt.	1647	1410	161	1571	95,4	15	-	15	0,9	61	3,7
1941											
Jan.	1752	1464	156	1620	92,5	15	-	15	0,9	117	6,7
April	1711	1429	166	1595	93,2	15	1	16	0,9	100	5,8
Juli	1663	1391	166	1557	93,6	15	1	16	1,0	90	5,4
Okt.	1650	1372	178	1550	94,0	15	1	16	1,0	84	5,1
1942											
Jan.	1579	1322	158	1480	93,7	16	1	17	1,1	82	5,2
April	1491	1254	143	1397	93,7	16	1	17	1,1	77	5,2
Juli	1430	1202	135	1337	93,5	16	1	17	1,2	76	5,3
Okt.	1610	1196	135	1331	82,7	124	91	215	13,4	64	4,0

Stand	Gesamt-zahl	Deutsche Arbeiter Männer	Deutsche Arbeiter Frauen	Deutsche gesamt	Sp. 4 in % von Sp. 1	Zivile ausl. Arbeiter a) Männer	Zivile ausl. Arbeiter a) Frauen	Zivile Ausl. gesamt	Sp. 8 in % von Sp. 1	Kriegsgef. u. Militär-internierte	Sp. 10 in % von Sp. 1
	1	2	3	4	5	6	7	8	9	10	11
1943											
Jan.	1563	1178	109	1287	82,3	129	84	213	13,6	63	4,0
April	1668	1140	186	1326	79,5	191	89	280	16,8	62	3,7
Juli	1672	1123	184	1307	78,2	216	87	303	18,1	62	3,7
Okt.	1810	1094	191	1285	71,0	224	90	314	17,3	211	11,7
1944											
Jan.	1868	1074	187	1261	67,5	271	130	401	21,5	206	11,0
April	1896	1076	192	1268	66,9	292	130	422	22,3	206	10,9
Juli	1862	1060	188	1248	67,0	262	147	409	22,0	205	11,0
Okt.	1953	1042	220	1262	64,6	463	172	635	32,5	56	2,9
1945											
Jan.	1897	991	196	1187	62,6	473	181	654	34,5	56	3,0
März	1194	981	188	1169	98,0	22	3	25	2,1	-	-

a) Die wenigen freiwilligen ausländischen Arbeitskräfte (maximal 22 Männer und drei Frauen [im März 1945]) sind in den Zahlen enthalten.

[93] Mannesmann-Archiv M 12.821.2 (Tabellen).

für Zinkindustrie erhielt sowohl deutsche als auch ausländische Ersatzarbeitskräfte; bei letzteren handelte es sich um 98 Ostarbeiterinnen.[94] Im Januar 1944 arbeiteten außer den Ostarbeiterinnen auch Polinnen bei Grillo, die bis Juni 1944 wieder ausgeschieden waren. Seit dem 1. November 1943 hatte Grillo 50 italienische Militärinternierte, *„überwiegend Bauern"*, die ausnahmslos angelernt werden mußten und vermutlich unmittelbar nach ihrer Überführung in den Zivilistenstatus am 1. September 1944 abgegeben wurden – dies wohl kaum freiwillig. Für August 1944 sind auch italienische Zivilarbeiter unbestimmter Zahl belegt. Von September 1944 bis zum lokalen Kriegsende im März 1945 verfügte Grillo noch über die Ostarbeiterinnen. Der höchste Stand der Belegschaft während des Krieges war etwa belief sich auf 850-900 Arbeiter in Hamborn und Oberhausen; der höchste Ausländeranteil wurde auf 25 Prozent geschätzt.[95] Die Zusammensetzung der „Gefolgschaft" des Werkes Hamborn der AG für Zinkindustrie am 1. Mai 1944 zeigt die folgende Tabelle:

Tabelle 17: Belegschaft der AG für Zinkindustrie (Werk Hamborn) am 1. Mai 1944[96]

	Deutsche Beschäftigte		Zivile ausländ. Arbeiter		Kriegs-gef.	Beschäftigte gesamt
	m	w	m	w		
Angestellte	56	40	-	-	-	96
Arbeiter	312	206	65	106	50	739
Gesamt	368	246	65	106	50	835

Im April 1943 waren die Ostarbeiterinnen u. a. im Zinkwalzwerk und in der Zinkbogenanlage tätig; weitere Einsatzorte für die ausländischen Arbeitskräfte waren die - eigentliche - Zinkhütte, die Zinkvitriolanlage, die Zinkbecheranlage, die Laugerei, die Drahtzieherei, die Strang- und Rohrpresse, der Prüfraum, die Steinfabrik, die Bauabteilung, die Schlosserei und die Eisenbahnabteilung.[97]

---

[94] Grillo-Archiv GAA 22; nach den Notizen zur Aufsichtsratssitzung am 30. Oktober 1942 (fol. 210-218) waren *„in den vergangenen sieben Monaten"* als Ersatz für 126 ausgeschiedene *„Gefolgschaftsmitglieder"* 80 Deutsche und 98 *„Russinnen"* eingetreten.
[95] Grillo-Archiv GAA 362, fol. 84 (Ausländerquote) u. fol. 120 (BIOS Evaluation Report No. 221: AG für Zinkindustrie vorm. Wilhelm Grillo, Duisburg-Hamborn [Druckschrift vom Dezember 1945]) für den Höchststand der Belegschaft; ferner GAA 375 (Vermerke zu Lohnsteuerzahlungen) und GAA 432 (zu den italienischen Militärinternierten).
[96] Grillo-Archiv GAA 108, fol. 316.
[97] Grillo-Archiv GAA 430, fol. 160f.; ferner Grillo-Archiv, Namenliste von Fremdarbeitern bei Grillo 1939-1945, mit 354 Namen und Hinweisen auf die Einsatzorte.

Die großen Duisburger Betriebe des *Maschinenbaues* und der *Metallverarbeitung*, zunächst die traditionsreiche DEMAG (Deutsche Maschinenfabrik AG) in Hochfeld, das benachbarte Panzerfahrzeugwerk der Deutsche Eisenwerke AG, die Eisenwerk Wanheim GmbH und das Werk der VDM Halbzeugwerke GmbH, aber auch kleinere Unternehmen wie die Didier-Werke AG, die Esch-Werke KG, Gebrüder Scholten und Emil Baltzer (Duisburg-Mitte), Josef Brand (Hamborn) und die Niederrheinische Maschinenfabrik GmbH (Meiderich), ferner zwei Werften im Gebiet der Duisburg-Ruhrorter Häfen, Ewald Berninghaus und die Meiderischer Schiffswerft, haben ausländische Arbeiter und Arbeiterinnen beschäftigt.[98] Zumindest das DEMAG-Stammwerk und das Panzerfahrzeugwerk der Deutschen Eisenwerke („Werk Stahlindustrie") waren höchst kriegswichtig. Der DEMAG-Konzern zählte wohl im Spätsommer 1944 750 zivile ausländische Arbeitskräfte in den Werken in Hochfeld und 215 bei der Greiferfabrik in Hamborn; Anfang 1945 sollen in allen Lagern der DEMAG zusammen etwa 1 000 Fremdarbeiter gelebt haben. Die Deutsche Eisenwerke AG verfügte in ihrem Panzerfahrzeugwerk in Hochfeld und in ihrer Gießerei in Meiderich im Spätsommer 1944 über rund 990 zivile ausländische Arbeitskräfte, also etwa über die gleiche Zahl wie die DEMAG.[99] Allerdings war bereits im Oktober 1943 ein Teil der Belegschaft des Hochfelder Werkes mit zivilen französischen Facharbeitern nach Teplitz-Schönau im Sudetenland verlegt worden, wo die Montage der Panzerwagen der Typen *Hornisse* und *Hummel* mit aus Duisburg und Brandenburg gelieferten Teilen ohne die ständige Luftgefährdung, die im Ruhrgebiet gegeben war, vonstatten ging.[100]

Das Eisenwerk Wanheim (EW) setzte von Sommer 1940 bis 1942 - nach eigenem Bekunden widerwillig - französische Kriegsgefangene ein, 1943/44 160 italienische Militärinternierte und 1944/45 sowjetische Kriegsgefangene. Im August 1940 kamen vom Arbeitsamt zugewiesene französische, belgische, niederländische und polnische zivile Arbeiter. Am 1. Januar 1941 zählte man 71, am 1. Januar 1943 230, am 1. Januar 1945 442 und bei Kriegsende 447 Westarbeiter und Polen. Im Februar 1942 wurden zivile Arbeiter aus der Sowjetunion eingestellt. Die Zahl der Ostarbeiter des EW betrug am 1. Januar 1943 622 und am 1. März 1945 noch 548; Ende März 1943 verfügte das Werk über 244 Ost-

---

[98] Für die meisten der genannten Unternehmen (VDM Halbzeugwerke, Baltzer, Berninghaus, Brand, Didier, Esch, Meiderischer Schiffswerft, Niederrheinische Maschinenfabrik, Scholten) ist die Beschäftigung von Ausländern nur durch Informationen über Lager belegt (s. die Belegstellen im Verzeichnis der Lager für zivile Arbeitskräfte, für Didier auch im Verzeichnis der Kriegsgefangenenlager).
[99] Weinmann (CCP), S. 120; für die DEMAG auch StADU 302/143, fol. 3f.: Verzeichnis ehemaliger und noch bewohnter Lager in Duisburg südlich der Ruhr (April 1945).
[100] Der Verlegungsvorgang ist dokumentiert in TKKA FWH/1697, FWH/1698, FWH/1699 und FWH/2426. Die deutschen und die französischen Arbeitskräfte des verlegten Betriebsteils bewohnten in Teplitz-Schönau je ein ehemaliges Hotelgebäude. Bei den aus Brandenburg gelieferten Teilen für die Panzerwagen handelte es sich um Ketten, die von der Altmärkisches Kettenwerk GmbH (Alkett) produziert wurden.

arbeiterinnen. Sowjetische Kriegsgefangene, 89 an der Zahl, erhielt das EW erst 1944 und somit recht spät. Sie waren ein teilweiser Ersatz für die abgezogenen italienischen Militärinternierten. Anfang 1945 lebten noch rund 1 000 zivile Ausländer in den Lagern des EW.[101] Der Anteil der Ausländer an der Gesamtbelegschaft des EW stieg von 6,4 Prozent im Jahre 1940 auf 14,7 Prozent (1941) und 28,8 Prozent (1942), erreichte 1943 mit 36,8 Prozent seinen höchsten Wert, sank dann auf 26,6 Prozent im Jahre 1944 und in den letzten Kriegsmonaten, Anfang 1945, sturzartig auf 1,2 Prozent.[102]

Ein dem Eisenwerk Wanheim an Bedeutung ähnlicher Betrieb war der Fried. Krupp Maschinen- und Stahlbau Rheinhausen, der 1941 als eigenständiges Unternehmen im Krupp-Konzern aus der Friedrich-Alfred-Hütte herausgelöst worden war. Die Zahlen der ausländischen Beschäftigten für die Zeit von September 1943 bis Februar 1945 sind in der Tabelle 19 angegeben. Der Maschinen- und Stahlbau hatte deutlich mehr ausländische Arbeiter als das Eisenwerk Wanheim, insbesondere mehr Kriegsgefangene. Die Differenzen zwischen Juli und September 1944 bei den beiden Kategorien gehen wahrscheinlich auf den Wechsel der italienischen Militärinternierten – hier offenbar 177 Mann – in den Zivilistenstatus zurück. Die höchste Zahl an zivilen Ausländern wurde nicht, wie bei den meisten Industriebetrieben, im Spätsommer 1944 erreicht, sondern mit über 1 400 Personen erst im Februar 1945, also kurz vor dem lokalen Kriegsende am 5. März. Der Grund hierfür könnte, wie im Fall der Friedrich-Alfred-Hütte, in einer Verlegung von Arbeitskräften aus den stark zerstörten Essener Krupp-Betrieben nach Rheinhausen zu finden sein.

Im Maschinenbau und in der metallverarbeitenden Industrie konnten nicht nur ausländische Facharbeiter, sondern auch ungelernte Arbeiter, die in einer Phase von einigen Wochen angelernt worden waren, häufig bei hochqualifizierten Tätigkeiten eingesetzt werden. Wie überall, waren zunächst vor allem Westarbeiter begehrt, weil man gegenüber Menschen aus der Sowjetunion in Vorurteilen befangen war, aber auch Ostarbeiter mußten bei der DEMAG oder dem Eisenwerk Wanheim nicht nur harte und primitive Arbeit tun. Zu ihren typischen Arbeitsplätzen gehörten Drehbank, Fräsbank, Hobelbank und Stanze. Der Maschinenbau machte beim Anlernen unerfahrener Arbeiter die besten Erfahrungen von allen Industriebranchen; hier war der statusmäßige Abstand zwischen Deutschen und Ausländern am geringsten und der Respekt der Deutschen vor den ausländischen „Kollegen" am größten. Die Anforderungen, die gestellt wurden, waren meist die gleichen. Zu den Einsatzbereichen im Eisenwerk Wanheim, das in großem Umfang von Friedens- auf Rüstungsproduktion umgestellt hatte, ge-

---

[101] StADU 302/143, fol. 3f.: Verzeichnis ehemaliger oder noch bewohnter Lager in Duisburg südlich der Ruhr.
[102] Zum Zwangsarbeitereinsatz im Eisenwerk Wanheim: Hildebrand, Wanheim-Angerhausen, S. 468-500; ferner TKKA VSt/652 (wie Anm. 64).

Tabelle 18:
Ausländische Arbeitskräfte beim Eisenwerk Wanheim 1940-1945
(Herkunft und Jahresdurchschnittszahlen)[103]

Jahr	1940	1941	1942	1943	1944	1945
Zivilarbeiter						
Belgier	10	7	21	17	10	-
Niederländer	54	44	55	63	15	-
Franzosen	26	23	165	108	14	-
Italiener	8	6	5	70	36	-
Polen	36	23	21	92	10	-
„Russen" (Emigranten)	10	7	5	4	1	-
Ostarbeiter	-	315	609	577	594	-
Jugoslawen	6	1	-	-	-	-
Sonstige und Staatenlose	31	30	53	31	4	-
Kriegsgefangene						
Franzosen	22	29	5	-	-	-
Sowjetische Kgf.	-	-	-	-	20	14
Ital. Milit.-Int.	-	-	199	150	-	-
Polizeigefangene						
div. Nationalität	-	-	-	-	23	2
Ausländer gesamt	203	485	1 138	1 112	727	16
Arbeiter gesamt	3 159	3 302	3 952	3 025	2 730	1 293
Ausländeranteil (%)	6,4	14,7	28,8	36,8	26,6	1,2

der eigentliche Maschinenbau (mit Geschoßbearbeitung), die Panzer- und U-Boot-Teilfertigung (hervorgegangen aus der Abteilung Stahl-Hoch- und Brückenbau), die Schienen- und Schwellenaufbereitung, die Gesenkschmiede, die Grubenstempelfabrik, die Kugelschmiede, ferner Graugießerei und Stahlgießerei mit der Geschoßhohlkörper-Produktion; Nebenbetriebe waren die Bauabteilung, der Elektrische Reparaturbetrieb, der Versandbetrieb und die Magazine. Wohl seit 1943 wurde täglich eine Gruppe von 10 bis 15 Ostarbeitern und italienischen Militärinternierten zusätzlich zu ihrer normalen Arbeit für eine Stunde zum Transport von Akten und Büchern in die Luftschutzbunker oder aus

---

[103] Die Zahlen nach Hildebrand, Wanheim-Angerhausen, Tabelle S. 495; Additionen und Quotenberechnung durch den Verf.

Tabelle 19: Ausländische Beschäftigte beim Fried. Krupp Maschinen- und Stahlbau Rheinhausen 1943-1945[104]

Zeitstand	Zivile ausl. Arbeitskräfte	Kriegs- gefangene	Ausländer gesamt
Sept. 1943	1271	273	1544
März 1944	1167	513	1680
Juni 1944	981	409	1390
Sept. 1944	1195	232	1427
Dez. 1944	1394	232	1626
Feb. 1945	1409	232	1641

den Bunkern in die Büros abgestellt.[105] Trotzdem konnte auch im Maschinenbau ein Teil der Fremdarbeiter nur mit „Hilfsarbeiten" betraut werden. Seit 1943 war das Problem des Einsatzes von ungelernten, industriefremden Arbeitern insofern gelöst, als jetzt nach den zahlreicheren Luftangriffen immer wieder Trümmer vom Werksgelände geräumt und Bombenschäden an Gebäuden, soweit möglich, ausgebessert werden mußten.

Zu den übrigen Industriebranchen konnten mangels Quellen keine fundierten Erkenntnisse über Beginn, Entwicklung und Modalitäten der Beschäftigung von Fremdarbeitern oder Kriegsgefangenen gewonnen werden; meist ist nur die Existenz eines Lagers belegt. Die Unternehmen der *Chemischen Industrie* in Alt-Duisburg (Chemische Fabrik Curtius AG, E. Matthes & Weber AG, Rütgerswerke AG, Gesellschaft für Teerverwertung mbH) und Homberg (Sachtleben AG für Bergbau und chemische Industrie), die Betriebe der Elektrotechnischen Industrie wie die Kabelwerk Duisburg AG, der quantitativ nicht mehr sehr bedeutenden Textilindustrie sowie die Niederlassung der Aschaffenburger Zellstoffwerke in Walsum haben zivile ausländische Arbeitskräfte eingesetzt. Für den August 1942 lassen sich die Ausländer-Quoten für die Branchen der (Alt-) Duisburger Wirtschaft aus einer Statistik des Arbeitsamtes berechnen; damals betrugen sie bei der Elektrotechnischen Industrie knapp 7 Prozent, bei der Chemischen Industrie 3,8 Prozent, bei der Textilindustrie und im Bekleidungsgewerbe 4,7 Prozent.[106] Bei der Gesellschaft für Teerverwertung in Meiderich war der Höchststand wohl im Herbst 1944 mit rund 180 Fremdarbeitern erreicht. Die Sachtleben AG unterhielt im Dezember 1944 ein Lager für zivile Fremdarbeiter mit 102 Bewohnern

---

[104] Nach Abelshauser, Rüstungsschmiede der Nation? (wie Anm. 83), S. 424f. (Tabelle 3.10).
[105] Hildebrand, Wanheim-Angerhausen, S. 481f.
[106] Die absoluten Zahlen sind in der Tabelle 2 (Kapitel 2) angegeben.

(79 Franzosen, 12 Italienern und 11 Niederländern).[107] Auch einige kleinere, wohl nicht kriegswichtige Industriebetriebe, etwa die Espera-Werke AG in Duissern, die Industrie- und Handelswaagen herstellte, die Blech- und Metallwarenfabrik Wilhelm Buller GmbH & Co. KG in Neudorf und die Geldschrankfabrik Hermann Verlohr jr. in Neudorf,[108] waren auf zivile Fremdarbeiter angewiesen.

In der *Bauwirtschaft* war es betriebswirtschaftlich relativ problemlos, freiwillig gekommene oder zwangsrekrutierte branchenfremde Ausländer einzusetzen, weil der weitaus größte Teil der Tätigkeiten auf den Baustellen relativ schnell gelernt werden konnte und die Beaufsichtigung der ausländischen Arbeiter nicht viel Arbeitszeit deutschen Personals beanspruchte. Die Beschäftigung von Ausländern ist bei den meisten größeren Bauunternehmen in Alt-Duisburg belegt (Karl Hitzbleck, Gebrüder Kiefer AG, Nebel & Fritzsche und Peter Fix Söhne in Duisburg-Mitte, Heinrich Hagen KG und die Arbeitsgemeinschaft Brüggemann-Laupner in Hamborn, Vollrath-Betonbau KG und Thermosbau Duisburg in Meiderich),[109] und man darf annehmen, daß alle Unternehmen dieser Größenklasse über Fremd- respektive Zwangsarbeiter verfügten, vor allem dann, wenn sie Bauten für kriegswichtige Industriebetriebe ausführten, wie z. B. die Vollrath Betonbau KG, die von November 1944 bis Februar 1945 für ihre Baustelle Ruhrchemie in Oberhausen-Holten, wo sie im Auftrag der Organisation Todt tätig war, Ostarbeiter zugewiesen bekam. Dies gilt auch für Homberg, wo die Bauunternehmung Wilhelm Maas OHG ein eigenes Kriegsgefangenenlager unterhielt, und für Rheinhausen.[110] In Alt-Duisburg betrug die Ausländer-Quote des Bauhaupt- und Baunebengewerbes schon im August 1942 knapp 16 Prozent.[111]

Ein reichsweit tätiges Bauunternehmen in der Rechtsform einer gemeinnützigen GmbH war die *Bauhilfe der Deutschen Arbeitsfront für den sozialen Wohnungsbau*, die hauptsächlich sogenannte Behelfsheime für Familien bauen soll-

---

[107] Gesellschaft für Teerverwertung mbH: Weinmann (CCP), S. 120; Sachtleben AG: StADU 22/1908.

[108] Zur Espera-Werke AG: AVG/BUR (Existenz eines Lagers). – Zu Buller: Schreiben der Wilhelm Buller GmbH & Co. KG an das Stadtarchiv Duisburg vom 31. Juli 2003. – Zu Verlohr: StADU 607/348; StADU, Best. 104, Standesamtsformulare (Ausländer) 1944; die Existenz eines Lagers für 100 Personen ist bei Weinmann (CCP), S. 120 belegt.

[109] Karl Hitzbleck: Weinmann (CCP), S. 120; Gebr. Kiefer AG: Weinmann (CCP), S. 120 und AVG/BUR; Nebel & Fritzsche: Ebd.; Peter Fix Söhne: Weinmann (CCP), S. 120; Heinrich Hagen KG: Weinmann (CCP), S. 414 und AVG/BUR; Arbeitsgemeinschaft Brüggemann-Laupner: Weinmann (CCP), S. 120; Arbeitsgemeinschaft Brüggemann-Vollrath: StADU 611/1704 (Kriegsgefangene); Vollrath Betonbau KG: StADU 302/129 und Weinmann (CCP), S. 120; Thermosbau Duisburg: StADU 302/129 und Best. 104, Standesamtsformulare (Ausländer).

[110] Zu Homberg s. die Belegstellen im Verzeichnis der Kriegsgefangenenlager; Rheinhausen: StADU 24/892 („*Auch viele der großen Bauunternehmen im Stadtgebiet hatten zivile Zwangsarbeiter und Kriegsgefangene*").

[111] Der Arbeitseinsatz im Rheinland. Mitteilungen des Landesarbeitsamtes Rheinland, Köln, Kriegsfolge 3 (1942), Übersichten 2, 3, 4 und 7; die absoluten Zahlen in Tabelle 2 (Kapitel 2).

te, die durch Luftangriffe ihre Wohnung verloren hatten. Die Bauhilfe verfügte dazu über größere Kontingente an Ostarbeitern.[112] Offenbar wurden die Bauhilfe-Arbeiter aber nicht nur im Wohnungsbau eingesetzt. Der Bauhof Essen der Bauhilfe jedenfalls stellte der Stadt Duisburg seit 1943 Ostarbeiter, Polen, Niederländer und sogenannte Volksdeutsche zur Verfügung, die das Amt für Sofortmaßnahmen wiederum Bau- und Handwerksbetrieben zuteilte, die Bombenschäden beseitigen sollten, darunter Zielkowski & Sohn (Hamborn), Arnold Dehnen (Meiderich), Franz Hecht & Co. und der Metallabteilung von Klöckner & Co., aber auch einem Schuhmacher- und Schuhreparaturbetrieb und nicht zuletzt auch anderen Dienststellen der Stadtverwaltung, die nach Luftangriffen Gebäude instandzusetzen oder Straßen und Höfe freizuräumen hatten. So konnte sich am 22. Januar 1943 der Rektor der Volksschule Neuenkamp im Bauhilfe-Lager in der Steinbart-Oberschule vier *„Russenfrauen"* abholen, die den Zugang zum Kohlenlager der Schule, der nach einem Luftangriff durch Trümmer verschüttet war, freilegen sollten. Der Rektor hatte eigentlich männliche Arbeiter gewünscht, wurde aber von den Frauen nicht enttäuscht: *„Sie griffen so fleißig zu, daß an diesem einen Tage die Trümmer weggeräumt und die Kokszufuhr wieder möglich war."*[113] Die Bauhilfe-Leute waren in mindestens fünf Lagern südlich der Ruhr untergebracht. Nach dem großen Luftangriff vom 14./15. Oktober 1944 überwies die Bauhilfe der DAF der Stadt Duisburg *„Arbeitskräfte für die Ausräumung der verschütteten Habseligkeiten der Ostarbeiter und Volksdeutschen des Lagers Diakonenhaus"*, das bei dem Angriff zerstört worden war, und für die *„Herrichtung eines neuen Lagers für die Ostarbeiter und Volksdeutschen"*.[114] Auch bei den sogenannten Schrottaktionen im November 1943 und im August und September 1944, die wahrscheinlich der Sammlung und Aufbereitung von Eisenschrott für die Hüttenwerke dienten, haben Bauhilfe-Leute mitgewirkt.

Es kann kaum verwundern, daß auch die beiden größten Unternehmen des Deutschen Reiches, *Reichsbahn* und *Reichspost*, die wie alle Bereiche des öffentlichen Dienstes immer mehr Stammpersonal an die Wehrmacht verloren (wobei jedoch die Reichsbahn nach Ansicht einiger Industrieller ziemlich geschont wurde), nicht ohne Fremdarbeiter oder Kriegsgefangene ausgekommen sind. Die Reichsbahn hat ihre zivilen ausländischen Arbeitskräfte in Duisburg in elf Lagern untergebracht, neun in Alt-Duisburg, einem in Rheinhausen und einem in Rumeln. Im letzten Kriegsjahr arbeiteten in der Güterabfertigung des Duisburger Hauptbahnhofes 285, auf dem Bahnhof Hochfeld-Süd 260, im

---

[112] BA Berlin R 3901/21510, fol. 47: Erlaß des Reichswohnungskommissars vom 24. Juni 1943.
[113] StADU 41/68: Schulchronik der Evangelischen Schule Neuenkamp.
[114] StADU 600/971: Rechnung der Bauhilfe vom 31. Dezember 1944.

Reichsbahn-Ausbesserungswerk Wedau 820 und in der Bahnmeisterei Trompet (Rheinhausen) 100 Ausländer.[115] Das Duisburger Hauptpostamt übernahm am 20. Februar 1941 78 belgische und französische Kriegsgefangene, die vorher bei der Feldpost eingesetzt gewesen waren. Sie bekamen Arbeitsplätze im Verladedienst auf dem Postbahnsteig und dem Eilgutbahnsteig des Hauptbahnhofes sowie am Förderband in der Packkammer. Das Lager der Kriegsgefangenen der Post befand sich im Saal einer Gastwirtschaft in Duissern (Felsenstraße 95). Im Juli 1943 wurden die französischen und belgischen Gefangenen in ein ziviles Arbeitsverhältnis überführt und erhielten eine neue Unterkunft in einer anderen Gastwirtschaft am Sternbuschweg in Neudorf. Von August bis Dezember 1942 wurden dem Hauptpostamt in mehreren Schüben insgesamt 95 Bedienstete der niederländischen Postverwaltung zugeteilt, die in denselben Bereichen wie die kriegsgefangenen Kollegen, außerdem auch in der Päckchenleitstelle arbeiteten. Nachdem einige der Niederländer wegen „Ungeeignetheit" oder Krankheit zu ihren Heimatpostämtern entlassen worden waren, verfügte das Hauptpostamt Duisburg am Jahresende 1942 über 89 niederländische Arbeitskräfte. Anscheinend am 31. Januar 1944 erhielt die Bauabteilung der Reichspost in Duisburg 50 sowjetische Kriegsgefangene, von denen 15 „vorübergehend" dem Postdienst zur Verfügung gestellt wurden.[116]

Der dritte Einsatzbereich für ausländische Arbeitskräfte im Verkehrssektor war der *Güternahverkehr* mit Lastkraftwagen. Als im März 1943 tausende, vor allem jüngere Beschäftigte der Straßengüterverkehrsbetriebe zum Kriegsdienst eingezogen werden sollten, drängte das Reichsverkehrsministerium als Fürsprecher der Unternehmen auf die Stellung von Ersatzkräften, da sonst *„die Aufrechterhaltung des Berufs- und kriegswichtigen Güterverkehrs gefährdet"* sei. Der Generalbevollmächtigte für den Arbeitseinsatz erteilte am 12. März 1943 den Landesarbeitsämtern Weisung, über die Arbeitsämter *„in möglichst großem Umfange den Betrieben des Straßenverkehrs Arbeitskräfte zur Verfügung zu stellen"*.[117] Für Alt-Duisburg liegen hierzu keine Quellen vor. In Rheinhausen haben seit dem Sommer oder Herbst 1943 zunächst sowjetische Kriegsgefangene im Be- und Entladedienst dazu beigetragen, den Gütertransport zu beschleunigen; offizieller Arbeitgeber für das Kriegsgefangenen-Arbeitskommando 179 R war die Stadt Rheinhausen. Anfang November 1943 wurden anscheinend die sowjetischen durch 26 französische Kriegsgefangene ersetzt. In Homberg arbeiteten seit dem 5. November 1943 14 oder 15 französische Kriegsgefangene im Ladedienst, die in einem Lager der Stadt Rheinhausen untergebracht waren und be-

---

[115] AVG/BUR und Schmidt/Burger (Hrsg.), Tatort Moers, S. 380f.
[116] StADU, Bibliotheksbestand S 722: Auszüge aus den hauseigenen Chroniken I und II des Postamtes zu Duisburg (Typoskript), Duisburg 1966, S. 36f.
[117] BA Berlin R 3901/20467: Der GBA an die Präsidenten der Landesarbeitsämter, 12. März 1943.

reits Ende Januar 1944 wieder abgezogen wurden.[118] Seit dem 9. August 1944 war das aus 20 italienischen Militärinternierten bestehende Arbeitskommando 191 I des Mannschafts-Stammlagers VI J in Krefeld-Fichtenhain im Ladedienst in Homberg tätig. Die Stadt trug die Kosten für Unterkunft, Lebensmittel, Desinfektions- und Reinigungsmittel, Schreibmaterial, Straßenbahn- und Verpflegungsgelder für die vier Wachleute (insgesamt rund 1 898 RM), stellte sie aber dem Regierungspräsidenten in Düsseldorf als dem Bevollmächtigten für den Güternahverkehr in Rechnung, der allerdings die Begleichung der Forderung bis 1948 schuldig blieb. Die Militärinternierten wurden am 1. September 1944 in den Zivilistenstatus überführt und arbeiteten bis zum Februar 1945 im Ladedienst für verschiedene kleinere Unternehmen. Auch ihre Löhne streckte die Stadtverwaltung vor, um dann den Einsatzbetrieben entsprechende Rechnungen zu schicken. Die Unternehmen waren anscheinend durchweg mit der Arbeitsleistung der Italiener zufrieden. Einige der italienischen Arbeiter der Homberger Kolonne wurden im September 1944 auch bei Rheinhausener Unternehmen beschäftigt.[119]

Von den *Reedereien* in Alt-Duisburg haben die Franz Haniel & Cie. GmbH und die Gesellschaft für Binnenschiffahrt an Bord ihrer Schiffe insgesamt etwa 250 Fremd- oder Zwangsarbeiter beschäftigt; darunter waren – was in Anbetracht der Duisburg-Ruhrorter Schiffahrtstraditionen kaum überrascht – viele Niederländer, die auch noch nach Kriegsende für die Unternehmen arbeiteten, während die Schiffer anderer Nationalität bis Mitte April 1945 ausschieden.[120] Es handelte sich wahrscheinlich zum Teil um freiwillig eingetretene Personen, zum Teil um Dienstverpflichtete. Die Rhenania Rheinschiffahrtsgesellschaft in Homberg soll sogar 420 Ausländer eingesetzt haben; dies ist freilich nur durch eine – nicht immer zuverlässige – Quelle verbürgt.[121]

Die *Städte und Gemeinden* haben im Zweiten Weltkrieg sowohl für eigene Zwecke (wie den Trümmerräumdienst, den Bau von Luftschutzräumen, die Müllabfuhr und die Arbeiten auf den Kommunalfriedhöfen) als auch für den Bedarf von Handwerksbetrieben, vor allem des Bauhandwerks, ausländische Arbeitskräfte angefordert und erhalten. Letzteres war in der Tatsache begründet, daß die kleineren Bau- und Handwerksunternehmen, die die Hauptlast bei der

---

[118] Die Vorgänge in StADU 24/892 und StADU 22/1095.
[119] Zum Be- und Entladedienst in Homberg: StADU 22/1100 und 22/1104: Beschäftigung italienischer Arbeiter, 1943-1948. Der Inhaber des Unternehmens Großtank Rheinhausen Wilhelm Ohletz bescheinigte unter dem 22. September 1944 der Stadtverwaltung Homberg, den italienischen Zivilarbeiter Aldo Miletti an zwei Tagen insgesamt 16¼ Stunden beschäftigt zu haben; Ohletz bat die Stadtverwaltung, den erkrankten oder durch einen Unfall arbeitsunfähig gewordenen Italiener *„nach seiner Wiederherstellung wieder nach hier zu meinem Betrieb zu schicken"*.
[120] Weinmann (CCP), S. 410.
[121] Ebd.

Behebung von Bombenschäden trugen, nicht imstande waren, eigene Lager für Ausländer einzurichten. Die Gemeinden nahmen diesen Betrieben die Sorge für die Unterkünfte und die Beköstigung der Arbeiter ab und vermieteten faktisch die Fremdarbeiter und Kriegsgefangenen an die Einsatzbetriebe. Dieses System soll später für Duisburg genauer untersucht werden. Zunächst aber geht es um den Einsatz von Fremdarbeitern für eigene Aufgaben der Gemeinden, der sich sowohl in Alt-Duisburg als auch in den 1975 eingemeindeten Städten, jedenfalls im Vergleich mit anderen Großstädten, auch innerhalb der rheinisch-westfälischen Region, in recht engen Grenzen hielt. Offenbar hat die Stadtverwaltung Duisburg erstmals im November 1940 Kriegsgefangenenarbeit in Anspruch genommen, nachdem am 13. und 14. November ein orkanartiger Sturm große Bruchschäden in den Wäldern angerichtet hatte. Zum Räumen des Bruchholzes mußten, wie es im Verwaltungsbericht für die Jahre 1939-44 heißt, *„Wehrmachtsangehörige und später Kriegsgefangene eingesetzt werden"*.[122]

Die ersten zivilen Fremdarbeiter bei der Stadtverwaltung Duisburg waren anscheinend einige wenige Frauen verschiedener Nationalität, darunter zwei Niederländerinnen und eine jugoslawische Staatsangehörige, die seit Juli 1941 in den Städtischen Krankenanstalten arbeiteten, zum Teil aber vor dem April 1942 wieder ausschieden. Mit größter Wahrscheinlichkeit sind diese Frauen keine Zwangsarbeiterinnen gewesen. Im Juni 1942 stellte die Stadt sechs Ostarbeiterinnen als Hausgehilfinnen für das Krankenhaus an der Papendelle ein, bis Ende September kamen zwei weitere hinzu.[123] Bis Mitte 1943 fiel die Beschäftigung ziviler Ausländer bei der Stadt zahlenmäßig kaum ins Gewicht; dann jedoch führten die Folgen der verstärkten Luftangriffe in eine neue Größenordnung. Die zivilen ausländischen Arbeiter bei den Stadt- und Gemeindeverwaltungen wurden hauptsächlich zur Schutträumung und zur Beseitigung von Bombenschäden an Gebäuden und Straßen eingesetzt. Diese Arbeiten, die in Alt-Duisburg wohl zunächst vom Hochbauamt, seit Ende Juli 1942 von dem damals geschaffenen *Amt für Sofortmaßnahmen* (Amt 19/5)[124] koordiniert wurden, waren oft lebensgefährlich. Belegt ist der Fremdarbeiter-Einsatz beim Amt für Sofortmaßnahmen erstmals für November 1943, als 53 Ostarbeiter eingestellt wurden.[125] Seit Ende Mai 1943 arbeiteten drei Ostarbeiter im städtischen Fuhrpark und seit Juli 1943 etwa 20, später 24 Ostarbeiterinnen im Friedhofsdienst. Am 17. August 1943 stellte die Stadt den 1899 geborenen Russen Fedor Gorbunow als Schuhmacher ein. Im April 1944 beschäftigte die Stadtverwaltung Duisburg unmittelbar 77 zivile Arbeitskräfte aus der Sowjetunion (25 beim Amt für Sofortmaßnahmen,

---

[122] Verwaltungsbericht Duisburg für 1939-44, S. 183; die Nationalität der Kriegsgefangenen ist nicht bekannt.
[123] Nachrichten darüber in StADU 103/1911: „Ostarbeiterinnen" und 503/603: „Beschäftigung von Ausländerinnen".
[124] Vgl. dazu Kapitel 2.
[125] StADU 103/1852: Vermerk des Amtes für Sofortmaßnahmen vom 4. August 1944.

acht in den Krankenanstalten, vier im Waisenhaus Hamborn, 25 auf dem Waldfriedhof und 15 im Fuhrpark).[126] Von den 25 Arbeitskräften auf dem Waldfriedhof waren 24 ukrainische Frauen, zu denen insgesamt 16 Kinder gehörten. Im Januar 1945 verfügte die Leitung des Waldfriedhofes noch über 17 bis 18 Ostarbeiterinnen und zwei bis drei Ostarbeiter. Das Amt für Sofortmaßnahmen, dessen Ostarbeiter in einem Quartier in der Beguinengasse in der Altstadt untergebracht waren, hat zwischen November 1943 und April 1944 28 Ostarbeiter abgeben müssen.[127] Die Duisburger Versorgungs- und Verkehrsbetriebe, nämlich die Stadtwerke und die 1940 gegründete Duisburger Verkehrsgesellschaft AG, waren in den letzten Kriegsjahren ebenfalls auf ausländische Arbeitskräfte angewiesen.[128]

Der Stadtverwaltung Homberg fehlten spätestens seit der Jahreswende 1941/42 Arbeitskräfte für die Wege- und Kanalunterhaltung, die Müllabfuhr und die Friedhofsarbeiten. Sie beantragte daher Kriegsgefangene, erhielt aber zunächst keine Zuweisung. Erst an Weihnachten 1942 kam Abhilfe in Gestalt von 25 sowjetischen Kriegsgefangenen, die von Ende Dezember 1942 bis zum 2. November 1944 von der Stadt Homberg „in eigener Regie" beschäftigt wurden; zwei von ihnen waren bei der Müllabfuhr tätig, vier bis sieben beim Hochbauamt, zwei bei den Stadtwerken und einer anscheinend bei der kommunalen Polizei. Ein italienischer Militärinternierter hat Ende August 1944 im Auftrag der Stadt kurzzeitig Bombenschäden an der Hindenburgallee beseitigt. Kriegsgefangene westlicher Staaten hat die Stadt Homberg nach einer Mitteilung des Stadtdirektors an die Militärregierung im Jahre 1947 nicht beschäftigt. Dabei wurde jedoch übersehen, daß zumindest im November und Dezember 1943 zwei von den 14 oder 15 französischen Kriegsgefangenen, die eigentlich im Be- und Entladedienst im Güternahverkehr arbeiten sollten und dort die abgezogenen sowjetischen Kriegsgefangenen ersetzt hatten (s. o.), zur Müllabfuhr und weitere Franzosen auch zum

---

[126] StADU 103/1852: Vermerk des Personal- und Lohnamtes (Amt 12/3) vom 12. April 1944; StADU 103/1915: Aufstellungen zum 1. resp. 16. April 1944.

[127] StADU 103/1852; die Akte enthält 22 Personalbögen des Arbeitsamtes von Ostarbeiterinnen (mit Paßbildern). Die Beschäftigung von Ostarbeitern beiderlei Geschlechts im kommunalen Friedhofsdienst war offenbar schon Mitte 1942 weit verbreitet. Im September 1942 veröffentlichte die Zeitschrift *Der Friedhof* einen *Der Ostarbeiter, seine Behandlung und Entlohnung* betitelten Artikel von Oberrentmeister Hoppe in Berlin (Auszug in StADU 103/1852 vorhanden).

[128] Nach dem Verwaltungsbericht der Stadt Duisburg für 1939-44 wurden „*in den letzten Kriegsjahren [...] in geringem Umfang auch ausländische Staatsangehörige bei den* [Stadt-]*Werken beschäftigt*" (S. 196). Vgl. dazu Walter Ring, Von der Öllaterne zur Leuchtstoffröhre. Duisburger Energie- und Wasserversorgung seit hundert Jahren. 1854-1954, Duisburg (Selbstverlag der Stadtwerke) 1954; ferner StADU 302/143. – Zur Duisburger Verkehrsgesellschaft AG: StADU 302/143; aus einer Mitte bis Ende April 1945 in der Stadtverwaltung angefertigten Aufstellung von Lagern im Gebiet südlich der Ruhr geht hervor, daß die DVG vielleicht bis zum Kriegsende, gewiß aber bis zur Bombenzerstörung ihrer „*Baracke am Grunewald*" 80 ausländische Arbeitskräfte beschäftigte.

Dienst im Hochbauamt und im Quartieramt eingeteilt worden waren. Das Testat von 1947 konnte sich formal auf die Tatsache stützen, daß die 14 oder 15 französischen Kriegsgefangenen *„auf Rechnung der Stadt Rheinhausen"* beschäftigt gewesen und an Homberg nur ausgeliehen worden waren. Anscheinend konnten die Stadtverwaltungen von Rheinhausen und Homberg sowohl die sowjetischen als auch später die französischen Kriegsgefangenen nur dann in Anspruch nehmen, wenn temporär einmal keine Arbeitsmöglichkeit im Ladedienst gegeben war.[129] Anfang 1945 arbeiteten in Homberg 213 „italienische Arbeiter", die der Stadtverwaltung *„zur Beseitigung von Fliegerschäden [...] zugewiesen worden"* und in einem *„Gemeinschaftslager auf der Schachtanlage Rheinpreussen III untergebracht"* waren.[130] Ob es sich hier um Zwangsarbeiter oder um freiwillig gekommene Arbeiter handelte, läßt die Quelle offen; wahrscheinlich waren die Italiener ehemalige Militärinternierte.

Für die Stadtverwaltung Duisburg war auch mindestens eine „Arbeitskolonne" aus jüdischen Zwangsarbeitern tätig, nachweislich in der Trümmerbeseitigung und im Fuhrpark. Die Quellenlage zu diesem Teilphänomen der Zwangsarbeit ist für Duisburg sehr schlecht. So läßt sich nur feststellen, daß das Arbeitsamt Duisburg der Stadtverwaltung, vermutlich auf deren Antrag hin, Anfang März 1943 12 *„beschäftigungslose Juden zur Arbeitsleistung"* überwies, die vom Tiefbauamt 1 (Straßenbau) übernommen wurden und seit dem 9. März mit der Entfernung von Schutt von den Straßen und *„sonstigen Kriegsschädenarbeiten an den Straße und Plätzen"* betraut waren, später aber zum Fuhrpark versetzt werden sollten, wo ihre Verwendung im März noch nicht möglich war. Vermutlich wurde die Versetzung zum Fuhrpark vorgesehen, weil die Arbeit dort etwas anspruchsvoller war und eine nicht ganz so krasse Vergeudung von Intelligenz und Fertigkeiten der aus ihren erlernten Berufen herausgerissenen jüdischen Zwangsarbeiter bedeutete wie das Trümmerräumen.[131] Die wöchentliche Arbeitszeit der Kolonnenarbeiter betrug 56 Stunden. Schon am 31. März mußte die Stadtverwaltung auf Wunsch des Arbeitsamtes vier der zwölf Männer an die Ziegelei Schäfersnolte im Serm abgeben. Am 23. Juli 1943 wurde einer der städtischen Arbeiter, Alex Meyer, verhaftet; sein Weg führte nach Auschwitz, wo er ermordet wurde. Am 18. September 1944 verhaftete die GESTAPO weitere vier Mitglieder der Arbeitskolonne, die mit „arischen" Frauen verheiratet waren und Kinder hatten; diese etwas privilegierten jüdischen Zwangsarbeiter wurden in

---

[129] Die Fakten in StADU 22/722, 22/1095 (mit dem Schreiben des Stadtdirektors von Homberg an die Militärregierung vom 15. Oktober 1947), 22/1100 und 22/1103.
[130] StADU 22/1908: Der Bürgermeister von Homberg an die Wirtschaftsabteilung (wohl des Landratsamtes in Moers), 2. Februar 1945.
[131] StADU 103/1852: Vermerk des Personal- und Lohnamtes (Amt 12/3) vom 10. März 1943.

das KL Theresienstadt deportiert, wo zumindest drei von ihnen die nationalsozialistische Diktatur überlebten. Zwei weitere Kolonnenarbeiter schieden am 26. September 1944 mit ihrer Verhaftung aus dem Dienst; von ihnen hat einer die Verfolgung überlebt, das Schicksal des anderen ist ungewiß.[132]

Zu den Zwangsarbeitern der Stadtverwaltung Duisburg gehörten zwar nicht rechtlich, jedoch faktisch auch die Häftlinge in dem im Frühherbst 1942 als Außenlager des Konzentrationslagers Sachsenhausen eingerichteten KL Meiderich-Ratingsee, das sich an der westlichen Seite der Emmericher Straße, nördlich der Kornstraße, befand; es handelte sich um ein ehemaliges Barackenlager des Reichsarbeitsdienstes. Im Oktober 1942 kamen rund 400 Häftlinge der damals als Außenkommando von Sachsenhausen gebildeten I. SS-Baubrigade in dieses Lager, das im Februar 1943 der III. SS-Baubrigade unterstellt und fortan als Außenkommando des KL Buchenwald geführt wurde. Die Duisburger KL-Häftlinge, deren tägliche Arbeitszeit seit 1943 elf Stunden betrug (an sechs Tagen pro Woche), wurden auf Abruf des Amtes für Sofortmaßnahmen meist unmittelbar nach Bombenangriffen zu Aufräumarbeiten eingesetzt, einmal auch außerhalb Duisburgs, und zwar in Remscheid (Ende Juli / Anfang August 1943). Als die am 18. September 1942 aufgestellte III. SS-Baubrigade, ein Kommando des KL Buchenwald, das Lager von der I. Baubrigade übernahm, zählte es offiziell 342 deutsche und ausländische (vor allem sowjetische und polnische) Häftlinge, von denen neun flüchtig waren. Bei der Übergabe des Lagers von der I. an die III. Baubrigade am 21. Februar 1943 waren vier Vertreter der Stadtverwaltung anwesend. Die III. SS-Baubrigade zählte im Juli 1943 1 661 Häftlinge; das Duisburger Außenkommando umfaßte demnach mit knapp 400 Häftlingen zu diesem Zeitpunkt ein Viertel ihrer Gesamtstärke.

Die Ausbeutung der Arbeitskraft der Häftlinge geschah ohne Rücksicht auf ihre physische Verfassung; nur bei sehr schweren Erkrankungen wurden die Betroffenen in das zum Lager gehörende Krankenrevier oder in ein Krankenhaus überwiesen. Die Stadt zahlte dem SS-Wirtschafts-Verwaltungshauptamt in Berlin für den Tageseinsatz eines Häftlings Preise von 4 RM (für einen Hilfsarbeiter) oder 6 RM (für einen Facharbeiter). Man war mit der Leistung der Baubrigade sehr zufrieden, wie Oberbürgermeister Hermann Freytag am 19. November 1942 an Himmler persönlich schrieb. Zweck des Briefes war es, den damals drohenden Abzug des Außenkommandos am 15. Dezember abzuwenden, was auch gelang. Freytag versicherte dem Reichsführer SS, die Stadt Duisburg sei *„laufend bemüht, ihren auf sich genommenen Verpflichtungen für die Versorgung und Betreuung der Häftlinge in bestmöglichster Form nachzukommen"*.

---

[132] Aktenstücke in StADU 103/1852 sowie Günter von Roden, Geschichte der Duisburger Juden, 2. Teilband (Duisburger Forschungen, 34. Bd., Teil 2), Duisburg 1986, S. 884f.; zu den persönlichen Schicksalen, soweit sie aufzuklären waren, s. ebd. die von Rita Vogedes besorgte Namenliste (ein Katalog von Kurzbiographien).

Nachdem das KL-Außenlager bei dem Luftangriff am 27. April 1943 – also nur rund zwei Monate nach der Übernahme durch die III. SS-Baubrigade – vollständig zerstört worden war, entschieden die Verantwortlichen (neben der Leitung der Baubrigade in Köln vermutlich auch die Duisburger Stadtverwaltung), die Anlage nicht wiederaufzubauen. Stattdessen zog der Duisburger Teil der Brigade in das bereits 1942 teilweise zerstörte Anwesen der Diakonenanstalt am Kuhlenwall in der Stadtmitte. In den noch benutzbaren Wirtschaftsgebäuden der Anstalt waren im Sommer 1943 knapp 400, im folgenden November jedoch fast 1 000 und im Frühjahr 1944 mehr als 800 Häftlinge untergebracht. Am 10. Mai 1944 zog die SS sämtliche Häftlinge von Duisburg ab und verlegte sie zu einer Eisenbahnbaustelle nach Wieda im Harz (Kapitel 2).[133]

Seit 1943 hat sogar ein Dienstzweig der staatlichen Polizei in Duisburg, und zwar die *Luftschutzpolizei* mit dem *Sicherheits- und Hilfsdienst* (SHD), arbeitswillige und – im Sinne des NS-Regimes – zuverlässige, d. h. nicht feindselig eingestellte Arbeiter aus der Sowjetunion sowie möglicherweise auch Franzosen und Italiener beschäftigt. Diese Ausländer ersetzten die deutschen Luftschutz-Polizisten, die vor ihrer Einberufung als „Fach- und Schlüsselkräfte" in Betrieben der Rüstungsindustrie gearbeitet hatten und nun, 1943, in die Rüstungsunternehmen zurückgeführt worden waren, wo sie auch verbleiben sollten. Um den Ersatz für die Luftschutzpolizei kümmerten sich die Rüstungsinspektionen und die Gauarbeitsämter.[134] Spätestens seit Dezember 1943 und wahrscheinlich bis zum Kriegsende fungierten in Duisburg „Russen" als „Schutzmänner" (d. h. Hilfspolizisten), Feuerwehrmänner oder Kraftfahrer bei der Luftschutzpolizei, z. B. in Wanheimerort, Wedau und Alt-Hamborn. Es handelte sich anscheinend zu einem großen Teil um verheiratete Ostarbeiter, deren Ehefrauen ebenfalls im Luftschutz oder bei der Stadtverwaltung arbeiteten, etwa im Friedhofsdienst auf dem Waldfriedhof; mehrfach gehörten aber Mann und Frau zu verschiedenen, räumlich weit voneinander entfernten Luftschutz-Bereitschaften wie Wanhei-

---

[133] Zum Konzentrations-Außenlager Meiderich-Ratingsee / Diakonenanstalt Duisburg und seinen Häftlingen: StADU 41/302 sowie 100/17 b, fol. 333: Fragebogen zu KZ und Arbeitslagern (dort die Behauptung, es hätte in Duisburg kein KL gegeben, *„wohl aber ein Arbeitslager"* mit Insassen aus dem Lager Buchenwald); Annelie Klother, Wider das Vergessen: KZ-Außenlager in Duisburg, in: Rudolf Tappe u. Manfred Tietz (Hrsg.), Tatort Duisburg, Bd. 2, Essen 1993, S. 634-637; Fings, Messelager Köln, S. 102-106; Fings, „Not kennt kein Gebot", S. 71-73 (mit dem Zitat des Briefes von Freytag an Himmler); Kaminsky, Dienen unter Zwang, S. 152f. – Zum weiteren Schicksal der Häftlinge nach dem Abzug aus Duisburg: Arbeitsgemeinschaft Spurensuche in der Südharzregion (Hrsg.), Der Bau der Helmetalbahn. Ein Bericht von der Eisenbahngeschichte, den KZ-Außenlagern der SS-Baubrigaden, der Zwangsarbeit im Südharz in den Jahren 1944-45 und den Evakuierungsmärschen im April 1945, Duderstadt 2000.

[134] TKKA VSt/647: Erlaß des Reichsführers SS und Chefs der Deutschen Polizei vom 1. März 1944 (Abschrift), mit Vermerk des Generalsekretariats der Vereinigte Stahlwerke AG vom 9. April 1944.

merort und Alt-Hamborn. Im Januar 1944 wurde in Wedau ein Ausbildungs-Lehrgang für den Luftschutz veranstaltet, an dem auch Frauen teilnahmen.[135]

Die Stadtverwaltungen von Alt-Duisburg, Rheinhausen und Homberg beschäftigten nicht nur „eigene" Fremdarbeiter, sondern übernahmen auch die Unterbringung und Verpflegung von Kriegsgefangenen und zivilen Arbeitskräften, die für kleinere Unternehmen, besonders für Betriebe des Bauhandwerks, tätig waren. Die Aufgaben dieser Arbeiter waren fast durchweg die Beseitigung von Bombenschäden an Wohn- und Geschäftshäusern und der bombensichere Ausbau von Kellerräumen. Kriegsgefangene waren zu diesem Zweck seit August 1940 in je 600 Mann starken *Bau- und Arbeitsbataillonen*[136] oder, wenn es sich um Dachdecker und Facharbeiter des Glaser- und Fensterschreiner-Handwerks handelte, in *Dachdecker-* oder *Glaserbataillonen* zusammengefaßt. Die Glaserbataillone mit drei bis vier Kompanien zu je 150-200 Mann sollten nach Luftangriffen mit größeren Glasschäden eingesetzt werden.

Die Wohnlager für diese kriegsgefangenen Handwerker wie auch für zivile Arbeitskräfte mit denselben Einsatzaufgaben wurden von den Stadtverwaltungen eingerichtet und unterhalten. Die Städte kamen für die Betriebskosten (Heizung, Strom und Wasserversorgung) auf, stellten diese Kosten aber den Handwerks- und Bauunternehmen in Rechnung. Auch die Wachmannschaften für Ostarbeiterlager mußten die Stadtverwaltungen stellen, während bei Kriegsgefangenen die

---

[135] Acht Fälle in 1944: (1) „*Russe*", Tischler von Beruf, tätig als Schutzmann bei der Luftschutzpolizei in Duisburg-Wedau seit dem 21. Dezember 1943, seine Ehefrau Arbeiterin; als Wohnort der Ehefrau ist „*Ausbildungslager Duisburg-Wedau, Admiral von Hipper-Straße 6*" angegeben (Januar); (2) „*Russe*", Maschinist von Beruf, tätig bei der Luftschutzpolizei Duisburg, seine Ehefrau „*Arbeiterin*"; Aufenthaltsort der Ehefrau: „*Ausbildungslehrgang, Duisburg-Wedau*" (Januar); (3) „*Russe*", tätig als Kraftfahrer bei der Luftschutzpolizei in Wedau, seine Ehefrau (auch Mutter eines [?] Kindes) ohne Beruf, Aufenthaltsort der Ehefrau: „*Ausbildungslehrgang Duisburg-Wedau*" (Februar); (4) „*Russe*", tätig als Feuerwehrmann beim Polizeipräsidium, seine Ehefrau Arbeiterin bei der Stadtverwaltung; Wohnort der Ehefrau: Lager Neuer Friedhof (März); (5) „*Russe*", tätig bei der Polizei (SHD Duisburg), seine Ehefrau Küchenhilfe im Katholischen Gesellenhaus Hamborn-Marxloh (gemeint ist wohl das Kolpinghaus an der Diesterwegstraße), dort auch Wohnsitz der Ehefrau (August); (6) „*Russe*", tätig bei der Luftschutzpolizei, 3. Bereitschaft Duisburg (Schule an der Eschenstraße in Wanheimerort), seine Ehefrau bei der 4. Bereitschaft in Duisburg-Hamborn, Parallelstraße 20 (August); (7) „*Russe*", tätig bei der Luftschutzpolizei, seine Ehefrau bei der Stadtverwaltung, Amt für Sofortmaßnahmen; Wohnort der Ehefrau: Lager Kolpinghaus Duisburg-Hamborn (September); (8) „*Russe*", tätig bei der Luftschutzpolizei, seine Ehefrau „*Arbeiterin*" bei der „*4. Bereitschaft Duisburg-Hamborn*"; Aufenthaltsort der Ehefrau: „*Ausbildungslehrgang Wedau 1944*" (Dezember). Ein Fall in 1945: Staatsangehöriger der Sowjetunion, Rottwachtmeister bei der Luftschutzpolizei, seine Ehefrau ohne Beruf (März). Angaben nach: StADU, Best. 104, Standesamtsformulare (Ausländer): Geburten 1944 und 1945.

[136] Zu den Kriegsgefangenen-Bau- und Arbeitsbataillonen und Differenzen zwischen der Wehrmacht und dem Reichsarbeitsministerium über deren Einsatz: BA Berlin R 3901/20167; es wurden zunächst 18, dann weitere 24 Bau- und Arbeitsbataillone gebildet.

[137] Zum System der Beschäftigung von Kriegsgefangenen in Arbeitsbataillonen und zur Finanzierung und Unterhaltung der Lager für solche Einheiten vgl. die Kapitel 1 und 4.

Wehrmacht für die Bewachung zuständig war.[137] Im Sommer und Herbst 1942 ergaben sich mehrmals Verzögerungen bei der Verlegung von Einheiten nach Duisburg durch das Fehlen von Stacheldraht, der zur Umzäunung der Lager vorgeschrieben war und auf dessen Anbringung die Wehrmacht bestand, während die Stadt im Interesse einer möglichst raschen Zuführung der Einheiten darauf verzichten wollte.[138] Die Stadt Duisburg hat im Laufe des Krieges etwa neun Kriegsgefangenen- und vier Zivilarbeiter-Lager für den Bedarf der Handwerks- und kleineren Bauunternehmen geschaffen, die Stadt Rheinhausen mindestens zwei Zivilarbeiter-Lager und die Stadt Homberg zwei Kriegsgefangenen- und drei oder vier Zivilarbeiter-Lager. Die Einsatzplanung und die Verteilung der Arbeiter auf die einzelnen Betriebe geschah durch die Fachämter der Stadtverwaltungen (in Duisburg das Amt für Sofortmaßnahmen) in Abstimmung mit den Kreishandwerkerschaften, bei den Kriegsgefangenen-Einheiten auch im Einvernehmen mit den Bataillons- und Kompanieführern. Nicht nur bei der Disposition über die zivilen Arbeiter, sondern auch bei der Steuerung des Einsatzes der Dachdecker- und Glaserbataillone wirkte die Duisburger Kreishandwerkerschaft mit, was kaum verwundern, wenn man bedenkt, mit welcher Gier so viele traditionelle Institutionen danach strebten, an den kriegswirtschaftlichen Innovationen und Möglichkeiten, die der nationalsozialistische Staat geschaffen hatte, beteiligt zu werden.

Durch Befehl des Oberkommandos des Heeres vom 11. Februar 1941 wurde Duisburg zum Standort des Kriegsgefangenen-Glaserbataillons 6 bestimmt, das zu den ersten vier Einheiten seiner Art gehörte und dessen Einsatzbereich das ganze rheinisch-westfälische Industriegebiet, das Münsterland, den Niederrhein und den Raum Köln-Aachen-Bonn umfaßte. Aber erst am 15. Juni 1941 kamen die drei Kompanien des Bataillons nach Duisburg, die in Gastwirtschaften im südlichen Stadtgebiet einquartiert wurden; im Winter 1941/42 folgte eine vierte, neu aufgestellte Kompanie.[139] Im April 1941 war das Kriegsgefangenen-Bau- und Arbeitsbataillon 33 in Duisburg tätig,[140] über das die Quellen sonst nichts weiter aussagen. Am 19. Oktober 1941 erhielt die Stadt die erste, zweite und dritte Kompanie des aus französischen Gefangenen bestehenden Bau- und

---

[138] StADU 600/972: Der Oberbürgermeister (als Leiter der Sofortmaßnahmen) an Ministerialrat Quecke, Berlin, 18. September 1942 (Telegramm); Der Oberbürgermeister an den Pionier-Baustab Ruhr, 22. September 1942.

[139] Das Glaserbataillon 6 (diese Benennung bezog sich auf den Wehrkreis VI) war das zweite Glaserbataillon im Reich überhaupt, das erste wurde im Februar 1941 in Berlin aufgestellt; dazu StADU 600/972 und 600/973, ferner BA Berlin R 3901/20167, fol. 79f.: Der Reichsarbeitsminister an die Präsidenten der Landesarbeitsämter, 21. Februar 1941, und fol. 109ff.: Vermerk des Reichsarbeitsministeriums vom 11. März 1941; außerdem R 3901/20169, fol. 5: OKH [Chef der Heeresrüstung] an den Reichsarbeitsminister, 17. November 1941, und fol. 15: OKH [Chef der Heeresrüstung] an den Reichsarbeitsminister, 3. Dezember 1941.

[140] StADU 600/973; ferner BA Berlin R 3901/20167, fol. 161ff.: Der Präsident des Landesarbeitsamtes Rheinland an den Reichsarbeitsminister, 31. März 1941.

Arbeitsbataillons 7 (insgesamt 600 Mann ohne das deutsche Wachpersonal), für dessen Unterbringung die Stadtverwaltung verschiedene Gastwirtschaften in Duisburg-Mitte zu Lagern ausbaute: die *Union* (Dellplatz 16), den *Burgacker-Saal* (Bauschenstraße) und das *Parkhaus Grunewald* (Düsseldorfer Straße) sowie in Duisburg-Süd das *Schützenhaus Wedau* am Kalkweg, wo anscheinend die Bataillonsführung lag. Die Arbeiter der 1. Kompanie (Union) wurden auf 18 Handwerksbetriebe, die der 2. Kompanie (Burgacker) auf 24 und die der 3. Kompanie (Parkhaus Grunewald) auf 25 Betriebe verteilt. Bis Mai 1942 nahmen auch das Forsthaus Ashauer an der Düsseldorfer Straße und nördlich der Ruhr das Katholische Vereinshaus in Laar sowie das ehemalige Gebäude des Hamborner Stadttheaters in Bruckhausen (s. u.) Kriegsgefangenen-Formationen auf, die nach Disposition durch die Stadtverwaltung und die Kreishandwerkerschaft in Handwerksbetrieben arbeiteten.[141]

Mitte März 1942 traf die 2. Kompanie des inzwischen aufgestellten Glaserbataillons 12 mit französischen Gefangenen und 46 Mann Wehrmachtspersonal in Duisburg ein, die das ehemalige Große Haus des Hamborner Stadttheaters an der Kronprinzenstraße bezog und sich noch im August 1943 dort befand.[142] Im Frühjahr 1942 leistete die 2. Kompanie des Kriegsgefangenen-Bau- und Arbeitsbataillons 5 (mit Sitz in Kassel) *„Katastrophenhilfe"* in Duisburg.[143] Vom 3. Oktober 1942 bis zum 26. Juni 1943 war die 4. Kompanie des Bau- und Arbeitsbataillons 3 unter dem Kommando eines Hauptmanns Blumenthal in Hamborn bei der Reparatur von Bombenschäden eingesetzt. Noch vor dem Abrücken dieser Einheit, am 21. April 1943, wurde die 2. Kompanie des Bau- und Arbeitsbataillons 7 vom *Burgacker* in Duisburg-Mitte zur Schule an der Henriettenstraße in Hamborn verlegt. In Hamborn sollte sie, wie zuvor im südruhrischen Stadtgebiet, Kellerräume zu bombensicheren Luftschutzräumen ausbauen. In das frei gewordene Quartier am Burgacker zog knapp eine Woche später die aus 172 Franzosen bestehende 4. Kompanie des Dachdeckerbataillons 10 aus Düsseldorf, der ungeachtet ihrer Bezeichnung nicht nur Dachdecker angehörten. Am 20. Mai 1943 traf die 2. Kompanie des Glaserbataillons 10 in Duisburg ein. Deren 200 Gefangene (64 Glaser, 21 Maler, 79 Tischler und 36 Hilfsarbeiter), ein Wehrmachtsoffizier als Kompaniechef und 51 Mann deutsches Wachpersonal zogen in

---

[141] StADU 600/849: Bericht des Städt. Oberbaurates Gablonsky (Hochbauamt) an das Amt 11 (Organisationsamt und Stadtarchiv) vom 27. Mai 1942; ferner StADU 600/972 u. 600/973 (mit dem *Merkblatt für die allgemeinen Bedingungen, die für den Arbeitseinsatz von kriegsgefangenen Arbeitskräften Geltung haben* [April 1942]).

[142] StADU 600/972: Oberbaurat Gablonsky [Hochbauamt] an die Bataillonsführung in Mannheim, 19. Oktober 1942; ferner 600/973 und 600/849: Bericht des Oberbaurates Gablonsky an das Amt 11 [Organisationsamt und Stadtarchiv] vom 27. Mai 1942. – Kronprinzenstraße: heute Bayreuther Straße; das Theatergebäude wurde später bei einem Luftangriff zerstört und nicht wiederaufgebaut.

[143] BA Berlin R 3901/20167: OKH (Chef der Heeresrüstung) an das Kriegsgefangenen-Bau- und Arbeitsbataillon 5, 19. März 1942.

einen geräumten und teilweise bombenbeschädigten Flügel des Kaiser-Wilhelm-Krankenhauses in Meiderich, den das Amt für Sofortmaßnahmen für diesen Zweck beschlagnahmt hatte. Anfang Juni 1943 erhielt Duisburg weitere wertvolle Arbeitskräfte: die 2. und die 3. Kompanie des Bau- und Arbeitsbataillons 39, die in den folgenden Monaten in Meiderich, Ruhrort, Laar und Beeck bei der Behebung von Luftkriegsschäden arbeiteten. Ihre Quartiere waren die Schule an der Carpstraße und die Mittelschule an der Seitenstraße, zeitweilig wohl auch die Glückauf-Schule in Hamborn. Dafür mußte Duisburg im August die 2. Kompanie des Glaserbataillons 10 nach Aachen und die 4. Kompanie des Dachdeckerbataillons 10 nach Dortmund abgeben. Drei der vier Kompanien des Glaserbataillons 6, die im Juni 1941 gekommen waren, wurden am 22. Juni 1943 nach Oberhausen, Essen und Gladbeck verlegt, die später gekommene 2. Kompanie des Glaserbataillons 12 zog nach Krefeld. Die nach Gladbeck verlegte Kompanie kam für einige Zeit nach Duisburg zurück und zog Ende April 1944 nach Köln. Vom 10. Juni bis zum 1. August 1944 lag die aus Hamm gekommene 3. Kompanie des Glaserbataillons 10 in der Schule an der Horststraße in Meiderich; dann mußte sie nach Stuttgart, das schwere Luftangriffe hinter sich hatte. Die 3. Kompanie des Dachdeckerbataillons 12, seit Ende Mai 1944 in Duisburg und untergebracht in der Schule an der Brückenstraße, fuhr am 23. August 1944 nach Stettin.

Die immer neuen Verlegungen und Neuzugänge von Kriegsgefangenen-Kompanien in den Jahren 1943 und 1944 sind kaum lückenlos zu rekonstruieren.[144] Wiederholt verlor Duisburg einzelne Kompanien, so am 13. Februar 1944 die 2. Kompanie des Bau- und Arbeitsbataillons 39, wofür dann, meist mit mehrwöchiger Verzögerung, Ersatzformationen kamen, um ihrerseits nach einigen Monaten abgezogen zu werden. In den meisten Städten des Reiches hatten die Luftkriegsschäden ein solches Ausmaß erreicht, daß trotz aller organisatorischen Anstrengungen beim Einsatz sämtlicher noch verfügbarer deutscher und ausländischer Bauhandwerker eine sofortige Reparatur nicht mehr gewährleistet werden konnte. Die Stadtverwaltungen schrieben wiederholt dringliche Bittbriefe und Eingaben an die für die Verteilung der Kriegsgefangenen zuständigen Wehrmachtsdienststellen und die einzelnen Bataillonsführungen, um verlorene Einheiten zurückzugewinnen oder gleichwertigen Ersatz zu bekommen. Maurer, Schreiner, Dachdecker und Glaser, ganz gleich, ob Deutsche oder Ausländer, ob Zivilisten oder Kriegsgefangene, wurden zu wertvollsten Ressourcen. Die Wehrmachtsdienststellen konnten in ihren Antworten nur um Verständnis für die kurzfristigen Prioritätsentscheidungen werben. So schrieb der Kommandeur des Bau- und Arbeitsbataillons 39 in Hamburg am 4. November 1943 an Oberbaurat Gablonsky, es habe sich, nachdem *„Hamburg nach schwersten Terrorangriffen […] nach Fachkräften schrie"*, nicht vermeiden lassen, aus den beiden Duisbur-

---

[144] Die hauptsächliche Quelle dafür ist StADU 600/972: „Einsatz der Kriegsgefangenen".

ger Kompanien des Bataillons einen Teil der Maurer und Zimmerleute herauszuziehen und nach Hamburg zu holen. Nach seiner Darstellung gab es in den Duisburger Kompanien noch immer etwa doppelt so viele Maurer und Zimmerleute wie in der in Hamburg liegenden 1. Kompanie. Außer kriegsgefangenen Handwerkern und Bauarbeitern waren 1943 auch aus Deutschen bestehende Bauformationen der Wehrmacht, und zwar zwei Kompanien des Landes-Bau-Bataillons B 15 in Duisburg eingesetzt. Noch Anfang Dezember 1944 lag das Bau- und Arbeitsbataillon 7 mit 364 französischen Kriegsgefangenen in Duisburg; zur gleichen Zeit gab es in Dortmund zwei Bau- und Arbeitsbataillone (12 und 17), in Essen ebenfalls zwei (5 und 39) und in Mülheim, Recklinghausen und Gelsenkirchen je eines, wobei die Stärke zwischen 360 und 630 Mann differierte. Bis auf Recklinghausen, wo das Bataillon aus polnischen Kriegsgefangenen bestand, handelte es sich durchweg um Franzosen.

Die Stadtverwaltung war mit den Arbeitsleistungen der Kriegsgefangenen-Einheiten durchweg zufrieden. Am 1. September 1942 schrieb Oberbaurat Gablonsky an das Wehrkreiskommando VI in Münster, die seit 1941 bei Luftschutzbauten und bei der Behebung von Bombenschäden eingesetzten *„Leute"* seien *„willig und fleißig"* gewesen, und die Erwartungen, die an die Kriegsgefangenenformationen gestellt worden wären, seien *„alle erfüllt worden"*. Ähnliche Dankschreiben gingen im Oktober 1942 respektive im Mai und im Juli 1943 an die Leitungen des Glaserbataillons 12 in Mannheim, des Dachdeckerbataillons 10 in Bremen und des Bau- und Arbeitsbataillons 3 in Königswinter. Die Inhaber und Leiter der Handwerksbetriebe klagten jedoch über Probleme im Betriebsablauf, die sich aus der Vorschrift ergaben, daß die Kriegsgefangenen nur in *„geschlossenen Trupps"* von mindestens fünf Mann eingesetzt werden durften. Diese Probleme betrafen vor allem Dachdecker- und Glaserbetriebe, wogegen in eigentlichen Baubetrieben durchaus Gruppen von 15 bis 18 Mann tätig sein konnten. Auch die Beschaffung der Lebensmittel für das warme Essen, das den Gefangenen während einer anderthalbstündigen Mittagspause im Lager *„zu verabfolgen"* war (während die deutschen Handwerker in einer halbstündigen Pause an der Arbeitsstelle *„ihre mitgebrachten Lebensmittel"*, und zwar meistens nur ein Pausenbrot, verzehrten), gestaltete sich schwierig, wie am 9. Dezember 1942 ein Betriebsleiter an die Kreishandwerkerschaft Duisburg schrieb.[145]

In Rheinhausen richtete die Stadtverwaltung 1943 zwei „Arbeiter-Gemeinschaftslager" für deutsche und für ausländische Arbeiter ein, die den Handwerksbetrieben zur Verfügung gestellt wurden. Eines dieser Lager mit einer Kapazität von 100 Mann, bewohnt von Deutschen und Niederländern, befand sich

---

[145] Das Schreiben in StADU 600/972.
[146] StADU 24/892: Monatsberichte an die DAF (Amt für Arbeitseinsatz), April 1943 bis Dezember 1944, und Lieferantenrechnungen.

in der Hermann-Göring-Schule.[146] Im Homberger Ratskeller trafen sich am 28. August 1940 Vertreter der Stadtverwaltung und des Arbeitsamtes sowie Bauunternehmer und Schaufelstielfabrikanten, die sich für den Einsatz von Kriegsgefangenen interessierten. Die Vertreter des Arbeitsamtes erläuterten dabei die arbeitsrechtlichen Aspekte. Die Unternehmer beantragten gleich die Zuweisung von 50 Gefangenen, und man faßte den Beschluß, die Bauunternehmung Maas mit dem Bau von Unterkünften zu beauftragen. Die Lager sollten von der Stadt verwaltet, jedoch nicht auch finanziert werden, wie es andernorts geschah.[147] Aber das Vorhaben scheiterte zunächst; Homberg wurden keine Kriegsgefangene zugeteilt. Die mittelständischen Betriebe hielten jedoch ihre Anträge aufrecht und fragten 1941 und 1942 mehrfach bei der Stadtverwaltung nach dem Stand der Dinge. Einen dringenden Bedarf meldete nun auch die Maschinenfabrik J. H. Schmitz Söhne an. Die Stadtverwaltung konnte bis Mitte 1942 nichts erreichen. Im Juni 1942 teilte das Arbeitsamt der Stadtverwaltung Homberg mit, daß weniger Kriegsgefangene als zivile Ausländer als Arbeitskräfte für die Handwerks- und kleineren Industriebetriebe in Frage kämen. Im August 1942 wies das Arbeitsamt der Stadt Homberg 150 sowjetische Zivilarbeiter, 110 Männer und 40 Frauen, zu, die in zwei Lagern, und zwar in der Wirtschaft *Rheinblick* und in einer von der Stadt gebauten Baracke auf Jahn-Sportplatz im Stadtteil Hochheide, untergebracht wurden. Wie üblich, kam die Stadt für Heizung, Beleuchtung und Wasserverbrauch der Lager auf, holte aber die Unkosten von den Einsatzunternehmen wieder herein. Auch die Wachmannschaften mußten von der Stadt gestellt werden. Im März 1943 arbeiteten die in der Baracke auf dem Jahnplatz wohnenden Ostarbeiter unter anderem bei der Schaufelstielfabrik Peter Maassen (14 Leute) und bei der Maschinenfabrik J. H. Schmitz Söhne (12 Leute); im November 1943 verfügte Maassen über 23 und Schmitz über 13 Leute. Im April 1943 wurden die Ostarbeiter aus dem Lager Jahnplatz in ein neues Quartier, die „Schulbaracke" an der Ottostraße, verlegt.[148]

Am 24. Dezember 1942 kamen sowjetische Kriegsgefangene nach Homberg, die in erster Linie im Be- und Entladedienst des Güternahverkehrs (s. o.) arbeiten sollten, jedoch immer dann, wenn dort keine Arbeit anfiel, von der Stadtverwaltung an Bauunternehmen überwiesen werden konnten, die Bombenschäden beseitigten, darunter die Wilhelm Maas OHG. Wenig später, am 23. Januar 1943, trafen zwei Züge sowie der Stab der 3. Kompanie des Arbeitsbataillons L 1 in Stärke von je 70 Mann in Homberg ein; es handelte sich um französische Kriegs-

---

[147] StADU 22/722: Vermerk des Einwohnermeldeamtes über die Besprechung am 28. August 1940; Schmidt/Burger (Hrsg.), Tatort Moers, S. 378f.
[148] Zu Homberg: StADU 22/722: „Einrichtung eines Kriegsgefangenenlagers", 1941-43 (Vorgang) und 22/1095 (mit genauen Angaben über die Beschäftigung von sowjetischen Kriegsgefangenen in Homberger Betrieben und bei der Stadtverwaltung); ferner 22/1103: „Beschäftigung von Ostarbeitern und anderen ausländischen Arbeitskräften", 1942-44 (Kostenrechnungen).

gefangene, und zwar Bauhandwerker, die ebenso wie die sowjetischen Kriegsgefangenen verschiedenen Bau- und Handwerksunternehmen zugeteilt wurden und Bombenschäden reparierten. Ihre Quartiere waren zunächst die Säle des katholischen und des evangelischen Vereinshauses; seit dem 18. April 1943 lebten sie in der von den Ostarbeitern geräumten städtischen Baracke auf dem Jahnplatz. Am 3. November 1943 wurden die Homberger Züge der 3. Kompanie des Bataillons nach Rheydt verlegt. In seinem Dankschreiben an den Chef des Bataillons in Krefeld bescheinigte der Homberger Bürgermeister, die Kriegsgefangenen hätten gut gearbeitet. Als Ersatz erhielt Homberg um den 10. November die – ohne das deutsche Wachpersonal – 187 Mann starke 1. Kompanie des Kriegsgefangenen-Arbeits- und Baubataillons 7 aus Duisburg-Laar. Die Franzosen rückten von dort zu Fuß über die Ruhrort-Homberger Rheinbrücke an. Am 9. März 1944 umfaßte die Kompanie 175 Kriegsgefangene, von denen 140 auf 20 verschiedenen Baustellen in Homberg, vier in Moers, 11 im „Innendienst" im Lager Jahnplatz beschäftigt und 20 krank waren. Die Aufgaben der Bau-Kompanie gehörten sämtlich zum Bereich des Luftschutzes (z. B. Splitterschutzgräben, Kellerausbau, Feuerlöschteiche) und der Reparatur von Bombenschäden. Die Stadtverwaltung verteilte die Gefangenen auf sieben Betriebe in Homberg und einen Betrieb in Moers-Meerbeck, die je einen Hilfswachmann stellen mußten. Die wöchentliche Arbeitszeit betrug 56 Stunden. Vom 5. August bis zum 11. Oktober 1943 haben offenbar 20 französische zivile Arbeiter, die in einem Lager in Moers untergebracht waren, in Homberg Erdbunker und Deckungsgräben gebaut.[149] Von August 1944 bis kurz vor der Besetzung Hombergs durch alliierte Truppen am 5. März 1945 gab es ein von der Stadtverwaltung geführtes Lager für italienische Arbeitskräfte, die zunächst (bis Ende August) als Militärinternierte geführt wurden und anscheinend am 1. September den Zivilistenstatus erhielten. Diese Männer waren nach Disposition durch die Stadtverwaltung bei Handwerks-, Handels- und Speditionsbetrieben tätig, denen die Stadt, wie üblich, die Kosten für Verpflegung und Unterkunft in Rechnung stellte.[150] Zeitweilig wohnten 207 Italiener, die ebenfalls von der Stadtverwaltung auf Handwerksbetriebe verteilt wurden, im Lager der Schachtanlage 3 der Zeche Rheinpreußen, das sie sich mit 185 eigenen Arbeitskräften der Zeche teilen mußten.[151]

Mehr oder weniger widerwillig und aufgrund von Sachzwängen mußten auch Einrichtungen der beiden großen *Kirchen*, vor allem die Krankenhäuser, zivile ausländische Arbeiter in den Dienst nehmen. Dies waren größtenteils Frauen, die seit 1942 für die Hilfskorps der Wehrmacht oder für die Rüstungsindustrie „ausgekämmte" deutsche Pflegerinnen, Pfleger und Hausgehilfinnen ersetzten. Der

---

[149] Die Vorgänge in StADU 22/1099 und 22/1100.
[150] StADU 22/1104: Wochenrapporte über den Einsatz der Italiener (September 1944 bis Februar 1945) und Abrechnungen.
[151] StADU 22/1908 (der Zeitstand fehlt).

Bedarf an Pflege- und Aushilfskräften in den Krankenhäusern wuchs allein schon wegen der immer größer werdenden Zahl der Verwundeten, Soldaten (sofern das Krankenhaus auch Lazarett war) und Bombenopfer. Als Beispiele für Duisburg sollen einige katholische Krankenhäuser betrachtet werden. Das St. Barbara-Hospital in Hamborn hat wohl erstmals in Frühjahr 1941 (zwischen Februar und Mai) drei Polinnen als Helferinnen in der Hauswirtschaft eingestellt. 1942 waren fünf Ausländerinnen beschäftigt, 1943 übernahm das Krankenhaus weitere sieben Ukrainerinnen oder Russinnen als Hausangestellte und Krankenpflegerinnen, dazu einen „Russen" als Krankenpfleger, einen Franzosen als Elektriker und am 27. Februar die 23jährige „russische" Ärztin Dr. Jelena Lebedewa, die bis zur Besetzung Hamborns durch amerikanische Truppen am 28. März 1945 im Krankenhaus blieb. 1944 kamen weitere Ostarbeiterinnen als Hausangestellte oder Pflegerinnen, ein „Russe" als Bäcker, ein weiterer Russe vermutlich als Hilfsarbeiter (in der Quelle wird er nur als „Ostarbeiter" bezeichnet), zwei Franzosen als Krankenpfleger und vielleicht ein schon betagter, 1871 geborener Niederländer als „Aushilfe" hinzu. Im Herbst 1944 war mit 24 Arbeitskräften der Höchststand der Ausländer-Beschäftigung im Barbara-Hospital erreicht; bis Mitte März 1945 ging die Zahl unwesentlich auf 23 zurück. Am 15. März 1945 schieden 14 Ostarbeiter (12 Frauen und zwei Männer), und zwar 11 „Hausangestellte", eine Hilfsarbeiterin, ein Krankenpfleger und ein Bäcker, aus dem Dienst des Barbara-Hospitals aus. Ob sie noch in einen anderen Betrieb „umgesetzt" oder in Richtung Osten abtransportiert wurden, ob sie das Krankenhaus auf Anordnung des Arbeitsamtes oder einer Dienststelle der NSDAP (Gau- oder Kreisleitung) entlassen *mußte* oder aus eigener Entscheidung entlassen hat, läßt sich nicht mehr feststellen. Auch das Austrittsdatum der verbleibenden neun Fremdarbeiter ist unbekannt. Wie dem auch gewesen sein mag, die Leitung des Krankenhauses dürfte das Ausscheiden der ausländischen Arbeitskräfte schon bald als eine böse Schicksalsfügung betrachtet haben, denn nur drei Wochen später, gleich nach dem Einmarsch des 313. US-Infanterieregimentes, wurde das Barbara-Hospital zum amerikanischen Feldlazarett erklärt und für die Behandlung von kranken, ehemaligen Zwangsarbeitern bestimmt; in dieser Situation wären die entlassenen ausländischen Kräfte wohl zusätzlich als Dolmetscher geschätzt worden. Am 31. Mai 1945 brachte eine Ostarbeiterin, als deren Arbeitsstätte das Barbara-Hospital angegeben ist, dort ein Kind zur Welt; diese Frau dürfte sich zum Zeitpunkt der Befreiung schon im Mutterschutz befunden haben.[152]

---

[152] Zur Ausländerbeschäftigung im St. Barbara-Hospital: Katholisches Klinikum Duisburg, Archiv: Lohnkontenblätter der Personalbuchhaltung des St. Barbara-Hospitals für 1941-1945; ferner StADU, Best. 104: Standesamtsformulare (Ausländer): Geburten 1944 und 1945.

Auch das St. Johannes-Hospital in Hamborn, mit rund 1 000 Betten das größte konfessionelle Krankenhaus im Deutschen Reich, mit einer der Selbstversorgung dienenden, für städtische Verhältnisse recht großen Landwirtschaft auf dem weiten Gelände zwischen dem Krankenhaus und dem Verschiebebahnhof der August Thyssen-Hütte, hat nach Zeugenaussagen spätestens seit Juni 1942 Fremdarbeiter beschäftigt, und zwar wie bei allen Krankenhäusern überwiegend Frauen. Das St. Joseph-Hospital in Laar verfügte nachweislich seit 1943 ebenfalls über ausländische Hilfskräfte (Pfleger und Pflegerinnen), die nach der Zerstörung des Hauses beim Luftangriff vom 14./15. Oktober 1944 wohl zum Teil an andere katholische Krankenhäuser abgegeben wurden und insoweit der stets drohenden „Umsetzung" in einen Rüstungsbetrieb (und damit womöglich auch in ein überfülltes, vielleicht von Ungeziefer befallenes Massenlager) entgingen.[153] In dem zur Kirchengemeinde St. Michael in Mittelmeiderich gehörenden St. Elisabeth-Hospital haben fünf bis zehn Ostarbeiter, Männer und Frauen, als Angestellte in der Hauswirtschaft oder als Pflegerinnen gearbeitet; die genaue Zahl läßt sich nicht mehr feststellen.[154] Das St. Johannes-Stift in Homberg beschäftigte wohl von September 1942 an bis zum Kriegsende einige Ostarbeiterinnen als Hausgehilfinnen und als *„Spülmädchen"* in der Küche, das St. Camillus-Hospital in Walsum 1944/45 mindestens zwei „Russen" als Sanitäter.[155] Im St. Anna-Krankenhaus in Huckingen, wo die Krankenpflege dem Orden der Cellitinnen anvertraut war, arbeiteten mehr als zehn ukrainische Frauen und

---

[153] Zum St. Johannes-Hospital: Schreiben der 1924 geborenen Ukrainerin Nadeshda Fedorenko geb. Melnik, Kriwoj Rog, an das Bischöfliche Generalvikariat Essen vom 25. Dezember 2001, mit der Angabe des Dienstbeginns als Hilfsarbeiterin im Johannes-Hospital am 1. Juni 1942. Der Verf. dankt Herrn Dr. Baldur Hermans, Leiter der Historischen Fachkommission „Zwangsarbeit in kirchlichen Einrichtungen" des Bistums Essen, für die Einsichtgewährung. – Zum St. Joseph-Hospital: Archiv des Katholischen Klinikums Duisburg: Lohn- und Gehaltskontenblätter des St. Joseph-Hospitals 1944 und Buch „Personal 1935-1960"; ferner: St. Joseph-Hospital Duisburg-Laar 1867-1967. Chronik des St. Joseph-Hospitals, seiner Schwestern und seiner Ärzte 1867-1967 (Verf.: Hermann Kunkler), o.O. [Duisburg] o. J. [1967]. – Auch im St. Marien-Hospital in Duisburg-Mitte waren Ostarbeiterinnen beschäftigt (Archiv des Katholischen Klinikums Duisburg: Personalbuch St. Marien-Hospital [mit handschriftlichen Eintragungen]).

[154] Schreiben der Katholischen Kirchengemeinde St. Michael an das Bischöfliche Generalvikariat Essen vom 27. Oktober 2000. Der Verf. dankt Herrn Dr. Baldur Hermans für die Einsichtgewährung. Ferner StADU, Best. 104: Standesamtsformulare (Ausländer): Geburten 1944.

[155] St. Johannes-Stift: im September 1942 Eintritt einer „Russin" als Hausgehilfin, Austritt am 29. Mai 1945 (also lange nach der Besetzung Hombergs durch amerikanische Truppen); im August 1943 war eine Ostarbeiterin als „Spülmädchen" beschäftigt, die am 28. September 1944 aus dem Dienst des Krankenhauses schied; am 4. Januar 1945 Eintritt von zwei Ostarbeiterinnen als Hausgehilfinnen, Austritt der einen am 14. März 1945, der anderen am 31. Mai 1945 (beide nach der Besetzung). – St. Camillus-Hospital: am 20. März 1944 ist ein „Russe" als Sanitäter beschäftigt, Austritt am 11. Dezember 1944; am 9. Dezember 1944 – wohl als Ersatz – ein weiterer „Russe" als Sanitäter, Austritt am 6. März 1945 (vor der Besetzung); Angaben zu beiden Häusern nach einem Schreiben des Bistumsarchivs Münster an das Stadtarchiv Duisburg vom 9. Juli 2001.

Männer, außerdem ein französischer Zivilarbeiter und ein französischer Kriegsgefangener. Bei dem Luftangriff in der Nacht vom 21. auf den 22. Mai 1944 kamen 42 Mitarbeiterinnen und Mitarbeiter, darunter neun Ukrainerinnen und die beiden Franzosen, sowie fünf Kranke und eine Angehörige eines Kranken ums Leben. Die meisten dieser 48 Menschen, darunter die 12 Ausländer, ereilte der Tod im Luftschutzkeller, der wahrscheinlich unzureichend war. In der folgenden Zeit lebten die Ordensschwestern mit den verbliebenen deutschen und ausländischen Arbeitskräften in einem unzerstörten Bereich des Kellers. Der teilweise Wiederaufbau des Hauptgebäudes (mit Plätzen für 140 Kranke) bis Anfang 1945 war nur möglich, weil Ausländer, die bei der Flak eingesetzt waren („*vor allem fünf französische Gefangene, ganz ausgezeichnet arbeitende Facharbeiter*") dabei geholfen haben. Nach einer anderen Quelle arbeiteten 1944/45, bis zur Besetzung Duisburgs durch amerikanische Truppen am 12./13. April 1945, auch männliche Ostarbeiter, und zwar Russen und Ukrainer, im St.-Anna-Krankenhaus.[156]

Für die Beschäftigung von Ausländern in den *Evangelischen Krankenhäusern* in Duisburg fand sich bisher nur ein Beleg, sie ist aber für die meisten Häuser mit größter Wahrscheinlichkeit anzunehmen. Die einzige Quelle ist das Zeugnis der 1924 geborenen Ukrainerin Anastasia Kosjatschenko, die als Putzfrau in der Männerstation des Krankenhauses Bethesda in Hochfeld gearbeitet hat und sich im Januar 2002 noch an den Namen der Stationsärztin erinnern konnte.[157] Im Übrigen war nur festzustellen, daß eine Ostarbeiterin als Küchenhilfe im Evangelischen Schifferkinderheim, Ruhrorter Straße 102, gearbeitet hat, das von der Evangelischen Binnenschiffermission getragen wurde.[158] Für die Beschäftigung von Fremdarbeitern auf katholischen oder evangelischen *Gemeindefriedhöfen* sind keine Belege gefunden worden.

Der Einsatz von Fremdarbeitern in der *Landwirtschaft* des heutigen Duisburger Gebietes ist für einige Betriebe belegt. 1943 beschäftigte der Landwirt Ben-

---

[156] StADU 41/287: Bericht des Chefarztes Dr. med. Heinrich Börger über die Zerstörung des St. Anna-Krankenhauses in Huckingen im Mai 1944; ferner: 75 Jahre St. Anna-Krankenhaus. Im Dienst am Nächsten, hrsg. v. St.-Anna-Krankenhaus Duisburg-Huckingen (Verf.: Wilhelm Bettecken), o. O. (Duisburg) 1989, S. 27-30, sowie Auskunft von Sr. Ancilla, Kloster zur hl. Elisabeth in Köln-Lindenthal (Mutterhaus der Cellitinnen), 24. August 2000.

[157] Zum Bethesda-Krankenhaus: Schreiben von Anastasia Maksimowna Kosjatschenko an das Bischöfliche Generalvikariat Essen, Januar 2002. Der Verf. dankt Herrn Dr. Baldur Hermans für die Einsichtgewährung. Negative Bescheide über das Vorhandensein von Unterlagen: Schreiben der Geschäftsführung der Evangelisches und Johanniter-Klinikum Duisburg / Dinslaken / Oberhausen gGmbH (Rechtsnachfolgerin der ehedem selbständigen Evangelischen Krankenhäuser in Hamborn [Eduard-Morian-Stiftung], Beeck und Meiderich [Kaiser-Wilhelm-Krankenhaus]) an das Stadtarchiv Duisburg vom 24. Juli 2001; Schreiben der Geschäftsführung der Evangelisches Krankenhaus Bethesda zu Duisburg gemeinnützige GmbH an das Stadtarchiv Duisburg vom 25. Juli 2001.

[158] Kaminsky, Dienen unter Zwang, S. 268; Schreiben von Dr. Uwe Kaminsky, Archiv der Evangelischen Kirche im Rheinland, an den Verf. vom 29.10.2001.

ger in Serm mindestens eine Ostarbeiterin, im folgenden Jahr verfügten der Hof Oberscheidt an der Ardesstraße 43 sowie ein Betrieb an der Lindnerstraße in Hamborn jeweils über mindestens eine ausländische Arbeiterin. Auf dem Hof Kreyenpoth in Großenbaum waren 1944 mindestens zwei ausländische Arbeiterinnen tätig.[159] Es ist aber sehr wahrscheinlich, daß in allen großen und mittelgroßen Betrieben der Land- und Forstwirtschaft und in einem großen Teil der Gärtnereien ausländische Arbeitskräfte eingesetzt worden sind. Im August 1942 arbeiteten 567 Ausländer (512 Männer und 55 Frauen) in der Land- und Forstwirtschaft des Arbeitsamtsbezirkes Duisburg; die Ausländer-Quote betrug 44,5 Prozent.[160] Die Arbeit von sowjetischen Kriegsgefangenen in Gärtnereien am Niederrhein ist seit 1941 oder 1942 nachzuweisen.[161]

Auch zu den *Privathaushalten* als Arbeitsstätten fanden sich nur fünf schriftliche Belege aus dem Jahr 1944. Standesamtsformularen über Geburten ist zu entnehmen, daß zwei Privathaushalte in Duisburg-Mitte, ein Haushalt in Hamborn, ein Haushalt in Obermeiderich (Ingenhammshof) und ein Haushalt in Mündelheim mindestens eine ausländische Hausgehilfin hatten; in den letzten beiden Fällen dürfte jedoch eher ein landwirtschaftlicher Einsatz anzunehmen sein.[162] Nach dem Hinweis einer Zeitzeugin beschäftigte ein Angestellter der DEMAG in seinem Haushalt in Duisburg-Mitte (Kölner Straße) eine ukrainische Haushaltshilfe, die schwanger wurde und vermutlich zur Entbindung in ein Frauenlager mit Entbindungsstation kam.[163] Im Laufe des Jahres 1944 sind im ganzen Reich Ausländerinnen, die in Privathaushalten arbeiteten, in Betriebe der Rüstungsindustrie „umgesetzt" worden. In Duisburg wie im ganzen rheinisch-westfälischen Industriegebiet scheint die *ausländische* Haushaltshilfe aber nur ein randständiges Phänomen gewesen zu sein.[164] Viel auffälliger war, daß sogar noch Mitte 1944 tausende von Duisburger Haushalten eine *deutsche* Angestellte hatten. So kritisierte der NSDAP-Kreisleiter Wilhelm Loch im August 1944 im Zusammenhang mit der Freisetzung von Arbeitskräften für die Rüstungsindustrie den bürgerlichen „Hausangestelltenkult" und die Tatsache, daß in Duisburg noch

---

[159] StADU, Standesamtsformulare (Ausländer): Geburten 1943 u. 1944.
[160] S. dazu die Tabelle 2 (Kapitel 2).
[161] HSTAD RW 23-87 fol. 55-63: „Vorschläge zum totalen Kriegseinsatz" des NSDAP-Kreisleiters von Dinslaken.
[162] StADU Best. 104, Standesamtsformulare (Ausländer): Geburten 1944.
[163] Der Verf. dankt Frau Meyer, Duisburg, für diesen am 17. Juli 2000 gegebene Hinweis.
[164] Nach Matthias Odenthal, Die Entwicklung des Arbeitseinsatzes in Rheinland und Westfalen unter besonderer Berücksichtigung der Ausländer und Kriegsgefangenen 1938-1943, Essen 1944, S. 26f., gab es am 15. Mai 1943 in den Landesarbeitsamtsbezirken Rheinland und Westfalen 268 108 deutsche und 10 441 ausländische weibliche Hausangestellte.

immer mehr als 8 000 deutsche Hausangestellte arbeiteten, wobei die sogenannten Pflichtjahr-Mädchen nicht einmal eingerechnet waren.[165] Nebenbei bemerkt, erhellt aus dieser Tatsache einmal mehr, daß die Nationalsozialisten noch im fünften Kriegsjahr kriegswirtschaftlich problematische, tradierte Lebensformen weitgehend schonten, um sich auch dadurch die Loyalität der mittel- und großbürgerlichen Schichten zu erhalten. Erst im August 1944 wurden die deutschen Haushaltsgehilfinnen durch die Arbeitsämter erfaßt und der Kriegswirtschaft zur Verfügung gestellt.[166]

---

[165] HSTAD RW 23-87, fol. 66-70: Kreisleiter Loch an den Reichsverteidigungskommissar (Gauleiter-Stellvertreter Schleßmann) in Essen, 10. August 1944. Die Beschäftigung der „Pflichtjahr-Mädchen" in meist kinderreichen Privathaushalten konnte der Kreisleiter kaum kritisieren, da es sich bei dem Pflichtjahr um eine Institution des nationalsozialistischen Staates handelte.
[166] Ebd., fol. 160: Aufruf des Arbeitsamtes Essen an alle Haushaltungsvorstände in Essen zur Meldung der Haushaltsgehilfinnen vom 15. August 1944 (Druck).

Kapitel 4
Die Lager

Die Unterbringung in Gemeinschaftsunterkünften unter Führung eines besonders für diese Zwecke abgestellten Lagerpersonals stellt für den Ausländereinsatz die einzig richtige und zweckmäßige Form dar. Soweit keine geeigneten Baulichkeiten für diese Zwecke vorhanden sind, müssen Baracken erstellt werden, die nach den vorliegenden reichen Erfahrungen in zweckmäßiger Weise zu gestalten sind und für eine ganzjährige Benutzung geeignet sein müssen. Ihre Einrichtung muß den hygienischen Anforderungen in jeder Weise entsprechen. Sofern mehrere Nationen in einem Lager untergebracht sind, sind jeder einzelnen, soweit irgend möglich, eine besondere Baracke oder wenigstens getrennte Räume anzuweisen.

Dr. Rudolf Krausmüller, Der Einsatz ausländischer Arbeitskräfte in der gewerblichen Wirtschaft (1942)[1]

Als Wohnlager für ausländische Arbeitskräfte haben im Zweiten Weltkrieg sehr verschiedene Baulichkeiten gedient: Schulen und Kinderheime, die wegen der *Kinderlandverschickung* seit 1942 leer geworden waren, kirchliche Vereinshäuser, Gesellenhäuser, Gastwirtschaften mit Sälen, Turnhallen, in erster Linie aber Baracken. Die Industrie- und Verkehrsunternehmen und andere Institutionen errichteten Wohnbaracken für ihre ausländischen Arbeitskräfte am liebsten auf dem eigenen Betriebsgelände oder in der Nähe. Doch ließ sich das nicht immer verwirklichen, weshalb die Arbeiter manchmal relativ lange Fußwege vom Wohnlager zur Arbeitsstätte zurückzulegen hatten, was auch nicht im Interesse der Betriebe lag. Eine behagliche Wohnstätte ist wohl kaum je ein Lager gewesen. Die Einrichtung war überall spartanisch; sie bestand aus Betten (oft Etagenbetten), Spinden, Tischen und Stühlen einfachster Machart. Die Betten waren fast überall mit Strohsäcken ausgestattet, wobei die Hülle manchmal aus starkem Papier bestand. In den Lagern der zivilen Arbeiter der Eisenwerk Wanheim GmbH wurde das Stroh im Durchschnitt alle vier Monate *„durch Neufüllung ersetzt";*[2] in vielen anderen Lagern geschah das seltener. Jeder Lagerbewohner erhielt außer Bett und Spind zwei bis drei Woll- und Grobgarndecken und sonst allenfalls noch einige Handtücher.

Es braucht kaum näher begründet zu werden, daß die Mehrzahl der zivilen ausländischen Arbeiter ein *privates* Quartier, etwa ein Zimmer zur Untermiete, und die geschlossen nach Deutschland geholten Familien eine eigene Mietwohnung dem beengten und reglementierten Wohnen im Lager vorgezogen hätte. Für

---
[1] Rudolf Krausmüller, Der Einsatz ausländischer Arbeitskräfte in der gewerblichen Wirtschaft, in: Nationale Wirtschaft, 10. Jg. (1942), S. 67-71 u. 95-98, hier: S. 97.
[2] Hildebrand, Wanheim-Angerhausen, S. 476.

Westarbeiter, skandinavische Arbeiter und Tschechen („Protektoratsangehörige"), für Italiener und Arbeiter aus anderen verbündeten Staaten war das private Wohnen bis in die zweite Kriegsphase hinein auch die Regel. Noch im Frühjahr 1943 wohnte etwa ein Viertel der ausländischen Arbeitskräfte, hauptsächlich Westarbeiter, Italiener und Tschechen, in Privatquartieren; in Essen waren es rund 8 500 von 35 000 Personen (24,3 Prozent), in Oberhausen rund 2 500 von 9 500 Personen (26,3 Prozent). In Duisburg dürfte sich der Anteil der privat Wohnenden nicht erheblich von diesen Quoten unterschieden haben. In Berlin lag der Anteil zu diesem Zeitpunkt sogar noch wesentlich höher; hier hatten von rund 250 000 Ausländern 120 000 (48 Prozent) ein Privatquartier.[3] Der Wunsch des Sicherheitsapparates nach größtmöglicher Überwachung aller Ausländer im Reich führte im Sommer 1943 zum Verbot der privaten Unterkünfte und zum Lagerzwang auch für Westarbeiter. Das formulierte der Düsseldorfer Gauleiter und Reichsverteidigungskommissar Florian in einer Richtlinie für die „Betriebsführer" vom 10. August 1943 wie folgt:

„Die Arbeitsämter haben den Ortspolizeibehörden, in Städten mit staatlicher Polizeiverwaltung den Polizeipräsidenten die Lage und die Belegungsstärke der Sammelunterkünfte für ausländische Arbeitskräfte mitzuteilen, damit die Polizeibehörden notfalls in der Lage sind, die Läger nach einem Katastrophenfall zu überwachen und zu sichern.

Sämtliche Ausländer – sogenannte Zivilarbeiter –, die sich in Privatquartieren befinden, sind auszuquartieren und in Lägern unterzubringen, damit auch die Kontrolle über diese Ausländer sichergestellt ist."[4]

Nicht schon bei Kriegsbeginn, sondern erst 1941 begann sich im ganzen Deutschen Reich ein Lagersystem mit einigen wesentlichen Merkmalen herauszubilden. Es war zunächst an den staatlichen Behörden wie der Arbeitsverwaltung und der Gewerbeaufsicht, unter Berücksichtigung der Erfahrungen der Organisation Todt und des Reichsarbeitsdienstes bis 1939 einen rechtlichen Rahmen für die Finanzierung, die Gelände- oder Objektbeschaffung, den Bau und die Einrichtung von Lagern für zivile Arbeiter herzustellen. Die Deutsche Arbeitsfront war von Anfang an beteiligt, spielte aber nur eine Nebenrolle. Vom Reichsarbeitsdienst übernahmen die Behörden den Grundsatz, daß in „Mannschaftsbaracken" nicht mehr als 12 Mann in einer „Stube" untergebracht werden durften. Bei Quartieren mit Belegstärken von 50 und mehr mußte ein Krankenrevier eingerichtet werden, für je 150 Personen ein Sanitäter zur Verfügung stehen. Die Normen für Bau und Ausstattung der Kriegsgefangenenlager bei den Industrie- und Verkehrsbetrieben wurden von der Wehrmacht gesetzt. Die Kommandanten der Kriegsgefangenen-Stammlager, wie es sie etwa in Senne bei Paderborn, Hemer

---

[3] *Meldungen aus dem Reich* Nr. 367 vom 15. März 1943 (Edition S. 4952f.).
[4] HSTAD RW 23-92: Richtlinien [des Gauleiters und Reichsverteidigungskommissars in Düsseldorf] zur Sicherung des Arbeitseinsatzes nach einem Großangriff, 10. August 1943.

und Krefeld-Fichtenhain gab, besichtigten regelmäßig die Unterkünfte der Arbeitskommandos und monierten vorgefundene Mißstände.

Mit der Entscheidung, die Lager für zivile ausländische Arbeiter von der Gewerbe- und Gesundheitsaufsicht bei den Bezirksregierungen, d. h. Institutionen des *Normenstaates* beaufsichtigen zu lassen, hatte der *Maßnahmestaat*, dem die Deutsche Arbeitsfront als nationalsozialistische Institution zuzuordnen ist, einmal zurückstecken müssen.[5] Die Gesundheitsaufsicht, d. h. die Staatlichen Gewerbeärzte bei den Bezirksregierungen, sollte vor allem den Ausbruch von Seuchen in den Lagern verhindern. Im Frühjahr 1942 nahmen beide Fachverwaltungen die Inspektion der Lager auf. Die führende Rolle der Gewerbe- und Gesundheitsaufsicht wurde in der *Verordnung über die lagermäßige Unterbringung während des Krieges* (Lagerverordnung) des Reichsarbeitsministers vom 14. Juli 1943 noch einmal bestätigt. Für den Bergbau galten besondere Bedingungen; die Lager der Bergwerke unterstanden der Aufsicht der Bergämter. Die DAF hatte zwar das „Recht", bei der Bestellung von Lagerleitern mitzuentscheiden, aber längst nicht jedes große Unternehmen räumte ihr diese Möglichkeit tatsächlich ein. Die Konzentrationslager-Außenlager waren als Teile des Wirtschaftsimperiums der SS jeglicher Kontrolle durch Institutionen des *Normenstaates* entzogen.

Phänotypisch ließen sich drei Lagerformen unterscheiden: zunächst das umzäunte und ständig bewachte Barackenlager (in diese Kategorie fielen Kriegsgefangenenlager, KL-Außenlager und, bis zum Frühjahr 1943, Lager für Ostarbeiter und Polen), dann das nicht umzäunte und nicht bewachte Barackenlager für zivile Arbeitskräfte, die es ohne Bewachung verlassen durften (vor allem Westarbeiter und zivile Italiener), und drittens das „Provisorium", etwa ein Ledigenheim, ein Gemeindehaus oder ein Schulgebäude, in dem sowohl Kriegsgefangene als auch zivile Arbeiter und Arbeiterinnen untergebracht werden konnten. Wegen des sich verschärfenden Baustoffmangels sind die Provisorien fast immer Dauerlösungen bis zum Kriegsende geblieben. Ein typisches Ostarbeiter-Lager („*Arbeitslager für sowjetrussische Zivilarbeiter*") war das des Eisenwerkes Wanheim, das bereits Anfang 1942 existierte und in dem sowohl ledige Männer und Frauen als auch Familien lebten. Es bestand aus sieben Wohnbaracken von 30 bis 36 Metern Länge, einer Sanitäts- und Krankenbaracke, einer Wirtschafts- und Küchenbaracke, einer Wäscherei, einer Toilettenanlage, einer Baracke für Handwerker und einem „*Saal für Zusammenkünfte.*" Die Baracken hatte das Eisenwerk vom Reichsarbeitsdienst übernommen. Obwohl ein Lager für offiziell „freie" Zivilisten, war es mit einem Bretterzaun umgeben, „*der zeitweise mit Stacheldraht erhöht war*", und die im Februar 1942 eintreffenden, anscheinend noch freiwillig nach Deutschland gekommenen sowjeti-

---

[5] Zur Unterscheidung von *Normenstaat* und *Maßnahmestaat* s. die institutionengeschichtlichen Ausführungen in Kapitel 1.

schen zivilen Arbeiter äußerten über diesen Umstand Verwunderung und Enttäuschung, da man ihnen bei der Anwerbung *„Einzelwohnungen"* und *„Freizügigkeit"* versprochen hatte. Anfang April 1943 wurden Stacheldraht und „gefängnismäßige" Absperrung für alle Lager für zivile Arbeiter verboten. Die Ostarbeiterlager unterschieden sich danach typologisch nicht mehr von den Westarbeiterlagern. Der Staat schrieb für Zivilarbeiter-Lager zwei Barackentypen verbindlich vor, nämlich die Reichsarbeitsdienst-Baracke für Unterkünfte männlicher Arbeiter und die etwas komfortablere sogenannte RLM-Baracke für die Unterbringung von Frauen sowie für Krankenhauszwecke. Bei Planung und Bau von Kriegsgefangenenlagern war die sogenannte *Pferdestall-Baracke* beliebt. Sie hatte niedrige Fenster unterhalb der Traufkante und konnte beim Verzicht auf die dünnen Seitenwände der Pferdeboxen mit hölzernen Zwischenwänden in wenige große Schlafräume unterteilt werden.[6]

Wer Daten und Belege über Bau und Einrichtung von Arbeiter-Lagern der Industrie sammelt und strukturiert, stellt fest, daß die meisten Betriebe erst 1942 Barackenlager gebaut haben, nachdem 1940 und 1941 noch weitgehend Provisorien, etwa kirchliche Gemeindehäuser oder Säle von Gastwirtschaften, ausgereicht hatten. Der erste „Bauboom" fiel in das Frühjahr und den Sommer 1942. Der Steinkohlenbergbau z. B. mußte im Frühjahr und Sommer 1942 ein umfangreiches Programm zum Barackenbau realisieren, nachdem die Lenker der Kriegswirtschaft und die Reichsvereinigung Kohle beschlossen hatten, die arbeitstägliche Kohlenförderung im Ruhrgebiet auf 440 000 Tonnen zu steigern, was nur möglich war, wenn die Zahl der im Ruhrbergbau beschäftigten *„Sowjetrussen"* auf 80 000 erhöht wurde.[7] Aber viele, wenn nicht alle Vorhaben stießen auf Engpässe bei der Baustoffbeschaffung, die bis zum Kriegsende nicht völlig beseitigt werden konnten und zur Bewirtschaftung der Baustoffe – vor allem Holz, Eisen, Beton für die Fundamente und Glas – zwangen. Schon seit 1940 hatte der *Generalbevollmächtigte für die Regelung der Bauwirtschaft* die Errichtung von Lagern genehmigen müssen. Die einzelnen Unternehmen oder die Wirtschaftsgruppen forderten bei ihm die Baustoffe für Barackenlager an, so etwa die Wirtschaftsgruppe Bergbau, die im Juli 1940 in den verschiedenen Revieren insgesamt 50 Lager für je 300 Mann bauen wollte, von denen 34 für den Ruhrbergbau vorgesehen waren.[8] Vom 10. Mai 1942 an wurde der Barackenbau im gesamten Reich zentral vom *Bevollmächtigten für den Holzbau* im

---

[6] Hans-Eckhardt Kannapin, Wirtschaft unter Zwang, Köln 1966, S. 160.

[7] BA Berlin R 3101/30459, fol. 376: Monatsbericht des Oberbergamtes Dortmund an die Bergbauabteilung des Reichswirtschaftsministeriums für Juli 1942, S. 7.

[8] BA Berlin R 13 XX Nr. 95: Der Generalbevollmächtigte für den Vierjahresplan / Der Beauftragte für die Leistungssteigerung im Bergbau an die Wirtschaftsgruppe Bergbau, 20. Juli 1940. Für den oberschlesischen Steinkohlenbergbau waren sieben, für den Bergbau im Aachener Revier zwei, für den rheinischen Braunkohlenbergbau ein und für den sudetendeutschen Braunkohlenbergbau sechs Lager geplant. Für ein Lager dieses Zuschnitts wurden 379 m^3 Holz, knapp 20 Tonnen Eisen und eine halbe Tonne Nichteisen-Metalle benötigt.

Rüstungsministerium gesteuert. Die meisten Einzelentscheidungen fielen jedoch nicht in Berlin, sondern bei den regionalen *Bevollmächtigten des Reichsrüstungsministeriums* in den Bezirken der Rüstungsinspektionen, so für die Inspektion VI (mit dem Ruhrgebiet) in Essen.

Die Typisierung der Baracken und die Normung von Bauteilen ermöglichten ein schnelleres und kostengünstigeres Bauen. Schon vor dem Krieg waren in Deutschland Unternehmen entstanden, die sich auf den Baracken-Fertigbau spezialisiert hatten oder die genormten Bauteile an den bauausführenden Betrieb lieferten. So erhielt die Hamborner Bauunternehmung Heinrich Hagen KG, die 1942 von der Gelsenkirchener Bergwerks-AG mit dem Bau des Barackenlagers Pollmannshof an der Fahrner Straße (sechs Wohn- und Schlafbaracken und eine Wirtschaftsbaracke) beauftragt worden war, die *„fertigen Holztafeln"* von der Firma Schnellbau Ewald Schekat KG in Berlin zur Baustelle geliefert. Im Falle der Baracke für die sowjetischen Kriegsgefangenen der Didier-Werke AG in Wanheimerort, die zur selben Zeit auf eine Schutthalde der Reichsbahn gesetzt wurde, lieferte die Firma Müller & Co.–Friedrich Rodiek in Bremen sämtliche Elemente, weshalb die Baracke *„nur aufgestellt"* werden mußte.[9] Im Herbst 1943 hat sich der Baustoffmangel erheblich verschärft, mit der Folge, daß begonnene Barackenbauten sich in die Länge zogen oder Neubauprojekte ganz aufgegeben werden mußten. Hieraus und aus den Zerstörungen von Unterkünften durch Bomben resultierte eine *„starke Überbesetzung aller Unterkunftsmöglichkeiten"*, wie es der Duisburger Industrielle und Rüstungsobmann Hans Reuter um die Jahreswende 1943/44 formulierte. Nicht mehr als 12 Mann pro Stube? Damit war es spätestens jetzt vorbei.[10]

Als der *Ausländereinsatz* 1939/40 begann, war die Unterbringung in Lagern, abgesehen von den Kriegsgefangenen, nur für Polen vorgesehen. Befürchtungen einer zu starken Anspannung des regionalen Wohnungsmarktes veranlaßten Göring in seiner Eigenschaft als Beauftragter für den Vierjahresplan, am 4. September 1940 die Unterbringung auch der neu angelegten zivilen Bergleute aus Belgien und Nordfrankreich im Ruhrbergbau in Lagern zu verfügen. Noch war das Lager im Falle der Westarbeiter mehr Sachzwang als Konsequenz politisch-ideologischer Vorstellungen des NS-Regimes, doch das änderte sich bald. Die nationalsozialistische Rassendoktrin forderte die getrennte Unterbringung der „germanischen" und der „fremdvölkischen" (romanischen und slawischen) Ausländer, die durch einen Erlaß des Reichssicherheitshauptamtes vom 14. Janu-

---

[9] Der Bauvorgang in StADU 611/2903: Haus-Akten Didier-Werke AG, Werk Duisburg, Düsseldorfer Chaussee 30 (1938-43).
[10] HSTAD RW 13-7 u. RW 13-8: Berichte des Rüstungsobmanns im Wehrkreis VI b an das Reichsrüstungsministerium für Oktober und November 1943; StADU 41/436: Berichte des Beauftragten der Deutschen Arbeitsfront für die Betreuung ausländischer Arbeitskräfte für die Gaue Essen, Düsseldorf und Köln-Aachen, Erich von Seydlitz-Kurzbach, für die Zeit vom 15. Dezember 1943 bis zum 13. Februar 1944, S. 7f., und für Mai und Juni 1944, S. 3.

ar 1941 vorgeschrieben wurde. Das Regime wünschte bei den fremdvölkischen Ethnien eine „Apartheid", nach der jedes Lager nur von Angehörigen *einer* Nation bewohnt werden sollte. Doch dieses Prinzip ließ sich mangels Raumkapazität nicht überall verwirklichen. Noch im Oktober 1942 bestanden „*nationale"* Lager „*nur in geringem Umfange"*.[11] Allerdings gelang es bis Mitte 1943 doch, weitgehend die gewünschte Separierung herzustellen. Der wesentliche Grund für das Verlangen nach Trennung der Nationalitäten war die Sorge über eine „negative" Beeinflussung von Angehörigen einer Ethnie durch Angehörige einer anderen, mit der Folge von Aufsässigkeit, Nachlassen der Arbeitsleistung und ähnlichem. In einer *Meldung aus dem Reich* vom 16. November 1942 wurde vermerkt, daß Polen sich häufig an Ostarbeiter wandten und diese „*unter der Parole 'Nicht zu lange und nicht zu viel arbeiten' im gegnerischen Sinne zu beeinflussen"* versuchten, und teilweise mit Erfolg. Auch „*feindliche Parolen"* über den Kriegsverlauf würden unter ausländischen Arbeitern umlaufen, wobei sich als „*Hauptnachrichtenträger"* Tschechen hervortäten, „*die oftmals eine ausgesprochene Hetztätigkeit"* entfalteten.[12]

Als im Spätherbst 1943 der *Arbeitseinsatz* der italienischen Militärinternierten begann, befahl das Oberkommando der Wehrmacht die Separierung der Italiener von den sonstigen Kriegsgefangenen, besonders von den sowjetischen. Das ließ sich jedoch nicht überall verwirklichen, vor allem nicht im Bergbau, der viele Militärinternierte erhielt. Die allgemeine Knappheit an Baumaterial machte es schwer oder unmöglich, durch Neu- oder Anbauten soviel an zusätzlicher Lagerkapazität zu schaffen, daß es möglich gewesen wäre, die Italiener völlig abzuschotten. Die Befürchtungen hinsichtlich einer Verbrüderung von sowjetischen Kriegsgefangenen und italienischen Militärinternierten waren freilich unbegründet. Unter den Ethnien, die in der deutschen Kriegswirtschaft vertreten waren, gab es offenbar keine, die den Italienern größere Sympathien entgegengebracht hätte, als es die Deutschen taten. Franzosen, sowjetische Kriegsgefangene und Ostarbeiter, ja sogar Polen sahen in den internierten Italienern nicht in erster Linie Schicksalsgenossen, sondern Angehörige einer ehemaligen „Feindmacht". Die Franzosen hegten großenteils einen Haß auf die Italiener, weil Italien Frankreich durch den überraschenden Angriff am 10. Juni 1940, drei Tage vor dem deutsch-französischen Waffenstillstand, „*den Genickschuß gegeben"* hatte, wie es ein französischer Arbeiter formulierte.[13] Ostarbeiter und sowjetische Kriegsgefangene wußten, daß Italien sich auch am *Unternehmen Barbarossa* beteiligt hatte, und Kroaten mißbilligten die italienische Besetzung ihres Landes. Während viele Deutsche sich in der Behandlung der Militärinternierten für den „Verrat" Italiens am Deutschen Reich nach dem Sturz Mussolinis rächen woll-

---

[11] *Meldungen aus dem Reich* Nr. 322 vom 1. Oktober 1942 (Edition S. 4263).
[12] *Meldungen aus dem Reich* Nr. 335 vom 16. November 1942 (Edition S. 4471f.).
[13] *SD-Berichte zu Inlandsfragen* vom 13. September 1943 (Edition der *Meldungen aus dem Reich* S. 5764-5769, hier: S. 5767); Herbert, Fremdarbeiter, S. 302f.

ten, nahmen viele Ausländer in der deutschen Kriegswirtschaft die Militärinternierten pauschal in Haftung für Mussolinis verhängnisvolle Politik, ganz gleich, ob sie freiwillig und mit Stolz oder mit innerer Reserve und Widerwillen unter dem Oberbefehl des *Duce* in der italienischen Armee gedient hatten. Feindseligkeiten gab es aber auch zwischen Westukrainern und Polen, die aus der Zwischenkriegszeit herrührten, als das westukrainische Gebiet um Lemberg mit seiner polnischen Minderheit zu Polen gehört hatte. Konflikte im Zusammenleben mehrerer Ethnien in Lagerkomplexen entstanden aber auch aus normalen, gemeinmenschlichen Leidenschaften wie Eifersucht. Wo Ostarbeiter beiderlei Geschlechts mit zivilen Franzosen oder französischen Kriegsgefangenen Berührung hatten und die Franzosen mit den sowjetischen Frauen anbandelten, kam es nicht selten zu Schlägereien zwischen Ostarbeitern und Franzosen, weil die sowjetischen Männer ihre weiblichen Landsleute als ihre Domäne betrachteten.

In den Jahren 1943 und 1944 war das ethnisch homogene Lager der Normalfall; dann, in der letzten Kriegsphase, mußte man notgedrungen von diesem Ideal abgehen. Ein Beispiel dafür ist das *„Arbeiter-Gemeinschaftslager"* der Stadt Rheinhausen in der Hermann-Göring-Schule, das 100 Personen beherbergen konnte. Wann es eingerichtet wurde, war nicht festzustellen; im Februar 1943 war es vorhanden. Ursprünglich lebten dort nur Niederländer, deren Zahl zwischen 10 und 41 differierte. Bis zum Oktober 1944 haben die meisten Niederländer das Lager verlassen, das sich im besagten Monat nur noch vier Niederländer mit fünf Italienern teilten. Wenig später wurde die zweckentfremdete Schule durch die Einweisung kleiner Gruppen von Arbeitern aus acht Nationen zu einer Art europäischem Begegnungsort. Im Dezember 1944 zählte die Stadt Rheinhausen dort 20 Franzosen, 17 Italiener, 12 Niederländer, acht Ukrainer, sechs Belgier, vier Serben, zwei Polen und – drei Deutsche! Doch dieser Zustand währte nur kurz. Im Januar 1945 waren nur noch acht Ausländer im Lager.[14]

Nach dem gegenwärtigen Forschungsstand gab es in Duisburg (in den heutigen Grenzen) etwa 207 Lager für zivile Arbeiter. Sechs der 213 im Verzeichnis der Zivilarbeiterlager aufgeführten Lager, die zeitweise als Kriegsgefangenenlager genutzt wurden, sind hierbei nicht mitgezählt, sondern in der Summe der Kriegsgefangenenlager enthalten. Das Verzeichnis der Lager für zivile Arbeiter im sogenannten Arolsener Lagerkatalog (*Catalogue of Camps and Prisons*) nennt für Groß-Duisburg 98 oder 99 Lager (eine Überschneidung ist wahrscheinlich). Es wurden also mehr als 100 Lager für zivile Arbeiter ermittelt, die im CCP nicht aufgeführt sind. Das Verzeichnis der Kriegsgefangenenlager nach dem Forschungsstand von September 2003 umfaßt 49 Lager auf dem heutigen Stadtgebiet, von denen 11 mit Sicherheit von den Stadtverwaltungen von Duisburg

---

[14] StADU 24/892: *Monatsberichte* [der Deutschen Arbeitsfront] *über die Belegung und Ausstattung von Gemeinschaftslagern für Arbeitskräfte der gewerblichen Wirtschaft* für das „Arbeitergemeinschaftslager" der Stadt Rheinhausen, mit „Zusatzmeldungen".

(10) und Homberg (1) eingerichtet worden waren, und zwar zumeist 1941/42. Als der *Beauftragte der Deutschen Arbeitsfront für die Betreuung ausländischer Arbeitskräfte* für die Gaue Essen, Düsseldorf und Köln-Aachen, Oberarbeitsführer Erich von Seydlitz-Kurzbach, im Oktober 1943 den Stadtkreis Duisburg besuchte, war er nicht wenig erstaunt, statt der 89 Lager für zivile Zwangsarbeiter, die der DAF damals bekannt waren, 147 Lager vorzufinden.[15] Der Höchststand der Lager-Zahlen war wohl ein Jahr später erreicht, als etwa ein Viertel der 200 Duisburger Lager Ausweichquartiere und „Notunterkünfte" für Zwangsarbeiter waren, die vorher in einem „regulären", durch Bomben ganz oder teilweise zerstörten Lager gewohnt hatten. Für Essen, eine größere, aber von der Industriestruktur mit Duisburg vergleichbare Stadt, wurden von Josef Herten und Klaus Wisotzky 297 Lager beider Kategorien festgestellt.[16] Mülheim an der Ruhr, ebenfalls eine alte Industriestadt, jedoch erheblich kleiner als Duisburg, zählte mindestens 54 Kriegsgefangenen- und Zivilarbeiter-Lager.[17] In Düsseldorf konnten 242 Lager beider Kategorien mit einer Bewohnerzahl von mehr als 20 nachgewiesen werden; daneben gab es noch mindestens 153 Unterkünfte mit weniger als 20 Bewohnern.[18] Die Tatsache, daß die Städte des rheinisch-westfälischen Industriegebietes nicht zu den größten Hochburgen des Zwangsarbeiter-Einsatzes gehörten (Kapitel 1), wird auch aus den Zahlen der nachgewiesenen Lager deutlich. In der Stadtregion Berlin existierten 1944/45 mehr als 700 Zwangsarbeiterlager innerhalb des Autobahnrings, mehr als 650 innerhalb der Stadtgrenzen; in Hamburg gab es etwa 560 Lager.[19]

Etwa ein Jahr nach der ersten Hochphase des Barackenbaues, im Frühjahr 1943, verschärfte sich der Luftkrieg gegen Deutschlands Städte abermals, wenn-

---

[15] StADU 41/436: Bericht der Inspektion VIII-Rheinland für den Monat Oktober 1943, S. 1.
[16] Zwangsarbeit in Essen. Begleitheft für den Geschichtswettbewerb für Schülerinnen und Schüler. Hrsg. vom Historischen Verein für Stadt und Stift Essen und dem Stadtarchiv Essen, bearbeitet von Klaus Wisotzky, Essen 2001, S. 48-55.
[17] Geschichtsverein Mülheim an der Ruhr - unter Mitarbeit von Dr. Hans Fischer und Dr. Barbara Kaufhold - (Hrsg.), Das Zwangsarbeitersystem im Dritten Reich. Als Dolmetscherin in Mülheimer Lagern. Die Erinnerungen von Eleonore Helbach, Mülheim a. d. R. 2003, S. 241ff. Das 56 Einträge enthaltende Verzeichnis nennt außer den 54 Wohnlagern zwei *Arbeitserziehungslager*.
[18] Klaudia Wehofen, Nachweis der Lager, Haftstätten und Wohnplätze ausländischer Arbeiter und Arbeiterinnen in Düsseldorf, in: Clemens von Looz-Corswarem (Hrsg.), Zwangsarbeit in Düsseldorf. „Ausländereinsatz" während des Zweiten Weltkriegs in einer rheinischen Großstadt, Essen 2002, S. 543-633. In den genannten Zahlen sind die sechs Düsseldorfer KL-Außenlager und die Justizvollzugsanstalt (von Wehofen als Lager gewertet) nicht enthalten.
[19] Zu Berlin: Rainer Kubatzki, Topographie und Nutzungsgeschichte der 700 Zwangsarbeiterlager in und um Berlin 1939-1945, in: Winfried Meyer u. Klaus Neitmann (Hrsg.), Zwangsarbeit während der NS-Zeit in Berlin und Brandenburg. Formen, Funktionen und Rezeption, Potsdam 2001, S. 89-110. Zu Hamburg: Karola Fings, „Not kennt kein Gebot". Kommunalverwaltung und KZ-Außenlager, in: Wolfgang Benz (Hrsg.), KZ-Außenlager - Geschichte und Erinnerung, Dachau 1999 (Dachauer Hefte Bd. 15), S. 66-76.

gleich er noch um einiges von der Intensität entfernt war, die er im letzten Kriegsjahr 1944/45 erreichen sollte. Nun zeigte sich tausendfach, daß Holzbaracken nur allzu leicht ein Raub des Feuers wurden. Viele Industrielle, stets bestrebt, mit Barackenlagern nicht nur Unterkünfte für ausländische Arbeiter, sondern möglichst auch Anlagewerte zu schaffen, forderten nach mehreren „Katastrophen", deren Darstellung die „Geheimhaltungspflicht" verbiete, wie die Friedrich-Alfred-Hütte am 19. März 1943 an den Bürgermeister von Rheinhausen schrieb,[20] den Übergang vom Holzbau zum „Massivbau" aus Stein, den die Kriegswirtschaft 1943/44 tatsächlich vollzog. Der Vorteil der „Massivbauweise" wurde auch darin gesehen, daß die benötigten Mengen an leichtem Stein leichter zu beschaffen waren als das bis dahin verwendete Holz. Tatsächlich wurde im Neuwieder Becken mit seiner traditionsreichen Bimsstein-Industrie eine großangelegte Produktion von „Massivplatten" betrieben. Steinbaracken erforderten zunächst weniger bewirtschaftete Baustoffe als Holzbaracken, wurden aber im Spätherbst 1943 durch die 37. Anordnung des Generalbevollmächtigten für die Bauwirtschaft (Reichsminister Speer) ebenfalls einer zentralen Bewirtschaftung unterworfen. Anscheinend haben alle Unternehmen, die Baugenehmigungen für neue Lager erhielten, darunter die Gelsenkirchener Bergwerks-AG,[21] seit Mitte 1943 nur noch Steinbaracken gebaut.

Je länger der Krieg dauerte, je mehr Wohnungen durch Luftangriffe zerstört wurden, desto mehr spielte der Aspekt der Haltbarkeit und Wiederverwendbarkeit neuer Baracken eine Rolle. In dem Bauantrag für zwei „massive" Unterkunftsbaracken für je 48 Arbeiter, den die Duisburger Kupferhütte am 14. Dezember 1943 über die Duisburger Baupolizei an den Baubevollmächtigten in Essen richtete, teilte sie ergänzend mit, der Grundriß sei „mit Rücksicht auf den später eintretenden Wohnungsmangel gleich so geplant, daß erforderlichenfalls durch geringe Änderungen aus jeder Baracke 4 Notwohnungen in kurzer Zeit hergerichtet werden können". Der Baubevollmächtigte genehmigte den Antrag als Ausnahme von dem damals geltenden Bauverbot, wohl weil bereits Baracken vorhanden waren, mit denen die neuen Baracken eine Einheit bilden konnten. Die Schlußabnahme war am 16. Oktober 1944, dem Tag nach dem großen Drei-Wellen-Luftangriff, der das betreffende Lager der Kupferhütte offenbar verschont hatte.[22]

Tatsächlich haben viele Steinbaracken in der ersten Nachkriegs- und der Wirtschaftswunder-Zeit, einige sogar darüber hinaus, in der lokalen Wohnungswirtschaft eine nicht unbedeutende Rolle gespielt, indem sie zunächst „Aus-

---

[20] StADU 611/4252: Die Fried. Krupp AG - Friedrich-Alfred-Hütte - an den Bürgermeister von Rheinhausen, 19. März 1943, betreffend den „Neubau von Wohnbaracken für ausländische Familien".
[21] BBA 55/608: Bericht des Vorstandes der GBAG über den Betriebsverlauf des 1. Vierteljahres des Geschäftsjahres 1943/44, S. 8.
[22] Der Bauvorgang in StADU 611/3293: Haus-Akten Werksgelände Kupferhütte (1940-49).

gebombten", dann Flüchtlings- und Vertriebenenfamilien, später vor allem Familien und Einzelpersonen aus den Unterschichten, zumindest ein „Dach über dem Kopf" boten. Um die Mitte der 1960er Jahre lebten nur noch „randständige" Familien in Baracken, und dem „Barackenelend" im Ruhrgebiet ist vor dem Jahr 1970 von den Gemeinden und der Landesregierung ein Ende gemacht worden. Das leidige, 130 Jahre alte, *Wohnungsfrage* genannte soziale Hauptproblem war in Westdeutschland aber erst 1973/74 – vorübergehend – gelöst. Das im März und April 1942 gebaute und später noch erweiterte Barackenlager Pollmannshof der Gruppe Hamborn der Gelsenkirchener Bergwerks-AG an der Fahrner Straße, das den Luftkrieg größtenteils überstand, diente nach Kriegsende noch mehr als 15 Jahre der Unterbringung von Flüchtlingen und Vertriebenen. In den 1944 geschaffenen Steinbaracken des Kriegsgefangenenlagers der Zeche Neumühl an der Oberhauser Allee, auf der sogenannten Hippenwiese, wohnten 1946 Flüchtlinge aus Ostdeutschland, die noch keine normalen Wohnungen bekommen konnten. Zwanzig Jahre später standen immer noch acht Baracken dieses Lagers, in denen von der städtischen Fürsorge betreute Obdachlose lebten.[23] In den 1943 errichteten Gebäuden des relativ großen Westarbeiter-Lagers der Berzelius Metallhütten GmbH in Wanheim wurden nach Kriegsende Behelfswohnungen für Werksangehörige geschaffen, die erst nach der Bereitstellung von Neubauwohnungen in den fünfziger Jahren aufgegeben werden konnten.[24] Ein weiteres Beispiel für die friedensmäßige Umnutzung eines aus dem Krieg überkommenen Lagers ist das große Barackenlager im Duisburger Wald bei Großenbaum, an der Eisenbahnstrecke Wedau-Lintorf, mit dessen Bau für die Eisenwerk Wanheim GmbH die Organisation Todt im letzten Kriegsjahr begann, das sie aber nicht mehr fertigstellen konnte. Am 19. März 1946 übernahm der Caritasverband für die Stadt Duisburg vier der 25 im Rohbau stehenden Steinbaracken als Geschenk des Eisenwerkes. In diesen Baracken wurden Vertriebene aus Ostdeutschland, die keine Angehörige in West- oder Mitteldeutschland hatten oder ihre Angehörigen zunächst nicht finden konnten, untergebracht, und zwar vor allem Kinder, daneben auch kranke oder gebrechliche alte Menschen. Unter der Leitung des Caritasdirektors Wilhelm Grundmann entstand daraus das Kinderdorf *Maria in der Drucht*.[25]

Die schweren Luftangriffe auf die Städte des Ruhrgebietes im Frühjahr 1943 führten in der Industrie zu Überlegungen, in weniger gefährdeten Randzonen des Reviers, weitab von der geschlossenen Bebauung, „Großlager" oder „Außenla-

---

[23] Schwieren, Neumühl, Abbildung nach S. 108; *Duisburger General-Anzeiger* vom 5. August 1966: „Ein weiteres Barackenlager aufgelöst".
[24] Hildebrand, Wanheim-Angerhausen, S. 301 ff.
[25] Günter von Roden, Geschichte der Stadt Duisburg, Bd. II, Duisburg 1974, S. 559; Kinderdorf Maria in der Drucht, undatiert (um 1966); Kinderdorf „Maria in der Drucht" Duisburg-Großenbaum. Chronik der ersten Jahre. Transskript, o. O. (Duisburg) o. J. (1979); *Duisburger General-Anzeiger* vom 19./20. März 1966: „Kinderdorf wurde echte Heimat für viele Kinder".

ger" zu errichten.[26] Da die Bewohner solcher Lager wegen der großen Entfernungen nicht zu Fuß zu den Arbeitsstätten geführt werden konnten, mußten die Großlager an Werksbahnstrecken liegen. Die Lagerbewohner erkauften die größere Sicherheit vor den angloamerikanischen Bomben je nach der Entfernung zum Betrieb mit einer mehr oder weniger erheblichen Verkürzung ihrer Ruhezeit, denn die Fahrzeit wurde nicht von der Arbeitszeit, sondern von der Freizeit abgezogen. Die in dem wohl im Mai 1944 bezogenen Kruppschen Großlager Voerde wohnenden Ostarbeiter zum Beispiel, die zur Essener Gußstahlfabrik gehörten, waren zweimal am Tag 70 bis 75 Minuten unterwegs. Der Sonderzug, der sie morgens zur Arbeit brachte, fuhr um 4 Uhr 25 von Voerde ab und erreichte den Bahnhof Essen-Altendorf um 5 Uhr 35, den Essener Nordbahnhof um 5 Uhr 40, vermutlich nach mehrmaligem Halten und Warten zugunsten prioritärer Züge.[27] Von den Bahnhöfen ging es zu Fuß weiter zu den einzelnen Betrieben; die Schicht begann wahrscheinlich um 6 Uhr.

Die Großlager wurden von der Organisation Todt oder dem *Ukrainischen Arbeitsdienst* gebaut und waren, jedenfalls größtenteils, Eigentum der OT (letztlich des Reiches) und nicht der Unternehmen, die sie nutzten. Die Planung orientierte sich aber in erster Linie an den Vorstellungen der Unternehmen. Auf einer Besprechung leitender Persönlichkeiten der August Thyssen-Hütte AG und des Gemeinschaftsbetriebes Eisenbahn und Häfen[28] mit Vertretern des Reichsrüstungsministeriums am 7. Juni 1943 wurde der Bau eines Großlagers für 3 000 Personen im Hiesfelder Bruch bei Dinslaken beschlossen. Der Bauplatz zwischen der Thyssenschen Werksbahn Hamborn-Dinslaken und den heutigen Straßen An der Fliehburg, Otto-Brenner-Straße und Oststraße war vom Leiter des Gemeinschaftsbetriebes, Boulanger, vorgeschlagen worden. Das Großlager Hiesfelder Bruch sollte der Unterbringung von Arbeitern der drei nördlich der Ruhr gelegenen Werke der August Thyssen-Hütte AG dienen. Für die beiden südlich der Ruhr gelegenen Werke (Niederrheinische Hütte und Hütte Vulkan), das ebenfalls zum Konzern Vereinigte Stahlwerke AG gehörende Eisenwerk Wanheim sowie für die Betriebe der Mannesmannröhren-Werke AG in

---

[26] TKKA A/5227: Aufzeichnung über eine Besprechung über den „Bau von Unterkunftsräumen am Stadtrand" am 7. Juni 1943; Niederschrift über eine Besprechung über den Bau des Großlagers Hiesfelder Bruch am 4. August 1944 (Dokumentation Ausländische Arbeitskräfte 1939-45, Dok. 20 u. 27); Werner Abelshauser, Rüstungsschmiede der Nation? Der Kruppkonzern im Dritten Reich und in der Nachkriegszeit, in: Lothar Gall (Hrsg.), Krupp im 20. Jahrhundert. Die Geschichte des Unternehmens vom Ersten Weltkrieg bis zur Gründung der Stiftung, Berlin 2002, S. 267-472, hier: S. 417.

[27] HAK WA 70/1614: Die Oberlagerführung der Fried. Krupp AG an die [Abteilung] Wohnungsverwaltung, 5. Juni 1944.

[28] Der Gemeinschaftsbetrieb Eisenbahn und Häfen mit Sitz in Hamborn war für das Werksbahnnetz und den Bahnbetrieb der August Thyssen-Hütte AG, der Gruppe Hamborn der Gelsenkirchener Bergwerks-AG, der Bandeisenwalzwerke AG in Dinslaken und des Werkes Dinslaken der Deutsche Röhrenwerke AG (alle im Konzern Vereinigte Stahlwerke AG) zuständig.

Huckingen und Großenbaum wurde ein zweites Großlager im Duisburger Süden, *„zwischen Großenbaum und Huckingen",* projektiert. Beide Vorhaben wurden trotz mehrerer Anläufe nicht verwirklicht. Die Bauarbeiten im Hiesfelder Bruch hatten Mitte November 1943 immer noch nicht begonnen. Der Leiter der Bauabteilung der ATH, Oberingenieur Wenk, beschwerte sich am 20. November über die Verzögerungen und die mangelnde Unterrichtung der ATH durch die Sonderbauleitung des Reichsrüstungsministeriums in Ratingen, bei der die Federführung lag. Im Januar 1944 machte Wenk Verbesserungsvorschläge für den Bau der Krankenstation und der Küchen. Er war auf eine möglichst gediegene Ausführung aller Arbeiten bedacht und geriet deshalb mit dem Generalinspekteur des Ukrainischen Arbeitsdienstes, Fiedler, aneinander, der einen zwar *„frontbewährten",* aber weniger dauerhaften Barackentyp bauen wollte. Das kaufmännische Vorstandsmitglied der ATH, Wilhelm Temme, verlangte im März 1944 auch den Bau von Ladengeschäften im Lager, für das damals eine Bewohnerzahl von bis zu 4 000 Personen vorgesehen war. Hier lag die Vorstellung des Lagers als einer kleinen Stadt zugrunde - eine Ausgeburt des planwirtschaftlichen Denkens totalitärer Regimes. Die Arbeiten im Hiesfelder Bruch gingen 1944, vermutlich wegen Personal- und Materialknappheit, nur sehr langsam voran. Im August war das Lager immer noch nicht bezugsfertig. Dabei bestand damals für die ATH infolge von Bombenschäden ein großer Bedarf an Ausweichquartieren, der sich nach dem Luftangriff vom 14./15. Oktober noch erhöhte. Der weitere Kriegsverlauf ließ die Fertigstellung des Großlagers nicht mehr zu.[29]

Das Lagersystem benötigte tausende von Arbeitskräften, deutsche wie ausländische, wobei die leitenden, organisatorischen und sicherheitsrelevanten Tätigkeiten den Deutschen vorbehalten waren, die einfachen Dienste und Arbeiten in Küchen und Waschküchen, bei der Heizung und der Reinigung der Räume jedoch überwiegend – nicht ausschließlich – von Ausländern ausgeführt wurden. In der Verwaltung der August Thyssen-Hütte AG waren im Mai 1944 mehrere Abteilungen und Stellen mit den Angelegenheiten der Kriegsgefangenen und der zivilen Zwangsarbeiter befaßt. Unterhalb des Vorstandes, dem ein „Sekretariat der Werksleitung" zuarbeitete, lagen Zuständigkeiten bei vier Hauptabteilungen (Maschinentechnische Betriebe, Arbeiterangelegenheiten, Kaufmännische Verwaltung und Betriebswirtschaft). Zur Abteilung Maschinentechnische Betriebe gehörte die Bauabteilung, die den Bau und gegebenenfalls die Instandsetzung von Lagern administrierte. Die Abteilung Arbeiterangelegenheiten war für die Einstellungen der ausländischen Arbeitskräfte und den mit Lagerbewachungsaufgaben betrauten Werkschutz zuständig. Der Kaufmännischen Verwaltung unterstanden u. a. die (Unter-) Abteilung *Gemeinschaftsläger,* die

---

[29] Aktenstücke zum Großlager Hiesfelder Bruch in TKKA A/5227 (Dokumentation Ausländische Arbeitskräfte 1939-45, Dok. 20, 21 u. 23-28).

Lohnbuchhaltung und die Betriebskrankenkasse, und die Abteilung Betriebswirtschaft kümmerte sich um allgemeine Fragen des „Arbeitseinsatzes".[30] Die Aufsicht über die Lager für zivile ausländische Arbeiter führte seit November 1942 der Prokurist Huster in der Abteilung Kaufmännische Verwaltung. Huster bildete um die Jahreswende 1942/43 in seinem Ressort die Abteilung *Gemeinschaftsläger*, deren Leitung am 8. Februar 1943 dem 41 Jahre alten Major a. D. Albert Kaschewsky übertragen wurde. Die ATH hatte für diese Stellung ganz gezielt einen pensionierten Offizier gesucht und in einem Schreiben an das Amt des Wehrmachtsfürsorgeoffiziers in Köln vom 18. Dezember 1942 das Anforderungsprofil für den Abteilungsleiter *Gemeinschaftsläger* wie folgt beschrieben:

„Wie Ihnen der Rechtsunterzeichnete bereits telefonisch sagte, suchen wir einen geeigneten Herrn, der die Oberaufsicht in unseren 17 Gemeinschaftslägern ausübt, in denen 5 000 ausländische Arbeiter untergebracht sind. [...] Die zu lösenden Aufgaben erfordern reiche Erfahrung in der Menschenführung, ferner Arbeitsfreude, Energie, Takt und Einfühlungsvermögen sowie Gewandtheit im Verkehr mit Behörden. Es kommt also nur eine erste [sic] *Persönlichkeit infrage."*[31]

Kaschewsky war Vorgesetzter von vier „Lagerinspektoren" und den Lagerführern der 17 Zivilarbeiterlager, denen Unterlagerführer zur Seite standen. Er beaufsichtigte auch den gesamten Werksküchenbetrieb und die Beköstigung der Kriegsgefangenen. Mitte 1943 waren im Lager- und Werksküchenwesen der ATH 391 Personen beschäftigt, davon 227 Deutsche (198 Frauen und 29 Männer) und 164 Ausländer (130 Frauen und 34 Männer).[32] Am 1. Oktober 1942 hatte die Konzernleitung der Vereinigte Stahlwerke AG in Düsseldorf *Richtlinien für die Verwaltung von Arbeiter- und Kriegsgefangenenlägern sowie Werksküchen und Kantinen* erlassen, die für alle Betriebsgesellschaften (darunter August Thyssen-Hütte AG, GBAG, Deutsche Eisenwerke AG und Eisenwerk Wanheim GmbH) verbindlich waren.[33]

Auch bei anderen Großunternehmen der Montanindustrie und des Maschinenbaues schuf man seit 1942 eigene Abteilungen oder Stellen für die Verwaltung der Ausländerlager. Die Fried. Krupp AG zentralisierte im Januar 1943 ver-

---

[30] TKKA: Dokumentation Ausländische Arbeitskräfte 1939-45, S. 9f. (mit Schaubild).
[31] HSTAD NW 1004-G 6.1-140: Entnazifizierungsakte A. Kaschewsky; TKKA A/948/16: Personalakte Albert Kaschewsky; Dokumentation Ausländische Arbeitskräfte 1939-45, S. 11f. - In der Zahl von 17 Lagern sind neben den 15 eigenen Lagern der ATH, die zu diesem Zeitpunkt existierten, auch zwei Lager der Organisation Todt in Bruckhausen und Alsum enthalten, deren Bewohner auf Baustellen der ATH arbeiteten.
[32] TKKA A/5596: Die August Thyssen-Hütte AG an das Arbeitsamt Duisburg, 8. Februar 1946 (Dokumentation Ausländische Arbeitskräfte 1939-45, Dok. 7). A/5227: Übersicht über Lager, Belegung, Küchen, Lager- und Küchenpersonal, 17. Juni 1943 (Dokumentation ausländische Arbeitskräfte 1939-1945, Dok. 11).
[33] Ein Exemplar in TKKA VSt/2545 (Dokumentation Ausländische Arbeitskräfte 1939-45, Dok. 12).

schiedene Aufgaben im Bereich des Ausländereinsatzes bei einer neugebildeten Abteilung *Oberlagerführung*. Die Mannesmannröhren-Werke AG setzte für ihre zwei Duisburger Betriebe den 1896 geborenen Werner Scharfe als *„Oberlagerführer"* und *„Abwehrbeauftragten"* ein, dem zuletzt sieben Lager für zivile Zwangsarbeiter in Huckingen und Großenbaum unterstanden.[34] Über ihm und seinen Kollegen an den anderen Konzernstandorten rangierte seit 1943 als *„Konzernbeauftragter"* für die ausländischen Arbeitskräfte der Oberingenieur Thelen. Kleinere Unternehmen bestellten nur einen oder mehrere Lagerführer, die meist einem Vorstandsmitglied oder Geschäftsführer zugeordnet waren. Manchmal übernahmen diese Persönlichkeiten die Lagerführung zusätzlich zu ihren eigentlichen Funktionen im Unternehmen. Dies war etwa bei dem Ingenieur Fritz Mittag der Fall, dem die Thyssensche Gas- und Wasserwerke GmbH in Hamborn die Zuständigkeit für ihre beiden Arbeiterlager übertrug; das größere dieser Lager befand sich auf dem Gelände des Ferngaswerkes an der Beecker Straße, wo Mittag seinen normalen Arbeitsplatz hatte, weshalb man hier wohl eine Verlegenheitslösung annehmen kann.[35] Die Stadt Rheinhausen berief einen Beamten, den Stadtinspektor Stappert, zum *„Führer"* ihres *„Gemeinschaftslagers"* in der Hermann-Göring-Schule. In dem Barackenlager auf dem Heinrichplatz in Hamborn-Bruckhausen, das die Stadtverwaltung Duisburg betrieb und dessen Bewohner privaten Bau- und Handwerksfirmen zur Verfügung gestellt wurden, war ein Niederländer Lagerführer.[36] Die Lagerführer wurden je nach der Größe des Lagers von Unterlagerführern unterstützt, bei denen es sich oft um *„ältere, nicht mehr kriegsverwendungsfähige Männer"* handelte, die teilweise zuvor als Hausmeister tätig gewesen waren.[37]

Eine Schlüsselstellung im Alltag der Zwangsarbeit nahmen die *Dolmetscher* ein, die oft zu Vertrauensleuten der Lagerbewohner wurden und manches zur Erleichterung von deren Los bewirken konnten. Eine Dolmetscherin für Russisch in mehreren Lagern in Mülheim, Eleonore Helbach, hat ihre Erinnerungen an ihren Dienst von Mai 1942 bis Ende 1944 niedergeschrieben; sie wurden jüngsthin veröffentlicht.[38] Das besonders freundschaftliche, teils herzliche Verhältnis dieser Dolmetscherin zu ihren *„armen, geliebten Kindern"*, wie sie im Rückblick die Zwangsarbeiter nannte, mit denen sie zu tun gehabt und die sie nach russischer Sitte mit *Lena Andrewna* angeredet hatten, dürfte jedoch nicht der Regelfall gewesen sein. Vermutlich hielten sich die meisten Dolmetscher, anders als Helbach, etwas näher zum Arbeitgeber als zu den ausländischen Arbeitern. Bei der August Thyssen-Hütte AG avancierte die Dolmetscherin Ida Bandemer

---

[34] Mannesmann-Archiv M 12.821.1: Bericht über den Fremdarbeitereinsatz bei den Mannesmannröhren-Werken, Abt. Heinrich-Bierwes-Hütte, Duisburg-Huckingen, S. 14f.
[35] HSTAD NW 1004/G 22.2 Nr. 20 (Entnazifizierungsakte F. Mittag); AVG/BUR.
[36] Nach AVG/BUR: „un civil Hollandais".
[37] Herbert, Fremdarbeiter, S. 233.
[38] Wie Anm. 17

zur stellvertretenden „*Führerin*" des Ostarbeiterinnenlagers *Lakmé* (Ledigenheim Parkstraße 99) in Hamborn.[39] Aber nicht nur Deutsche, auch Ausländer, Männer und Frauen, haben als Dolmetscher im Lagersystem gearbeitet, so bei der *Bauhilfe der Deutschen Arbeitsfront* und bei den Stadtverwaltungen.

Die mitunter sehr großen Lagerküchen boten vielen Köchen und Köchinnen sowie unzähligen Hilfskräften bei der Essenszubereitung (z. B. „Schälfrauen"), der Essensausgabe und der Geschirr-Reinigung („Spülmädchen") Arbeit und Brot. Als Reinigungskräfte fungierten anscheinend ausschließlich Ostarbeiterinnen, wogegen die Köche und Köchinnen überwiegend Deutsche waren. Deutsche Frauen arbeiteten aber auch als Schälfrauen, also Küchen-Hilfskräfte. Eine Deutsche, die in der 1942 eingerichteten Lagerküche der Zeche Neumühl an der Haldenstraße tätig war, erinnerte sich Jahrzehnte später an die Diensteinteilung und an Einzelheiten des Betriebes:

„Die Küche war im Arbeitsdiensthaus, da waren vorher Arbeitsdienstmädels drin, die sind aber zu Anfang des Krieges weggekommen, und dann wurde die Küche dort eingerichtet. Das Haus lag zwischen der Benzolfabrik und der Menage. Wir waren auf zwei Schichten eingeteilt, mit je sechs Frauen in der Schälküche und sechs Frauen und zwei Köchinnen in der eigentlichen Küche. Die Frühschicht ging von sechs Uhr bis zwei Uhr, die Mittagsschicht von zwei Uhr bis zehn Uhr. Die Frühschicht machte das warme Essen für die Mittagszeit, abends gab es dann für die Mittagschicht warmes Essen. Wir mußten auch Butterbrote schmieren, wenn die Gefangenen oder Ostarbeiter länger gearbeitet hatten. [...] Ich war erst ein halbes Jahr in der Schälküche und kam danach in die Küche. Wir waren mit insgesamt 28 Frauen in der Küche." [40]

Obwohl sich bis Ende 1942 im Lager- und Küchendienst einheitliche Berufsbilder entwickelt hatten, war die Entlohnung der Arbeitskräfte bis ins vorletzte Kriegsjahr nicht einheitlich geregelt. Im September 1943 gab es noch keine im ganzen Reich geltende Tarifordnung für die Besoldung der Lagerführer, sondern nur eine *Besoldungsordnung für das Lagerführungs- und Verwaltungspersonal der DAF in Gemeinschaftslagern*, nach der sich das Grundgehalt (ohne Familienzulage und Trennungsentschädigung) für einen Oberlagerführer auf 280 RM, für einen Lagerführer auf 250 RM und für einen Unterlagerführer auf 200 RM belief. Das Lager- und Küchenpersonal der Industrie hat wohl nicht weniger verdient als das Personal der DAF, und Abteilungsleiter wie der *Oberlagerführer* des Krupp-Konzerns und der Leiter des Zivilarbeiter-Lagerwesens der ATH, Kaschewsky, dürften über Tarif bezahlt worden sein. Am 11. Februar 1944 erließ der Präsident des Gauarbeitsamtes und Reichstreuhänder der Arbeit für das

---

[39] TKKA A/5227: Übersicht über die „Gemeinschafts"- und Kriegsgefangenenlager der August Thyssen-Hütte AG, 17. Juni 1943 (Dokumentation Ausländische Arbeitskräfte 1939-45, Dok. 11).
[40] Schwieren, Neumühl, S. 102 (Erinnerungen von Frau F. R.)

Wirtschaftsgebiet Thüringen in seiner Eigenschaft als „Sondertreuhänder für die Regelung der Lohn- und Arbeitsbedingungen der in Werksküchen, Gefolgschaftskantinen und Gemeinschaftslagern beschäftigten Gefolgschaftsmitglieder" eine Reichstarifordnung, die am 1. April 1944 in Kraft trat.[41]

Die Quellen zum Lageralltag der Kriegszeit lassen erkennen, daß unter dem ausführenden, nicht leitenden Lagerpersonal, d. h. den Deutschen, die unmittelbar und täglich mit Zwangsarbeitern zu tun hatten, tüchtige und unfähige, leidlich human gesinnte und inhuman-brutale, moralisch-dienstlich einwandfreie und zu Unterschlagungen neigende Persönlichkeiten waren. Die Stadtverwaltung Homberg hatte, wie Anfang 1945 deutlich wurde, mit dem Verwaltungsarbeiter E.P. einen nachlässigen und wenig energischen Mann zum Unterlagerführer für den städtischen Teil des Lagers auf dem Gelände der Rheinpreußen-Schachtanlage 3, in dem ehemalige italienische Militärinternierte lebten, bestellt. Am 7. Februar wurde E. P. vom Bürgermeister zunächst vorgeworfen, eine Unterschlagung von Waren, die er im Auftrag der Stadt eingekauft hatte (Nähgarn und Zwirn), versucht zu haben, woran sich Vorhaltungen hinsichtlich der Aufgabenerfüllung im Lager anschlossen:

„[...] Auch den Ihnen übertragenen Dienst im Lager der italienischen Arbeiter auf der Schachtanlage III führen Sie nicht aus, wie es von Ihnen verlangt werden muß. Ich mache Sie letztmalig auf Ihre Pflichten aufmerksam. Sie müssen morgens spätestens um 6 $^1/_4$ Uhr im Lager sein und haben dafür zu sorgen, daß alle Italiener aus den Betten sind und sich für die Aufnahme der Arbeit fertig machen. Um 6 $^3/_4$ Uhr müssen die Arbeiter für die Einteilung fertig stehen und um 7 Uhr müssen sämtliche Arbeiter aus dem Lager sein auf dem Wege zu ihrer Arbeitsstelle. Nach Abmarsch der Arbeiter zur Arbeitsstelle müssen Sie zunächst noch im Lager verbleiben und haben dafür zu sorgen, daß die im Lager für die Reinigung eingesetzten Arbeitskräfte auch tatsächlich das Lager ordnungsgemäß herrichten und in Ordnung halten. Es ist also in Ihrer Gegenwart und unter Ihrer Aufsicht die Reinigung und Aufräumung des Lagers durchzuführen. Nach Erledigung dieser Arbeiten haben Sie Ruhezeit bis nachmittags 16 Uhr. Um diese Uhrzeit müssen Sie wieder im Lager sein, weil von dann ab die Arbeiter von den Arbeitsstellen zurückkehren. Sie müssen dann bis 19 Uhr im Lager bleiben, damit im Lager weiterhin eine Aufsicht ist und die Leute nach Eintritt der Dunkelheit das Lager nicht mehr verlassen.

Mir ist von der Zeche Rheinpreußen mitgeteilt worden, daß die Italiener Einrichtungsgegenstände (Spinde und sonstiges Material) als Brennmaterial bei der Bereitung ihrer zusätzlichen Speisen verwenden. Sie haben dafür zu sorgen, daß so etwas nicht mehr vor kommt und deshalb ständige Kontrollen auszuüben.

---

[41] TKKA VSt/720: Die Deutsche Arbeitsfront, Gauwaltung Westfalen-Süd, an die Vereinigte Stahlwerke AG, 22. September 1943; Rundschreiben Nr. 22/44 der Konzernverwaltung Vereinigte Stahlwerke AG - Sozialwirtschaftliche Abteilung - vom 21. April 1944.

Ich ersuche Sie, nunmehr Ihren Dienst genau nach diesen Bestimmungen ordnungsgemäß zu versehen, anderenfalls ich leider gezwungen bin, Sie aus den Diensten der Stadt Homberg zu entlassen." [42]

In den letzten beiden Kriegsjahren nahmen Veruntreuungen und Korruption in den Lagern in einem die Reichsführung, die Polizei und die Justiz erschreckenden Ausmaß zu. In tausenden von Fällen unterschlugen Lagerführer und Küchenleiter Lebensmittel, die für Ostarbeiter oder andere Zwangsarbeiter zugewiesen worden waren. In *„manchen Gegenden"* Deutschlands wurden Lagerführer zu *„guten Partien"*, weil sie *„immer alles"* hatten.[43] Aus Duisburg ist nur ein Fall von Lebensmittelveruntreuung im Ostarbeiterinnenlager des Reichsbahn-Ausbesserungswerkes in Wedau bekannt,[44] doch war dieses Delikt mit größter Wahrscheinlichkeit auch hier weit verbreitet. Am unteren Ende einer Skala ethisch-moralischer Qualifikation des Lagerpersonals stand in Duisburg wahrscheinlich ein Lager- oder Unterlagerführer der Kupferhütte, dessen sadistische Grausamkeit kaum noch übertroffen werden konnte. In einem multiethnischen Lager der Hütte in Hochfeld lebte für kurze Zeit ein polnischer Arbeiter, der an einer Blasenerkrankung litt und das Bett näßte. Jeden Morgen wurde er, wohl bei einer Art Appell auf dem Vorplatz oder Hof des Lagers, gezwungen, *„mit seiner nassen Bettdecke über dem Kopf im Kreis herum*[zu]*laufen"*, wobei der Lagerführer ihn auspeitschte. Nachdem er diese Tortur eine Woche lang ertragen hatte, erhängte sich der Pole auf der Toilette.[45]

Im Folgenden soll für einige Alt-Duisburger Unternehmen dargestellt werden, wie der Bau von Barackenlagern und die Beschaffung von sonstigen Arbeiterunterkünften vor sich gingen und welche Gruppen ausländischer Arbeiter in den Unterkünften lebten. Eine umfassende Darstellung für alle Unternehmen ist schon aufgrund der Quellenlage nicht möglich. Gemäß der Wirtschaftsstruktur Duisburgs sollen die Lager der großen Unternehmen des Bergbaues und der Schwerindustrie eingehender dargestellt werden, zumal die Quellenüberlieferung zu diesen Betrieben mehr oder weniger gut und dicht ist. Weiterhin werden Unternehmen der Nichteisen-Metallindustrie, des Maschinenbaues und der Bauwirtschaft untersucht werden, abschließend Lager und Unterkünfte, die von der Stadtverwaltung und von öffentlichen Unternehmen eingerichtet wurden. In

---

[42] StADU 22/1908: Der Bürgermeister von Homberg an E. P., 7. Februar 1945.
[43] Herbert, Fremdarbeiter, S. 339.
[44] Manfred Tietz, Die „wertlose" Frau, in: Rudolf Tappe u. Manfred Tietz (Hrsg.), Tatort Duisburg 1933-1945, Bd. II, Essen 1993, S. 354-397, hier S. 384.
[45] Erinnerungen der ukrainischen Zwangsarbeiterin Anna Powstjanko, zitiert bei Manfred Tietz, Die „wertlose" Frau (wie Anm. 44), S. 380. Nach Powstjanko war der sadistische Lager- oder Unterlagerführer ein „Soldat", worin sie aber geirrt haben dürfte, denn Soldaten bewachten nur Kriegsgefangenenlager. Vermutlich trug der Deutsche die Lagerführeruniform der Deutschen Arbeitsfront und konnte daher für einen Soldaten gehalten werden.

einem ersten Durchgang werden die Kriegsgefangenenlager betrachtet, danach folgen die Lager für zivile Arbeiter. Zuletzt wird das Duisburger Konzentrationslager-Außenlager mit seinen – einander zeitlich folgenden – beiden Hauptstandorten angesprochen, das wirtschaftlich der Stadtverwaltung zuzuordnen ist. Die sogenannten *Arbeitserziehungslager* werden als eigenständiges, zum kriegswirtschaftlichen Repressions- und Strafsystem gehörendes Phänomen im Kapitel 7 behandelt.

Die Gruppe Hamborn der Gelsenkirchener Bergwerks-AG (GBAG) beantragte im Juli 1941 die baupolizeiliche Genehmigung für den Bau eines Barackenlagers auf dem eigenen Gelände an der Fahrner Straße 121, östlich des Spülschachtes Pollmannshof und südlich des heutigen Evangelischen Krankenhauses. Die Kosten wurden auf 29 000 RM, die Bauzeit auf 12 Wochen veranschlagt. Das Lager sollte der Unterbringung sowohl von Kriegsgefangenen als auch zivilen ausländischen Arbeitern dienen, die auf der Schachtanlage Friedrich Thyssen 2/5 eingesetzt waren, und eine Kapazität von 450 Plätzen haben. Zunächst entstanden sechs Wohn- und Schlafbaracken und eine Wirtschaftsbaracke, die bis zum 8. April 1942 fertiggestellt wurden; im September folgte noch eine Baracke mit Aufenthaltsräumen für die Wachmannschaften. Etwas später als das Lager Pollmannshof konnte ein Barackenlager an der Hoffschen Straße in Beeckerwerth bezogen werden, das, wie sich von selbst versteht, der Schachtanlage Beeckerwerth zugeordnet war. Ein drittes Barackenlager für sowjetische Kriegsgefangene, seit dem Herbst 1943 auch italienische Militärinternierte baute die GBAG auf die Schüttung (d. h. Schlackenhalde) Rönsbergshof der August Thyssen-Hütte AG in Beeck; die hier untergebrachten Gefangenen arbeiteten auf den Schachtanlagen Friedrich Thyssen 4/8 und Westende. Alle drei Lager wurden vor dem 1. Oktober 1942 fertiggestellt; zu diesem Zeitpunkt war Pollmannshof mit 399, Hoffsche Straße mit 371 und Rönsbergshof mit 403 „Russen" belegt. Im Geschäftsjahr 1942/43 erweiterte man die drei Lager durch Baracken vom Pferdestall-Typ; zugleich baute die GBAG ein viertes Lager in Dinslaken-Lohberg für die dortige Schachtanlage.[46] Die Zeche Neumühl brachte ihre sowjetischen Kriegsgefangenen zuerst, im Herbst 1942, in einer Gastwirtschaft unter, dem Haus Kaldenhoff an der Ecke Holtener Straße und Gartenstraße, das noch existiert. Wahrscheinlich war der Saal Kaldenhoff von Anfang an kraß überfüllt. 1943 stießen nur 35 weitere Kriegsgefangene dazu, aber als 1944 ein größerer Schub kam, der die Zahl der Gefangenen auf 375 steigen ließ, wurde es unab-

---

[46] Zu den Duisburger Kriegsgefangenenlagern der GBAG: StADU 611/1477: *Gelsenkirchener Bergwerks-AG, Aufstellung von 7 Baracken an der Fahrnerstraße* [sic] (1941/42); BBA 55/608: Berichte des Vorstandes der GBAG über den Betriebsverlauf des 1. Vierteljahres des Geschäftsjahres 1942/43 (S. 6) und über den Betriebsverlauf des 1. Vierteljahres des Geschäftsjahres 1943/44 (S. 8); ferner BBA 55/1316: Jahresbericht der GBAG für das Geschäftsjahr 1940/41 (mit Betriebsbericht für die Gruppe Hamborn), S. 29; BBA 55/1317: Betriebsbericht der GBAG für das Geschäftsjahr 1941/42 (mit Betriebsbericht für die Gruppe Hamborn), S. 23 u. 50f.

weisbar, ein größeres Lager zu bauen. Das geschah auf der sogenannten Hippenwiese südlich der Oberhauser Allee, wo die Zeche 11 Steinbaracken errichtete.[47]

Die Betriebsgesellschaft August Thyssen-Hütte der Vereinigte Stahlwerke AG errichtete seit 1940 neun Kriegsgefangenenlager, von denen drei dem Betrieb Thyssenhütte in Hamborn-Bruckhausen, je zwei der Hütte Ruhrort-Meiderich und der Niederrheinischen Hütte und je eines dem Werk Hochöfen Hüttenbetrieb in Meiderich und der Hütte Vulkan in Hochfeld zugeordnet waren.[48] Im Sommer 1942 baute die ATH „beschleunigt" ein „neues" Barackenlager, nachdem das Arbeitsamt Duisburg die Zuteilung von 1 000 sowjetischen Kriegsgefangenen an das Unternehmen angekündigt hatte; die Inneneinrichtung des Lagers war am 11. August noch nicht fertig, sollte aber bis zum 20. August, dem Tag, für den die Ankunft der Kriegsgefangenen avisiert war, abgeschlossen sein.[49] Hierbei handelte es sich wahrscheinlich um das größte Gefangenenlager der ATH an der Franz-Lenze-Straße in Hamborn-Bruckhausen (südöstlich der Hauptverwaltung bis zum Großgasbehälter der Thyssensche Gas- und Wasserwerke GmbH). Ein zweites großes Lager, das ebenfalls zum Betrieb Thyssenhütte gehörte, befand sich an der Hoffschen Straße in Beeckerwerth, neben dem Lager der Gelsenkirchener Bergwerks-AG. An der Franz-Lenze-Straße, wo sich eine Baracke an die andere reihte, lebten im Mai 1943 rund 400 sowjetische und 127 französische Kriegsgefangene, die Kapazität des Lagers erlaubte jedoch die Unterbringung von 950 „Russen" und 300 Franzosen. Das Wachkommando bestand im Juni 1943 aus 60 Wehrmachtsangehörigen. Auch das Lager in Beeckerwerth mit einer „Fassung" von 780 Mann war mit 535 sowjetischen Gefangenen nicht gerade überfüllt.[50] Kleiner war das dritte Lager der Thyssenhütte auf dem Gelände der stillgelegten Schachtanlage in Walsum-Wehofen. Die Lager, die zur Hütte Ruhrort-Meiderich gehörten, befanden sich an der Stahlstraße 50 in Untermeiderich (ein ehemaliges Ledigenheim) und an der Erzstraße 9 in Laar. Das letztere war mindestens bis Mitte 1943 ein Ostarbeiterlager mit dem Decknamen *Tannhäuser* gewesen. Das Lager des Werkes Hochöfen Hüttenbetrieb war an der Talbahn-

---

[47] Schwieren, Neumühl, S. 100, 103 u. 105 (Karte). Die Baracken standen z. T. auf dem heutigen Gelände der Bezirkssportanlage Oberhauser Allee (östlich des Fußballplatzes), z. T. auf den Flächen unter dem heutigen Damm der Bundesautobahn 42 (Emscherschnellweg), östlich der Fußgängerbrücke.

[48] TKKA A/5227: Liste der von Kriegsgefangenen und Internierten bewohnten Lager, Stand 8. September 1944 (Dokumentation Ausländische Arbeitskräfte 1939-45, Dok. 15).

[49] BA Berlin R 10 III/52: Hüttendirektor Dr. Franz Bartscherer an das Arbeitsamt Duisburg, 11. August 1942.

[50] TKKA A/5227: Übersicht *Belegung der Gemeinschaftsläger* (mit Kriegsgefangenenlagern) vom 24. Mai 1943.

straße in Obermeiderich, das der Niederrheinischen Hütte an der Wörthstraße in Hochfeld.[51]

Das Eisenwerk Wanheim verfügte seit 1940 über ein Barackenlager auf dem Werksgelände, in dem nacheinander französische Kriegsgefangene (bis 1942), italienische Militärinternierte (1943/44) und sowjetische Kriegsgefangene (1944/45) untergebracht waren. Am 1. Januar 1944 befanden sich 160 Italiener, ein Jahr später 89 sowjetische Gefangene in den drei Lager-Baracken, zu denen eine Waschraumbaracke gehörte. Der Auszug der Italiener war die Folge von deren Überführung in den Zivilistenstatus; die nunmehr „freien" Arbeiter bekamen neue Quartiere in Sälen von Gastwirtschaften.[52] Die Duisburger Kupferhütte in Hochfeld errichtete im Dezember 1943 ein Barackenlager für sowjetische Kriegsgefangene zwischen der heute nicht mehr existierenden Kupferhüttenstraße und der Blücherstraße, südlich der Werthhauser Straße. Die Mannesmannröhren-Werke AG baute in Huckingen je ein Lager für französische Kriegsgefangene und italienische Militärinternierte; die Kriegsgefangenen des Mannesmann-Betriebs in Großenbaum wurden in 15 Zimmern des Ledigenheims untergebracht.[53] Die Didier-Werke AG an der Düsseldorfer Chaussee 30 in Wanheimerort beantragte am 19. Dezember 1941 bei der Stadtverwaltung die Genehmigung zum Bau einer Baracke für „*russische Kriegsgefangene*"; als Bauplatz war die „*Schutthalde der Reichsbahn*" zwischen der Straße Krummenhak und dem Didier-Werksgelände ausersehen. Die Baracke erhielt einen Anbau mit einem Raum für Wachmannschaft; die Aborte lagen gesondert. Als Luftschutzmöglichkeit gab es einen „*Deckungsgraben*".[54] Die Berzelius Metallhütten GmbH in Wanheim verfügte seit dem Spätsommer oder Herbst 1940 über ein Lager für französische Kriegsgefangene. Es handelte sich zunächst um eine 46,25 Meter lange und 12,5 Meter tiefe Baracke, die 150 Mann aufnehmen konnte und aus einem Schlafraum, einer Küche, Sanitärräumen und Aufenthaltsräumen für die Bewohner und die Bewacher bestand. 1943 mußte das Lager erweitert werden. Kurz nach dem Eintreffen der städtischen Baugenehmigung für einen Anbau, der 36 Kriegsgefangene aufnehmen sollte, brannte das Lager am 28. August 1943 bei einem Luftangriff ab. Berzelius baute es im Herbst 1943 wieder auf, in stark veränderter Form und in wesentlich kleinerem Umfang (für

---

[51] TKKA: Gesamt-Fernsprech-Verzeichnis der Vereinigte Stahlwerke AG, Ausgabe Mai 1944; in der Dokumentation Ausländische Arbeitskräfte 1939-45 ist irrtümlich von neun Lagern die Rede (der Niederrheinischen Hütte werden zwei Lager - statt einem - zugeschrieben). Zum Lager der Hütte Vulkan ist in der Quelle keine Straße angegeben.

[52] Hildebrand, Wanheim-Angerhausen, S. 471 u. 474f.

[53] Mannesmann-Archiv M 12.821.1: Bericht über den Fremdarbeitereinsatz bei den Mannesmannröhren-Werken, Abt. Heinrich-Bierwes-Hütte, Duisburg-Huckingen, S. 6, sowie M 12.821.2: Bericht über den Fremdarbeitereinsatz bei den Mannesmannröhren-Werken, Abt. Großenbaum, Duisburg-Großenbaum, S. 6ff.

[54] Der Bauvorgang in StADU 611/2903: Haus-Akten Didier-Werke AG, Werk Duisburg, Düsseldorfer Chaussee 30 (1938-43), mit Lageplan des Lagers.

nur noch 64 Gefangene), dafür aber mit Krankenstation, Arztzimmer und Waschküche, Einrichtungen, die sich die Kriegsgefangenen mit den 144 Bewohnern eines benachbarten Westarbeiterlagers teilten. Als im Herbst 1943 italienische Militärinternierte bei Berzelius eintrafen, mußten sie zunächst in einem Behelfslager innerhalb des Betriebsbereiches Wälzanlage untergebracht werden. Am 12. November beantragte das Unternehmen bei der Stadt eine „Ausnahme vom Bauverbot" für eine massive Baracke, die 50 Mann aufnehmen sollte, und einen zugehörigen Splitterschutzgraben. Die Genehmigungen wurden erst im Juli 1944 erteilt. Es ist daher anzunehmen, daß die Italiener mindestens zehn Monate in den Behelfsunterkünften „gewohnt" haben. Der Bauplatz der Italiener-Baracke lag am Rand der Schlackenhalde an der Ecke Ehinger Straße und Berzeliusstraße.[55]

Im Juli 1940 begannen die beiden Bauunternehmen Franz Brüggemann (Hamborn) und Vollrath Betonbau KG (Meiderich), die im Auftrag der August Thyssen-Hütte auf deren Gelände in Hamborn eine neue Sinteranlage bauten, ohne baupolizeiliche Genehmigung mit der Errichtung eines kleineren Barackenlagers für 120 Kriegsgefangene auf dem Hüttengelände an der Alsumer Straße, nördlich von Tor V. Der Bauantrag wurde am 3. August nachträglich gestellt, die Bauerlaubnis kam am 20. August. Das Lager bestand aus fünf Baracken, die hufeisenförmig um einen Platz angeordnet waren: zwei Mannschaftsbaracken für je 60 Mann, eine Waschbaracke, eine Abortbaracke und eine Wirtschaftsbaracke mit Unterkunftsräumen für die Wachmannschaft. Bis zum Sommer 1941 kam noch eine kleine Krankenbaracke hinzu. Obwohl das Grundstück der ATH gehörte, sprachen Brüggemann-Vollrath stets von „unserem" Gefangenenlager.[56]

Das Hauptpostamt Duisburg erhielt am 20. Februar 1941 von der örtlichen Feldpostdienststelle 78 französische und belgische Kriegsgefangene, die im Saal einer Gastwirtschaft in Duissern (Felsenstraße 95) untergebracht wurden; dieses Lager ging Anfang April in die Verwaltung der Reichspost über. Am 1. Juni übernahm die Post auch die Beköstigung der Gefangenen, deren Essen von einer Großküche geliefert wurde. Nachdem das Lager in der Felsenstraße zu einem nicht feststellbaren Zeitpunkt, wohl 1942, durch Bomben zerstört worden war, brachte die Post die Gefangenen in einer von der Stadtverwaltung zur Verfügung gestellten Turnhalle am Stapeltor unter. Gleichzeitig mit der Übernahme der Gefangenen in ein ziviles Arbeitsverhältnis im Juli 1943 wurden die Franzosen (von Belgiern war nun nicht mehr die Rede) in ein Lager am Sternbuschweg 220 (Gastwirtschaft Wolf) verlegt. In das Lager am Stapeltor, das nach dem Auszug

---

[55] Hildebrand, Wanheim-Angerhausen, S. 301-304; Berzelius richtete am 26. Juli 1940 das Baugesuch für die erste Kriegsgefangenen-Baracke an die Stadtverwaltung; die Genehmigung für die Erweiterung erfolgte am 9. August 1943; zum Ostarbeiter-Lager (Baugenehmigung vom 4. März 1942): S. 171ff.

[56] Zur Baugeschichte dieses Lagers: StADU 611/1704: Haus-Akte *Brüggemann-Vollrath, Baracke für Gefangenenlager Hüttengelände an der Alsumerstraße* [sic] (1940/41).

der Franzosen zunächst für italienische Arbeitskräfte frei gehalten worden war, zogen am 31. Januar 1944 50 sowjetische Kriegsgefangene der Reichspost-Bauabteilung Duisburg ein. Das Lager am Sternbuschweg wurde beim Luftangriff am 21. Februar 1945 zerstört.[57]

Auf dem Alt-Duisburger Stadtgebiet haben im letzten Kriegsjahr mehr als 160 Lager für *zivile* ausländische Arbeitskräfte existiert; kleinere Unterkünfte von bis zu 20 Personen sind dabei, mit Ausnahme der Personalunterkünfte in Krankenhäusern, nicht mitgezählt. Die Stadtbezirke mit den höchsten Zahlen an Lagern waren Mitte (etwa 70) und Hamborn (mehr als 40). Eine Betrachtung einiger Branchen und Institutionen beginnt wieder mit dem Bergbau. Die Gruppe Hamborn der Gelsenkirchener Bergwerks-AG, die mehr Kriegsgefangene als zivile Ausländer beschäftigte, übernahm 1941 von der Liebfrauen-Kirchengemeinde das Ketteler-Haus an der Schulstraße 29 in Hamborn-Bruckhausen. Außerdem wurden 1941/42 die Säle von fünf Gastwirtschaften angemietet: Rosendahl an der Weseler Straße (für die Schachtanlge 2/5), Kaspers an der Warbruckstraße (ebenfalls für 2/5), *Paulus-Haus* an der Henriettenstraße (desgleichen), van Leuwen an der Freiligrathstraße (für die fast zwei Kilometer entfernte Schachtanlage 4/8) und *Burghof* in Beeck (für die Schachtanlage Westende). Seit dem Geschäftsjahr 1942/43 nutzte die GBAG noch ein Privathaus, Marienstraße 2, als Arbeiterunterkunft. Danach verfügte sie in Hamborn und Beeck über sieben mittelgroße oder kleinere Lager für zivile Arbeiter. Im Herbst 1942 wohnten im Kettelerhaus 115 Mann, in vier der gemieteten Säle insgesamt 212 Mann. Große Barackenlager, wie für die Kriegsgefangenen, hat die GBAG für ihre zivilen ausländischen Arbeiter nicht geschaffen.[58]

Die Zeche Neumühl baute für ihre ersten Ostarbeiter, die im Februar 1942 eintrafen, ein Barackenlager hinter der *Menage* (dem früheren Ledigenheim der Zeche, das seit den zwanziger Jahren und bis zur Bombenzerstörung 1944 als Unterkunft für obdachlose Familien diente) an der Haldenstraße. Das Wirtschaftsgebäude im Ledigenheim, das bis dahin an den Freiwilligen Weiblichen Arbeitsdienst vermietet war, wurde von diesem am 1. Juli 1942 geräumt; die Küche war schon im Mai als Lagerküche für die Kriegsgefangenen und zivilen ausländischen Arbeiter eingerichtet worden. Ende 1942 baute die Zeche weitere Baracken als Unterkunft von knapp 200 polnischen Arbeitern.[59] Anfang 1943 konnte sie rund 900 ausländische Arbeiter unterbringen:

---

[57] Auszüge aus den hauseigenen Chroniken I und II des Postamtes zu Duisburg (Typoskript 1966 im StADU, Signatur S 722), S. 32, 38f. u. 70; die Gastwirtschaft Wolf ist in der Quelle falsch mit Sternbuschweg 242 lokalisiert (Nr. 242 war ein Privathaus ohne Gastwirtschaft); ferner Adreßbuch der Stadt Duisburg für 1939.

[58] BBA 55/1316: Jahresbericht der GBAG für das Geschäftsjahr 1940/41 (mit Betriebsbericht für die Gruppe Hamborn), S. 78; BBA 55/1317: Betriebsbericht der GBAG für das Geschäftsjahr 1941/42 (mit Betriebsbericht der Gruppe Hamborn), S. 50f.; ferner AVG/BUR.

[59] Schwieren, Neumühl, S. 100ff.

„Dieser große Einsatz von Ausländern bedingte eine erhebliche Erweiterung der Gemeinschaftsläger. Die im Vorjahre [1942] begonnenen Baracken wurden fertiggestellt, außerdem Ende des Jahres weitere Baracken zur Aufnahme der Polen errichtet. Diese Baracken konnten jedoch leider durch die kriegsbedingten Verhältnisse nicht in der bisherigen guten Form ausgestattet werden, es mußten Einheitsbaracken der Wehrmacht nach der Pferdestall-Type [sic] mit Ofenheizung gebaut werden. Das Fassungsvermögen der Gemeinschaftsläger, welches Ende des Jahres 1941 rund 215 Mann betrug, wurde auf ca. 900 Mann gesteigert [...]".[60]

Die August Thyssen-Hütte AG richtete von 1942 bis zum Herbst 1944 teils durch den Bau von Baracken, teils durch Anmietung oder Pachtung von kirchlichen Gemeinde- und Gesellenhäusern oder Kinderheimen 17 Lager für zivile ausländische Arbeitskräfte in Duisburg und Dinslaken ein. Zu den ältesten gehörte das *„Russenlager Rheinstahl"* (später *Undine*) an der Mühlenfelder Straße 2 in Laar, dessen Bewohnerschaft sich am 22. Mai 1942 auf 275 Personen (264 Frauen und 11 Männer) belief. In Laar übernahm die ATH 1942 auch das Kinderheim an der Adolf-Hitler-Straße 96 (heute Friedrich-Ebert-Straße) als Ostarbeiterlager, dem man 1943 den Decknamen *Tosca* gab. Anfang Oktober 1942 existierte an der Talbahnstraße 55 in Obermeiderich das *„Lager der Russenfrauen"*, in dem damals 50 Ostarbeiterinnen wohnten, die im Werk Hochöfen Hüttenbetrieb als Hilfsarbeiterinnen eingesetzt waren. Dieses vermutlich erste oder zweite Frauenlager der ATH wurde später, vor dem Sommer 1944, in ein Kriegsgefangenenlager umgewandelt, wobei man die Frauen in eine neue Unterkunft an der Emscherstraße (Deckname *Hamlet*) verlegte. Ende Oktober 1942 gab es ein weiteres Lager für Ostarbeiterinnen in einem Ledigenheim an der Parkstraße (Am Grillopark) 99 in Hamborn, das später die Bezeichnung *Lakmé* erhielt und in der Nähe des heutigen Wohnheimes an der Kaiser-Wilhelm-Straße zu finden wäre. Zu den älteren, schon 1942 bestehenden Lagern der ATH gehörte auch das Lager an der Wörthstraße 116 (später *Wildschütz*) in Hochfeld. Ein Lager auf dem weiträumigen Gelände der Eisenbahnwerkstätten der ATH in Hamborn mit mindestens fünf großen Baracken ist seit Mai 1943 bezeugt, ein Lager des Betriebes Niederrheinische Hütte im Katholischen Vereinshaus Hochfeld (Wanheimer Straße 155a, späterer Name *Salome*) bestand seit 1943, vielleicht auch schon seit dem Vorjahr. Zu den älteren Lagern gehörte noch eine Unterkunft für Westarbeiter in der sogenannten *Hochofen-Menage* an der Matenastraße 9, südlich von Tor I, die seit Mitte 1943 *Rosamunde* genannt wurde. In der zweiten Jahreshälfte 1943 baute die ATH zwei große Barackenlager an der Neuen Schwelgernstraße, in der Nähe des Werkshafens. Das größere, *Orienta* genannt, beherbergte im September 1944 450 Personen, und zwar Ostarbeiter (Männer und Frauen),

---

[60] Bericht des Grubenvorstands der Zeche Neumühl an das Bergrevier Dinslaken-Oberhausen, 31. Januar 1943, zitiert nach: Schwieren, Neumühl, S. 101.

Polen und Arbeiter aus den ehemaligen baltischen Staaten. Etwas kleiner war *Figaro*, wo zur selben Zeit 242 Männer, Italiener, Franzosen, Belgier (Wallonen), Niederländer und Serben, lebten. *Marat* an der Franz-Lenze-Straße, dem großen Kriegsgefangenenlager benachbart, war für Polen reserviert.[61]

Bis Ende 1943 waren auf dem Alt-Duisburger Gebiet 15 „Gemeinschaftslager" der ATH geschaffen worden, teils Barackenlager, teils umgewidmete Vorkriegsbauten, die seit Juni 1943 mit einer Ausnahme Namen aus dem Bereich der Oper und des Schauspiels trugen. Mit diesen Benennungen hatte die ATH eine Anordnung des Oberkommandos der Wehrmacht befolgt, nach der die Zugehörigkeit eines Lagers zu einem bestimmten Betrieb nicht mehr in der Lagerbezeichnung erkennbar sein durfte. Die Wehrmacht wollte aus *„abwehrmäßigen Gründen"* verhindern, daß aus den Absenderangaben der *„in das Ausland gehende[n] Post"* der Fremdarbeiter von feindlichen Kräften Erkenntnisse über räumliche Gegebenheiten in der Rüstungsindustrie gewonnen werden konnten.[62] Nach dem Stand von Mai 1944 gehörten sieben Lager, nämlich *Marat, Orienta, Figaro, Rienzi, Rosamunde, Lakmé* und das Lager *Eisenbahnwerkstätten* (EBW), das aus unerfindlichen Gründen keinen Decknamen erhielt, zur eigentlichen Thyssenhütte in Hamborn, zwei Lager an der Emscherstraße in Obermeiderich (*Hamlet* und *Medas*) zum Hochofenwerk Hüttenbetrieb, vier Lager (*Oberon, Tosca, Aida* sowie *Undine* 1 und 2) zur Hütte Ruhrort-Meiderich und zwei Lager (*Salome* und *Wildschütz*) zur Niederrheinischen Hütte.[63] Außerhalb Duisburgs, in Dinslaken-Hiesfeld, unterhielt die ATH ein weiteres Lager für zivile Arbeiter mit dem Namen *Palestrina* und einer multinationalen Bewohnerschaft von bis zu 1 100 Personen (im November 1944: Deutsche, Italiener, Polen, Franzosen, Niederländer und Ostarbeiter, dazu 160 Angehörige des *Ukrainischen Werksdienstes*).[64] Bis September 1944 kam ein siebzehntes „Gemeinschaftslager" der ATH mit dem Namen *Daldibor* im ehemaligen katholischen Vereinshaus in Laar hinzu. Das größte Lager für zivile Zwangsarbeiter der ATH war *Rienzi* an der Kaiser-Wilhelm-Straße bei Tor III in Hamborn, wahrscheinlich auf dem Gelände der stillgelegten Schachtanlage Friedrich Thyssen 3/7, wo zwischen 900 und 1 440 Ostarbeiter und Ostarbeiterinnen untergebracht waren. Das „Sonderlager" (d. h. Straflager) der ATH für Westarbeiter an der Hoffschen Straße in Beecker-

---

[61] TKKA A/5227: Übersicht *Belegung der Gemeinschaftsläger* vom 24. Mai 1943; Übersicht über die „Gemeinschafts"- und Kriegsgefangenenlager der August Thyssen-Hütte AG, 17. Juni 1943; *Liste der von ausländischen Arbeitern bewohnten Lager* vom 8. September 1944 (Dokumentation Ausländische Arbeitskräfte 1939-45, Dok. 9, 11 u. 16).

[62] TKKA A/5012: Die Kreiswaltung Duisburg der Deutschen Arbeitsfront an alle „Einsatzbetriebe", 12. März 1943 (Dokumentation Ausländische Arbeitskräfte 1939-45, Dok. 8).

[63] TKKA: Gesamt-Fernsprech-Verzeichnis der Vereinigte Stahlwerke AG, Ausgabe Mai 1944; Dokumentation Ausländische Arbeitskräfte 1939-45, S. 10f.

[64] TKKA A/5227: Übersichten *Belegschaftsstärke des Lagers Palestrina,* 15. Oktober 1944 bis 18. Januar 1945, und *Belegung und Arbeitseinsatz der auswärtigen Lagerbewohner,* 6. Februar 1945; Belegungsmeldungen vom 19. Januar und 20./21. Februar 1945 (Dokumentation Ausländische Arbeitskräfte 1939-45, Dok. 17-19).

werth trug den Namen *Orpheus*. Von der ATH verwaltet und versorgt wurden außerdem zwei Lager der Organisation Todt in Hamborn-Bruckhausen (Heinrichplatz) und -Alsum (Ecke Sonnen- und Prinzenstraße); das letztgenannte existierte schon im Mai 1942, bestand damals aus 4$^1/_2$ Baracken und beherbergte italienische Bauarbeiter, die beim *"Neubau der Dampfkraftanlage in Alsum"* eingesetzt waren.[65]

Die Mannesmannröhren-Werke AG baute im Frühjahr 1942 für ihr Hüttenwerk in Duisburg-Huckingen ein Ostarbeiter-Lager, das acht Wohnbaracken mit einer Fläche von je 47 mal 12 Metern (564 m^2), eine Sanitätsbaracke, eine Küchen- und Waschbaracke und eine Verwaltungsbaracke umfaßte und im Juli 1942, zum *"Zeitpunkt des Eintreffens größerer Transporte"*, bezugsfertig war. Vermutlich wurde es bis zum Kriegsende ein- oder mehrmals erweitert. Im letzten Kriegsjahr – ein genauer Zeitpunkt ist der betreffenden Quelle nicht zu entnehmen – war dieses Lager mit 1 243 Bewohnern beiderlei Geschlechts das zweitgrößte Ostarbeiter-Lager auf dem heutigen Duisburger Stadtgebiet. Die Wachmannschaft bestand aus zwei Unterlagerführern und zehn Wachleuten, *"die teilweise über 70 Jahre alt waren"*; je ein Unterlagerführer und fünf Wachleute wechselten sich alle 24 Stunden im Dienst ab. Nach Kriegsende wußten die zuvor mit der Lagerverwaltung betrauten Persönlichkeiten zu berichten, die Ostarbeiter hätten auf den *"Landstreifen zwischen den einzelnen Baracken [...] Blumenbeete angelegt, wofür die nötigen Pflanzen und Sämereien [...] durch das Werk gestellt"* worden seien. Außerhalb des Werksgeländes, an einer Hauptverkehrsstraße, gab es ein „Westarbeiterlager" mit zwei Baracken derselben Größe wie beim Ostarbeiter-Lager und einem Luftschutzkeller. Die beiden Wohnbaracken hatten je 10 Zimmer, die mit je 12 Männern belegt waren; die planmäßige Belegungsstärke des Lagers betrug also 240 Mann. In der „Sonderküche" des Westarbeiterlagers arbeiteten eine deutsche Köchin und mehrere *"Fremdarbeiter"*. Das dritte Lager für zivile Ausländer des Huckinger Hüttenwerks war ein *"Lager für Italiener"* im Werksgelände, neben dem Ostarbeiter-Lager, mit ebenfalls zwei Wohnbaracken.[66] Die Abteilung Großenbaum der Mannesmannröhren-Werke verfügte bei Kriegsende über vier Lager für zivile ausländische Arbeiter, und zwar ein Ostarbeiter- und ein Westarbeiterlager *"am Nordende des Werkes"*, ein weiteres, ursprünglich wohl als Provisorium betrachtetes Westarbeiterlager in der Gastwirtschaft Küster und ein *"Italienerlager im und am Ledigenheim"*. Im Ostarbeiter-Lager gab es zwei Wohnbaracken für Frauen, je

---

[65] StADU 611/435: Baubeschreibung zum Baugesuch vom 3. Juni 1942 für einen *"Deckungsgraben für die Belegschaft des Barackenlagers Ecke Sonnen- und Prinzenstraße in Alsum für 150 Mann (Italiener)"*.

[66] Mannesmann-Archiv M 12.821.1: Bericht über den Fremdarbeitereinsatz bei den Mannesmannröhren-Werken, Abt. Heinrich-Bierwes-Hütte, Duisburg-Huckingen, S. 1-6. Zum Ostarbeiter-Lager (vermutete Erweiterung) außerdem M 12.821.2: Antrag auf Baracken für 200 Ostarbeiter vom 7. Dezember 1942.

eine Baracke für Männer und für *„Jugendliche und Familien"* sowie je eine *„Waschbaracke"* für Frauen und Männer. Mit einem Lagerführer und acht Wachmännern war die Wachmannschaft dieses Ostarbeiter-Lagers erheblich kleiner als die des Ostarbeiter-Lagers in Huckingen. Das Westarbeiter-Lager in Großenbaum sah anders aus als sein Huckinger Gegenstück, bestand es doch aus *„14 Holz-Behelfsheimen mit je 2 Zimmern, von denen 1 Behelfsheim als Waschhaus eingerichtet war"*; hinzu kam eine Toilettenbaracke.[67]

Die Gießerei Hüttenbetrieb der Deutsche Eisenwerke AG in Meiderich hatte ein seit Mitte 1944 belegtes, aus fünf Baracken bestehendes Westarbeiterlager südwestlich der Voßstraße (in dem Winkel, den sie mit der Anschlußbahn der August Thyssen-Hütte zum Sammelbahnhof Oberhausen-West bildet), und zwar im Bereich der heutigen Stichstraße Am Mismahlshof. Dieses Lager hatte die Gießerei offenbar ohne Wissen der Konzernzentrale der Vereinigte Stahlwerke AG in Düsseldorf gebaut. Am 22. Juni 1944 beschwerte sich die Grundstücksabteilung des Konzerns bei der Deutsche Eisenwerke AG darüber, daß sie nicht informiert worden war. Man hatte das Lager gleichsam zufällig bei Planungsarbeiten für *„Behelfsheimbauten"* auf dem angrenzenden Terrain „entdeckt". Ein weiteres Lager der Gießerei Hüttenbetrieb war in der Gastwirtschaft Nühlen, Essen-Steeler Straße 155.[68]

Ein Beispiel für die Abfolge von Provisorien und „Dauer"-Lösungen waren die Lager der Eisenwerk Wanheim GmbH. Das Unternehmen erhielt wohl erstmals 1940 eine Zuteilung von ausländischen zivilen Arbeitern, Westarbeitern und Polen, die zunächst *„notdürftig"* in einer Baracke auf dem Werksgelände, dann, seit dem Frühjahr 1941, in Privatquartieren, im Evangelischen Gemeindehaus von Wanheim und in den Sälen der Gastwirtschaften Jägerhof (Hamm) und – seit 1943 – Kraus untergebracht wurden. Bei der Beschaffung dieser Quartiere war die Stadtverwaltung vermittelnd tätig gewesen oder hatte, wie im Fall der Gastwirtschaft Kraus, das ganze Gebäude beschlagnahmt. Von der Unterkunft im Gemeindehaus ist bekannt, daß in dem rund 200 Quadratmeter großen Saal 70 Personen, *„meist Belgier"*, in *„zweistöckigen Holzbetten mit Strohsäcken"* schliefen. Die sanitären Anlagen dürften für diese Personenzahl allenfalls knapp ausgereicht haben. Zur Beheizung dienten mehrere Kohleöfen. Den Westarbeitern im Evangelischen Gemeindehaus folgten zu einem unbekannten Zeitpunkt Ostarbeiterinnen, diesen wiederum für einige Monate 1944 polnische zivile

---

[67] Mannesmann-Archiv M 12.821.2: Bericht über den Fremdarbeitereinsatz bei den Mannesmannröhren-Werken, Abt. Großenbaum, Duisburg-Großenbaum, S. 6ff.
[68] TKKA VSt/5096: Die Grundstücksabteilung der Vereinigte Stahlwerke AG an die Hauptverwaltung der Deutsche Eisenwerke AG, 22. Juni 1944; StADU 70/3963: Entwurfsplan für Behelfsheime des Deutschen Wohnungshilfswerks an der Voss-Straße, Stadtplanungsamt Duisburg, Juli 1944 (acht Zeilen mit Behelfsheimen waren zwischen dem Lager und der Anschlußbahn geplant); ferner Weinmann (CCP), S. 413 (Lager bei *„Eisenwerke Mülheim/ Meiderich"*), und AVG/BUR.

Arbeiter; die jeweils ausquartierte Gruppe wurde in neu errichtete Barackenlager auf dem Werksgelände eingewiesen. Der Saal der Gastwirtschaft Jägerhof an der Ehinger Straße faßte 65 Personen sehr verschiedener Nationalität: *„Franzosen, Belgier, Holländer, Polen, Kroaten, Bulgaren, Rumänen"* und weitere; auf jeden Bewohner entfielen sechs Quadratmeter Saalfläche. Die 65 Stahlbetten waren mit *„dreiteiligen Auflagen"* oder Strohsäcken ausgestattet. Da die vorhandenen Toiletten nicht ausreichten, mußten auf Kosten der Stadt weitere Toiletten angebaut werden. In der Gaststätte Kraus schließlich waren bis Juni 1943 60 französische und 10 belgische zivile Arbeiter untergebracht.[69]

Beim Eisenwerk Wanheim gab es spätestens Anfang 1942 auf dem Werksgelände ein *„Arbeitslager für sowjetrussische Zivilarbeiter"* beiderlei Geschlechts sowie für Familien, das aus sieben Wohnbaracken von 30 bis 36 Metern Länge, einer Sanitäts- und Krankenbaracke, einer Wirtschafts- und Küchenbaracke, einer Wäscherei mit angebauter Toilettenanlage, einer Baracke für Handwerker und einem *„Saal für Zusammenkünfte"* bestand. Die Baracken hatte das Eisenwerk vom Reichsarbeitsdienst übernommen. Obwohl ein Lager für angeblich freie Zivilisten, war es mit einem Bretterzaun umgeben, *„der zeitweise mit Stacheldraht erhöht war"*. Das Lagertor befand sich an der Ehinger Straße, außerdem führte ein Fußweg, der die Anschlußbahn der Mannesmannröhren-Werke AG nach Hochfeld überbrückte, vom Werksgelände in das Lager. Der Standard der Ausstattung war, wie bei den Lagern der August Thyssen-Hütte, relativ hoch, was vermutlich auf für beide Unternehmen geltende Normen der gemeinsamen Konzern-Holding, der Vereinigte Stahlwerke AG, zurückgeführt werden kann. So enthielt die Sanitätsbaracke einen Verbandsraum, Krankenstationen für Männer, Frauen und Kinder, Isolierstationen für Männer und Frauen, eine Desinfektionsstation mit Entwesungsanlage, Duschräume und ein Zimmer für eine *„russische Ärztin"*. (Leider gab es nicht ebenso verbindliche Konzern-Normen für das Verhalten des deutschen Wachpersonals gegenüber den Ausländern, deren Beachtung strafbewehrt durchgesetzt worden wäre, was Folgen hatte, die im Kapitel 7 behandelt werden). Die Küche versorgte auch das Kriegsgefangenenlager des Eisenwerkes. Luftschutzräume, nicht nur Splittergräben, scheinen in ausreichender Größe vorhanden gewesen zu sein. In diesem mittel-

---

[69] Alle Angaben zu den Lagern des Eisenwerkes Wanheim nach Hildebrand, Wanheim-Angerhausen, S. 470-481. Die Pachtverträge mit der Evangelischen Kirchengemeinde Wanheim-Angerhausen und mit dem Gastwirt Ludwig Hamm datieren vom 19. April 1941. Die Kirchengemeinde erhielt als Entschädigung monatlich 300 RM, worin 210 RM an Miete und 90 RM für den Strom- und Wasserverbrauch enthalten waren. Die Heizkosten mußten vom Eisenwerk gesondert bezahlt werden. Die Pacht für den Jägerhof-Saal betrug 350 RM. - Beschlagnahme der Gastwirtschaft Kraus, Ehinger Straße 375, durch das Stadtamt für Raumbewirtschaftung am 23. September 1943. - Luftaufnahme und Plan des Ostarbeiter-Lagers bei Hildebrand, Wanheim-Angerhausen, S. 477f.

großen „*Russenlager*" lebten am 1. Januar 1943 622 Personen; die Belegungsstärke ging bis zum 1. März 1945 leicht auf 548 zurück.[70]

Die Berzelius Metallhütten-GmbH besaß bis zum August 1943 mehrere Lagerkomplexe, in denen Kriegsgefangene verschiedener Nationalität und Ostarbeiter – als größte Gruppe der zivilen ausländischen Arbeitskräfte des Unternehmens – getrennt voneinander untergebracht waren. Im Zusammenhang mit dem Wiederaufbau des am 28. August 1943 durch einen Luftangriff zerstörten Kriegsgefangenenlagers wurde eine Unterkunft für 144 Westarbeiter geschaffen, die aus einer knapp 57 Meter langen Baracke mit acht Schlafräumen für je 18 Personen, Räumen für den Lagerführer, den „*Vertrauensmann*" und einen Dolmetscher, Büros, Sanitäranlagen, einer Friseurstube, einem Raum für die Essenausgabe und einer Küche bestand. Dazu gab es ein Wirtschaftsgebäude mit Krankenstation, Isolierraum, Bibliotheksraum und einem „*Freizeitsaal*".[71] Seit 1942 hatte Berzelius außerdem ein Ostarbeiter-Lager auf der Schlackenhalde, das von der Ehinger Straße durch einen rund 200 Meter langen Fußweg zu erreichen war. Ursprünglich als Kriegsgefangenen-Unterkunft geplant, wurde die „*zerlegbare*", 150 Personen „*fassende*" Baracke zur Aufnahme von „*Ostarbeitern und Ostarbeiterinnen*" umgewidmet. Heinrich Hildebrand, der das Gelände und die damalige Bebauung erkundet hat, stellte fest, daß das Ostarbeiter-Lager an drei Seiten von den Schlackenstürzen, d. h. den Um- und Abladeplätzen für Hochofenschlacke, umschlossen war; eine „*Stelle größerer Unwirtlichkeit*" sei damals im weiteren Umkreis kaum zu finden gewesen. Bis Mai 1944 hat Berzelius weitere Baracken für Ostarbeiter gebaut. Nachdem eine Baracke, in der Familien (insgesamt 33 Personen) untergebracht waren, beim Luftangriff vom 21./22. Mai 1944 abbrannte, mußten die Bewohner „*notdürftig auf die anderen Ostarbeiterbaracken verteilt werden*".[72]

Für die Aktiengesellschaft für Zinkindustrie (Grillo) in Hamborn liegen nur wenige Nachrichten über Arbeiterlager vor, die eine genaue Datierung nicht zulassen. Nach einem Vermerk vom 23. Dezember 1941 wurde für „*die Unterbringung von Arbeitskräften*" eine „*normale Arbeitsdienstbaracke*" mit einer Fläche von knapp 300 m² beschafft. Ob sie für ledige deutsche oder für ausländische Arbeiter bestimmt war, ist nicht festzustellen. Am 12. Dezember 1941 erteilte die Baupolizei die Genehmigung für zwei Baracken, eine auf dem Werksgelände an der Ecke Weseler Straße und Buschstraße und eine an der Lohstraße. Im Oktober 1942 setzte Grillo eine noch nicht fertige „*Unterkunftsbaracke*" von der Lohstraße auf das Werksgelände um, wahrscheinlich an dessen westliche Grenze. Anfang 1943 existierte ein Lager für Ostarbeiterinnen; damals bestellte

---

[70] Hildebrand, Wanheim-Angerhausen, S. 470.
[71] Ebd., S. 301ff.
[72] Zu den Berzelius-Lagern: Hildebrand, Wanheim-Angerhausen, S. 301-307. Berzelius richtete am 26. Juli 1940 das Baugesuch für die erste Kriegsgefangenen-Baracke an die Stadtverwaltung; die Genehmigung für die Erweiterung erfolgte am 9. August 1943.

das Unternehmen „*Hauptlagerführer*", „*Lagerführer*" und „*Unterlagerführer*". Der Arolsener Katalog lokalisiert das Ostarbeiter-Lager der AG für Zinkindustrie an der Egonstraße, wobei nur der heute nicht mehr bestehende Abschnitt südlich des Willy-Brandt-Rings in Betracht kommt, d. h. die frühere Angerstraße, die zu einem Eingang zum Werksgelände führte. Am 1. November 1943 erhielt die AG 50 italienische Militärinternierte, die zunächst eine besonders eingezäunte Baracke im Ostarbeiterinnenlager bezogen; für sie sollten Räume in der seit langem stillgelegten Gelatine- und Dicalciumphosphatfabrik westlich des Zinkhüttengeländes, die Grillo 1941 gekauft hatte, ausgebaut werden. Man rechnete zu diesem Zeitpunkt mit der Zuweisung weiterer 30 Mann.[73]

Die Stadtverwaltung Duisburg baute für die „eigenen", auf dem Neuen Friedhof (Waldfriedhof) in Wanheimerort arbeitenden Ukrainerinnen ein Barackenlager an der Düsseldorfer Chaussee. Die ausländischen Arbeiter der Duisburger Verkehrsgesellschaft AG wohnten in einer Baracke am Betriebshof Grunewald, die niederländischen Arbeitskräfte bei den Stadtwerken in einer Unterkunft auf dem Betriebsgelände. Die Arbeitskräfte der *Bauhilfe der Deutschen Arbeitsfront für den sozialen Wohnungsbau* waren Ende 1944 auf mindestens vier Lager südlich der Ruhr verteilt: das *Parkhaus Grunewald* an der Düsseldorfer Straße 386 (Ostarbeiter), die Schule an der Mozartstraße (Ostarbeiter), die sogenannte Hüttenschule (d. h. die Staatliche Ingenieurschule) an der Bismarckstraße und die Reste des ehemaligen Diakonenhauses am Kuhlenwall (Volksdeutsche und Ostarbeiter); diese Lager existierten noch im Februar 1945. Bei den „*Ostarbeiter-Frauen*", die seit dem 23. Juni 1944 mit ihren Kindern im Hamborner Kolpinghaus an der Diesterwegstraße wohnten, ist nicht ganz klar, ob es Arbeiterinnen der *Bauhilfe* der DAF oder der Stadtverwaltung (zur „Vermietung" an Privatunternehmen) waren. Ein weiteres Ostarbeiter-Lager der *Bauhilfe* befand sich wohl seit Sommer oder Herbst 1943 im leergezogenen Steinbart-Gymnasium an der Realschulstraße 1.[74]

Das Hauptpostamt Duisburg erhielt von August bis November 1942 in vier Schüben 95 niederländische Postbedienstete zugeteilt, die zunächst einzeln in angemieteten möblierten Zimmern untergebracht wurden, wie es für „Westarbeiter" bis dahin noch üblich war. Aus Gründen, die nicht festgestellt werden konnten, richtete die Reichspost im Sommer 1943 im großen Saal des Katholischen Vereinshauses am Dellplatz in der Stadtmitte ein Wohnlager für die Nie-

---
[73] Zu den Grillo-Lagern: Grillo-Archiv GAA 22: Anlagen zu den Aufsichtsratsprotokollen zur 286. bis 301. Sitzung, I. Teil (286. bis 296. Sitzung), fol. 162; GAA 361: Military Government I, 1. Teil (1945-49), fol. 462; GAA 405: „Aufstellung von 2 Baracken auf dem Werksgelände und Lohstraße 12" (1941-42); GAA 432: Protokolle der Aufsichtsratssitzungen (297. bis 348. Sitzung), 1. Teil, fol. 12; außerdem Weinmann (CCP), S. 120.
[74] Zu den Bauhilfe-Lagern: StADU 600/971: Rechnung der Bauhilfe (Bauhof Essen) an die Stadtverwaltung Duisburg (Amt für Sofortmaßnahmen) vom 31. Dezember 1944; Rechnungen der Bauhilfe an das Amt für Sofortmaßnahmen über Baumaterialien vom 23. Februar 1945; HSTAD RW 36-10: undatierte Aufstellung von Ostarbeiter-Lagern.

derländer ein, das am 18. August bezogen wurde. Bei dem Luftangriff vom 8. Dezember 1944 brannte dieses Lager vollständig aus. Die niederländischen Postler wurden nun vorübergehend im Bunker an der Oberstraße und danach im Luftschutzkeller des Fernsprechamtes an der Poststraße 20-26 untergebracht. Zum Bau eines neuen Lagers ist es in den letzten vier Kriegsmonaten wohl nicht mehr gekommen.[75]

Die größten Lager für zivile ausländische Arbeitskräfte auf dem heutigen Stadtgebiet waren das Ostarbeiter-Lager des Mannesmann-Stahlwerkes in Huckingen (zeitweilig 1 800 Bewohner), das nach einer Oper von Richard Wagner benannte Lager *Rienzi* der August Thyssen-Hütte in Hamborn-Bruckhausen (bis zu 1 440 Ostarbeiter beiderlei Geschlechts), das Ostarbeiter-Lager II der Friedrich-Alfred-Hütte in Rheinhausen (1 300 „Plätze"), das *Lager A* der Friedrich-Alfred-Hütte (zwischen 850 und 1200 Bewohner verschiedener Nationalität), das Lager der I. G. Farbenindustrie AG in der *Alten Ziegelei* in Kaldenhausen (890 Bewohner), das Lager des Reichsbahn-Ausbesserungswerkes in Wedau (820 Ostarbeiter) und das Ostarbeiter-Lager der Abteilung Großenbaum der Mannesmannröhren-Werke AG (815 Bewohner). Eine von der GESTAPO-Leitstelle Düsseldorf angelegte, leider undatierte, allerdings unvollständige Liste der Ostarbeiter-Lager mit 100 und mehr Bewohnern im Zuständigkeitsbereich der Leitstelle nennt 155 Lager, von denen sich 23 auf dem heutigen Duisburger Gebiet befanden.[76] Nicht erfaßt wurden mindestens acht Duisburger Lager: drei Lager der ATH (*Eisenbahnwerkstätten*, *Lakmé* und *Oberon*), ein Lager der Zeche Walsum, das Lager der Berninghaus-Werft, das Lager der Bahnmeisterei Ruhrort-Hafen der Reichsbahn, das Lager der Vollrath Betonbau KG und das *Lager I* der Friedrich-Alfred-Hütte. In der nachstehend wiedergegebenen Liste sind die 23 Lager nach ihrer Größe aufgeführt:

---

[75] StADU: Postchronik (wie Anm. 57), S. 36ff. u. 70.
[76] HSTAD RW 36-10: Aufstellung *Ostarbeiterlager im Bereich der Staatspolizeileitstelle Düsseldorf mit einer Belegschaft von über 100 Insassen*; aus der Anordnung der Aktenstücke ist keine Datierung möglich (zwischen 1941 und 1944). Die Liste ist nach den Bezirken der Außendienststellen der GESTAPO geordnet (Außendienststellen Duisburg [zuständig auch für Rheinhausen und Homberg], Oberhausen [für Walsum] und Krefeld [für Rumeln]). Sie enthält offenbar falsche räumliche Zuordnungen; z. B. wird die Zeche Neumühl in Duisburg-Hochfeld, die Niederrheinische Hütte in Duisburg-Hamborn lokalisiert. Diese Fehler wurden korrigiert. Dubios ist ein Lager „Kabelwerk Duisburg-Hamborn" mit 154 Männern (in Hamborn gab es kein Kabelwerk).

Unternehmen/Betrieb	Stadtbezirk/ Gemeinde	Belegung nach Geschlechtern		Gesamtzahl (Personen)
August Thyssen-Hütte AG, Betrieb Thyssenhütte	Duisburg-Hamborn	487 M	953 F	1 440
Mannesmannröhren-Werke AG, Hüttenwerk Huckingen	Duisburg-Süd	854 M	389 F	1 243
Fried. Krupp AG, Friedrich-Alfred-Hütte	Rheinhausen	675 M	336 F	1 011
Eisenwerk Wanheim GmbH	Duisburg-Süd	390 M	256 F	646
Duisburger Kupferhütte AG	Duisburg-Mitte	327 M	87 F	414
Deutsche Maschinenfabrik AG (DEMAG), Werk Harkort	Duisburg-Mitte	246 M	165 F	411
August Thyssen-Hütte AG, Betrieb Niederrheinische Hütte	Duisburg-Mitte	254 M	129 F	383
Gewerkschaft Diergardt-Mevissen	Rumeln	340 M		340
Berzelius Metallhütten AG	Duisburg-Süd	261 M	75 F	336
Bauhilfe der DAF (Bauhof Essen)	Duisburg-Mitte	171 M	123 F	294
Deutsche Maschinenfabrik AG (DEMAG), Greiferfabrik	Duisburg-Hamborn	199 M	65 F	264
Deutsche Reichsbahn, Ausbesserungswerk Duisburg-Wedau	Duisburg-Mitte	193 M	58 F	251
Deutsche Eisenwerke AG, Werk „Stahlindustrie"	Duisburg-Mitte	183 M	38 F	221
Mannesmannröhren-Werke AG, Abteilung Großenbaum	Duisburg-Süd	120 M	93 F	213
Gewerkschaft Neumühl	Duisburg-Hamborn	207 M		207

Unternehmen/Betrieb	Stadtbezirk/ Gemeinde	Belegung nach Geschlechtern		Gesamtzahl (Personen)
Niederrheinische Maschinenfabrik AG	Duisburg-Meiderich	153 M	51 F	204
Kabelwerk Duisburg AG	Duisburg-Mitte	13 M	156 F	169
Gewerkschaft Walsum	Walsum	118 M	25 F	143
Vereinigte Deutsche Metallwerke GmbH	Duisburg-Mitte	143 F		143
AG für Zinkindustrie (Grillo)	Duisburg-Hamborn	142 F		142
Aschaffenburger Zellstoffwerke AG	Walsum	140 F		140
Didier-Werke AG	Duisburg-Mitte	102 M		102
Deutsche Reichsbahn, Bahnmeisterei Trompet	Rheinhausen	100 M		100

Das *Konzentrationslager-Außenlager*, das von 1942 bis 1944 in Duisburg existierte, wurde im Herbst 1942 in einem ehemaligen Lager des Reichsarbeitsdienstes an der Emmericher Straße Ecke Kornstraße in Meiderich, nördlich der älteren Ratingsee-Siedlung, eingerichtet. Die SS ließ die übernommene, „zivile" Anlage mit den für ein KL vorgesehenen Sicherungen versehen, d. h. mit hohen Grenzmauern, Wachttürmen und Stacheldraht, aber wohl nicht mit elektrisch geladenen Zäunen. Wie bereits im dritten Kapitel ausgeführt, unterstand das Außenlager zunächst dem KL Sachsenhausen, bis es am 21. Februar 1943 dem KL Buchenwald und der III. SS-Baubrigade zugeordnet wurde. Im Duisburger Außenlager befand sich jedoch nur ein kleinerer Teil der Brigade, deren Führung mit dem größeren Teil der Häftlinge im „Messelager Köln", dem umfunktionierten Kölner Messegelände, domizilierte. Nach der Zerstörung des Lagers Ratingsee beim Luftangriff vom 27. April 1943 blieb die Teilbrigade wohl zunächst noch einige Wochen in den Ruinen, bis die SS und die Stadtverwaltung die überlebenden knapp 400 Häftlinge – sowjetische Staatsangehörige, Polen und Deutsche – auf das Gelände der ehemaligen Diakonenanstalt Duisburg am Kuhlenwall in der Stadtmitte verlegten. Dieses Anwesen war zwar selbst schon mehrfach durch Bomben schwer beschädigt worden, zuletzt am 13. Mai 1943, als das bis dahin noch benutzbare Schwesternhaus in Trümmer gefallen war, woraufhin die Diakonie die Anlage völlig geräumt und der Stadtverwaltung zur Verfügung gestellt hatte, ohne ihr Eigentumsrecht aufzugeben. Es gab jedoch noch einige teilbeschädigte Wirtschaftsgebäude, in welche nun die KL-Häftlinge eingewiesen wurden. Zu diesem Zeitpunkt waren die Unterkünfte nur notdürftig mit Pappmaché und Brettern abgedeckt. Anscheinend konnten in den folgenden Monaten bescheidene Instandsetzungsarbeiten ausgeführt werden. In diesem entsetzlichen Quartier waren im November 1943 fast 1 000 Häftlinge zusammengepfercht, und sie blieben dort, bis die Teilbrigade am 10. Mai 1944 aus Duisburg zu einer Großbaustelle in den Harz abgezogen wurde. Dem Arolsener Lagerkatalog (CCP) zufolge existierten zu unbekannten Zeitpunkten vier „Außenposten" des Duisburger KL-Außenlagers, und zwar in der *Wittener Walzenmühle* am Außenhafen (60 Mann), im „Kabelwerk" – hier kann eigentlich nur das Kabelwerk Duisburg in Wanheimerort gemeint sein – (60 Mann), ferner an der „Hochfelder Straße" – gemeint war vermutlich die Hochfeldstraße im gleichnamigen Stadtteil – (50 Mann) und in einem Schrottlager an der Ruhrorter Straße (10 Mann).[77]

In Rheinhausen unterhielten die Betriebe des Krupp-Konzerns, die Friedrich-Alfred-Hütte und der Fried. Krupp Stahlbau Rheinhausen, vier Kriegsgefangenenlager. Es gab ein Barackenlager an der Parallelstraße für 400 sowjetische Kriegsgefangene, eingerichtet *„nach den Vorschriften der Wehrmachtsstellen"*, ferner zwei Säle von Gastwirtschaften an der Bahnhofstraße und an der Reichsstraße für 150 respektive 200 französische Kriegsgefangene, schließlich ein wohl 1943 gebautes Lager für 800 italienische Militärinternierte (später Zivilisten) an der heutigen Walther-Rathenau-Straße.[78] In Rheinhausen-Hochemmerich ist außerdem für die Zeit seit Ende 1942 ein Lager für sowjetische Kriegsgefangene belegt, die für das Homberger Bauunternehmen Wilhelm Maas arbeiteten.[79] In Homberg gab es mindestens zwei Kriegsgefangenenlager. Die Zeche Rheinpreußen verfügte spätestens seit Mai 1942 über ein solches Lager auf dem Gelände der stillgelegten Schachtanlage 3 in Homberg-Hochheide, wo das Arbeitskommando 107 des Mannschafts-Stammlagers VI J in Krefeld-Fichtenhain „zu-

---

[77] Zum Duisburger KL-Außenlager: Annelie Klother, Wider das Vergessen: KZ-Außenlager in Duisburg, in: Rudolf Tappe u. Manfred Tietz (Hrsg.), Tatort Duisburg 1933-1945, Bd. II, Essen 1993, S. 634-637; Fings, Messelager Köln, S. 102-106; Kaminsky, Dienen unter Zwang, S. 147-153; Weinmann (CCP), S. 365 u. 601 sowie AVG/BUR. - Zur Geschichte der Duisburger Diakonenanstalt: Klaus D. Hildemann, Uwe Kaminsky u. Ferdinand Magen, Pastoralgehilfenanstalt - Diakonenanstalt - Theodor Fliedner Werk. 150 Jahre Diakoniegeschichte, Köln 1994 (Schriftenreihe des Vereins für Rheinische Kirchengeschichte, Bd. 114).
[78] HAK WA 70/1614: Aufstellung *Die Ausländerlager der Friedrich-Alfred-Hütte und des Stahlbaues in Rheinhausen* (deutsche Fassung), undatiert (wohl 1945 nach Kriegsende).
[79] StADU 22/1095, fol. 150: Vermerk des Bürgermeisters von Homberg vom 29. Dezember 1942.

hause" war; die Nationalität der Kriegsgefangenen ist nicht festzustellen.[80] In einem für französische Kriegsgefangene geplanten Barackenlager neben der Schule am Kaiserplatz, das im Mai 1944 fertiggestellt wurde, lebten seit August 1944 italienische Militärinternierte, die nach einem Monat in den Zivilistenstatus überführt wurden.[81] Im Februar 1944 hat eine Kompanie französischer Kriegsgefangener, beschäftigt bei *„Luftschutzmaßnahmen"* der Stadtverwaltung, im Lager auf dem Jahn-Sportplatz in Hochheide gewohnt, das gleichzeitig – und wohl hauptsächlich – auch ein Ostarbeiter-Lager war.[82]

Die Zeche Walsum hat bereits 1942 sowjetische Kriegsgefangene beschäftigt,[83] jedoch sind erst für die letzte Kriegsphase 1944/45 zwei Kriegsgefangenenlager quellenmäßig einwandfrei belegt. In dem angemieteten Katholischen Vereinshaus an der Kaiserstraße 41 in Alt-Walsum lebten nach dem Zeugnis des damaligen Pfarrers Heinrich Theisselmann 1945 französische und sowjetische Kriegsgefangene unbekannter Zahl; im Lager Bergmannsheim II nördlich der Zeche, einem für 500 Personen ausgelegten Barackenlager, das ursprünglich ein Lager für zivile Arbeiter gewesen war (s. u.), mußten sich im März 1945 etwa 1 000 sowjetische Kriegsgefangene zusammendrängen.[84] Die August Thyssen-Hütte AG unterhielt auf dem Gelände der lange stillgelegten Zeche Wehofen im Osten von Walsum, nachweislich 1943 und 1944, ein kleines Lager für rund 50 sowjetische Kriegsgefangene.[85] Das Walsumer Bauunternehmen Schenk & Lüttgen beschäftigte schon 1940 und wahrscheinlich bis zum Kriegsende französische Kriegsgefangene, die in einem Lager Am Weißen Stein in Walsum-Overbruch wohnten.[86]

Die Friedrich-Alfred-Hütte baute vier Barackenlager für zivile ausländische Arbeiter. Am 15. Juli 1940 beantragte sie beim Bürgermeister von Rheinhausen

---

[80] StADU 611/15: Das Steinkohlenbergwerk Rheinpreußen an das Bürgermeisteramt Homberg, 22. Mai 1942.

[81] StADU 22/1103: Vermerke des Bürgermeisters vom 10. November 1943 und vom 19. Januar, 16. Mai, 10. August u. 11. Oktober 1944; Schreiben des Bürgermeisters an die Luftschutz-Dienststelle Homberg vom 9. August 1944.

[82] StADU 22/1100: Der Bürgermeister an die Direktion der Zeche Rheinpreußen, 11. Februar 1944.

[83] HSTAD BR 1136-236: Die Gewerkschaft Walsum an das Bergrevier Dinslaken-Oberhausen, 16. September 1942 (331 sowjetische Kriegsgefangene).

[84] Chronik der St. Dionysius-Pfarre in Walsum, S. 135 (für Bergmannsheim II) und 161 (für Vereinshaus).

[85] TKKA A/5227: Übersicht *Belegung der Gemeinschaftsläger* (hier einschließlich der Kriegsgefangenenlager) vom 24. Mai 1943; *Übersicht der Notunterkünfte* vom 8. Juni 1943; *Liste der von Kriegsgefangenen und Internierten bewohnten Lager* vom 8. September 1944 (Dokumentation Ausländische Arbeitskräfte 1939-45, Dok. 9, 10 u. 15).

[86] Chronik der St. Dionysius-Pfarre in Walsum, S. 97; ferner Emile Eche, „Ich diente und mein Lohn ist Frieden". Maria Euthymia, Klemensschwester aus Westfalen, in den Erinnerungen des kriegsgefangenen französischen Soldatenpriesters Emile Eche. Hrsg. von Franz Kroos, Münster ^{9}1981, nach S. 47 (Abbildung des Kriegsgefangenen-Ausweises von Emile Eche vom 1. Juni 1942, ausgestellt von Schenk & Lüttgen).

die Bauerlaubnis für ein Barackenlager an der Parallelstraße 105-108, das 400 Dienstverpflichtete der Organisation Todt (OT) aufnehmen sollte, die auf dem Hüttengelände arbeiteten. Dieses *Lager A* entstand auf der Nordseite der Parallelstraße, gegenüber dem Ledigenheim („*Schlaf- und Speisehaus*") der Hütte, vor der Einmündung in die Friedrich-Alfred-Straße, und umfaßte zunächst vier Wohnbaracken und eine Waschbaracke mit Abortanlagen. Die Baracken waren im März 1941 fertig und wurden mit 504 Schichtarbeitern der OT belegt. Schon vor dem Bezug, am 10. Februar 1941, hatte Krupp das Baugesuch für eine Erweiterung des Lagers Parallelstraße um vier neue Wohnbaracken zur Friedrich-Alfred-Straße hin eingereicht; vielleicht stand der Erweiterungsbeschluß im Zusammenhang mit der Umwidmung zum Lager für ausländische zivile Arbeiter, wahrscheinlich im Frühjahr 1942. Das Lager A beherbergte Menschen aus sieben Nationen: Deutsche, Niederländer, Belgier, Franzosen, Italiener, Kroaten und Griechen; bei Kriegsende hatte es ein „Fassungsvermögen" von 1 200 Personen. Am 2. Februar 1942 beantragte die Hütte beim Bürgermeisteramt die Genehmigung zur „*Errichtung von Mannschaftsbaracken*" auf dem werkseigenen Gelände an der Atroper Straße 91-99. Dort sollten fünf zerlegbare hölzerne Wohn- und Schlafbaracken und eine Baracke mit Wasch- und Abortanlagen zur Unterbringung von rund 350 Ostarbeitern dienen. Die Leute trafen am 1. April 1942 ein, als das Lager, genannt *Lager I*, noch nicht fertig war. Zum Lager I gehörten eine „*Badeanstalt*" und eine Entlausungsanlage. Die Schlußabnahme erfolgte wahrscheinlich Ende Juli 1942. Im selben Jahr entstand auch das *Lager II* an der Parallelstraße mit großen Holzbaracken vom RAD-Typ, bestimmt für Ostarbeiter – auch Familien – und ausgelegt für 1 300 Personen. An der Atroper Straße wurde, vermutlich 1943, noch ein Barackenlager mit 400 Plätzen, eigener Küche und „*Handwerkerstuben*" für „*Zivil-Italiener*" (*Lager J*) gebaut.

Durch die Luftangriffe des Jahres 1944, vor allem den Angriff am 22. Mai, wurden die großen Lager A (Westarbeiter, zivile Italiener u. a.) und II (Ostarbeiter) sowie die beiden Italiener-Lager an der Atroper Straße (zivile Arbeiter) und an der heutigen Walther-Rathenau-Straße (Militärinternierte) zu großen Teilen zerstört. Die „ausgebombten" Arbeiter bezogen Quartier in vier Notunterkünften, und zwar in zwei Gastwirtschaften an der Hochfelder Straße und an der Krefelder Straße (zusammen 170 Personen), zwei kleinen Holzbaracken auf dem Gelände des Stahlbaues Rheinhausen (80 Personen) und dem von der Köln-Düsseldorfer Dampfschiffahrtsgesellschaft angemieteten Dampfer *Drachenfels*, der im Kruppschen Werkshafen vor Anker lag (200 Personen). Die Hütte baute die zerstörten Lager wieder auf, nun mit Stein- statt mit Holzbaracken, aber die Ersatzbauten wurden schon nach wenigen Monaten, Anfang 1945, „*zum größten Teil [...] durch Sprengbomben vernichtet*".[87] Für die Zeit bis zur Stillegung der Fried-

---

[87] Zu den Lagern für zivile Arbeiter der Friedrich-Alfred-Hütte: HAK WA 70/1614 (wie Anm. 78), StADU 611/3927 und 611/4252. Die vier „Notunterkünfte" wurden nicht in das Verzeichnis der Lager für zivile Arbeitskräfte im Anhang übernommen.

rich-Alfred-Hütte am 2. März 1945 und zum Abtransport der Zwangsarbeiter ins rechtsrheinische Gebiet, unmittelbar vor der Besetzung Rheinhausens durch US-amerikanische Truppen am 5. März, dürften erneut mehrere Notunterkünfte frequentiert worden sein.

In Homberg wurde der Stadtverwaltung im August 1942 vom Arbeitsamt die Zuweisung von 110 männlichen und 40 weiblichen zivilen Arbeitskräfte aus der Sowjetunion für kleine und mittelgroße Betriebe in Aussicht gestellt. Belegt vom Januar 1943 bis zum September 1944 ist ein Ostarbeiter-Lager der Stadtverwaltung, bestehend aus Baracken, die auf dem Jahn-Sportplatz im Stadtteil Hochheide aufgestellt worden waren. Die dort wohnenden Ostarbeiter arbeiteten für die Schaufelstielfabrik Maassen und die Maschinenfabrik J. H. Schmitz. Die Stadt bezahlte die Einrichtung des Lagers, Heizung, Beleuchtung und Wasserverbrauch, stellte diese Unkosten aber den Unternehmen in Rechnung.[88] Mitte November 1944 richtete die Stadtverwaltung auf dem Gelände der Schachtanlage 3 der Zeche Rheinpreußen im Stadtteil Hochheide ein Lager für etwa 200 zivile italienische Arbeiter ein, die der Stadt Homberg überwiesen worden waren. Weil die Werksküche der Zeche Rheinpreußen überlastet war, mußte die Stadt selbst für die Beköstigung der Neuzugänge sorgen. Die Italiener, tatsächlich wohl 213, gehörten eigentlich zur Belegschaft der Zeche Fürst Leopold-Baldur in Hervest bei Dorsten, kamen aber nicht von dort, sondern waren vor ihrer Ankunft in Homberg beim Bau des Westwalls eingesetzt worden.[89] Die Sachtleben AG für Bergbau und chemische Industrie hatte Anfang Dezember 1944 ein Lager, das von 79 Franzosen, 12 Italienern und 11 Niederländern bewohnt wurde; ein weiteres Lager von Sachtleben, belegt mit nur *„wenigen Holländer*[n]", befand sich zur gleichen Zeit in der Schule an der Rheinstraße.[90]

Die Zeche Walsum hat anscheinend 1940 zwei Barackenlager für zivile Arbeiter, anfänglich wohl auch ledige deutsche Bergleute, gebaut und ihnen die Namen *Bergmannsheim I* und *II* gegeben. Das für 400 Personen ausgelegte Bergmannsheim I befand sich unweit vom Zechentor an der Nordseite der Adolf-Hitler-Straße (heute Dr. Wilhelm-Roelen-Straße), das Bergmannsheim II mit 500

---

[88] Zum Ostarbeiter-Lager Homberg StADU 22/1103: „Beschäftigung von Ostarbeitern und anderen ausländischen Arbeitskräften"; Vermerk des Bürgermeisters vom 3. September 1944.
[89] StADU 22/1908: Vermerk des Bürgermeisters vom 15. November 1944.
[90] Ebd.: Meldung des Polizeimeisters Krützberg vom 3. Dezember 1944; ferner StADU 22/1103: Vermerk des Bürgermeisters vom 3. September 1944 (Schule Rheinstraße).

Plätzen lag nördlich der Zeche und westlich der Eisenbahnstrecke Oberhausen-Hamborn-Wesel, unmittelbar nördlich der Einmündung des Krummen Weges in den heutigen Sandbergweg.[91] Im Lager Bergmannsheim I lebten im April 1942 *„freie"* ausländische Arbeiter verschiedener Nationalität, im September 1943 waren es 309. Auch die Bewohner des Bergmannsheims II, Männer aus mehreren Ländern, wurden im April 1942 als *„freie"* Arbeiter bezeichnet. Im September 1943 war das Bergmannsheim II das „Zuhause" von mehr als 100 Ostarbeitern, Männern und Frauen. Im Oktober 1941 begann die Zeche mit dem Bau eines großen *„Hauptrussenlagers"* nördlich der Bahnhofstraße in Walsum-Vierlinden, dessen Fertigstellung jedoch nicht belegt ist; im April 1942 dauerten die Arbeiten noch an. Vielleicht handelte es sich hierbei um das *„Gefangenenlager"* an der „Elisenstraße" in Walsum, an dem 1941/42 auch das Hamborner Handwerksunternehmen Sperling mitbaute, das französische Kriegsgefangene aus der 1. Kompanie des Bau- und Arbeitsbataillons 7 in Duisburg-Mitte einsetzte.[92] Als provisorische Unterkunft für *„Russen"* – wahrscheinlich Ostarbeiter – bis zum Bezug des projektierten Lagers war das 1940 von der Pfarrgemeinde St. Dionysius gemietete Katholische Vereinshaus an der Kaiserstraße 41 gedacht, in dem zunächst, 1940/41, 119 polnische Bergarbeiter gewohnt hatten. Das Vereinshaus blieb tatsächlich bis zum Kriegsende im Besitz der Zeche und wurde erst im April 1945 an die Pfarrei zurückgegeben. Als Bewohner werden jedoch für die letzte Kriegsphase nicht mehr Ostarbeiter, sondern französische und sowjetische Kriegsgefangene genannt. Zeitweilig nutzte die Zeche auch Räumlichkeiten des Bauernhofes Opgen-Rhein in Alt-Walsum als provisorische Unterkunft für zivile *„Russen"*.[93] An der Heetheidestraße in Alt-Walsum, die nicht mehr existiert und von der Adolf-Hitler-Straße in südöstliche Richtung zu der Straße An der Poeling führte, unterhielt die Zeche ein weiteres, für 500

---

[91] Zum Bergmannsheim I und II 1942: HSTAD 1136-236: Schriftwechsel zwischen dem Staatlichen Gewerbearzt in Düsseldorf und der Gewerkschaft Walsum im April 1942, ferner HSTAD RW 36-10: Aufstellung Ostarbeiterlager (wie Anm. 76) zur Belegung des Lagers Bergmannsheim II (ohne Zeitstand, aber vermutlich in den letzten Kriegsjahren); Weinmann (CCP), S. 412. - Auf einem Dinslakener Stadtplan von 1977 ist das Lager Bergmannsheim II, erst in der Nachkriegszeit auch *Lager Sandbergweg* genannt, mit acht Gebäuden unter der Bezeichnung *Lager II* noch eingezeichnet: Amtlicher Stadtplan der Stadt Dinslaken, Hrsg. vom Stadtvermessungsamt der Stadt Dinslaken, Ausgabe 1977.
[92] HSTAD BR 1136-236: Die Gewerkschaft Walsum an den Staatlichen Gewerbearzt in Düsseldorf, 23. April 1942. – Zum „Gefangenenlager in Walsum" an der Elisenstraße s. StADU 600/973: Aufstellung von Handwerksfirmen und Baustellen des Kriegsgefangenen-Bau- und Arbeitsbataillons 7 (gegliedert nach Kompanien). Eine *Elisenstraße* existiert heute in Walsum nicht, wohl eine Elisabethstraße. Wahrscheinlich lag eine Verwechslung vor.
[93] Chronik der St. Dionysius-Pfarre in Walsum, S. 94 (1940) u. 161 (1945). - Zum „Russenlager" Vereinshaus und zum Hof Opgen-Rhein (1942/43): HSTAD 1136-236: Schriftwechsel zwischen dem Staatlichen Gewerbearzt in Düsseldorf und der Gewerkschaft Walsum im April 1942; Die Gewerkschaft Walsum an das Bergamt Dinslaken-Oberhausen, 11. September 1943.
[94] Weinmann (CCP), S. 412 (ohne Zeitstand, vermutlich aus den letzten Kriegsjahren).

Personen ausgelegtes Barackenlager, das vermutlich Ostarbeiterinnen, vielleicht auch Frauen anderer Nationalität, beherbergte.[94]

Der Gutehoffnungshütte Aktienverein in Oberhausen hatte in Walsum zwei Betriebe, die Rheinwerft und den Südhafen. Zu diesen Betrieben gehörte je ein Lager für zivile Arbeiter, jeweils von rund 250 Personen bewohnt.[95] Die Aschaffenburger Zellstoffwerke AG baute für zivile ausländische Arbeiter ihres Werkes Walsum unmittelbar beim Werksgelände in Alt-Walsum zwei Lager. Das größere an der Rheinstraße 228 bot 160 Personen unbekannter Nationalität – vielleicht Kriegsgefangenen – Unterkunft, das etwas kleinere an der Rheinstraße 210 wurde von 140 Ostarbeiterinnen bewohnt.[96] Der *Beauftragte der Deutschen Arbeitsfront für die Betreuung ausländischer Arbeitskräfte* in der nördlichen Rheinprovinz (Inspektion VIII), Erich von Seydlitz-Kurzbach, bezeichnete die Walsumer Lager der „Aschzell", wie man das Unternehmen in Walsum abkürzend nannte, nach einer Besichtigung im Juli 1943 als *„sehr gut"* und sogar *„vorbildlich"*.[97] Aschzell, das nach Aussage eines „Nachbarn", des Zechenangestellten Bernhard Dalbram, eine Art nationalsozialistischer Musterbetrieb war und mit *„allerhand [...] Auszeichnungen bedacht"* wurde,[98] unterhielt unter der Haus- oder Grundstücksnummer Rheinstraße 228 auch ein *Arbeitserziehungslager*.

Zeitgenossen ohne gründliche Kenntnisse politisch-ökonomischer Zusammenhänge und der Ressourcenlenkung in einer Kriegswirtschaft mögen sich gewundert haben, daß im Ruhrgebiet, unter dessen Oberfläche sich Steinkohlevorkommen befanden, die bei konstantem Verbrauch auf dem Niveau von 1942 noch für mehr als 100 Jahre gereicht hätten, ausländische Arbeiter in ihren Lagern frieren mußten, weil sie nicht genügend Kohle zum Heizen ihrer Öfen hatten. An Problemen des Transports wie zugefrorenen Flüssen und Kanälen oder zu geringer Eisenbahn- und Schiffskapazität, die für Kohlenmangel in Württemberg oder Ostpreußen verantwortlich sein mochten, konnte es nicht liegen, wenn im Ruhrgebiet zu wenig Kohle für „zivile" Zwecke zur Verfügung stand. Der Grund dafür waren die vom Staat gesetzten Prioritäten. Wie schon im Ersten Weltkrieg mußten aus dem maximalen Förderaufkommen, das mit den verfügbaren Arbeitskräften und den vorhandenen Maschinen erzielt werden konnte, zuerst der Kohlenverbrauch für die Kriegführung (vor allem für den

---

[95] Ebd.
[96] Jeweils ohne Zeitstand; Rheinstraße 210: HSTAD RW 36-10: Aufstellung Ostarbeiterlager (wie Anm. 76); Rheinstraße 228: Weinmann (CCP), S. 119.
[97] StADU 41/436: Bericht Inspektion VIII-Rheinland über die Zeit vom 15.-31.7.1943, S. 1. Weitere „sehr gute" oder „vorbildliche" Lager im Gau Essen unterhielten Fried. Krupp (ohne Angabe des oder der gemeinten Lager[s]), die Gutehoffnungshütte (desgleichen), die Zeche Diergardt-Mevissen (desgleichen), die Deutschen Solvay-Werke in Rheinberg, die Schuhfabrik Hoffmann in Kleve und das Sägewerk Bergmann in Geldern.
[98] HSTAD NW 1035-852 (Entnazifizierungsakte P. Nacken).

Eisenbahnbetrieb und die Erzeugung von Treibstoff) und dann der Verbrauch für die Energieerzeugung der Rüstungsindustrie befriedigt werden. Darunter rangierten der Hausbrand und die Gas- und Stromerzeugung für die einheimische Bevölkerung, und erst an vierter Stelle stand der Bedarf der vielen tausend von ausländischen Arbeitskräften bewohnten Lager. Auf dieser untersten Ebene kam nicht mehr genügend Kohle an. Das bedeutet nicht, daß unbeheizte Baracken die Regel gewesen wären. Es *konnten* aber immer und überall Probleme der Kohlenversorgung von Lagern auftreten, sei es durch Steuerungsfehler der Wirtschaftsämter oder die Nachlässigkeit von Betriebsführern; ausgenommen waren dabei wohl nur die versorgungssicheren Lager der Kohlenbergwerke. In den drei ersten Nachkriegswintern sollten dann die Deutschen – auch die auf der Kohle sitzenden Einwohner des Ruhrgebietes – frieren, weil die Siegermächte andere Prioritäten setzten: zuerst „Reparationskohle" für die von Deutschland geschädigten Länder, danach Hausbrand für die Quartiere der Militärregierungen, dann Kohle für Verkehr und Wirtschaft, zum Schluß Hausbrand, Gas und Strom für die Einwohner des besiegten Landes.

In den Wintern von 1942/43 an entstanden vielerorts Probleme hinsichtlich der Beheizung von Zwangsarbeiterlagern, insbesondere dort, wo Bombenschäden an Dächern und Wänden entstanden oder Öfen zerstört worden waren. Im Spätherbst 1942 begannen die Bewohner von Baracken des Reichsarbeitsdienst-Typs zu frieren, weil diesen Baracken die „inneren Decken" fehlten, wodurch viel von der durch die Kohleöfen erzeugten Wärme verloren ging. Nur Arbeitgebern, die einen eigenen Tischlereibetrieb hatten und Holz organisieren konnten, war es möglich, die Baracken binnen kurzem abzudichten. Zur selben Zeit war auch noch nicht überall geklärt, daß die „Großbarackenlager" im bevorstehenden Winter genügend Hausbrandkohle erhalten würden.[99] Auch im nächsten Winter gestaltete sich die Beheizung und Brennstoffversorgung der Arbeiterlager problematisch. Am 3. Dezember 1943 schrieb die Kriminalpolizei-Außenstelle Homberg an den Bürgermeister, die bei der Bauunternehmung Maas arbeitenden französischen Kriegsgefangenen nähmen abends *„brauchbares Bauholz"* von ihren Arbeitsstätten mit ins Lager und verwendeten es als Brennholz zum Einheizen der Baracken. Sie übertraten damit die ungeschriebene Regel, daß sie *„Abfallholz"*, nicht aber auf den Baustellen noch nutzbares Holz mitnehmen durften. Der Bauunternehmer Maas hatte schon im November das Bürgermeisteramt und die Polizei um Unterstützung bei seinem Bestreben gebeten, das *„Fortschleppen"* des Bauholzes zu verhindern. Die Wachmannschaften – obgleich bewaffnet – und die Vorarbeiter konnten oder wollten das Problem für den Bauunternehmer nicht lösen. Die Kriegsgefangenen ließen sich, wie Maas am 9.

---

[99] *Meldungen aus dem Reich* Nr. 325 vom 12. Oktober 1942 (Edition S. 4327-4329).

November an den Bürgermeister geschrieben hatte, das Holz nicht wegnehmen, *„sondern versuchten gar tätig zu werden"*. Einige Kriegsgefangene entwendeten auch Ziegelsteine, mit denen sie Öfen bauen wollten.[100]

Im Winter 1944/45 konnte ein Raum in dem Lager für zivile italienische Arbeiter auf der Rheinpreußen-Schachtanlage 3 in Homberg für mehrere Wochen nicht geheizt werden. Im Dach über diesem Raum war ein anderthalb m² großes Loch, durch das Kälte eindrang, weshalb mehrere Italiener erkrankten. Der Bürgermeister wandte sich in der Sache am 19. Januar an die Direktion der Zeche Rheinpreußen, die in ihrer Antwort vom 2. Februar schrieb, die Heizung in dem betreffenden Raum habe *„nur einige Tage ausgesetzt"* und sei nach Beseitigung eines *„Störungsschadens sofort wieder in Betrieb genommen worden"*. Für die Reparatur des Daches stehe kein Material zur Verfügung, *„da die Lagerinsassen alles erreichbare Holz als Brennmaterial bei der Bereitung ihrer zusätzlichen Speisen verwenden"* würden. Auch die Spinde seien schon verfeuert worden. *„Wenn die Insassen so rücksichtslos mit der Lagereinrichtung und dem vorhandenen Holzmaterial umgehen"*, so die Zeche, müßten sie auch die *„Folgen ihrer Handlungsweise tragen"*. Nach einem handschriftlichen Vermerk des Bürgermeisters wurden die Arbeiten zur Reparatur des Daches *„von den Italienern selbst durchgeführt"*.[101]

Ein anderes, noch größeres Problem des Lagerlebens als der Brennstoffmangel, der ja nur den Spätherbst und Winter betraf, war die Wahrung hygienischer Mindeststandards, die Sauberhaltung der Unterkünfte, die vielfach überbelegt waren, d. h. von weit mehr Menschen bewohnt wurden, als bei Planung und Bau vorgesehen gewesen war. Obwohl Deutschland die Ressourcen von mehr als halb Europa, darunter auch die Produktion von Haushaltschemikalien, beinahe nach Belieben ausplündern konnte, war es offenbar nicht möglich, ausreichende Mengen an Reinigungs- und Desinfektionsmitteln für die Zwangsarbeiterlager zu beschaffen. Möglich ist aber auch, daß sich einzelne Unternehmens- und Betriebsleitungen, bei denen hinsichtlich der Arbeiterlager ein gewisser Schlendrian eingesetzt haben mochte, nicht energisch und hartnäckig genug darum bemüht haben. In einer *Meldung aus dem Reich* vom 17. Dezember 1942 wurde nach Berlin berichtet, daß sich seit einiger Zeit Beschaffungsprobleme häuften: *„Auf der einen Seite erteilen die Gesundheitsämter bei der Feststellung von Ungeziefer (Wanzen, Läuse aller Art etc.) Auflagen, die von Ungeziefer befallenen Lagerinsassen sofort zur Desinfektion zu schicken, während es andererseits*

---

[100] StADU 22/1100: Die Wilhelm Maas OHG an den Bürgermeister, 9. November 1943; Meldung des Kriminalpolizei-Außenpostens Homberg an den Bürgermeister vom 3. Dezember 1943 und Entwurf zu einem Schreiben des Bürgermeisters an drei Unternehmen vom 4. Dezember.

[101] StADU 22/1908: Der Bürgermeister an die Direktion der Zeche Rheinpreußen, Homberg, 19. Januar 1945; Das Steinkohlen-Bergwerk Rheinpreußen an das Bürgermeisteramt Homberg, 2. Februar 1945.

aber nicht möglich ist, parallel damit auch die Räume bzw. Baracken, in denen die betreffenden Leute untergebracht waren, entwesen zu lassen. Es ist nicht nur schwer, einen Schädlingsbekämpfer zu finden, der das Entwesen der Läuse [sic] *vornimmt, viel schwerer ist noch ein Institut oder eine Firma ausfindig zu machen, die für die Desinfektion erforderliches Material zur Verfügung hat".*[102]

Aber es mangelte nicht nur an Mitteln zur Ausrottung von Ungeziefer wie T-Gas, Schwefeldioxid oder Detmolin, schon simple Reinigungsmittel fehlten überall. Für Kommunalverwaltungen, die Arbeiterlager zu betreuen hatten, war es anscheinend noch schwieriger, die nötigen Mengen an Reinigungsmitteln zu beschaffen als für Industrieunternehmen. Im Juli sowie Anfang Dezember 1943 bat der Bürgermeister von Homberg die Zeche Rheinpreußen, ihm jeweils 50 Kilogramm Naphtalin *„aus dem Bestand des Treibstoffwerkes"* der Zeche zur Reinigung der von französischen zivilen Arbeitern bewohnten Baracken auf dem Jahn-Sportplatz zu überlassen, da er dieses Mittel *„im freien Handel nicht bekommen"* könne; die Zeche kam dieser Bitte nach.[103]

Zu Beginn der Belegung, in den Jahren 1940 und 1941, waren die meisten Lager für Zwangsarbeiter noch in gutem Zustand. Seit 1942 aber führte die immer krasser werdende Überfüllung zu enormem Verschleiß und mehr oder weniger erheblicher Verschmutzung. Eine Akte des Bergreviers Oberhausen-Dinslaken gibt uns Einblick in die Verhältnisse in den Lagern der Zeche Walsum im Frühjahr 1942. Nach einem Schreiben des Staatlichen Gewerbearztes bei der Bezirksregierung in Düsseldorf, Regierungs- und Gewerbemedizinalrat Dr. med. Hagen, an die Zeche Walsum vom 8. April 1942 herrschten in den Zivilarbeiterlagern Bergmannsheim I und II und „Vereinshaus" (Kaiserstraße) schlimme hygienische Zustände. Die Lager waren am 31. März vom Gewerbearzt zusammen mit dem NSDAP-Kreisleiter von Dinslaken besichtigt worden. Wenig später ließ der Gewerbearzt der Unternehmensleitung der Zeche Walsum eine Aufstellung der dabei festgestellten Mängel zugehen. Ein Vorwurf lautete, die Lager Bergmannsheim I und II, insbesondere auch Toiletten und Waschräume, seien stark verschmutzt. Das Lager Bergmannsheim I wurde als *„vollkommen verwanzt"* bezeichnet, und zum selben Lager hieß es, die Strohsäcke in den Betten seien seit 1940 nicht mehr gereinigt und aufgefüllt worden. Im Bergmannsheim II fehlten ausreichende Möglichkeiten zum Reinigen der Unterwäsche. Andere Monita der Behörde betrafen die Krankenversorgung in den Lagern; so gab es im Bergmannsheim I keine Krankenstube und keinen ausge-

---

[102] *Meldungen aus dem Reich* Nr. 344 vom 17. Dezember 1942 (Edition S. 4580).
[103] StADU 22/1099 und 22/1100: Anfragen des Bürgermeisters an die Direktion der Zeche Rheinpreußen.

bildeten Sanitäter, allerdings war eine „*Revierstube*" im Bau. Der Gewerbearzt schrieb die Verantwortung für die Unsauberkeit sowohl der Zechenleitung als auch den Bewohnern zu:

„*Das Lager* [Bergmannsheim II – M. K.] *erweckt durchaus den Eindruck einer mangelhaften Disziplin. Offenbar besitzen die Lagerführer zu wenig Vollmachten. Es empfiehlt sich, in jeder Baracke den Stubendienst einzuführen, der die volle Verantwortlichkeit für die Sauberkeit der Baracken hat.*

[...]

Das Russenlager Vereinshaus ist im ganzen zu dicht belegt. Ein Ordnungsdienst ist nicht vorhanden, ebenso keine Sanitätsstube. Das Russenlager Kaiserstr. 42 kann in dieser Form überhaupt nicht geduldet werden. Die Belegung mit 54 Mann ist viel zu gross. Es ist nicht statthaft, 4 Betten übereinander zu stellen. Ausserdem fehlt ein entsprechender Auslauf. Die vorhandenen Latrinen müssen wöchentlich mit Chlorkalk bestreut werden.

Die erhobenen Mängel wurden bereits mehrfach von der Kreisleitung in Dinslaken beanstandet, ohne dass für eine Abhilfe gesorgt wurde. Die teilweise vorhandenen Mißstände können vom gewerbehygienischen Standpunkt nicht länger geduldet werden. Ihre Beseitigung ist deshalb zum 1.5.42 durchzuführen. Ich bitte, mir bis zu diesem Zeitpunkt zu berichten, was im einzelnen erfolgt ist."[104]

Die Zeche hat in ihrem Antwortschreiben vom 23. April die Berechtigung der Vorwürfe teilweise abgestritten und teilweise zugegeben. Sie wies insbesondere auf den Mangel an Reinigungs- und Entwesungsmitteln hin, die trotz angeblich intensiven Bemühens nicht in ausreichendem Umfang beschafft werden konnten, wobei sie noch feststellte, daß die Deutsche Arbeitsfront keine Hilfe leistete. Über das Ausmaß der Verwanzung des Bergmannsheims I war man ebenso geteilter Meinung wie über die Anordnung der Betten im „Russenlager" Vereinshaus. In beiden Fällen konnte nur eine der Parteien, entweder die Behörde oder die Zeche, Recht haben. Welche es jeweils war, läßt sich nicht mehr entscheiden.

„*Die Bergmannsheime I und II beherbergen ausschliesslich freie ausländische Arbeiter. Reichsdeutsche Arbeiter sind hier nicht untergebracht. Lager I besteht aus 8 Baracken. Die von Flamen bewohnte Baracke 5/6 zeigt Wanzenspuren. Wir haben mit Bekanntwerden dieses Zustandes den zuständigen Desinfektor der Gemeinde Walsum mit der Entwesung beauftragt, der die Arbeiten aber mangels ausreichender Materialien zur Zeit noch durchführt. Angesichts der allgemein bekannten Zustände und Verhältnisse kann auch für die Zukunft nicht verhütet werden, dass hier und dort Ungeziefer auftritt. In jedem Lager ist ein ein-*

---

[104] HSTAD BR 1136-236: Der Staatliche Gewerbearzt in Düsseldorf an die Gewerkschaft Walsum, 8. April 1942. - Die Adresse des „Russenlagers Vereinshaus" lautete Kaiserstraße 41 (nicht 42); im benachbarten Haus Nr. 42, dem sogenannten Stratmann- oder Lehrerhaus, befand sich nur die Küche, die das Lager versorgte (Der Verf. dankt Herrn Hermann Lurweg, Duisburg-Walsum, für diesen Hinweis).

gearbeiteter Lagerführer vorhanden, der alle Misstände [sic] *auf dem kürzesten Wege uns zur Kenntnis bringt und über seine Feststellungen Buch führt. Den Lagerinsassen ist bekannt, dass alle Anstände sofort dem Lagerführer zu melden sind, der dann auftragsgemäss handelt.*

Die Betten sind mit Stroh in Papiersäcken ausgestattet. Papiersäcke können aber nicht gereinigt werden, sondern müssen nach Verunreinigung erneuert werden. Im Jahre 1940 verfügten wir noch über Matratzen, und Strohsäcke waren zu jener Zeit noch nicht im Lager. Wir wären Ihnen sehr dankbar, wenn Sie uns Ihre Unterstützung zur Verfügung stellten, um die fehlenden und schwer zu beschaffenden Materialien heranzuschaffen, so z. B. auch Strohsäcke in genügender Menge.

Die Reinigung der Baracken, die mit Ausländern besetzt sind, erfolgt auf Wunsch der Deutschen Arbeitsfront nicht, wie anfänglich von uns durchgeführt, mit deutschen Kräften, sondern von den Insassen selbst nach einer bestehenden Stubenordnung. Die Einhaltung dieser Stubenordnung wird vom Lagerführer überwacht. Die Masstäbe [sic] *an Ordnung und Sauberkeit müssen berücksichtigen, dass in den Baracken ein Völkergemisch von etwa 20 Nationen untergebracht ist, die auf der Schachtanlage Walsum zur Erzielung einer Fördersteigerung und zur Erfüllung der Mobaufgabe eingesetzt werden, so dass hier ein Verhältnis von Deutschen : Ausländern besteht von 9:7.*

[...]

Für Lager Bergmannsheim II gilt hinsichtlich der Inordnunghaltung das gleiche wie für Lager I. Die Beschaffung ausreichender Putzmaterialien ist unmöglich. Wir haben auch die Deutsche Arbeitsfront vordem schon gebeten, uns hierbei behilflich zu sein, leider ohne Erfolg.

Die Lagerführer haben alle Vollmacht, die zur Durchführung von Disziplin, Ordnung und Sauberkeit notwendig ist.

[...]

Die von uns errichteten Bergmannsheime entsprechen alle insgesamt in ihrer Anordnung den im Ruhrbergbau geltenden Vorschriften und sind wiederholt bis zuletzt als mustergültig vorgeführt worden. Alle Gesichtspunkte, die für den Ruhrbergbau massgebend sind hinsichtlich des Arbeitseinsatzes und der Fördersteigerung, sind berücksichtigt.

[...]

Das Russenlager Kaiserstrasse 42 ist als Übergangslager von der Staatspolizei abgenommen. Die endgültige Unterbringung erfolgt in dem seit Oktober 1941 im Bau befindlichen Hauptrussenlager nördlich der Walsumer Bahnhofstrasse. Hier ist ebenfalls eine Revierstube vorgesehen, entsprechend auch den Forderungen der Staatspolizei. Auch im Übergangslager Kaiserstrasse 42 haben nie 4 Betten übereinander gestanden. Wir hörten darum gerne, ob Sie sich persönlich davon überzeugt haben, dass dies der Fall war. [...]

Abschliessend stellen wir fest: Unsere Bergmannsheime sind als Musterlager bisher anerkannt gewesen. Unsererseits ist zu allen Zeiten alles geschehen, um diesen Befund aufrechtzuerhalten. Auch allen an uns herangebrachten Wünschen auf Änderungen haben wir Verständnis entgegengebracht. Wir sind dankbar für jede Anregung, die, im Rahmen des Möglichen durchführbar, zum Ziele führt, die Insassen gesund, arbeitskräftig und arbeitswillig zu halten. Bei allen Vorschlägen muss aber auch davon ausgegangen werden, dass es sich nicht um deutsche Arbeiter handelt, sondern um ein Gemisch von fremden, durchweg gegen ihren Willen zugewiesenen Arbeitern, die weitgehend auch innerlich nicht freundlich eingestellt sind. Was im Rahmen des Möglichen, auch der verfügbaren Materialien durchgeführt werden kann, geschieht. Wir sind jeder Stelle dankbar, die uns auch bei der Beschaffung der Materialien behilflich ist. Um das Maximum der Gewährleistung zu haben, dass das Mögliche getan wird, haben wir die Läger in eigener Verwaltung behalten und damit auch die Verantwortung nicht [auf die DAF - M. K.] abgewälzt. Wir tun dies, um die letzte Gewissheit zu haben, dass für die unter schwierigsten Verhältnissen sich entwickelnde neue Zeche Walsum auch von der entferntesten Stelle anerkannt werden muss, dass die Mobaufgabe mit besten Mitteln durchgeführt wird. [...]."[105]

In Lagern, in denen nicht ständig Desinfektionsmaßnahmen durchgeführt und die Strohsäcke nicht in kurzen Abständen neu gefüllt oder ersetzt wurden, traten sehr bald Wanzen, Läuse oder Flöhe in Erscheinung, und es drohte ständig der Ausbruch von Flecktyphus. Diese Krankheit gehörte beinahe zur Normalität in den Lagern für sowjetische Kriegsgefangene, so in Rheinhausen, wo nach einem amtsärztlichen Bericht mehr als die Hälfte der 140 Insassen eines Lagers an Flecktyphus erkrankte, weil „*die Entlausungsmaßnahmen [...] nicht genügend gewesen*", d. h. „*die Matratzen nicht ordnungsgemäß desinfiziert*" worden waren; mindestens acht Kriegsgefangene starben an der Krankheit.[106] Nachdem sich einige Male wachhabende deutsche Soldaten und Desinfektoren mit Flecktyphus angesteckt hatten, galt die Hauptsorge der mit den Kriegsgefangenenlagern befaßten Stellen der möglichst vollständigen Abschottung der Lager zu den deutschen Betriebsangehörigen. Als sich die Situation im Herbst 1943 wiederum verschlechterte, unternahm die Deutsche Arbeitsfront einen Vorstoß mit dem Ziel, dem Problem durch Personalisierung der Zuständigkeit beizukommen. Die Innovation der Stunde waren die mit Wirkung vom 15. November 1943 eingesetzten *Entwesungsmänner*, deren Bestellung den „*Lagereignern*" unter dem 20. November zur Pflicht gemacht wurde:

---

[105] HSTAD BR 1136-236: Die Gewerkschaft Walsum an den Staatlichen Gewerbearzt in Düsseldorf, 23. April 1942. – Mobaufgabe: Mobilmachungsaufgabe; Bezirksgruppe Ruhr: Bezirksgruppe Steinkohlenbergbau Ruhr der Wirtschaftsgruppe Bergbau; Staatspolizei AD Oberhausen: Walsum gehörte zum Bezirk der GESTAPO-Außenstelle Oberhausen.
[106] Zitiert nach: 50 Jahre Rheinhausen 1934-1984, S. 31.

„Um Maßnahmen gegen den ansteigenden Ungezieferbefall in den Gemeinschaftslagern durchführen zu können, sollen auf Anordnung des Amtes für Arbeitseinsatz [der DAF - M. K.] *in allen Lagern Entwesungs-Männer (E-Männer) eingesetzt werden. Diese Männer werden in Zukunft laufend geschult und über ihre Aufgaben unterrichtet. In großen Lagern muß diese Tätigkeit hauptamtlich, in kleineren Lagern nebenamtlich von einem Gefolgschaftsmitglied aus den Reihen des Lagerpersonals übernommen werden. Wir bitten Sie nun, uns umgehend einen Mann als E-Mann für Ihr Gemeinschaftslager zu nennen."*[107]

Mit dem *Arbeitsausschuß Raumentwesungs- und Seuchenabwehrmittel beim Reichsministerium für Rüstung und Kriegsproduktion*, dem ein *Arbeitsstab Unterkunftsentwesung* untergeordnet war, entstand zur selben Zeit neben den zuständigen Stellen der halbstaatlichen DAF auch eine neue *staatliche* bürokratische Institution. Aber trotz aller Anstrengungen blieben Wanzen, Läuse und Flöhe ein Hauptphänomen des Lagerlebens, dem man nur kurzfristig beikommen konnte. In Homberg führten die Schutz- und die Kriminalpolizei am 2. und 3. Dezember 1944 eine Revision der Lager für zivile ausländische Arbeiter durch. Im Lager bei der Schachtanlage 3 der Zeche Rheinpreußen fanden sie *„Unordnung und Unsauberkeit"* vor. Im Lager Schule Ottostraße, wo 86 Italiener lebten, die im Treibstoffwerk der Zeche Rheinpreußen und bei der Baufirma Schäfer beschäftigt waren, gab es keinen Lagerführer oder Lagerältesten, und in allem Räumen herrschte *„große Unsauberkeit"*, die als potentielle Ursache *„anstekkende[r] und übertragbare[r]* [sic] *Krankheiten"* bezeichnet wurde. *„Große und kleine Notdürfte"*, so stellten die Kontrolleure fest, *„waren in den Luftschutzräumen sowie in den Hausfluren der Schule"* verrichtet worden.[108] Beim *„Monatsappell des Lagers der italienischen Arbeiter auf der Schachtanlage Rheinpreussen III"* am 28. Januar 1945 wurden vor allem bauliche Mißstände, aber auch der Zustand der Toilettenanlagen moniert:

„[...]

3. Für die rd. 200 Menschen steht ein Waschraum mit einer Wasserrinne von etwa 4 m Länge zur Verfügung. Dieser Raum ist für die vielen Menschen ungenügend.

Der Abfluß in dem Waschraum war nicht in Ordnung, sodaß das Wasser hoch in dem Raum stand. Die Beseitigung dieses Übelstandes wird bei dem jetzigen Frostwetter schlecht möglich sein.

4. Der Abortraum im Lager ist unbrauchbar. Diese Aborte sollen schon seit langer Zeit verstopft sein. Die Italiener müssen deshalb jetzt 3 im Freien aufgestellte Notaborte benutzen. Diese Zahl ist ungenügend.

---

[107] StADU 24/892: Die Kreiswaltung Moers der Deutschen Arbeitsfront an alle „Lagereigner" (hier: Stadt Rheinhausen) betreffend „Besondere Maßnahmen gegen den ansteigenden Ungezieferbefall in den Gemeinschaftslagern", 20. November 1943.
[108] StADU 22/1908: Vermerke der Schutzpolizei Homberg vom 3. und 4. Dezember 1944.

5. Für die Zubereitung des Kaffees ist in dem großen Schlafraum ein Herd aufgestellt, sodaß die Schwaden durch den ganzen Raum ziehen. Auch müssen die Leute ihre Leibwäsche hier kochen, bezw. das hierfür erforderliche warme Wasser bereiten. Es wäre angebracht, wenn ein besonderer Kochraum zur Verfügung gestellt werden könnte.
    6. Die Leute selbst waren sauber. Am frühen Vormittag hatten alle auf Schachtanlage I/II gebadet.
    [...]."[109]

Nach einem Vermerk des Bürgermeisteramtes vom 23. Februar 1945, zwei Wochen vor dem lokalen Kriegsende, war die *„Abwässerableitung im Abortraum"* durch Kräfte des Tiefbauamtes in Ordnung gebracht worden.

Wo es in den Quellen zu den Lagern für ausländische Arbeiter und Arbeiterinnen um das Streben nach Sauberkeit und den Ordnungssinn der Bewohner geht, werden oft echte oder vermeintliche Unterschiede zwischen Männern und Frauen einerseits und bestimmten Ethnien andererseits angesprochen. Dieses Thema läßt sich nicht ganz aussparen, obschon man sich dabei auf ein gefährliches Terrain begibt, da schon der historiographische Bericht über damals angestellte Vergleiche, die ja im Ergebnis stets für eine Seite weniger günstig ausfallen als für die andere, zur Verfestigung existierender nationaler Stereotype oder gar zur Bildung protorassistischer Vorurteile beitragen kann. Tatsache ist, daß es etwa ebenso viele Feststellungen „großer" oder relativer Sauberkeit von Ostarbeiter-Lagern wie der „Unsauberkeit" und Verwahrlosung von Lagern für Westarbeiter und zivile Italiener gibt. Dieser Gegensatz frappierte alle Deutschen, die sich die nationalsozialistische Rassenlehre vom „slawisch-bolschewistischen Untermenschen" zu eigen gemacht hatten. Als zu einem unbestimmten Zeitpunkt 1943 leitende Herren der August Thyssen-Hütte AG einige Ausländer-Lager des Unternehmens im Duisburger Norden besichtigten, fiel das Ostarbeiterinnenlager an der Talbahnstraße, wo in fünf Räumen 46 *„Russinnen"* lebten, durch vorbildliche Sauberkeit auf, wogegen das Lager „Rheinstahl", das sich Niederländer und zivile Italiener teilten, trotz baulich günstiger Gegebenheiten wegen *„große[r] Unsauberkeit"* negativ beurteilt wurde.[110] Ähnliche Aussagen, speziell auch zum Hüttenwerk in Duisburg-Huckingen, finden sich für den Mannesmann-Konzern im sogenannten Thelen-Bericht von Ende August 1943, wobei hier vorwiegend die unterschiedlichen Einstellungen zur Sauberhaltung der Quartiere bei Männern und Frauen betont werden. Da *„Fegen und Putzen"* nun einmal *„keine Männerarbeit"* seien, so der Ausländer-Beauftragte Thelen, sei es *„dringend zu empfehlen, jeden Morgen alle Stuben durch Frauen*

---

[109] Ebd.: Vermerk der Stadtverwaltung Homberg über den Monatsappell (d. h. die Besichtigung) des Italiener-Lagers auf Schachtanlage 3 der Zeche Rheinpreußen, 29. Januar 1945.
[110] TKKA A/5012: Feststellungen über die Zustände in Ausländerlagern, mit Vorschlägen zur Behebung von Mißständen (undatiert, wohl erste Jahreshälfte 1943).

– *Ostarbeiterinnen – aufräumen, fegen und putzen zu lassen"*, was aber voraussetze, *„daß die Männer sofort nach dem Aufstehen die Betten bauen".*[111] In einem Bericht der Düsseldorfer Gewerbeaufsicht über verschiedene Unterkünfte von März 1944 wurde die Scheidung nicht zwischen den Geschlechtern, sondern zwischen Nationalitäten – Männern aus der Sowjetunion und aus westeuropäischen Staaten – vollzogen. Die Räume der Ostarbeiter hätten *„meist einen sauberen Eindruck"* gemacht, die der Westarbeiter hingegen seien *„fast ausnahmslos"* in einem *„schmutzigen und unordentlichen Zustande angetroffen"* worden.[112]

Abschließend soll untersucht werden, inwieweit die Lager mit *Luftschutzeinrichtungen* (Bunkern, ausgebauten Kellern oder Splitterschutzgräben) ausgestattet waren und welche Schutzmöglichkeiten außerhalb der Lager, auf den Betriebsgeländen, bestanden. Die letzteren wurden 1944 immer wichtiger, weil die U. S. Air Force immer öfter Tagesangriffe auf die deutschen Städte flog, die die Belegschaften während der Arbeit überraschten. In der Regel war der Luftschutz im Betrieb gewährleistet, weil es genügend Bunker und Kellerräume gab.[113] Nach einer staatlichen Vorschrift mußten die Arbeitgeber von zivilen ausländischen Arbeitskräften für jeden dieser Beschäftigten einen „Luftschutzplatz" nachweisen. Aber die baulichen Gegebenheiten waren recht unterschiedlich; sie reichten vom modernen Hochbunker mit meterdicken Betonwänden oder turmartigen Spitzbunkern aus Beton (dem in Hamborn entwickelten, nach seinem Erfinder Leo Winkel genannten *Winkel-Turm*) bis zum unbefestigten, nur mit Holz abgedeckten Erdgraben. Bei den Lager-Neubauten, die seit der Ausweitung des Zwangsarbeiter-Einsatzes im Frühjahr 1942 überall entstanden, wurden durchweg eigene Luftschutzanlagen geschaffen, vielfach jedoch nicht relativ teure unterirdische Bunker, sondern die wesentlich billigeren, zwischen einem und zwei Metern tiefen Splitterschutzgräben (allgemein *Splittergräben* genannt). Im Bauantrag der August Thyssen-Hütte AG vom 3. Juni 1942 für einen S-förmigen *„Deckungsgraben"* für die 150 Bewohner des Barackenlagers an der Sonnen- und Prinzenstraße in Hamborn-Alsum, Bauarbeiter aus Italien, wurde der Graben wie folgt beschrieben:

„Die Sohle des Deckungsgrabens liegt etwa 1 m tief unter Terrain und soll in Kiesbeton ausgeführt werden. Die Wände sind in Ziegelsteinmauerwerk, 0,51 m stark, vorgesehen. Die Decke ist Eisenbeton 30 cm stark. Die Wände werden außen geputzt und mit Inertol gestrichen, die Decke mit Pappe isoliert. Die Innenseiten der Wände werden gefugt und gekälkt. Der über dem Terrain liegende Teil wird mit der gewonnenen Ausschachtung angeschüttet."[114]

---

[111] Wessel, Kontinuität im Wandel, S. 255 („Thelen-Bericht").
[112] Leissa/Schröder, Zwangsarbeit in Düsseldorf, S. 147.
[113] Herbert, Fremdarbeiter, S. 335f.
[114] StADU 611/435: Baubeschreibung zum Baugesuch vom 3. Juni 1942.

Dieser mit elektrischem Licht und einer Belüftungsanlage ausgestattete Schutzgraben, dessen Bau 6 600 RM kostete, stellte zweifellos eine relativ gute Ausführung dar. Es gab weniger solide Anlagen, vor allem in Lagern für Kriegsgefangene und Ostarbeiter: einfache Erdgräben, die mit Brettern oder Faschinen ausgekleidet und mit Brettern auch abgedeckt waren.[115] Zu dem Ostarbeiter-Lager der Mannesmannröhren-Werke AG in Großenbaum gehörten zwei große „Luftschutzstollen", dem kleineren Westarbeiterlager war ein solcher Stollen zugeordnet.[116] Die Chancen, bei einem Luftangriff unverletzt zu bleiben, waren jedoch nicht nur durch die Schutzeinrichtungen des Lagers, in dem man lebte, oder des Betriebes, in dem man arbeitete, sondern auch durch die „rassische" Zugehörigkeit determiniert. Westarbeiter und zivile Italiener konnten zunächst, wenn sie sich bei einem Luftalarm außerhalb des Werksgeländes aufhielten, die öffentlichen Luftschutzbunker des jeweiligen Stadtteils aufsuchen und sich dort zwischen den Deutschen niederlassen, Ostarbeiter, Polen und Kriegsgefangene hingegen durften die großen öffentlichen Bunker nicht betreten. Nachdem es seit Anfang 1943 immer häufiger vorgekommen war, daß ausländische Arbeiter schon nach Schichtende, etwa am späten Nachmittag oder frühen Abend, öffentliche Bunker aufgesucht und bei einem Stunden später ausgelösten Luftalarm deutsche „Volksgenossen" im gewohnten Bunker keinen Platz mehr gefunden hatten, wurde ein *„generelles Verbot der Benutzung von* [öffentlichen] *Bunkern für alle Ausländer ausgesprochen".*[117] Von diesem Zeitpunkt an waren alle Ausländer außerhalb der Betriebe auf die Schutzeinrichtungen der Lager angewiesen.

Als Luftschutzräume auf den Betriebsgeländen der Industrie haben die unterschiedlichsten Baulichkeiten fungiert. Im Eisenwerk Wanheim gab es einen unterirdischen Bunker mit einer 60 cm starken Betondecke und zwei Metern Erdauflage, der 250 Personen Schutz bot; eine andere Quelle spricht von einem Bunker mit 50 cm starker Eisenbetondecke und anderthalb Metern Erdauflage für rund 300 Personen. Dieser Hauptbunker war vor allem für Familien und Kranke vorgesehen. Ein weiterer Schutzraum unter der Betriebsstätte Schienen- und Schwellenaufbereitung, 100 Meter von den Wohnbaracken entfernt, war für ledige Frauen bestimmt, ein Schutzraum unter der Gießerei in 200 Metern Entfernung für ledige männliche Arbeiter.[118] Diese Schutzräume scheinen ihren Zweck erfüllt zu haben. Viele Industriebetriebe bauten mit eigenen Mitteln Luftschutzräume auf dem Werksgelände; so legte das Werk Hochfeld (auch *Werk Stahlindustrie*) der Deutsche Eisenwerke AG fünf unterirdische Schutzbunker an.[119]

---

[115] Herbert, Fremdarbeiter, S. 335.
[116] Mannesmann-Archiv M 12.821.2: Bericht über den Fremdarbeitereinsatz bei den Mannesmannröhren-Werken, Abt. Großenbaum (1. September 1945), S. 7f.
[117] Herbert, Fremdarbeiter, S. 335.
[118] Hildebrand, Wanheim-Angerhausen, S. 476 (Westarbeiter) u. 479f. (Ostarbeiter).
[119] TKKA VSt/5592: Vereinigte Stahlwerke AG, Grundstücks- und Vermessungsabteilung Hamborn, an das Finanzamt Duisburg-Süd, Abwicklungsstelle für das Reichsvermögen.

Aber es gab auch krasse Notbehelfe, die manchmal anscheinend zu Dauereinrichtungen wurden. Die Ostarbeiterin Anna Powstjanko bei der Duisburger Kupferhütte erinnerte sich an einen *„grauenhaften"* Schutzraum: *„Es war ein Rohr mit einem Durchmesser eines Menschen, das von der Fabrik zum Rhein hin führte. Auf der Seite des Flusses war es zubetoniert. Darin wurden ca. 40 Menschen bei Luftangriffen untergebracht".*[120] Wo Kriegsgefangene in Bau- und Arbeitsbataillonen, Dachdecker- oder Glaserbataillonen von den Stadtverwaltungen entlohnt, aber von privaten Bau- und Handwerksbetrieben auf Baustellen eingesetzt wurden, waren diese Betriebe – konkret meist die Vorarbeiter und die Hilfswachleute – verpflichtet, bei einem Luftalarm die Gefangenen sofort in den nächstgelegenen Bunker oder Luftschutzkeller zu bringen. Diese Regelung war für die nationalsozialistischen Ideologen insofern unproblematisch, als es sich bei den Angehörigen der Handwerkerbataillone nicht um „bolschewistische Untermenschen", sondern um Franzosen und Belgier handelte. Die Unternehmen, die Barackenlager bauten oder bauen ließen, waren bisweilen versucht, beim Bau von Luftschutzräumen zu sparen.

Was geschah mit Zwangsarbeitern, die „ausgebombt" waren? Bei großen Unternehmen wie der August Thyssen-Hütte AG gab es Notfallpläne, die nach der Zerstörung eines oder mehrerer Lager die Umsetzung der obdachlosen Arbeitskräfte in andere Quartiere vorsahen. Der Verlegungsplan der ATH von Juni 1943 gab für jedes Zivilarbeiter- und Kriegsgefangenenlager zwischen einem und fünf Not-, d. h. Ersatzunterkünfte an; manchmal handelte es sich dabei um die unterirdischen Luftschutzräume eines Lagers, manchmal um Wasch- oder Sanitätsbaracken. Die Aufstellung zeigt aber auch, daß die ATH erhebliche Reserven an „normalem" Baracken-Wohnraum hatte.[121] Wenn nicht ein Lager, sondern ein ganzes Werk so stark zerstört wurde, daß es nicht in wenigen Tagen wieder produktionsfähig gemacht werden konnte, mußte das betreffende Unternehmen die Zwangsarbeiter dieses Werkes an das Arbeitsamt zurückgeben, das sie einem oder mehreren anderen Unternehmen zur Verfügung stellte. Ein Beispiel dafür ist der polnische Zwangsarbeiter Kazimierz Pustola, Ingenieur von Beruf, der mit seinen Söhnen Jurek und Wojtek in der Hütte Ruhrort-Meiderich der ATH arbeitete, als der Großangriff am 14./15. Oktober 1944 das Werk und größtenteils auch die Unterkunft (*Undine* I in Laar) zerstörte. Die nach dem Angriff weitgehend desorganisierte ATH überließ die polnischen Zwangsarbeiter des Betriebes etwa eine Woche lang sich selbst; zum Glück hatten sie gewisse Lebensmittelvorräte und konnten in Schrebergärten Kartoffeln „hacken", was sie vor dem Verhungern bewahrte. Am 21. Oktober mußte die ATH auf Verlangen des Arbeitsamtes die Polen und Italiener der Hütte Ruhrort-Meiderich entlassen. Die

---

[120] Wie Anm. 45.
[121] TKKA A/5227: *Übersicht der Notunterkünfte* vom 8. Juni 1943 (Dokumentation Ausländische Arbeitskräfte 1939-45, Dok. 10).

Polen marschierten unter Bewachung von Laar über Ruhrort und die Stadtmitte zum Bahnhof Duisburg-Hochfeld, wo sie Güterwagen bestiegen, in denen sie zum Hüttenwerk Huckingen der Mannesmannröhren-Werke AG transportiert wurden – ihrem neuen „Arbeitgeber".[122]

Die Mehrzahl der Tötungen ausländischer Arbeiter und der Zerstörungen und schweren Beschädigungen von Lagern durch Luftangriffe in Duisburg fällt in die letzten beiden Kriegsjahre. In der Nacht auf den 27. April 1943 zerstörten Spreng- und Minenbomben das KL-Außenlager in Meiderich einschließlich einer „*Wohnbaracke der Waffen-SS*"; dabei wurden die Abdeckungen der Splitterschutzgräben eingedrückt, wodurch 32 Häftlinge den Tod fanden und acht Häftlinge verletzt wurden.[123] In der Nacht auf den 13. Mai 1943 verbrannten drei Baracken des Ostarbeiter-Lagers der Zeche Neumühl, von Personenschäden verlautet nichts.[124] Am 12. Juni 1943 vernichtete eine Luftmine, die mit einer Sprengbombe verbunden war, das Ostarbeiter-Lager des Eisenwerkes Wanheim. Sieben Ostarbeiter, „*die nicht den Luftschutzraum aufgesucht hatten*", wie es in einem Polizeibericht vom 19. Juni heißt, kamen ums Leben; zehn oder zwölf andere, „*die sich aus dem Luftschutzraum ins Freie begeben hatten, um frische Luft zu schöpfen*", erlitten durch Phosphorbrandbomben teils schwere, teils leichte Verbrennungen. Das grausame Schicksal der Getöteten und Verletzten dürfte den Kameraden und Kameradinnen hinsichtlich des Verhaltens bei Angriffen eine Mahnung gewesen sein. Der Wiederaufbau der zerstörten Baracken dauerte fast zwei Monate, während derer die obdachlos gewordenen Arbeiter in freien Baracken im Werksgelände und in Luftschutzräumen untergebracht wurden. Der „*Betrieb des Eisenwerks Wanheim*" wurde durch den Luftangriff erstaunlicherweise „*nicht behindert*".[125]

Am 5. November 1943 zerstörte eine Brandbombe eine Baracke des Kriegsgefangenenlagers der Gelsenkirchener Bergwerks-AG an der Fahrner Straße in Hamborn, anscheinend ohne daß ein Mensch einen physischen Schaden erlitt.[126] Beim 212. Luftangriff auf Alt-Duisburg am 18. März 1944 traf eine Minenbombe das Kriegsgefangenenlager der GBAG auf der Halde Rönsbergshof in Beeck, in dem italienische Militärinternierte untergebracht waren. Eine der Baracken wurde total zerstört, wobei ein Italiener „*außerhalb des Luftschutzraumes*" ums Leben kam und vier weitere, ebenfalls außerhalb der Schutzräume, verletzt wur-

---

[122] StADU 41/450: Fragment der Tagebuchaufzeichnungen von Kazimierz Pustola über seinen Aufenthalt in Duisburg im Oktober u. November 1944 bei der August Thyssen-Hütte und den Mannesmannröhren-Werken, S. 5.
[123] StADU 55: Bericht der Schutzpolizei Duisburg über den 159. Luftangriff vom 27. April 1943, S. 1 u. 24.
[124] BBA 11/363: Protokollbuch der Grubenvorstandssitzungen der Gewerkschaft Neumühl, fol. 26f. (zur Sitzung am 26. Mai 1943).
[125] Hildebrand, Wanheim-Angerhausen, S. 480f.
[126] StADU 55: Schadensregister-Buch *Hamborn: Bau-Schäden durch Fliegerangriffe 1942-45*.

den. Der Bericht des Polizeipräsidenten spricht auch von einer verletzten Ostarbeiterin, die jedoch nicht im Bereich des Gefangenenlagers, sondern wahrscheinlich auf dem Gelände der Hütte Ruhrort-Meiderich oder auf der Kokerei Westende, und zwar innerhalb eines Schutzraumes, zu Schaden kam.[127] Tatsächlich gab der Aufenthalt in einem Schutzraum keine *Garantie*, am Leben zu bleiben; vor allem die seit 1943 immer häufiger abgeworfenen Sprengbomben konnten auch Betonwände durchschlagen. Dennoch waren die massiven Hochbunker, die seit 1941 errichtet wurden, sehr viel sicherer als ein bloß verstärkter Hauskeller oder ein Splitterschutzgraben.

Bei dem großen Angriff auf den Duisburger Süden am 22. Mai 1944 brannte das ganze Ostarbeiter-Lager der Mannesmannröhren-Werke AG in Großenbaum ab. Die Quelle, aus der wir das erfahren, spricht nicht von Todesfällen oder Verletzungen. Als Ersatz für die zerstörten Holzbaracken baute Mannesmann vier Steinbaracken, dazu konnte die *„Waschbaracke"* des alten Lagers wieder benutzbar gemacht werden.[128] Das Hüttenwerk von Mannesmann in Huckingen verlor während des Krieges 18 Ostarbeiter und zwei italienische Arbeiter durch *„Kriegseinwirkung"*; der größte Teil dieser Menschen kam bei einem Tagesangriff, bei dem *„ein Luftschutzraum einen Volltreffer erhielt"*, ums Leben. Beim *„Abtransport"* der Ostarbeiter im März 1945, so informiert uns ein Bericht aus der unmittelbaren Nachkriegszeit, *„erlitten [...] einige Russen tödliche Verletzungen durch Artilleriebeschuß"*.[129]

Nördlich der Ruhr starb am 27. August 1944 eine Ukrainerin durch Bombenabwurf an ihrer Arbeitsstelle bei der August Thyssen-Hütte.[130] Der Luftangriff vom 17. Juni 1944 zerstörte eine *„Wohnbaracke für Landarbeiter"* an der Baldhausstraße 30 in Hamborn; ob die Bewohner deutsche oder ausländische Arbeitskräfte waren und in welchem Betrieb sie arbeiteten, ist nicht zu ermitteln. Bei dem Großangriff vom 14./15. Oktober 1944, dem schwersten Angriff auf (Alt-) Duisburg während des ganzen Krieges, kamen im Kriegsgefangenenlager der Gruppe Hamborn der Gelsenkirchener Bergwerks-AG auf der Schüttung Rönsbergshof in Beeck 22 sowjetische Kriegsgefangene und 19 italienische Militärinternierte ums Leben. In den drei Kriegsgefangenenlagern der GBAG im Duisburger Norden brannten insgesamt 29 Baracken ab.[131] Die in drei „Wellen" abgeworfenen Bomben dieses Großangriffs zerstörten auch mehrere der nun 16 *Gemeinschaftslager* der August Thyssen-Hütte in Duisburg ganz oder zu großen

---

[127] Ebd.: Nachtragsmeldung vom 19. März und Bericht vom 24. März 1944.
[128] Mannesmann-Archiv M 12.821.2: Bericht über den Fremdarbeitereinsatz bei den Mannesmannröhren-Werken, Abt. Großenbaum, Duisburg-Großenbaum, S. 7f.
[129] Mannesmann-Archiv M 12.821.1: Bericht über den Fremdarbeitereinsatz bei den Mannesmannröhren-Werken, Abt. Heinrich-Bierwes-Hütte, Duisburg-Huckingen, S. 18.
[130] TKKA: Dokumentation Ausländische Arbeitskräfte 1939-45, S. 23.
[131] StADU 607/257: Die Hamborner Bergbau AG an das Grünflächen- und Friedhofsamt der Stadt Duisburg, 5. April 1954; BBA 55/608: Bericht des Vorstandes der GBAG über den Betriebsverlauf des 1. Vierteljahres des Geschäftsjahres 1944/45.

Teilen. In den ATH-Lagern nördlich der Ruhr zählte man 35 getötete ausländische Arbeiter, im Zivilarbeiterlager der Niederrheinischen Hütte in Hochfeld starben mindestens zwei Belgier *„in ihren Unterkunftsräumen"*. Die Lager *Rienzi*, *Rosamunde*, *Tannhäuser*, *Daldibor* (Vereinshaus Laar), *Undine II* und *Aida* wurden total zerstört, *Tosca* fast ganz, *Figaro* stark und *Oberon* zur Hälfte. Bei *Undine I* brannte das dritte Obergeschoß völlig, das zweite zum Teil aus. Der Sachschaden bei *Rienzi* wurde etwa einen Monat nach dem verheerenden Angriff von der ATH auf 164 000 RM geschätzt.[132] Die größten Schäden waren bei den Lagern der Hütte Ruhrort-Meiderich eingetreten; die Stadtteile Laar und Untermeiderich, in denen sich die Lager dieses ATH-Betriebes befanden, gehörten überhaupt zu den während des ganzen Krieges am stärksten bombardierten Stadtteilen Duisburgs. Erhebliche Umquartierungen mußten kurzfristig vorgenommen werden. Das Lager *Lakmé* blieb zum Teil erhalten (am 4. und am 7. Februar 1945 brachten auf der dortigen Entbindungsstation Ostarbeiterinnen aus den Lagern *Orienta* und *Oberon* Kinder zur Welt,[133] und noch im April 1945 wohnten Menschen in dem Lager), aber auch hier war ein Sachschaden in Höhe von 25 000 RM entstanden.

Beim Luftangriff am Allerheiligentag 1944 starben in einem Lager der Mannesmannröhren-Werke AG in Huckingen mehrere Ostarbeiter und zwei Italiener, die gemeinsam in einem „Sammelgrab" auf dem Waldfriedhof beigesetzt wurden, in dem auch ein dritter, am 14. Oktober im Luftschutzkeller des Lagers der Berninghaus-Werft getöteter Italiener seine letzte Ruhestätte fand.[134] Am 18. Dezember 1944 brachte eine Sprengbombe im Splitterschutzgraben des Ostarbeiter-Lagers der ATH (Niederrheinische Hütte) an der Wörthstraße 11 Männern und einer Frau den Tod, zehn Ostarbeiter wurden verletzt. Zwei der Holzbaracken dieses Lagers brannten *„je zur Hälfte"* ab.[135] Am 12. Januar 1945 verloren bei einem Luftangriff in einem anderen Ostarbeiter-Lager der ATH vier Männer ihr Leben. Der schwere Angriff auf den Duisburger Norden am Abend des 22. Januar 1945, durch den die Thyssenhütte, das Hauptangriffsziel, vollständig lahmgelegt wurde, forderte die höchste Zahl an Todesopfern: 115 Kriegsgefangene

---

[132] TKKA A/5214: Meldung von Abteilungsleiter Kaschewsky an Direktor Dr. Eichholz, 16. Oktober 1944; A/3371: Aufstellung der Kriegsschäden vom 14./15. Oktober 1944 für die Werke Thyssenhütte Hamborn, Hütte Ruhrort-Meiderich und Niederrheinische Hütte (Gesamtschaden Werk Thyssenhütte: 9 175 000 RM; HRM: 15-20 Millionen RM; Niederrheinische Hütte: rd. 1 Million RM). Die drei Aufstellungen sind vom 15. November 1944 datiert. Ferner TKKA A/5215 und die Dokumentation Ausländische Arbeitskräfte 1939-45, S. 23. - Zu *Undine I*: StADU 41/450 (wie Anm. 122).

[133] StADU: Standesamtsformulare (Ausländer) 1945: Geburten.

[134] StADU 607/261: Bescheinigungen des Grünflächen- und Friedhofsamtes Duisburg (Dienststelle Waldfriedhof) über die Beisetzung dreier Italiener vom 23. Juli 1958.

[135] TKKA A/5227: Meldung von Abteilungsleiter Kaschewsky an Direktor Temme, ohne Datum (nach 18. Dezember 1944) (Dokumentation Ausländische Arbeitskräfte 1939-45, Dok. 49).

kamen ums Leben, alle innerhalb von Luftschutzräumen.[136] Zu welchen Betrieben sie gehörten, kann man nicht mehr feststellen, jedoch dürften die meisten in den ATH-Betrieben und in den Schachtanlagen der Gelsenkirchener Bergwerks-AG gearbeitet haben. Die August Thyssen-Hütte AG bezifferte für ihre Belegschaft die Menschenverluste und Personenschäden durch Luftangriffe während des ganzen Krieges auf 112 Tote (44 Deutsche, 10 zivile Ausländer und 58 Kriegsgefangene), 77 Schwerverletzte (nur Deutsche) und 188 Leichtverletzte (184 Deutsche und vier zivile Ausländer).[137] Zum Zeitpunkt der Besetzung des südruhrischen Duisburg Mitte April 1945 waren die Zivilarbeiter-Lager der Niederrheinischen Hütte (ATH), der Hütte Vulkan (ATH), der Duisburger Kupferhütte, der Metallhütte Berzelius, der Mannesmann-Abteilung Großenbaum, des Eisenwerkes Wanheim und der DEMAG teilweise, die Lager des Mannesmann-Stahlwerkes Huckingen, der Rütgerswerke, des Kabelwerkes Duisburg, der Esch-Werke und der Duisburger Verkehrsgesellschaft (Baracke am Betriebshof Grunewald) vollständig zerstört.[138]

Es wäre interessant, festzustellen, ob Ausländer in Duisburg statistisch gesehen häufiger Opfer von Luftangriffen wurden als Deutsche, aber eine Rechnung mit diesem Erkenntnisziel ist nicht möglich, weil die Gesamtzahl der während des Krieges in Duisburg lebenden Ausländer, die mit der Gesamtzahl durch Luftkrieg und Artilleriebeschuß getöteten Ausländer in Beziehung gesetzt werden müßte, nur grob geschätzt werden kann (Kapitel 2). Nur für die deutsche Stadtbevölkerung ist es möglich, die Zahl der jährlich am Orte durch Kriegshandlungen zu Tode Gekommenen durch die jeweilige Jahresdurchschnittszahl der anwesenden Einwohner zu dividieren und so eine Quote zu erhalten. Nach gründlichen Ermittlungen wurde 1954 als Gesamtzahl der Luftkriegstoten und durch Artilleriebeschuß Umgekommenen in Alt-Duisburg 6 140 festgestellt. Von diesen Toten waren 709 oder, nach einer anderen Quelle, 715 Ausländer; der Anteil der Ausländer beträgt 11,6 Prozent. Für Essen, eine Duisburg in vielem vergleichbare Stadt, ist errechnet worden, daß Ausländer statistisch gesehen häufiger Opfer von Bombenangriffen wurden als Deutsche und daß das Risiko, bei einem Luftangriff ums Leben zu kommen, bei Ausländern zwei- bis dreimal so hoch war wie bei Deutschen.[139]

---

[136] StADU 55: Endbericht des Polizeipräsidenten Duisburg (als Luftschutzleiter) über den 275. Luftangriff auf Duisburg am 22. Januar 1945 (Berichtsdatum 29. Januar), S. 1. Außer den 115 Kriegsgefangenen starben 30 Deutsche. Es gingen 1 195 Sprengbomben nieder, die weitaus meisten davon (1 048) auf den Stadtteil Bruckhausen.
[137] TKKA A/3374 u. A/3375: „Fliegerschäden", Bände I und II.
[138] StADU 302/143: Aufstellung von Ausländer-Lagern im südruhrischen Stadtgebiet, geordnet nach Arbeitgebern, mit Angaben über den Bauzustand der Lager, undatiert (um den 18. April 1945).
[139] Klaus Wisotzky, Die „Parias der Kriegsgesellschaft". Aspekte des Zwangsarbeitereinsatzes in Essen, in: Zwangsarbeit in Essen. Begleitheft für den Geschichtswettbewerb für Schülerinnen und Schüler. Hrsg. vom Historischen Verein für Stadt und Stift Essen und dem Stadtarchiv Essen, Essen 2001, S. 21-47, hier: S. 29.

In Rheinhausen wollte es ein nicht eben menschenfreundliches Geschick, daß mehrere Luftangriffe Lager für ausländische Arbeiter der Friedrich-Alfred-Hütte trafen, wobei 71 bis 75 zivile Personen und Kriegsgefangene in unbekannter Zahl ums Leben kamen,[140] während das Hüttenwerk selbst *„im wesentlichen"* unzerstört blieb, wie 1957 ein offizieller Unternehmenschronist feststellte, ohne der Bombenopfer in den Lagern auch nur mit einem Halbsatz zu gedenken:

„Die Hütte hatte das große Glück, vom Luftkrieg im wesentlichen verschont zu bleiben, obgleich 350 Sprengbomben und zahllose Brandbomben auf das Werksgelände fielen. Während andere Industriewerke in Schutt und Trümmer verwandelt wurden, konnte die Hütte den ganzen Krieg hindurch arbeiten und blieb in ihren wichtigsten Anlagen unversehrt. Dagegen wurden die Wohnviertel schwer getroffen."[141]

Der Angriff vom 1. August 1942 tötete 12 Italiener in einer Baracke des Lagers an der Atroper Straße. Am 13. Mai 1943 starben drei Ausländer durch Bomben, wahrscheinlich im *Lager A* an der Friedrich-Alfred-Straße 182. Bei dem schwersten von 158 Luftangriffen auf Rheinhausen am 22. Mai 1944 kamen im *Lager II* an der Parallelstraße 37 Ostarbeiterinnen und Ostarbeiter, ein Säugling und vier deutsche Lagerwachleute sowie im *Lager A* drei Niederländer oder Belgier ums Leben. Nach dem Angriff vom 18. Dezember 1944 zählte man in Rheinhausen 30 Tote; sieben davon waren Ausländer, und zwar sechs Italiener (im Lager Moerser Straße 72) und ein Ostarbeiter. Am 28. Januar 1945 löschten Bomben eine dreiköpfige ukrainische oder russische Familie im Lager der Reichsbahn an der Uerdinger Straße 61 in Hohenbudberg aus. Zwei Wochen vor dem örtlichen Kriegsende, am 21. Februar 1945, brachte der letzte größere Angriff auf Rheinhausen drei Polen im Lager an der Friedrich-Alfred-Straße den Tod. Zwei Männer und eine Frau, anscheinend ebenfalls Polen, kamen am selben Tag im Reichsbahn-Lager Hohenbudberg um. Während des ganzen Krieges sind in Rheinhausen neben 207 Bürgern der Stadt und 29 ortsfremden Deutschen 83 zivile Ausländer sowie Kriegsgefangene in unbekannter Zahl durch Bomben oder Artilleriebeschuß getötet worden.[142]

---

[140] StADU 24/2220: Verwaltungsbericht Rheinhausen für 1939-46, Teil A V, Totenliste. Die Gesamtzahl der zivilen ausländischen Kriegstoten ist 83. Bei 71 ist als Wohnort ein Krupp-Lager angegeben, bei dreien das Lager Hohenbudberg der Deutschen Reichsbahn, bei vieren der Heimatort (je zwei Belgier und Niederländer, es können Beschäftigte von Krupp oder der I. G. Farben gewesen sein), bei fünfen offenbar Privatquartiere.

[141] Hüttenwerk Rheinhausen AG (Hrsg.), Stahl vom Rhein. Die Geschichte des Hüttenwerkes Rheinhausen (Verfasser: Gert von Klass), Darmstadt 1957, S. 64.

[142] Wie Anm. 140

Kapitel 5
Lebensumstände

Fait le 2 du 11 en 1943. Par un PG français qui en a plein le cul: Vive le pain et la liberté. N. Ch.
Inschrift im Zementputz einer Wand im Verwaltungsgebäude der Gewerkschaft Walsum (heute Schachtanlage Walsum der Deutsche Steinkohle AG)[1]

Franzosen, Zwangsarbeiter in Deutschland, kehren krank in ihr Land zurück - ein hoher Prozentsatz, die Hospitäler sind voll von Schwindsüchtigen. Wenn aber nicht einmal dringend benötigte Rüstungshandwerker ernährt noch vor Kälte geschützt werden konnten, was dann mit dem Teil der Deutschen, der im Krieg entbehrlich und zur Last ist! Man weiß und belegt es durch Zeugnisse, daß sie abgeschafft werden.
Heinrich Mann, Ein Zeitalter wird besichtigt (geschrieben 1944 in Pacific Palisades, Kalifornien)[2]

Das Lager war das normale „Zuhause" der ausländischen Arbeiter und Arbeiterinnen. Die weiteren Lebensumstände außerhalb der Arbeitsstätten, sofern sie quellenmäßig faßbar sind, sollen im folgenden behandelt werden. Es sei schon vorweggenommen, daß auch bei der Lebensmittelversorgung, der Versorgung mit Konsumgütern, der medizinischen Versorgung der Ausländer große Unterschiede sowohl zwischen den Ethnien als auch zwischen den einzelnen Arbeitgebern festzustellen sind. Im Idealfall – der mitunter wohl gegeben war – wohnte man in einem sauberen, nicht überfüllten Lager, dessen sanitäre Einrichtungen nichts zu wünschen übrig ließen, erhielt Essen, daß so gut und abwechslungsreich war, wie es die Kriegsumstände zuließen, außerdem neue Bekleidung und solide Schuhe, wenn die alten Sachen abgenutzt waren. Man konnte, wenn es nötig war, einen Arzt nach eigener Wahl aufsuchen, mit der Familie in der Heimat korrespondieren und regelmäßig ins Kino gehen, und man hatte bei Luftangriffen einen Platz in einem Betonbunker. Selbstverständlich gehörten zu dieser Idealsituation auch eine Arbeit im erlernten Beruf, oder jedenfalls eine, die nicht zu anstrengend und nicht monoton war und Raum für die Entfaltung eigener

---

[1] Die Inschrift wurde beim Bau des Verwaltungsgebäudes in den feuchten Zementputz eingeritzt und 1999 bei Renovierungs- und Umbauarbeiten entdeckt. Die Übersetzung lautet: *Gemacht am 2.11.1943. Von einem französischen Kriegsgefangenen* (PG: Prisonnier de Guerre), *der die Schnauze* (wörtlich: den Arsch) *voll hat. Es lebe das Brot und die Freiheit. N. Ch.* Der Kriegsgefangene war vielleicht bei der Walsumer Bauunternehmung Schenk & Lüttgen beschäftigt.
[2] Heinrich Mann, Ein Zeitalter wird besichtigt, Berlin 1947, S. 106.

Kreativität ließ, ein human eingestellter deutscher Vorgesetzter, eine gute Kollegialität und die Möglichkeit, sich weiter zu qualifizieren. Doch wie positiv auch immer die äußeren Umstände sein mochten, alles wurde mehr oder weniger getrübt durch das seelische Leid, das zumindest alle Verschleppten ertragen mußten: Heimweh, Sorge um die Angehörigen in der Heimat, Kummer und Zorn über die Erniedrigung durch den fremden Eingriff in das eigene Schicksal – die Deportation – und die rassische Diskriminierung in Deutschland, schließlich die Belastung durch die Monotonie des Alltags. Wie furchtbar das Dasein erst gewesen sein muß, wenn zu diesen „unvermeidlichen" psychischen Belastungen noch widrige äußere Umstände im Hinblick auf Lagerleben und Luftschutz, Freizügigkeit, Ernährung, Versorgung und medizinische Betreuung, dazu Arbeitshetze oder gar Mißhandlungen kamen, kann wohl niemand ermessen, der es nicht selbst erlebt hat. Während Zwangsarbeiter aus Westeuropa im Ruhrgebiet daran denken konnten, mit einiger Aussicht auf Erfolg zu fliehen und in die nicht allzu ferne Heimat zu gelangen oder bei einem Heimaturlaub in vertrauter Umgebung „unterzutauchen", mußten Ostarbeiter, wenn sie halbwegs realistisch dachten, die Aussichtslosigkeit eines Fluchtversuchs einsehen: *„An Flucht war nicht zu denken. [...] Und wo sollten wir hinlaufen? Unser Zuhause war sehr weit und von Deutschen besetzt."*[3]

Das normale Leben eines Zwangsarbeiters war – sichtbar auch für alle Deutschen, die sich einen Rest an Sensibilität bewahrt hatten – weitgehend „freudlos", wie es der unbekannte Verfasser des Verwaltungsberichtes der Stadt Duisburg für die Jahre 1939 bis 1944, zweifellos ein Augenzeuge, wenige Jahre nach Kriegsende formulierte.[4] Man mußte kein Psychologe sein, um den Zusammenhang der materiellen wie nichtmateriellen Lebensumstände mit der Leistungsfähigkeit bei der Arbeit zu erkennen. Wenn Industrielle, wie im folgenden Zitat, vorwurfsvoll in Richtung Staatsführung und Wirtschaftsbürokratie auf diesen Zusammenhang hinwiesen, ging es meist um die Verwertbarkeit der Arbeitskraft und um nichts sonst:

„Es ist eine selbstverständliche Tatsache, dass von einer unzufriedenen Arbeitskraft keine guten Leistungen und eine nur geringe Arbeitsfreudigkeit erwartet werden kann. Durch Ausnützung aller uns zur Verfügung stehenden Mittel müssen wir für eine gute Betreuung und Unterkunft besorgt sein. Entsprechende Beachtung ist auch der Freizeitgestaltung zu schenken. Die Verpflegung ist des öfteren zu überprüfen, wie überhaupt durch persönliches Eingreifen bei etwa

---

[3] Erinnerungen Olga Moiseewa, zitiert nach: Manfred Tietz, Die „wertlose" Frau, in: Rudolf Tappe u. Manfred Tietz (Hrsg.), Tatort Duisburg. Widerstand und Verfolgung im Nationalsozialismus, Bd. 2, Essen 1993, S. 394.
[4] Verwaltungsbericht der Stadt Duisburg für 1939-1944, S. 7.

*auftretenden Mißständen dem Ausländer das Interesse für sein Wohlergehen zum Ausdruck zu bringen ist."*⁵

Allenfalls Ärzte und einzelne Beamte staatlicher Behörden wie der Gewerbeaufsicht oder der Lagerinspektionen konnten in Berichten und Stellungnahmen den Akzent auch anders setzen und den Aspekt der Menschenwürde in den Vordergrund stellen. Aber derartige Zeugnisse finden sich in den Quellen viel seltener als die häufigen Hinweise auf den Zusammenhang zwischen Lebensumständen und Arbeitsleistung.

Hinsichtlich der *Freizügigkeit* wurden die ausländischen Arbeitskräfte von Kriegsbeginn an unterschiedlich behandelt. Nicht nur die tatsächlich freien Arbeiter aus den west- und nordeuropäischen „Feindstaaten" (also Menschen, die schon vor Kriegsbeginn in Deutschland gelebt oder nach Kriegsbeginn freiwillig Arbeit im Reich aufgenommen hatten), sondern auch West- und Nordeuropäer, die gegen ihren Willen in Deutschland arbeiteten, konnten sich auch außerhalb der Wohnlager völlig frei bewegen und die öffentlichen Verkehrsmittel in Anspruch nehmen. Für polnische, später auch für sowjetische zivile Arbeitskräfte jedoch galten rassistisch motivierte Sonderregelungen. Danach durften Polen *„während bestimmter Nachtstunden ihre Unterkünfte nicht verlassen"* und mußten sich wöchentlich einmal persönlich bei der zuständigen Ortspolizeibehörde melden. Öffentliche Verkehrsmittel durften Polen nur mit einer Genehmigung durch die örtliche Polizei benutzen. Der Besuch von Gaststätten war erheblich eingeschränkt, und zwar auf die wahrscheinlich wenigen Fälle, in denen ein Gastwirt *freiwillig* sein Lokal exklusiv für polnische Gäste öffnete; das betreffende Lokal durfte *„während der Benutzung durch Polen von deutschen Gästen nicht benützt werden."*⁶ Von kulturellen Veranstaltungen wurden Polen durch die behördlichen Bestimmungen ebenso fern gehalten wie von allgemeinen Gottesdiensten (seit Mitte 1941; von der religiösen Betreuung wird später noch die Rede sein). Als 1942 der massenhafte Einsatz von Arbeitskräften aus der Sowjetunion begann, wurden für diese Bestimmungen erlassen, die noch über die Polen-Diskriminierungen hinausgingen. Die Unterbringung in umzäunten, vom Werkschutz des Arbeitgebers bewachten Lagern und das Verbot, die Lager außer für den Gang zur Arbeitsstätte zu verlassen, waren aus der Bedrohungspsychose des Sicherheitsapparates erwachsene Elemente der Repression. Im November 1942 verfügte der Reichsführer SS und Chef der Deutschen Polizei eine Vergünstigung bei der Ausgangsregelung. Von nun an mußten die Einsatzbetriebe den Ostarbeitern *„mindestens wöchentlich einmal Ausgang"* gewähren, allerdings nicht individuell, sondern *„in Gruppen von 10 bis 20 Mann (bei Ostarbeiterinnen auch in Gruppen von 5 Personen an)"*; jede Gruppe mußte von einem

---
⁵ HSTAD RW 13-7: Der Rüstungsobmann im Wehrkreis VI b, Hans Reuter, an Reichsministerium für Rüstung und Kriegsproduktion, Erfahrungsbericht für Oktober 1943.
⁶ Philipp Hertel, Arbeitseinsatz ausländischer Zivilarbeiter, Stuttgart 1942, S. 64f.

„*Angehörigen des Lagerdienstes, d. h. also einem Ostarbeiter*", beaufsichtigt und geführt werden. Der Lagerdienst bestand aus „bewährten" und im Sinne der Einsatzbetriebe und der Sicherheitsbehörden zuverlässigen Arbeitern, und nur solche kamen als Aufsichtspersonen für Ostarbeitergruppen, die Ausgang erhielten, in Frage. Es blieb allerdings dabei, daß eine „*Berührung mit der deutschen Bevölkerung*" nicht stattfinden durfte.[7] Die „Lockerung" der Ausgangsregelung gehörte zu den Maßnahmen, die im Stalingrad-Winter (allerdings drei Monate vor dem Verlust der Schlacht) „*im Interesse der Leistungssteigerung*" der Ostarbeiter getroffen wurden.

Spätestens seit dem Frühjahr 1943 genossen die Ostarbeiter beiderlei Geschlechts außerhalb der Arbeitszeiten eine größere Freizügigkeit als noch 1942; faktisch war vielfach die Gleichbehandlung mit den Westarbeitern und zivilen Italienern hergestellt. Es war nun erlaubt, daß sich Arbeiter und Arbeiterinnen verschiedener Betriebe und Bewohner verschiedener Lager besuchten. Dadurch entstanden wohl neben Freundschaften nicht wenige Liebesbeziehungen, die bis zur Gründung einer Familie führen konnten, wie ein Fall aus Duisburg zeigt. Am 30. März 1944 stellte die Stadtverwaltung für den Friedhofsdienst eine 1920 geborene Ostarbeiterin ein, die damals, wohl im zweiten Monat, von einem zwei Jahre älteren Ostarbeiter, der bei der Kupferhütte arbeitete, schwanger war. Sie wurde bei den anderen Ostarbeiterinnen der Stadt im Lager am Waldfriedhof untergebracht. Als die Schwangerschaft den sechsten Monat erreicht hatte, bat die Frau den Betriebsführer um die Erlaubnis, zu ihrem Lebensgefährten in das Lager der Kupferhütte ziehen zu dürfen, bei der sie – vermutlich nach der Niederkunft – auch Arbeit aufnehmen wollte. Der Betriebsführer hatte nichts dagegen und nahm zunächst Verbindung mit dem Betriebsführer der Kupferhütte auf, der wiederum von seinem Betriebsführer die Erlaubnis zur Einstellung der Frau einholte. Nach dieser Klärung bat der städtische Betriebsführer den Leiter des Grünflächenamtes, die Entlassung der Arbeiterin und den Wechsel zur Kupferhütte zu genehmigen und über das Lohnamt einen entsprechenden Antrag beim Arbeitsamt zu stellen, dessen Zustimmung dazu unabdingbar war; der Antrag wurde gestellt, womit das Wissen über den Vorgang endet.[8] Ob das Arbeitsamt einverstanden war, läßt sich nicht feststellen. Das Beispiel zeigt jedoch, daß Familiengründungen von den Arbeitgebern nicht durchweg verhindert wurden, auch wenn dadurch eine Arbeitskraft verloren ging.

Auch bei den Kriegsgefangenen wandte das Regime unterschiedliche Bestimmungen an. Kriegsgefangene, gleich welcher Nationalität, hatten keinen

---

[7] TKKA A/5012: Rundschreiben der Bezirksgruppe Nordwest der Wirtschaftsgruppe Eisen schaffende Industrie vom 8. Januar 1943 (Dokumentation ausländische Arbeitskräfte 1939-1945, Dok. 53); *Merkblatt Nr. 1 für Betriebsführer über den Einsatz von Ostarbeitern*, Abdruck bei Hertel, Arbeitseinsatz (wie Anm. 6), S. 103-111, hier: S. 110.

[8] StADU 103/1852: Der Führer des Ukrainer-Lager[s] Neuer Friedhof an den Betriebsführer des Grünflächenamtes, 31. Juli 1944.

Anspruch auf Freizügigkeit. Im Prinzip durften sie ihre Lager und Unterkünfte nur für den Weg zur Arbeitsstätte verlassen und mußten rund um die Uhr von Soldaten der Wehrmacht (normalerweise Männern im vorgerückten Alter, die nur noch eingeschränkt fronttauglich waren) oder vereidigten Hilfswachleuten der Einsatzbetriebe bewacht werden. Die Wachleute trugen stets Gewehre und waren verpflichtet, Fluchten von Gefangenen notfalls durch Gebrauch der Waffe zu verhindern. Im Frühjahr 1942 wurde allerdings die Bewachung der französischen und belgischen Kriegsgefangenen gelockert. Fortan bewegten sich die Gefangenen zwischen Lager und Arbeitsstätte ohne Bewachung durch bewaffnete Deutsche,[9] und sie erhielten in der arbeitsfreien Zeit auch „Ausgang" in kleineren Gruppen. Darüber hinaus durften die westeuropäischen Gefangenen die Straßenbahn benutzen und sogar Gaststätten besuchen. Einem Bericht der GESTAPO-Außenstelle Duisburg an die GESTAPO-Leitstelle Düsseldorf vom 30. Mai 1942 zufolge hatte die Freizügigkeit der französischen und belgischen Gefangenen damals ein Ausmaß erreicht, das in Teilen der Bevölkerung auf Unverständnis und Ablehnung stieß und natürlich auch den Prinzipien der nationalsozialistischen Ideologie zuwiderlief. Besonders Frauen, so der Bericht, hätten sich darüber beschwert, daß in der Straßenbahn manchmal *„engste Berührung*[en]" mit Kriegsgefangenen unvermeidlich wären.

„Während ihrer Ausgangszeit bewegen sich die Gefangenen zum grossen Teil in Parkanlagen, Waldungen und sonstigen Erholungsorten. Auffällig ist besonders der Besuch von Sportplätzen, insbesondere Fußballplätzen, wo die Gefangenen schon zu den ständigen Besuchern gehören. Im Volksmund hört man oft den Ausspruch, dass man bei jedem Schritt auf einen Franzosen tritt."[10]

Die Kriegsgefangenen suchten gern die großen Wälder im Duisburger Süden und im angrenzenden Teil des Landkreises Mettmann (heute Stadt Düsseldorf) zu Spaziergängen auf. Am 6. Mai 1942 entfachten offenbar unbewachte Kriegsgefangene in den Waldungen des Grafen Spee ein Feuer, um Essen zu kochen, wobei das Feuer außer Kontrolle geriet und sich zu einem Flächenbrand ausdehnte, der etwa 15 Hektar Wald vernichtete.[11] Wie unter solchen Bedingungen Fluchten (etwa von Belgiern, deren Weg von Duisburg in die Heimat nicht allzu weit war), verhindert werden konnten, ist schleierhaft. Den *sowjetischen* Kriegs-

---

[9] TKKA VSt/1406: „Der Arbeitseinsatz in der Maschinenindustrie während der Kriegsjahre 1939-1945" (Bericht der Wirtschaftsgruppe Maschinenbau für eine Stelle der amerikanischen Militärregierung, 21. August 1946 [Abschrift]). In diesem Bericht (S. 3) heißt es, daß nach der Lockerung der *„Bestimmungen über den Einsatz der Kriegsgefangenen"* diese *„ihre Arbeitsstätte ohne Begleitung von Wachtposten"* aufsuchten und *„abends ebenfalls ohne Bewachung"* in die Lager zurückkehrten. Tatsächlich genossen sowjetische Kriegsgefangene diese Vergünstigung nicht.
[10] HSTAD RW 36-26, fol. 14f.: Die GESTAPO-Außenstelle Duisburg an die GESTAPO-Leitstelle Düsseldorf, 30. Mai 1942.
[11] Ebd.

gefangenen wurde während des ganzen Krieges keine der genannten Vergünstigungen gewährt.

In den Bestimmungen des Reichsministeriums für Ernährung und Landwirtschaft über die *Nahrungsmittelversorgung* der ausländischen Arbeitskräfte spiegelte sich die Völkerhierarchie der nationalsozialistischen Ideologie wider. Das für die planwirtschaftliche Steuerung der Lebensmittelversorgung zuständige Ministerium legte bei der Festsetzung der Ernährungsrationen von Anfang an rassistische Prinzipien an; für das später beteiligte Reichssicherheitshauptamt, eine Domäne der SS, war dies ohnehin selbstverständlich. Ostarbeiter erhielten stets geringere Sätze als Westarbeiter aus Feindstaaten, diese wiederum waren schlechter gestellt als Deutsche und Bürger verbündeter Staaten. Den zivilen Arbeiter aus west- und südeuropäischen Staaten, die – sofern bis 1942 – zum großen Teil noch freiwillig nach Deutschland gekommen waren und an der Spitze dieser Hierarchie standen, ging es zunächst relativ gut. Offiziell erhielten sie *„dieselbe Lebensmittelzuteilung"* wie die deutschen Arbeiter und nahmen *„auch an den Schwer-, Schwerst- und Langarbeiterzulagen teil."*[12] Ganz unten rangierten die Ostarbeiter, wobei aber die Ukrainer nach einiger Zeit in mancher Hinsicht etwas besser gestellt waren als Russen und Weißrussen. Sowjetische Kriegsgefangene ebenso wie KL-Häftlinge wurden noch schlechter verpflegt als die rangniedrigsten zivilen Arbeitskräfte. Weil die Sowjetunion das internationale Abkommen über die Behandlung der Kriegsgefangenen vom 27. Juli 1929 nicht ratifiziert hatte, glaubte sich das Oberkommando der Wehrmacht berechtigt, die für die Behandlung der polnischen, niederländischen, belgischen, französischen, britischen und serbischen Kriegsgefangenen verbindlichen Regeln gegenüber den sowjetischen Gefangenen nicht anwenden zu müssen. Noch in viel stärkerem Maße als durch die NS-Ideologie wurde die Realität jedoch durch den im Laufe des Krieges immer krasser werdenden Mangel an Lebensmitteln geprägt. Die Ernährung der Bevölkerung nach Maßgabe ihres wissenschaftlich ermittelten Kalorienverbrauchs (Einteilung in vier Kategorien vom „Normalverbraucher" bis zum „Schwerstarbeiter") wurde im Laufe der 75 „Zuteilungsperioden" der Kriegs- und frühen Nachkriegszeit zu einem nur noch theoretisch gültigen System. Sowohl Quantität als auch Qualität der Nahrungsmittel schwankten während der ganzen Dauer der Bewirtschaftung, und wenn sich die „Sätze" für die vier Kategorien veränderten, dann meistens „nach unten."

Ein Blick auf die allgemeine Entwicklung der Lebensmittelversorgung während des Krieges aufgrund der Untersuchungen des Kaiser-Wilhelm-Instituts für Arbeitsphysiologie in Dortmund und der *Meldungen aus dem Reich* kann zum Verständnis des Ernährungsalltags der ausländischen Arbeitskräfte nützlich sein. Bei Kriegsbeginn betrug die durchschnittliche tägliche Kalorienmenge des

---

[12] Hertel, Arbeitseinsatz ausländischer Zivilarbeiter (wie Anm. 6), S. 54.

„Normalverbrauchers" 2 700 Einheiten. In den folgenden anderthalb Jahren, bis zum Frühjahr 1942, sank dieses Quantum leicht ab, doch bis zum Februar 1942 konnte für alle vier Kategorien von ausreichender Kalorienzufuhr gesprochen werden. Das Problem dieser Zeit lag im Mangel an vitaminreichen Lebensmitteln (vor allem Obst), von denen Deutschland, wie schon im Ersten Weltkrieg, wegen der britischen Seeblockade nicht genug importieren konnte. Eine erste *„Mangellage in der Kartoffel- und Gemüseversorgung"*[13] in Westdeutschland im Spätsommer 1941 konnte wohl noch in kurzer Zeit behoben werden. Die erste schwere Versorgungskrise im Frühjahr 1942 führte zu einer Senkung der Rationen um 20 bis 25 Prozent, wodurch sich die Stimmung der „Heimatfront", vor allem in den Großstädten, erheblich verschlechterte. In der ersten Märzwoche waren in Duisburg *„hunderte von Familien in den Berg- und Hüttenbetrieben […] ohne Brot"*, und auch die Kartoffelzuteilung reichte nicht aus. Dem Sicherheitsdienst wurden Äußerungen von Arbeitern zugetragen, daß ohne Besserung der Lebensmittelversorgung *„einfach weniger oder überhaupt nicht gearbeitet werden würde."*[14] Mitte März hatten Duisburg, Oberhausen, Düsseldorf, Wuppertal und Mönchengladbach ihre Kartoffelvorräte *„gänzlich aufgebraucht"*, und da sogar Kohlrüben fehlten, hörte man Menschen im mittleren und höheren Alter sagen, *„daß es selbst im* [Ersten - M. K.] *Weltkriege nicht so schlimm gewesen wäre."*[15] Aber nicht nur im rheinisch-westfälischen Revier, sondern im ganzen Reich gab es damals zu wenig oder gar keine Kartoffeln,[16] von höherwertigen Lebensmitteln ganz zu schweigen. Hatten schon die Einheimischen Grund zu Klagen, war die Situation der osteuropäischen zivilen Zwangsarbeiter geradezu katastrophal. Als im April die Rationen für die Deutschen und die west- und südeuropäischen Arbeiter auch offiziell gesenkt wurden, sorgte das Ernährungsministerium durch Senkung auch der ohnehin niedrigen Rationen für die sowjetischen Zwangsarbeiter dafür, daß der vom rassistischen Prinzip geforderte Abstand erhalten blieb. Erst als die Lebensmittellage im Oktober die Wiedereinführung der früheren Rationen für die Deutschen erlaubte, konnte das Ministerium auch die Sätze für sowjetische Arbeitskräfte wieder (um etwa 10 Prozent) anheben.

Obwohl die Brot- und Fleischrationen von Anfang Oktober 1942 bis zum Jahresende wieder stiegen, wurde der Stand von Anfang 1942 nicht mehr ganz erreicht. 1943 war die Verpflegung, mit leichten Schwankungen, auch für zivile Ausländer – nicht für Kriegsgefangene – durchweg besser als im Frühjahr und Sommer 1942. Etwa im Februar 1944 sanken die Kalorienmengen wieder leicht ab; das nun erreichte Niveau konnte bis ins dritte Quartal gehalten werden. Im

---

[13] HSTAD RW 37-13: Vermerk über die Besprechung in Reichsverteidigungsangelegenheiten am 25. August 1941 im Landeshaus zu Münster, S. 3-5 (fol. 32f.).
[14] *Meldungen aus dem Reich* Nr. 265 vom 5. März 1942 (Edition S. 3410).
[15] *Meldungen aus dem Reich* Nr. 269 vom 19. März 1942 (Edition S. 3496f.).
[16] *Meldungen aus dem Reich* Nr. 270 vom 23. März 1942 (Edition S. 3516f.).

August und September 1944 mußten die Rationen erheblich gekürzt werden, sie lagen aber für Deutsche und Westarbeiter noch über der „Hungerschwelle." Anfang 1945 erhielten deutsche und westeuropäische Normalverbraucher, zumindest offiziell, täglich 2 100 Kalorien. Der katastrophale Einbruch geschah im Februar und März 1945. Für die zu den Kategorien I bis III (Normalverbraucher, Lang- und Nachtarbeiter sowie Schwerarbeiter) gehörenden ausländischen Arbeitskräfte sank die Kalorienzufuhr unter den Grundumsatz, d. h. den Kalorienverbrauch bei völliger Ruhe, die nach Kategorie IV ernährten Menschen (Schwerstarbeiter) blieben knapp darüber. Bis Anfang Mai fiel die durchschnittliche tägliche Kalorienmenge auf 1 600. Erst nach Kriegsende, etwa seit Juni 1945, stiegen die Kalorienmengen für alle vier Kategorien wieder an.

Bei der Ernährung der ausländischen Arbeiter, aber auch der deutschen Arbeiter, deren Familien seit 1943 in bombensichere Gebiete umgesiedelt worden waren (sprich: die Männer, die nicht mehr von der Ehefrau „bekocht" wurden), spielten die Lager- und Betriebsküchen in großen und mittelgroßen Einsatzbetrieben die zentrale Rolle. Die bewirtschafteten Lebensmittel, die für die „Gemeinschaftsverpflegung" bestimmt waren, wurden den Einsatzbetrieben von den Ernährungsämtern zugeteilt. Die Arbeitgeber konnten die Bemessung der Lebensmittelmengen nicht beeinflussen, aber sie konnten zeitweilig unbewirtschaftete Lebensmittel, vor allem Kartoffeln und Gemüse, hinzukaufen und ihren Küchen zur Verfügung stellen. Die August Thyssen-Hütte AG baute für ihre Kriegsgefangenen- und Zivilarbeiterlager bis zum Herbst 1943 13 Küchen, die täglich 7 500 Personen versorgen konnten.[17] Die Mannesmannröhren-Werke AG unterhielt in ihren Duisburger Betrieben zwei eigene Küchen („Werksküche" und „Ostarbeiterküche") und hatte die Führung einer dritten Küche einer Fremdfirma übergeben.[18] In Homberg war die Werksküche der Zeche Rheinpreußen für einige Zeit auch für die städtischen Arbeiterlager tätig, bis eine Kapazitätsüberlastung eintrat. Die 1942 eröffnete Küche des Ostarbeiterlagers der Eisenwerk Wanheim GmbH war für alle zivilen ausländischen Arbeiter und für die Kriegsgefangenen des Betriebs zuständig; sie wurde „*bei häufigen Inspektionen durch die Behörden stets mustergültig befunden.*"[19] Teilweise kochten die Bewohner von Zivilarbeiterlagern auch in eigener Regie, aber sie blieben natürlich auf die Zuteilung der Lebensmittel durch die verantwortlichen deutschen Stellen und die Betriebsleitungen angewiesen. Im Regelfall führte der Weg der Lebensmittel von den Lieferfirmen zu den Werksküchen über mindestens eine Zwischenstation. Hier lag eine Schwachstelle des Systems, weil korrupte Lagerführer oder Ausländer-Beauftragte von Einsatzbetrieben die Möglichkeit hatten, Lebensmittel zu

---

[17] TKKA A/5227: Übersicht „Leistungen unserer Küchen" der Abteilung Gemeinschaftsläger vom 5. November 1943 (Dokumentation ausländische Arbeitskräfte 1939-45, Dok. 45).
[18] Mannesmann-Archiv M 12.821.2: Bericht über den Fremdarbeitereinsatz bei den Mannesmannröhren-Werken, Abteilung [Duisburg-]Großenbaum, 1. September 1945.
[19] Hildebrand, Wanheim-Angerhausen, S. 483.

unterschlagen, um sie auf dem Schwarzen Markt zu verkaufen oder selbst zu verbrauchen. Das kam nicht selten vor. Wie die Kreiswaltung Duisburg der Deutschen Arbeitsfront bei einer Untersuchung im November 1942 feststellte, unterschlug im Barackenlager des Reichsbahn-Ausbesserungswerkes in Duisburg-Wedau eine für die „Betreuung" der Ostarbeiterinnen zuständige deutsche Frau die an sich schon sehr geringe Fettration für die Frauen aus der Sowjetunion. Arbeiterinnen, die sich darüber beschwert hatten, waren von der „Betreuungsperson" geohrfeigt und von der Reichsbahn mit einem Lohnabzug von zwei Reichsmark bestraft worden.[20]

Was Mengen und Qualität der Lebensmittel und die Essenszubereitung für die Zwangsarbeiter anbetrifft, finden sich in den Quellen unterschiedliche Aussagen, aber die negativen Urteile überwiegen bei weitem. Abgesehen von den Häftlingen der Konzentrationslager wurden die sowjetischen Kriegsgefangenen und 1943/44 die italienischen Militärinternierten am schlechtesten versorgt; ihnen fehlte es sogar an dem Grundnahrungsmittel Brot. Dieter Bach beschreibt ein Erlebnis seiner Mutter im letzten Kriegsjahr, das damals gewiß nicht ungewöhnlich gewesen ist:

„Eine Gruppe ausgemergelter russischer Kriegsgefangener wird durch Duisburg-Hamborn geführt. Die 12-Stunden-Schicht ist beendet. Sie sind auf dem Rückweg zu ihrem Lager. Einige von ihnen können sich vor Hunger und Müdigkeit kaum noch auf den Beinen halten. Meine Mutter kreuzt den Weg des Gefangenenzuges. In diesem Augenblick streckt ein vielleicht 20jähriger hohlwangiger Mann ihr die Hand entgegen und bittet 'Frau, Brot'.

Sie hat nichts Eßbares in der Tasche, nur die Lebensmittelmarken, die zum Einkauf von Brot berechtigen. In spontanem Entschluß nimmt sie die Karte, geht dem Zug ein Stück voran und schiebt, so daß es der Gefangene beobachten kann, die Marken hinter eine Regenrinne. Sie kann noch sehen, daß sie der Mann hervorholt. Ob die Brotmarken geholfen haben, zu etwas Eßbarem zu kommen, das konnte sie später nicht beantworten.[21]*"*

Ein Teil der Quellen zur Ernährungslage zeichnet ein weniger schreckliches Bild. Eine Zeitzeugin, die während des Krieges in der für Kriegsgefangene und Ostarbeiter zuständigen Lagerküche der Zeche Neumühl arbeitete, hegte hinsichtlich der Qualität des Essens folgende Erinnerungen:

„Das Essen für die Gefangenen und die Fremdarbeiter war gut, so gutes Essen hatten wir zuhause nicht. Die Gefangenen haben nicht nur immer Kappessuppe gekriegt, die bekamen auch Salzkartoffeln, Fleisch und sonntags Nachtisch. Die Gefangenen wurden gut versorgt, auch zu Ende des Krieges noch. Ich

---

[20] Manfred Tietz, Die „wertlose" Frau (wie Anm. 3), S. 384.
[21] Dieter Bach u. Jochen Leyendecker, „Ich habe geweint vor Hunger." Deutsche und russische Gefangene in Lagern des Zweiten Weltkrieges, Wuppertal ²1995, S. 187f.

war auch bei der Essensausgabe. Da mußte man immer aufpassen. Einer von den Gefangenen hat mir mal zwei Brote geklaut. Da stand ich da und mußte mich dafür verantworten. Die Gefangenen bekamen immer ein Kommißbrot für zwei Tage. Wenn die das gleich aufgegessen haben, hatten sie für den zweiten Tag nur noch ihr Mittagessen, aber das bestand nicht nur aus Kartoffeln und Gemüse, sondern auch aus Fleisch, z. B. Frikadellen."[22]

Ein für die ganze Kriegszeit gültiges Urteil über die Beköstigung der verschiedenen Zwangsarbeitergruppen kann aufgrund der disparaten Aussagen in den Quellen nicht gebildet werden. Möglicherweise war das Essen der Schwer- und Schwerstarbeiter unter den westlichen Kriegsgefangenen zeitweilig besser als das von deutschen Normalverbrauchern, und es ist auch möglich, daß die Großküchen der Industriebetriebe in den letzten beiden Kriegsjahren besser beliefert wurden als die Lebensmittelgeschäfte. Aber die unzähligen Hinweise auf Diebstähle von Brot und anderen Grundnahrungsmitteln sprechen für sich. Mit der versteckten Notiz, die ein französischer Kriegsgefangener im November 1943 beim Bau eines Verwaltungsgebäudes der Zeche Walsum in den feuchten Putz einer Wand ritzte und die diesem Kapitel vorangestellt ist, gab ein Mensch der Nachwelt eine Botschaft, der (*„Es lebe das Brot!"*) zumindest zeitweise gehungert haben wird. Auch die zahlreichen Meldungen von Diebstählen aus Lebensmittelvorräten von industriellen Werksküchen in den Wintern 1943/44 und 1944/45 lassen nur das Urteil zu, daß hier Menschen versuchten, elementarsten Hunger zu stillen. So stellten Werkschutzleute oder deutsche Beschäftigte der August Thyssen-Hütte in den letzten Kriegswintern mehrmals sowjetische Kriegsgefangene und italienische Militärinternierte, die sich an den Kartoffel- und Gemüsemieten der ATH-Werksküchen in Beeckerwerth und Meiderich zu schaffen machten.[23] Kriegsgefangene, die wegen unzureichender Ernährung so schwach geworden waren, daß sie nicht mehr arbeiten konnten, wurden in das jeweilige Stammlager zurückgeschickt, also z. B. nach Hemer oder Krefeld-Fichtenhain. Dies betraf etwa bei der Zeche Neumühl in den Jahren 1942 bis 1945 101 sowjetische Kriegsgefangene; bis Juli 1944 kamen von den ins STALAG Hemer gebrachten Kriegsgefangenen nur 12 nach Neumühl zurück. Im letzten Kriegshalbjahr starben 21 Kriegsgefangene der Zeche, von denen der jüngste 19 und der älteste 53 Jahre alt war.[24] Neben den sowjetischen Kriegsgefangenen litten auch die Häftlinge der Konzentrationslager seit 1942 wohl ständig Hunger. Der Gesundheitszustand der Häftlinge im Lager Meiderich-Ratingsee war im Februar 1943 derart schlecht, daß nur 50 Männer von 342 *„zur Arbeit ausrük-*

---

[22] Zitiert nach: Schwieren, Neumühl, S. 102.
[23] TKKA A/5227: Meldungen von Diebstählen an Kartoffelmieten (November 1943 sowie Januar und Dezember 1944) (Dokumentation ausländische Arbeitskräfte 1939-45, Dok. 39 u. 40).
[24] Schwieren, Neumühl, S. 107.

ken konnten."²⁵ Als 1946 in verschiedenen Industriebetrieben Erhebungen über die Lagerverpflegung während des Krieges angestellt wurden, gab ein Zeuge im Eisenwerk Wanheim zu Protokoll, daß es *„häufig Suppen gegeben habe, die ab und zu Anlaß zu Beschwerden bildeten. Hierüber wurde stets dem Lagerinspektor Bericht erstattet, woraufhin die Mängel abgestellt wurden."*²⁶

Die zivilen Zwangsarbeiter, auch die rassisch diskriminierten Polen, wurden anscheinend bis Ende 1941 durchweg noch ausreichend ernährt und mußten nicht hungern. Das gilt erst recht für die freiwillig in Deutschland lebenden Arbeiter wie die Italiener. Einen ersten Einbruch bei der Nahrungsmittelversorgung der zivilen Zwangsarbeiter brachte die bereits angesprochene allgemeine Ernährungskrise, die im März 1942 begann und mindestens vier Monate anhielt. Besonders schwer traf die Krise die Arbeiter aus der Sowjetunion und vermutlich auch die Polen. Hunderte von Industriebetrieben, die Ostarbeiter beschäftigten, und die Reichsgruppe Industrie schrieben an das Reichsministerium für Ernährung und Landwirtschaft oder nachgeordnete Dienststellen, daß die „Russen" bald zu keiner Arbeitsleistung mehr fähig wären, wenn nicht schnellstens die Lebensmittelversorgung verbessert würde. Im März 1942 kritisierte das Oberbergamt Dortmund in einem Bericht an das Reichswirtschaftsministerium die politisch gewollte unterschiedliche Höhe der Verpflegungssätze für zivile Arbeiter aus befreundeten Ländern und westlichen Feindstaaten einerseits, sowjetischen Kriegsgefangenen und Ostarbeitern andererseits:

„Besonderer Anstoß wird vielfach nach den Berichten unserer Bergrevierbeamten und eigenen Feststellungen [...] an der Verpflegungshöhe der ausländischen Arbeiter genommen. Hier sind zwei Gruppen zu unterscheiden: die politisch befreundeten Ausländer, insbesondere Italiener, erhalten dieselbe Ernährung wie die deutschen Arbeiter unter zusätzlicher Zuwendung heimatlicher hochwertiger Lebensmittel. Da ihre Lebensmittelmengen in den Großküchen sehr gut ausgenützt werden und die Ausländer nicht wie die deutschen Bergleute ihre Zulagen mit der Familie teilen, stehen sie sich in ihrer Ernährung wesentlich besser als die deutschen Bergleute. Auch bekommen die Ausländer bei Krankheit ihre Zulagen im Gegensatz zu den deutschen Bergarbeitern nicht abgezogen. Demgegenüber leisten die befreundeten Ausländer nicht nur bedeutend weniger als die Deutschen, sondern haben auch eine geringe Auffassung von der Arbeitspflicht, was sich in übermäßigem Krankfeiern, Bummelschichten, Kontraktbruch usw. zeigt.

Auf der anderen Seiten werden die russischen Zivilarbeiter und Gefangenen so schlecht verpflegt, daß sie auf Dauer die schwere Bergarbeit nicht zu leisten imstande sind. Dabei ist ihre Arbeitswilligkeit vielfach bedeutend größer, als die

---
²⁵ Karola Fings, Messelager Köln. Ein KZ-Außenlager im Zentrum der Stadt, Köln 1996, (Schriften des Dokumentationszentrums der Stadt Köln, Bd. 3), S. 103.
²⁶ Zitiert nach Hildebrand, Wanheim-Angerhausen, S. 483.

der übrigen Ausländer. Das hat sogar zu der unerwünschten Erscheinung geführt, daß die deutschen Bergleute den Russen gelegentlich Butterbrote gegeben haben, damit diese besser arbeiten können. [...] Da die Bezirksgruppe Ruhr in dieser Angelegenheit bereits vorstellig geworden ist, erübrigen sich hier weitere Ausführungen dazu. Die Gegenüberstellung zeigt jedenfalls, daß man die Verpflegung und Entlohnung nicht ausschließlich nach politischen, sondern wenigstens in gewissem Umfang auch nach leistungsmäßigen Erwägungen einstufen sollte."[27]

Ein Beispiel für die erwähnten, widersprüchlichen Aussagen zur Lebensmittelversorgung von industriellen Zwangsarbeitern in einem einzelnen Betrieb ist das Hüttenwerk der Mannesmannröhren-Werke AG in Duisburg-Huckingen. Der offiziellen Geschichte des Mannesmann-Konzerns aus dem Jahr 1990 zufolge war die Lebensmittelversorgung in Huckingen *„so gut, daß auf eine entsprechende Anzeige hin das Landeswirtschaftsamt in Bonn eine scharfe Überprüfung einleitete und Strafmaßnahmen androhte,"*[28] wobei der Vorwurf wahrscheinlich auf unerlaubten „Luxus" lautete. Aber im selben Betrieb traten am 13. März 1942 die zivilen sowjetischen Arbeiter wegen der schlechten Verpflegung und der Trennung von ihren Frauen in einen Hungerstreik, der erst nach Androhung von Schußwaffengebrauch durch den Werkschutz abgebrochen wurde. Die Betriebsleitung schrieb in einem Bericht an den Vorstand, daß sie infolge *„der unzureichenden Verpflegung [...] einen Rückgang der Arbeitskraft in den nächsten 4 Wochen"* fürchtete. *„Die russischen Arbeiter werden dann nicht mehr voll einsatzfähig sein."*[29]

Wenige Tage später veranlaßte der Reichsminister für Ernährung und Landwirtschaft die Anhebung der Ernährungssätze für sowjetische Kriegsgefangene und zivile Arbeiter, die im „vollen Arbeitseinsatz" standen. Die wöchentliche Fleischration eines „Normalarbeiters" erhöhte sich von 150 Gramm auf 250 Gramm, „Schwerstarbeiter" erhielten 500 Gramm Fleisch pro Woche, allerdings hauptsächlich Pferde- und Freibankfleisch. Seit Sommer 1942 besserte sich die Ernährung eines Teils der sowjetischen Zwangsarbeiter, auch deshalb, weil die Betriebe dazu übergingen, auf eigene Faust und eigene Kosten zusätzliche, unbewirtschaftete Lebensmittel zu beschaffen und an die Arbeiter auszuteilen;[30] so

---

[27] Zitiert nach Schwieren, Neumühl, S. 99f.
[28] Horst A. Wessel, Kontinuität im Wandel. 100 Jahre Mannesmann 1890-1990, o. O. (Düsseldorf) 1990, S. 252.
[29] Herbert, Fremdarbeiter, S. 188 u. 480 (Anm. 167).
[30] Herbert, Fremdarbeiter, S. 197. Dazu außerdem TKKA VSt/1406: „Der Arbeitseinsatz in der Maschinenindustrie während der Kriegsjahre 1939-1945" (wie Anm. 9), S. 6: *„Es war seinerzeit verfügt worden, daß die russischen Arbeitskräfte mit einem Mindestaufwand an Fleisch, Fett, Brot und Kartoffeln ernährt werden sollten. Trotz der allgemeinen Entrüstung über diese Anordnung war zunächst eine Änderung nicht zu erreichen. Erst als der allgemeine Kräfteverfall dieser Menschen erkennen liess, dass auf diese Weise eine positive Arbeitsleistung der Leute nicht zu erzielen war, wurden besondere Kontingente für die Ernährung der*

geschah es bei der August Thyssen-Hütte und anscheinend auch bei der Friedrich-Alfred-Hütte. Nach der Aussage des Betreuers eines großen Zivilarbeiterlagers der letztgenannten aus dem Jahr 1948 ist es dem Betrieb, d. h. der zuständigen Großküche, *„immer möglich"* gewesen, an den *„hohen Festtagen"* (gemeint waren sehr wahrscheinlich die kirchlichen Festtage und nicht der Geburtstag Hitlers oder der 1. Mai), *„eine besondere Verpflegung auszugeben"* – dies gewiß in erster Linie dank der Zukäufe unbewirtschafteter Lebensmittel.[31] Kriegsgefangene und zivile Arbeiter aus den westeuropäischen Ländern erhielten Lebensmittelsendungen aus der Heimat, teilweise aber auch Ostarbeiter, solange deren Heimatort noch unter deutscher Besetzung stand; dies ist noch für 1943 belegt. Von einer ausreichenden Ernährung, insbesondere bei Schwer- und Schwerstarbeitern, konnte jedoch von 1942 bis zum Kriegsende nicht mehr gesprochen werden.

Die Mängel bei der Ernährung waren neben dem Mangel an witterungsgerechter Kleidung eine Hauptursache für die häufigen Erkrankungen von Zwangsarbeitern. Sowjetische Kriegsgefangene, seit 1943 aber auch zivile zwangsrekrutierte Polen und Ostarbeiter sowie italienische Militärinternierte kamen jedoch schon häufig krank, z. T. mit Hungerödemen, an ihren Einsatzorten an. Ein solcher Fall verbirgt sich wohl hinter der Mitteilung in einer Akte der Duisburger Stadtverwaltung, die seit dem 19. Juli 1943 beim Grünflächenamt beschäftigt gewesene Ostarbeiterin Tamara Abakumowa sei am 2. August – also schon zwei Wochen nach der Einstellung – gestorben, wobei die Todesursache nicht angegeben ist.[32] Die für die Arbeitereinstellungen verantwortlichen Personen in der Industrie waren oft entsetzt über den jämmerlichen Zustand, in dem die sowjetischen Kriegsgefangenen und die aus den besetzten Gebieten der Sowjetunion deportierten zivilen Arbeitskräfte in den Rüstungsbetrieben eintrafen. Für die Lenker der deutschen Kriegswirtschaft war das, mit wenigen Ausnahmen, kein humanitäres, sondern ein betriebswirtschaftliches Problem. So äußerte der Leiter

---

Fremdarbeiter bereitgestellt. Von da ab trat eine wesentliche Verbesserung in der Ernährung der Fremdarbeiter allgemein ein. Auch versuchten die Werke von sich aus zusätzliche Nahrungsmittel, vor allem während der Sommermonate in Form von Gemüsen [sic] *usw., herbeizuschaffen. Die Beschwerden über die unzureichende Verpflegung der Arbeitskräfte, die bis dahin von den Betriebsführern persönlich oder von ihren Beauftragten vorgebracht worden waren, hörten dann auch auf."* In dieser Passage der Quelle sind mit „Fremdarbeiter" nur die Ostarbeiter gemeint. Die „allgemeine Entrüstung" wurde von den Industriellen und den mit dem „Einsatz" der Zwangsarbeiter befaßten Angestellten in den Unternehmen vor allem deshalb geäußert, weil die Nutzung der potentiellen Arbeitskraft der Ostarbeiter bei der bis zum Herbst 1942 geltenden Rationszumessung suboptimal war. Unzutreffend ist die Behauptung im letzten zitierten Satz. Da es auch seit den Verbesserungen der Ernährung im Herbst 1942 immer wieder Phasen des Mangels an Nahrungsmitteln und der Unterernährung der Ostarbeiter (und sowjetischen Kriegsgefangenen) gab, hörten die „Beschwerden" tatsächlich *nicht* auf.
[31] StADU 41/520: Sozialfürsorge der Firma Krupp (Friedrich-Alfred-Hütte) 1941-1948, Abschrift der eidesstattlichen Erklärung des Lagerbetreuers Ferdinand Schmitz „zum Gebrauch vor Gericht, insbesondere zum Gebrauch vor dem amerikanischen Militärgericht in Nürnberg" vom 23. März 1948.

der Reichsvereinigung Kohle, Paul Pleiger, in einer Besprechung am 28. Oktober 1942 seinen Ärger über die geringe Verwertbarkeit des den Bergwerken zur Verfügung gestellten „Menschenmaterials":

„[...] *wenn man sich die Gestalten ansieht, dann sind sie nicht einmal in der Lage, einen Ziegelstein eine Hand weiterzureichen. Die sind vollkommen heruntergekommen. Es kann uns ja nicht dienlich sein, wenn wir da erst ein Sanatorium vorschalten müssen, bevor wir die Leute* [...] *einsetzen können.*"[33]

Auch dem Generalbevollmächtigten Sauckel und der Deutschen Arbeitsfront stand klar vor Augen, daß die Lebensverhältnisse der ausländischen Arbeiter verbessert werden mußten, denn seit dem militärischen Debakel von Stalingrad im Winter 1942/43 waren die Rekrutierungsräume des Zwangsarbeiter-Systems geschrumpft und die Aushebungszahlen zurückgegangen. Die Erkenntnis, daß ausländische Arbeitskräfte allmählich zur „Mangelware" werden würden, führte bei den Verantwortlichen zu dem Entschluß, die Ostarbeiter und die polnischen Arbeiter in mancher Hinsicht, vor allem bei der Verpflegung und der Versorgung mit Konsumgütern, besser zu behandeln, als es bis dahin geschehen war.

Nicht nur Erwachsene wurden durch unzureichende Kost in ihrer Gesundheit geschädigt. Auch kranke Kinder von sowjetischen Arbeiterinnen oder Familien konnten seit 1943 nur mangelhaft ernährt werden. Der Leiter des Werksgesundheitsdienstes des Eisenwerkes Wanheim schrieb wohl im Sommer 1943 in einem Bericht oder Diensttagebuch, daß er für vier kranke Kinder insgesamt nur zwei Flaschen Milch pro Tag bekam. „*Gibt das Ernährungsamt in Zukunft keine Nährmittel, so werden dieselben* [die Kinder, M. K.] *bald eingehen, denn gestern wurde schon ein Säugling mit Maccaroni gefüttert; daß dieses zu Störungen führt, ist selbstverständlich.*"[34] Der Winter 1943/44 brachte für die sowjetischen Kriegsgefangenen, die italienischen Militärinternierten und Teile der Ostarbeiter bitteren Hunger. Im Februar 1944 waren von den 765 Bewohnern eines großen Kriegsgefangenenlagers der Friedrich-Alfred-Hütte in Rheinhausen, sowjetischen Kriegsgefangenen und italienischen Militärinternierten, 250 – fast ein Drittel – nicht arbeitsfähig, davon 170 wegen Unterernährung und Hungerödemen. Von Dezember 1943 bis März 1944 hatte jeder Insasse des Lagers durchschnittlich 18 Pfund an Gewicht verloren, bei einzelnen machte der Gewichtsverlust bis zu 44 Pfund aus.[35] Die Klagen und Forderungen der Industriellen und „Betriebsführer", daneben auch staatlicher Behörden wie der Bergämter, hielten an. So stellte das Bergamt Dinslaken-Oberhausen im Juli 1944 fest:

---

[32] StADU 103/1852: Der Gartenbaubezirk I (des Grünflächen- und Friedhofsamtes) an das Lohnamt, 3. August 1943.

[33] Zitiert nach: Gustav Luntowski, Hitler und die Herren an der Ruhr. Wirtschaftmacht und Staatsmacht im Dritten Reich, Frankfurt a. M. u. a. 2000, S. 204; dazu auch Herbert, Fremdarbeiter, S. 195f.

[34] Zit. nach Hildebrand, Wanheim-Angerhausen, S. 485.

[35] Herbert, Fremdarbeiter, S. 303.

„Die Arbeitswilligkeit und Leistung der sowjetischen Kriegsgefangenen [...] wird ungünstig beeinflußt durch den schlechten Gesundheitszustand. Die zunehmende Anfälligkeit gegen Krankheiten sowie die abfallende Leistung [...] bedingt durch die schlechte Ernährungslage, sind sehr besorgniserregend."[36]

Der Rüstungsobmann im Wehrkreis VI b, DEMAG-Generaldirektor Hans Reuter, führte im Juni 1944 die immer häufiger auftretenden Fälle von „Arbeitsflucht" und „Arbeitsvertragsbruch" bei Ostarbeitern, aber auch Westarbeitern auf die schlechte Ernährungslage zurück. Auch der hohe Krankenstand der italienischen Militärinternierten (der Arbeitsausfall bei ihnen betrug 40 bis 50 Prozent) hatte, so Reuter, ursächlich damit zu tun; allerdings seien viele Italiener bereits *„völlig unterernährt"* im Ruhrgebiet eingetroffen. Die Lebensmittelzuteilungen für die Italiener seien im Kaloriengehalt zu gering und entsprächen in Art und Zusammensetzung nicht den italienischen Ernährungsgewohnheiten; das hieß konkret, daß zuwenig Nudeln zugewiesen wurden. Ohne eine bessere Versorgung der Italiener dürfe deren *„erfolgreicher Einsatz"* nicht erwartet werden.[37] Auch die sowjetischen Kriegsgefangenen wurden nach wie vor quantitativ wie qualitativ unzureichend ernährt, wogegen die zivilen Zwangsarbeiter Anfang 1944 zumindest noch nicht ständig hungern mußten.

Die Einsatzbetriebe klagten über die sinkende Arbeitsleistung der Ostarbeiter und kritisierten immer wieder die rassistischen Abstufungen bei der Lebensmittelversorgung. Ein einem *„Geheimbericht"* der Berzelius Metallhütten-GmbH über Ernährung der ausländischen Arbeiter vom Mai 1944 wurde auch auf den Umstand hingewiesen, daß die Westarbeiter noch Lebensmittelpakete aus den Heimatländern erhielten, was bei den Ostarbeitern infolge des Kriegsverlaufs nicht mehr möglich war:

„Nach unseren Feststellungen ist bei den Ostarbeitern in den letzten Monaten eine deutlich feststellbare Herabsetzung der Arbeitsleistung zu bemerken, die im wesentlichen mit der Ernährung der Arbeiter zusammenhängt. Dies drückt sich auch in einer Verschlechterung des körperlichen Zustandes bei der Mehrzahl dieser Ostarbeiter aus. Es wird von unserer Seite alles getan, um dem abzuhelfen, aber bei der uns zur Verfügung stehenden Zuteilung an Lebensmitteln für die Ostarbeiter ist darin keine Besserung zu erwarten. Wir sind uns klar, daß die Gesamtlebensmittellage keine einseitige Aufbesserung der Zuteilungen, besonders für Fremdarbeiter, zuläßt, doch scheint uns der Unterschied in der Lebensmittelversorgung zwischen Ostarbeitern und Westarbeitern viel zu hoch. [...]
Die Tatsache, daß ein weitaus höherer Prozentsatz an Ostarbeitern gerade an schwerer Ofen- und Feuerarbeit eingesetzt ist als Westarbeiter, verschiebt diese

---

[36] HSTAD BR 1136-236: Monatsbericht des Bergamtes Dinslaken-Oberhausen vom 3. Juli 1944.
[37] HSTAD RW 13-14: Der Rüstungsobmann im Wehrkreis VI b, Hans Reuter, an das Reichsministerium für Rüstung und Kriegsproduktion, Bericht für Mai 1944, 16. Juni 1944.

ungleiche Lebensmittelzuteilung noch mehr zuungunsten der Ostarbeiter. Dazu kommt, daß die Westarbeiter noch reichlich Lebens- und Genußmittelsendungen aus der Heimat erhalten, was bei den Ostarbeitern ganz in Fortfall kommt. Der geradezu in die Augen springende Unterschied im Aussehen der Westarbeiter gegenüber selbst unseren Gefolgschaftsmitgliedern [gemeint: den deutschen Arbeitern] *und noch mehr gegenüber den Ostarbeitern beweist, daß hier eine ungerechtfertigte Besserstellung der Westarbeiter vorliegt. Wir halten es im Interesse einer Leistungssteigerung bei den Ostarbeitern für dringend erforderlich, daß bei den zuständigen Stellen ein Ausgleich in der Lebensmittelzuteilung zwischen diesen Fremdarbeitergruppen angeregt wird."*[38]

Die Unterschiede in der Lebensmittelversorgung der Ostarbeiter und Westarbeiter zeigt ein für die 62. Ernährungsperiode vom 1. bis zum 28. Mai 1944 angestellter Vergleich (s. S. 219).

In den Monaten Juli bis Oktober 1944 wurde in zehn Betrieben der Rüstungswirtschaft des weiteren Ruhrgebietes ein ernährungsphysiologischer Großversuch an Ostarbeiter, sowjetischen Kriegsgefangenen und italienischen Militärinternierten durchgeführt, die sogenannte *Krautaktion*, die auf einen gemeinsamen Beschluß des Vorstandsvorsitzenden der Vereinigte Stahlwerke AG, Albert Vögler, des Reichsministers für Ernährung und Landwirtschaft, Herbert Backe, und der Gauleiter von Westfalen-Nord und -Süd zurückging. Wissenschaftlicher Leiter des Versuchs, in dem die Auswirkung von Quantität und Qualität der Ernährung auf die Arbeitsleistung erforscht werden sollte, war Professor Dr. Heinrich Kraut vom Kaiser-Wilhelm-Institut für Arbeitsphysiologie in Dortmund. Der Versuch erstreckte sich auf drei Werke der Ruhrstahl AG in Hattingen und Witten, zwei mittelgroße Industriebetriebe in Werl und Fröndenberg, vier Bergwerke in Dortmund, Herne, Erkenschwick und Bockum-Hövel sowie die Friedrich-Alfred-Hütte von Krupp in Rheinhausen, wo 500 italienische Militärinternierte als Versuchspersonen ausersehen wurden. Die Versuchspersonen erhielten für zwei bis drei Monate Ernährungszulagen, dank derer etwa das Ernährungsniveau der deutschen Arbeitskräfte erreicht wurde. Das Ergebnis war so simpel, daß es den organisatorischen Aufwand des Versuches nicht gerechtfertigt hätte, denn es wurde nichts anderes evident als der längst erwiesene Zusammenhang von Kalorienzufuhr, Gesundheitszustand und Arbeitsleistung; immerhin bescherte die Aktion den Versuchspersonen tatsächlich auf einige Wochen eine reichhaltigere Ernährung und hat somit wahrscheinlich in vielen Fällen das Überleben der Arbeiter ermöglicht.[39]

---

[38] Zitiert nach Hildebrand, Wanheim-Angerhausen, S. 307f.
[39] Zur Krautaktion: Dietrich Eichholtz, Die „Krautaktion". Ruhrindustrie, Ernährungswissenschaft und Zwangsarbeit 1944, in: Ulrich Herbert (Hrsg.), Europa und der „Reichseinsatz". Ausländische Zivilarbeiter, Kriegsgefangene und KZ-Häftlinge in Deutschland 1938-1945, Essen 1991, S. 270-294.

Tabelle 20: Lebensmittelzuteilungen für ausländische Zivilarbeiter in der 62. Ernährungsperiode vom 1. bis zum 28. Mai 1944[40]

Nahrungs-mittel	Ostarbeiter				Westarbeiter			
	N	L	S	Sst	N	L	S	Sst
Fleisch	800	1 200	1 600	2 000	1 600	-	2 400	3 400
Fett[a)]	520	600	800	1040	900	-	1 225	2 300
Nährmittel	375	375	375	375	945	-	945	945
Teigwaren	225	225	225	225	315	-	315	315
Zucker	440	440	440	440	900	-	900	900
Brot	11 600	11 600	15 000	17 600	13 392	-	15 680	19 680
Kartoffeln	je 20 kg				je 11,2 kg			
Gemüse	„soweit am Markt vorhanden"				„wie Normalverbraucher"			
Marmelade	„				je 700			
Kaffee-Ersatz	„				je 250			
Magermilch	„				je 1,75 Liter			
Eier	„				„wie Normalverbraucher"			

N: Normalverbraucher, L: Langarbeiter, S: Schwerarbeiter, Sst: Schwerstarbeiter
Mengenangaben in Gramm, sofern nichts anders angegeben

a) Die Fettzuteilung für Ostarbeiter bestand nur aus Margarine, für die Westarbeiter bestand das Fett in Butter, Schmalz und Speck.

Im letzten Kriegsjahr, besonders seit dem Herbst 1944, bewirkten die Zerstörung von Transportwegen und Verkehrsmitteln durch den Luftkrieg weitere Verschlechterungen der Ernährungslage. Am übelsten erging es nach wie vor den sowjetischen Kriegsgefangenen, die nun ständig hungerten und jeden Tag verzweifelt versuchten, zu überleben. Kein Mensch würde sich wohl ohne zwingenden Grund so tief erniedrigen, in Mülltonnen nach Lebensmittelresten zu suchen, wozu sowjetische Kriegsgefangene bereits im Frühjahr 1944, noch vor den schlimmsten Versorgungsengpässen, gezwungen waren, etwa in der Friedrich-Alfred-Hütte, wo ein Werkschutzmann am 3. April 1944 den folgenden Aktenvermerk verfaßte:

---

[40] Nach den Angaben bei Hildebrand, Wanheim-Angerhausen, S. 308.

"Gestern, am Sonntag, dem 2. April 44, beobachtete ich, wie 17.30 Uhr ein russischer Kriegsgefangener in den Müllkasten am Kasino kletterte, um dort scheinbar nach Ess- oder Rauchbarem zu suchen. Er verblieb in dem Kasten etwa 5-10 Minuten. In der Nähe spielende Kinder sagten mir, dass das öfters vorkomme. Hierzu ist folgendes zu bemerken:

1.) Wie kann der Mann von seiner Arbeitsstätte, die scheinbar an der Brücke an der Major-Steinbach-Straße am Zementwerk ist, weglaufen [sic].

2.) Unmittelbar neben dem Müllkasten ist die hintere Eingangstür zum Kasino, die immer offen steht."[41]

Vielleicht hat dieser Werkschutzmann wenigstens zwei Sekunden über den Hunger der Kriegsgefangenen nachgedacht; „Probleme", die es zu lösen galt, sah er offenbar nur für die Arbeitsdisziplin und für die Sicherheit auf dem Werksgelände. Bis zum Kriegsende blieb es hinsichtlich der Ernährung bei den Unterschieden zwischen deutschen Arbeitnehmern und Westarbeitern einerseits und Ostarbeitern andererseits. So wies der *„Speisezettel für die Weihnachtstage"* (24. bis 26. Dezember) 1944 der Friedrich-Alfred-Hütte für *„Deutsche und freie Arbeiter"*, die von der Werksküche verpflegt wurden, fünf warme Mahlzeiten relativ guter Zusammensetzung auf, für *„Ostarbeiter und Kriegsgefangene"* jedoch nur drei warme Mahlzeiten von geringerer Qualität.[42] Der im September 1944 nach Duisburg verschleppte Pole Kazimierz Pustola, Ingenieur und Fabrikant in Warschau, erinnerte sich aufgrund von Tagebuchaufzeichnungen an die Qualität des Essens der Zwangsarbeiter im Hüttenwerk Huckingen der Mannesmannröhren-Werke AG im Oktober 1944: *„Rationen: Suppe zweimal täglich immer nur mit Kohl, Nährwert minimal, 350 gr Brot, Zugaben wie üblich. Eine Stunde nach der Suppe ist man hungrig."*[43]

In den Quellen aus dem letzten Kriegsjahr ist hier und da von Lebensmitteln die Rede, die sich Zwangsarbeitergruppen auf verschiedene Weise eigenständig beschafft hatten, um die Mängel der Betriebs- oder Lagerverpflegung auszugleichen. Diese Lebensmittel mußten die Zwangsarbeiter offenbar selbst zubereiten, was wiederum nicht einfach zu bewerkstelligen war. Im Winter 1944/45 haben italienische Arbeiter in einem Lager der Schachtanlage Rheinpreußen 3 in Homberg als Brennstoff zum Kochen *„ihrer zusätzlichen Speisen"* die hölzernen Spinde und andere Einrichtungsgegenstände des Lagers verwendet, wogegen der

---

[41] HAK WA 70/1614: Vermerk des Werkschutzes der Friedrich-Alfred-Hütte vom 3. April 1944.
[42] StADU 41/520: Speisezettel für die Weihnachtstage vom 22. Dezember 1944 (Abschrift).
[43] StADU 41/450: Tagebuchaufzeichnungen von Kazimierz Pustola über seinen Aufenthalt in Duisburg im Oktober u. November 1944 als Zwangsarbeiter bei der August Thyssen-Hütte und den Mannesmannröhren-Werken (Typoskript [Kopie]), S. 6.

– von der Stadtverwaltung besoldete – Lagerverwalter nicht einschreiten konnte oder wollte.[44]

In den Kontext der Ernährung der Ostarbeiter und sowjetischen Kriegsgefangenen gehört ein Phänomen, das in Berichten von Zeitzeugen, die ihre Erinnerungen an die Zwangsarbeiter im eigenen Umfeld wiedergeben, geradezu hundertfach erwähnt wird: die Produktion von kleinen Gegenständen, meist Spielzeug für Kinder oder Schmuck, aus Abfällen der industriellen Produktion, und der Tauschhandel mit ihnen. Man erkennt darin eine offenbar im ganzen Reichsgebiet verbreitete Form des Überlebenskampfes der Ostarbeiter und sowjetischen Kriegsgefangenen, die in Industriebetrieben arbeiteten, handwerklich nicht völlig unbegabt waren und die Möglichkeit hatten, Metall- oder Holzreste zu sammeln und aus diesen, entweder während der Arbeitszeit oder danach im Lager, gefällige Objekte herzustellen, die sich bei Deutschen gegen Brot, andere Lebensmittel oder Brotmarken eintauschen ließen. So wurde Spielzeug, etwa Figuren aus Metall oder Holz, von Frauen gern für ihre Kinder erworben, und Männer gaben bei einem „Russen" ihres Betriebes für ihre Ehefrau oder Tochter Schmuckstücke aus Stahl in Auftrag.[45] Eine Bürgerin in Hamborn-Neumühl berichtete aus der Erinnerung das Folgende:

„Die Russen haben Ringe und Armreifen gemacht mit tollen Ziselierungen, die haben sie dann gegen Brot getauscht. Ein Russe, der auf der Ruhrchemie in der Dreherei war, hat uns einen Aschenbecher gemacht mit einer Bombe als Verzierung, den haben wir aufbewahrt."[46]

Schmuckgegenstände, etwa Broschen und Ringe aus poliertem Stahl, zeugten mitunter von großer, ja meisterlicher Kunstfertigkeit. Der Hamborner Arbeiter Erich Wenghoefer, Rohrschlosser bei der ATH und seit 1940 Mitglied der NSDAP, ließ sich von einem sowjetischen Kriegsgefangenen im Lager Beeckerwerth *„einen Vogel schnitzen und einige Haken für den Privatbedarf anfertigen"* und gab dem *„Russen"* dafür, wie die ATH am 10. August 1943 der GESTAPO mitteilte, einige Zigaretten, Tabak und etwas Kaffeemehl.[47] Wie sich unschwer denken läßt, war dieser Tauschhandel zwischen Ausländern und Deutschen verboten. Der *Höhere SS- und Polizeiführer* für die Rheinprovinz, Westfalen, Hessen, Lippe und Schaumburg-Lippe mit Sitz in Münster kündigte in einem Schreiben

---

[44] StADU 22/1908: Der Homberger Bürgermeister an den Lagerverwalter E. P., 7. Februar 1945.
[45] Herbert, Fremdarbeiter, S. 346, sowie Ulrich Borsdorf (Hrsg.), Feuer und Flamme. 200 Jahre Ruhrgebiet (Katalog zur Ausstellung in Oberhausen 1994), Essen 1994, S. 71 (Ausstellungsobjekt 2/19: „Stahlschmuck gegen Brotmarken").
[46] Zitat bei Schwieren, Neumühl, S. 108; Ruhrchemie: Industriebetrieb in Oberhausen-Holten.
[47] HSTAD RW 58-50605 (GESTAPO-Personenakte Erich Wenghoefer)

vom 3. Juli 1944 an den *Höheren SS- und Polizeiführer West* in Düsseldorf einen Verbotserlaß an (der fünf Tage später erging) und ersuchte um Zustimmung:

„Betrifft: Tauschhandel mit selbstgefertigten Gebrauchsgegenständen durch Ostarbeiter und Kriegsgefangene.

Mir wird gemeldet, daß von Ostarbeitern und Kriegsgefangenen außerhalb der Arbeitszeit Gebrauchsgegenstände, wie Körbe und Spielwaren, darunter bewegliche Schmetterlinge, Hühner, Pfauen, kleine Fahrzeuge und sonstige Dinge hergestellt werden. Das Rohmaterial, wie Blech, Holz und zum Teil wertvolle Farben, dürfte zweifellos zum größten Teil an den Arbeitsstellen entwendet worden sein.

Die Ostarbeiter und Kriegsgefangenen versuchen diese Gegenstände sehr häufig auf Straßen und Plätzen der Städte deutschen Volksgenossen anzubieten und gegen Lebensmittel bzw. Lebensmittelmarken einzutauschen. Insbesondere bei Frauen besteht häufig eine gewisse Bereitwilligkeit, auf diesen Tauschhandel einzugehen.

Da derartige Beziehungen zwischen deutschen Volksgenossen einerseits und Ostarbeitern und Kriegsgefangenen andererseits vom volkstumspolitischen Standpunkt höchst unerwünscht sind und zum anderen auch Gefahren für die Staatssicherheit mit sich bringen, bitte ich, alle Angehörigen der Ordnungspolizei eingehend zu unterrichten und sie anzuweisen, derartige Tauschhandel zu verhindern.

Gegebenenfalls ist Anzeige zu erstatten."[48]

In den letzten beiden Kriegsjahren entwickelte sich ein umfangreicher, illegaler Tausch- und Schwarzhandel, bei dem es um die Versorgung mit Lebensmitteln (Brot, Kartoffeln u. a.), Tabakwaren und Alkohol ging. Ausländische Arbeiter tauschten Waren sowohl untereinander als auch mit Deutschen, wobei oft ein Ringtauschverfahren mit vielen „Stationen" praktiziert wurde (z. B. Brot gegen Tabakwaren, diese gegen Toilettartikel, diese gegen Kleidungsstücke oder Schuhe). *„Bei diesen Ringtauschgeschäften"*, schreibt Ulrich Herbert, waren diejenigen Ausländer im Vorteil, *„die über zusätzliche Lebensmittel und Mangelwaren verfügten, sei es durch Pakete von zu Hause, sei es durch Schiebergeschäfte mit dem Lagerpersonal."* Der Entstehungsgrund dieses Schwarzmarktes, und das wußten die deutschen Behörden, *„war in erster Linie die Differenz zwischen der Versorgungslage der Arbeiter aus dem Westen und derjenigen aus dem Osten."*[49] Letztere wurden, wie der Sicherheitsdienst im August 1943 feststellte,

---

[48] HSTAD RW 37-23, fol. 102f.: Der Höhere SS- und Polizeiführer für die Rheinprovinz, Westfalen, Hessen, Lippe und Schaumburg-Lippe an den Höheren SS- und Polizeiführer West, 3. Juli 1944.
[49] Herbert, Fremdarbeiter, S. 346

am meisten übervorteilt.⁵⁰ Italiener speisten oft einheimische Lebensmittel, zivile Franzosen häufig Brot, aber auch kosmetische Artikel in den Schwarzmarkt ein. Westarbeiter verkauften an Ostarbeiter bisweilen ein Pfund Brot für 10 RM,⁵¹ was nur möglich war, weil die Ostarbeiter ihren Lohn mangels alternativer Warenangebote kaum für irgend etwas anderes als Nahrungsmittel ausgeben konnten. Wer Brot kaufen wollte, ohne auch Brotmarken zu besitzen, war auf den Schwarzmarkt mit seinen Wucherpreisen angewiesen. Hier liegt sowohl der Grund für die schon seit 1942 überall anzutreffende „Brotmarken-Bettelei" der Ostarbeiter als auch für die Herstellung der erwähnten kleinen Gegenstände aus Produktionsabfällen, die mangels anderer Waren als Tauschäquivalente dienten. Von 1943 bis in die letzten Tage vor Kriegsende gab es in vielen Großstädten eine rege Zusammenarbeit zwischen deutschen und ausländischen Warenschiebern und Schwarzhändlern, wobei häufig Gaststätten, die vorwiegend von Ausländern aufgesucht wurden („Schwarze Börsen"), aber auch öffentliche Parks, bestimmte Ausländerlager und Luftschutzbunker als Umschlagplätze dienten.⁵² Sicherheitsdienst, GESTAPO und Ordnungspolizei versuchten den Tausch- und Schwarzhandels durch „ständige Streifen" und Razzien in Gastwirtschaften, Bahnhofswartesälen, Bunkern und öffentlichen Verkehrsmitteln zu bekämpfen.⁵³

Kaum weniger problematisch als die Ernährung war seit 1942 die Versorgung der ausländischen Arbeitskräfte mit Kleidungsstücken, Schuhwerk, Bettwäsche und Toiletteartikeln. Nach den im Frühjahr 1942 geltenden Bestimmungen der Arbeitseinsatz-Bürokratie hatte der „*ausländische Arbeiter [...] die seiner Arbeit entsprechende Arbeitskleidung*" einschließlich des „*Schuhzeuges*" mitzubringen, „*ebenso auch die der Jahreszeit entsprechende Unterwäsche und Überkleidung*", denn „*Beschaffungsmöglichkeiten dafür*" bestünden in Deutschland „*zur Zeit [...] nur in beschränktem Umfange*"⁵⁴ – eine Situation, die sich bis zum Kriegsende auch nicht besserte. Die „*Ausgabe werkseigener Arbeitskleidung*" durch den Arbeitgeber sollte sich „*nur auf Ausnahmefälle und auf den allernotwendigsten Bedarf beschränken.*"⁵⁵ Die Vorstellungen der Behörden gingen jedoch zumindest hinsichtlich der Ostarbeiter an der Realität vorbei. Nicht nur die gewaltsam Deportierten, sondern auch die tatsächlich angeworbenen auslän-

---

⁵⁰ *SD-Berichte zu Inlandsfragen* vom 17. August 1943 (in der Edition der *Meldungen aus dem Reich* S. 5639-5643).
⁵¹ Wie Anm. 49.
⁵² Herbert, Fremdarbeiter, S. 344-347. Recht genaue Einblicke in die Situation in Köln gibt Bernd-A. Rusinek, Gesellschaft in der Katastrophe: Terror, Illegalität, Widerstand - Köln 1944/45, Essen 1990.
⁵³ HSTAD RW 37-23: Der Inspekteur der Sicherheitspolizei und des SD an den Höheren SS- und Polizeiführer West, 6. März 1944.
⁵⁴ *Merkblatt für ausländische gewerbliche Arbeitskräfte* vom 4. Mai 1942, zit. nach Hertel, Arbeitseinsatz ausländischer Zivilarbeiter (wie Anm. 6), S. 81.
⁵⁵ Hertel, Arbeitseinsatz ausländischer Zivilarbeiter (wie Anm. 6), S. 55.

dischen Arbeitskräfte hatten nur sehr wenig Kleidung in die Einsatzorte in Deutschland mitnehmen können, und der Verschleiß der Textilien war groß.

Bei der – manchmal kostenlosen – Zuteilung von Kleidungsstücken und Wäsche wurden die Nationalitäten oder Ethnien unterschiedlich behandelt. Im Eisenwerk Wanheim erhielt *„jeder nichtrussische Ausländer"* bei der Einstellung aus Kleidungsbeständen, die das Unternehmen durch eigene Initiative beschafft hatte, einen Straßenanzug, blaue Arbeitsanzüge, ein Paar Arbeitsschuhe und *„einige Wäschestücke."*[56] Ostarbeiter beiderlei Geschlechts mußten sich dagegen mit Zuteilungen aus Altkleider-Sammlungen zufrieden geben. Im November 1942 war die Mehrzahl der Ostarbeiter und Ostarbeiterinnen der August Thyssen-Hütte AG, 428 Männer und 467 Frauen, nicht ausreichend mit Kleidung versehen. Diesen fast 900 Personen fehlten vor allem Mäntel, Anzüge respektive Kleider und Kostüme sowie Wäsche. Für 40 Prozent der Gesamtbelegschaft – Deutsche und Ausländer – wurden neue Schuhe benötigt. Die Hütte hatte sich im Hinblick auf den bevorstehenden Winter seit August 1942 beim Wirtschaftsamt Duisburg und beim Landeswirtschaftsamt Düsseldorf um ausreichende Zuteilung an Textilien für die Ostarbeiter beiderlei Geschlechts bemüht und entsprechende Anträge gestellt, aber keinen vollen Erfolg erzielt. Das Landeswirtschaftsamt bewilligte zwar *„eine größere Menge Altkleidung"*, die Wintermäntel jedoch wurden nicht geliefert, weil die Reichsstelle für Kleidung in Berlin eine Zuteilungssperre erlassen hatte, und hinsichtlich der Wäsche wurde die ATH vom Wirtschaftsamt mit der Begründung abgewiesen, *„daß diese mangels Vorrat nicht aus der Altstoffsammlung geliefert werden könne."* Der Vorstand der ATH wandte sich wegen dieser Probleme am 16. November an die Bezirksgruppe Nordwest der Wirtschaftsgruppe Eisen schaffende Industrie in Düsseldorf, von der man Unterstützung erwartete. Wie stets, wenn Unternehmen bei der Wirtschaftsbürokratie Lebensmittel oder Gebrauchswaren für ihre unterversorgten ausländischen Arbeitskräfte anmahnten, wurde zwar die persönliche Notlage und oft auch die gerechtfertigte Empörung der „Fremdarbeiter" angesprochen, das Hauptargument bei jeder dieser Eingaben war jedoch die eingeschränkte Arbeitsproduktivität, so auch hier:

„Unter den sonst willigen und fleißigen Ostarbeiterinnen ist durch den geschilderten Mangel eine große Unzufriedenheit entstanden, die nur durch sofortige Lieferung, speziell von Unterwäsche, Strümpfen, Schuhen und Mänteln beseitigt werden kann. Statt der Strümpfe könnten auch Wickelgamaschen geliefert werden, die u.E. noch bessere Dienste leisten würden.

Ein Mantel oder ein sonstiges Bekleidungsstück kann wenig oder fast gar nichts nützen, wenn die Frauen, mit schlechtem Schuhwerk versehen, bei Wind und Wetter draußen arbeiten müssen. Holzschuhe können ohne Socken oder Fuß-

---

[56] Hildebrand, Wanheim-Angerhausen, S. 487.

lappen schon deshalb nicht getragen werden, weil dadurch unweigerlich Fußerkrankungen entstehen würden. Bei der mangelhaften Bekleidung der Frauen ist an eine Leistungssteigerung nicht zu denken. Die Leistung wird vielmehr bei der augenblicklichen Wetterlage erheblich zurückgehen, wenn nicht sofort Abhilfe geschaffen wird."[57]

Bis Ende Januar 1943 erreichte die ATH trotz *„ständiger Fühlungnahme mit dem Wirtschaftsamt Duisburg"* nur, daß alle sowjetischen Frauen und knapp zwei Drittel der Männer einen Wintermantel erhielten; außerdem wurden *„400 Paar gebrauchte instandgesetzte Schuhe"* für inzwischen 690 Frauen und 100 Paar für 479 Männer zugeteilt, schließlich noch *„größere Mengen Unterwäsche, Strickjacken usw., womit wir den dringendsten Bedarf in Unterkleidung decken konnten."*[58] Die Textilnot des Herbstes 1942 und des folgenden Winters betraf das gesamte Reichsgebiet. Aus Köln z. B. wurde im Oktober 1942 gemeldet, die Ostarbeiterinnen eines Betriebes hätten keinerlei *„Unterzeug"* mehr und müßten in *„ganz dünnen"* Kleidern arbeiten; in einer chemischen Fabrik in Ludwigshafen besaßen nur 15 von 85 Ostarbeiterinnen noch eigene Kleidung, die sie außerhalb des Lagers tragen konnten, während 70 Frauen den ganzen Tag über die von der Fabrik gestellte Arbeitskleidung anbehalten mußten, weil die Reste der eigenen, mitgebrachten und durch das Tragen bei der Arbeit verschlissenen Kleidung nur noch *„als Lumpen zu bezeichnen"* waren.[59] Zum Teil war die Not durch das Versagen der zuständigen Bürokratie verursacht. Die Zugänge aus den Altkleidersammlungen wurden nicht schnell genug erfaßt und freigegeben, was z. B. dazu führte, daß in Münster *„ein großer Teil dieser Bestände"* verschimmelte oder dem Mottenfraß zum Opfer fiel. Die Krone wurde allem dadurch aufgesetzt, daß die Wirtschaftsämter von den Ostarbeitern für die minderwertigen Textilien teilweise exorbitante Preise forderten, was viele einsichtige Betriebsführer scharf kritisierten. Aus Dortmund berichtete ein Betriebsführer, die Kleidungsstücke für seine Ostarbeiter, die er vom Wirtschaftsamt in Empfang genommen hatte, seien in einem so überaus schlechten Zustand (*„verdreckt, zerrissen, voller Mottenlöcher usw."*), daß ein Verkauf an die Arbeiter schlechterdings unmöglich sei und *„im äußersten Falle eine unentgeltliche Abgabe [...] in Frage käme."*[60]

Nach den schlechten Erfahrungen in den Herbst- und Winterwochen 1942/43 entwickelte die Reichsstelle für Kleidung noch im Januar *„eine besondere Ober-*

---

[57] TKKA A/5012: Die August Thyssen-Hütte AG an die Bezirksgruppe Nordwest der Wirtschaftsgruppe Eisen schaffende Industrie, 16. November 1942 (Dokumentation Ausländische Arbeitskräfte 1939-45, Dok. 50), sowie Vermerk der Magazin-Aufsicht der ATH vom 30. Januar 1943 „Versorgung der Ostarbeiter mit Kleidung" (Dok. 51).
[58] TKKA A/5012: Vermerk der Magazin-Aufsicht der ATH vom 30. Januar 1943 (s. Anm. 57).
[59] *Meldungen aus dem Reich* Nr. 325 vom 12. Oktober 1942 (Edition S. 4324-4327).
[60] Ebd.

kleidung und Unterkleidung" für Ostarbeiter; die ersten Lieferungen wurden für Mitte Februar 1943 erwartet. Wahrscheinlich handelte es sich hierbei schon um die Einheitskleidung für Arbeit und Freizeit, die von vielen Abbildungen seit Mitte 1943 bekannt ist: graue wattierte Jacken. Besondere Arbeitskleidung sollten nur noch Zwangsarbeiter erhalten, die sehr schmutzige oder „feuernahe" Arbeitsplätze in den Hütten- und Walzwerken hatten. Offenbar war jedoch die Reichsstelle für Kleidung nicht imstande, restlos alle Ostarbeiter und Ostarbeiterinnen mit der Einheitskleidung auszustatten, denn es ist aktenkundig, daß neben Westarbeitern und Italienern, für die keine Einheitskleidung vorgesehen war, auch Ostarbeiter bis zum Kriegsende in eigener Oberbekleidung – oder dem, was davon übrig war – gearbeitet haben.

Der Mangel an Kleidung und Schuhwerk hatte spätestens seit dem Herbst 1942 einen negativen Einfluß auf die „Arbeitsmoral" und war ein Grund dafür, daß ausländische Zivilarbeiter 1943 häufig nicht aus dem Heimaturlaub zurückkehrten. Der für Duisburg zuständige Rüstungsobmann, DEMAG-Generaldirektor Reuter, hat die Mißstände mehrfach in seinen Berichten an das Rüstungslieferungsamt in Berlin angesprochen. So stellte er im Februar 1944 zum wiederholten Mal einen außerordentlichen Mangel an Arbeitskleidung fest und wies darauf hin, daß der Verschleiß der Kleidung, *„insbesondere durch Schmutz und Feuerarbeit"*, so groß sei, daß die normalen Zuweisungen an Arbeitskleidung bei weitem nicht ausreichten. Als Behelfslösung schlug er vor, der Rüstungswirtschaft *„abgetragene Uniformen"* der Wehrmacht zur Verfügung zu stellen.[61] Die Kriegswirtschaftsbürokratie war völlig im Bilde, aber die freudlose Mangelwirtschaft der letzten Kriegsjahre ließ eine Lösung des Problems, von gelegentlichen Sonderzuteilungen und punktuellen Verbesserungen in einzelnen Betrieben abgesehen, nicht zu. Der Mangel an Arbeitsanzügen und Schuhen blieb bis zuletzt ein Hauptproblem der Kriegswirtschaft. Im letzten Kriegsjahr waren Ostarbeiter und Kriegsgefangene in zerlumpter Kleidung eine normale Erscheinung.

Ein besonderes Problem für Bergwerke und schwerindustrielle Einsatzbetriebe ergab sich aus dem Mangel an arbeitstauglichem Schuhwerk, an dessen Stelle oft Holzschuhe treten mußten. Es bedarf wohl keiner ausführlichen Begründung, daß hierdurch die einfachsten Regeln des Arbeitsschutzes verletzt wurden, was vor allem im Bergbau tödliche Folgen haben konnte. Das Oberbergamt Dortmund berichtete 1942 an das Reichswirtschaftsministerium, die *„Beschaffung der Kleidung und des Schuhwerks für die russischen Kriegsgefangenen, die vielfach völlig abgerissen in den Zechenanlagen ankommen"*, mache große Schwierigkeiten, und das Fehlen geeigneter Arbeitsschuhe verhindere

---

[61] Die Berichte Reuters an das Reichsministerium für Rüstung und Kriegsproduktion (Rüstungslieferungsamt) in HSTAD RW 13-7 (Bericht für Oktober 1943), RW 13-8 (Bericht für November 1943), RW 13-11 (Bericht für Februar 1944), RW 13-14 (Bericht für Mai 1944), RW 13-15 (Bericht für August 1944).

einen effektiven Arbeitseinsatz der Gefangenen unter Tage, denn während *„man sich in flacher Lagerung* [der Kohlenschichten - M. K.] *mit Holzschuhen behelfen"* könne, sei *„dies in der steilen Lagerung nicht möglich. Da die Leute möglichst bald vor Kohle gelegt werden müssen, muß widerstandsfähiges Schuhzeug für sie besorgt werden."*[62] Auch bei Mannesmann in Huckingen gab es für Ostarbeiter kaum Lederschuhe, weshalb die meisten bei der Arbeit Holzschuhe tragen mußten, woraus eine hohe Unfallzahl resultierte.[63] Gelernte Schuhmacher unter den West- und Ostarbeitern waren schon seit 1942 begehrte Arbeitskräfte.

Bis Ende 1944 konnten Westarbeiter und die in Duisburg anscheinend nicht vertretenen „Nordarbeiter" (Dänen und Norweger) aus ihren Heimatländern mit Textilien versorgt werden, solange die Gebiete noch von der Wehrmacht besetzt waren. Für die italienischen Arbeiter wurden Waren in Italien eingekauft, und der Bedarf der Ostarbeiter und Polen sollte durch neue „Spinnstoff-Programme" im Reich gedeckt werden.[64] Es ist aber zweifelhaft, daß Ende 1944 noch genügend Einkaufs- und Produktionsmöglichkeiten bestanden. Am 2. Februar 1945 schrieb der Bürgermeister von Homberg an die Wirtschaftsabteilung des Landratsamtes Moers, die 213 italienischen Arbeiter der Stadtverwaltung besäßen je Mann nur einen Anzug, der *„teilweise in einem derartigen Zustand"* sei, *„daß die Leute nicht zur Arbeit gehen können"*, und beantragte zur *„Behebung der dringendsten Notstände [...] wenigstens 5 Hosen und 5 Jacken"*; die Bezugsscheine hierfür wurden bis zum 9. Februar ausgestellt.[65] Die Textilnot wurde noch verschärft, wenn die „zweite Garnitur" an Kleidung und Schuhen, sofern man eine solche überhaupt besaß, bei Luftangriffen in den Baracken verbrannte. In diesen Fällen mußten sich die betroffenen Ausländer wegen der Neuausattung an ihren Arbeitgeber wenden, dem es dann oblag, beim Wirtschaftsamt Ersatz zu beschaffen.[66] Nach dem Luftangriff vom 22. Mai 1944 auf Rheinhausen gingen 175 einzelne Schadensanzeigen von Ostarbeitern und -arbeiterinnen aus dem zerstörten Lager der Friedrich-Alfred-Hütte an der Parallelstraße ein.[67]

---

[62] Zit. nach Schwieren, Neumühl, S. 101.
[63] Mannesmann-Archiv M 12.821.1: Bericht über den Fremdarbeitereinsatz bei den Mannesmannröhren-Werken, Abteilung Heinrich-Bierwes-Hütte, Duisburg-Huckingen.
[64] BA Berlin R 3/138: Reichsminister Speer an Reichsleiter Dr. Ley (DAF), 14. Dezember 1944.
[65] StADU 22/1908: Der Bürgermeister von Homberg an die Wirtschaftsabteilung, 2. Februar 1945.
[66] HSTAD RW 23-92, fol. 3: Richtlinien (des Gauleiters und Reichsverteidigungskommissars Düsseldorf) für die Betriebsführer zur Sicherung des Arbeitseinsatzes nach einem Großangriff, 10. August 1943). Im Gau Essen wurden die Richtlinien dem Vorsitzenden der Rüstungskommission (im Wehrkreis) VI b, dem Wehrkreisbeauftragten VI b und dem Rüstungsobmann (im Wehrkreis) VI b, DEMAG-Generaldirektor Hans Reuter in Duisburg, übermittelt.
[67] Klingenburg, Spurensuche, S. 75f. - Das Archivale StADU 24/1489 („Schadensaufstellung für Fliegerschäden am 22.5.1944 im Ostarbeiterlager der Friedrich-Alfred-Hütte") enthält 154 Schadensaufstellungen (Formulare). Die Hütte schickte im Juli 1944 Zweitschriften der Schadensanzeigen an das Wirtschaftsamt beim Landratsamt in Moers.

Neben Kleidung und Schuhwerk benötigten die ausländischen Arbeitskräfte auch Handtücher, Bettwäsche und Decken. Im Prinzip sollten diese Textilien von den Arbeitgebern gestellt werden, aber viele Unternehmen und Institutionen waren dazu schon 1941 nicht mehr in der Lage, weshalb der Reichsarbeitsminister die *„Arbeitseinsatzstellen in den Anwerbeländern"* anwies, *„darauf hinzuwirken, daß die für den Einsatz in Deutschland vorgesehenen ausländischen Arbeitskräfte 2 Garnituren Bettwäsche mitbringen."* Einer Arbeitskraft, der dies möglich war, hatte der betreffende Arbeitgeber für den Verschleiß der Wäsche *„eine angemessene Abnutzungsgebühr"* von 1,50 RM pro Monat zu zahlen. In jedem Fall mußte der Betriebsführer für die *„Reinigung"* und *„Ausbesserung"* der Bettwäsche der Lagerbewohner sorgen und *„erforderlichenfalls"* Ersatz für ganz und gar unbrauchbar gewordene Wäschestücke beschaffen.[68] In den Lagern des Eisenwerkes Wanheim erhielten Frauen drei und Männer zwei Wolldecken; Männer, die erkrankten, bekamen eine dritte Decke.[69]

Wie in fast jeder Beziehung, wurden auch bei der Zuteilung von bewirtschafteten Toiletteartikeln (*„Seifenerzeugnissen"*) die zivilen Arbeitskräfte aus Polen und aus der Sowjetunion zunächst gegenüber den Westarbeitern und den Angehörigen verbündeter Staaten benachteiligt. Es gehörte zu den der veränderten Kriegslage geschuldeten Verbesserungen der Lebensumstände der Ostarbeiter, daß sie, ebenso wie die Polen, seit März 1943 *„die vollen Grundmengen der Reichsseifenkarte"* erhielten und in dieser Hinsicht die Gleichstellung mit den Westarbeitern erlangten.[70] Die von den Wirtschaftsämtern zugewiesenen Seifenerzeugnisse wurden, ebenso wie Kleidung, Schuhe und Textilien, von den Einsatzbetrieben an die „Fremdarbeiter" ausgegeben. Darüber hinaus stand es den Arbeitgebern frei, Einrichtungen zum persönlichen Komfort der Lagerbewohner zu schaffen. Das Eisenwerk Wanheim richtete in seinem Ostarbeiterlager eine Friseurstube ein, die viel in Anspruch genommen wurde. In einem Lager des Huckinger Hüttenwerkes von Mannesmann gab es spätestens seit Mitte 1943 eine Friseurstube für ausländische Männer und Frauen.[71] Bei der positiven Würdigung dessen muß jedoch auch der Zusammenhang mit der „Apartheids"-Politik gesehen werden; besondere Friseurstuben für osteuropäische Ausländer hatten auch den Zweck, die normalen Friseurbetriebe in den Städten von „nichtarischen" Kunden freizuhalten und die Situation zu vermei-

---

[68] StADU 41/520: Auszug aus den Anordnungen des Rüstungskommandos Essen vom 7. Oktober 1941 betreffend [die] Versorgung ausländischer Arbeitskräfte mit Bettzeug (Abschrift); Merkblatt für ausländische gewerbliche Arbeitskräfte vom 4. Mai 1942, abgedruckt bei Hertel, Arbeitseinsatz ausländischer Zivilarbeiter (wie Anm. 6), S. 79-85, hier: S. 82.
[69] Hildebrand, Wanheim-Angerhausen, S. 476.
[70] StADU 22/1103: Das Arbeitsamt Moers an die Stadtverwaltung Homberg, 11. Mai 1943 (Bekanntgabe eines Erlasses des Reichsarbeitsministers vom 27. März 1943).
[71] Eisenwerk Wanheim: Bericht der Betriebsleitung über die Kriegszeit (aus dem Jahr 1946), zitiert nach: Hildebrand, Wanheim-Angerhausen, S. 489. - Mannesmann: Wessel, Kontinuität im Wandel (wie Anm. 28), S. 260 („Thelen-Bericht" vom 31. August 1943).

den, daß ein deutscher Kunde auf seinen Haarschnitt warten mußte, weil der Friseur einen vorher gekommenen Ausländer bediente. Für die Versorgung der Kriegsgefangenen mit Artikeln des täglichen Bedarfs wie Seife, Rasierseife und Waschpulver war im Prinzip die Wehrmacht zuständig, jedoch hatte man, wahrscheinlich aus praktischen Gründen, auch diese Lieferungen den Wirtschaftsämtern übertragen.

Die *medizinische Versorgung* und Krankheitsvorbeugung war in den für Duisburg wie für das ganze Ruhrgebiet typischen industriellen Großunternehmen im allgemeinen gut organisiert. Die August Thyssen-Hütte AG, die Mannesmannröhren-Werke AG und die Eisenwerk Wanheim GmbH, anscheinend auch die Bergbaubetriebe richteten in allen größeren Lagern Krankenstationen ein und stellten in den größeren Ostarbeiterlagern seit 1942/43 auch sowjetische Ärzte oder Ärztinnen an. Bei Mannesmann kümmerte sich *„von Anfang an"* (d. h. wohl seit dem Frühjahr oder Frühsommer 1942) *„russisches"* Personal, und zwar ein Arzt, eine Ärztin, eine Zahnärztin, zwei ausgebildete Sanitäter, eine Hebamme und zwei Kinderpflegerinnen, außerdem zwei niedergelassene deutsche Ärzte um die Ostarbeiter; der deutsche Werksarzt *„überwachte"* alles. Die zu den Ausländerlagern des Eisenwerkes Wanheim gehörende medizinische Infrastruktur bestand aus drei Krankenstationen (je eine für Männer, Frauen und Kinder, wobei letztere anscheinend erst im Januar 1944 eröffnet wurde), einer Isolierstation und Bade- und Desinfektionsanlagen. Der Lagerarzt des Eisenwerkes Wanheim hielt wöchentlich zweimal Sprechstunden im Ostarbeiterlager ab. Ebenfalls zweimal wöchentlich wurden Zahnpatienten von einem Lagerwachmann zum Zahnarzt geführt.[72] Dies waren jedoch keine freiwilligen Leistungen. Das Reich hatte vorgeschrieben, daß alle Arbeiterquartiere mit Belegstärken von mehr als 50 Personen mit einem „Krankenrevier" versehen und „Sanitätspersonal" eingestellt werden mußte. Für Maßnahmen der Ersten Hilfe sollte für je 150 Personen ein Sanitäter zur Verfügung stehen.[73] Inwieweit diese Vorschriften auch von mittelgroßen und kleineren Industriebetrieben befolgt wurden, läßt sich nicht mehr feststellen, weil es an Quellen aus solchen Betrieben fehlt. Die Einstellung von Ärzten, Sanitätern, Hebammen und Pflegekräften aus der Sowjetunion erleichterte natürlich die Untersuchungen und Behandlun-

---

[72] Mannesmann: Mannesmann-Archiv M 12.821.1 (wie Anm. 63) und M 12.821.2 (wie Anm. 18); außerdem Wessel, Kontinuität im Wandel (wie Anm. 28), S. 259. - Eisenwerk Wanheim: Hildebrand, Wanheim-Angerhausen, S. 483-485.
[73] Hans-Eckhardt Kannapin, Wirtschaft unter Zwang, Köln 1966, S. 152. Zur medizinischen Versorgung von Arbeitskräften im allgemeinen auch Karl-Heinz Karbe, Das faschistische Betriebsarztsystem als Werkzeug rücksichtsloser Kriegführung der „inneren Front", in: Sabine Fahrenbach u. Achim Thom (Hrsg.), Der Arzt als „Gesundheitsführer". Ärztliches Wirken zwischen Ressourcenerschließung und humanitärer Hilfe im 2. Weltkrieg, Frankfurt a. M. 1991, S. 85-92.

gen von Ostarbeitern, war aber vor allem dem Prinzip geschuldet, daß *deutsches medizinisches Personal ausschließlich der einheimischen Bevölkerung*, darüber hinaus allenfalls noch den Ausländern „germanischer Rasse" und den Angehörigen verbündeter Staaten dienen sollte.

Die zivilen ausländischen Bergleute wurden wie die deutschen Bergleute von Knappschaftsärzten betreut, wobei jedoch die Ostarbeiter nicht bei der Knappschaft versichert waren. Ihre Krankenbehandlung beruhte auf einer Vereinbarung zwischen der Kassenärztlichen Vereinigung Deutschlands (KVD) und der Ruhrknappschaft, wonach die Kosten für ambulante ärztliche Behandlung und für Medikamente von der KVD getragen wurden, während die Krankenhauspflege *„in den unbedingt notwendigen Fällen"* zu Lasten der Ruhrknappschaft ging.[74] Zivile Arbeiter aus den westeuropäischen Ländern, Italien und anderen mit Deutschland verbündeten Staaten (z. B. Ungarn) konnten wohl normalerweise die für die deutschen Arbeiter bestehenden medizinischen und sanitären Einrichtungen der jeweiligen Betriebe in Anspruch nehmen. Sie hatten auch das Recht der freien Arztwahl. Die Ostarbeiter und die polnischen Arbeiter mußten jedoch die für sie geschaffenen besonderen Einrichtungen aufsuchen und konnten den Arzt nicht frei wählen. Bei Arbeitskräften in größeren Betrieben führte eine Krankmeldung, die akzeptiert wurde, oder ein Unfall in der Regel zunächst zur Einweisung in das zum Lager oder zum Betrieb gehörige Krankenrevier. Soweit die Betriebsärzte es für notwendig hielten, wurden die Kranken der Bergbaubetriebe auch in die von der Knappschaft zugelassenen Krankenhäuser überwiesen. Bei komplizierten Erkrankungen überwiesen die Lagerärzte Ostarbeiter wie andere ausländische Patienten zu Fachärzten. Schwerkranke wurden ins Krankenhaus gebracht, wo denn auch sehr viel mehr Todesfälle eintraten als in den Lagern. Die betrieblichen medizinischen Einrichtungen für zivile ausländische Arbeiter wurden von der staatlichen Gewerbeaufsicht, von den Arbeitsämtern und von den Kreisstellen der Deutschen Arbeitsfront überwacht. In der ersten Phase des Ostarbeiter-Einsatzes (1942) haben anscheinend nicht alle Industriebetriebe die Vorschriften hinsichtlich der medizinischen Infrastruktur erfüllt; so erfährt man, daß in einem großen Ostarbeiterlager der Zeche Walsum ein Krankenrevier nicht vorhanden war und auch ein ausgebildeter Sanitäter fehlte, was der Staatliche Gewerbearzt in Düsseldorf nach einer Betriebsbesichtigung im Frühjahr 1942 monierte.[75] Die Einwerbung einer ausreichenden Zahl von ausgebildeten Sanitätern war für die Industriebetriebe nicht einfach oder sogar unmöglich, da viele Sanitäter zur Wehrmacht eingezogen worden waren und für Dienste in Arbeiterlagern nicht freigestellt wurden. In den überfüllten Lagern der letzten Kriegsjahre reichte die Zahl der Bettplätze in den Krankenrevieren oft

---

[74] HSTAD BR 1136-236: Schriftwechsel zwischen dem Staatlichen Gewerbearzt in Düsseldorf und der Gewerkschaft Walsum im April 1942.
[75] Ebd.

nicht mehr aus. Das Wehrkreiskommando VI in Münster stellte dies bereits im April 1943 bei Untersuchungen in verschiedenen Betrieben der Eisen- und Stahlindustrie in Rheinland und Westfalen hinsichtlich der Krankenreviere für sowjetische Kriegsgefangene fest.[76]

Ausländische Arbeiter, die nicht von einem Lager- oder Betriebsarzt des Arbeitgebers betreut wurden und auf die niedergelassenen Ärzte angewiesen waren, konnten im Krankheitsfall in eine lebensbedrohliche Situation geraten, wenn nämlich der deutsche Arzt, an den sie vom Betrieb verwiesen wurden, eine Behandlung von Ausländern als unter seiner Würde liegend betrachtete oder seine Arbeitszeit ganz den deutschen Patienten widmen wollte. Ein Beispiel aus Homberg: Am 20. November 1944 erhielt der Bürgermeister die Mitteilung, daß einer der für die Stadt tätigen, aber im Lager der Schachtanlage Rheinpreußen 3 lebenden italienischen zivilen Arbeiter, Gino Polini, *„ernstlich erkrankt"* sei und *„dringend"* ärztlich untersucht werden müsse. Der Bürgermeister schrieb dem praktischen Arzt Dr. S. einen kurzen Brief und bat ihn, den nicht transportfähigen Italiener aufzusuchen. Zwei Tage später erfuhr er, daß der Arzt dem Ersuchen nicht nachgekommen und Polini ohne ärztliche Hilfe geblieben war. Der Bürgermeister hatte wohl noch am 20. November veranlaßt, daß ein städtischer Beamter oder Angestellter, der als Sanitäter ausgebildet war, jeden Morgen im Italiener-Lager Schachtanlage 3, wo sich um diese Zeit *„verhältnismäßig viel"* Arbeiter krank meldeten, einfache Untersuchungen und Wundverbände vornahm. Auch dieser Sanitäter wandte sich an Dr. S. mit der Bitte, zur Behandlung von Gino Polini ins Lager zu kommen. Ihm antwortete Dr. S., daß er *„als der einzige* [niedergelassene - M. K.] *Arzt in Homberg mit Arbeit überlastet"* sei und ihm für die Untersuchung der kranken Italiener im Lager keine Zeit zur Verfügung stünde. Bis zum 8. Dezember wurde eine Lösung des Problems in der Form gefunden, daß sich der Arzt Dr. Kleier im Homberger Krankenhaus, der vermutlich kaum weniger stark beansprucht war als Dr. S., *„zweimal wöchentlich"* um die *„kranken italienischen Arbeiter"* kümmerte. Im Januar 1945 gab es im Lager einen italienischen Sanitäter, der wohl den provisorisch eingesetzten deutschen Sanitäter abgelöst hatte. Am 21. Januar 1945 starb ein Italiener an Lungenentzündung, nachdem er mit 40 Grad Fieber, wahrscheinlich zu spät, aus dem Lager Schacht 3 ins Homberger St. Johannes-Hospital gebracht worden war.[77]

Schwerkranke oder durch Unfälle verletzte ausländische Arbeiter und Arbeiterinnen wurden in der ersten Kriegsphase, bis zum Winter 1941/42, anscheinend in allen regulären Krankenhäusern behandelt. Für polnische Krankenhauspatien-

---

[76] TKKA A/5012: Rundschreiben der Bezirksgruppe Nordwest der Wirtschaftsgruppe Eisen schaffende Industrie vom 27. April 1943 zum „Einsatz russischer Kriegsgefangener" (Dokumentation ausländische Arbeitskräfte 1939-45, Dok. 47).

[77] Die Vorgänge um die Krankenversorgung im Homberger Italiener-Lager in StADU 22/1908.

ten galt seit 1940 die Vorschrift einer getrennten Unterbringung von deutschen Patienten, die aber noch im Frühjahr 1941 nicht überall befolgt wurde.[78] Angesichts des starken Zustroms von männlichen und weiblichen Ostarbeitern seit Anfang 1942 verlangte das Regime nachdrücklich, vordergründig mit dem Hinweis auf von Ausländern eingeschleppte Infektionskrankheiten und Läusebefall, daß in den Krankenhäusern die sowjetischen und polnischen Patienten von den deutschen Patienten getrennt werden mußten. Die lokalen Dienststellen der NSDAP und die SS, aber auch die Amtsärzte forderten nun die Herrichtung separater Räume für Polen und „Russen" in den Krankenhäusern. Wo das im Krankenhausgebäude selbst nicht möglich war, mußten Baracken für die ausländischen Patienten gebaut werden; die Kosten dafür übernahm das Reich. Meist wurde durch den Grundsatz „Ausländer sollen Ausländer pflegen" (oder „Ost sorgt für Ost") auch die Einstellung weiteren Personals notwendig.[79] Es scheint, daß sich katholische Ordensschwestern und evangelische Diakonissen in konfessionellen Krankenhäusern über das an die Deutschen gerichtete Verbot, ausländische Patienten zu pflegen, bis zum Kriegsende hinweggesetzt haben.[80] In Alt-Duisburg wurde wahrscheinlich 1943 die Regelung getroffen, Ostarbeiter und Polen einerseits, Westarbeiter und Italiener andererseits jeweils in bestimmte Krankenhäuser einzuliefern, und zwar „Russen" in das St. Barbara-Hospital (Hamborn) und das St. Elisabeth-Hospital (Meiderich), Westarbeiter und Italiener in das St. Joseph-Hospital in Laar. Unfallgeschädigte kamen jedoch als Akutkranke anscheinend in das jeweils nächstgelegene Krankenhaus.[81]

Das St. Joseph-Hospital war aus einem pragmatischen Grund zum Ausländerkrankenhaus bestimmt worden. Am 8. April 1943 hatte eine schwere Luftmine das Haus getroffen, ohne daß Kranke und Personal zu Schaden gekommen wären. Die Bauschäden waren mit einem Aufwand von 110 000 RM behoben worden, und nach etwa drei Monaten hatte man den Betrieb wiederaufnehmen können. Dann aber, am 17. September, war eine Verfügung des Polizeipräsidenten (als Leiter des Luftschutzortes) ergangen, die den Weiterbetrieb des Krankenhauses wegen der Lage in einem besonders häufig von Luftangriffen heimgesuchten

---

[78] Leissa/Schröder, Zwangsarbeit in Düsseldorf, S. 189, berichten von einem Krefelder Krankenhaus, in dem einer Quelle zufolge noch im Frühjahr 1941 „deutsche Volksgenossen gezwungen" waren, „mit polnischen Zivilarbeitern [...] in einem Zimmer zusammen liegen zu müssen."

[79] Kaminsky, Dienen unter Zwang, S. 155-164, mit Beispielen (evangelisch-kirchliche Krankenhäuser im Rheinland). Der Amtsarzt der Stadt Mülheim a. d. R. schrieb am 8. April 1942, es dürfe „keinem Deutschen zugemutet werden, daß er mit einem Polen oder Russen im gleichen Krankenzimmer liegen muß" (Ebd., S. 158).

[80] Zur stationären Pflege kranker (auch psychisch kranker) Ausländer vgl. Kaminsky, Dienen unter Zwang (wie Anm. 79), S. 156ff.

[81] Mannesmann-Archiv M 12.821.2 (wie Anm. 18). Mannesmann brachte unfallgeschädigte ausländische Arbeiter ins St. Anna-Krankenhaus in Huckingen.

Katja Kraikowa, geb. 1921 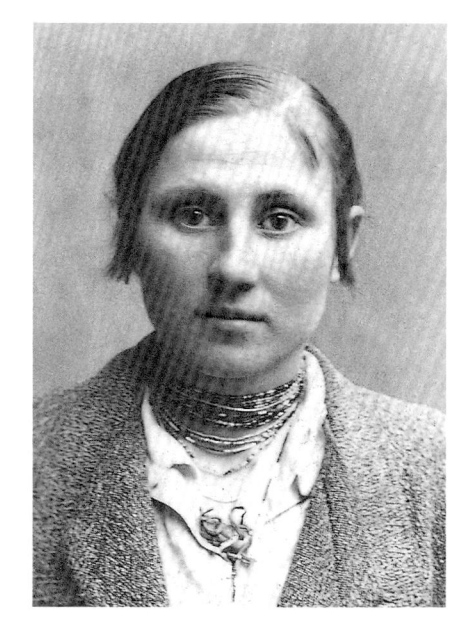   Katja Sajaz, geb. 1921

Helena Schewzowa, geb. 1894    Fedor Gorbunow, geb. 1899

Abb. 1-4: Ostarbeiter im Dienst der Stadt Duisburg

| 5,7 Mio. Zivile Arbeiter |
| davon Ostarbeiter/ Ostarbeiterinnen 2,2 Mio. |
| 1,9 Mio. Kriegsgefangene |

Abb. 5: Ausländische Arbeitskräfte (ohne KL-Häftlinge) im Deutschen Reich am 31. August 1944, nach: Der Arbeitseinsatz im Großdeutschen Reich, Nr. 10 (31.10.1944) und Nr. 11 (30.12.1944) (vgl. Tabelle 1)

Abb. 6: Kriegsgefangene in einer Verwertungsstelle für ausgemusterte Kraftfahrzeuge im Duisburger Hafengelände, um 1940

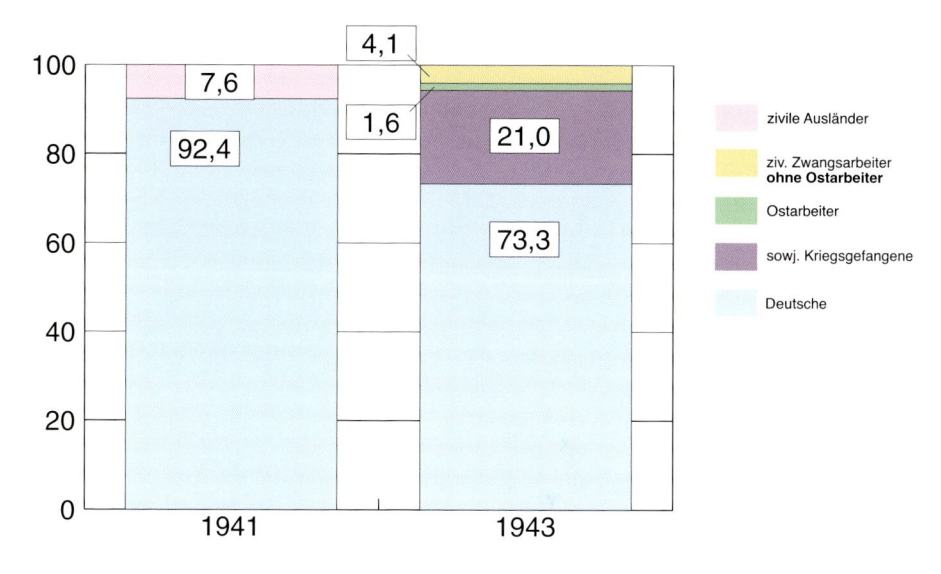

Abb. 7: Beschäftigungsstruktur der Gelsenkirchener Bergwerks-AG, Gruppe Hamborn im September 1941 und September 1943 (nur Arbeiter, in Prozent)

- zivile Ausländer
- ziv. Zwangsarbeiter **ohne Ostarbeiter**
- Ostarbeiter
- sowj. Kriegsgefangene
- Deutsche

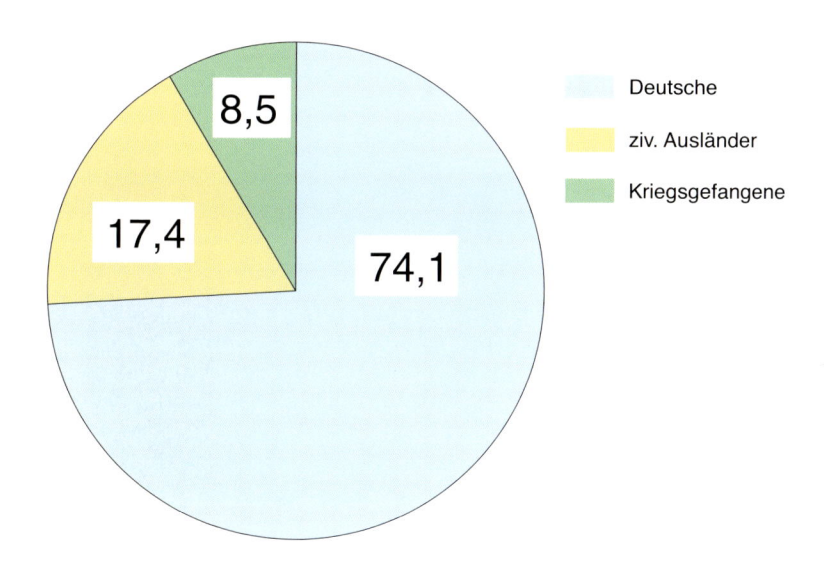

Abb. 8: Beschäftigungsstruktur der August Thyssen-Hütte AG am 31. August 1944 (in Prozent)

- Deutsche
- ziv. Ausländer
- Kriegsgefangene

Abb. 9-10: Häftlinge des KL-Außenlagers Duisburg
(SS-Baubrigade III) beim Schutträumen in der Beekstraße und
der Universitätsstraße, 1943

Legende

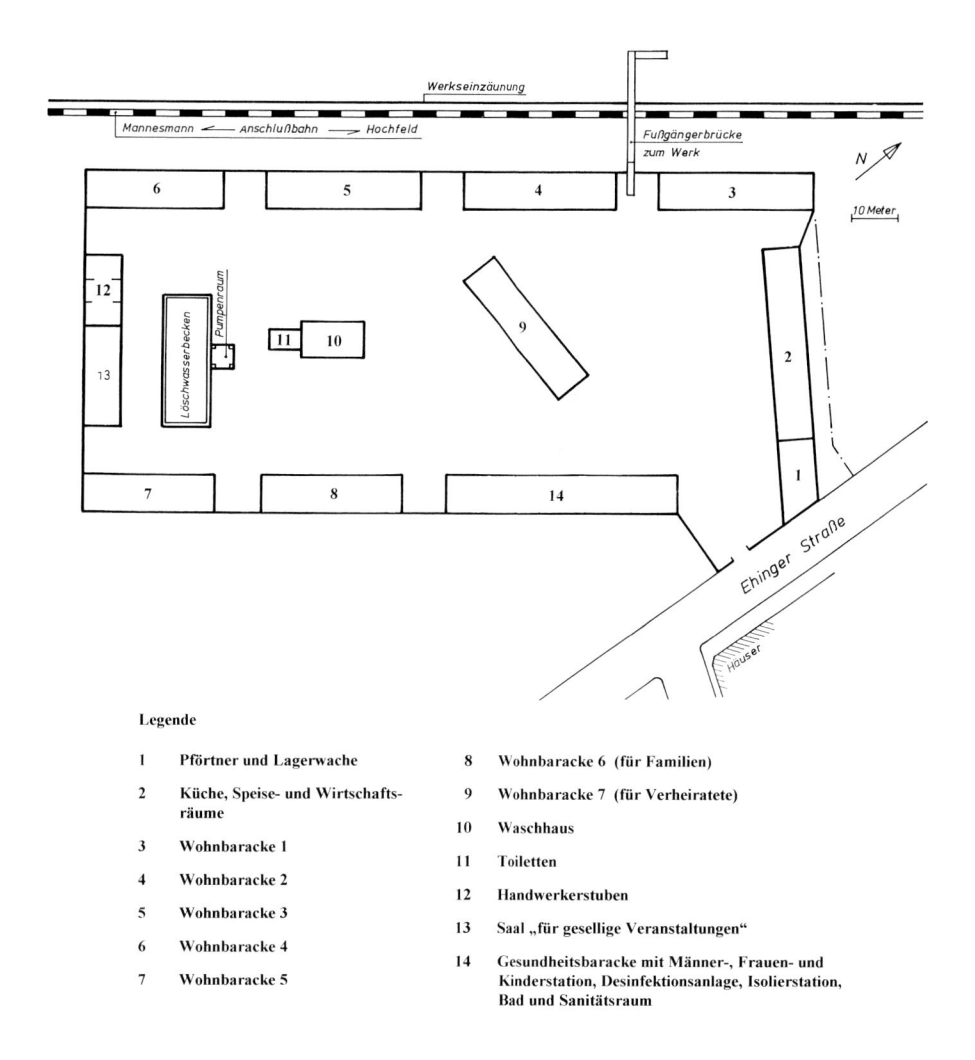

1	Pförtner und Lagerwache
2	Küche, Speise- und Wirtschaftsräume
3	Wohnbaracke 1
4	Wohnbaracke 2
5	Wohnbaracke 3
6	Wohnbaracke 4
7	Wohnbaracke 5
8	Wohnbaracke 6 (für Familien)
9	Wohnbaracke 7 (für Verheiratete)
10	Waschhaus
11	Toiletten
12	Handwerkerstuben
13	Saal „für gesellige Veranstaltungen"
14	Gesundheitsbaracke mit Männer-, Frauen- und Kinderstation, Desinfektionsanlage, Isolierstation, Bad und Sanitätsraum

Nach: Heinrich Hildebrand, Wanheim-Angerhausen. Heimat zwischen Anger und Rhein, Bd. 3, Duisburg 2001, S. 478

Abb. 11: Ostarbeiterlager der Eisenwerk Wanheim GmbH in Duisburg-Wanheim

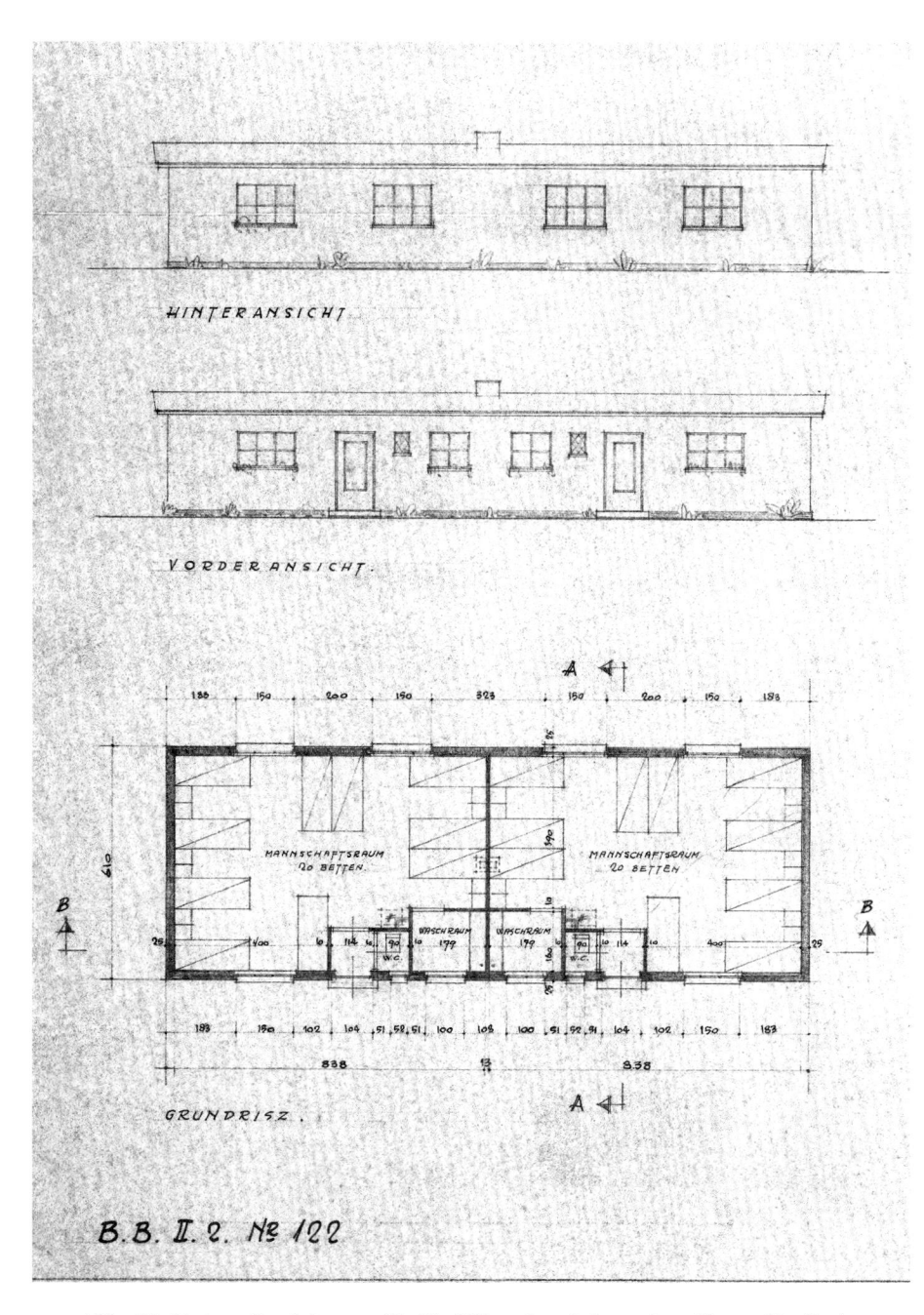

Abb. 12: Entwurfszeichnung für fünf Unterkunftsbaracken für ausländische Arbeiter der Friedrich-Alfred-Hütte in Rheinhausen, August 1943 (Ausschnitt)

Abb. 13: Barackenweihnacht

Abb. 14: Weihnachtsfeier für französische zivile Arbeiter
bei der Duisburger Kupferhütte, 1943

Abb. 15-16: Weihnachtsfeier für Ostarbeiter bei der Duisburger Kupferhütte, 1943

Abb. 17: Beisetzung der von der Duisburger Polizei erschossenen Ostarbeiter auf dem König-Heinrich-Platz, 1945

Abb. 18: Die vom König-Heinrich-Platz verlegten „Russengräber"
auf dem Fiskusfriedhof, 1947

Abb. 19: „Russengrabfeld" auf dem Neuen Friedhof (Waldfriedhof) 1951

Abb. 20: Der Gedenkstein für die beim Luftangriff vom 14./15. Oktober 1944
ums Leben gekommenen sowjetischen Kriegsgefangenen
des Lagers Rönsbergshof in Beeck (Aufnahme 15. Mai 1972)

Abb. 21: Der Gedenkstein in Beeck im Oktober 2003

Abb. 22-23: Sog. UNO-Siedlung für Displaced Persons
in Obermeiderich, Feldheide (1969)

Gebiet (unmittelbar westlich des Hüttenwerkes Ruhrort-Meiderich der August Thyssen Hütte AG) untersagte:

„Nach den Erfahrungen der letzten Großangriffe sind die Insassen von Krankenhäusern, die in dichtbesiedelten und nicht aufgelockerten Stadtgebieten liegen, infolge der Entstehung von Großflächenbränden und Feuerbränden und -stürmen besonders gefährdet. Der Abtransport der Kranken war in vielen Fällen durch die ausgedehnten Flächenbrände in der Umgebung äußerst schwierig, wenn nicht gar unmöglich.

In Auswertung dieser Erkenntnis waren die in den Luftschutzorten 1. Ordnung liegenden Krankenhäuser auf ihre Lage innerhalb engbebauter Stadtteile zu überprüfen. Nach dem Ergebnis der erfolgten Überprüfung treffen die erhobenen Bedenken besonders auf ihre Krankenanstalt zu.

Auf Anordnung des Luftgaukommandos ist daher das St.-Joseph-Hospital unverzüglich zu räumen und die Kranken anderweitig unterzubringen. Gegen die Verwendung der Anstalt als Auffangstation und Ambulatorium werden die Bedenken nicht erhoben, wenn die eingelieferten Kranken, bzw. Verletzten am gleichen Tage abtransportiert werden."[82]

Der sofortige Einspruch des Krankenhauses und der katholischen Pfarrgemeinde St. Ewaldi (als Trägerin) gegen diese Verfügung bewirkte nichts. Nach *„langwierige[n] Verhandlungen mit den Behörden"* erreichten Krankenhaus und Pfarrei jedoch, daß das Haus für die Aufnahme der in den Duisburger Industriebetrieben beschäftigten ausländischen Zivilarbeiter im Krankheitsfall bestimmt wurde.[83] Diese Lösung war ein großer Erfolg für die Pfarrei, denn sie wendete vorerst die Schließung und die Konfiskation des beweglichen Vermögens (darunter knapp und kostbar gewordene medizinische Einrichtungen) ab. Die Pfarrei wußte durchaus, daß die Stadtverwaltung und die Duisburger NSDAP die Enteignung anstrebten, wie sie im Falle des St. Vinzenz-Krankenhauses in Duisburg-Mitte geschehen war. Eine Folge der Schließung und Enteignung wäre der Weggang der Ordensschwestern gewesen, wobei man hätte fürchten müssen, daß sie später – nach dem Krieg – nicht mehr zurückgekehrt wären. Mit der gefundenen Lösung hingegen konnte man gut leben:

„Für die Liebestätigkeit der Schwestern war mit der Pflege der Ausländer ein Höhepunkt gekommen. Eine Einlieferung ins Krankenhaus wurde nur gestattet, wenn die Arbeiter ganz am Ende ihrer Kräfte waren. Viele kamen mehr sterbend als lebend ins Krankenhaus. Um so dankbarer waren alle für die liebevolle

---

[82] Der Polizeipräsident in Duisburg an die Leitung des Krankenhauses, zit. nach: St. Joseph-Hospital Duisburg-Laar 1867-1967. Chronik des St. Joseph-Hospitals, seiner Schwestern und seiner Ärzte 1867-1967 (Verf.: Hermann Kunkler), o. O. [Duisburg] o. J. [1967]).

[83] St. Joseph-Hospital Duisburg-Laar (wie Anm. 82), S. 13.

Pflege. Ein Franzose sagte: 'Die Leute wissen hier nicht zu schätzen, wie gute Schwestern sie hier haben'. "[84]

Anscheinend gestattete die Baubehörde sogar den Neubau eines Flügels. Doch ein Jahr später, beim größten Luftangriff auf Duisburg am 14./15. Oktober 1944, wurde dem fast voll belegten Krankenhaus „der Todesstoß versetzt":

„*Zwei Bomben zerstörten das Isolierhaus und töteten vier Kranke. Das übrige Haus stand in hellen Flammen; Wasser war nicht mehr vorhanden. 40 Schwerkranke wurden im gegenüberliegenden Kindergarten behelfsmäßig auf Matratzen auf freier Erde gebettet. Etwa 200 Kranke, zum Teil kaum gehfähig, wurden, so gut es ging, in Marsch gesetzt. Der Brand konnte erst nach zwei Tagen gelöscht werden. Die Nacht zum 15.10.44 brachte einen neuen Angriff. Mehrere Bomben trafen den unfertigen Neubau, in dem ein öffentlicher Schutzraum eingerichtet war. Sie schlugen bis in den Keller durch. Von den etwa 200 Schutzsuchenden konnten nur noch fast 50 Schwerverletzte geborgen und versorgt werden; die anderen wurden unter den Trümmern begraben. Wie durch ein Wunder blieben die Kranken in den Räumen des Kindergartens verschont. Erst in den nächsten Tagen konnten die nötigen Schritte zum Abtransport dieser Kranken und der Verletzten aus dem Kindergarten unternommen werden. Etwa 80 Personen wurden in Wagen des DRK mit Hilfe der Polizei unter Begleitung von Schwestern bis in die Nacht nach Oberhausen und in das St. Johannes-Hospital gebracht. Die meisten Schwestern wurden in anderen Häusern eingesetzt; der größte Teil der anderen Mitarbeiter verließ in der ersten Angst Laar, um zu Verwandten zu gehen. Das St. Joseph-Hospital war zu 80% vernichtet.* [...]."[85]

Im katholischen St. Vinzenz-Hospital in Dinslaken wurde im Februar 1943 die vorherige Isolierstation für ansteckende Krankheiten, eine große Baracke, bis auf drei für deutsche Tuberkulosepatienten reservierte Räume zu einer Station für kranke Kriegsgefangene und Fremdarbeiter (auch aus Walsum) umgewidmet. Franzosen, Belgier, Niederländer, Polen, Ukrainer, Russen und Italiener hatten jeweils ihr eigenes Zimmer in der Baracke, „*aber die Männer durften sich nach Belieben gegenseitig besuchen.*"[86] Vor dem Februar 1943 waren die Ausländer noch in der Männerstation im Hauptgebäude des Krankenhauses aufgenommen worden, wo ein Raum für sie reserviert gewesen war.

Generelle Aussagen zu Krankheitsanfälligkeit und Krankheitshäufigkeit bei Zwangsarbeitern lassen sich nur mit Vorbehalt machen. Seit dem Frühjahr 1942,

---

[84] Ebd., S. 13.
[85] Ebd., S. 13f.
[86] Emile Eche, „Ich diente und mein Lohn ist Frieden". Maria Euthymia, Klemensschwester aus Westfalen, in den Erinnerungen des kriegsgefangenen französischen Soldatenpriesters Emile Eche. Herausgegeben und mit Anmerkungen versehen von Dr. Franz Kroos, Münster ^{9}1981, S. 34f. Die französische Orginalausgabe erschien 1961; erste deutschsprachige Ausgabe: Münster 1965.

als Ernährung und Versorgung der Bevölkerung erstmals in eine schwere Krise gerieten, waren ausländische Arbeitskräfte durchweg anfälliger für Mangelkrankheiten und Tuberkulose als Deutsche. Als im Frühjahr 1943 der Krankenstand bei den Hüttenwerken der Vereinigte Stahlwerke AG ermittelt wurde, stellte sich heraus, daß die August Thyssen-Hütte mit ihren fünf Betrieben einen höheren Krankenstand (6,8%) hatte als der Bochumer Verein (5,8%) und der Dortmund-Hörder Hüttenverein (4,8%).[87] Entgegen dem ersten Anschein bedeutete dies keineswegs, daß die Krankheitsvorbeugung oder die Ernährung der Thyssen-Arbeiter schlechter war als in den anderen Hüttengruppen der Vereinigte Stahlwerke AG. Der höhere Prozentsatz zeugt vielmehr von einem humaneren Betriebsregiment, nach welchem Krankmeldungen von Arbeitern häufiger akzeptiert wurden, denn als krank galt offiziell nur, wessen Krankmeldung angenommen und wer von der Arbeit dispensiert, ins Krankenrevier oder in ein öffentliches Krankenhaus überwiesen worden war. Daß man den Krankenstand durch willkürliche und repressive Maßnahmen beeinflussen konnte, wird auch aus einem Bericht des Rüstungsobmanns im Wehrkreis VI b, Hans Reuter, deutlich, der im Mai 1944 an das Rüstungsministerium schrieb, beim *„Ausländereinsatz"* sei *„der Krankenstand infolge schärferer Überwachung verhältnismäßig niedrig,"* und das zu einer Zeit, als er allgemein stieg, insbesondere wegen des vermehrten Einsatzes von – deutschen wie nichtdeutschen – Frauen.[88] Das weniger harte Regiment bei der ATH äußerte sich übrigens auch in einer „Bummelantenquote", die um das zweieinhalbfache höher war als beim Bochumer Verein, der offenbar viel schneller gegenüber „Bummelanten" zu „Erziehungsmaßnahmen" schritt, die wegen ihres abschreckenden Charakters die durchschnittliche Neigung zur „Bummelei" im Betrieb verringerten. Bei einer Kontrolle des *„hohen"* Krankenstandes *von „angeblich 191 Mann"* bei den sowjetischen Kriegsgefangenen der August Thyssen-Hütte am 22. Dezember 1942 stellte sich heraus, daß immerhin 161 der Kriegsgefangenen tatsächlich krank waren; 30 Mann, die aus anderen Gründen nicht zur Arbeit angetreten waren, hatten die Lagerführer der Bequemlichkeit halber ebenfalls als krank eingetragen.[89]

Sowjetische Kriegsgefangene und Ostarbeiter, zeitweise auch polnische Arbeiter, litten in sehr viel größerem Umfang als andere Zwangsarbeitergruppen an zwei schweren Krankheiten, dem Flecktyphus („Fleckfieber") und der Tuberkulose (TB). Seit dem Hochsommer 1941, als die ersten sowjetischen Kriegsgefangenen ins Ruhrgebiet kamen, war die Flecktyphusgefahr ein ständiges Problem, denn viele Kriegsgefangene brachten aus den Lagern, in denen sie vor dem

---

[87] Gustav-Hermann Seebold, Ein Stahlkonzern im Dritten Reich. Der Bochumer Verein 1927-1945, Wuppertal 1981, S. 280.
[88] HSTAD RW 13-13: Bericht des Rüstungsobmannes im Wehrkreis VIb, Hans Reuter, an das Reichsministerium für Rüstung und Kriegsproduktion für April 1944.
[89] TKKA A/5012: Die Abteilung Betriebswirtschaft der ATH AG an Direktor Dr. Eichholz u. a., 22. Dezember 1942 (Dokumentation ausländische Arbeitskräfte 1939-1945, Dok. 48).

Transport in die Einsatzorte unter menschenunwürdigen Bedingungen gelebt hatten, Kleiderläuse mit, durch die Flecktyphus übertragen wurde.[90] In mindestens drei (vermutlich in sehr viel mehr) industriellen Großbetrieben in Duisburg gab es vielbenutzte Entlausungs- oder „Entwesungs"-Anlagen, so auf der Schachtanlage Friedrich Thyssen 2/5 in Hamborn, im Kriegsgefangenenlager der August-Thyssen-Hütte AG in Beeckerwerth und im Hüttenwerk der Mannesmannröhren-Werke AG in Huckingen, aber manchmal war *„trotz mehrfacher Entlausung"* das Ungeziefer nicht völlig auszurotten.[91] Die mit dem Gesundheitswesen befaßten Behörden und Institutionen sahen das eigentliche Problem in der Ansteckungsgefahr für *Deutsche*, die es nicht vermeiden konnten, mit kranken Ausländern in Kontakt zu kommen. Der Reichsführer SS und Chef der Deutschen Polizei mahnte im Oktober 1941 die Staatspolizei(leit)stellen zu größter Vorsicht beim Kontakt mit osteuropäischen Strafgefangenen:

„Trotz der angeordneten Massnahmen zur Entlausung eingelieferter Häftlingen [sic], zur Desinfektion ihrer Kleidung und zur Entwesung der Gefängniszellen sind erneut Fleckfieberfälle, insbesondere im Osten des Reiches aufgetreten, bei denen leider auch Todesfälle unter den Gefängnisaufsichtsbeamten und der Bewachungsmannschaft zu verzeichnen waren. Der Herd der Fleckfieberepidemie liegt im Generalgouvernement. Die Epidemie wird ausschließlich durch Läuse verbreitet, die von krankheitsbehafteten Personen herstammen. Eine Schutzimpfung aller Beamten und Aufsichtskräfte, die mit Gefangenen Umgang haben, ist wegen der geringen Menge des zur Verfügung stehenden Impfstoffes nicht möglich, im übrigen auch nicht erforderlich, da die sofortige Desinfektion der Gefangenen und die äusserste Sauberkeit im Gefängnis hinreichend Schutz gegen die Übertragung der Krankheit bieten."[92]

Die Normalsituation der Kriegsgefangenenlager – Überfüllung sowohl des Gesamtlagers als auch des Krankenreviers – hat in vielen Fällen die schnelle Ausbreitung von Flecktyphus und anderen schweren Krankheiten begünstigt. In einem Lager für sowjetische Kriegsgefangene in Rheinhausen war im Winter 1941/42 mehr als die Hälfte der Insassen wegen Erkrankung an Flecktyphus nicht arbeitsfähig:

„In dem Kriegsgefangenenlager Rheinhausen sind von 140 Russen ca. 80 schwer erkrankt. Bis jetzt sind 8 gestorben. Bei weiteren steht der Exitus bevor. Eine Lazarettunterbringung ist nach Rücksprache mit dem Oberstabsarzt des Stalags nicht möglich, so daß die Kranken im Lager bleiben müssen. Irgendwelche gemeingefährliche Kranke sind nicht festzustellen, jedoch besteht der drin-

---

[90] Mannesmann-Archiv M 12.821.2 (wie Anm. 18). Bei Emile Eche, Schwester Euthymia (s. Anm. 86), S. 54, heißt es: „*Außerdem waren die polnischen und russischen Fremdarbeiter, die zu uns kamen, völlig verlaust*".
[91] Mannesmann-Archiv M 12.821.2 (wie Anm. 18).
[92] HSTAD RW 36-18, fol. 46: Der Reichsführer SS und Chef der Deutschen Polizei im Reichsministerium des Innern an die Staatspolizei(leit)stellen, 4. Oktober 1941.

gende Verdacht, daß derartige Kranke durch bakteriologische Untersuchungen demnächst festgestellt werden. Diese Untersuchungen sind von mir angeordnet worden. Die Ergebnisse bleiben abzuwarten. Zur Vermeidung von Übertragung von Krankheiten auf die Zivilbevölkerung ist das Lager gesperrt worden. [...]"[93]

Auch die Tuberkulose traf vor allem sowjetische Kriegsgefangene und Ostarbeiter. Von den ausländischen Arbeitern der Mannesmannröhren-Werke AG in Duisburg-Huckingen starben während des ganzen Krieges ein Italiener und ein Westarbeiter, aber 16 Ostarbeiter an Tuberkulose.[94] Im Frühsommer 1944 stellte der für das rheinisch-westfälische Industriegebiet zuständige Lager-Inspekteur der Deutschen Arbeitsfront, Erich von Seydlitz-Kurzbach, eine Vermehrung der Tuberkulosefälle bei den Ostarbeitern fest, wobei er überzeugt war, daß die von dem zuständigen staatlichen Arzt geschätzte Zahl von etwa 600 an „offener" Tuberkulose erkrankten Ausländern viel zu niedrig lag.[95] Zu dieser Zeit, als viele Krankenhäuser ganz oder teilweise zerstört waren, bestand ein großes Problem darin, daß TB-Kranke, die eigentlich auf die Isolierstationen der Krankenhäuser gehört hätten, in den überfüllten Krankenrevieren der Lager bleiben mußten, wodurch die anderen, an weniger schweren Krankheiten leidenden „Revierkranken" größter Ansteckungsgefahr ausgesetzt wurden. Einen Ausweg aus dieser Lage sah die DAF in dem Bau von *Krankensammellagern* außerhalb der Großstädte. Ausreichende ärztliche Versorgung vorausgesetzt, wären die an hochansteckenden Krankheiten leidenden ausländischen Patienten in solchen Lagern tatsächlich sehr viel besser als im normalen Lager aufgehoben gewesen, weil Luftangriffe, die erhebliche Störungen der Nachtruhe mit sich brachten, in ländlichen Gebieten sehr viel seltener als in den Städten vorkamen. Im Juni 1944 existierte im Gau Essen nur ein einziges Krankensammellager in Friedrichsfeld (Kreis Dinslaken), ein früheres *Durchgangslager*, dessen Bettenkapazität auf 700 ausgebaut werden sollte. Im Gau Köln-Aachen gab es ebenfalls nur ein Sammellager (Gremberg-Wald); daneben hatte aber auch das Durchgangslager Köln-Deutz TB-Kranke aufnehmen müssen, was auch für das Durchgangslager Wuppertal im Gau Düsseldorf galt. Die aus Platznot geborene Belegung von Durchgangslagern (den *„Visitenkarten des Reiches"*) mit Kranken wurde von allen Instanzen als unhaltbarer Zustand betrachtet, aber wie so oft mußten auch hier Prinzipien den Zwängen der Realität des letzten Kriegsjahres geopfert werden. Seydlitz-Kurzbach schrieb Ende Juni 1944 an seine vorgesetzte Dienststelle, es sei *„unbedingt notwendig, die TB-Kranken nicht nur zur Erhaltung der*

---

[93] Aus einem Bericht des Moerser Gesundheitsamtes von Januar 1942, zitiert nach: Aurel Billstein, Fremdarbeiter in unserer Stadt. Kriegsgefangene und deportierte „fremdländische Arbeitskräfte" 1939-1945 am Beispiel Krefeld, Frankfurt a. M. 1980, S. 69; Abdruck auch in: 50 Jahre Rheinhausen 1934-1984, Duisburg 1984, S. 31.
[94] Mannesmann-Archiv M 12.821.1 (wie Anm. 63), S. 18: „Todesfälle bei Fremdarbeitern".
[95] StADU 41/436: Bericht des Beauftragten VIII der Zentralinspektion (der DAF) für die Betreuung ausländischer Arbeitskräfte für Mai und Juni 1944 vom 30. Juni 1944, S. 3.

Volksgesundheit, sondern auch zur Erhaltung des Arbeitsfriedens schleunigst aus den Fremdarbeiterlagern der Betriebe herauszunehmen und sie an geeigneten Orten zusammenzufassen", und forderte dementsprechend den forcierten Bau von Krankensammelunterkünften.[96]

Andere Krankheiten, die häufig auftraten, waren Diphterie und Ruhr. Sterbefallformulare des Standesamtes Duisburg-Nord aus dem Jahr 1942 geben Hinweise auf eine Ruhrepidemie im Gerichtsgefängnis Duisburg-Hamborn, der mehrere Polen zum Opfer fielen, die teils im Gefängnis, teils im St. Johannes-Hospital starben.[97] Bei Kindern von Ostarbeitern, die schwer erkrankten, lag das Risiko, an der Krankheit zu sterben, aufgrund der meist weniger intensiven ärztlichen Versorgung zweifellos höher als bei ihren deutschen Altersgenossen. Von den Kindern, die im Ostarbeiterlager der Eisenwerk Wanheim GmbH geboren waren, starben, wenn man von drei Totgeburten absieht, 13, und zwar an Krämpfen, Brechdurchfall, Gehirnhautentzündung, Lungenentzündung, Bronchitis, „Lebensschwäche" oder „Halsbräune".[98] Der Leiter des Gesundheitsdienstes des Eisenwerkes Wanheim schrieb am 25. Januar 1945 über die tödlichen Erkrankungen von fünf Lagerkindern:

„Todesursache: Masern mit anschließender Lungenentzündung. Die Masern wurden von den letztgekommenen ukrainischen Familien eingeschleppt, was [...] nicht so wichtig gewesen wäre. Aber als nach Ausheilung der Masern die Bronchialerkrankungen einsetzten, wurden von den Müttern unser Rat und die Anordnungen des Arztes nicht befolgt, sondern nach vor fünfzig Jahren einmal maßgebenden und veralteten Regeln behandelt. Erfolg: Die Kinder starben. [...] Da die Kinderstation noch nicht ganz fertig war, konnten die Kinder auch nicht aus den Baracken gezogen werden. Inzwischen ist die Kinderstation fertiggestellt und am 24. Januar bezogen worden. Eine Ostarbeiterin, welche ausgebildete Krankenschwester ist, muß die Pflege unter ärztlicher Aufsicht übernehmen."[99]

Im „Hungerwinter" 1944/45 starben insbesondere viele Säuglinge und Kleinkinder osteuropäischer Zwangsarbeiterinnen an Tuberkulose, Diphterie, Masern, Scharlach und Diarrhöe, Krankheiten, gegen die alles ärztliche Bemühen, wenn es denn einsetzte, oft vergebens war. Auf der anderen Seite kamen jedoch in Duisburg auch viele Zwangsarbeiter-Kinder zur Welt. Nachdem zunächst, noch bis 1942, weibliche Arbeitskräfte, die schwanger wurden, nach Meldung beim zuständigen Arbeitsamt aus den Betrieben herausgezogen und in die Heimat zurückbefördert wurden, ging man angesichts einer Häufung von Schwangerschaftsfällen, deren Grund natürlich in der Erwartung der Frauen lag, nach Hause zu kommen, 1943 dazu über, die schwangeren Ostarbeiterinnen, die nicht zu

---

[96] Ebd., S. 2-4.
[97] StADU Best. 104: Standesamtsformulare 1942, Sterbefälle (Ausländer).
[98] Hildebrand, Wanheim-Angerhausen, S. 485f. u. 497f. (Tabellen).
[99] Zit. nach: Hildebrand, Wanheim-Angerhausen, S. 485f.

einer Abtreibung bereit waren, am Arbeitsort festzuhalten, um sie nach einer kurzen Mutterschutzfrist, in der sie von jeglicher Arbeit freigestellt waren, wieder einsetzen zu können. Die staatliche vorgeschriebene Mindestschutzfrist für Polinnen und Frauen aus der Sowjetunion betrug acht Wochen, zwei vor und sechs nach der Entbindung; alle anderen Ausländerinnen waren rechtlich den deutschen Frauen gleichgestellt. Im Duisburger Hüttenwerk der Mannesmannröhren-Werke AG konnte die Schutzfrist nach der Geburt bis zu einem halben Jahr dauern, *„je nach Gesundheitszustand von Mutter und Kind."*[100] Die Entbindungen fanden teilweise in den Fachstationen einzelner Krankenhäuser statt (so z. B. in der Städtischen Frauen- und Kinderklinik an der Lotharstraße, im St. Marien-Krankenhaus in Hochfeld, im St. Anna-Krankenhaus in Huckingen und im Hamborner St. Johannes-Hospital), größtenteils jedoch in besonderen, seit 1943 eingerichteten Stationen für Ausländerinnen in bestimmten Zivilarbeiterlagern. Die August Thyssen-Hütte AG richtete wohl 1943, spätestens in der ersten Jahreshälfte 1944 in zwei großen, hauptsächlich von Ostarbeiterinnen bewohnten Hamborner Lagern (*Lakmé* an der Parkstraße [Am Grillopark] 99 und *Orienta* an der Neuen Schwelgernstraße) Entbindungsstationen mit „russischen" Lagerärzten oder -ärztinnen ein; auf diese Stationen kamen auch die hochschwangeren Frauen aus den anderen Lagern der ATH. Auch das Huckinger Hüttenwerk der Mannesmannröhren-Werke AG unterhielt spätestens seit Mitte 1943 eine Entbindungs- und Kinderstation mit einer „russischen" Ärztin, einer Zahnärztin und einer Hebamme. Bis zum 8. Oktober 1943 waren in dieser Station 20 Kinder geboren worden.[101] Seit 1943 gab es im St. Elisabeth-Hospital in Meiderich eine Entbindungsstation für ausländische Arbeiterinnen aus allen Duisburger Unternehmen und Betrieben, die keine eigene Station hatten, wie etwa die Reichsbahn-Betriebe; dort kamen 1944 nicht weniger als 90 Kinder von ausländischen Frauen zur Welt. Im Februar und März 1945, d. h. auch schon vor dem Beginn der Artilleriebeschießung Duisburgs von der linken Rheinseite her (Anfang März), fanden auch in Luftschutzräumen, etwa in den Hochbunkern an der Alexstraße und am Heinrichplatz in Hamborn und an der Eberstraße in Wanheimerort, Geburten statt. Die Station im St. Elisabeth-Hospital blieb auch nach der Besetzung Duisburgs durch amerikanisches Militär bestehen, mindestens bis Ende Juni 1945. Zu diesem Zeitpunkt waren die der „Apartheid" geschuldeten Beschränkungen auf bestimmte Häuser offenbar beseitigt; nun konnten Ausländerinnen in jedem Krankenhaus mit einer entsprechenden Station niederkommen, z. B. auch im Evangelischen Krankenhaus in Alt-Hamborn (Morian-Stift), das ihnen bis zur Befreiung verschlossen gewesen zu sein scheint. Im Hamborner

---

[100] Mannesmann-Archiv M 12.821.2 (wie Anm. 18).
[101] StADU 41/436: Auszug aus einem Bericht der Mannesmannröhren-Werke AG an die Kreiswaltung Duisburg der Deutschen Arbeitsfront, in: Bericht des Beauftragten VIII der Zentralinspektion (der DAF) für die Betreuung ausländischer Arbeitskräfte für Oktober 1943, Anlage 5; ferner Wessel, Kontinuität im Wandel (wie Anm. 28), S. 259.

St. Barbara-Hospital, das von den Amerikanern unmittelbar nach der Besetzung des Stadtbezirks am 28. März zum Feldlazarett erklärt und für ausländische Kranke reserviert worden war, wurde offenbar am 30. März das erste Zwangsarbeiter-Kind geboren; die Mutter, eine „Hilfsarbeiterin" aus der Sowjetunion, lebte im *Gemeinschaftslager Ost* in Hamborn, das sich keinem bestimmten Arbeitgeber zuordnen läßt.[102] Die folgende Tabelle ist ein Versuch, die Geburten von Zwangsarbeiter-Kindern in den Jahren des massenhaften „Ausländereinsatzes" nach Nationalitäten statistisch darzustellen. Wegen erheblicher Unsicherheiten bei der Einstufung einzelner Ausländerinnen aus den Niederlanden, Belgien, Frankreich und Polen als mutmaßliche Zwangsarbeiterinnen können die Angaben zu diesen Nationalitäten nur als Schätzwerte betrachtet werden.

Tabelle 21: Niederkünfte von mutmaßlichen Zwangsarbeiterinnen und Ehefrauen von Zwangsarbeitern in Alt-Duisburg 1942-1945[103]

Jahr	F	B	NL[a]	PL	SU	Andere und Staatenlose	Gesamt
1942	-	1	5	1	2	4	13
1943	1	-	1	2	59	1	64
1944	4	3	16	10	214	12	259
1945[b]	4 (4)	1 (1)	1	2	58 (40)	6 (2)	72 (47)
1942-45	9	5	23	15	333	23	408

F: Frankreich, B: Belgien, NL: Niederlande, PL: Polen, SU: Sowjetunion

a) Bei den niederländischen Staatsangehörigen ist die Klassifikation als freier Arbeitnehmer oder Zwangsarbeiter in den meisten Fällen schwierig, weil es in Duisburg nicht nur bis 1939, sondern auch während der Kriegsjahre eine relativ starke niederländische „Kolonie" von freien Berufstätigen gab und bei manchen Berufen oder Arbeitgebern sowohl ein freies als auch ein erzwungenes Arbeitsverhältnis vorliegen kann. Die angegebenen Zahlen stehen für Fälle, die aufgrund der Angaben in den Formularen nicht eindeutig als freie Arbeitnehmer zu klassifizieren sind.

b) In Klammern: Geburten vor dem lokalen Kriegsende (nördlich der Ruhr: 28. März, südlich der Ruhr: 12. April 1945)

Obwohl die Entbindungen, sofern sie nicht während oder nach einem Luftangriff in Bunkern oder Stollen stattfanden, unter medizinisch-hygienisch halbwegs akzeptablen Bedingungen vor sich gingen, haben viele in Deutschland ge-

---

[102] Die Erkenntnisse über die Entbindungen von kriegsbedingt in (Alt-) Duisburg lebenden Ausländerinnen, d. h. mutmaßlichen Zwangsarbeiterinnen oder Ehefrauen von Zwangsarbeitern, wurden größtenteils aus den Geburten-Formularen der vier Duisburger Standesämter im Stadtarchiv gewonnen (Best. 104)

[103] StADU Best. 104: Standesamtsformulare 1942-1945, Ausländer: Geburten.

borenen Kinder von Ostarbeiterinnen und Polinnen nur kurze Zeit gelebt. Sofern nicht ein rassisch „höherwertiger" Mann (ein „Arier") der Vater eines dieser Kinder war (in diesen Fällen wurde das Kind der Mutter weggenommen und als „eindeutschungsfähig" zur Adoption durch ein deutsches Ehepaar freigegeben), kamen die Neugeborenen seit Mitte 1943 aufgrund eines Erlasses des Reichssicherheitshauptamtes in ein Ausländerkinderheim oder eine „Ausländerkinder-Pflegestätte", wo sie die Mütter, wenn die Entfernung es zuließ, an den Wochenenden besuchen konnten. Ein solches „Kinderlager" des Krupp-Konzerns, wohl das Duisburg nächstgelegene, befand sich seit dem 22. Mai 1944 innerhalb der Gesamtanlage eines gerade fertiggestellten, großen „Gemeinschaftslagers" für mehr als 1 000 Ostarbeiter in Voerde im Kreis Dinslaken. Krupp hat dieses „Kinderlager" eingerichtet, weil die „Kinderstation" des Unternehmens in Essen bei einem Luftangriff Ende April 1944 völlig zerstört worden war. Das für 130 Kinder ausgelegte Lager bestand etwas länger als neun Monate; in dieser Zeit starben 99 Kinder an verschiedenen Ursachen, die meisten im Winter 1944/45.[104] In vielen „Ausländerkinder-Pflegestätten" herrschten während der letzten Kriegsphase Verhältnisse, die das Überleben eines Kindes zum Ausnahmefall machten. Kleinkinder, die kaum Abwehrkräfte entwickeln konnten, starben meist nach kurzer Zeit an den Folgen falscher und unzureichender Ernährung (es gab oft nicht einmal genügend Milch), mangelnder Hygiene und fehlender Zuwendung.[105] Wenn eine Ostarbeiterin, mit Erlaubnis der zuständigen Rekrutierungsbehörde, ihre Kinder nach Deutschland mitgebracht hatte, durfte sie sie bei sich im Lager behalten.

Auch die *religiöse Betreuung* der ausländischen Arbeitskräfte war durch eine rassistisch motivierte ungleiche Behandlung der verschiedenen Ethnien geprägt. Die Seelsorge für Kriegsgefangene war durch internationale Abkommen geregelt und stand in Deutschland unter der Aufsicht von Feldbischöfen der Wehrmacht. In den ersten Monaten des Krieges scheint es noch keine staatlichen Vorschriften über Modifikationen der bestehenden Regelungen im Hinblick auf die polnischen Kriegsgefangenen gegeben zu haben. Katholische Geistliche verhielten sich 1939/40 „vielerorts" sehr freundlich zu polnischen Gefangenen, und die aus der Sicht von überzeugten Nationalsozialisten *„übertrieben freundliche Einstellung der katholischen Geistlichkeit und der unter ihrem Einfluß stehenden Bevölkerungsteile zu den polnischen Kriegsgefangenen"* führte *„bei der nationalsozialistischen Bevölkerung"* in einigen Fällen zu Kritik oder gar *„heftiger Empö-*

---

[104] Zum „Kinderlager" Voerde: HAK WA 153 v 1421: Barackenlager in Voerde (1944/45); ferner Marlies Wellmer, Leben und Überleben im Kinderlager Voerde 1944/45, in: Dieter Bach u. Jochen Leyendecker, „Ich habe geweint vor Hunger". Deutsche und russische Gefangene in Lagern des Zweiten Weltkriegs, Wuppertal ²1995, S. 181ff.

[105] Zu den „Kinderlagern" allgemein: Gisela Schwarze, Kinder, die nicht zählten. Ostarbeiterinnen und ihre Kinder im Zweiten Weltkrieg, Essen 1997 (eine Regionaluntersuchung für die Provinz Westfalen); Herbert, Fremdarbeiter, S. 287-290.

rung."¹⁰⁶ Im Herbst 1939 nahmen polnische Kriegsgefangene an vielen Orten Deutschlands an den katholischen Gottesdiensten teil, wobei es „*oft*" vorkam, „*daß diese in geschlossenen Formationen zur Kirche geführt werden, dort die ersten Plätze einnehmen, während dann die Bevölkerung in der Kirche neben den besetzten Bänken stehen muß.*" Dies rief Unmut hervor, vermutlich auch bei Deutschen, die nicht unbedingt rassistisch eingestellt waren. „*Verschiedentlich*", so eine *Meldung aus dem Reich* vom 11. Dezember 1939, „*haben nunmehr die Landräte gegen den Besuch der öffentlichen Gottesdienste durch Gefangene Stellung genommen. Ein generelles Verbot ist notwendig. [...] Generelle Anweisungen an die Kirche bezüglich des Verhaltens zu den polnischen Gefangenen erscheinen zweckmäßig.*"¹⁰⁷ Am 13. Dezember 1939 erging ein Erlaß des Oberkommandos der Wehrmacht, wonach die Kriegsgefangenen von der Zivilbevölkerung ferngehalten und geschlossen zu den Gottesdiensten geführt werden sollten. Aber in den ersten Monaten des Jahres 1940 kam es etwa in Bayern und Württemberg immer noch vor, „*daß die polnischen Kriegsgefangenen teils geschlossen, teils in kleineren Gruppen, teils einzeln mit ihren* Arbeitgebern *gemeinsam mit der übrigen Bevölkerung die kirchlichen Gottesdienste besuchen.*"¹⁰⁸

Auch zivile polnische Arbeiter durften vom Kriegsbeginn bis zum Sommer 1940 offiziell nicht an allgemeinen Gottesdiensten teilnehmen. Dann jedoch erlaubte das Regime die Teilnahme von zivilen Polen an Gottesdiensten, sofern sichergestellt war, daß keine darüber hinausgehenden Kontakte mit Deutschen stattfanden. Ein Jahr später wurde dieses Zugeständnis rückgängig gemacht; die den polnischen Christen auferlegte Beschränkung auf bestimmte Kirchenbänke, die wohl bis 1941 als Kompromiß zwischen den Prinzipien der katholischen Kirche und den Forderungen des NS-Regimes in vielen katholischen Gemeinden praktiziert wurde, war fortan rechtlich „*nicht zulässig.*"¹⁰⁹ Das Regime gestattete allein die „*Abhaltung besonderer Gottesdienste*" für Polen und, seit 1942, sowjetische Zivilpersonen. Groteskerweise wurde aber verfügt, daß die Polen-Gottesdienste in der *deutschen* Sprache abzuhalten seien, obschon in manchen Regionen, so im Ruhrgebiet, deutsche Geistliche, die des Polnischen mächtig waren, durchaus nicht fehlten. Tatsächlich haben aber auch 1941 und 1942 hier

---

¹⁰⁶ *Meldungen aus dem Reich* Nr. 47, 31. Januar 1940, veröff. in: Berichte des SD und der Gestapo über Kirchen und Kirchenvolk in Deutschland 1934-1944. Bearbeitet von Heinz Boberach, Mainz 1971 (Veröffentlichungen der Kommission für Zeitgeschichte bei der Katholischen Akademie in Bayern, Reihe A: Quellen, Band 12), Dok. Nr. 49, S. 397.
¹⁰⁷ *Meldungen aus dem Reich* Nr. 27, 11. Dezember 1939, veröff. in: Berichte des SD und der Gestapo über Kirchen und Kirchenvolk in Deutschland 1934-1944 (wie Anm. 106), Dok. Nr. 37, S. 382.
¹⁰⁸ *Meldungen aus dem Reich* Nr. 47, 31. Januar 1940 (wie Anm. 106), Dok. Nr. 49, S. 398.
¹⁰⁹ Hertel, Arbeitseinsatz ausländischer Zivilarbeiter (wie Anm. 6), S. 64.

und da polnische und sowjetische Arbeiter und Arbeiterinnen an öffentlichen Gottesdiensten teilgenommen; umgekehrt besuchten auch Deutsche, speziell männliche Jugendliche als Meßdiener, Gottesdienste für Polen.

Bei den französischen, weit überwiegend katholischen Kriegsgefangenen wurde die Seelsorgearbeit vielfach von kriegsgefangenen Geistlichen geleistet, deren Zahl jedoch für eine regelmäßige Betreuung aller rund 600 000 französischen *prisonniers de guerre* im Reichsgebiet zu gering war.[110] Während es in den Lagern für Offiziere an Geistlichen nicht mangelte, mußten viele der dezentralen Arbeitskommandos mit mehreren hundert Gefangenen einen eigenen Seelsorger entbehren. 1941 ordnete das Oberkommando der Wehrmacht eine große Umverlegung von kriegsgefangenen Geistlichen zwischen den Stammlagern und den Arbeitskommandos an, die eine gewisse Entspannung der Situation bewirkte. Nachdem in der zweiten Jahreshälfte 1942 auch tausende von zivilen französischen Zwangsarbeitern nach Deutschland gekommen waren, denen ebenfalls keine hinreichende religiöse Betreuung zuteil wurde, obwohl es den deutschen Geistlichen nicht verboten war, sie und andere ausländische Katholiken im Zivilstatus zu pastorieren, organisierte die französische Bischofskonferenz zur Gewährleistung einer bestmöglichen Seelsorge in den Lagern die Einschleusung von als Arbeiter getarnten Geistlichen ins Reichsgebiet. Die ersten 26 dieser Priester reisten seit April 1943 nach Deutschland ein und gelangten wunschgemäß in Industriebetriebe mit französischen Zwangsarbeitern. Die Tätigkeit der geheimen Arbeiterpriester wurde von rund 10 000 katholischen Laien unterstützt, die sich in der *Action Catholique en Allemagne* zusammengeschlossen hatten. Das Reichssicherheitshauptamt, dem diese Organisation nicht verborgen blieb, unterstellte den Geheimpriestern und der *Action Catholique* eine Aufhetzung der Arbeiter im antideutschen Sinn und verfolgte die Organisation sowohl in Deutschland als auch in Frankreich, das seit dem 11. November 1942 vollständig von der Wehrmacht besetzt war. Allerdings konnte das NS-Regime nicht so weit gehen, die Seelsorge französischer Priester für Kriegsgefangene und zivile Zwangsarbeiter einfach zu verbieten und offen zu unterdrücken, und es war auch nicht möglich, die Führung der französischen Kirche in Paris zu zwingen, ihre Aktivitäten in dieser Hinsicht zu beenden.[111] Für das Alt-Duisburger Stadtgebiet konnte nur ein Fall der Betreuung von französischen Zwangsarbeitern

---

[110] In Frankreich, wo Staat und Kirche seit 1905 strikt getrennt waren und Konkordate, wie sie in Deutschland zwischen dem Reich sowie einzelnen Bundesstaaten (Preußen, Bayern, Baden) und dem Heiligen Stuhl geschlossen worden waren, nicht existierten, wurden, anders als in Deutschland, auch Geistliche zum Militärdienst einberufen. - Zur religiösen Betreuung der französischen Kriegsgefangenen und Zwangsarbeiter: Markus Eikel, Französische Katholiken im Dritten Reich. Die religiöse Betreuung der französischen Kriegsgefangenen und Zwangsarbeiter 1940-1945, Freiburg i. Br. 1999; zu den zivilen Zwangsarbeitern außerdem die Lokalstudie von Elisabeth Tillmann, Zum „Reichseinsatz" nach Dortmund. Das Schicksal französischer Zwangsarbeiter im Lager Loh 1943-1945, Dortmund 1995.
[111] Eikel, Französische Katholiken im Dritten Reich (wie Anm. 110), S. 291-99.

durch Priester aus dem Heimatland festgestellt werden. Im Kriegsgefangenenlager des Werkes Großenbaum der Mannesmannröhren-Werke AG, einem ehemaligen Ledigenheim, richteten sich die Franzosen *„mit Unterstützung des Werkes"* eine Kapelle ein, in der ein kriegsgefangener Pfarrer Gottesdienste zelebrierte.[112]

Seit dem Frühjahr 1942 ergab sich durch den starken Zustrom von Ostarbeitern und Ostarbeiterinnen ein neues Problem für die beiden großen Kirchen in Deutschland. Die Ostarbeitererlasse verboten die seelsorgerische Betreuung durch deutsche Geistliche und schrieben vor, daß Arbeitskräfte aus der Sowjetunion ebenso wie die sowjetischen Kriegsgefangene nur in den Lagern an Gottesdiensten teilnehmen durften, die von Landsleuten, russisch-orthodoxen Geistlichen oder Laienseelsorgern, abgehalten wurden.[113] Dennoch bemühten sich die beiden Kirchen um die religiös interessierten Ostarbeiter, die ein starkes Bedürfnis nach religiösen Ritualen hatten, wogegen sie die Wortverkündigung (in deutscher Sprache) meist nicht verstehen konnten.[114] Die „Rechtslage" der Zeit von Frühjahr 1942 bis Mitte 1943 ist nicht ganz klar. Handlungen deutscher Geistlicher oder Laien, die aus der christlichen Überzeugung von der Gleichheit aller Menschen vor Gott resultierten und der Supranationalität der katholischen Kirche Rechnung trugen, mußten naturnotwendig mit dem nationalsozialistischen Rassismus kollidieren. In einer *Meldung aus dem Reich* vom 23. November 1942 hieß es, die katholische Kirche setze sich über die rassistischen Doktrinen des NS-Staates hinweg und *„sehe im ausländischen Arbeiter lediglich den Glaubensbruder"*, eine Haltung, die dazu beitrage, die *„mit dem Ausländereinsatz ohnehin schon verbundenen volkspolitischen Gefahren"* zu verstärken.[115] Es gibt keine Anhaltspunkte für die Beantwortung der Frage, in welchem Umfang den Ostarbeitern an religiöser Betreuung, durch wen auch immer, gelegen war; die Quellen lassen nur erkennen, daß religiöses Interesse mehr bei den älteren als bei den jüngeren, mehr bei den Frauen als bei den Männern, mehr bei Menschen aus ländlichen Gebieten als bei Großstädtern und mehr bei Ukrainern als bei Groß- und Weißrussen vorhanden war. Die völlige religiöse Indifferenz bei vielen, wahrscheinlich sogar den meisten der jüngeren Verschleppten aus der Sowjetunion kann kaum verwundern, wenn man die seit 1917 praktizierte Unterdrückung der Religion im Heimatland bedenkt. Die Ostarbeiter eines Betriebes in Cuxhaven sollen auf das Angebot, für sie einen Gottesdienst abzuhalten, geantwortet haben: *„Nichts Pfarrer, mehr Essen!"*[116] Wo aber ein Bedürfnis bestand,

---

[112] Mannesmann-Archiv M 12.821.2 (wie Anm. 18).

[113] Hertel, Arbeitseinsatz ausländischer Zivilarbeiter (wie Anm. 6), S. 110.

[114] Hierüber für die Evangelische Kirche: Kaminsky, Dienen unter Zwang (wie Anm. 79), S. 193-196.

[115] *Meldungen aus dem Reich* Nr. 337 vom 23. November 1942, veröff. in: Berichte des SD und der Gestapo über Kirchen und Kirchenvolk in Deutschland 1934-1944 (wie Anm. 106), Dok. Nr. 223, S. 761.

[116] *SD-Berichte zu Inlandsfragen* vom 15. Juli 1943 (in der Edition der *Meldungen aus dem Reich*, S. 5485).

legten die Ostarbeiter Wert darauf, daß ein „echter", d. h. ordinierter Geistlicher, nicht etwa ein Laienseelsorger, die gottesdienstlichen Handlungen vornahm. Im „*Russenlager*" der Mannesmannröhren-Werke AG in Huckingen gab es einen Popen, der regelmäßig orthodoxe Gottesdienste abhielt. „*Für die Verschönerung des Gottesdienstes*" war ein Kirchenchor unter Leitung des Popen gebildet worden.[117] Der weltlich-rechtliche Status dieses Geistlichen ist nicht zu erkennen; es könnte sich um einen Verschleppten, aber auch um einen freiwillig nach Deutschland gekommenen Mann gehandelt haben. Nachdem im Frühjahr 1943 die repressiven Bestimmungen gegenüber den Arbeitskräften aus der Sowjetunion teilweise zurückgenommen wurden, um bei ihnen Leistungssteigerungen zu bewirken, hat das Regime durch Erlaß des Reichsführers SS vom 30. Juni 1943 die Abhaltung von Gottesdiensten für Ostarbeiter auch durch deutsche Geistliche ermöglicht; in erster Linie sollten aber orthodoxe und griechisch-katholische Geistliche aus den besetzten Ostgebieten angeworben werden.[118] In einer *Meldung aus dem Reich* vom 15. Juli 1943 schrieb der SD, daß eine „*planvolle Durchführung von religiösen Handlungen große Erfolge in der Erziehung und Leistungssteigerung mit sich bringen würde.*"[119] Trauungen, Taufen und Beerdigungen für Ostarbeiter und Polen durften deutsche Geistliche jedoch nicht vornehmen; bei allen anderen Nationalitäten waren diese Handlungen erlaubt.[120]

In Duisburg sind wohl auch schon vor der Neuregelung von 1943 ausländische Zwangsarbeiter von deutschen Geistlichen pastoriert worden. Der Lagerbetreuer Ferdinand Schmitz der Friedrich-Alfred-Hütte in Rheinhausen erklärte im März 1948 an Eides Statt:

„*Für die religiöse Betreuung habe ich, soweit wie möglich, ebenfalls gesorgt. Zum Beispiel wurden die polnischen Arbeiter regelmäßig von einem polnisch sprechenden Geistlichen der katholischen St. Peter-Pfarre betreut, während für die Italiener ein italienischer Geistlicher regelmäßig im Lager Gottesdienst hielt. Die Gottesdienst-Ordnung der hiesigen katholischen und evangelischen Kirche habe ich den Lagerinsassen bekanntgegeben, da einige von ihnen an diesen*

---

[117] Mannesmann-Archiv M 12.821.1 (wie Anm. 63) und M 12.821.2 (wie Anm. 18).
[118] Kaminsky, Dienen unter Zwang (wie Anm. 79), S. 193-196.
[119] *SD-Berichte zu Inlandsfragen* vom 15. Juli 1943, veröff. in: Berichte des SD und der Gestapo über Kirchen und Kirchenvolk in Deutschland 1934-1944 (wie Anm. 106), Dok. Nr. 260, S. 842. - Kaminsky, Dienen unter Zwang (wie Anm. 79) stellt fest, daß die im Juni 1943 verfügten Lockerungen der staatlichen Bestimmungen über die Seelsorge deutscher Geistlicher für osteuropäische Ausländer als ein Mittel zur Verbesserung der Lebensqualität letztlich der Steigerung der Arbeitsleistungen zugute kommen sollten.
[120] Im August 1943 wurde ein Kaplan in der Nähe von Wien von der GESTAPO scharf abgemahnt, weil er das Kind einer Ostarbeiterin in der Kirche getauft hatte (*Meldung wichtiger staatspolizeilicher Ereignisse* vom 13. August 1943, veröff. in: Berichte des SD und der Gestapo über Kirchen und Kirchenvolk in Deutschland 1934-1944 (wie Anm. 106), Dok. Nr. 263, S. 849).

Gottesdiensten teilnahmen. Die Ukrainer besuchten den katholischen Gottesdienst, obwohl dies von politischer Seite nicht gewünscht wurde."[121]

Die Führung der Gewerkschaft Walsum (Generaldirektor Dr.-Ing. Roelen, Bergwerksdirektor Stratmann und Betriebsführer Nacken) hat die religiöse Betreuung ihrer katholischen Zwangsarbeiter dadurch ermöglicht, daß dem Pfarrer von St. Dionysius in Alt-Walsum, Dechant Heinrich Theisselmann, jederzeit Zutritt zu den Lagern der Zeche gewährt wurde, bis dies zu einem nicht feststellbaren Zeitpunkt durch die Deutsche Arbeitsfront verboten wurde.[122] Die im Juni 1943 erlassenen Bestimmungen haben wohl dieses Verbot hinfällig gemacht. Im März 1942 kam Abbé Emile Eche, ein französischer Priester und Kriegsgefangener, als Feldgeistlicher für sieben Arbeitskommandos, darunter ein belgisches, nach Walsum; die Kommandos gehörten vermutlich größtenteils zur dortigen Zeche. Der Geistliche durfte sich frei bewegen, konnte aber nur außerhalb der Arbeitszeit mit den ihm anvertrauten katholischen Kriegsgefangenen Kontakt aufnehmen. Jeden Sonntag feierte er in verschiedenen Barackenlagern fünf Messen. Da er zwischen den Wochenenden unterbeschäftigt war, wurde er auf eigenen Wunsch am 1. September 1942 im St. Vinzenz-Krankenhaus in Dinslaken, wo die Clemensschwestern die Verantwortung für die Krankenpflege trugen, als Krankenpfleger in Dienst genommen. Seit 1943 zelebrierte Emile Eche an jedem Morgen um 7 Uhr im Krankenhaus eine hl. Messe für Fremdarbeiter, obwohl das ausdrücklich verboten war; es kamen jeweils 40 bis 50 Männer. Die Betreuung seiner sieben Arbeitskommandos, die er mit dem Fahrrad besuchte, behielt er bei. 1961 schrieb Eche seine guten Erinnerungen an die Zusammenarbeit mit den deutschen Geistlichen in Dinslaken und Walsum nieder:

„Übrigens muß ich sagen, daß ich auch von den deutschen Priestern aufs brüderlichste aufgenommen wurde: vom Pfarrer von Dinslaken und seinen Kaplänen, und besonders von Propst Theisselmann, der uns sogar in der Barbara-Baracke besuchte.

[...]

---

[121] StADU 41/520: Sozialfürsorge der Firma Krupp (Friedrich-Alfred-Hütte) 1941-1948, Abschrift der eidesstattlichen Erklärung des Lagerbetreuers Ferdinand Schmitz „zum Gebrauch vor Gericht, insbesondere zum Gebrauch vor dem amerikanischen Militärgericht in Nürnberg" vom 23. März 1948.

[122] HSTAD NW 1035-852: Entnazifizierungsakte P. Nacken. - Pfarrer Theisselmann, der Dechant des Dekanates Dinslaken, beherrschte fließend mindestens fünf Fremdsprachen, darunter Polnisch und Russisch, und war schon vor dem Krieg ein offen auftretender Gegner der NS-Diktatur gewesen. Als Anfang 1937 das Kruzifix aus den Klassenräumen der Schulen entfernt werden sollte, protestierte der auch als Religionslehrer tätige Pfarrer bei der Schulbehörde; die Folge war, daß ihm durch Verfügung des Regierungspräsidenten in Düsseldorf vom 1. April 1937 die Erlaubnis zur Unterrichtserteilung entzogen wurde mit der Begründung, er sei *„nicht geeignet [...], in einer nationalsozialistischen Schule deutschen Kindern Unterricht zu geben"* (Emile Eche, Schwester Euthymia [wie Anm. 86], S. 52 u. 121); ferner Franz Kloidt, Kirchenkampf am Niederrhein 1933-1945, Xanten o. J. (1965), S. 45.

Dieser Propst kam damals zu uns, trotz aller Verbote der Nationalsozialisten, um als Seelsorger mit Russen und Italienern zu sprechen; denn gerade kranke Russen und Italiener beherbergten wir [das St. Vinzenz-Krankenhaus in Dinslaken - M. K.] *in großer Zahl. Das war für ihn nicht ungefährlich. Aber er ist ein Priester, der nichts von Sicherheit hält, wenn es darum geht, Christus zu verkünden und seine Menschenliebe zu verwirklichen."*[123]

Auf die Anzeige eines Belgiers (!) hin wurde Anklage wegen „Feindpropaganda" gegen Eche erhoben, aber im September 1944 wurde er freigesprochen.[124] Auch aus der letzten Kriegsphase gibt es eine Nachricht über die tatsächlichen Verhältnisse in puncto Seelsorge. Der Niederländer J. A. Mosheuvel, der im November 1944 aus Rotterdam zur Zwangsarbeit nach Duisburg deportiert worden war, veröffentlichte 1966 als Entgegnung auf Behauptungen eines Landsmannes in einem Leserbrief an die Zeitung *De Stem* seine Erinnerungen an die Pastoration der ausländischen Arbeiter in Duisburg:

„Herr S. meint, daß es deutschen Geistlichen verboten war, mit Ausländern Kontakte zu unterhalten. Nun, ich war mit einigen Hunderten in einem alten Schulgebäude an der Duissernstraße in Duisburg untergebracht. In den Kellerräumen von der hier neben gelegenen verwüsteten St. Elisabethskirche konnten wir regelmäßig der Heiligen Messe beiwohnen. Es gab einen persönlichen Kontakt mit dem Pastor, der uns in seinem verschonten Pfarrhaus empfing und wenn nötig auch in seinem Schulkeller – während es anderswo hieß: Ausländer heraus. –

Das Weihnachtsfest 1944 war unvergeßlich. Er stellte seine Schreibmaschine zur Verfügung, um Weihnachtslieder in der niederländischen Sprache zu vervielfältigen, welche nachher in der Kellerkirche geprobt wurden. Er ließ seine Weihnachtspredigt übersetzen und las sie am Weihnachtsmorgen in einer besonderen Heiligen Messe selbst vor.

Später stellte ich es auch in einem Bunkerkrankenhaus fest, wo ich unter einem französischen Kriegsgefangenen und verwundeten deutschen Kindern und Älteren mit aufgenommen wurde, daß ein deutscher Geistlicher jeden ohne Unterschied der Nationalität besuchte. Noch mehr, er gab dem Franzosen die letzte Heilige Ölung [sic] *und betete mit mir für ihn. –*

Daß er in jeder Gottesdiensteröffnung den Segen für die deutschen Waffen erbeten hat, wie es behauptet wird, habe ich nie erlebt. Es mag möglich sein, daß er tatsächlich für die an der Front für das Vaterland Gefallenen und Vermißten gebetet hat. Darin konnte aber niemals eine Veranlassung gefunden werden, den Gottesdienst nicht zu besuchen. Das einzige, was mir bekannt ist, war die Vorschrift für die deutsche Bevölkerung, nicht gleichzeitig mit polnischen Arbeitern

---

[123] Emile Eche, Schwester Euthymia (wie Anm. 86), S. 51f.
[124] Ebd., S. 51 u. 60.

in die Kirche zu kommen. Das war dann für die Niederländer eine herrliche Gelegenheit, um ihre Verbundenheit mit den Polen zu betonen. Als ich dann im letzten Stadium des Krieges nach Rees verlegt wurde, war dort vom Kirchenbesuch keine Rede mehr."[125]

Wie hinsichtlich der religiösen Betreuung, ist auch bei der *Gestaltung der Freizeit* der ausländischen Arbeiter kein auch nur halbwegs geschlossenes Bild zu gewinnen. Die Quellen berichten sowohl von einzelnen Versuchen der Arbeitgeber, „ihre" Ausländer kulturell zu betreuen, als auch von eigenständigen Aktivitäten mehr oder weniger großer Gruppen von Lagerbewohnern. Ein Zeitzeuge im Duisburger Stadtteil Wanheim erinnerte sich, daß die „russischen Frauen", die im Eisenwerk Wanheim arbeiteten, sehr oft gemeinsam sangen, und zwar, wenn die Witterung es zuließ, auf dem Spielplatz des Kindergartens an der evangelischen Kirche. *„Das Klavier aus dem Gemeindehaus wurde dafür auf den Platz gebracht. An dem Singen beteiligten sich auch russische Männer, die im Ostarbeiterlager* [des Eisenwerkes Wanheim - M. K.] *wohnten. Die osteuropäischen Lieder und die schönen Stimmen übten auf uns Kinder aus der Nachbarschaft eine große Anziehungskraft aus. Aber auch Erwachsene blieben am Zaun stehen, um den Gesängen zu lauschen."*[126] Als sich neben Sing-Gruppen auch eine „russische" Theatergruppe bildete, ließ das Eisenwerk in einer Baracke eine Bühne bauen; dasselbe geschah bei der Friedrich-Alfred-Hütte in Rheinhausen. Die August Thyssen-Hütte AG errichtete für ihre Ostarbeiterinnen sogar einen Theatersaal.[127]

Die Friedrich-Alfred-Hütte und das Hüttenwerk von Mannesmann kauften Bücher in russischer und ukrainischer Sprache und richteten damit Leihbibliotheken für ihre Ostarbeiter ein; die Ausleihe war kostenlos. Spätestens seit Mitte 1942 importierten Handels- und Vertriebsunternehmen auf Veranlassung des Reichspropagandaministeriums bestimmte, *„für das Reich zugelassen*[e]*"* muttersprachliche Zeitungen für ausländische Arbeiter, die in den Lagern oder Betrieben kostenlos angeboten wurden, was man als *„für die geistige Betreuung"* der Ausländer *„unerläßlich"* betrachtete. Die Einsatzbetriebe konnten die Zeitungen von der *Fremdsprachendienst-Verlagsgesellschaft* (später *Fremdsprachen-Verlagsgesellschaft*) in Berlin, einem „Tarnunternehmen" des Reichspropagandaministeriums, oder von der *Auslandszeitungshandel GmbH* in Köln beziehen. 1942 gab es 13 zugelassene ausländische Zeitungen, und zwar *Broen* (für Dänen), *De Vlamsche Post* (für Flamen), *Van Honk* (für Niederländer), *Le*

---

[125] StADU 41/289: J. A. Mosheuvel, De Arbeidsinzet, in: *De Stem*, Breda, ohne Datum (1966), deutsche Übersetzung.
[126] Zit. nach Hildebrand, Wanheim-Angerhausen, S. 488.
[127] TKKA A/5227: Übersicht der Notunterkünfte v. 8. Juni 1943 (Dokumentation ausländische Arbeitskräfte 1939-45, Dok. 10): „Baracke für Freizeitgestaltung" im Lager EBW (Eisenbahnwerkstätten).

Pont (für Franzosen), *Il Camerata* (für Italiener), *Enlace* (für Spanier), *Domovina Hrvatska* (für Kroaten), *Slovensky Tyzden* (für Slowaken), *Rodina* (für Bulgaren), *Trud* (für Russen), *Ukrainez* (für Ostukrainer), *Holos* (für Westukrainer) und *Bielaruski Rabotnik* (für Weißrussen). An die tschechischen *Fremdarbeiter* wandte sich schon seit 1939 der *Cesky Delnik*. Es fällt auf, daß zu diesem Zeitpunkt, Mitte 1942, keine Zeitungen für Polen, Serben und Griechen („feindliche" Ausländer), für Angehörige der baltischen Staaten (die durch den Vorstoß in die Sowjetunion 1941 vom „Bolschewismus befreit" worden waren) und für Ungarn (Angehörige eines verbündeten Staates) produziert wurden. Es lebten weitaus mehr Polen als Dänen und Bulgaren in Deutschland. Erst in der letzten Kriegsphase, seit November 1944, ist eine Zeitung für Polen (*Wiadomosci polskie*) erschienen.[128] Wenn man einer *Meldung aus dem Reich* vom 29. Dezember 1942 glauben möchte, wurden die Zeitungen für Ostarbeiter von diesen *„mit großem Interesse aufgenommen"*, vor allem von den Frauen. Die Ostarbeiter sehnten sich nach Informationen über die Heimat. Offenbar bestellten die Arbeitgeber stets viel zu wenig Exemplare der für ihre Arbeiter in Betracht kommenden Zeitungen, erfährt man doch aus verschiedenen Berichten, daß sowohl Männer als auch Frauen sich um die Hefte „rissen". Aus einem nicht näher bezeichneten Ort wurde das Folgende an den Sicherheitsdienst berichtet:

„Vor allem waren es die in einem hiesigen Lager untergebrachten weiblichen Hilfskräfte, die sich förmlich auf die einzelnen Stücke der Ausgabe stürzten. Jede dieser Frauen wollte die Zeitung zuerst haben, bis schließlich eine den Inhalt der Zeitung den übrigen Frauen vorlesen mußte, wobei alles andächtig zuhörte."[129]

Während Westarbeiter und Italiener, überhaupt alle zivilen Ausländer außer Polen und Sowjetbürgern, in ihrer Freizeit Kinos besuchen durften, gab es für Polen und Ostarbeiter nur Sondervorstellungen in bestimmten Kinos oder Sälen, wobei vermutlich synchronisierte Fassungen gezeigt wurden. Die Friedrich-Alfred-Hütte richtete im November 1942 *„als Anerkennung für die bisherigen Arbeitsleistungen"* ihrer ausländischen Arbeiter regelmäßige, alle 14 Tage stattfindende Filmvorführungen (*„Filmabende"*) ein, von denen die erste am 8. November im großen Speisesaal eines der Lager stattfand. In den ersten Monaten dieser Art von „kultureller Betreuung" machten die zuständigen Stellen noch manchen Fehler bei der im Hinblick auf die Gemütsverfassung der Ostarbeiter „richtigen" Auswahl von Filmen oder Theaterstücken. Die Erfahrung dieser

---

[128] Hertel, Arbeitseinsatz ausländischer Zivilarbeiter (wie Anm. 6), S. 56. - Zu den „Lagerzeitungen" allgemein: Thomas Schiller, NS-Propaganda für den „Arbeitseinsatz". Lagerzeitungen für Fremdarbeiter im Zweiten Weltkrieg. Entstehung, Funktion, Rezeption und Bibliographie, Hamburg 1998 u. Ders., Lagerzeitungen für Fremdarbeiter. NS-Propaganda für den „Arbeitseinsatz" 1939-1945, in: 1999. Zeitschrift für Sozialgeschichte des 20. und 21. Jahrhunderts, Bd. 12 (1997), Heft 4, S. 58-70; ferner Stephan Posta, Tschechische „Fremdarbeier" in der nationalsozialistischen Kriegswirtschaft, Dresden 2002, S. 89 (mit Anm. 161).

[129] *Meldungen aus dem Reich* Nr. 346 vom 29. Dezember 1942 (Edition S. 4606); in der Quelle noch zwei weitere Berichte über die Aufnahme der Lagerzeitungen.

Monate zeigte, daß der Inhalt der ausgewählten Filme *„oft zu schwer und ernst"* war:

„So wurde z. B. bei der Aufführung des Films 'Heimkehr' die Wahrnehmung gemacht, daß die Ostarbeiter und Ostarbeiterinnen bei diesem Film weinten, da sie glaubten, ihr eigenes Schicksal zu sehen und die Wolhyniendeutschen für ihre Landsleute hielten. Nach Mitteilung eines Lagerführers in Herford hätten besonders die Frauen stark unter dem Eindruck des Films gestanden und seien teilweise noch am nächsten Tag arbeitsunfähig gewesen. Dagegen habe der Film 'Reitet für Deutschland' begeisterte Aufnahme gefunden."[130]

Für die männlichen zivilen Arbeiter spielte der völkerverbindende Fußball wohl überall eine gewisse Rolle. Auf dem Gelände des Eisenwerkes Wanheim gab es ein Spielfeld für ausländische Arbeiter, wo etwa „Russen" gegen Italiener spielten, aber auch untereinander Spiele austrugen. Auch die Friedrich-Alfred-Hütte stellte einen Fußballplatz zur Verfügung; belgische Krupp-Arbeiter bildeten eine Mannschaft, die *„gegen Mannschaften anderer Gemeinschaftsläger"* spielte und *„einen Pokal"* gewann.[131] Wahrscheinlich gab es auch für Kriegsgefangene der westlichen Länder hier und da die Möglichkeit zum Fußballspiel; die sowjetischen Kriegsgefangenen hingegen hatten wegen der bei weitem unzureichenden Ernährung und dem physischen Raubbau, der an ihnen betrieben wurde, sehr wahrscheinlich keine überschüssige Energie, die bei Fußballspielen hätte verausgabt werden können. Es muß betont werden, daß die vorstehenden Ausführungen nicht als Versuch einer Idyllisierung der arbeitsfreien Zeit der Zwangsarbeiter verstanden werden sollten, zumal die Nachrichten über Frauenchöre, Theatergruppen, Filmvorführungen und Fußballturniere nur wenige – große – Einsatzbetriebe betreffen. Andererseits wäre es auch nicht angängig, diese Informationen unter den Tisch fallen zu lassen, denn auch sie künden von Ausschnitten der damaligen Realität.

Die Bestimmungen über den *Urlaub* ausländischer Arbeitskräfte wurden im Laufe des Krieges mehrfach geändert, und auch hier gab es – fast überflüssig, das

---

[130] Ebd. (Edition S. 4608). Der Film *Heimkehr* war 1941 auf Anordnung des Reichspropagandaministers Goebbels von der Wien-Film produziert worden (Regie: Gustav Ucicky). Der fiktive Gegenstand des Films ist das Schicksal einer Gruppe von „Volksdeutschen" in Wolhynien (Ostpolen), die harter Repression durch Polen ausgesetzt sind und zuletzt, nachdem der Krieg zwischen Deutschland und Polen begonnen hat, von der Wehrmacht befreit werden und ins Reich, d. h. in die Heimat der Vorfahren, zurückkehren.

[131] Zu Krupp: StADU 41/520: Sozialfürsorge der Firma Krupp (Friedrich-Alfred-Hütte) 1941-1948 (wie Anm. 121), sowie Abschrift der Ansprache bei der ersten *Filmvorführung für Gastarbeiter* [sic] im großen Speisesaal am Sonntag, dem 8. November 1942. Zu Mannesmann: Mannesmann-Archiv M 12.821.2: Bericht über den Fremdarbeitereinsatz bei den Mannesmannröhren-Werken, Abteilung Großenbaum, vom 1. September 1945. - Zum Eisenwerk Wanheim: Hildebrand, Wanheim-Angerhausen, S. 488.

zu sagen – die üblichen rassistisch begründeten Abstufungen.[132] Bei Kriegsbeginn galt, daß ausländische gewerbliche (d. h. nichtlandwirtschaftliche) Arbeitskräfte „*Urlaub wie die deutschen Gefolgschaftsmitglieder*" erhielten. Neben dem Urlaub stand „*jede*[r] *in Deutschland eingesetzte*[n] *ausländische*[n] *Arbeitskraft mindestens einmal im Jahr*" eine „*Familienheimfahrt*" zu. Am 31. März 1941 wurden die Ansprüche auf Urlaub und Familienheimfahrten für polnische zivile Arbeiter außer Kraft gesetzt. Die übrigen ausländischen zivilen Arbeiter und Arbeiterinnen konnten bis Mitte 1941 ihre Ansprüche realisieren. Der Krieg gegen die Sowjetunion seit Juni 1941 brachte erste Einschränkungen bei der Urlaubsgewährung. Wegen der erhöhten Transportanforderungen der Wehrmacht erklärte sich die Reichsbahn außerstande, Urlauber-Sonderzüge zu stellen, wie es bis dahin geschehen war. Die Sonderzüge scheinen jedoch nicht völlig abgeschafft worden zu sein; nach einer Veröffentlichung der Deutschen Arbeitsfront aus dem Jahr 1944 rollten bis zum 31. August 1943 „*insgesamt 1 550 Züge*", die 1,1 Millionen ausländische Arbeiter transportierten, durch den deutschen Machtbereich.[133] Etwa seit Mitte 1941 wurden die ursprünglichen Urlaubsregelungen dahingehend geändert, daß Arbeitskräften, die nur „*vorübergehend*" in Deutschland eingesetzt waren (und das wurde zu diesem Zeitpunkt noch für die meisten Ausländer unterstellt), nicht der volle Tarifurlaub eines dauernd beschäftigten Betriebsangehörigen gewährt werden durfte. In der Terminierung eines Urlaubs waren die Arbeitnehmer – Deutsche wie Ausländer – nicht frei; die Urlaubsgewährung mußte sich nach den „betrieblichen Notwendigkeiten" richten, die natürlich der Einsatzbetrieb definierte. Hier war der Willkür der „Betriebsführer" ein Tor geöffnet. Verheiratete ausländische Arbeiter konnten nach einem halben, Unverheiratete nach einem Jahr der Beschäftigung in Deutschland eine Familienheimfahrt unternehmen, wobei der Arbeitgeber die Kosten der Fahrt vom Einsatzort bis zur Reichsgrenze, der Arbeiter oder die Arbeiterin selbst die im Heimatland anfallenden Fahrtkosten tragen mußte.

Im September 1942 verfügte der Generalbevollmächtigte für den Arbeitseinsatz eine Lockerung der Urlaubssperre für Polen, nach der denjenigen „*polnischen Arbeitskräfte*[n]*, die sich in ihrer Arbeitsleistung voll bewährt und auch gut geführt*" hatten, der Tarifurlaub gewährt werden konnte.[134] Ostarbeiter beiderlei Geschlechts hatten zunächst, d. h. zu Beginn des großangelegten Ostarbeiter-*Einsatzes* im Frühjahr 1942, keinen Anspruch auf „Urlaub und Familienheimfahrten", aber auch danach stand ihr Anspruch nur auf dem Papier. Seit

---

[132] Die Darstellung der Urlaubsgewährung stützt sich hauptsächlich auf die zeitgenössische, halbamtliche Vorschriftensammlung von Hertel, Arbeitseinsatz ausländischer Zivilarbeiter (wie Anm. 6), ferner auf Richard Bargel, Neue deutsche Sozialpolitik. Ein Bericht über Grundgedanken, Aufbau und Leistungen, Berlin (Verlag der Deutschen Arbeitsfront) 1944, sowie auf das industrieapologetische Buch von Hans-Eckhardt Kannapin, Wirtschaft unter Zwang (wie Anm. 73), dessen Aussagen zu arbeitsrechtlichen Bestimmungen verläßlich sind.

[133] Bargel, Neue deutsche Sozialpolitik (wie Anm. 132), S. 24.

[134] Hertel, Arbeitseinsatz ausländischer Zivilarbeiter (wie Anm. 6), S. 50.

April 1943 konnten die Arbeitgeber nach eigenem Ermessen „bewährten" Ostarbeitern nach zweijähriger Betriebszugehörigkeit einen einwöchigen Urlaub gewähren, der, wenn er nicht mit einer Familienheimfahrt verbunden werden konnte, in Deutschland verbracht werden mußte, und zwar in sogenannten Ostarbeiter-*Urlaubslagern* (nicht etwa „Erholungsheimen" oder ähnlichem). In welchem Umfang Zwangsarbeiter aus der Sowjetunion von diesem Angebot Gebrauch gemacht haben, ließ sich nicht feststellen. Eine Quelle aus dem Juni 1944 spricht von *„den Urlaubsorten der Fremdarbeiter"*, in denen damals Beauftragte der Organisation Todt, der Reichsbahn und der Wehrmacht ausländische Arbeitskräfte der Industrie abwarben,[135] aber hier könnten auch Westarbeiter gemeint gewesen sein. Nur bei sowjetischen Arbeitskräften, deren Beschäftigungszeit von zwei auf drei Jahre erhöht worden war, konnte der Betriebsführer nach seinem Ermessen im dritten Einsatzjahr eine zweiwöchige Familienheimfahrt bewilligen.

Westarbeiter und Italiener nutzten ihren Urlaub und ihre Familienheimfahrten seit 1942 immer häufiger zu einem eigenmächtigen Wechsel des Arbeitgebers. Die Rüstungsindustrie war schließlich nicht mehr bereit, mit diesem Problem zu leben; auf ihr Betreiben hin wurde im Juli 1943 eine Urlaubssperre für französische zivile Arbeiter verhängt. Nachdem es infolge der Kriegsentwicklung – den Anzeichen für die kommende deutsche Niederlage ebenso wie den immer zerstörerischer wirkenden Luftangriffen auf die Städte – im Frühjahr und Sommer 1943 nachgerade zu einem Massenphänomen wurde, daß beurlaubte ausländische Arbeiter nicht mehr an ihre Arbeitsstätten im Reich zurückkehrten, erließ das Regime weitere rigide Einschränkungen bei der Urlaubsgewährung. Der Düsseldorfer Gauleiter und Reichsverteidigungskommissar teilte am 10. August 1943 in einem Rundschreiben den „Betriebsführern" seines Gaues mit, wie in Zukunft zu verfahren sei:

„Schwierigkeiten im Arbeitseinsatz der Ausländer ergeben sich dadurch, daß sie im großen Umfange nach einem Großangriff in Urlaub fahren wollen. Dieses Begehren ist ausnahmslos abzulehnen, weil zu erwarten ist, daß diese Ausländer in Auswirkung des Erlebnisses in der Angriffsnacht nicht mehr an ihren Arbeitsplatz zurückkehren. Die Betriebsführer sind angewiesen, die Urlaubsbegehren der Ausländer nicht zu unterstützen."[136]

Drei Wochen später, am 1. September, ordnete das Reichswirtschaftsministerium eine generelle Urlaubssperre bis zum 15. Oktober für alle zivilen Arbeitskräfte aus „Feindstaaten" an, wozu nun auch Italien zählte, das damals, nach dem

---

[135] StADU 41/436: Bericht des Beauftragten VIII der Zentralinspektion (der DAF) für die Betreuung ausländischer Arbeitskräfte für Mai und Juni 1944 vom 30. Juni 1944. Ein „Ostarbeiter-Urlaubslager" konnte nicht namhaft gemacht werden. Leissa/Schröder, Zwangsarbeit in Düsseldorf (2002), S. 224 (Anm. 655) vermuten, daß Urlaubslager *„wahrscheinlich erst für die Zeit nach dem Krieg"* geplant waren.
[136] Wie Anm. 135.

Sturz Mussolinis, im Begriff war, sich von Deutschland loszusagen. Am 5. Oktober hob der Generalbevollmächtigte Sauckel diese Sperre durch neue Bestimmungen auf. Eine neue, vom GBA am 2. März 1944 dekretierte Urlaubssperre, die am 15. Mai ablaufen sollte, wurde auf Wunsch der Arbeitgeber, die befürchteten, daß kaum ein Urlauber noch zurückkehren würde, auf unbestimmte Zeit verlängert. Seit dem Spätsommer 1944 hatten die meisten ausländischen Arbeitskräfte, ganz unabhängig von der „Rechtslage", schon faktisch keine Möglichkeit mehr, Heimaturlaub zu nehmen, denn nun waren sämtliche besetzten Gebiete der Sowjetunion, wenig später auch der größte Teil Frankreichs, d. h. die bis dahin wichtigsten Rekrutierungsgebiete, für Deutschland verloren. Vom Reichsgebiet in den Grenzen von 1942 abgesehen, standen noch Belgien, die Niederlande, Norwegen, Dänemark, Nord- und Mittelitalien, das *Generalgouvernement*, die baltischen Länder und Teile des Balkans unter deutscher Herrschaft. Allen am System der Zwangsarbeit beteiligten war nun klar, daß angesichts der Kriegsentwicklung die weitaus meisten belgischen, niederländischen, italienischen und polnischen Arbeiter von einem Heimaturlaub nicht mehr zurückkehren, sondern versuchen würden, der polizeilichen Verfolgung (als „Vertragsbrüchige" oder „illegale Abkehrer") durch Untertauchen zu entgehen. Die Konsequenz daraus war eine erneute allgemeine und unbefristete Urlaubssperre. Seit August 1944 durften auch deutsche Arbeitnehmer nicht mehr in Urlaub gehen.

Schon kurze Zeit nach dem Beginn des „Einsatzes" ziviler polnischer Arbeiter im Reich, im Juli 1940, beschlossen die Sicherheitsorgane und - vielleicht widerstrebend – das Reichspostministerium, eine Zensur der Briefe und Postkarten einzuführen, die von Polen aus dem Reichsgebiet in die Heimat geschickt wurden. Der Sicherheitsdienst reagierte damit auf die Erkenntnis, daß Berichte über schlechte Lebensbedingungen in Deutschland nach Polen gelangt waren, wodurch die Anwerbung weiterer polnischer Arbeiter erschwert wurde. Im November 1940 wurden auch die Postsachen in die Zensur einbezogen, die polnische Arbeitskräfte aus der Heimat erhielten. Die GESTAPO richtete anscheinend zunächst Postzensurstellen auf der Stadt- und Kreisebene ein; so gab es in Duisburg spätestens seit Januar 1941 eine Überwachungsstelle, die mit einem *„Beamten, der die polnische Sprache beherrscht"*, besetzt war;[137] dieser Stelle wurde die ausgehende Post der polnischen Arbeiter vom Hauptpostamt zugeleitet. Später erfolgte eine Zentralisierung der Postzensur durch die Schaffung von neun regionalen *Auslandsbriefprüfstellen* (ABP)[138] – ein für das NS-Regime typischer Euphemismus –, die monatliche Berichte über den politisch-ökono-

---

[137] HSTAD RW 36-25: Die GESTAPO-Außenstelle Duisburg an die GESTAPO-Leitstelle Düsseldorf, 31. Januar 1941. Zur Postzensur s. vor allem Herbert, Fremdarbeiter, S. 90, 190f., 206 u. 332.
[138] In Berlin, Königsberg, Hamburg, Köln, Frankfurt a.M., München, Wien, Kopenhagen und Oslo.

misch und sicherheitspolitisch relevanten Inhalt der „ausgewerteten" Post für den Sicherheitsdienst anfertigten. In der zweiten Jahreshälfte 1940 scheint auch die Post der Westarbeiter aus „Feindstaaten" in die „Prüfung" einbezogen worden sein. Die Aussortierung der Briefe von Ausländern war dadurch leicht möglich, daß die Absender ihre Briefe, statt sie in einen Briefkasten zu werfen, an einem Postschalter einliefern und sich dabei *„durch einen behördlichen Ausweis mit Lichtbild"* ausweisen mußten. Die Postgebühren waren am Schalter bar zu entrichten. Die Briefe mußten auf dem Umschlag die vollständige Anschrift des Absenders tragen. Briefe, die harte Kritik an den Arbeits- und Lebensbedingungen in Deutschland, Schmähungen gegen das Reich und die Diktatur, geheimschutzrelevante Informationen und sonstige, für Staat und Kriegswirtschaft problematische Äußerungen enthielten, wurden – es erübrigt sich fast zu sagen – nicht weiterbefördert. Es ließ sich nicht mehr aufklären, ob die Tatsache der Postzensur allen „feindlichen" Ausländern bekannt war (was anzunehmen ist), und, wenn dies der Fall war, ob die Ausländer über die Einsatzbetriebe darüber informiert wurden, was sie schreiben durften und was nicht. Aber nicht nur die abgehende Post von Ausländern aus „Feindstaaten" wurden von den ABP zensiert. Die *Verordnung über den Nachrichtenverkehr* vom 13. Mai 1941 eröffnete dem Regime die Möglichkeit, auch Briefe von Ausländern „nichtfeindlicher Staatsangehörigkeit" auszuspionieren. Denn auch diese Ausländer waren gehalten, ihre Briefe in die Heimatländer an einem Postschalter persönlich aufzugeben und sich dabei auszuweisen. Eine halbamtliche Vorschriftensammlung für den „Arbeitseinsatz ausländischer Zivilarbeiter" empfahl den *„Betriebsführern", „die Briefe ihrer ausländischen Arbeiter zu sammeln, auf die Beachtung der Vorschriften zu prüfen und selbst oder durch einen Beauftragten am Postschalter einzuliefern."*[139]

Als im Frühjahr 1942 der Ostarbeiter-Einsatz begann, wurde für diese neue Klasse der Zwangsarbeiter zunächst eine totale Postsperre verhängt. Im Sommer gaben die Behörden den Postverkehr für Ostarbeiter frei, und in kurzer Zeit fiel eine so große Menge an Briefen in die Heimat an, daß die ABP nur 20 Prozent dieser Sendungen zensieren konnten. Der gemeinsame Tenor fast aller Briefe war die Enttäuschung über die tatsächlichen Verhältnisse an den Einsatzorten und der Zorn über die Täuschung der Angeworbenen durch die Werber in den besetzten Gebieten. Tausende von Ostarbeitern warnten Familienangehörige und Freunde in der Heimat davor, den Versprechungen der Werber der deutschen Arbeitsverwaltung zu glauben und sich zum „Einsatz" in Deutschland zu melden. Obwohl derartige Äußerungen für die Interessen der deutschen Kriegswirtschaft gefährlich waren, wollte man wohl nicht soweit gehen, den Postverkehr für Ostarbeiter wieder völlig zu verbieten. Zu den bis August 1942 erlassenen Vorschriften über den Ostarbeiter-Einsatz gehörte die Erlaubnis,

---
[139] Hertel, Arbeitseinsatz ausländischer Zivilarbeiter (wie Anm. 6), S. 56.

zweimal im Monat einen Brief in die Heimat aufzugeben. Der Briefverkehr innerhalb Deutschlands, etwa zwischen Familienangehörigen und Freunden in verschiedenen Einsatzorten, wurde zunächst nicht eingeschränkt, aber auch er unterlag der Zensur. Für einige Monate gab es eine Möglichkeit, die Zensur zu umgehen. Ostarbeitern, die aus ihrer Heimat „Lebensmittelpäckchen" erhielten, war es pauschal gestattet, *„das leere Verpackungsmaterial"* (in der Regel *„Leinenbeutel"*) als Brief mit einem Gewicht bis zu 250 Gramm *„an die Angehörigen zwecks Wiederverwendung zurückzusenden."* Diese Postsachen waren äußerlich als Materialsendungen erkennbar und wurden daher in den Postämtern zunächst nicht für die Zensur zurückgelegt. Im Frühjahr 1943 wurde die Reichspost auf den Sachverhalt aufmerksam, daß Ostarbeiter diesen Sendungen verbotswidrig *„schriftliche Mitteilungen"* beifügten. Ein *„großer Teil"* der Sendungen enthielt Briefe *„sowie Geldscheine oder kleine Geschenksendungen"*, und die Briefe waren *„meistens versteckt eingenäht."*[140] Die Wehrmacht sah in dieser Praxis der Ostarbeiter eine Gefahr für den Geheimschutz kriegswirtschaftlicher Gegebenheiten und wies das Reichsarbeitsministerium an, dafür zu sorgen, daß *„Päckchen mit Verpackungsmaterial, die schriftliche Mitteilungen oder andere Beilagen"* enthielten, an die Absender zurückgeschickt wurden. Im August 1943 meldete der Generalbevollmächtigte für den Arbeitseinsatz bei den Präsidenten der Landesarbeitsämter einen erheblichen Bedarf an zusätzlichem Personal für die ABP in Berlin, Köln, Frankfurt a. M., München und Wien an; die Stelle in Berlin sollte 231 zusätzliche Prüfer mit Kenntnissen von 23 Fremdsprachen (dabei 40 Kräfte für *„russisch-ukrainisch"*) sowie 250 *„Hilfskräfte für den chemisch-technischen Prüfdienst"* erhalten, die für Duisburg zuständige Stelle in Köln je 150 Prüfer mit französischen und niederländischen Sprachkenntnissen.[141]

Im Oktober 1943 schrieb der für die Gaue Essen, Düsseldorf und Köln-Aachen zuständige Lager-Inspekteur der DAF in einem Bericht, der *innerdeutsche* Briefverkehr der Ostarbeiter habe ein Ausmaß angenommen, das die Reichspost nicht mehr bewältigen könne. Das Anwachsen des innderdeutschen Briefverkehrs zwischen Ostarbeitern sei aber auch eine *„Führungsfrage allerernstester Natur"*, d. h. ein ökonomisches und polizeiliches Problem, denn ein *„erheblicher Procentsatz [...] dieser Briefe"* sei *„negativ ausgerichtet"* und geeignet, *„den Arbeitsfrieden und die Arbeitsleistung im ungünstigen Sinne"* zu beeinflussen. Die Briefe der Ostarbeiter enthielten:

---

[140] StADU 22/1103: Das Arbeitsamt Moers an die Stadtverwaltung Homberg, 11. Mai 1943 (Mitteilung eines Erlasses des Reichsarbeitsministers vom 28. März 1943).
[141] BA Berlin R 3901/20467: Der Beauftragte für den Vierjahresplan / Der Generalbevollmächtigte für den Arbeitseinsatz an die Präsidenten der Landesarbeitsämter, 21. August 1943.

„zahlreiche Aufforderungen zur Flucht,

meist stark übertriebene Schilderungen schlechter Ernährung, Verpflegung, Bekleidung, Misshandlungen usw.,

Ausführungen über die Kriegsereignisse, vorzugsweise im Osten, verbunden mit Lobreden auf die rote [sic] *Armee und Beschimpfungen der deutschen Wehrmacht,*

in sehr zahlreichen Fällen Behauptung eines baldigen Zusammenbruchs Deutschlands und sogar

in einer ganzen Anzahl von Fällen Drohungen, dass dann sie [zu] *kommandieren und die Deutschen unter entsprechenden Bedingungen zu arbeiten hätten, u.v.m."*[142]

Die Einschätzung des DAF-Inspekteurs, daß durch Briefe solchen Inhalts *„eine ständige Beunruhigung und ungünstige Beeinflussung der Ostarbeiter"* stattfinde, wurde von den Sicherheitsbehörden geteilt. Zum Zeitpunkt des Berichtes hatten einige größere Industrieunternehmen bereits eigenmächtig die Beschränkung des innerdeutschen Postverkehrs ihrer Ostarbeiter auf zwei „Karten" pro Monat eingeführt, womit eine Angleichung des Postverkehrs mit der Heimat vollzogen wurde. Der DAF-Inspekteur empfahl, diese Regelung reichsweit verbindlich zu machen.[143]

Die Benutzung von *Rundfunkgeräten* in den Lagern war den ausländischen Arbeitskräften grundsätzlich erlaubt, und viele dieser Geräte scheinen sogar aus den Heimatländern mitgebracht worden zu sein,[144] aber das Hören „feindlicher" Sender stand, wie bei deutschen Staatsbürgern, unter Strafe. Die Lagerführer waren dafür verantwortlich, daß ausschließlich Programme des Deutschen Rundfunks, der von deutschen Behörden kontrollierten Stationen in den besetzten Gebieten (etwa Radio Paris) oder der Sender der verbündeten Staaten (Italien, Ungarn, Kroatien, Slowakei, Rumänien und Bulgarien) gehört wurden.[145] Für die Ostarbeiter strahlte der Deutsche Rundfunk Nachrichtensendungen in russischer, weißrussischer und ukrainischer Sprache aus. Die Überwachung ließ sich praktisch wohl nur dadurch erreichen, daß die Radiogeräte in den Aufenthaltsräumen der Lager konzentriert wurden und das Ein- und Ausschalten zu bestimmten Zeiten dem Lagerführer oder einer Vertrauensperson aus dem Kreis der Lagerbewohner vorbehalten wurde. In welchem Umfang es Ausländern möglich war, trotz des Verbotes Radio London oder Radio Moskau zu hören (beide Sender strahlten auch deutschsprachige Programme aus), ist ungewiß. Im Herbst

---

[142] StADU 41/436: Bericht des Beauftragten VIII der Zentralinspektion (der DAF) für die Betreuung ausländischer Arbeitskräfte für Oktober 1943.
[143] Ebd.
[144] Ebd. In dem Bericht ist vom Fehlen von Ersatzteilen für defekte Radiogeräte, *„hierunter wieder von ausländischen Fabrikaten"* die Rede.
[145] Kannapin, Wirtschaft unter Zwang (wie Anm. 73), S. 193.

1942 konnte z. B. ein Kriegsgefangener Radio Zürich hören, woraus er seinen Kameraden im Einsatzbetrieb gegenüber auch keinen Hehl machte.[146] Nicht in allen Lagern war ein Radiogerät vorhanden. In den Jahren 1942 bis 1944, als monatlich viele tausende ausländischer Arbeitskräfte ins Reichsgebiet kamen, verbreiteten sich Nachrichten über den Kriegsverlauf und die Situation in den Heimatgebieten, die von Neuankömmlingen mitgeteilt wurden, *„regelmäßig wie ein Lauffeuer von Mund zu Mund."* Die Polen, stellte im November 1942 der Sicherheitsdienst fest, benutzten *„insbesondere den monatlich stattfindenden Kirchgang [...], um gegenseitig Nachrichten und Erfahrungen auszutauschen."*[147]

Wahrscheinlich alle ausländischen Arbeitskräfte, egal, ob deportiert oder freiwillig gekommen, hatten ein großes Bedürfnis nach Nachrichten von ihren Familienangehörigen. In den letzten anderthalb Kriegsjahren scheint die Übermittlung brieflicher Nachrichten, nicht allein wegen der Postzensur, sondern auch wegen der verminderten Eisenbahnkapazität für nichtmilitärische Zwecke, kaum noch möglich gewesen zu sein. Die Zensurstellen suchten zu verhindern, daß die „feindlichen" Ausländer Informationen über das tatsächliche Kriegsgeschehen – den Rückzug der Wehrmacht an allen Fronten – erlangten, jedoch nur teilweise mit Erfolg. Niemand konnte unterbinden, daß deutsche Arbeiter in den Betrieben über die Kriegsentwicklung sprachen und ausländische Arbeiter dabei etwas „aufschnappten". Der *Konzernbeauftragte für die ausländischen Mitarbeiter der Mannesmannröhren-Werke AG*, Oberingenieur Thelen, beklagte im August 1943 in einem Bericht an den Vorstand den Leichtsinn der deutschen Arbeiter, die glaubten, Ausländer könnten ihren Unterhaltungen über Kriegsereignisse an den Fronten, *„evtl. aufgrund von Meldungen ausländischer Sender"*, nicht folgen. *„Dabei"*, so Thelen, *„können die meisten von denen so viel Deutsch verstehen"*, daß es ihnen möglich sei, *„mindestens"* den Sinn des Gehörten zu erfassen.[148] Nach aller Erfahrung ließen *„Disziplin und Arbeitsleistung"* der Ausländer nach, wenn sie aufgrund von Nachrichten oder Gerüchten über deutsche Niederlagen und Rückzüge glaubten, der Krieg würde bald enden und ihre Befreiung stünde bevor. Offenbar waren aber die Deutschen, mit denen die Ausländer in den Einsatzbetrieben zu tun hatten, mehrheitlich nicht bereit, entgegen den behördlichen Verboten *absichtlich* Kenntnisse über den Kriegsverlauf an „feindliche" Ausländer weiterzugeben. Die ukrainische Zwangsarbeiterin Olga Moiseewa, die seit 1943 bei der August Thyssen-Hütte in Hamborn war, erinnerte sich, daß sie im Werk von niemandem etwas über die Entwicklung an der Ostfront erfahren konnte:

---

[146] *Meldungen aus dem Reich* Nr. 335 vom 16. November 1942 (Edition S. 4472).
[147] Ebd.
[148] Zit. nach Wessel, Kontinuität im Wandel (wie Anm. 28), S. 262 („Thelen-Bericht").

„*[Es gab] keine Informationen, keine Zeitungen, kein Radio, absolut nichts [...]. Man durfte nicht schreiben, es gab keine Post. [...]*
Immer, wenn ich jemand fragte: 'Sagen Sie bitte: Wo ist die Front?' – 'Stalingrad' – 'Stalingrad?' Keiner wollte was sagen."[149]

Womöglich wurde auf die Frage eines Ostarbeiters nach dem Frontverlauf noch Mitte 1944 mit „Stalingrad" geantwortet. Es gab normalerweise außer dem verbotswidrigen Abhören der Programme von Radio London oder Radio Moskau oder „neutraler" Sender wie Zürich und Stockholm keine Möglichkeit, den wahren Sachverhalt festzustellen, denn die muttersprachlichen Zeitungen und Zeitschriften, die den ausländischen Arbeitskräften in den Lagern angeboten wurden, enthielten seit dem Beginn des Rückzugs der Wehrmacht an allen Fronten im Jahre 1943 keine Kriegsnachrichten mehr. Nur von deutschen Arbeitskollegen oder Lagerverwaltern, die mit den Ausländern sympathisierten und ihnen ungeachtet des Schweigegebotes Rundfunkmeldungen (seien es deutsche oder illegal abgehörte britische) übermittelten, konnten Ausländer etwas über den Kriegsverlauf erfahren. Durch einen deutschen Soldaten, der aus dem Heimatort von Olga Moiseewa abgerückt und nach Duisburg gekommen war, erhielt die Ukrainerin ganz unerwartet einen Brief von ihrer Mutter:

„*Und als ich den Brief von meiner Mutter bekam, wo mit Mutters Hand – glaubwürdig, schwarz auf weiß – alles geschrieben stand, da ging die Nachricht sofort durch alle Baracken hindurch. [...] Was stand im Brief? Mutter schrieb: 'Morgen kommen wahrscheinlich die Rotarmisten. Wir können schon sehen, wo sie laufen – oben auf dem Hügel'. Und Mutter hatte wahrscheinlich geweint. Der Brief war befleckt wie von Tränen. Sie glaubte, wir würden uns nie mehr wiedersehen und ich würde für immer in der Sklaverei bleiben. [...] Und diesen Brief haben die Mädchen mir aus der Hand gerissen, und ging dann durchs Lager, weil alle wissen wollten, wo die Frontlinie ist.*"[150]

Als Olga Moiseewa diesen Brief erhielt, war der Krieg für ihren Heimatort sehr wahrscheinlich schon zu Ende. Die nach Duisburg Verschleppte und ihre Kameradinnen mußten jedoch noch weitere schwere Monate überstehen, bis sie befreit wurden und die Heimreise antreten konnten. Leider ist es keineswegs sicher, daß alle Ostarbeiterinnen, die sich 1944 über den Brief aus der Heimat freuten, ihre Befreiung erlebt haben und zu ihren Angehörigen zurückkehren konnten.

---

[149] Zitiert nach: Manfred Tietz, Die „wertlose" Frau (wie Anm. 3), S. 395f.
[150] Ebd.

Kapitel 6
Ausländer und Deutsche

Das Erstaunlichste dieser Zeit ist immer noch die Diebssicherheit. Ich brauche den Koffer im Gasthof nicht zu verschließen, die Menschen stehlen nicht; sogar die Auslandsarbeiter sind von solcher Ehrlichkeit angesteckt.

Hans Friedrich Blunck, Bamberg, 19. Januar 1945[1]

Ihr letzter Raubkrieg kostet die Deutschen ihr Land: nicht, wie sie glauben sollen, daß die Sieger sie ausrotten wollten, ihre Nation aufheben würden. Ihr Hitler fände keinen Sieger, um zu handeln wie er selbst. Er selbst hat das Land, gleich jedem unterworfenen, von Männern entblößt. Fremde aus allen Teilen bevölkern es zu Millionen, unlängst waren es vierzehn. Die Zwangsarbeiter besorgen den deutschen Nachwuchs. Wenn die Frontkämpfer heimkehren, die Heimatlosen werden sie selbst sein.

Heinrich Mann, Ein Zeitalter wird besichtigt (geschrieben 1944 in Pacific Palisades, Kalifornien)[2]

Wie Ulrich Herbert nach Auswertung vieler Gespräche mit deutschen Zeitzeugen schon 1983 festgestellt hat, kann hinsichtlich des Zusammenlebens der Deutschen mit den ausländischen Arbeitern ein *„durchschnittliche[s] Verhalten des deutschen Gemeinmenschen[s]"*, eine *„idealtypische Mitte"*, nicht ausgemacht werden.[3] Dies gilt auch noch zwanzig Jahre später. Im Alltag der Kriegsjahre, in den Betrieben und außerhalb der Arbeitsstätten, hat es sehr unterschiedliche Formen des Umgangs der Deutschen mit den Ausländern gegeben. Beschreibungen einer unfaßbaren Grausamkeit entmenschter Rassisten und Sadisten finden sich neben Beweisen von Humanität, Mitgefühl und Nächstenliebe, die z. T. von überlebenden Ausländern selbst aus der Erinnerung heraus bezeugt werden. Auf dem Land, in bäuerlichen Betrieben, waren gute, sogar freundschaftliche Beziehungen zwischen Deutschen und Ausländern nicht selten; dennoch besteht kein Grund, diesen Bereich zu idyllisieren. Die Art der Behandlung der Zwangsarbeiter in der Landwirtschaft hing vor allem von der jeweiligen betrieblichen

---

[1] Walter Kempowski, Das Echolot. Fuga furiosa. Ein kollektives Tagebuch - Winter 1945, Bd. 1, München 1999, S. 638. Hans Friedrich Blunck (1888-1961): völkisch-nationalsozialistischer Dichter, seit 1933 Präsident der Reichsschrifttumskammer.
[2] Heinrich Mann, Ein Zeitalter wird besichtigt. Berlin 1947, S. 110
[3] Ulrich Herbert, Apartheid nebenan. Erinnerungen an die Fremdarbeiter im Ruhrgebiet, in: Lutz Niethammer (Hrsg.), „Die Jahre weiß man nicht, wo man die heute hinsetzen soll". Faschismuserfahrungen im Ruhrgebiet, Berlin und Bonn ¹1983, ²1986 (Lebensgeschichte und Sozialkultur im Ruhrgebiet 1930 bis 1960, Bd. 1), S. 233-266, hier: S. 235.

Situation ab. Ein Kriegsgefangener auf einem kleinen Hof, auf dem nach der Einberufung des Bauern oder eines jüngeren Knechtes zur Wehrmacht neben Frauen nur ein älterer deutscher Mann, vielleicht ein Invalide, verblieben war, dürfte als der einzige Mann, der schwere Arbeit verrichten konnte, kaum mißhandelt oder auf schmale Kost gesetzt worden sein. Anders konnte es auf größeren Anwesen und sehr großen Landgütern aussehen, die über so viele Arbeitskräfte verfügten, daß ein einzelner Zwangsarbeiter nicht wie ein unentbehrliches Wertobjekt behandelt werden mußte. Allein in den z. T. großen landwirtschaftlichen Betrieben im Eigentum kirchlicher oder diakonischer Institutionen darf man eine relativ humane Behandlung der Ausländer ohne weiteres unterstellen. Nach neueren Forschungen haben die Zwangsarbeiter in kirchlichen Einrichtungen am wenigsten von allen Zwangsarbeitern diskriminierendes Verhalten seitens der deutschen Vorgesetzten und „Kollegen" erfahren.[4]

Die Einstellung zu und das Verhalten gegenüber fremden Angehörigen einer bestimmten Ethnie sind durch Erfahrungen oder aber durch den *Mangel* an Erfahrungen mit Menschen der betreffenden Gruppe bedingt. Der Effekt der *Gewöhnung* über längere Zeiträume ist dabei kaum zu überschätzen. Welche Erfahrungen mit Ausländern hatte die Duisburger Bevölkerung im Jahre 1940? Bedingt durch die Struktur der Duisburger Industrie mit ihren Schwerpunkten bei Kohle und Stahl, deren Arbeitskräftebedarf nie allein mit deutschen (ortsbürtigen oder zugewanderten) Arbeitnehmern zu befriedigen gewesen war, hatten Duisburg und das bis 1929 selbständige Hamborn schon seit Beginn der Hochindustrialisierung relativ hohe Ausländeranteile an der Bevölkerung aufgewiesen. 1905 waren 22,5 Prozent der Bevölkerung Hamborns „Reichsausländer" gewesen, wobei Slowenen und Kroaten die größten, Italiener und Tschechen etwas kleinere Anteile gestellt hatten. Zu den nichtdeutschen Einwohnern der damaligen Bürgermeisterei hatten außerdem mehrere Tausend Polen aus den preußischen Provinzen Westpreußen und Posen gehört, die wegen ihrer Eigenschaft als preußische Staatsbürger nicht als Ausländer gezählt worden waren. Der Anteil der Nichtdeutschen – Polen und Reichsausländer – an der Hamborner Bevölkerung war bis 1910 auf nicht weniger als 38,6 Prozent gestiegen. Seit Ende 1918 hatte die Nichtdeutschen-Quote in Hamborn durch die Rückkehr der meisten Polen, Tschechen und Südslawen in ihre Heimatländer erheblich abgenom-

---

[4] S. dazu für die katholische Kirche die Beiträge von Herbert Aderbauer, Ulrich Helbach, P. Laurentius Koch OSB, Harald Jenner, Jens Murken und Peter Silberzahn in dem von Klaus Barwig et al. herausgegebenen Band *Zwangsarbeit in der Kirche. Entschädigung, Versöhnung und historische Aufarbeitung*, Stuttgart 2001; ferner Martin Annen, Die Wahrnehmung des Zwangsarbeitereinsatzes in katholischen Sozialeinrichtungen. Ansätze zur Bewertung der Lebens- und Arbeitsbedingungen von ausländischen Arbeitskräften, in: Baldur Hermans (Hrsg.), Zwang und Zuwendung. Katholische Kirche und Zwangsarbeit im Ruhrgebiet, Bochum 2003, S. 118-175; für die Evangelische Kirche und Diakonie: Uwe Kaminsky, Dienen unter Zwang. Studien zu ausländischen Arbeitskräften in Evangelischer Kirche und Diakonie im Rheinland während des Zweiten Weltkriegs, Köln 2002.

men und 1926 nur noch knapp 10 Prozent betragen.⁵ Diese Entwicklung betraf das ganze Ruhrgebiet, dessen Politiker und Soziologen sie positiv werteten und mit einer Pazifizierung des bis zum Ersten Weltkrieg tatsächlich sehr unruhigen sozialen Lebens in den jüngeren Städten der Emscherzone und der Lippezone des Reviers in Verbindung brachten. Dennoch läßt sich auch für die Zwischenkriegszeit behaupten, daß die Deutschen in den Städten des Ruhrgebietes besser an ein Zusammenleben mit Ausländern gewöhnt waren als die Einheimischen jeder anderen Region in Deutschland.

Die Handels- und Hafenstadt Duisburg hatte seit jeher eine starke niederländische „Kolonie", in der viele berufliche Tätigkeiten vom Direktor eines Unternehmens, Schiffseigner oder kaufmännischen Angestellten bis hinunter zum einfachen Matrosen vertreten waren; die Zahl der Niederländer lag meistens über 5 000,⁶ was mehr als einem Prozent der Gesamtbevölkerung entsprach. Auch lebten seit Jahrzehnten viele Tschechen, Polen, Jugoslawen und Italiener in Duisburg. So waren z. B. in den Mannesmann-Werken ausländische Arbeitskräfte nichts Außergewöhnliches. Niederländer, Italiener, Polen und andere nichtdeutsche Mitarbeiter waren dort *„hinsichtlich Entlohnung, Unterbringung und sonstiger Behandlung den deutschen Arbeitern und Angestellten gleichgestellt gewesen"*, und schon 1938 hatte Mannesmann *„wegen des akuten Arbeitermangels gezielt ausländische Arbeitskräfte eingestellt"* – ausschließlich Facharbeiter.⁷ Unter den rund 13 300 Ausländern, die im März 1939 in Duisburg lebten, nahmen rund 5 100 Niederländer die erste Stelle ein. Es folgten jeweils rund 2 100 Staatsangehörige der ehemaligen (Mitte März 1939 aufgelösten) Tschechoslowakei⁸ und Jugoslawiens, 1 058 Polen, 783 Italiener und kleinere Gruppen von jeweils weniger als 300 Personen. Die Zahl der Staatenlosen in Duisburg bewegte sich um 1 300 (Ende 1933: 1 271, Anfang März 1939: 1 322); zu dieser Kategorie gehörten vermutlich ethnische Russen und Ukrainer in ungewisser Zahl, die ihre Heimat in den gut zwei Jahrzehnten seit der Oktoberrevolution 1917 aus politischen Gründen verlassen hatten. Im Vergleich mit Westeuropäern, Tschechen, Polen und Italienern waren „Russen", wie man volkstümlich vereinfachend sagte, d. h. Staatsangehörige der Sowjetunion, dem Einwohner des Ruhrgebietes wenig vertraut.

---

⁵ Michael A. Kanther (Bearb.), Rheinischer Städteatlas, Lieferung XIII, Nr. 70: Hamborn (Textheft). Hrsg. v. Landschaftsverband Rheinland, Amt für rheinische Landeskunde, Köln 1998, S. 24f.

⁶ S. die Tabelle 22; ferner StADU 41/290: Walter Ring, Chronik der Stadt Duisburg für die Zeit vom 1. April 1938 bis 31. März 1939, S. 16.

⁷ Wessel, Kontinuität im Wandel, S. 250f.

⁸ Hierbei handelte es sich um „echte" Tschechen (die Sudetendeutschen waren nicht eingerechnet) und um Slowaken. Durch die Einverleibung des Sudetenlandes ins Deutsche Reich im Oktober 1938 hatten sich 3666 in Duisburg lebende „Volksdeutsche", die bis dahin als tschechische Staatsangehörige hatten gezählt werden müssen, von Ausländern in deutsche Staatsbürger verwandelt.

Tabelle 22: Ausländer in (Alt-) Duisburg 1933-1939[9]

Nationalität	31.12.1933	31.12.1936	1.3.1939
Niederländer	5 444	4 936	5 108
Tschechen u. Slowaken	3 666	3 740	2 106[a]
Österreicher[b]	2 273	2 274	-
Jugoslawen	2 173	2 157	2 109
Polen	1 488	1 342	1 058
Italiener	807	783	783
Belgier u. Luxemburger	27	265	251
Ungarn	257	265	269
Franzosen	96	93	86
Sowjetische Staatsangehörige	57	37	21

a) 1939: Tschechen im ethnischen Sinn, nachdem die Annektion des Sudetengebietes durch das Deutsche Reich im Oktober 1938 die „volksdeutschen" Staatsangehörigen der Tschechoslowakei zu deutschen Staatsbürgern gemacht hatte.

b) Die Österreicher wurden infolge des Anschlusses Österreichs an das Deutsche Reich am 13. März 1938 deutsche Staatsbürger.

In Anbetracht dieser lokalen Gegebenheiten darf man wohl annehmen, daß der Duisburger Durchschnittsmensch des Jahres 1939 dank jahrzehntelanger Gewöhnung wußte, daß die Ausländergruppen in seiner Stadt aus *Individuen* bestanden und es „den" Holländer, „den" Tschechen, „den" Polen und „den" Italiener nicht gab. Die rassistische Propaganda des NS-Regimes richtete sich bis zum Kriegsbeginn fast ausschließlich gegen die Juden und hat daher die relative Gelassenheit der deutschen Ruhrgebietsbevölkerung hinsichtlich der Anwesenheit von Ausländern unterschiedlicher „Rasse" in der Stadt und in den Betrieben nicht nachhaltig erschüttern können. Im ersten Kriegsjahr mochte es noch so aussehen, als gehe die gewohnte Entwicklung hin zur vermehrten Einstellung von Ausländern nur etwas schneller und mehr schubartig vor sich. Erst im Laufe des Jahres 1941 änderten sich die quantitativen und qualitativen Verhältnisse so stark, daß man die massenhafte Ausmaße annehmende Ausländerbeschäftigung als ein neues Phänomen begreifen mußte. Die Anwesenheit von „Russen" beiderlei Geschlechts in großer Zahl, die in Lagern lebten und, wenn das Lager nicht

---

[9] Nach den Verwaltungsberichten der Stadt Duisburg für 1935 (S. 20), 1936 (S. 23) u. 1938 (S. 18).

bei der Arbeitsstätte war, kolonnenweise unter Bewachung durch die Straßen geführt wurden, war man nicht gewohnt. Die 1939/40 einsetzende rassistische Propaganda bezüglich der „hereingeholten" Ausländer aus „Feindstaaten" und die von Polen und zivilen sowjetischen Zwangsarbeitern zu tragenden Abzeichen („P" und „OST") veränderten die Wahrnehmungsweisen fundamental.

Ein durchgängiges Merkmal des Systems der Ausländer-Beschäftigung im Dritten Reich war der Rassismus in seiner nationalsozialistischen Ausprägung. Die unbedingte Superiorität der Deutschen über jede andere Ethnie mit Ausnahme der Skandinavier, Niederländer und Flamen war eine Art Staatsdoktrin, die von der Mehrheit der Bevölkerung ebensowenig in Frage gestellt wurde wie das Prinzip, Deutsche und Ausländer so weit wie möglich voneinander zu trennen. Beispiele für die „Apartheid" der Kriegszeit finden sich zuhauf, und nicht selten verursachte die Verwirklichung der Rassentrennung Kosten. So mußten z. B. auf Wunsch der Deutschen Arbeitsfront in den Schachtanlagen des Bergbaues besondere Waschkauen für sowjetische zivile Arbeiter und Kriegsgefangene hergestellt oder, wie auf der Schachtanlage Friedrich Thyssen 2/5 in Hamborn, die bestehenden Kauen durch Trennwände geteilt werden, da nach dem Willen der nationalsozialistischen Institutionen deutsche Bergleute und slawische „Untermenschen" nicht dieselben Duschanlagen benutzen sollten.[10] Auch die im vorigen Kapitel angesprochene Separierung der Behandlung und Pflege von Ausländern in den Krankenhäusern gehört in diesen Kontext.

Bei genauem Hinsehen stellt man fest, daß der staatlich-offizielle Rassismus des NS-Regimes und der populäre, etwas mildere Rassismus von Teilen der deutschen Bevölkerung nicht deckungsgleich waren.[11] Bei letzterem handelte es sich um einen Bestand eingewurzelter Vorurteile und Einstellungen ohne ideologische Dimension. Im Zentrum stand die Geringschätzung der Polen und „Russen", z. T. auch anderer slawischer Völker, wobei aber die Abneigung gegenüber den Polen bei den meisten deutschen Katholiken dadurch relativiert wurde, daß man die starke Religiosität und Kirchentreue dieses Volkes lobend anerkannte. Die unterschiedlichen Weltanschauungen und Paradigmen des Regimes und der „Mitte" der Bevölkerung führten zu unterschiedlicher Beurteilung bestimmter Erscheinungen. So riefen von polnischen oder sowjetischen Zwangsarbeiterinnen verübte Abtreibungen und Kindstötungen, die staatlicherseits geduldet wurden, 1942 bei Deutschen, die noch religiöse Gebote und Verbote achteten, hefti-

---

[10] Bergbau-Archiv Bochum 13/3030: Rundschreiben der Bezirksgruppe Steinkohlenbergbau Ruhr der Wirtschaftsgruppe Bergbau an die Mitgliedsbetriebe vom 20. Mai 1941, in dem der Wunsch der Deutschen Arbeitsfront mitgeteilt wird, getrennte Kauen für Deutsche und Ausländer zu schaffen. *„Wir halten diesen Vorschlag der Deutschen Arbeitsfront im Interesse der deutschen Gefolgschaftsmitglieder für zweckmäßig und bitten, entsprechend zu verfahren".*
[11] Dazu Herbert, Fremdarbeiter, S. 61 u. 116-128.

ge Empörung hervor.[12] Im März 1943 erging eine Verfügung des Reichssicherheitshauptamtes, nach der bei Polinnen und Ostarbeiterinnen Schwangerschaften abgebrochen werden durften. Die Abtreibung, für die deutsche Frauen zum Tode verurteilt werden konnten, wurde bei Polinnen und Ostarbeiterinnen nicht nur pauschal erlaubt, sondern nahegelegt oder sogar erzwungen, wenn der „Erzeuger" ebenso wie die Schwangere einer slawischen Ethnie angehörte, denn das Regime wollte keine „rassisch minderwertigen" „Feindeskinder", deren Ernährung zu Lasten der deutschen Bevölkerung gegangen wäre. Aber auch nicht dezidiert nationalsozialistisch gesinnte, einer christlichen Kirche angehörende Deutsche hatten neben einem mehr oder weniger großen Bestand an nationalen Stereotypen zumindest protorassistische Anschauungen, im Kern die Überzeugung von der Superiorität der Deutschen zumindest über die slawischen Ethnien. Auch bei Deutschen ohne aggressive Feindseligkeit gegenüber osteuropäischen Ausländern entwickelte und verstärkte sich, begünstigt durch die immer schwerer zu ertragenden Kriegsfolgen, eine Gleichgültigkeit gegenüber dem Los der ausländischen Zwangsarbeiter und eine inhumane Grundhaltung, die in den Ausländern letztlich nur Menschenmaterial der Kriegswirtschaft sah. Belege für diese Grundhaltung finden sich auch in Duisburger Quellen. Obwohl z. B. „Fremdarbeiter" in den Betrieben der August Thyssen-Hütte keineswegs überdurchschnittlich schlecht behandelt wurden, taten auch hier viele der für den „Ausländereinsatz" zuständigen Deutschen ihre Arbeit mit inhumaner, bürokratischer Kälte. So bezeugt die Ausdrucksweise eines mit personalwirtschaftlichen Dingen befaßten Hüttenangestellten auf zwei undatierten Zetteln ohne Datum,[13] daß die 360 „*Stück*" Ostarbeiterinnen eines bestimmten Werksbereiches, von denen vier „*entlaufen*" waren, für diesen Deutschen nur Betriebskapital waren:

„Russinnen   *360 Stk.*
abzüglich: *entlaufen*   *4 Stk.*
              abgeschoben   *8 Stk.*
              überwiesen (fremden Firmen)   <u>*16 Stk.*</u>
                                            28 Stk.
                                          360 -
                                            <u>*28*</u>
Bestand   *332"*

---

[12] HSTAD RW 36-25: Die Staatspolizeileitstelle Düsseldorf an die Außendienststellen und Grenzpolizeikommissariate, 13. April 1942 (Mitteilung eines Erlasses des Reichsführers SS und Chefs der deutschen Polizei vom 21. März betr. die „Verfolgung von Abtreibungs- und Sittlichkeitsdelikten unter Polen"); dazu auch: Manfred Tietz, Die „wertlose" Frau, in: Rudolf Tappe u. Manfred Tietz (Hrsg.), Tatort Duisburg, Bd. 2, Essen 1993, S. 376.
[13] In TKKA A/9238.

Der volkstümliche wie der staatlich-offizielle Rassismus wurde aber in der Realität der Arbeitswelt oft ad absurdum geführt, etwa wenn gute ausländische Facharbeiter oder auch ungelernte Arbeiter, die sich besonders engagierten, bessere Leistungen erzielten als deutsche „Kollegen". Die Begegnung „normaler", in Vorurteilen befangener Deutscher mit Ausländern in den Betrieben führte in unzähligen Fällen zu frappierenden Erkenntnissen und Lernprozessen. Wie bei den ärztlichen Einstellungsuntersuchungen an verschiedenen Orten festgestellt wurde, waren mindestens 90, teilweise 100 Prozent der jungen ledigen Ostarbeiterinnen unberührt;[14] diese Frauen erfüllten also hinsichtlich der Sexualmoral die höchsten Standards der vermeintlichen Herrenrasse (und vermutlich zu einem höheren Prozentsatz als die ledigen deutschen Frauen gleichen Alters). Mit der nationalsozialistischen Propaganda stimmte auch nicht überein, daß viele Ostarbeiter, Russen wie Ukrainer und *„namentlich die Frauen"*, eine *„tiefe, wohl angeborene Religiosität"* erkennen ließen,[15] was viele Deutsche, die bis dahin den Beschreibungen des „gottlosen" bolschewistischen „Untermenschens" geglaubt hatten, nachdenklich machte. Die relativ hohe Bildung, die guten Deutschkenntnisse und der technische Verstand sehr vieler Ostarbeiter setzten manchen Deutschen in Erstaunen. Aber nur denjenigen Einheimischen, die im Alltag mit ausländischen Zwangsarbeitern zu tun hatten, war es möglich, ihre falschen Vorstellungen zu korrigieren. Millionen von Deutschen, denen Erkenntnisse wie diese *nicht* zugänglich wurden oder die geistig zu wenig flexibel waren, um sich von Vorurteilen zu lösen, bewahrten sich ihre rassistische Ansichten über Ostarbeiter, Polen und andere Ausländer bis zum Schluß. Selbst viele höher Gebildete blieben unbelehrt bis zum Kriegsende. So konnte sich z. B. der Präsident der Reichsschrifttumskammer, der völkische Dichter Hans Friedrich Blunck, die Sicherheit vor Diebstählen in der Endphase des Krieges nur daraus erklären, daß die *„Auslandsarbeiter"*, die er offenbar pauschal für latent kriminell hielt, dem Vorbild deutscher Ehrlichkeit nacheiferten. Der nationalsozialistische Journalist Hans Schwarz van Berk, ein Mitarbeiter des Reichspropagandaministers Goebbels, äußerte noch Anfang März 1945, als die Rote Armee bereits 50 Kilometer vor Berlin an der Oder stand, in einem Artikel in der Wochenzeitung *Das Reich* die üblichen Klischeevorstellungen von den „Russen" als kulturlosen „Untermenschen". Es seien *„arme Teufel"*, die sich nun der Reichshauptstadt näherten und die in Deutschland erstmals mit Wohlstand und Kultur in Kontakt gekommen wären.[16] Es beweist die funktionale, im Vergleich

---

[14] *Meldungen aus dem Reich* Nr. 376 vom 15. April 1943 (Edition S. 5135).
[15] Ebd. (Edition S. 5129-5131). Schon im August 1942 hatte eine *Meldung aus dem Reich* über den beginnenden Wandel des „Rußlandbildes" der Bevölkerung berichtet (Edition S. 4084ff.).
[16] Wolfram Wette, Das Rußlandbild in der NS-Propaganda. Ein Problemaufriß, in: Hans-Erich Volkmann (Hrsg.), Das Rußlandbild im Dritten Reich, Köln-Weimar-Wien 1994, S. 55-78, hier: S. 71. Der Artikel von Schwarz van Berg trug den Titel *Iwan im Netzhemd. Oder: Die Ankunft der armen Teufel* (*Das Reich*, 4. März 1945).

mit anderen nationalsozialistischen Führungspersonen hohe Intelligenz des Propagandaministers, daß er 1944/45 angesichts des Kriegsverlaufs seine Ansichten über die „Russen" revidierte und die Untermenschen-These aus der Propaganda entfernte, in der nun ausschließlich die politisch-ideologische Gegnerschaft zum sowjetischen System („Bolschewismus") betont wurde. Nach der Lektüre von Lebensbeschreibungen sowjetischer Generale bekannte Goebbels, zu der *„peinlichen Überzeugung"* gekommen zu sein, *„dass die militärische Führerschaft der Sowjetunion aus einer besseren Klasse zusammengesetzt ist als unsere eigene."*[17] In seiner perversen Denkungsart war selbst Hitler in den letzten Wochen vor seinem Freitod zur Revision von Vorurteilen fähig, äußerte er doch im Zusammenhang mit dem Erlaß seines „Nero-Befehls" am 19. März 1945 gegenüber Albert Speer, das „Ostvolk" habe sich als das stärkere erwiesen, dem allein die Zukunft gehöre, wogegen die Deutschen, unfähig, den Krieg zu gewinnen, ihr Lebensrecht als Volk verwirkt hätten.

An den industriellen Arbeitsstätten wurde gegenüber Polen und Ostarbeitern von Anfang an eine „Apartheid" praktiziert, die sich, wie erwähnt, im Bergbau z. B. in der Herstellung getrennter Waschkauen äußerte; Westarbeiter hingegen – und selbstverständlich Arbeiter aus verbündeten Ländern – waren von dieser Praxis nicht betroffen. Von entscheidender Bedeutung für den betrieblichen Alltag der Zwangsarbeiter war die prinzipielle unbedingte Überordnung jedes Deutschen, auch des einfachsten, angelernten und kaum gebildeten Arbeiters, über die am jeweiligen Arbeitsort tätigen Ausländer, sofern diese nach Kriegsbeginn aus „Feindstaaten" gekommen waren. Nur hochqualifizierte Facharbeiter aus Frankreich, Belgien, den Niederlanden, Dänemark und Norwegen konnten mit Gleichbehandlung rechnen; Vorgesetzte von Deutschen werden konnten sie – jedenfalls offiziell – nicht. Vermutlich kam es aber hier und da vor, daß einem hochgebildeten Zwangsarbeiter aus Polen oder der Sowjetunion eine gewisse informelle Autorität zuwuchs; das ist etwa anzunehmen bei dem polnischen Ingenieur und Fabrikanten Kazimierz Pustola, der während der Niederwerfung des Warschauer Aufstandes im September 1944 verhaftet und mit zweien seiner Söhne zur Zwangsarbeit nach Duisburg deportiert wurde, wo er zunächst, bis zum Luftangriff vom 14./15. Oktober, in der Elektrowerkstatt des Werkes Ruhrort-Meiderich der August Thyssen-Hütte arbeitete.[18] Wenn dies irgendwo geschah, waren – fast überflüssig, das zu sagen – sehr gute Kenntnisse der deutschen Sprache bei dem betreffenden Ausländer die wichtigste Bedingung. Ausländische Arbeiter, die schon vor dem Krieg freiwillig Arbeit in Deutschland aufgenommen hatten, wurden in den Betrieben offenbar in ihren Rechten nicht zurückgesetzt.

---

[17] Zit. nach Wette, Das Rußlandbild in der NS-Propaganda (wie Anm. 16), S. 72.

[18] StADU 41/450: Tagebuchaufzeichnungen von Kazimierz Pustola über seinen Aufenthalt in Duisburg im Oktober und November 1944 als Zwangsarbeiter bei der August Thyssen-Hütte AG und der Mannesmannröhren-Werke AG.

Das Prinzip, an jeder Arbeitsstätte die jeweiligen ausländischen Arbeitskräfte deutschen Arbeitern unterzuordnen, und zwar auch dann, wenn ein Ausländer denselben Beruf erlernt hatte und eventuell sogar höher qualifiziert war als sein deutscher Vorgesetzter, bezeichnet man als *Unterschichtung*.[19] Wann die ersten entsprechenden Erlasse ergingen (wohl 1940), entzog sich der Feststellung. Für die Ostarbeiter ordnete Göring als damaliger oberster Wirtschaftslenker im November 1941 an, der deutsche Arbeiter sei *„grundsätzlich Vorgesetzter der Russen."* Allgemein galt, was der Betriebsleiter G. und der Betriebsassistent K. im Huckinger Stahlwerk der Mannesmannröhren-Werke AG äußerte: *„Die Ausländer hätten den Deutschen unbedingt zu gehorchen und falls dies nicht geschehe, sollte man sie in die Fresse schlagen."*[20] Allerdings ließ sich die Unterschichtung nicht überall gleich gut durchsetzen. Am leichtesten fiel es in landwirtschaftlichen Betrieben, am schwersten anscheinend bei den Facharbeitern in der Leichtindustrie und in der Rüstungsendfertigung. Die Unterschichtung der Ausländer war auch ein Mittel zur Pflege der „Heimatfront". Deutsche Kleinstbauern, die nicht einmal einen Traktor ihr Eigen nannten, konnten einen polnischen, französischen oder sowjetischen Kriegsgefangenen, den die Behörden ihnen zugeteilt hatten, herumkommandieren, Hilfsarbeiter in der Industrie, die vor dem Beginn des Ausländer-Einsatzes auf der allerrutersten Stufe der betrieblichen Hierarchie gestanden hatten, fanden sich unversehens in der Rolle des Vorgesetzten eines oder gar mehrerer Ausländer wieder. Auch dadurch konnte das Regime bis zum Kriegsende Loyalität einwerben.

Die Erinnerungsberichte über den Umgang von Deutschen mit ausländischen Arbeitern in den Betrieben decken ein breites Spektrum von Verhaltensweisen und Einstellungen ab. Die Quellen lassen darauf schließen, daß es in dieser Hinsicht erhebliche Unterschiede zwischen einzelnen Branchen, Unternehmen und Betrieben, ja sogar zwischen verschiedenen Abteilungen ein und desselben Betriebes gegeben hat. Über die Situation in der Zeche Neumühl schreibt Hermann Schwieren, der sich auf Augenzeugenberichte stützt, es habe sowohl *„deutsche Bergleute gegeben, die einzelnen russischen Mitarbeitern heimlich zu essen mitbrachten"*, als auch *„brutale Deutsche [...], die ihre Mitarbeiter geschlagen und kujoniert haben, um sie zu einem höheren Arbeitstempo anzutreiben."*[21] Nicht anders war der Alltag in der Schachtanlage Beeckerwerth der Gelsenkirchener Bergwerks-AG (Gruppe Hamborn): brutale Mißhandlungen sowjetischer Kriegsgefangene durch Steiger und einfache deutsche Bergleute neben Beweisen von Solidarität und Hilfen zum Überleben. Als im August 1942 vor einer Nachtschicht auf der Schachtanlage Beeckerwerth sowjetische Kriegsgefangene von

---

[19] Dazu u. a. Herbert, Fremdarbeiter, S. 39, 114, 122, 150f., 165ff., 247f., 261f. u. 415; Herbert, Apartheid nebenan (wie Anm. 3), S. 262.
[20] HSTAD NW 1004 Generalia 1 b: Zeugenvernehmungen zur Aufklärung der Verhältnisse im Siemens-Martin-Stahlwerk von Mannesmann, November 1946.
[21] Schwieren, Neumühl, S. 103f.

einem Steiger beschimpft und geschlagen wurden, weil sie wegen starken Durstes von den Wasserhähnen an den Wänden vor der Hängebank trinken wollten und damit den Beginn der Seilfahrt um einige Sekunden verzögerten, schritt ein älterer Bergmann ein und nahm die Gefangenen in Schutz. Andere deutsche Bergleute gaben vorsichtig Sympathien für diesen Kumpel zu erkennen, und eine „gewisse Unruhe" entstand. Die GESTAPO wurde eingeschaltet und bestrafte den Bergmann wegen Störung des „Arbeitsfriedens" (!) mit 21 Tagen „Schutzhaft".[22] Die 1917 geborene Hamborner Arbeiterfrau Änne Schmitz erinnerte sich 1983 an das solidarische Verhalten ihres Vaters und eines weiteren deutschen Kumpels:

„Mein Vater war Bergmann auf Beeckerwerth. Wenn er zuhause war, hat er oft erzählt, wie dreckig es den russischen Kumpels untertage geht. [...] Und immer wenn er zur Arbeit ging, hat er extra Brot mitgenommen. Das hat er auf der Zeche dann irgendwo in die Ecke gelegt, wo die Russen es dann abholten. Ich weiß auch, daß der deutsche Kumpel, der mit meinem Vater zusammen gearbeitet hat, der Rudnik, den Russen auch immer von seinem Brot abgegeben hat."[23]

Auch in den Betrieben der August Thyssen-Hütte ließen deutsche Arbeiter und Arbeiterinnen Butterbrote für sowjetische Kriegsgefangene liegen oder steckten diesen heimlich Brot zu, was 1943 bei der GESTAPO aktenkundig wurde.[24] Ein Beschäftigter des Eisenwerkes Wanheim sagte bei einer Zeugenvernehmung 1946 aus: „Mir war bekannt, daß Ostarbeitern durch deutsche Arbeiter Butterbrote und sonstige Lebensmittel heimlich zugesteckt worden sind."[25] Es ist kein Zufall, daß Handlungen wie diese vor allem von Kommunisten und Sozialdemokraten praktiziert wurden, hatten diese doch seit 1933 vielfach selbst Maßnahmen der Repression durch den NS-Staat erlitten; der traditionelle Internationalismus der Arbeiterbewegung machte diese klassenbewußten Arbeiter gegen jegliche Form von Rassismus immun. Aber auch weitgehend unpolitische Menschen, darunter Christen, die das Gebot der Nächstenliebe ernst nahmen, versuchten, den ausländischen Zwangsarbeitern das Überleben zu erleichtern. Die Erinnerungen deutscher Augenzeugen an Akte der Hilfe und Beweise des Mitgefühls werden durch die folgende Erinnerung von Boris Poletajew (1982), der als sowjetischer Kriegsgefangener auf der Schachtanlage Beeckerwerth Zwangsarbeit leistete, beglaubigt:

„Im menschenfeindlichen Chor der Nazis ertönen zwei Worte einfacher Werktätiger, deutscher Kumpel, an uns gerichtet: 'Glück auf!' [...] Unter der Erde tei-

---

[22] Manfred Tietz, Solidarität auf Zeche Beeckerwerth, in: Rudolf Tappe u. Manfred Tietz (Hrsg.), Tatort Duisburg, Bd. 1, Essen 1989, S. 322f.
[23] Zitiert nach Tietz, Solidarität auf Zeche Beeckerwerth (wie Anm. 22), S. 323. - Änne Schmitz war die Ehefrau des kommunistischen Widerstandskämpfers Heinrich Schmitz, der von 1946 bis 1956 als Ratsherr der Stadt Duisburg (KPD) wirkte.
[24] Tietz, Solidarität auf Zeche Beeckerwerth (wie Anm. 22), S. 327.
[25] Hildebrand, Wanheim-Angerhausen, S. 492.

len sich manchmal die Kumpel mit uns ihr kärgliches Brot, übermitteln uns die neuesten Nachrichten. So erfahren wir über das Attentat auf Hitler, über die Eröffnung der zweiten Front. Gewöhnlich übersehen die deutschen Kumpel unsere Sabotage, Beschädigung der Werkzeuge, Selbstverstümmelungen, die uns für lange Zeit von der Arbeit untertage befreien [...] Wir wußten die Namen der deutschen Kumpel, mit denen wir zusammenarbeiteten, nicht. Wir redeten uns gegenseitig mit dem einfachen Wort 'Kamerad' an. Das war genug." [26]

Wo in den Quellen von entspannten oder sogar freundschaftlichen Beziehungen zwischen Deutschen und ausländischen Zwangsarbeitern die Rede ist, handelte es sich meistens um Ostarbeiterinnen, etwas seltener um französische Kriegsgefangene. Es kam vor, daß französische Kriegsgefangene Weihnachtsfeiern für das deutsche Personal der Betriebe, in denen sie arbeiteten, ausrichteten, so am 20. Dezember 1943 in Homberg, wobei die dafür entstehenden Kosten in Höhe von 200 Reichsmark von der Stadtverwaltung bestritten wurden.[27] In der Adventszeit 1943 haben auch umgekehrt viele Industriebetriebe Weihnachtsfeiern für ihre ausländischen Arbeiter veranstaltet. Zu den wenigen Photographien im Bestand des Stadtarchivs Duisburg, die das Kapitel der Zwangsarbeit im Zweiten Weltkrieg betreffen, gehören je zwei Aufnahmen von den Weihnachtsfeiern der Duisburger Kupferhütte für ihre französischen zivilen Arbeiter und für ihre Ostarbeiter und Ostarbeiterinnen. Die Frauen auf einem dieser Photos sehen nicht unglücklich aus – womit freilich nichts über die Wochen und Monate vor und nach dieser Feier gesagt ist. Von allen Gruppen ausländischer Zwangsarbeiter haben offenbar die Frauen aus der Sowjetunion ihren deutschen Vorgesetzten und den Betriebsleitungen am wenigsten „Probleme" bereitet. Wenn sie einmal protestierten, dann meist wegen objektiv schlechtester Qualität des Essens oder wegen der über lange Zeiträume miserablen Versorgung mit Kleidungsstücken und Schuhen, einem durch die deutsche Bürokratie mitverschuldeten, zeitweilig katastrophalen Mißstand, der ihre Frauenehre beleidigte. Offenbar entstanden nicht selten Freundschaften mit deutschen „Kolleginnen". Die Arbeiterin Gertrud Moldhagen hatte ein gutes Verhältnis zu den Ostarbeiterinnen, mit denen sie in der Kleinflechterei des Kabelwerkes Duisburg im Stadtteil Wanheimerort zusammenarbeitete:

„Die Russenfrauen hatten keine andere Arbeit als wir. Sie wurden eingesetzt wie wir. Was sie allerdings als Lohn bekommen haben, weiß ich nicht. Wir hatten ungefähr 120 Russen, überwiegend Frauen. Mit den Frauen konnten wir sprechen. Wir haben auch mal ein Butterbrot abgegeben. [...] Mir ist manche Russenfrau um den Hals gefallen, wenn sie sich verabschiedet haben. Ich hatte

---

[26] Zitiert nach Tietz, Solidarität auf Zeche Beeckerwerth (wie Anm. 22), S. 323.
[27] StADU 22/1100: Vermerk vom 18. Dezember 1943. Es handelte sich um eine Kompanie französischer Kriegsgefangener in einem von der Stadt unterhaltenen Lager; die Gefangenen wurden Bau- und Handwerksunternehmern zur Beseitigung von Luftkriegsschäden und für andere Baumaßnahmen zugeteilt.

ein gutes Verhältnis zu denen, ich habe eine besonders gute Freundin gehabt, Iwanowaschuwa, Lydia. Den Namen vergeß ich nie. Die war in der Ukraine Lehrerin. Wir haben uns sehr gut verstanden, und ich habe ein bißchen Russisch gelernt, und sie hat von mir etwas Deutsch gelernt. Sie konnte sich gut verständigen. Die Älteren haben das etwas schlechter gelernt. [...]

Als Untermenschen habe ich die Russen nie betrachtet, weil ich die Frauen selber kannte, die waren immer sauber. [...]

Daß Russen mißhandelt worden sind, habe ich nicht gesehen, aber ich habe auch nicht alles gesehen. [...] Die Russinnen hatten Heimweh, die meisten kamen aus der Ukraine. [...] Mit den Russen durften wir kein Wort sprechen, nur mit den Russinnen. Sie waren ja nicht eingesperrt, sie konnten spazieren gehen, wo sollten sie ja auch hin. [...]

Man hat uns gesagt, mit den Russinnen dürft ihr sprechen, mit den Männern nicht. Die Männer waren für uns tabu, die durften wir noch nicht einmal angucken. [...]"[28].

Am 8. Februar 1945 wurde Wilhelm Huvermann, ein Lokomotivmaschinist bei der Friedrich-Alfred-Hütte in Rheinhausen, der in Duisburg-Hochfeld wohnte, aufgrund einer Anzeige von der GESTAPO verhaftet, weil er einer Ukrainerin, die als Heizerin seiner Lokomotive arbeitete und seiner Ehefrau während einer Krankheit nach der Arbeitszeit im Haushalt geholfen hatte, *„Brot und Kleidung"* geschenkt hatte. Nach seiner Aussage vom 3. August 1946 wurden Huvermann und eine Frau namens Maria Semenko, vermutlich die hilfsbereite Ostarbeiterin, *„bei der Vernehmung im Keller des Duisburger Polizeipräsidiums"* von dem vernehmenden Polizisten *„blau geschlagen."* Huvermann blieb in Haft, bis er am 22. März einen Gestellungsbefehl der Wehrmacht oder des Volkssturms erhielt, dem er jedoch nicht Folge leistete. Vielmehr flüchtete er nach Warendorf in Westfalen und verbarg sich dort, bis amerikanische Truppen die Stadt eingenommen hatten.[29] Als Anfang Oktober 1944 die amerikanischen und britischen Streitkräfte in Richtung Niederrhein vorstießen und in Rheinhausen angeblich bereits der „Geschützdonner" von der Westfront zu hören war, hielten anonyme „Mitglieder der Deutschen Freiheitsbewegung auf der Friedrich-Alfred-Hütte" dem dortigen Betriebsobmann der NSDAP, J. C., in einem Schreiben etliche Verbrechen und Verfehlungen vor, verbunden mit der Ankündigung, er werde sehr bald Rechenschaft für seine Taten ablegen müssen. Diesem Schreiben zufolge hatte der Betriebsobmann Mißhandlungen von „Fremdarbeitern" angeordnet und beaufsichtigt sowie geduldet, daß kranke Fremdarbeiter und Kriegsgefangene zur Arbeit gezwungen wurden und ausländische Arbeiterinnen, die ein

---

[28] Zitiert nach: Reinhold Lengkeit et al. (Hrsg.), Duisburger im Dritten Reich. Augenzeugen berichten, Duisburg 1983, S. 60f.

[29] StADU 506/3861: Verhandlungen betreffend Anerkennung [als Verfolgter des NS-Regimes] und Betreuung von Wilhelm Huvermann, 1946-1949.

Kind geboren hatten, schon acht Tage nach der Niederkunft wieder an die Arbeit mußten. Außerdem habe J. C. nichts gegen die miserablen Bedingungen der Unterbringung und Verpflegung von Kriegsgefangenen unternommen.[30] Wenn diese Vorwürfe zutreffen, war die Friedrich-Alfred-Hütte für die ausländischen Zwangsarbeiter kaum ein angenehmerer Aufenthalt als das Eisenwerk Wanheim oder das Mannesmannsche Hüttenwerk in Huckingen, eine wahre Hölle, von der im folgenden Kapitel die Rede sein wird.

Für das Leben außerhalb der Betriebe galten Bestimmungen, die auf eine noch rigorosere „Apartheid" hinausliefen, als sie den Alltag der zivilen und kriegsgefangenen Zwangsarbeiter in den Betrieben prägte. Die NSDAP und die Gauleiter, das Reichspropagandaministerium, die Deutsche Arbeitsfront, die Polizei und andere Institutionen schärften der Bevölkerung durch die Zeitungen, durch Instruktionen in den Betrieben, Merkblätter und Plakate immer wieder Verhaltensmaßregeln ein. Weil Kontakte mit Ausländern außerhalb der Arbeitsstätten eher vermeidbar waren als in den Fabriken und Betrieben, wurden Verstöße gegen die Bestimmungen streng bestraft. Viele Einheimische befolgten die Weisungen des Regimes, andere nicht. Neben Gleichgültigkeit und neben Unrechtshandlungen meist rassistischer Motivation, die von Deutschen an Ausländern begangen wurden, etwa Beleidigungen auf der Straße („Russenschweine"), gab es auch humanes Verhalten und praktizierte Nächstenliebe. Obwohl es Deutschen verboten war, ausländischen Arbeitern Lebensmittel oder Lebensmittelkarten zu geben, ist das, mehr oder weniger heimlich, sehr oft geschehen. Was dies anbetrifft, ist in den Quellen fast ausschließlich von Ostarbeitern, sowjetischen Kriegsgefangenen und (seltener) italienischen Militärinternierten die Rede, was auch den Schluß zuläßt, daß die Ernährung der Zwangsarbeiter aus westeuropäischen Ländern, aber auch aus Polen und Serbien – slawischen Ländern –, während des ganzen Krieges besser war als die der besonders unglücklichen sowjetischen Staatsangehörigen. Im September 1943 beobachtete ein Bürger in Hamborn-Neumühl von einem Fenster seiner Wohnung, wie ein sowjetischer Kriegsgefangener die Mülltonnen des Nachbarhauses durchsuchte. Bald darauf öffnete sich ein Balkonfenster, eine Frau erschien und rief dem Gefangenen etwas zu. Die Frau verschwand für kurze Zeit und kam dann wieder an das Balkonfenster, von wo sie den Inhalt einer Schüssel, Kartoffeln und belegte Brote, in den Hof fallen ließ, wo der Gefangene die Nahrungsmittel mit einem Sack auffing. Der beobachtende Nachbar zeigte die Frau bei der Polizei an, und ein Strafverfahren wurde eröffnet:

„Vor dem Strafrichter hatte sich deshalb die 56 Jahre alte Frau B. zu verantworten, denn das Gericht machte ihr den schweren Vorwurf des verbotenen Um-

---

[30] StADU 24/4195: „Mitglieder der Deutschen Freiheitsbewegung auf der Friedrich-Alfred-Hütte" an den Betriebsobmann J. C., 1. Oktober 1944.

gangs mit Kriegsgefangenen. In ganz beredter Weise wollte die B. das Gericht von ihrer Unschuld überzeugen. Sie habe Unrat und Abfall vom Balkon heruntergefegt, und dieses habe der Gefangene in seinem Sack aufgefangen. Durch den Zeugen, der das ganze Tun durch ein Fernrohr beobachtete und auch den Inhalt des Sackes sofort von der Polizei prüfen ließ, wurde die Angeklagte aber überführt und muß nun ihr würdeloses Verhalten mit einer Freiheitsstrafe von vier Monaten büßen."[31]

Im August 1942 war eine andere deutsche Frau, die sowjetischen Kriegsgefangenen Butterbrote aus dem Fenster zugeworfen hatte, der Bestrafung entgangen, weil ihre Schutzbehauptung, es habe sich um eingewickelte Küchenabfälle gehandelt, die als Futter für die Hühner des Nachbarn bestimmt gewesen seien, nicht hatte widerlegt werden können.[32] Der Sohn eines Bergmanns der Zeche Neumühl erinnerte sich an ähnliche Vorkommnisse und gegenseitige Gefälligkeiten zwischen seinem Vater und Ostarbeitern, die offenbar glücklicherweise nicht von regimetreuen „Kumpeln" angezeigt wurden:

„Mein Vater war nicht mehr grubentauglich und wurde von der Zechenleitung als Pförtner im Ernst-Weinstein-Haus eingesetzt. Er sollte u. a. die Einhaltung der Hausordnung überwachen. Die 'Fremdarbeiter' wurden bei Krankheit durch Kontrolleure überwacht, ob sie im Bett lagen und nicht etwa am Tisch saßen und sich mit Kartenspielen die Zeit vertrieben. Mein Vater hatte ein gutes Verhältnis zu den Ausländern. Als unsere Wohnung bei einem Luftangriff schwer beschädigt wurde, gingen mehrere Männer nach der Schicht zu uns nach Hause, reparierten das Dach und brachten die Wohnung wieder in Stand. Bei einer Unterhaltung mit ihnen erwähnte er, er könne jetzt kein 'Mutterklötzchen' mehr nach Hause nehmen, weil er nicht mehr unter Tage wäre. Danach brachten ihm die Arbeiter jeden Tag ein 'Klötzchen' mit. Ab und zu nahm mein Vater einen Topf Pellkartoffeln mit zum Lager, damit die kranken Fremdarbeiter etwas mehr zu essen hatten. Nach der 'Überrollung' hatten die Neumühler Angst vor Repressalien durch die Kriegsgefangenen, Ostarbeiter und Fremdarbeiter. Da sich mein Vater immer menschlich zu den Ausländern verhalten hatte, brauchte er sich keine Sorgen vor Übergriffen zu machen, im Gegenteil, wenn wir auf der Straße Fremdarbeiter trafen, unterhielten sie sich freundlich mit uns."[33]

Tätlich bewiesenes Mitgefühl gegenüber notleidenden Zwangsarbeitern und Hilfsbereitschaft waren riskant. In vielen Fällen trafen Deutsche, die wegen einschlägiger Handlungen angezeigt worden waren, harte Strafen, so auch in Duisburg. Die Hambornerin Hedwig Golik wurde mit zwei Wochen Gefängnis be-

---

[31] *Nationalzeitung* (Ausgabe B) vom 14. Januar 1944: „Vor dem Hamborner Strafrichter. Einer deutschen Frau unwürdig".
[32] Tietz, Solidarität auf Zeche Beeckerwerth (wie Anm. 22), S. 330.
[33] Schwieren, Neumühl, S. 98 (Erinnerungen K. Schwarzl).

straft, weil sie ihrem in deutsche Kriegsgefangenschaft geratenen polnischen Neffen ein Päckchen und Briefe schickte.[34] Die 20jährige Hilfskrankenschwester Anneliese Weinert aus Hamborn wurde im November 1943 zu 21 Tagen „Schutzhaft" verurteilt, verlor ihre Stellung im St. Barbara-Hospital, wurde aus dem Deutschen Roten Kreuz ausgeschlossen und erhielt ein Berufsverbot, weil sie dem ukrainischen Arbeiter Iwan Metko, dessen Unterschenkel amputiert worden war, Obst und Zigaretten gegeben hatte, was von zwei Kolleginnen zur Anzeige gebracht worden war.[35] Eine Fürsorgerin des Duisburger Gesundheitsamtes, Gertrude Pauels, wurde Ende Juni 1942 aus dem städtischen Dienst entlassen und mit 21 Tagen „Schutzhaft" bestraft, weil sie sich über die schlechte Behandlung der Ostarbeiterinnen bei der DEMAG und beim Kabelwerk Duisburg beschwert und aus Mitgefühl *„verschiedene Russinnen umarmt, an sich gedrückt und zum Teil gestreichelt"* hatte. Vor ihrer Beschäftigung bei der Stadt war Pauels Kranführerin bei der DEMAG gewesen und hatte in dieser Zeit *„einen das Ansehen der deutschen Frau herabsetzenden Umgang mit französischen Zivilarbeitern"* gepflegt.[36] In Rheinhausen wurde ein Schriftsetzerlehrling angeklagt, weil er mehrmals französischen Kriegsgefangenen Zigaretten geschenkt hatte. Vier Mädchen, die sich zusammen mit Kriegsgefangenen hatten fotografieren lassen, mußten für einen Monat ins Gefängnis.[37] Der Lagerführer und Werkschutzleiter des Eisenwerkes Wanheim, B. K., ein rassistischer und sadistischer Verbrecher, von dem im folgenden Kapitel noch die Rede sein wird, maßregelte und entließ einen deutschen Wachmann, weil dieser mit einer Ostarbeiterin ins Kino gegangen war und ihr zu essen gegeben hatte.[38]

Die meisten der im Frühjahr 1943 getroffenen Maßnahmen zur Erhaltung der Arbeitskraft und zur Steigerung der Leistungen der Ostarbeiter wurden durch fortgeltende, rassistisch begründete Vorschriften, durch die nach wie vor mangelhafte Ernährung und Warenversorgung, die krankmachende Trostlosigkeit des Lagerlebens und die unveränderte rassistische Diskriminierung außerhalb der Arbeitsstätten konterkariert. Die Diskrepanz zwischen einer gewissen Wertschätzung der leistungsfähigen und -willigen ausländischen Arbeiter und Arbeiterinnen am Arbeitsplatz einerseits, dem Lagerelend und der rassistischen Verachtung „draußen" andererseits hat vielfach psychische Leiden und auch Suizide verursacht. Im Ostarbeiterlager des Eisenwerkes Wanheim lebte eine junge Frau aus der Sowjetunion namens Lydia Pronina, die an dieser Spannung zerbrach. Sie arbeitete in der Elektrowerkstatt als Ankerwicklerin und hatte *„sich durch Fleiß*

---

[34] Das Verfahren in HSTAD RW 58-53935.
[35] Das Verfahren in HSTAD RW 58-7891; außerdem Tietz, Solidarität auf Zeche Beeckerwerth (wie Anm. 22), S. 330 u. Ders., Ruhrort, Carpstraße 18, in: Rudolf Tappe u. Manfred Tietz (Hrsg.), Tatort Duisburg, Bd. 2, Essen 1993, S. 435.
[36] Manfred Tietz, Die „wertlose" Frau, in: Rudolf Tappe u. Manfred Tietz (Hrsg.), Tatort Duisburg, Bd. 2, Essen 1993, S. 384.
[37] *Der Grafschafter*, 12. März 1941 und 23. April 1941.
[38] Hildebrand, Wanheim-Angerhausen, S. 491.

und gute Arbeit die Achtung der deutschen Kollegen erworben", wie sich ein Zeitzeuge erinnert. Eines Tages aber, wohl im Spätherbst 1944, trank sie, in der Absicht, sich zu töten, Methylalkohol, ein in der Werkstatt zur Entfettung benutztes giftiges Lösungsmittel. Sie starb daran nicht gleich, sondern wurde, weil sie am nächsten Tag nicht an der Arbeitsstätte erschien, gesucht, noch lebend gefunden und auf die Krankenstation gebracht. Dort lag sie noch mehrere Wochen, doch die Behandlung war letztlich vergebens. Im Dezember 1944 starb Lydia Pronina an der Vergiftung. Sie hatte, wie der Gewährsmann gewiß richtig vermutete, *„im Spannungsfeld zwischen den Zwängen des Lagerlebens auf der einen Seite und der ihr frei und ungezwungen erscheinenden Arbeitsatmosphäre auf der anderen Seite die Lust am Leben verloren."*[39]

Sexuelle Beziehungen polnischer und sowjetischer Männer mit deutschen Frauen, in der Terminologie des NS-Regimes als „Rassenschande" bezeichnet und als „GV-Verbrechen" strafbewehrt, wurden mit öffentlicher Hinrichtung (beim Mann) oder Haft im Konzentrationslager (bei der Frau) bestraft. Der Sexualverkehr mit Kriegsgefangenen und Militärinternierten, gleich welcher Nation, war ebenfalls verboten. Nach zwei Rundschreiben der GESTAPO-Leitstelle Düsseldorf vom 14. Februar und vom 23. Mai 1940 zum „Umgang mit Kriegsgefangenen" waren deutsche *„Frauen und Mädchen, die mit Kriegsgefangenen in einer Weise Umgang pfleg[t]en, die das gesunde Volksempfinden gröblich verletzt, [...] in Schutzhaft zu nehmen und für mindestens ein Jahr einem Konzentrationslager zuzuführen."* Als „gröbliche Verletzung des gesunden Volksempfindens" galt dabei nicht allein der Sexualverkehr, sondern *„jeglicher gesellschaftlicher Verkehr"* mit Kriegsgefangenen. Alle Polizeidienststellen wurden angewiesen, nicht einzuschreiten, wenn *„die Frauen und Mädchen eines Ortes"* sich anschickten, *„die betreffende Frau vor ihrer Überführung in ein Konzentrationslager öffentlich anzuprangern oder ihr die Haare abzuschneiden"*, solange es *„sich nicht um offensichtlich körperschädigende Übergriffe"* handelte.[40] Der Sexualverkehr deutscher Frauen mit zivilen Männern aus den westeuropäischen „Feindstaaten" war ebenfalls verboten, allerdings traf diese Ausländer, wenn sie überführt wurden, nicht die Todesstrafe. In den ersten Monaten des *„Einsatzes"* kriegsbedingt nach Deutschland gekommener, ziviler Arbeiter aus den Niederlanden, Belgien und Frankreich seit Mitte 1940 scheinen die Behörden bei festgestellten GV-Delikten solcher Männer mit deutschen Frauen noch auf eine Bestrafung verzichtet zu haben. Im Spätjahr 1940 wurden im Duisburger Norden offenbar mehrere Fälle sexuellen Verkehrs von deutschen Frauen mit westeuro-

---

[39] Ebd. S. 492.
[40] HSTAD RW 36-26: Die Geheime Staatspolizei (Staatspolizeileitstelle Düsseldorf) an die Außendienststellen und Grenzpolizeikommissariate, 14. Februar 1940; Dieselbe an die „Dienststellen nach Verteiler III" (dazu gehörten auch die Landräte und Oberbürgermeister), 23. Mai 1940.

päischen zivilen Arbeitern angezeigt, ohne daß bereits Strafen verhängt worden wären. Vor dem 4. Dezember ersuchte Polizeipräsident SS-Führer Lucian Wysocki (übrigens ein nicht unbedingt germanischer Name) die Gruppe Hamborn der Gelsenkirchener Bergwerks-AG, ihre *„ausländischen Zivilarbeiter auf die Strafbarkeit etwaigen Geschlechtsverkehrs mit deutschen Frauen hinzuweisen."* Um den verbotenen Geschlechtsverkehr *„nach Möglichkeit zu verhindern"*, so Wysocki, wurde eine Ausgangssperre von 21 Uhr bis 6 Uhr in Erwägung gezogen.[41] Nicht strafbar waren dagegen sexuelle Beziehungen deutscher Frauen zu Ausländern aus den mit Deutschland verbündeten Staaten.

Konkret belegt sind für Duisburg vier Fälle von verbotenem sexuellem Umgang. Zweimal handelte es sich um deutsche Frauen, die Beziehungen zu Kriegsgefangenen aufgenommen hatten.[42] Im dritten Fall wurde eine Beziehung zwischen einem „Volksdeutschen" und einer polnischen Zwangsarbeiterin, die verlobt waren, festgestellt. Die Frau kam ins KL Ravensbrück, der Mann entzog sich durch Meldung zur Waffen-SS der drohenden Bestrafung.[43] Im vierten Fall beging ein 42 Jahre alter, stellvertretender Lagerführer bei der August Thyssen-Hütte ein „GV-Verbrechen" mit einer 20jährigen Ostarbeiterin. Sie wurden am 22. Oktober 1944 von dem Vorgesetzten des Deutschen und zwei weiteren Männern im Lager *Hamlet* an der Emscherstraße in Meiderich im Bett der Ostarbeiterin aufgefunden. Der Vorgesetzte meldete dies sofort der Leitung des Werkes Hochöfen Hüttenbetrieb. Der überführte Mann verließ das Lager noch in der gleichen Nacht *„fluchtartig."*[44] Was er bei einer Ergreifung durch die GESTAPO zu gewärtigen hatte, dürfte ihm klar gewesen sein: dreimonatige Haft in einem Konzentrationslager oder Einziehung zu einer „Strafkompanie" der Wehrmacht. Der Ostarbeiterin stand die Einweisung in ein Frauen-KL bevor. Wenn sie glaubhaft machen konnte, daß sie *„unter Ausnutzung eines Abhängigkeitsverhältnisses zum Geschlechtsverkehr veranlaßt worden war,"*[45] was in diesem Fall nicht allzu schwer gewesen sein dürfte, kam sie mit einer höchstens dreiwöchigen „Schutzhaft" davon. Schon im Herbst 1943 hatte sich der Ausländerhaß lokaler NS-Funktionäre und GESTAPO-Leute derart radikalisiert, daß sogar Ausländern „*germanischer Rasse"* wie Niederländern, die *„mit deutschen Mädchen umgingen"*, harte Strafen wie die Einweisung in ein „Arbeitserziehungslager" zumindest

---

[41] HSTAD RW 37-23: Der Polizeipräsident in Duisburg (Ausländeramt) an den Höheren SS- und Polizeiführer West in Düsseldorf, 4. Dezember 1940.
[42] Herbert Schmidt, „Beabsichtige ich die Todesstrafe zu beantragen". Die nationalsozialistische Sondergerichtsbarkeit im Oberlandesgerichtsbezirk Düsseldorf 1933-1945, Essen 1998 (Düsseldorfer Schriften zur Neueren Landesgeschichte und zur Geschichte Nordrhein-Westfalens, Bd. 49), S. 182ff.
[43] Tietz, Die „wertlose" Frau (wie Anm. 36), S. 388.
[44] Der Vorgang in TKKA A/5015.
[45] Herbert, Fremdarbeiter, S. 148.

angedroht wurden; die betreffenden Frauen mußten ihre Entlassung gewärtigen. Eine Ortspolizeibehörde drohte einem Niederländer *„Verbringung in ein KZ"* an, weil er eine Deutsche heiraten wollte, die ein Kind von ihm erwartete.[46]

Die Belegung von Ostarbeiterlagern mit Männern *und* Frauen, die jeweils nur getrennte Baracken bewohnten, sich aber auf dem Lagergelände frei bewegen konnten, hatte nicht nur mit der Knappheit an Baustoffen zu tun, sondern sollte auch der „Triebsteuerung" der männlichen Ostarbeiter dienen, d. h. sexuelles Interesse an deutschen Frauen, die arbeitsbedingt mit Ostarbeitern zu tun hatten, gar nicht erst entstehen lassen. Wohl im Frühjahr 1941 beschloß die Kriegswirtschaftsbürokratie die Einrichtung von Bordellen für Fremdarbeiter aus Westeuropa und – wohlgemerkt – Italien (ein verbündetes Land!), in denen selbstverständlich nur Ausländerinnen, keine deutschen Frauen, arbeiten durften. Das Reich wollte prinzipiell die Kosten dafür übernehmen, jedoch mußten wegen fehlender Mittel zunächst die größeren Industrieunternehmen, deren Fremdarbeiter als Kunden in Frage kamen, in Vorlage treten. Die Bauausführung lag teils bei den Stadtverwaltungen, teils bei lokalen Bauunternehmen und teils bei der reichsweit tätigen *Häuser- und Barackenbau GmbH*. Die durchschnittlichen Kosten für eine „B-Baracke" lagen bei 100 000 Reichsmark, was in Teilen der Bevölkerung bekannt war. Angesichts der durch die Luftkriegszerstörungen wachsenden Wohnungsnot stieß der Bordellbau bei „Volksgenossen", denen der Zweck nicht ganz klar ersichtlich war, immer wieder auf Kritik. Im August 1941 existierten im Aachener Bergbaurevier schon mehrere Ausländerbordelle, im Ruhrgebiet jedoch anscheinend noch keines.[47]

Die Ausländerbordelle erfreuten sich *„äußerst rege*[n]*"* Zuspruchs. Ende 1943 gab es im Reich etwa 60 solcher „Häuser" mit rund 600 Prostituierten; weitere 50 Häuser waren damals im Bau. Die Prostituierten wurden *„auf freiwilliger Grundlage"* in Paris, im *Reichsprotektorat Böhmen* und *Mähren* und im *Generalgouvernement* angeworben; sie konnten, wenn man einem Bericht des Sicherheitsdienstes von Ende November 1943 glauben will, *„jederzeit aus dem Bordell ausscheiden und in ihre Heimat zurückkehren"* und erhielten für einen „Besuch" im Durchschnitt 3 bis 5 Reichsmark; „vereinzelt" sollen, wie der Sicherheitsdienst zu berichten wußte, Preise von 50 und sogar 100 Reichsmark gezahlt worden sein. Während Polinnen *„nicht viel"* verdienten, sollen Französinnen in der Lage gewesen sein, *„jeden Monat (mit Genehmigung der Devisenstelle) RM 1 000,- nach Frankreich zu schicken."* Die staatliche Förderung dieses florierenden Gewerbezweiges ging so weit, daß die *„von den Dirnen vereinnahmten*

---

[46] SD-Berichte zu Inlandsfragen vom 25. Oktober 1943 (Edition *Meldungen aus dem Reich* S. 5 926-30).

[47] HSTAD RW 37-13: Vermerk über die Besprechung in Reichsverteidigungsangelegenheiten am 25. August 1941 im Landeshaus in Münster, fol. 31-36, hier: fol. 35f.

[48] SD-Berichte zu Inlandsfragen vom 29. November 1943 (Edition *Meldungen aus dem Reich* S. 6 069ff.).

Gelder" nicht versteuert werden mußten.[48] Höchst wahrscheinlich gab es zu diesem Zeitpunkt auch in Duisburg mindestens ein Ausländerbordell, hatte die Stadt doch mehr ausländische Arbeiter als Bochum und Hagen, zwei Städte, für die, ebenso wie für Dortmund, ein Ausländerbordell nachgewiesen ist.

Die mit den verschiedenen Maßnahmen zur „Reinerhaltung des deutschen Blutes", vor allem den drohenden drakonischen Strafen verbundenen Erwartungen der nationalsozialistischen Ideologen und „Rassehygieniker" sind hinsichtlich der Polen und Ostarbeiter wohl im Großen und Ganzen erfüllt worden. Bereits im Januar 1942 schätzte der Sicherheitsdienst die Zahl der von „Fremdvölkischen" mit deutschen Frauen gezeugten Kinder auf 20 000, aber die Väter dieser Kinder waren wahrscheinlich weit überwiegend Westeuropäer und Italiener. Die Vorstellung von Deutschland als einem von den eigenen Männern „entblößten" Landes, in dem Millionen von ausländischen Zwangsarbeitern die Bedürfnisse einsamer Frauen befriedigten und „den deutschen Nachwuchs" „besorgten", bewegte gewiß nicht nur Heinrich Mann in seinem amerikanischen Exil. Sein diesem Kapitel vorangestelltes Notat aus dem Jahr 1944 bezeugt, auch hinsichtlich der angenommenen Gesamtzahl der ausländischen Zwangsarbeiter (14 Millionen), wie wenig von der Realität im kriegführenden Deutschland im Ausland bekannt war und wie leicht Legenden über die Auswirkungen von Kriegsumständen entstehen konnten.

Kapitel 7:
Delikte und Strafen

Unter dem Gedanken der Befreiung des deutschen Volkskörpers von Polen, Russen, Juden und Zigeunern [...] beabsichtige ich, die Strafverfolgung gegen Polen, Russen, Juden und Zigeuner dem Reichsführer-SS zu überlassen. Ich gehe hierbei davon aus, daß die Justiz nur in kleinem Umfang dazu beitragen kann, Angehörige dieses Volkstums auszurotten. Zweifellos fällt die Justiz jetzt schon sehr harte Urteile gegen solche Personen, aber das reicht nicht aus, um wesentlich zur Durchführung des oben angeführten Gedankens beizutragen. Es hat auch keinen Sinn, solche Personen Jahre hindurch in deutschen Gefängnissen und Zuchthäusern zu konservieren. [...] Dagegen glaube ich, daß durch die Auslieferung solcher Personen an die Polizei, die sodann frei von gesetzlichen Straftatbeständen ihre Maßnahmen treffen kann, wesentlich bessere Ergebnisse erzielt werden.

Reichsjustizminister Otto Thierack an den Leiter der Parteikanzlei der NSDAP, Martin Bormann, 13. Oktober 1942[1]

Wenn im folgenden von Delikten gesprochen wird, handelt es sich zum Teil um Delikte ausschließlich im Verständnis des nationalsozialistischen Unrechtsstaates, also um Handlungen, die vor und nach der NS-Zeit nicht strafwürdig, sondern, wie die sogenannte „Bummelei", allenfalls im Wirtschaftsleben problematisch waren. Aber auch „klassische" Straftaten werden in diesem Kapitel angesprochen. Zumindest für ein solches Delikt, die Plünderung, hat der nationalsozialistische Staat die Regelstrafe verschärft; die Umstände des Luftkrieges führten dazu, für Plünderer, Deutsche wie Ausländer, die Todesstrafe vorzusehen. Die sogenannten GV-Delikte wurden in Kapitel 6 thematisiert. Zu Beginn des *Arbeitseinsatzes* lag die Strafbefugnis für Delikte ausländischer Arbeiter noch in den Händen der regulären Justiz. Doch schon Mitte 1940 war die Zuständigkeit für die Bestrafung von „Arbeitsvertragsbrüchen" polnischer und tschechischer Arbeiter mit Zustimmung des Reichsarbeitsministers von den Gerichten auf die GESTAPO übergegangen. Der Grund hierfür war nicht etwa eine aus Sicht des Reichssicherheitshauptamtes zu milde Bestrafung der polnischen Straftäter durch die Gerichte, die tatsächlich sehr harte Strafen verhängten, sondern die relativ lange Dauer eines herkömmlichen Strafverfahrens.[2] Als Strafen in Wie-

---
[1] Zitiert nach: Herbert, Fremdarbeiter, S. 284, und Robert Gellately, Hingeschaut und weggesehen. Hitler und sein Volk, Stuttgart u. München 2002, S. 247f.
[2] Herbert, Fremdarbeiter, S. 133ff.

derholungsfällen von „Arbeitsvertragsbruch" und „Arbeitsbummelei" dieser Arbeiter waren zunächst „Schutzhaft", dann Haft im Konzentrationslager vorgesehen. Eigentumsdelikte, tätliche Angriffe gegen Deutsche und GV-Delikte wurden vorerst noch von den 1933 neu geschaffenen *Sondergerichten* abgeurteilt.

Einen massiven Einbruch des *Maßnahmestaates* auf das Terrain des *Normenstaates* stellte der als Teil des Paketes der *Ostarbeitererlasse* am 20. Februar 1942 in Geltung tretende Runderlaß an die Staatspolizeistellen dar, durch den die GESTAPO die ausschließliche Strafgewalt über Ostarbeiter bei schweren Delikten erhielt, wogegen leichtere Straftaten zwecks Entlastung der personell überforderten GESTAPO vom Werkschutz des jeweiligen Einsatzbetriebes abgeurteilt und bestraft werden konnten. Der Erlaß schrieb vor, bei jeder Staatspolizeistelle ein „Russen"- oder Fremdarbeiter-Referat einzurichten. Doch Himmler und dem Reichssicherheitshauptamt (RSHA) ging auch das noch nicht weit genug. Aufgrund einer Vereinbarung zwischen dem Reichsjustizminister und dem *Reichsführer SS und Chef der Deutschen Polizei* vom 18. September 1942 wurde die Bestrafung von Polen, zivilen sowjetischen Staatsangehörigen, „Juden und Zigeunern" im Reich wie in den besetzten Gebieten im Osten generell von der Justiz auf die GESTAPO übertragen; entsprechende Weisungen des RSHA an die nachgeordneten Dienststellen ergingen im Oktober und November 1942. Allerdings zog Reichsjustizminister Thierack seine im September gegebene Zustimmung zur Abtretung der Strafverfolgungsgewalt unter dem Eindruck scharfer Proteste der Gauleiter in den zum Reich geschlagenen Teilen Polens und des Reichsministeriums für die besetzten Ostgebiete bald wieder zurück. Es kam im Winter 1942/43 erneut zu einem Kompetenzkampf zwischen dem Reichsjustizministerium und dem RSHA, den letzteres für sich entschied. Ein Erlaß vom 30. Juni 1943 nahm die Verfolgung und Bestrafung von Delikten von Polen und sowjetischen Zivilpersonen formell aus dem allgemeinen Strafrecht heraus und machte somit die Vereinbarung vom September 1942 endgültig rechtskräftig. Fortan war es möglich, daß schon bei geringen Verdachtsmomenten, ja sogar auf eine bloße Anschuldigung hin, einen Diebstahl oder eine Plünderung begangen zu haben, nach Prüfung des Falles durch das RSHA eine Hinrichtung angeordnet und vollstreckt werden konnte.[3] Bereits im Sommer 1942 waren drei Viertel aller

---

[3] Zum Sonderstrafrecht für Polen und Angehörige der Sowjetunion und zur betrieblichen Strafgewalt des Werkschutzes: Herbert, Fremdarbeiter, S. 133-36, 181, 284-87, 344-57; außerdem (in der Reihenfolge des Erscheinens): Klaus Drobisch, Der Werkschutz: betriebliches Terrororgan im faschistischen Deutschland, in: Jahrbuch für Wirtschaftsgeschichte, Jg. 1965, Heft IV, S. 217-47; Knut Dohse, Ausländische Arbeiter und bürgerlicher Staat. Genese und Funktion von staatlicher Ausländerpolitik und Ausländerrecht. Vom Kaiserreich bis zur Bundesrepublik Deutschland, Königstein/Ts. 1981; Diemut Majer, „Fremdvölksiche" im Dritten Reich. Ein Beitrag zur nationalsozialistischen Rechtssetzung und Rechtspraxis in Verwaltung und Justiz unter besonderer Berücksichtigung der eingegliederten Ostgebiete und des Generalgouvernements, Boppard a. Rh. 1981 (Schriften des Bundesarchivs, Bd. 28); Eberhard Kolb, Die Maschinerie des Terrors. Zum Funktionieren des Unterdrückungs- und Verfolgungsapparates im NS-System, in: Karl Dietrich Bracher (Hrsg.), Nationalsozialistische Diktatur

von der GESTAPO verhafteten Personen Ausländer; bis zum Frühjahr 1944 stieg der Ausländeranteil auf 90 Prozent. Erst das Attentat auf Hitler vom 20. Juli 1944 bewirkte, daß GESTAPO und SD für einige Zeit ihre Aufmerksamkeit hauptsächlich wieder den wirklichen oder mutmaßlichen deutschen Regimegegnern zuwandten. Die Verschärfung des Sonderstrafrechts für Ostarbeiter stand im Gegensatz zu der Neuausrichtung der Ausländerpolitik nach dem Stalingrad-Schock, die sich etwa in der Europa-Kampagne des Reichspropagandaministeriums und dem *Merkblatt* vom April 1943 äußerte (Kapitel 1). Es wäre freilich ein Irrtum, anzunehmen, die reguläre Justiz hätte *nicht* unter dem Einfluß rassistischer und utilitaristischer Doktrinen gestanden. Die Ansicht, die der Reichsjustizminister in seinem Schreiben an den Leiter der Parteikanzlei der NSDAP vom 13. Oktober 1942 äußerte, wurde von unzähligen Staatsanwälten und Richtern geteilt. In der Justiz waren die Grenzen zwischen *Normenstaat* und *Maßnahmestaat* ziemlich durchlässig.

Für Delikte von Westarbeitern, Italienern und Ausländern aus anderen verbündeten Staaten blieben die allgemeinen Gerichte respektive die *Sondergerichte* zuständig. Wegen starker Überlastung des Sondergerichts Düsseldorf, das ursprünglich für den ganzen Regierungsbezirk zuständig war, wurden mit Wirkung vom 1. Juli 1942 weitere Sondergerichte bei den Landgerichten Duisburg (für die Bezirke der Landgerichte Duisburg und Kleve) und Wuppertal eingerichtet. Das Sondergericht Duisburg führte bis zum Kriegsende 506 Verfahren durch, die meisten wegen Vergehen gegen die „Volksschädlings-Verordnung" vom 5. September 1939 und gegen die Kriegswirtschafts-Verordnung vom 4. September 1939. Etwa 17,5 Prozent der vom Sondergericht Duisburg verurteilten Personen waren Ausländer, die sich als zivile Erwerbstätige in Deutschland befanden. Bei den 169 Personen handelte es sich um 122 Niederländer, 15 Franzosen, zehn Belgier, vier Ukrainer, vier Staatenlose, drei Russen, drei Schweizer, drei Jugoslawen (Nichtkroaten), zwei Kroaten, einen Polen, einen Italiener und einen Tschechen („Protektoratsangehörigen").[4] Die relativ hohe Zahl der Niederländer unter den Verurteilen weist keinesfalls eine besondere Delinquenz dieser Nationalität aus, sondern spiegelt nur die Größe der traditionellen niederländischen „Kolonien" in den Städten und Landgemeinden des unteren Niederrhein wider. Die vier Ukrainer und drei Russen dürften keine Zwangsarbeiter, sondern „alteingesessene Fremde" gewesen sein. Obwohl die Westarbeiter und „nichtfeindlichen" Ausländer im Prinzip nicht der Gerichtsbarkeit der GESTAPO und der

---

1933-1945. Eine Bilanz, Bonn 1986, S. 270-84; Robert Gellately, Die Gestapo und die deutsche Gesellschaft. Die Durchsetzung der Rassenpolitik 1933-1945, Paderborn 1993 (zuerst in englischer Sprache 1988); ders., Hingeschaut und weggesehen (wie Anm. 1); Herbert Schmidt, „Beabsichtige ich die Todesstrafe zu beantragen". Die nationalsozialistische Sondergerichtsbarkeit im Oberlandesgerichtsbezirk Düsseldorf 1933 bis 1945, Essen 1998 (Düsseldorfer Schriften zur Neueren Landesgeschichte und zur Geschichte Nordrhein-Westfalens, Bd. 49).

[4] Zum Sondergericht Duisburg: Schmidt, „Beabsichtige ich die Todesstrafe zu beantragen" (wie Anm. 3), S. 156-59.

Werkschutzeinheiten unterworfen waren, wurden auch sie in den letzten Kriegsjahren Opfer der staatspolizeilichen und betrieblichen Willkürjustiz. Schon 1943 kam es vor, daß Westarbeiter zur Strafe für eine Urlaubsüberschreitung nach der Rückkehr in den Betrieb von Werkschutzleuten geprügelt wurden.[5]

Die Hauptdelikte ziviler ausländischer Arbeitskräfte waren der „unerlaubte Abgang" vom Betrieb, meist formalrechtlich als *„Arbeitsvertragsbruch"* bezeichnet, und die sogenannte *„Arbeitsbummelei"* (Nichterscheinen zur Arbeit etwa für einen Tag oder eine Schicht), die sehr oft auch deutschen Arbeitskräften vorgeworfen wurde. Die wichtigsten Gründe für Fluchten aus dem Zwangsarbeitsverhältnis waren der natürliche Freiheitsdrang, Heimweh, die Härte der Arbeit, Mißhandlungen am Arbeitsplatz oder im Lager und seit 1942 zunehmend auch die erheblichen Mängel bei der Versorgung mit Kleidung und Schuhwerk, was die Arbeitgeber klar erkannten, ohne das Problem lösen zu können.[6] Die häufigste Form des „Arbeitsvertragsbruches" war zunächst die Nichtrückkehr aus einem Heimaturlaub; ausländische Männer und Frauen, die auf diese Art ihr Arbeitsverhältnis lösten, konnten *„trotz aller Bemühungen durch das Arbeitsamt und die Gestapodienststellen [...] in den seltensten Fällen wieder erfaßt werden"*. Später, als immer öfter Urlaubssperren erlassen wurden, boten sich gute Fluchtmöglichkeiten noch bei den „Umsetzungen" von einem Betrieb in einen anderen. Der „unerlaubte Abgang" wurde für die Arbeitgeber spätestens im Sommer 1941 zu einem ernsten Problem. Am 30. Oktober 1941 schrieb die GESTAPO-Leitstelle Düsseldorf an die Abteilung IV des RSHA, *„in letzter Zeit"* käme es im Amtsbereich der Stelle immer häufiger vor, daß nicht nur in der Landwirtschaft, sondern auch in der Industrie eingesetzte Zivilarbeiter und -arbeiterinnen *„polnischen Volkstums"* unerlaubt ihre Arbeitsplätze verließen und in ihre Heimatgebiete zurückkehrten. So seien von August bis Ende September 1941 rund 100 polnische Zivilarbeiter der Gewerkschaft Walsum, die als „Ostoberschlesier" bezeichnet wurden, „heimlich" aus Walsum abgewandert und sehr wahrscheinlich in die Heimat zurückgefahren. Ein anderes betroffenes Unternehmen war die I. G. Farbenindustrie AG (wahrscheinlich das Werk Krefeld-Uerdingen), die innerhalb von zwei Wochen 45 polnische Zivilarbeiter beiderlei Geschlechts verloren hatte. Die Fahndungsersuchen der Unternehmen an die GESTAPO nähmen von Tag zu Tag zu.[7] Der Autor des Berichtes nannte auch den mutmaßlichen Grund für die zahlreichen heimlichen Abwanderungen von Polen; diese nämlich hätten gehört, daß sie *„neuerdings"* in den Heimatgebieten, die dem Deutschen Reich einverleibt worden waren (wie Ostoberschlesien und der Warthegau) oder im *Generalgouvernement* bleiben und dort arbeiten könnten. Diese Annahme sei

---

[5] Herbert, Fremdarbeiter, S. 333.
[6] HSTAD RW 13-7: Bericht des Rüstungsobmanns für den Wehrkreis VI b, Generaldirektor Hans Reuter, an das Reichsrüstungsministerium für Oktober 1943, 15. November 1943.
[7] Das Schreiben in HSTAD RW 36-10, fol. 187f.

im Falle der Bergleute durch einen Erlaß des Reichsarbeitsministers bestätigt worden. Aufgrund dieses Erlasses sollten *„vertragsbrüchige"* Bergarbeiter nicht mehr an den alten Einsatzort *„zurückgeführt"*, sondern in den Heimatgebieten festgehalten und in Arbeit vermittelt werden, *„und zwar auch dann, wenn Festnahme- und Rückführungsersuchen"* vorlägen. Der GESTAPO war diese Entscheidung der Arbeitsverwaltung nicht bekannt gemacht worden. Hier lag ein für das NS-Regime typischer Fall von Kompetenzwirrwarr und defizitärer Kommunikation vor. Die Leitstelle Düsseldorf schrieb abschließend an das RSHA, daß sich, sofern nicht *„einheitlich neue Richtlinien für die Fahndung und Rückführung flüchtiger polnischer Zivilarbeiter und Zivilarbeiterinnen herausgegeben"* würden, *„die Abwanderungen im hiesigen Wirtschaftsgebiet [sich] bald katastrophal auswirken"* würden. Doch nicht nur die Unternehmen seien betroffen, auch die GESTAPO selbst, nähmen doch die *„zahlreichen Ausschreibungen [...] bei dem ohnehin schon großen Beamtenmangel sehr viel Zeit in Anspruch"*.[8] Nach Eingang und Würdigung dieses Berichtes aus dem Düsseldorfer Bezirk schrieb der Reichsführer SS am 21. November 1941 an den Reichsarbeitsminister und bat ihn, dafür zu sorgen, daß die Arbeitsämter eigenmächtige Wechsel des Arbeitgebers durch Polen nicht tolerierten:

„Ich bitte daher nochmals, an dem Grundsatz, daß geflüchtete polnische Zivilarbeiter an ihre alten Arbeitsstätten zurückgeführt werden müssen, unter allen Umständen festzuhalten, und – wenn Arbeitskräfte in den Heimatgebieten benötigt werden – nur Arbeitskräfte auszuwählen, die ihre Arbeitspflicht bisher ordnungsgemäss erfüllt und nicht gegen die bestehenden Vorschriften verstossen haben [...]".[9]

Fahndung, Festnahme und „Rückführung" an den alten Einsatzort waren durch Erlasse des Reichsführers SS und Chefs der Deutschen Polizei vorgeschrieben. Wenn entflohene Zwangsarbeiter wieder gefaßt wurden, konnte sich meist der Arbeitgeber „seine" Leute bei der Polizei abholen. So fuhren am 24. Juli 1942 Angestellte der August Thyssen-Hütte AG zum Polizeipräsidium Oberhausen, um sechs Ostarbeiter, die aus Lagern der ATH entwichen, aber wieder gefaßt worden waren, in Empfang zu nehmen. Drei Tage später übergab die Duisburger Polizei der ATH im Präsidium zehn Männer, von denen fünf aus Lagern der ATH geflohen waren, und am folgenden Tag konnte die ATH dort nochmals drei gefaßte Flüchtige abholen.[10]

Von den gewiß mehreren tausend Fluchten aus Duisburger Einsatzbetrieben sind nur wenige heute noch aktenkundig; einige sollen als Beispiele aufgeführt werden. Im Oktober 1942 floh der sowjetische Kriegsgefangene Peter Scheta-

---

[8] Wie Anm. 7.
[9] HSTAD RW 36-10, fol. 189f.: Der Reichsführer SS an den Reichsarbeitsminister, 21. November 1941.
[10] TKKA A/9238: Arbeiterlisten mit Vermerken.

manow aus dem Gefangenenlager der Gewerkschaft Neumühl. Er war erst einen Monat zuvor angelegt und im Maschinenbetrieb der Zeche eingesetzt worden. Am gleichen Tage flohen auch drei Ostarbeiter aus dem Maschinenbetrieb und acht Ostarbeiter aus den Revieren 5 und 14; diese Landsleute dürften Schetamanow mit Zivilkleidung versorgt haben, denn in seiner Uniform mit dem Kennzeichen „SU" auf dem Rücken wäre er wahrscheinlich nicht weit gekommen. Die Flucht eines sowjetischen Kriegsgefangenen zu diesem Zeitpunkt zeugt von überaus großem Mut, denn die Ostfront, hinter die er gelangen mußte, war damals tausende von Kilometern entfernt. Anders als zivile Zwangsarbeiter konnten flüchtende Kriegsgefangene, die auf Zuruf nicht reagierten, von den Wachsoldaten der Wehrmacht erschossen werden. Vielleicht wollte Schetamanow in richtiger Einschätzung der Schwierigkeit, in die Heimat zu gelangen, auch gar nicht dorthin, sondern in eine ländliche Region Deutschlands, um als willige Arbeitskraft bei einem Bauern „unterzutauchen" und als Lohn für seine Arbeit eine bessere Ernährung zu erhalten als die Hungerrationen, die im Bergbau üblich waren. Ob ihm die Flucht geglückt ist, läßt sich nicht feststellen, jedenfalls kam er nicht zur Zeche Neumühl zurück. Dies gilt auch für zwei sowjetische Gefangene, die im März 1943 aus dem Lager an der Oberhauser Allee entwichen.[11]

Daß zivile Zwangsarbeiter häufiger flüchteten, lag vor allem an den etwas besseren Möglichkeiten der Vorbereitung und dem geringeren Ausmaß der Bewachung. Von den 264 zivilen polnischen Zwangsarbeitern, die im Dezember 1942 und im Januar 1943 bei der Zeche Neumühl angelegt wurden, haben 125 sofort einen Fluchtversuch unternommen; von den zwischen Februar und September 1943 als Ersatz zugewiesenen 172 Polen flohen ebenfalls 95 bei der ersten sich bietenden Gelegenheit und weitere 51 im Laufe des Frühjahrs und des Sommers 1943. Die Fluchten scheinen in den allermeisten Fällen geglückt zu sein, denn nur wenige Polen wurden aufgegriffen und nach Neumühl zurückgebracht. Aufgrund dieser Erfahrung wurde die Zuweisung ziviler polnischer Zwangsarbeiter zum Bergbau im September 1943 beendet.[12] Am 7. August 1942 schrieb die Staatspolizeileitstelle Düsseldorf an den Düsseldorfer Polizeipräsidenten, von den „*etwas mehr als 20 000 sowjetrussischen Zivilarbeitern*", die damals im Regierungsbezirk Düsseldorf eingesetzt waren, seien „*bereits über 2 200 entflohen*". Die Wiederergreifungsquote lag nun doch recht hoch: etwa 85 Prozent der entflohenen Ostarbeiter wurden wieder „*eingefangen*".[13] Aus dem Eisenwerk Wanheim liegen Zahlen über Arbeitsfluchten („Unerlaubter Weggang und Nichtrückkehr aus dem Urlaub") von zivilen ausländischen Arbeitern für die Jahre 1941 bis 1945 vor. Nachdem 1942 mehr Ostarbeiter als Westarbeiter geflohen waren, kehrte sich das Verhältnis 1943 um; die Zahl der flüchtenden West-

---

[11] Schwieren, Neumühl, S. 106.
[12] Ebd., S. 98f.
[13] Das Schreiben in HSTAD RW 37-23, fol. 116.

und sonstigen nichtsowjetischen zivilen Arbeiter schnellte von 16 auf 210 empor. Die Nachricht von dem ungeheuren Fiasko der Wehrmacht bei Stalingrad im Februar 1943 ließ bei Niederländern, Belgiern und Franzosen die Hoffnung auf ein baldiges Ende des Krieges durch eine totale deutsche Niederlage aufkeimen, die auch die Heimatländer von der deutschen Besatzung befreit hätte. Aber sie hofften vergebens. 1944 flüchteten „nur" noch 74 Westarbeiter, wogegen die Zahl der flüchtigen Ostarbeiter auf 82 stieg (Tabelle 23):

Tabelle 23: Arbeitsfluchten von zivilen ausländischen Arbeitern bei der Eisenwerk Wanheim GmbH 1941-45[14]

Jahr	Zivilarbeiter ohne Ostarbeiter	Ostarbeiter
1941	60	-
1942	16	61
1943	210	69
1944	74	82
1945	5	3

Für Westarbeiter war es erheblich leichter als für Ostarbeiter, erfolgreich vom Ort ihrer Zwangsarbeit zu fliehen, d. h. einer Wiederergreifung zu entgehen. Sie fielen, wenn sie leidlich des Deutschen mächtig waren, während der Flucht weniger auf. Der „Heimweg" für die im rheinisch-westfälischen Industriegebiet eingesetzten war um vieles kürzer als der der Ostarbeiter, und in den Heimatgebieten konnten sie, wenn eine „legale" Existenz (etwa als Arbeiter in einem Industriebetrieb des Heimatortes oder in der Landwirtschaft) nicht möglich war, mit Hilfe der immer besser organisierten Widerstandsorganisationen „abtauchen". Bei einer Besprechung von Industriellen mit dem Wehrkreisbeauftragten des Reichsrüstungsministeriums im Wehrkreis VI in Essen am 8. Juli 1943 wurde von den Vertretern der Unternehmen übereinstimmend erklärt, „*der Hauptausfall an ausländischen Arbeitskräften*" entstünde dadurch, „*dass beurlaubte Arbeiter aus den Westgebieten nicht an ihren Arbeitsplatz [...] zurückkehren*".[15] Die Quote der Nichtrückkehrer, die „*trotz aller Bemühungen durch das Arbeitsamt und die Gestapodienststellen [...] in den seltensten Fällen wieder erfaßt werden*" konnten, belief sich in manchen Betrieben schon auf 40 bis 60 Prozent aller

---

[14] Hildebrand, Wanheim-Angerhausen, S. 471.
[15] HSTAD RW 37-23, fol. 69f.: Der Inspekteur der Sicherheitspolizei und des SD in Düsseldorf an den Höheren SS- und Polizeiführer West in Düsseldorf, 15. Juli 1943.

Urlauber.[16] Viele Unternehmen führten Urlaubssperren ein. Allerdings erkannten die Arbeitgeber als einen wesentlichen Grund für die „unerlaubten Abgänge" durchaus die mangelhafte Ausrüstung mit Kleidung und Schuhwerk.

Im Frühjahr 1944, als die Ostfront schon erheblich näher gerückt war und für Optimisten wieder einmal das Kriegsende bevorzustehen schien, wagten bei der Zeche Neumühl sehr viel mehr sowjetische Kriegsgefangene die Flucht als in den beiden Vorjahren, zunächst drei bis fünf pro Monat, von Dezember 1944 bis zum lokalen Kriegsende 37 Gefangene.[17] Im Mai 1944 berichtete der für Duisburg zuständige Rüstungsobmann des Speer-Ministeriums, DEMAG-Generaldirektor Reuter, nach Berlin, daß der Krankenstand bei den ausländischen Arbeitern seines Bezirkes nun „*infolge schärferer Überwachung*" relativ niedrig sei. Die „*Arbeitsvertragsbrüche*" würden jedoch anhalten, und viele Betriebe hielten die Verlängerung der vom Generalbevollmächtigten Sauckel am 2. März angeordneten, planmäßig am 15. Mai ablaufenden Urlaubssperre für ausländische Arbeitskräfte für geboten. Reuter erkannte durchaus den Zusammenhang zwischen der „*Flüchtigkeit*" von Ausländern und dem Härtegrad der Arbeit, stellte er doch fest, daß von den „*Arbeitsvertragsbrüchen*" besonders die Betriebe mit längerer Arbeitszeit betroffen seien. In seinem nächsten Monatsbericht äußerte er die Vermutung, die Fluchten von Ostarbeitern und zivilen Franzosen seien „*in vielen Fällen [...] Auswirkungen der Ernährungslage*". Als sich im Sommer 1944 zeigte, daß Umsetzungen in andere Einsatzbetriebe massenhaft zur „*Arbeitsflucht*" genutzt wurden, stellten die Arbeitsämter die Umsetzung von Westarbeitern ein, da diese „*fast restlos flüchtig*" wurden, „*besonders bei Umsetzung in 72-Stunden-Arbeitszeit*".[18] Doch die Flüchtigenzahlen gingen kaum noch zurück. In der letzten Kriegsphase 1945 flohen 139 Ostarbeiter allein aus den Lagern der Zeche Neumühl.[19]

Betriebswirtschaftlich etwas weniger problematisch als der Totalausfall von Arbeitskräften durch Fluchten war die sogenannte *Arbeitsbummelei*, die etwa in willkürlichen Fehlen am Arbeitsplatz für eine Schicht oder einen Tag oder im Vorschützen von Krankheit bestehen konnte und wohl in den meisten Fällen in dem Wunsch überanstrengter Menschen begründet lag, der üblichen Arbeitshetze für kurze Zeit entkommen. Der Vorwurf der Arbeitsbummelei traf in der ersten Kriegsphase vor allem deutsche Arbeitnehmer. Am 18. August 1940 klagte der Reichstreuhänder der Arbeit für das Wirtschaftsgebiet Westfalen-Niederrhein in

---

[16] HSTAD RW 13-8 u. RW 13-14: Berichte des Rüstungsobmanns im Wehrkreis VI b, Generaldirektor Hans Reuter, an das Reichsrüstungsministerium für November 1943, vom 15. Dezember 1943, und für Mai 1944, vom 16. Juni 1944 (Arbeitsvertragsbrüche bei Franzosen).
[17] Wie Anm. 11.
[18] HSTAD RW 13-13, 13-14 und 13-15: Berichte des Rüstungsobmanns im Wehrkreis VI b, Generaldirektor Hans Reuter, an das Reichsrüstungsministerium für April, Mai und August 1944.
[19] Schwieren, Neumühl, S. 109.

einem Brief an den Höheren SS- und Polizeiführer West in Düsseldorf, die „*Arbeitsdisziplin*" im Wirtschaftsgebiet verschlechtere sich mehr und mehr. Hätte der Bergbau Anfang 1937 noch durchschnittlich 200 und Ende 1938 500 „*Bummelschichten*" pro Tag zu verkraften gehabt, so sei die Durchschnittszahl im August und September 1939 schon auf 1 100 gestiegen, und eine wesentliche Besserung sei 1940 trotz „*scharfen Durchgreifens*" nicht eingetreten.[20] Die Bergleute wußten, daß sie gebraucht wurden, und schonten ihre Ressourcen vor dem krassen physischen Raubbau, der fast überall aus den verlängerten Schichten und den hohen Fördersollzahlen resultierte. Aber auch Unternehmen anderer Branchen klagten über die Zunahme der Bummelei. 1941 gingen einige Betriebe dazu über, Wiederholungstäter anzuzeigen. Der Bochumer Verein für Gußstahlfabrikation hat erstmals im Frühjahr 1941 eine der Bummelei beschuldigte Arbeiterin beim zuständigen Reichstreuhänder der Arbeit angezeigt, der umgehend ein Verfahren gegen sie einleitete, an dessen Ende sie zu einer Gefängnisstrafe von zwei Monaten verurteilt wurde. Das Urteil wurde im Werk publiziert, wovon sich Unternehmensleitung und Reichstreuhänder eine abschreckende Wirkung erhofften.[21] Trotz solcher unverhältnismäßig harter Strafen und einer Änderung des Strafgesetzbuches, nach welcher der Straftatbestand der Sabotage nun auf jegliche Art „wehrkraftschädigenden Verhaltens" angewendet werden konnte, ließ sich das Problem der mangelnden „Arbeitsdisziplin" und des unentschuldigtes Fehlens aus der Sicht der Arbeitgeber nicht aus der Welt schaffen. Wenn ein Betrieb ausländische Arbeitskräfte erhielt, wurden diese wahrscheinlich zuerst durch das Beispiel „bummelnder" deutscher Arbeitskräfte in ihrer Arbeitsmoral negativ beeinflußt; nach einiger Zeit dürfte jedoch eine *wechselseitige* Beeinflussung eingetreten sein. Ende August 1941 beklagte ein Gauobmann der Deutschen Arbeitsfront auf einer „*Besprechung in Reichsverteidigungsangelegenheiten*" im Landeshaus in Münster, „*die Disziplinlosigkeiten der ausländischen Arbeiter*" würden teils „*auf den deutschen Arbeiter*" übergreifen, teils letzterem „*zu Verärgerung Anlaß gebe*[n]".[22]

Wenn Arbeitskräfte eines Betriebes in größerer Zahl „bummelten", konnten Industriebetriebe durchaus in erhebliche Nöte geraten. Weil auf einer Nachtschicht im Preßwerk der Hütte Ruhrort-Meiderich der August Thyssen-Hütte AG, wo Geschosse für die Wehrmacht hergestellt wurden, am 19. September 1943 38 französische Arbeiter „*ohne Entschuldigung*" fehlten und drei weitere während der Schicht unerlaubt die Arbeitsstätte verließen, konnte nur die Hälfte

---

[20] HSTAD RW 37-14, fol. 9-11: Der Reichstreuhänder der Arbeit für das Wirtschaftsgebiet Westfalen-Niederrhein an den Höheren SS- und Polizeiführer West in Düsseldorf, 16. August 1940.
[21] Gustav-Hermann Seebold, Ein Stahlkonzern im Dritten Reich. Der Bochumer Verein 1927-1945, Wuppertal 1981, S. 276f.
[22] HSTAD RW 37-13, fol. 34: Vermerk über die Besprechung in Reichsverteidigungsangelegenheiten am 25. August 1941 im Landeshaus in Münster, S. 8.

der Pressen und Automaten laufen; der Produktionsausfall belief sich auf 4 000 Geschosse.[23] Zu diesem Zeitpunkt waren offenbar schon mehrere Ausfälle dieser Größenordnung eingetreten. Neben „Bummelei"-Delikten kamen auch Verstöße gegen die Lagerordnungen vor. Am Abend des 7. Juni 1942 wurde eine 22jährige Ostarbeiterin der August Thyssen-Hütte AG, die im Elektrobetrieb eingesetzt war, für drei Tage in *„Arrest genommen"*, weil sie sich für sechseinhalb Stunden ohne Erlaubnis aus ihrem Lager entfernt hatte. Die Hütte hatte also schon zu diesem frühen Zeitpunkt, in der ersten Zeit des Ostarbeiter-Einsatzes, eine eigene Strafgewalt über die zivilen Arbeiter aus der Sowjetunion. Immerhin hielt es der Vorstandsvorsitzende der ATH, Dr.-Ing. E.h. Franz Bartscherer, noch für nötig, persönlich den Duisburger Polizeipräsidenten von der Arrestierung der Frau in Kenntnis zu setzen. Wessen sich 13 *„Russinnen"* schuldig gemacht hatten, die am 26. Mai 1942 von der Polizei aus dem Frauenlager der ATH an der Stahlstraße in Meiderich abgeholt wurden, ist unbekannt.[24] Im Hüttenwerk Huckingen der Mannesmannröhren-Werke AG bestrafte der auch als „Abwehrbeauftragter" fungierende Oberlagerführer Werner Scharfe *„kleinere Unbotmäßigkeiten"* von ausländischen Arbeitern wie *„Versäumnis der Arbeit"* oder *„unerlaubtes Entfernen vom Lager"* durch *„Ausgehverbot und Entzug von Tabak"*.[25] Nicht einmal während der Frühindustrialisierung hatten Arbeitgeber Strafbefugnisse dieser Art gegenüber ihren Arbeitern gehabt.

1940 begannen die *Reichstreuhänder der Arbeit* und andere Behörden, Strafen für Arbeitsvertragsbruch statistisch zu erfassen und den Grad der „Arbeitsdisziplin" ausländischer Arbeitskräfte nach Nationalitäten festzustellen. Dabei zeigte sich unter anderem, daß die Niederländer und nach ihnen die Italiener bei den Arbeitsvertragsbrüchen weit vorn lagen. Als Mittel, Arbeitsverweigerung, „Bummelei" und unerlaubtes Entfernen von der Arbeitsstätte mit nachhaltiger Wirkung zu bestrafen, dienten seit 1942 in zunehmendem Maße die sogenannten *Arbeitserziehungslager* (im folgenden AEL abgekürzt), in denen die Häftlinge zehn bis zwölf Stunden täglich, an sechs Tagen der Woche, schwerste Zwangsarbeit für öffentliche Bauvorhaben oder private Unternehmen leisten mußten und in ähnlicher Weise schikaniert und gehetzt wurden wie die Häftlinge der Konzen-

---

[23] TKKA A/5012: Vermerk der Abteilung Preßwerk der Hütte Ruhrort-Meiderich für den Abteilungsleiter „Arbeiterangelegenheiten" der August Thyssen-Hütte AG vom 20. September 1943 (Dokumentation ausländische Arbeitskräfte 1939-45, Dok. 60).
[24] TKKA A/5012: ATH-Generaldirektor Dr.-Ing. Bartscherer an den Polizeipräsidenten in Duisburg, 11. Juni 1942; Vermerk des Vorstandes der ATH vom 29. Mai 1942, mit Namensliste der 13 Ostarbeiterinnen (Dokumentation ausländische Arbeitskräfte 1939-45, Dok. 61 u. 62).
[25] Mannesmann-Archiv M 12.821.1: Bericht [des Vorstandes der Mannesmannröhren-Werke AG] über den Fremdarbeitereinsatz bei den Mannesmannröhren-Werken, Abt. Heinrich-Bierwes-Hütte, Duisburg-Huckingen, S. 3.

trationslager.²⁶ In diese auch als „Straflager" firmierenden Stätten wurden von der GESTAPO auf Anzeige des Einsatzbetriebes hin deutsche wie ausländische Arbeiter, denen der Arbeitgeber Faulheit oder Aufsässigkeit vorwarf, eingewiesen. Die AEL waren ursprünglich dazu bestimmt gewesen, Arbeiter, die sich in einer Zeit der Vollbeschäftigung und des Arbeitskräftemangels seit 1936/37 (etwa sechs Jahre nach der größten Arbeitslosigkeit in der deutschen Geschichte seit Beginn der Hochindustrialisierung) „marktkonform" verhielten und im Wissen um ihre Unentbehrlichkeit die physischen Ressourcen vor Ausbeutung schützen wollten, im Interesse der Arbeitgeber und letztlich der volkswirtschaftlichen Gesamtleistung zu disziplinieren. Das 1939 geschaffene Straflager Hinzert der SS im Hunsrück wurde zum Modell für die AEL, die seit Frühjahr 1940 aufgrund von Klagen der Unternehmen über „Disziplinverfall" in der Rüstungsindustrie mit ausdrücklicher Zustimmung Deutschen Arbeitsfront durch lokale GESTAPO-Stellen und betriebliche Werkschutz- oder „Abwehr"-Stellen eingerichtet wurden. Die Industriellen wünschten nicht, daß renitente oder bummelnde Arbeitskräfte durch KZ-Haft bestraft wurden, weil dies in der Regel ein dauerhaftes Ausscheiden aus dem Betrieb, ein „Verschwinden" der Arbeitskraft im System der SS-Betriebe, bedeutete. Nach einer auf sechs bis acht Wochen begrenzten Haftdauer sollten die, so war die Vorstellung, innerlich gebrochenen, hinfort willfährig-fleißigen Arbeiter in die Betriebe zurückkehren. Die Einweisung in ein AEL geschah ohne Beteiligung der Justiz und hatte keine strafrechtlichen Grundlagen; eine Einschaltung der Justiz wäre den Arbeitgebern zu langwierig gewesen. Ein AEL unterhielten normalerweise nur große Betriebe; kleinere Unternehmen, für die sich Bau und Unterhaltung eines eigenen Straflager nicht lohnte, benutzten manchmal ein Lager eines großen Betriebes mit. AEL, die unmittelbar der GESTAPO unterstanden, wurden von Polizeireservisten bewacht, bei betrieblichen AEL stellte der Werkschutz die Wachmannschaft. Seit 1942 wurden immer mehr ausländische Arbeiter in die AEL eingewiesen, die in den folgenden Jahren, ebenso wie die Gefängnisse, fast ständig überfüllt waren, weshalb nicht selten Seuchen ausbrachen. Die DAF protestierte schließlich dagegen, daß deutsche Jugendliche, die wegen disziplinärer Delikte mit Haft bestraft worden waren, in den AEL mit ausländischen Häftlingen zusammenleben mußten. Die beiden größten AEL im rheinisch-westfälischen Industriegebiet waren das am 24. August 1940 eröffnete Lager Hunswinkel bei Lüdenscheid, das bis zu 300 Häftlinge aufnehmen konnte, und das seit Juni 1941 betriebene Lager am Flugplatz Essen-Mülheim (für Deutsche und Westarbeiter) mit einer Kapazität

---

²⁶ Die Ausführungen zu den Arbeitserziehungslagern stützen sich im wesentlichen auf das Standardwerk von Gabriele Lotfi, KZ der Gestapo. Arbeitserziehungslager im Dritten Reich. Mit einem Vorwort von Hans Mommsen, Stuttgart und München 2000. Wichtig ist daneben noch eine relativ frühe Veröffentlichung über die AEL: Wolfgang Franz Werner, Die Arbeitserziehungslager als Mittel nationalsozialistischer „Sozialpolitik" gegen deutsche Arbeiter, in Waclaw Dlugoborski (Hrsg.), Zweiter Weltkrieg und sozialer Wandel. Achsenmächte und besetzte Länder, Göttingen 1981, S. 138-47.

von 500 Haftplätzen. Hunswinkel unterstand der Dortmunder, Essen-Mülheim der Kölner GESTAPO-Stelle. Im Falle Essen-Mülheim arbeiteten die Häftlinge an der Erweiterung und dem Ausbau des Flugplatzes für militärische Zwecke, wogegen die Häftlinge von Hunswinkel für den Ruhrtalsperrenverein und unter Einsatzleitung des Bauunternehmens Hochtief AG die Versetalsperre bauten. Die Häftlinge der vielen kleineren, betrieblichen AEL der letzten Kriegsphase (1944/45) mußten vor allem nach Bombenangriffen in den Werken den Trümmerschutt forträumen und andere „grobe" Arbeiten ausführen.

In Duisburg – in den heutigen Grenzen – existierten 1944 mindestens acht oder neun Arbeitserziehungslager. Unternehmen mit sicher belegten Arbeitserziehungs- oder Straflagern waren die August Thyssen-Hütte AG (das für Westarbeiter bestimmte AEL mit dem Decknamen *Orpheus*, 1943 und 1944 existent, lag an der Hoffschen Straße in Beeckerwerth), die Mannesmannröhren-Werke AG, die Duisburger Kupferhütte AG und die Eisenwerk Wanheim GmbH in Alt-Duisburg, die Kruppsche Friedrich-Alfred-Hütte und die Gewerkschaft Diergardt-Mevissen in Rheinhausen und die Aschaffenburger Zellstoffwerke AG in Walsum; letztere verfügte 1944 über ein AEL für Westarbeiter, das bis zu 200 Personen aufnehmen konnte. Auf Duisburger Gebiet, an der Sassenstraße in Hamborn, befand sich außerdem das Straflager der Ruhrchemie AG in Oberhausen-Holten.[27] Die Mannesmannröhren-Werke AG hatte in Duisburg mit Sicherheit ein AEL, das zum Hüttenwerk in Huckingen gehörte.[28] In den heute im belgischen Sozialministerium befindlichen Aufzeichnungen, die bei den *Enquêtes sur les Prisons et les Camps douteux* in den ersten Nachkriegsjahren entstanden sind, ist noch ein zweites, der Abteilung Großenbaum zugeordnetes AEL *„auf dem Werksgelände"* dokumentiert, das 1944 nur drei Monate existiert haben und dann in ein Lager für zivile ausländische Arbeiter umgewandelt worden sein soll. Eine Häftlingsliste dieses Lagers vom 15. April 1944 nennt 22 belgische und einen polnischen Häftling; nach einer anderen Aufstellung wurden in dem AEL in Großenbaum am 5. April 1944 13 *„holländische Arbeitsverweige-*

---

[27] Nachweise: August Thyssen-Hütte: TKKA A/5227: *Liste der von ausländischen Arbeitern bewohnten Lager*, Stand 8. September 1944, ferner Weinmann (CCP), S. 120, u. Lotfi, KZ der Gestapo (wie Anm. 23), S. 242; Mannesmannröhren-Werke: s. Anm. 25; Duisburger Kupferhütte: Lotfi, KZ der Gestapo (wie Anm. 23), S. 242; Eisenwerk Wanheim: Hildebrand, Wanheim-Angerhausen, S. 488; Friedrich-Alfred-Hütte: AVG/BUR 6/2-6 (das Lager befand sich im Werksgelände, an der Feldstraße); Gewerkschaft Diergardt-Mevissen: AVG/BUR 6/2-6 u. Lotfi, KZ der Gestapo (wie Anm. 23), S. 242 (das Lager befand sich außerhalb des Werksgeländes in einem früheren Restaurationsbetrieb an der Jägerstraße); Aschaffenburger Zellstoffwerke: AVG/BUR 21/5-6; Ruhrchemie: Weinmann (CCP), S. 121 (bei Oberhausen).

[28] Mannesmann-Archiv M 12.821.1: Bericht Huckingen (s. Anm. 25), S. 5f.; ferner AVG/BUR: Aufstellung *Enquête complémentaire sur 70 camps de la ville de Duisburg* („Erziehungslager Hüttenwerk" an der Huckinger Straße, unter Aufsicht der GESTAPO, bewacht vom Werkschutz); ferner Lotfi, KZ der Gestapo (wie Anm. 23), S. 242.

rer" inhaftiert.[29] Die Stadtverwaltung Duisburg richtete, anders als die Stadtverwaltung Essen, kein AEL ein.[30] Auch die anderen Gemeindeverwaltungen, das Reichsbahn-Ausbesserungswerk, die Gelsenkirchener Bergwerks-AG (Gruppe Hamborn) und die Gewerkschaften Rheinpreußen, Neumühl und Walsum hatten offenbar keine eigenen Straflager. Von der Zeche Neumühl ist allerdings bekannt, daß sie während der gesamten Kriegszeit etwa 20 Arbeiter (auch Deutsche) wegen unbekannter Delikte bei der GESTAPO anzeigte, die dann mit Gefängnishaft oder mit Einweisung in ein AEL bestraft wurden; zumindest zwei deutsche Arbeiter der Zeche kamen in das AEL am Flugplatz Essen-Mülheim (1943 und 1944).[31] Dorthin wurden im September 1944 auch die Häftlinge des AEL der Gewerkschaft Diergardt-Mevissen verlegt.[32]

Die Gründe, warum einige große Unternehmen ein AEL einrichteten, andere jedoch nicht, waren wohl vielfältig. Wahrscheinlich wurden viele Unternehmen, die von der Raumkapazität her in der Lage waren, ein AEL zu schaffen, von der GESTAPO in diesem Sinne bedrängt. Der Vorstand der Mannesmannröhren-Werke AG schrieb Ende August 1945 in einem Bericht für die Besatzungsmacht, Mannesmann hätte das 1943 vorgebrachte Ansinnen der GESTAPO, *„einen Teil unserer umfangreichen Lageranlagen als Straflager zur Verfügung zu stellen"*, zunächst energisch zurückgewiesen, mit dem Hinweis, daß die Werksleitung *„nicht gewillt sei, den guten Namen der Mannesmannröhren-Werke mit einer solchen Einrichtung in Zusammenhang zu bringen"*. Die GESTAPO habe sich jedoch *„über unsere wiederholt vorgebrachten Einwände"* hinweggesetzt und dem Unternehmen schließlich Ende 1943 vorgeschrieben, *„zwei Baracken als Straflager zur Verfügung zu stellen"*. Das Lager in Huckingen sei von der GESTAPO geführt worden, nicht vom Mannesmann-Werkschutz, und Mannesmann selbst habe lediglich vier *„ältere Wachleute für die Torkontrolle"* stellen und mit einer der Werksküchen für die Beköstigung der Häftlinge sorgen müssen.[33] Letzteres wird durch die 2000 erschienene Untersuchung von Lotfi über die AEL bestätigt: Die Duisburger GESTAPO führte als „Auffanglager" außer dem Mannesmann-Lager auch die AEL der August Thyssen-Hütte, der Duisburger Kupferhütte, der Gewerkschaft Diergardt-Mevissen und seit dem Frühsommer 1944 das AEL der Friedrich-Alfred-Hütte in Friedrichsfeld (Kreis Dinslaken).[34]

Ein AEL eines Industriebetriebes glich phänotypisch einem Kriegsgefangenenlager oder einem KL-Außenlager. Ein Beispiel ist das *„Sonderarbeitslager*

---

[29] AVG/BUR: Erhebungsbogen der *Enquêtes sur les Prisons et les Camps douteux*, mit Anlagen.
[30] Essen: Klaus Wisotzky, Die „Parias der Kriegsgesellschaft". Aspekte des Zwangsarbeitereinsatzes in Essen, in: Ders. (Bearb.), Zwangsarbeit. Begleitheft für den Geschichtswettbewerb für Schülerinnen und Schüler in Essen, Essen 2001, S. 20-46, hier: S. 37.
[31] Schwieren, Neumühl, S. 130f.
[32] Lotfi, KZ der Gestapo (wie Anm. 26), S. 242.
[33] Mannesmann-Archiv M 12.821.1: Bericht Huckingen (s. Anm. 25), S. 5f.
[34] Lotfi, KZ der Gestapo (wie Anm. 23), S. 242 u. 391 (Anm. 121).

für ausländische politische Polizei-Gefangene" des Eisenwerkes Wanheim im Werksgelände. Es handelte sich um eine Baracke mit einer Aufnahmekapazität von 30 Personen, die mit Stacheldraht umwehrt war und auf Anweisung der GESTAPO durch den Werkschutz bewacht wurde. Die Werkschutzleute waren tagsüber mit Mauser-Pistolen, nachts mit Karabinern bewaffnet; zeitweilig wurden auch Wachhunde eingesetzt. Die Gefangenen waren auch aus hygienischen Gründen kahl geschoren. Auf der Rückseite der Arbeitskleidung waren sie durch drei große farbige Ringe gekennzeichnet. In diesem, aber sehr wahrscheinlich auch in anderen Arbeitserziehungs- und Straflagern gab es Folterzellen, und zwar enge kleine Stahl-Kabinen, die eigentlich als Splitterschutz-Unterstände („Ein-Mann-Bunker") im Falle plötzlicher Luftangriffe dienen sollten und in denen ein Mensch mangels einer Sitzgelegenheit nur stehen konnte, wegen der geringen Höhe jedoch meist nicht aufrecht, sondern nur mit gebeugtem Kopf oder gekrümmtem Rückgrat. In diesem „Luftschutz-Häuschen" wurden Gefangene aus unbekannten Gründen für 24 Stunden eingesperrt. Am 1. Januar 1945 befanden sich 17 Männer, zwei Monate später noch 13 Männer im Straflager des Eisenwerkes Wanheim.[35]

Delikte im Betrieb wurden nicht nur durch AEL-Haft bestraft. Viel häufiger als die Einweisung in ein AEL kamen bei ausländischen Arbeitern physische Mißhandlungen als Strafe für kleinere „Vergehen" vor. Die Täter waren sowohl Vorgesetzte als auch Werkschutzleute; sie setzten sich dabei über das staatliche Verbot physischer Mißhandlungen von Kriegsgefangenen oder zivilen ausländischen Arbeitern hinweg. Insbesondere hatten nach dem internationalen Kriegsrecht Zivilpersonen nicht das Recht, Kriegsgefangene zu züchtigen; dies kam allein Militärpersonen zu. Warum aber wurden die Verbote ständig mißachtet und was unternahmen die Führungen der Einsatzbetriebe, um solche Übergriffe deutscher Belegschaftsangehöriger zu unterbinden? Die Unternehmen, die ausländische Arbeiter beschäftigten, riefen ihrem deutschen Personal wohl häufig die Verbote in Erinnerung, verhängten aber anscheinend nur minimale Strafen, etwa geringfügige Lohnabzüge. Zu groß war wohl die Furcht, mit den Betriebsobleuten der NSDAP aneinander zu geraten, die härtere Betriebsstrafen gegen deutsche Beschäftigte, die Parteigenossen waren, wohl nicht ohne weiteres hingenommen hätten. Manchmal versuchten Institutionen des *Normenstaates*, dem Verbot von Mißhandlungen und angemaßter Strafgewalt Geltung zu verschaffen. Ein solcher Versuch war ein Schreiben des Arbeitsamtes Moers an die Stadtverwaltung Homberg vom 20. Juli 1943:

„Der Präsident des Landesarbeitsamtes Rheinland gibt mir ein Urteil bekannt, das das Sondergericht für den Oberlandesgerichtsbezirk Zweibrücken wegen Mißhandlung und Freiheitsberaubung gefällt hat. Nach diesem Urteil

---

[35] Hildebrand, Wanheim-Angerhausen, S. 490-93; „Luftschutzhäuschen": S. 491.

sind Lagerführer und Wachmänner, die sich der Freiheitsberaubung und der Mißhandlung schuldig gemacht haben, zu Freiheitsstrafen bis zu 9 Monaten verurteilt worden.

Von diesem Urteil wird den Arbeitsämtern mit der Bitte um Unterrichtung der Betriebsführer Kenntnis gegeben, weil bei der Auslandsbriefprüfstelle in Berlin immer noch Briefe festgehalten werden, in denen sich Ausländer, insbesondere Ostarbeiter, über körperliche Mißhandlungen beschweren. Nach einem Erlaß des Reichsführers SS und Chefs der Deutschen Polizei im Reichsministerium des Innern sind kriminelle Vergehen und Sabotageakte ausschließlich durch die Dienststelle der Geheimen Staatspolizei oder durch von ihr beauftragte Polizeidienststellen zu ahnden. Ausgenommen hiervon sind lediglich die Ostarbeiter, deren Verstöße gegen die Lager- und Arbeitsdisziplin während der Freizeit mit Ordnungsübung, Zuteilung zum Straftrupp, Entziehung der warmen Tagesverpflegung und Arrest auf die Dauer von höchstens 3 Tagen durch die Betriebe innerhalb der Lager geahndet werden können. Die Durchführung aller weitergehenden Bestrafungen, abgesehen von der sofortigen Inhaftnahme, ist den Staatspolizeileitstellen vorbehalten. Demnach ist eine Übertragung der Strafgewalt auf dritte Personen oder Dienststellen wie Werkschutz oder Lagerpersonal keinesfalls gegeben. Nach einer Dienstanweisung der Gestapo über die Behandlung von in Lagern untergebrachten Ostarbeitern ist bereits der Entzug der warmen Tagesverpflegung bzw. die Verhängung von Arrest den zuständigen Staatspolizeileitstellen anzuzeigen.

In den Fällen, wo Verstöße gegen diese Bestimmungen festgestellt werden, ist Strafanzeige gegen die Schuldigen zu erstatten. Ich bitte daher, die mit der Betreuung beauftragten Angestellten und Arbeiter wie Lagerführer, Wachmänner, Betriebsführer pp. entsprechend zu unterrichten."[36]

Mißhandlungen von Kriegsgefangenen und zivilen Zwangsarbeitern kamen auch in vielen Duisburger Unternehmen vor, nachweislich in Betrieben der Gelsenkirchener Bergwerks-AG, in den Zechen Neumühl und Walsum, im Stahlwerk der Mannesmannröhren-Werke, im Eisenwerk Wanheim und in der DEMAG-Greiferfabrik in Hamborn. Besonders brutale Schläger, Meister, Vorarbeiter und Werkschutzleute, die trotz Abmahnungen durch die Betriebsleitungen immer wieder ausländische Arbeitskräfte prügelten, gab es im Mannesmann-Stahlwerk Huckingen (dorthin zu kommen, bedeutete für Kriegsgefangene und zivile Zwangsarbeiter zweifellos ein „Unglück im Unglück") und im Eisenwerk Wanheim, wo der Leiter des Werkschutzes, der auch als Oberaufseher des zum Werk gehörigen Arbeitserziehungslagers fungierte, selbst bei geringsten Anlässen zivile Arbeiter mehrerer Nationalitäten, auch Westeuropäer, mit einem

---

[36] StADU 22/1103: Das Arbeitsamt Moers an die Stadtverwaltung in Homberg, 20. Juli 1943 betreffend die „Behandlung und Betreuung der ausländischen und fremdvölkischen Arbeitskräfte".

Gummiknüppel oder mit den Fäusten traktierte. In diesen beiden Betrieben wurden sogar Frauen geschlagen, was sonst nicht bezeugt ist.

In der Zeche Walsum waren Mißhandlungen von ausländischen Arbeitern von der Zechenleitung ausdrücklich verboten worden, was auch regelmäßig in Erinnerung gerufen wurde. Deutsche Bergleute, die Kriegsgefangene oder zivile Ausländer geschlagen hatten, wurden durch Meldungen am „Schwarzen Brett" angeprangert, und zumindest ein Deutscher ist wegen Schlagens von sowjetischen Kriegsgefangenen mit einem Lohnabzug von 2 RM bestraft worden.[37] Inwiefern das den Täter und die anderen deutschen Belegschaftsmitglieder beeindruckt hat, muß offen bleiben. Das normenstaatliche Verbot für Zivilpersonen, Kriegsgefangene durch Schläge zu züchtigen, wurde im Bergbau als Problem empfunden. In einem Lagebericht an das Oberbergamt schrieb ein Beamter des Bergreviers Duisburg am 9. August 1943: *„Da das Schlagen der Kriegsgefangenen verboten ist, haben die Zechen nur wenig Mittel, um die Leute zu einer besseren Leistung anzuhalten"*. Immerhin plädierte der Beamte nicht dafür, den Versuch zu unternehmen, eine staatliche Generalerlaubnis zum Prügeln *„fauler"* Kriegsgefangener zu erwirken, sondern hielt das Gegenteil, nämlich die Belohnung der *„Fleißigen"*, für erfolgversprechender: *„Ich könnte mir vorstellen, daß eine Heraushebung der fleißigen und ordentlichen Kriegsgefangenen auch auf die übrigen Gefangenen anspornend wirkt"*.[38]

Die Quellen erlauben erschreckend klare Einblicke in die Verhältnisse in einigen Duisburger Industriebetrieben. Ein Steiger der Zeche Neumühl mißhandelte einen Kriegsgefangenen unter Tage so schwer, daß dieser sichtbare Spuren der Gewalttat aufwies. Nach der Ausfahrt meldete der Gefangene den Vorfall beim Lagerführer. Da keiner Zivilperson ein Züchtigungsrecht an Kriegsgefangenen zustand, war der Lagerführer erbost; er fuhr mit dem Gefangenen zum St. Barbara-Hospital und ließ sich von einem Arzt die Spuren der Mißhandlungen bestätigen. Am nächsten Tag beschwerte er sich bei der Zechenleitung über den Steiger und meldete das Vorkommnis auch brieflich dem Leiter des Kriegsgefangenen-Stammlagers VI A in Hemer; nicht ganz uneigennützig wies er dabei darauf hin, daß Mißhandlungen dazu führten, daß die Kriegsgefangenen Ausbruchsversuche unternähmen und den Lagerführern bei erfolgreichen Fluchten mangelnde Wachsamkeit vorgeworfen würde. Verschiedene Behörden erklärten sich nicht zuständig für die Verfolgung des Falles, der schließlich bei der GESTAPO-Leitstelle Duisburg landete, die den Steiger im Januar 1944 vernahm und ihm eine Verwarnung erteilte.[39] Auch auf den Schachtanlagen Friedrich Thyssen 2/5 und Beeckerwerth der Gruppe Hamborn der Gelsenkirchener Bergwerks-AG sind sowjetische Kriegsgefangene von Steigern, Rutschenmeistern oder einfachen „Kumpeln",

---

[37] HSTAD NW 1035-852: Entnazifizierungsakte P. Nacken.
[38] Zitiert nach Schwieren, Neumühl, S. 129.
[39] Schwieren, Neumühl, S. 104.

zum Teil ohne jeglichen „Anlaß" und gleichsam zum Spaß, mit Knüppeln, Stöcken und Gummikabeln geschlagen worden. Ein deutscher Bergmann auf Friedrich Thyssen 2/5, der sich im April 1944 über die Mißhandlungen der Kriegsgefangenen beschwerte, wurde bei der GESTAPO angezeigt und kurzzeitig inhaftiert.[40] In der DEMAG-Greiferfabrik in Hamborn veranlaßten der Betriebsführer und der Betriebsobmann der NSDAP die Meister zu Mißhandlungen ausländischer Arbeiter. Ein besonders brutaler Meister pflegte Angeschuldigten, die wahrscheinlich auf einem Prügelbock festgebunden wurden, einen nassen Lappen auf das Gesäß zu legen und so lange zuzuschlagen, bis die Haut aufplatzte.[41]

In dem Lager der Zeche Rheinpreußen auf der stillgelegten Schachtanlage 3 in Homberg, in das am 23. November 1944 185 aus Berlin umgesetzte Arbeiter aus mindestens sechs Nationen eingewiesen worden waren, die eigentlich bei der Organisation Todt beschäftigt waren, aber bis zur Fertigstellung eines OT-Lagers für die Zeche arbeiten sollten, bedrohte ein Bauführer der Zeche, der vielleicht geistesgestört war, am 26. November, einem Sonntag, die Arbeiter mit einer geladenen Schußwaffe, weil sie sich weigerten, das Lager zu verlassen und zu arbeiten. Über den Kopf eines in seinem Bett sitzenden, kranken Franzosens hinweg schoß der Bauführer in die Wand. Der Kranke wurde zur Arbeit gezwungen. Etwa zwei Wochen später schlug derselbe, wieder mit einer Pistole bewaffnete und von einem Vorarbeiter sowie einem Meister begleitete Mann mehrere Arbeiter wegen vermeintlicher Arbeitsverweigerung und Aufsässigkeit (womit vor allem Beschwerden über die schlechte Qualität des Lageressens gemeint waren) mit einem Stück dicken Drahtes und trat zwei Arbeitern gegen die Schienbeine, bis sie bluteten. Ein anwesender Sanitäter konnte eben noch verhindern, daß der amoklaufende Deutsche einen Tuberkulosekranken im Bett verprügelte, woraufhin der Sanitäter selbst Schläge von dem Vorarbeiter bezog. Auch der belgische Dolmetscher wurde malträtiert. Das „Vergehen" des mißhandelten italienischen Arbeiters Francesco Poli hatte in der Feststellung bestanden, daß die Arbeiter in Berlin (von der OT) mit Geld, in Homberg jedoch (von der Zeche) mit Schlägen bezahlt worden seien – eine Anspielung auf wiederholte Prügel durch den Bauführer und andere deutsche Gefolgschaftsmitglieder von Rheinpreußen.[42]

Im November 1946 untersuchte der Entnazifizierungsausschuß für den Stadtkreis Duisburg im Zusammenhang mit den Entnazifizierungsverfahren mehrerer Betriebsangehöriger die Art und Weise, wie während des Krieges im Siemens-

---

[40] Manfred Tietz, Solidarität auf Zeche Beeckerwerth, in: Rudolf Tappe u. Manfred Tietz (Hrsg.), Tatort Duisburg. Widerstand und Verfolgung im Nationalsozialismus, Bd. I, Essen 1989, S. 313-348, hier: S. 326.
[41] Lengkeit et al. (Hrsg.), Duisburger im Dritten Reich. Augenzeugen berichten, S. 63f.
[42] StADU 22/1908: Zeugenaussagen französischer, belgischer, italienischer und serbischer Arbeiter und eines belgischen Dolmetschers vor der Kriminalpolizei Homberg am 8. und 9. Dezember 1944, fol. 3-10 u. 17-20, und Vermerk der Kriminalpolizei vom 10. Dezember (fol. 21f.); s. dazu auch das Schreiben der Zeche Rheinpreußen an den Homberger Bürgermeister vom 8. Dezember 1944 (fol. 1f.).

Martin-Stahlwerk der Mannesmannröhren-Werke AG in Huckingen Kriegsgefangene und zivile ausländische Zwangsarbeiter auf das brutalste mißhandelt worden waren. Die Zeugenaussagen vor dem Ausschuß skizzierten ein wahres Bestiarium rassistischer Schläger und Schinder. Das Gesamtbild der Mitarbeiter-„Motivation" im Werk war entsetzlich:

„Aus den Zeugenaussagen ergibt sich in Bezug auf die allgemeinen, durch das Verhalten der vorgenannten Persönlichkeiten entstandenen Verhältnissen im SM-Stahlwerk folgendes:

Es herrschte eine brutale und gewalttätige Methode der Betriebsführung und Behandlung der Belegschaft. Verprügeln und Misshandlungen der gröbsten Art der Kriegsgefangenen und ausländischen Zwangsarbeiter waren an der Tagesordnung. An denselben waren neben einigen schon aus dem Betrieb ausgeschiedenen Personen die unter 2 - 6 genannten tätlich beteiligt. Die Menschen wurden wegen geringfügiger Verspätungen, Verfehlungen oder Unvermögen zur Verrichtung von Arbeiten, die über ihre Kräfte hinaus gingen in der brutalsten und widerwärtigsten Art geschlagen, getreten und sonstwie misshandelt. Es wurde öfter beobachtet, dass die Misshandelten blutig geschlagen davonschlichen [...]. *Die deutschen Arbeiter wurden gelegentlich auch mit Prügel bedroht* [...], *jedoch wurde nicht bezeugt, dass es einmal zur Ausführung gekommen wäre. Es wurde hier* [bei deutschen Arbeitern - M. K.] *mit Entzug der Schwerarbeiterzulagen, Geldstrafen und Androhung der Anzeige wegen Sabotage bei der Gestapo oder* [beim] *Treuhänder der Arbeit gearbeitet.*[43]

Ein Zeuge berichtete, der Meister A. und der Vorarbeiter R. hätten bei einem Schichtwechsel geklagt, *„dass ihnen die Fäuste noch von dem Prügeln der Russen her schmerzten"*. Die Anlässe für Mißhandlungen waren wohl meist ein angeblich zu langsames Arbeitstempo oder auch Pausen, die nicht von den deutschen Vorgesetzten genehmigt worden waren. Der Betriebsleiter B., der Meister S. und der Meister G. äußerten sich bei Betriebsbesprechungen mit Untergebenen mehrfach dahin, daß man die „Russen", wenn sie nicht parierten, verprügeln oder *„in den Arsch"* treten sollte. Auch der Chefobermeister G. forderte seine deutschen Mitarbeiter dazu auf, Russen und Italiener (wohl Militärinternierte) ins Gesäß zu treten, *„wenn sie nicht arbeiten wollen"*, was tatsächlich auch oft geschah. Der SA-Mann und politische Leiter (d. h. NS-Betriebsobmann) B. verprügelte *„einen französischen Kriegsgefangenen in einem Klosettraum derartig"*, daß ein anderer Angehöriger des Hüttenwerkes kurz darauf *„Blutspuren an den Wänden"* feststellte. Der Mitarbeiter J. T. mißhandelte einen *„Russenjungen"*, der eine Besorgung vermeintlich zu langsam ausgeführt hatte,

---

[43] HSTAD NW 1004 Gen. 1 b: Zeugenvernehmungen durch den Entnazifizierungs-Hauptausschuß für den Stadtkreis Duisburg zur Aufklärung der Verhältnisse im Siemens-Martin-Stahlwerk von Mannesmann, November 1946. Aus dieser Quelle auch die folgenden Beispiele (Abkürzungen der Namen durch den Verf.).

sowie *„aus geringfügigem Anlaß"*, wie ein Zeuge aussagte, ein *„Russenmädchen"*, das den Täter unmittelbar nach der Mißhandlung fragte, ob Schlagen und Würgen am Hals *„die deutsche Kultur"* seien. Der Betriebsleiter B., ein *„gelehriger Schüler"* des nationalsozialistischen Betriebsobmannes B., traf einmal eine *„Russin"* dabei an, wie sie *„beim Klosettreinigen im Bürogebäude des MW* [Martin-Werkes] *II"* das Abort selbst benutzte; er scheuchte sie hinaus und trat ihr dabei ins Gesäß. Zwei andere brutale Täter im Martinwerk waren der Meister K. und der Vorarbeiter D. Als der Meister K. bei einem Ausladen von Schrott einen „Russen" aufforderte, einen etwa 100 Kilogramm schweren Eisenblock zu heben und *„in die Schrottmulde zu laden"*, der Russe aber *„das Gewicht nicht bewältigen konnte"*, gab der Meister K. dem Arbeiter D. die Anweisung, *„dem Russen ein paar in die Fresse zu hauen"*, was dieser auch tat, woraufhin sich auch der Meister persönlich noch an dem Zwangsarbeiter vergriff. Gleich zwei Vorarbeiter, F. und E., schlugen einen Italiener, höchst wahrscheinlich einen Militärinternierten, bewußtlos. Ein Vorarbeiter V. ohrfeigte mehrmals einen „Russen", der fünf Minuten zu spät zur Arbeit gekommen war; als der mißhandelte Zwangsarbeiter, *„ein schwächlicher junger Mensch"*, wie sich ein Zeuge erinnerte, nach den Schlägen über die Ofenbühne taumelte, trat noch der Meister S. nach ihm, *„sodass er die hohe Aufgangstreppe zur Ofenbühne runterfiel"*. Damit nicht genug:

„Unten stand der Chef-Obermeister G. und schlug ihn noch mit der Faust ins Gesicht. Der Russe wollte fortlaufen, worauf ihn Vorarbeiter V. durch Zurufen zum Halten brachte und ihn nochmals heftig schlug. Dieser Misshandlung sah Chef-Obermeister G. zu ohne dagegen etwas zu unternehmen. Er sagte zu mir: 'Das wird jetzt jedem passieren, der 1 Minute zu spät kommt'".[44]

Wir erfahren, daß die Leitung des Hüttenwerks zumindest einmal, 1942, auf das staatliche Verbot der Mißhandlungen hingewiesen hat. In einer Sitzung des Vertrauensrates am 11. November 1942 machte der Betriebsleiter seine Untergebenen darauf aufmerksam, *„dass beim Einsatz von russischen Arbeitskräften ein strenges Verbot besteht, im Falle von Arbeitsverweigerung, Bummeleien etc. die Prügelstrafe anzuwenden"*, und fügte hinzu, daß die *„Abschaffung der Prügelstrafe* [...] *bei den Russen als die grösste Errungenschaft ihrer Revolution gegenüber dem früheren Zarenregime"* gelte.[45] Aber zumindest das Dutzend der genannten Schläger im Siemens-Martin-Werk hielt sich nicht an das Verbot. Die Überprüfung der Einzelfälle ergab eindeutig, daß die Zone der Duldung, ja Befürwortung angemaßter Gewalt schon unterhalb des Vorstandes begann:

„Die Menschenbehandlung ging von der obersten Betriebsleitung aus, die durch die Art des Verhaltens des Betriebsleiters G. [und des] *Chefobermeisters G. die Grundlage zu den unmenschlichen Taten der unteren Organe legten.*

---
[44] Ebd.
[45] Ebd.

Vielmehr ist bezeugt, dass sowohl G. wie auch G. öfter bei solchen Taten anwesend waren [...], dass letzterer sich selbst daran beteiligte [...], dass aber niemals einer der beiden dagegen einschritt. Vielmehr war augenscheinlich, dass dieses Vorgehen von der Betriebsleitung gebilligt und gefördert wurde, nur um die Produktion zu steigern und namentlich die Ausländer zu Leistungen zu zwingen, zu denen sie infolge ihres geschwächten körperlichen Zustandes kaum in der Lage waren. So wurde auch bezeugt [...], dass [Betriebsleiter] *G. selbst zum Schlagen aufforderte, um ein Höchstmass an Arbeitsleistung zu erzwingen. Unter den Ausländern herrschte daher Angst und Entsetzen vor ihren Peinigern und die anständig und menschlich denkenden deutschen Arbeiter, die durch Eingriffe sich selbst in die grössten Gefahren gebracht hätten, wandten sich mit Verachtung ab.*"[46]

Ein weiteres Duisburger Unternehmen, in dem brutale Mißhandlungen von ausländischen Zwangsarbeitern wenn nicht geduldet, so doch nicht unterbunden wurden, war die Eisenwerk Wanheim GmbH. Der Lagerführer und Leiter des Werkschutzes sowie „Führer" des *Arbeitserziehungslagers* des Eisenwerkes, B. K., der auch der GESTAPO angehört haben soll und ständig einen Gummiknüppel bei sich trug, schlug häufig sowohl innerhalb als auch außerhalb des AEL ausländische Arbeiter bei geringfügigsten „Vergehen" und Anlässen brutal mit dem Knüppel oder mit den Fäusten. So prügelte er einen 22jährigen sowjetischen Zivilarbeiter, weil dieser einige Kartoffeln aus dem Abfall der Werksküche an sich genommen hatte – eine Tat, die normalerweise als Mundraub eingestuft worden wäre –, so heftig, daß das Opfer stark blutete. Ein junger Franzose, der *„staatsfeindlicher Äußerungen"* bezichtigt wurde, erhielt von B. K. zunächst Schläge mit der Hand, wurde dann eine Treppe hinuntergestoßen und in einem abgeschlossenen Raum erneut geprügelt. Das Schreien des Mißhandelten drang bis auf die Straße, so daß Passanten stehen blieben. Eine junge *„Russin"* traktierte B. K. drei Tage hintereinander mit je 25 Schlägen mit dem Gummiknüppel auf den Rücken, weil sie seiner Ansicht nach homosexuell veranlagt war; B .K. hatte dies nur daraus gefolgert, daß die junge Frau eine langjährige Bekannte oder Freundin, die sie im Eisenwerk plötzlich wiedergesehen hatte, geküßt hatte. Die Spuren der brutalen Mißhandlung wurden übereinstimmend von dem Lagersanitäter (dessen Nationalität unbekannt ist), dem deutschen Lagerarzt, einer bulgarischen Lagerärztin und einer russischen Krankenschwester festgestellt. Mehr als einmal hat B. K. seine großen Wachhunde auf Lagerinsassen gehetzt.[47]

Die Betriebsleitung hat B. K. wohl nach einem seiner Prügelexzesse verwarnt und verlangt, *„daß derartige Auswüchse nicht mehr vorkommen dürften"*, doch scheint diese Abmahnung nur vorübergehend gewirkt zu haben. B. K. galt der Betriebsleitung anscheinend als wertvoller Mitarbeiter, den sie, nachdem der

---
[46] Ebd.
[47] Hildebrand, Wanheim-Angerhausen, S. 490-92.

Sportlehrer des Eisenwerkes zur Wehrmacht einberufen worden war, zusätzlich zu seinen eigentlichen Aufgaben mit dem Sportunterricht für die Werkslehrlinge betraute. Ein Zeitzeuge berichtete, daß dieser Verbrecher unmittelbar nach der Besetzung Duisburgs durch amerikanische Truppen aus der Gegend verschwand, da ihm wohl deutlich vor Augen stand, daß seine noch in Duisburg befindlichen, befreiten Opfer, wären sie seiner habhaft geworden, Rache an ihm genommen hätten, wie es in ähnlichen Fällen andernorts geschehen ist. B. K. wurde seit dem 25. Mai 1945 aufgrund einer Anzeige, die ein Deutscher erstattet hatte, von der amerikanischen Militärpolizei gesucht und in einem Ort in Niedersachsen verhaftet; er war einige Wochen in den Gefängnissen von Duisburg-Mitte, Hamborn und Mülheim sowie in einem Lager bei Mönchengladbach inhaftiert und wurde nach Untersuchung seines Falles am 4. August 1945 von der britischen Lagerleitung entlassen.[48] Die vielen Informationen über Mißhandlungen in Betrieben der Eisen- und Stahlindustrie und der Metallverarbeitung relativieren die üblichen Feststellungen einer *besonderen* Brutalität der Zwangsarbeiter-Behandlung im Bergbau, die gemeinhin von dem gleichsam traditionellen „Grubenmilitarismus" hergeleitet wird, dessen harmloseste Erscheinungsform der bekannt rauhe Umgangston in den Zechenbetrieben gewesen sei und den die deutschen Belegschaften auch schon vor dem Krieg als „normal" empfunden hätten.

In den letzten beiden Kriegsjahren lag die Schwelle für die Verhängung schwerster Strafen auch für „leichte" Delikte sehr viel niedriger als noch 1941 und 1942. Ein Fall von „Aufsässigkeit" im Betrieb, die mit dem Tode bestraft wurde, ereignete sich in Duisburg-Hamborn; er ist durch das Buch von Ulrich Herbert über die Zwangsarbeit seit 1985 in der Forschung allgemein bekannt. Michail Pawelschenko, ein sowjetischer Kriegsgefangener, geboren am 6. Oktober 1921 in Krasnojawitsch bei Rostow und Kraftfahrer von Beruf, der als Rangierer auf dem Verschiebebahnhof der August Thyssen-Hütte in Hamborn arbeitete, war am 5. August 1943 beschuldigt worden, mehrfach Ostarbeiterinnen der ATH, die schwere Erdarbeiten ausführten, zu einem langsameren Arbeitstempo angehalten zu haben. Zweimal zur Rede gestellt, soll Pawelschenko renitent geworden sein, zuerst einen Rangiermeister bedroht und dann, am 4. August, bei einem Aufenthalt in der Thomasschlackenmühle, einen Vorarbeiter, der ihn von den dort arbeitenden Ostarbeiterinnen trennen wollte, tätlich angegriffen und zu Boden gestoßen zu haben. Die Hütte zeigte ihn daraufhin wegen Untergrabung der *„Autorität der deutschen aufsichtsführenden Gefolgschaft"* beim Kommandanten der zuständigen Kriegsgefangenen-Einheit in Dinslaken an; diese informierte am 23. August die GESTAPO-Außendienststelle Duisburg, die Pawelschenko, der seit dem 6. August im Kriegsgefangenenlager der ATH festgehalten worden war, verhaftete. Im Verhör im Polizeipräsidium stritt er die Vorwürfe der Be-

---
[48] Ebd., S. 492f.

drohung und Körperverletzung ab, die Zeugen jedoch belasteten ihn in ihren Aussagen. Pawelscheko wurde auf Vorschlag der Duisburger GESTAPO-Stelle, mit Zustimmung des Kommandanten des zuständigen STALAG VI J in Krefeld-Fichtenhain, der eine nur „disziplinarische Bestrafung" des Gefangenen „nicht für ausreichend" ansah, und letztlich aufgrund einer Anordnung der GESTAPO-Leitstelle Düsseldorf am 7. Oktober vom Duisburger Polizeipräsidium unter strenger Bewachung mit einem Sammeltransport ins Konzentrationslager Buchenwald gebracht. Die Angelegenheit wurde dem Reichssicherheitshauptamt vorgetragen, das die Exekution Pawelschenkos anordnete. Am 16. Oktober 1943 um 16 Uhr wurde er im KL Buchenwald erschossen.[49]

Auch in Duisburg selbst sind, mindestens achtmal, sowjetische Kriegsgefangene hingerichtet worden. Im Oktober und November 1941 wurden in einem Lager August Thyssen-Hütte AG oder der Gelsenkirchener Bergwerks AG in Beeckerwerth fünf sowjetische Kriegsgefangene durch Erschießung getötet. Begründungen dafür nennen die Quellen nicht. Mindestens drei der fünf Soldaten der Sowjetarmee starben durch „Kopfschuß", bei den beiden anderen ist als Todesursache „Schußverletzung" angegeben. Am 25. und am 29. Oktober 1941 kamen in einem Lager oder einem Betrieb der August Thyssen-Hütte in Meiderich, Laar oder Beeckerwerth zwei weitere Kriegsgefangene durch „Kopfschuß" zu Tode. Nur bei einem von ihnen nennt das Sterbeformular des Standesamtes Duisburg-Mitte II (Ruhrort-Meiderich) eine Begründung für die Hinrichtung, und zwar „Widerstand". Am 10. November 1941 wurde, wahrscheinlich in Duisburg-Mitte, der Kriegsgefangene Alexander Gawrenko „auf der Flucht erschossen". Die Wehrmachtsauskunftstelle für Kriegsverluste und Kriegsgefangene hat diese Sterbefälle erst mit mehrmonatiger Verspätung den zuständigen Standesämtern angezeigt; sie wurden im April 1942 beurkundet.[50]

Was *Diebstähle* durch ausländische Arbeiter anbetrifft, handelte es sich fast immer um die Entwendung von Lebensmitteln durch hungernde Menschen, d. h. um Taten, die von rechtsstaatlichen Gerichten als „Mundraub" eingestuft worden wären. In den Jahren seit 1942 dürften in Duisburg von sowjetischen Kriegsge-

---

[49] Die polizeilichen Dokumente des Falles Pawelschenko befinden sich in HSTAD RW 36-26 (fol. 56-72). Der Fall ist schon mehrmals in der Literatur zur Zwangsarbeit behandelt worden, so bei Alfred Streim, Sowjetische Gefangene in Hitlers Vernichtungskrieg, Heidelberg 1982, S. 101ff. u. 146f., bei Herbert, Fremdarbeiter, S. 306, und bei Dieter Bach u. Jochen Leyendecker (Hrsg.), „Ich habe geweint vor Hunger". Deutsche und russische Gefangene in Lagern des Zweiten Weltkrieges, Wuppertal ²1995, S. 183ff.

[50] StADU Best. 104, Sterbefallformulare (Ausländer) der Standesämter aus 1942; für zwei Fälle außerdem Auszüge aus dem Sterberegister des Standesamtes Duisburg-Mitte II für 1942, Nr. 412 und 448 (im Stadtarchiv befinden sich vom heute zuständigen Standesamt Duisburg-Nord am 11. November 2002 beglaubigte Ablichtungen). - Der Verf. dankt Frau Christel Klingenburg, Duisburg-Rheinhausen, die die Ausländer betreffenden Sterbefallformulare der Duisburger Standesämter der Kriegsjahre im Stadtarchiv ausgewertet hat, für den Hinweis auf diese acht Todesfälle.

fangenen und Ostarbeitern mehrere tausend Mal Lebensmittel gestohlen worden sein, die entweder sofort oder nach kurzer Zeit verzehrt wurden. Nicht alle Taten dieser Art, die entdeckt wurden, gelangten zur Kenntnis der Polizei; es gab auch spontane Selbstjustiz durch die Geschädigten. Von einem solchen Fall berichtete als Augenzeuge der Hamborner Bergmann Fritz Franz. In der Schachtanlage Neumühl, unter Tage auf der 9. Sohle, stahl ein ausgehungerter sowjetischer Kriegsgefangener einem deutschen Gesteinshauer *„die Butterbrote"*. Der Deutsche stellte den Täter fest und prügelte so lange auf ihn ein, bis er starb.[51] Der Hunger der sowjetischen Kriegsgefangenen und der italienischen Militärinternierten im Winter 1943/44 zwang viele von ihnen zu mundraubähnlichen Delikten. Am Heiligen Abend 1943 brachen zwei italienische Militärinternierte aus dem Gefangenenlager der August Thyssen-Hütte an der Hoffschen Straße in Beeckerwerth aus und „bestahlen" die in der Nähe befindlichen Kartoffelmieten der Hütte. Ein Wachmann stellte sie mit anderthalb Zentnern Kartoffeln und übergab sie dem Lager-Wachkommando der Wehrmacht. Am 29. Dezember holten sowjetische Kriegsgefangene etwa 20 Kilo Kartoffeln aus den Mieten, und am 3. Januar 1944 zeigte der Werkschutz der ATH der 3. Kompanie des Landes-Schützen-Bataillons 479 in Dinslaken als der für die Gefangenen zuständigen Wehrmachtseinheit drei Diebstähle von Kartoffeln aus den Mieten und von etwa zwei Tonnen Steckrüben aus einem Bahnwaggon an. Der auch für die Werksküchen zuständige Abteilungsleiter *Gemeinschaftsläger* der ATH, Kaschewsky, erhob in einem Schreiben an seinen Vorgesetzten, Direktor Wilhelm Temme, am 23. November 1943 schwere Vorwürfe gegen die Hilfswachmannschaften der Kriegsgefangenenlager, deren Nachlässigkeit er für die „Bewegungsfreiheit" der Kriegsgefangenen verantwortlich machte.[52] Über Strafen für die Diebstähle verlautet in den Quellen nichts. Auch im Winter 1944/45 sind Kartoffelmieten der ATH bestohlen worden.

Ein weiterer Fall von Lebensmitteldiebstahl im Oktober 1944 konnte nicht einwandfrei bewiesen werden, doch hatte die Anschuldigung für einen der beiden Angeklagten die denkbar schlimmste Folge. Nach dem großen Luftangriff am 14./15. Oktober hatte eine Streife des *Volkssturms* auf eine vage Beschuldigung hin zwei sowjetische Kriegsgefangene eines Aufräumkommandos aufgegriffen, die angeblich im Keller eines zerstörten Hauses eingemachtes Obst verzehrt hatten. Obwohl diese Tat allenfalls als Mundraub einzustufen gewesen wäre, wurde von der Leitung des zuständigen Kriegsgefangenenlagers die Er-

---

[51] Fritz Franz, Ich war ein Bergmannskind. Eine Zeitgeschichte aus dem Kohlenpott, Duisburg 1981, S. 92f.
[52] TKKA A/5227: Der Abteilungsleiter *Gemeinschaftsläger*, Kaschewsky, an Direktor Temme, 23. November 1943; Meldungen des ATH-Werkschutzes an die 3. Kompanie des Landes-Schützen-Bataillons 479 in Dinslaken vom 3. und 4. Januar 1944; Meldung von Abteilungsleiter Kaschewsky an Direktor Temme vom 4. Januar 1944 (Dokumentation ausländische Arbeitskräfte 1939-45, Dok. 39 u. 40).

schießung eines der Gefangenen angeordnet und von zwei *Volkssturm*-Männern am Tatort ausgeführt.[53] Am Morgen des 16. Oktober erschoß ein Werkschutzposten der August Thyssen-Hütte zwei sowjetische Kriegsgefangene, die er beim „Plündern" in der Werksküche der Schraubenfabrik antraf.[54] Es müssen weitere schwerere oder leichtere Straftaten – nach dem Rechtsverständnis des NS-Staates – verübt worden sein, denn Mitte März 1945 befanden sich mehr als 30 Ausländer beiderlei Geschlechts im Duisburger Polizeigefängnis, die von der GESTAPO oder der Kriminalpolizei verschiedener, nicht mehr benennbarer Delikte beschuldigt wurden.

1942 war die Anstiftung eines Ostarbeiters zum Diebstahl durch einen Deutschen vorgekommen. Der 49jährige S. H., Hausmeister eines „Russenlagers" in Walsum (es handelte sich wahrscheinlich um das Kriegsgefangenenlager der Zeche Walsum im Ortsteil Vierlinden), nicht vorbestraft, hatte die Aufgaben, das Essen an die Gefangenen auszugeben, dafür zu sorgen, daß sie rechtzeitig zur Arbeit kamen, und das unerlaubte Entfernen aus dem Lager zu verhindern. Sowohl auf dem Lagergelände als auch auf dem Nachbargrundstück standen Obstbäume, *„von denen fortgesetzt gestohlen wurde"*. Die Polizei ermittelte und stieß dabei auf S. H. und den sowjetischen Kriegsgefangenen K., gegen die Anklage vor dem auch für Walsum zuständigen Sondergericht Duisburg erhoben wurde. Das Gericht sah es als erwiesen an, daß H. mehrmals K., der als Lagergehilfe eingesetzt war, zum nächtlichen Stehlen von Obst auf dem Lagergelände und auf dem Nachbargrundstück angehalten habe. Einen kleinen Teil des Obstes hatte der „Russe" behalten dürfen. S. H. wurde am 14. Dezember 1942 als „Volksschädling" wegen schweren Diebstahls vom Sondergericht Duisburg zu einer Zuchthausstrafe von einem Jahr und einem Monat und zu zwei Jahren Ehrverlust verurteilt; der Staatsanwalt hatte neun Monate Gefängnis beantragt. In der Urteilsbegründung hieß es: *„Das Verhalten des Angeklagten ist auch besonders verwerflich. Er hat in würdeloser Weise unter Mißbrauch seiner Stellung als Aufsichtsperson den Angehörigen eines feindlichen Volkes als Werkzeug verwendet, um einen eigenen Volksgenossen zu bestehlen. [...]"*.[55]

Das einzige für Duisburg bekannte Eigentumsdelikt, bei dem es nicht um Lebensmittel ging, ereignete sich in den letzten Kriegsmonaten. Am 29. Januar 1945 stahl der Ostarbeiter der Duisburger Kupferhütte P.K., geboren am 5. Mai 1920 in Mariopol, im St. Marien-Hospital in Hochfeld einem Angestellten (*„Wärter"*) des Krankenhauses ein paar Schuhe, die, scheinbar herrenlos, in einem *„Kellerflur"* standen. K. war an diesem Tage in das Krankenhaus geschickt worden, um dort eine Arbeit auszuführen. Der Diebstahl wurde im Laufe

---

[53] Herbert, Fremdarbeiter, S. 382.
[54] TKKA A/5214: Vermerk des Abteilungsleiters *Gemeinschaftsläger*, Kaschewsky, vom 16. Oktober 1944.
[55] Schmidt, „Beabsichtige ich die Todesstrafe zu beantragen" (wie Anm. 3), S. 173.

des Tages bemerkt, und am folgenden Tag kam der Bestohlene in das Lager der Kupferhütte, um die Schuhe zurückzufordern. Offenbar wurde die Polizei verständigt, die K. sofort festnahm; er gab den Diebstahl der Schuhe zu. Die Polizei fand bei ihm außerdem ein Frauenkleid und ein Paar Handschuhe. K. gestand gegenüber der Polizei, einige Wochen zuvor auch diese Gegenstände gestohlen zu haben, und zwar aus einem offen stehenden, bombenbeschädigtem Haus in Hochfeld, das er nicht mehr genau bestimmen konnte. K. sagte aus, er habe das Kleid und die Handschuhe seiner Schwester schicken wollen, die, wahrscheinlich als Zwangsarbeiterin, in Lüdenscheid lebte. Der Unrechtscharakter seiner Handlungen war ihm bewußt. P. K. kam zunächst mit dem Leben davon, da die Polizei nicht beweisen konnte, daß es sich bei der Entwendung der Gegenstände aus dem offen stehenden Haus um eine Plünderung gehandelt hatte. Auf Plünderung stand, und zwar auch für deutsche Täter, die Todesstrafe. Im Fall K. aber konnte nur von einem einfachen Diebstahl gesprochen werden, weil der *„Zeitpunkt des Eintritts des Schadens durch Feindeinwirkung an dem Hause sowie der Zeitpunkt der Ausführung des Diebstahls nicht genau"* feststanden, wie es in der Polizeiakte heißt. Eine Plünderung hätte nur dann vorgelegen, wenn K. die Gegenstände während oder unmittelbar nach dem Luftangriff entwendet hätte, was jedoch nicht zu beweisen war. Die Eigentümer des Kleides und der Handschuhe konnten nicht ermittelt werden, weshalb das 2. Kriminalkommissariat die Gegenstände in die *„Volksopfer"*-Sammlung gab. Vom 3. März 1945 an befand sich K. in polizeilicher *„Vorbeugungshaft"*. Schon kurz zuvor hatte die Duisburger Kriminalpolizei bei der vorgesetzten Dienststelle in Essen eine Entscheidung darüber erbeten, ob K. *„für die Dauer des Krieges"* in einem Konzentrationslager inhaftiert werden sollte.[56] Damit reißt die Überlieferung ab. Vielleicht hat P. K. das Kriegsende in Duisburg erlebt und ist befreit worden, vielleicht ist er aber auch tatsächlich noch in ein KL gekommen.

Generell sind im Deutschen Reich Ausländer prozentual wesentlich häufiger als Deutsche wegen *Plünderung* angeklagt und zum Tode verurteilt worden. Für Duisburg liegen keine Zahlen vor, wohl aber für Hamburg, wo bis zum 27. August 1943 insgesamt 124 Fälle von den Gerichten oder von der GESTAPO bearbeitet wurden; in 93 Fällen (75 Prozent) ging es um Deutsche, in 31 Fällen (25 Prozent) um Ausländer. Bis zu diesem Stichtag waren in Hamburg 16 Todesurteile gegen tatsächliche oder vermeintliche Plünderer ergangen; 11 Deutsche (69 Prozent) und fünf Ausländer (31 Prozent) hatten ihr Leben eingebüßt.[57] Vergleicht man diese Ausländerquoten mit dem Ausländeranteil an der Gesamtbevölkerung der Millionenstadt, jedenfalls unter 10 Prozent, wird das Ungleichgewicht evident.

---

[56] Der Fall P.K. in: HSTAD BR 1111/106 [„Maßnahmen gegen asoziale Personen"].
[57] *SD-Berichte zu Inlandsfragen* vom 29. November 1943, in der Edition der *Meldungen aus dem Reich* S. 6077f.

Von November 1944 bis Anfang Februar 1945 ist Duisburg das Operationsgebiet einer „Bande" von „entlaufenen" Ostarbeitern gewesen, wie sie sich auch in anderen Industriestädten (in Westdeutschland zuerst in Köln) bildeten. Die Entstehung solcher Banden hing ursächlich mit der sich katastrophal verschlechternden Ernährungs- und Versorgungslage und der immer häufiger eintretenden Obdachlosigkeit von ausländischen Arbeitern infolge der Zerstörung von Lagern bei Luftangriffen zusammen. Die Mitglieder der Banden wollten vor allem ihr Überleben bis zum offenkundig nicht mehr fernen Kriegsende sicherstellen und dazu ihre Versorgung mit Lebensmitteln in die eigene Hand nehmen. Da sie schon durch das Entweichen aus ihren jeweiligen Lagern straffällig geworden waren und daher von der GESTAPO gesucht wurden, versorgten sie sich auf verschiedene Weise, auch mit Hilfe von Deutschen, mit Schußwaffen.[58] Gründer einer solchen, in Duisburg operierenden Bande wurde im Spätherbst 1944 der entflohene, am 1. Januar 1923 geborene Ukrainer Alexander Kowalenko. Die Duisburger GESTAPO beschuldigte ihn, am 19. November 1944 gegen 22 Uhr auf dem Gelände des Arbeiterlagers der Niederrheinischen Maschinenfabrik GmbH (NIEMAG) am Hafenbecken C in Meiderich den 59 Jahre alten Wachmann Paul Weiland erschossen zu haben. Hierbei handelte es sich um ein „Versehen" des Täters, denn der Schuß hatte wahrscheinlich dem Lagerführer der NIEMAG gegolten, der gerade neben Weiland gestanden und mit diesem die Schicht gewechselt hatte. Der Mordschütze war geflohen, und zwar, wie die *National-Zeitung*, das Organ der NSDAP, in ihrer Duisburger Ausgabe am 25. November berichtete, *„unter Mitnahme der geladenen Pistole des erschossenen Wächters"*.[59] Die GESTAPO vermutete in Begleitung Kowalenkos den gleichaltrigen, *„ebenfalls flüchtige*[n] *vertragsbrüchige*[n] *Ukrainer Maxim Schevtschuk"*, der im Besitz eines Fahrrades war. Dem Bericht der *National-Zeitung* zufolge, der sich auf die Angaben der Polizei stützte, trieben sich beide Ukrainer zum Zeitpunkt der Tat schon *„seit Wochen im Stadtgebiet umher"*. Die Frage, wie der Täter an eine Schußwaffe hatte kommen können, wurde von der *National-Zeitung* ebensowenig angesprochen wie der Tatbestand der Verwechslung des Wachmannes Weiland mit dem Lagerführer. Stattdessen hieß es, der Wachmann sei *„bei der Kontrolle des zum Werk gehörigen Ausländerlagers* [...] *hinterhältig erschossen"*

---

[58] Zu den Ostarbeiter-Banden allgemein: Herbert, Fremdarbeiter, S. 384-389; eine eindringliche Darstellung der Situation in der Banden-Hochburg Köln bei Bernd-A. Rusinek, Gesellschaft in der Katastrophe. Terror - Illegalität - Widerstand: Köln 1944/45, Essen 1989.

[59] *National-Zeitung* (Ausgabe Duisburg), 25. November 1944: „Ukrainer erschoß einen Wächter im Hafengelände". - Zu Weiland: StADU 506/6238 u. 6239. Paul Weiland, geboren am 20. Februar 1885 in Kaldau (Kreis Schlochau) in Westpreußen, war sehr wahrscheinlich kein Rassist oder Menschenschinder, der wegen feindseligen Verhaltens gegenüber den Zwangsarbeitern seines Betriebes das Ziel eines Mordes aus Rache gewesen und somit doch absichtlich statt versehentlich erschossen worden sein könnte. Von Oktober 1935 bis Oktober 1937 hatte er wegen „Vorbereitung zum Hochverrat" (Kauf einer Anzahl von Flugblättern der verbotenen KPD) Untersuchungs- und Strafhaft verbüßt, letztere im Zuchthaus Remscheid-Lüttringhausen. Bei der NIEMAG war er seit März 1943 beschäftigt gewesen.

worden. Des weiteren fragte der Bericht auch nicht nach dem Grund des Interesses, das der Täter an dem Lager der NIEMAG hatte haben können. Die Zeitung druckte Lichtbilder von Kowalenko und Schevtschuk ab und forderte die Bevölkerung zu *„eifriger Mitfahndung"* auf. Die NIEMAG, in dem Artikel nicht namentlich genannt (*„Firma auf dem Hafengelände"*), setzte als Belohnung *„für die Ergreifung des Täters"* den Betrag von 2000 Reichsmark aus.

In der Straftat vom 19. November 1944 lag wohl der Beginn der Geschichte der „Kowalenko-Bande", denn nach dieser Tat mußte Kowalenko für den Fall, daß er in die Hände der Polizei fiel, ohne jeden Zweifel die Hinrichtung gewärtigen; es konnte für ihn kein Zurück mehr geben. Kowalenko und Schevtschuk waren vielleicht gut einen Monat zuvor, beim großen Luftangriff vom 14./15. Oktober, in dem dadurch herrschenden Chaos aus dem Lager, in dem sie wohnten, geflohen. Die Bande, die nun unter Kowalenkos Führung entstand, wuchs auf mehr als 100 Mitglieder an. Vom November 1944 bis zum Februar 1945 beging sie etwa 60 Eisenbahnberaubungen und 100 Kellereinbrüche. Bei der Fahndung nach Kowalenko und seinen Gefolgsleuten erschossen Bandenmitglieder im Dezember und Januar zwei Polizisten. Bis Ende Januar faßte die Polizei mehr als 100 Mitglieder der Bande, von denen 65 *„schwerer Straftaten überführt"* wurden. Am 7. und am 10. Februar 1945 wurden auf Anordnung des Reichssicherheitshauptamtes von der GESTAPO 22 der Beschuldigten erschossen, zum Teil auf dem Schießstand am Kalkweg in Duisburg-Wedau, zum Teil an einem Schlackenberg in Oberhausen-Lirich. Kowalenko selbst und ein Gefolgsmann wurden an der Stelle, wo Kowalenko den Wachmann Weiland getötet hatte, öffentlich *„durch den Strang"* hingerichtet.[60]

Über die Kriminalität unter den ausländischen Arbeitern selbst liegen kaum Erkenntnisse vor. Eigentumsdelikte, d. h. Diebstähle in den Lagern oder an den Arbeitsstätten, scheinen nicht selten gewesen zu sein. Die GESTAPO, bis Mitte 1944 personell geschwächt und überfordert, war froh, wenn der jeweilige Werkschutz die Aufklärung und Bestrafung kleinerer Straftaten wie Diebstählen geringfügigen Umfangs übernahm. Der Beauftragte für die ausländischen Arbeiter des Mannesmann-Konzerns, Oberingenieur Thelen, war stolz darauf, daß der Lagerführer des Ostarbeiterlagers der Hütte in Huckingen Fälle von „Kameraden"-Diebstahl eigenmächtig bestrafte, und zwar dadurch, daß dem Delinquenten ein Schild mit der Aufschrift „Ich bin ein Dieb" umgehängt und er damit durchs Lager geführt wurde.[61] Eine andere Quelle berichtet, im selben Lager seien *„kleinere Diebstähle"* durch *„Ausgehverbot und Entzug von Tabak"*

---

[60] Aktenstücke zu Kowalenko und seiner Bande in HSTAD RW 36-25; zur Tätigkeit der Bande und den Hinrichtungen: Kraume, Duisburg im Krieg, S. 38. Vgl. dazu außerdem die Dokumentation *Justiz und NS-Verbrechen*, Bd. XV, Fall Nr. 474.
[61] Wessel, Kontinuität im Wandel, S. 262 („Thelen-Bericht").
[62] Mannesmann-Archiv M 12.821.1: Bericht Huckingen (wie Anm. 25), S. 3.

bestraft worden, *„schwerere Fälle von Diebstahl"* durch *„Arreststrafen bis zu 3 Tagen"*, die in einem heizbaren, in Zellen unterteilten Luftschutzkeller hätten verbüßt werden müssen.[62] Über „Kameraden"-Diebstähle hinaus ist von einem Fall einer versuchten Vergewaltigung und der Tötung des Gewalttäters in Notwehr zu berichten, der sich in Duisburg ereignet hat. Im Ostarbeiterlager der Abteilung Großenbaum der Mannesmannröhren-Werke AG erstach die Arbeiterin Taissa Sussojewa einen Landsmann, der sie hatte vergewaltigen wollen. Die GESTAPO verhaftete Sussojewa, kam jedoch nicht umhin, Notwehr zu testieren, und ließ die Frau wieder frei.[63] Was passiert wäre, wenn der Erstochene ein Deutscher gewesen wäre, muß offen bleiben, da ein solcher Fall nicht bekannt ist. Die rassistischen Prinzipien im Strafrecht des NS-Staates hätten dabei ein Problem geschaffen, das die ganze himmelschreiende Absurdität des nationalsozialistischen Rassismus schlagartig deutlich gemacht hätte. Die GESTAPO hätte wohl den weiblichen „Untermenschen" für die Tötung eines Deutschen bestrafen müssen – eines „Herrenmenschen" freilich, der unmittelbar vor seinem Tod im Begriff gewesen war, eine „Rassenschande" zu begehen.

Nach der Liquidierung eines Teils der „Kowalenko-Bande" müssen im Duisburger Polizeigefängnis neben deutschen „politischen" Häftlingen noch mindestens 24 Ausländer beiderlei Geschlechts inhaftiert gewesen sein. Mitte März 1945 beschloß die Duisburger Polizeiführung angesichts der näherrückenden Front, Angeklagte mit *„leichteren"* Delikten freizulassen; die Kehrseite dieser Großzügigkeit war jedoch der Befehl des Polizeipräsidenten Franz Bauer, 24 ausländische und sechs deutsche Häftlinge, die schwerer Straftaten beschuldigt wurden und angeblich *„rechtskräftig"* zum Tode verurteilt waren, zu erschießen. Bei den Ausländern handelte es sich um 21 „Russen", zwei Niederländer und einen Belgier. Unter den Deutschen war der 1891 geborene Arbeiter Peter Kerkering, der als angeblicher kommunistischer, aktiver Gegner des Regimes am 15. Februar von der GESTAPO verhaftet worden war. Die vier Offiziere der Schutzpolizei, denen der Befehl erteilt worden war, weigerten sich zunächst, ihn auszuführen, weil Exekutionen nicht zum Aufgabenbereich der Schutzpolizei gehörten. Bauer bestand jedoch auf der Befolgung des Befehls, die unumgänglich sei, da die Verurteilten nicht mehr nach Köln gebracht werden konnten, wo bis zum Vorrücken der amerikanischen Truppen die Hinrichtungen stattgefunden hatten. Am frühen Morgen des 21. März wurden die 30 Häftlinge mit Lastwagen zum

---

[63] Mannesmann-Archiv M 12.821.2: Bericht [des Vorstandes der Mannesmannröhren-Werke AG] über den Fremdarbeitereinsatz bei den Mannesmannröhren-Werken, Abteilung Großenbaum, Duisburg-Großenbaum, S. 21f.

Waldfriedhof gefahren und dort erschossen; die Leichen wurden in einem Bombentrichter auf dem Friedhof verscharrt. Am 9. April 1945 töteten Polizisten auf Befehl Bauers weitere acht Häftlinge des Polizeigefängnisses durch Genickschuß. Es waren überwiegend Ukrainer, die in der Luftschutzpolizei gedient hatten und desertiert waren; ein Gerichtsurteil lag in keinem Fall vor.[64] Polizeimorde dieser Art geschahen in den letzten Kriegswochen an vielen Orten im Deutschen Reich, so auch in Dortmund. Polizeipräsident Bauer, der sich kurz vor der Besetzung des südruhrischen Duisburg durch amerikanische Truppen aus dem Staub gemacht hatte, lebte bis 1954 unter einem anderen Namen und arbeitete später als Kraftfahrer. Es gelang ihm nicht, sich für den Rest seines Lebens vor der Justiz zu verbergen. Doch erst spät, am 18. April 1957, wurde er nach einem langwierigen Strafverfahren vom Schwurgericht beim Landgericht Duisburg zu sechs Jahren Gefängnis und drei Jahren Ehrverlust verurteilt. Er starb 1966 in Essen.[65]

---

[64] Kraume, Duisburg im Krieg, S. 96; Manfred Tietz, Die „wertlose" Frau, in: Rudolf Tappe u. Manfred Tietz (Hrsg.), Tatort Duisburg 1933-1945. Widerstand und Verfolgung im Nationalsozialismus, Bd. II, Essen 1993, S. 354-397, hier: S. 390 (Datum der zweiten Exekution hier: 8. [statt 9.] April); Gellately, Hingeschaut und weggesehen (wie Anm. 1), S. 328-334. Zu den Exekutionen auch StADU 506/4160 (Fallakte Peter Kerkering des Amtes für Wiedergutmachung).

[65] Kraume, Duisburg im Krieg, S. 96; Horst Romeyk, Die rheinischen Polizeipräsidenten der NS-Zeit, in: Volker Ackermann, Bernd-A. Rusinek u. Falk Wiesemann (Hrsg.), Anknüpfungen. Kulturgeschichte - Landesgeschichte - Zeitgeschichte. Gedenkschrift für Peter Hüttenberger, Essen 1995, S. 247-263.

Kapitel 8

Befreiung und Heimkehr

Im Frühjahr 1944 waren mehr als 30 000 Ausländer in Duisburg beschäftigt. Als unmittelbar vor der Besetzung der Stadt durch die Amerikaner Wehrmacht und Polizei abzogen und damit die öffentliche Sicherheit schwand, hätten diese Scharen von Männern, die nur mit Ingrimm ihr Los ertrugen, an der noch anwesenden Bevölkerung furchtbare Rache nehmen können. Sie wurden aber, als ohnehin alle Räder stillstanden, rechtzeitig aus der Stadt hinausgebracht, so daß Gewalttaten, Morde und Einbrüche in mäßigen Grenzen blieben.

Walter Ring, Heimatchronik der Stadt Duisburg (1954)[1]

In der zweiten Augusthälfte 1944 scheint im Haus der NSDAP-Gauleitung in Essen eine Konferenz aller Kreisleiter des Gaues stattgefunden zu haben, bei der Maßnahmen zur Verwirklichung des „totalen Kriegseinsatzes" erörtert wurden, der von Hitler am 25. Juli durch Erlaß angeordnet worden war. Zuvor hatten die Kreisleitungen dem stellvertretenden Gauleiter und Reichsverteidigungskommissar Schleßmann schriftlich Vorschläge für solche Maßnahmen unterbreitet, die meist darin bestanden, durch die Vereinfachung von Arbeitsverfahren in Wirtschaft und Verwaltung, die Stillegung von Handels- und Gewerbebetrieben und das „Herausziehen" von Arbeitnehmern aus nicht kriegswichtigen Beschäftigungen (z. B. von Haushaltsgehilfinnen aus Privathaushalten) tausende von Arbeitskräften *„für Wehrmacht und Rüstung"* freizumachen. Der Kreisleiter von Moers erinnerte zu Beginn seines Schreibens an eine Äußerung des Reichspropagandaministers Goebbels, nach der es für Deutschland *„5 Minuten vor 12 Uhr"* sei. Der *„totale Kriegseinsatz"* müsse unter allen Umständen gelingen. *„Wenn wir den Krieg verlieren"*, so der Kreisleiter, *„bedeutet das für jeden Deutschen Sklaverei – für jeden Parteigenossen den sicheren Tod."*[2] Die nationalsozialistischen Funktionäre konnten sich wohl nicht vorstellen, daß die siegreichen Kriegsgegner mit den Mitgliedern der NSDAP anders verfahren würden, als es Wehrmacht und SS mit den politischen Kommissaren in der Sowjetarmee getan hatten.

In der Tat dürften die durchschnittlich intelligenten Nationalsozialisten im Sommer 1944 erstmals der Realität ins Auge gesehen haben. Am 6. Juni waren amerikanische, britische und kanadische Truppen an der Küste der Normandie gelandet und hatten gegen den Widerstand der Wehrmacht mehrere Brücken-

---

[1] Walter Ring, Heimatchronik der Stadt Duisburg. Mit Beiträgen von Erich Schwoerbel und L. Kalthoff, Köln 1954, S. 161.
[2] HSTAD RW 23/87, fol. 124f. und 129f.: „Vorschläge für die Kreisleiterkonferenz".

köpfe bilden können; nach dem Durchbruch der Amerikaner bei Avranches am 31. Juli gelang den Alliierten in kurzer Zeit die Befreiung des größten Teils von Frankreich. Die sowjetische Großoffensive gegen die Heeresgruppe Mitte seit dem 22. Juni führte zu größeren Verlusten, als sie die Schlacht um Stalingrad gebracht hatte; Anfang August stand die Rote Armee schon vor Warschau. Zur gleichen Zeit, als die Kreisleiter des Gaues Essen über den „totalen Kriegseinsatz" nachdachten, brachen die deutschen Stellungen in Mittelitalien und auf dem südlichen Balkan zusammen.

Für die mentale Verfassung der Duisburger war auch der schwere, in drei Wellen vorgetragene britische Luftangriff am 14. und 15. Oktober 1944, der rund 3 500 Menschenleben forderte, von einiger Bedeutung. Die Zerstörungen und Beschädigungen bis dahin noch intakter Wohnungen, Verwaltungsgebäude, Bahnhöfe, Verkehrsmittel, Industrieanlagen, Energie- und Telefonleitungen waren so groß, daß für einige Tage in mancher Hinsicht chaotische Verhältnisse geherrscht haben dürften. Tausende von Deutschen, aber auch viele Ausländer suchten in den ersten Tagen nach dem Angriff nicht ihre Arbeitsstätten auf, sondern bewegten sich, soweit der Trümmerschutt das zuließ, zu Fuß durch die Stadt, um Angehörige in anderen Stadtteilen zu suchen. Tausende, die obdachlos geworden waren, mußten Notquartiere beziehen, die manchmal weit entfernt vom bisherigen Wohnsitz lagen. Wenn Ausgebombte bei wildfremden Familien, deren Wohnung unbeschädigt war, einquartiert wurden, zeigte sich, wie es um die von den Nationalsozialisten ständig feierlich beschworene „Volksgemeinschaft" wirklich bestellt war. Der Angriff hatte, wie im Kapitel 4 ausgeführt, auch einen Teil der Zwangsarbeiterlager zerstört, und der „Umzug" in andere Unterkünfte bot gewiß manchem Ausländer eine Gelegenheit zur Flucht, deren Konsequenz aber stets die Notwendigkeit war, sich einer „Bande" anzuschließen, um in der Illegalität, ohne das Gemeinschaftsessen im Lager oder Betrieb, bis zum Kriegsende überleben zu können.

Die vorliegenden Quellen erlauben es freilich nicht, von *dauerhaft* chaotischen Zuständen bis zum lokalen Kriegsende im März und April 1945 zu sprechen. Die Stadtverwaltung hat es, wie schon nach den vorangegangenen großen Luftangriffen seit 1942, verstanden, allen einheimischen Ausgebombten ein „Dach über dem Kopf" zu verschaffen, und sei es nur ein Raum in einer Baracke oder in einem Bunker. Die Unternehmen der Wasser- und Energieversorgung reparierten mit erstaunlicher Schnelligkeit die Schäden an den Leitungsnetzen, so daß die Versorgung schon nach wenigen Tagen wieder aufgenommen werden konnte. Weder nach dem 14./15. Oktober noch nach den folgenden Angriffen bis zum März 1945 blieb die Bevölkerung ohne Trinkwasser, das durch Pumpen gefördert und in Tankwagen zu den Verbrauchern geschafft wurde. Die Ernährung der deutschen Bevölkerung und wahrscheinlich auch der meisten Zwangsarbeiter konnte – in ihrer gewohnten Dürftigkeit – gesichert werden. Der Betrieb Hütte Ruhrort-Meiderich der August-Thyssen-Hütte AG jedoch war nach schwersten Zerstörungen von Werksanlagen und Arbeiterlagern etwa eine Woche außerstande, alle ausländischen Arbeiter mit Essen zu versorgen; einige der Betroffenen verfügten über kleine Lebensmittelvorräte. Eisenbahn und Straßenbahn nahmen schon bald nach dem 15. Oktober, wenn auch in eingeschränktem Umfang, ihren Betrieb wieder auf.[3] Die meisten Industriebetriebe, etwa die Thyssenhütte in Hamborn, und ein Teil der Bergwerke lagen einige Tage still, konnten dann jedoch wieder produzieren und fördern, wozu auch alle erreichbaren Arbeitskräfte, Deutsche wie Ausländer, benötigt wurden. Vom Spätherbst 1944 an dürften sogar *zusätzliche* ausländische Arbeitskräfte ins Ruhrgebiet gekommen sein, und zwar als Folge der Räumung des wallonischen Industrieviers und des Raumes Aachen durch die Wehrmacht. Erst die Zerstörungen durch die letzten, schweren Luftangriffe seit Januar 1945 bewirkten in den meisten Betrieben eine faktische Arbeitslosigkeit.

Der Großangriff am 14. und 15. Oktober 1944 war auch insofern bedeutsam, als sich nun die Abwanderung deutscher Einwohner aus Duisburg erheblich beschleunigte. Diese Entwicklung vollzog sich in allen Großstädten in Nord- und Westdeutschland. Bis zum April 1945 hatten die westdeutschen Großstädte, gemessen am Einwohnerstand von Mai 1939, bis zur Hälfte ihrer deutschen Bevölkerung verloren. An der Spitze standen dabei Köln und Münster, deren Einwohnerschaft sich nur noch auf 10 bis 20 Prozent des Vorkriegsstandes belief.[4] Vor dem 14. Oktober 1944 lebten noch 280000 Menschen in Duisburg; nach dem großen Luftangriff begann eine massive Abwanderung in weniger luftkriegsgefährdete, überwiegend ländliche Gebiete. Von Mitte Oktober bis Ende 1944 verließen rund 50000 Einwohner Duisburg, vom Jahresanfang bis März 1945 60000 und bis zum 12. April weitere 29000, so daß Duisburg zum Zeitpunkt der Besetzung der Stadtmitte durch amerikanische Truppen nur noch 141000 Einwohner hatte. Rheinhausen, das zu Kriegsbeginn Heimat von rund 40800 Menschen gewesen war, zählte Anfang März 1945 nur noch 22300 Einwohner, d. h. knapp 55 Prozent des Vorkriegsstandes.[5] Unter diesen Umständen fielen die ausländischen Zwangsarbeiter, die an der inzwischen vorherrschenden Einheitskleidung und – bei Ostarbeitern und Polen – den besonderen Abzeichen leicht zu erkennen waren, immer stärker ins Auge. In Anbetracht der desaströsen Kriegsentwicklung sahen große Teile der einheimischen Bevölkerung die Ausländer als latente Bedrohung für Eigentum und Leben an. Die eige-

---

[3] Über die Situation unmittelbar nach dem Luftangriff vom 14./15. Oktober 1944: Verwaltungsbericht Duisburg für 1939-1944, S. 8; zur August-Thyssen-Hütte: StADU 41/450: Tagebuchaufzeichnungen von Kazimierz Pustola über seinen Aufenthalt in Duisburg im Oktober und November 1944 als Zwangsarbeiter bei der August Thyssen-Hütte und den Mannesmannröhren-Werken (Typoskript [Kopie]).
[4] *Wirtschaft und Arbeit* Nr. 1/1947, 11. Januar 1947, S. 2.
[5] Kraume, Duisburg im Krieg, S. 73; ders., 13. April 1945 - Kriegsende in Duisburg, in: Duisburger Journal, Jg. 1985 Bd. 4, S. 7f.; Walter Ring, Heimatchronik der Stadt Duisburg (wie Anm. 1), Köln 1954, S. 160.

ne psychische Belastung durch die häufigen Luftangriffe (und womöglich der Verlust der Wohnung und des Eigentums), die Trennung der Familien, der Verlust von Angehörigen an den Fronten, die Versorgungsmängel und die allgemeine Trost- und Hoffnungslosigkeit ließ die Gleichgültigkeit gegenüber dem Schicksal der Ausländer von Monat zu Monat wachsen, daneben aber auch die Aggressionsbereitschaft. Je mehr die Unfähigkeit der Diktatur zutage trat, den Krieg erfolgreich oder wenigstens zu erträglichen Bedingungen zu beenden, je mehr die eigene Heimatstadt oder -region vom Krieg gezeichnet wurde, desto mehr ließen die „Vorarbeiter Europas" ihre Frustration an den von ihnen abhängigen Ausländern aus, insbesondere an den Menschen aus der Sowjetunion. Wo Städte zu „Frontstädten" wurden, kam noch die imaginierte Bedrohung der Einheimischen durch die Ausländer hinzu, die in dem Zitat am Anfang dieses Kapitels angesprochen wird. So wurden die Ostarbeiter pauschal für „Bolschewisten" gehalten, denen man unterstellte, daß sie bei einer definitiven deutschen Niederlage über die dann entwaffneten Deutschen herfallen und Rache für die Verschleppung und schlechte Behandlung nehmen würden. Aber auch Polen und Westarbeiter hielt man für potentiell gefährlich. Die SS, die GESTAPO, die Gauleiter und zum Teil auch die Industriellen rechneten damit, daß im Chaos einer umkämpften Stadt Aufstände der Ausländer losbrechen würden. Daher galt es, den rechten Zeitpunkt für die *„Fortschaffung"* der Fremden nicht zu verpassen.[6]

Obwohl die Zwangsarbeiter durch die Luftkriegszerstörungen im Januar und im Februar 1945 in größerem Umfange „nutzlos" wurden, hielt man sie noch für alle Fälle fest. Aber die mehrtägigen Unterbrechungen der Arbeitsprozesse haben wohl dazu beigetragen, daß Ausländer öfter als zuvor, einzeln oder in kleinen Gruppen, aus den Lagern oder Einsatzbetrieben flüchten konnten. Dies gelang trotz der militärischen Bewachung sogar Kriegsgefangenen, die, wenn ihr Lager bei einem Luftangriff zerstört wurde, vielfach unmittelbar nach dem Angriff entweichen konnten. Es kam vor, daß die Wachen verschwunden waren und die Kriegsgefangenen angesichts ihres zerstörten Lagers gar nicht wußten, wohin sie gehen sollten. In diesen Fällen suchten sie sich oft eine neue, halblegale Unterkunft, indem sie jemandem ihre Arbeitskraft anboten. Für Wehrmacht, SD, GESTAPO und Ordnungspolizei war dies nicht tolerabel, und sie versuchten daher, der selbständigen Suche der Kriegsgefangenen nach neuer Arbeit entgegenzuwirken. In diesem Sinne schrieb am 20. Februar 1945 der Kommandeur der Kriegsgefangenen im Wehrkreis VI, SS-Obergruppenführer Gutenberger, an die Polizeibehörden, die Regierungspräsidenten, die Gauleitungen, die Oberbürgermeister, die Gauarbeitsämter und den Ruhrstab in Kettwig:

---

[6] Zu dieser Thematik u. a. Herbert, Fremdarbeiter, S. 374-378; ferner Uwe Kaminsky, "... waren ja auch Menschen" - Zwangsarbeiter im Revier, in: Ulrich Borsdorf u. Mathilde Jamin (Hrsg.), Über Leben im Krieg, Reinbek b. Hamburg 1989, S. 111-122, hier: S. 120f.

„Nach Terrorangriffen werden häufig Kriegsgefangene vermißt, die sich aus ihren zerstörten Arbeitskommandounterkünften durch Auseinanderlaufen in Sicherheit gebracht haben. Umfangreiche Fahndungsmaßnahmen nach dem Verbleib dieser Kriegsgef[angenen] führen häufig zu der Feststellung, daß die umherirrenden Kriegsgef[angenen] von der Zivilbevölkerung – aber auch von Behörden und Dienststellen, die mit der Behebung des Notstandes befaßt sind – mehrere Tage für Aufräumungs- und Bergungsarbeiten festgehalten und verpflegt worden sind._

Es erscheint verständlich, daß der nach Terrorangriffen herrschende Notstand dazu verleitet, jede greifbare Arbeitskraft zur Hilfeleistung heranzuziehen.

Diese Selbsthilfe hat aber derart erhebliche Nachteile, daß sie unter allen Umständen unterbleiben muß. Die festgehaltenen Kriegsgef[angenen] werden nicht nur dem planmäßigen Arbeits- und Noteinsatz entzogen, sondern es werden auch umfangreiche Fahndungsmaßnahmen eingeleitet und dadurch viele wertvolle Kräfte einer nützlichen Verwendung entzogen. Andererseits weise ich auf die große Gefahr hin, die mit der nicht ordnungsmässigen Bewachung der Kriegsgef[angenen] verknüpft ist. Es sind mir wiederholt Klagen zugegangen über Kriegsgefangene, die nach Luftangriffen umherirren und Plünderungen und Diebstähle ausgeführt haben.

Ich bitte daher, die nachgeordneten Dienststellen entsprechend anweisen zu wollen. Ich bitte die Gauleiter die Frage der Aufklärung bei der Zivilbevölkerung zu veranlassen [sic]".[7]

Aber erst nachdem Duisburg Anfang März 1945 zur „Frontstadt" geworden war, zog die Wehrmacht die Kriegsgefangenen aus den Duisburger Betrieben ab, um sie in weiter östlich gelegenen Gauen – man sprach nun vom „Reichsinneren" – den dortigen kriegswirtschaftlichen Unternehmen zur Verfügung zu stellen; eine Zwischenstation waren vermutlich die Stammlager wie Hemer oder Senne in Westfalen.

Der Großangriff der britischen und amerikanischen Luftwaffen auf Verkehrsknotenpunkte in Westdeutschland (Operation _Clarion_) am 22. und 23. Februar brachte den größten Teil der Rüstungsproduktion an Rhein und Ruhr praktisch zum Erliegen. Gleichzeitig machten die militärischen Erfolge der westlichen Alliierten und der Roten Armee – etwa die Abschneidung Ostpreußens vom übrigen Reichsgebiet am 26. Januar, der für die deutsche Kriegswirtschaft katastrophale Verlust des oberschlesischen Industriegebietes (24. Januar bis 10. Februar) und der schnelle britisch-amerikanische Vorstoß aus Belgien und Holland zum

---

[7] StADU 600/972: Der Höhere Kommandeur der Kriegsgefangenen im Wehrkreis VI und Höhere SS- und Polizeiführer West an die Befehlshaber der Ordnungspolizei, Inspekteure der Sicherheitspolizei und des SD, Polizeipräsidenten, Regierungspräsidenten, Oberbürgermeister (als Leiter der Sofortmaßnahmen), Gauleitungen, Gauarbeitsämter und den Ruhrstab in Kettwig, 20. Februar 1945.

Rhein seit Ende Februar – auch bei den uninformiertesten Deutschen die letzte Hoffnung auf einen deutschen Sieg zunichte. Der letzte erhalten gebliebene Bericht des Sicherheitsdienstes über die Stimmung in der Bevölkerung des noch unbesetzten Deutschland von Ende März äußerte sogar Verständnis für den um sich greifenden „Defätismus" und sprach das Problem der faktischen Arbeitslosigkeit von Deutschen wie Ausländern an:

„Niemand kann sich eine Vorstellung machen, wie wir den Krieg noch gewinnen können oder wollen. Es war schon vor dem Durchstoß des Feindes in oberrheinisches Gebiet die Überlegung aller, daß wir ohne die Gebiete an der Oder, ohne das oberschlesische Industriegebiet und ohne das Ruhrgebiet nicht mehr lange Widerstand leisten können. Jedermann sieht das chaotische Verkehrsdurcheinander. Jedermann spürt, daß der totale Krieg unter den Schlägen der feindlichen Luftwaffe zu Bruch geht. Für Hunderttausende, die in den letzten Monaten in den Arbeitsprozeß hereingeholt worden sind, ist in den Betrieben und Büros kein Platz mehr. Immer mehr Fabriken, deren Gefolgschaften wissen, daß ihre Tätigkeit für die Rüstung lebenswichtig ist, müssen feiern. Das Herumlaufen um jede Arbeitskraft wird abgelöst durch eine rasch um sich greifende Arbeitslosigkeit. Hunderttausende von Ausländern, die uns wertvolle Hilfe leisteten, werden zu unnötigen Mitessern."[8]

Die beschriebene Situation weitgehenden Produktionsstillstandes, in der die ausländischen Arbeitskräfte zu „totem Kapital" wurden, hatte sich im rheinisch-westfälischen Industriegebiet schon seit Ende Januar 1945 eingestellt. Die Luftangriffe vom 22. Januar (vor allem auf Hamborn und Beeck) und vom 21. Februar (auf die Stadtmitte und den Süden von Alt-Duisburg) haben die Produktion vieler Industriebetriebe in Duisburg abrupt beendet; das gleiche ereignete sich in Rheinhausen und Homberg. Nach dem Angriff am 22. Januar *„lag die Thyssenhütte still"*; es waren jedoch immense Aufräumarbeiten notwendig, für die immer noch tausende von Arbeitskräften benötigt wurden. Dies galt auch für die Niederrheinische Hütte, die Hütte Vulkan und viele andere Betriebe. Die Mannesmann-Hütte in Huckingen und das Eisenwerk Wanheim waren weniger beschädigt und arbeiteten weiter, bis am 5. März der Artilleriebeschuß vom linken Rheinufer aus begann. Die Schachtanlagen nördlich der Ruhr, vor allem das Bergwerk Walsum, blieben erstaunlicherweise von den Luftangriffen weitgehend verschont.[9] Grundsätzlich galt, daß faktisch arbeitslos gewordene Ausländer in Gebiete gebracht werden sollten, wo kriegswirtschaftliche Produktion noch möglich war, damit ihre Arbeitskraft dem Deutschen Reich nicht verloren ging. Verständlicherweise wollten die wenigsten Ausländer die Städte an Rhein und

---

[8] *Meldungen aus dem Reich*, Bd. 17, S. 6734-6740; abgedruckt auch bei Norbert Frei, Der Führerstaat. Nationalsozialistische Herrschaft 1933 bis 1945, München ⁶2001, S. 272.

[9] Zur August Thyssen-Hütte: Treue/Uebbing, Die Feuer verlöschen nie, S. 122; Zu den Mannesmannröhren-Werken: Wessel, Kontinuität im Wandel, S. 264; ferner die Betriebsmonographien in Walter Ring (Hrsg.), Heimatchronik der Stadt Duisburg (wie Anm. 1).

Ruhr in östliche Richtung verlassen, zeichnete sich durch den Vormarsch der Alliierten doch die ersehnte Befreiung binnen weniger Wochen ab. Besonders für die Westarbeiter war der Gedanke unerträglich, jetzt, wo der Krieg zuende ging, noch weiter von der Heimat in Frankreich, Belgien oder den Niederlanden entfernt zu werden. Der bevorstehende Abtransport in andere Industriezentren in Süd- oder Mitteldeutschland hat daher wohl auch in Duisburg hunderte, wenn nicht tausende Zwangsarbeiter bewogen, aus den Lagern und Betrieben zu flüchten. Wer sich dazu entschloß, war nicht in jedem Fall zu einer gefährlichen Existenz in absoluter „Illegalität" und zur Nahrungsbeschaffung durch Plünderung und Diebstahl verdammt, sondern konnte mit etwas Glück bei Bauern auf dem Land – natürlich gegen Arbeitsleistung – Unterschlupf finden. Zu letzterem – und nicht etwa zu Sabotageakten oder Aufstandsversuchen – hatten der amerikanische Oberbefehlshaber in Europa, General Eisenhower, und andere alliierte Stellen seit September 1944 die ausländischen Zwangsarbeiter in Deutschland über den Rundfunk mehrfach aufgefordert.[10]

In der Duisburger stadthistorischen Literatur heißt es durchweg, daß „die" (d. h. alle) Zwangsarbeiter Anfang März 1945, als Duisburg zur „Frontstadt" wurde, in Richtung Osten abtransportiert worden seien, weil Stadtverwaltung, Kreisleitung, GESTAPO, Kriminal- und Schutzpolizei in der sich auflösenden öffentlichen Ordnung Unruhen und „Ausschreitungen" gegen die deutsche Bevölkerung befürchtet hätten.[11] Die Erwartung von Ausländerunruhen in den Frontstädten war allgemein. In Duisburg verhielt es sich jedoch so, daß nur ein Teil der ausländischen Arbeitskräfte seit dem 4. und 5. März unter deutscher Bewachung die Stadt verließ. Die Zielregion war meist das Sauerland. Die zivilen ausländischen Arbeiter des Eisenwerkes Wanheim mitsamt 19 Säuglingen und neun Kindern mußten sich am Abend des 4. März „*unter Begleitung des Werkschutzes und des Werkssicherheitsdienstes*" – d. h. natürlich unter Bewachung durch bewaffnete Werkschutzleute – zu Fuß nach Wuppertal aufmachen, von wo aus ein Eisenbahntransport nach Hagen erfolgte, wo die Polizei die Ausländer „*zum Weitertransport*" oder zur provisorischen „*Unterbringung*" übernahm. In Hagen verliert sich die Spur der Zwangsarbeiter des Eisenwerkes. Etwa 15 bis 20 Arbeiter aus der Sowjetunion jedoch hatten sich entweder vor dem Abmarsch versteckt oder waren aus Wuppertal heimlich nach Duisburg zurückgekehrt. Nach einem Bericht der Betriebsleitung haben sich diese Menschen, nun arbeitslos, in den sechs Wochen bis zur Einnahme des südruhrischen Duisburg durch die Amerikaner „*aus Diebstählen*" ernährt und sich „*wenige Wochen*" nach der Besetzung mit unbekanntem Ziel „*von hier entfernt.*"[12]

---

[10] Herbert, Fremdarbeiter, S. 376ff.
[11] Kraume, Duisburg im Krieg, S. 90.
[12] Hildebrand, Wanheim-Angerhausen, S. 493.

In der ersten Märzwoche, zur selben Zeit wie die Zwangsarbeiter des Eisenwerkes Wanheim, sollten die 130 Ostarbeiter der Didier-Werke AG in ein weniger gefährdetes Gebiet gebracht werden. Der Leiter des Ostarbeiterlagers von Didier, S., übernahm die Führung des Zuges, wobei er von dem Arbeiter P. unterstützt wurde; beide waren mit Pistolen bewaffnet. Die Ostarbeiter marschierten zunächst bis zu einem Sammelplatz in Langenberg und wurden vom dortigen Bürgermeister nach Hattingen verwiesen, wo bereits knapp 3 000 Zwangsarbeiter versammelt waren, zu denen sich nun die Leute von Didier gesellten. Für den weiteren Transport nach Brilon im Sauerland wurde ein Eisenbahnzug bereitgestellt. Die Fahrt begann anscheinend nachts, und der Zug scheint länger gestanden zu haben als gefahren zu sein, denn am Morgen nach der Abfahrt von Hattingen hatte man nicht einmal das nahe Bochum erreicht. Als der Zug auf einem Güterbahnhof vor Bochum hielt, nahmen die Ostarbeiter einen dort stehenden Proviantzug wahr und beschlossen, ihn zu plündern; ein *„großer Teil"* der rund 3 000 Ostarbeiter setzte das Vorhaben in die Tat um. Der Aufseher S., von einem Bahnpolizisten darauf aufmerksam gemacht, stieg aus und forderte die Plünderer auf, wieder einzusteigen, doch sie folgten der Anordnung nicht. Wie bei einem Verfahren vor dem Landgericht Duisburg im Frühjahr 1949 festgestellt wurde, *„drangen"* etwa fünf Ostarbeiter, die sich sogenannte Arbeitsdienst-Dolche verschafft hatten, auf S. *„ein"*, und als er versuchte, einem der Arbeiter den Dolch abzunehmen, stach ein anderer zu und verletzte ihn an einer Hand. Einem neuerlichen Angriff des Ostarbeiters begegnete S. damit, daß er seine Pistole zog und auf den Angreifer schoß. Der Schuß ging jedoch fehl und tötete einen anderen, zehn bis zwölf Meter entfernt stehenden Ostarbeiter, der gestohlene Brote aus dem Proviantzug unter dem Arm trug. Inzwischen war ein größeres Aufgebot der Bahnpolizei gekommen; die Ostarbeiter wurden in den Transportzug zurückgetrieben und die Fahrt nach Brilon fortgesetzt.[13]

Die Ostarbeiterinnen des Reichsbahn-Ausbesserungswerkes Duisburg-Wedau wurden am 14. März formlos entlassen, anscheinend ohne daß das Werk irgendeine Vorkehrung für einen Transport in weiter östlich liegende Gebiete getroffen hätte. Nach dem Zeugnis der damals achtzehnjährigen Arbeiterin Nadeschda Sachartschenko überließ man die Frauen ihrem Schicksal; sie liefen einen Monat lang in östliche Richtung und wurden auf dem Marsch weder irgendwie behelligt noch aufgehalten – womit sie großes Glück hatten, galten doch unbewacht angetroffene wandernde Gruppen von Ostarbeitern SS-Einheiten als potentielle „Marodeure", die man straflos „umlegen" konnte. *„Wenn es dunkel wurde, haben wir auf den Feldern übernachtet, und wir lebten von dem, was wir auf den*

---

[13] Justiz und NS-Verbrechen. Sammlung deutscher Strafurteile wegen nationalsozialistischer Tötungsverbrechen, Bd. IV, Amsterdam 1970, S. 331ff. (Fall Nr. 128).

*Feldern fanden."*¹⁴ Erst am 14. April wurden die Ostarbeiterinnen an einem nicht bekannten Ort von britischen Soldaten aufgegriffen und für einen Monat in einem Lager, vielleicht einem Sammellager für wandernde Ausländer, untergebracht. Dann beförderte die britische Armee die Frauen mit Lastkraftwagen zur Zonengrenze an der Elbe, die mittels einer Fähre überquert wurde; am östlichen Ufer nahm die Rote Armee die Ukrainerinnen in Empfang. Doch anscheinend war die Sowjetarmee nicht imstande, die Frauen in geordneter und menschenwürdiger Weise in die Heimatgebiete zurückzubringen, denn nach Sachartschenkos Erinnerungen habe man, wie vordem, auf einigen Strecken zu Fuß laufen müssen und sei nur „zeitweise" von Soldaten mitgenommen worden. Irgendwo konnte ein Eisenbahnzug mit dem Fahrtziel Brest-Litowsk bestiegen werden, wo die Frauen Fahrkarten nach Kiew bekamen, *„von wo wir mit Güterwagen bis zu unserem Dorf weitertransportiert wurden."* Am 11. Juni 1945 war Sachartschenko wieder in ihrem Heimatdorf.

Im Norden der Stadt scheinen mehrere Zivilarbeiterlager am 15. März aufgelöst worden zu sein, auf jeden Fall gilt das für die Lager der Gewerkschaft Neumühl an der Holtener Straße und an der Haldenstraße in Hamborn. Die letzten Zwangsarbeiterinnen (*„Russinnen"*) der AG für Zinkindustrie standen im März noch zu Buche, im April nicht mehr; Zwangsarbeiter anderer Nationalitäten waren schon 1944 ausgeschieden.¹⁵ Ebenfalls am 15. März schieden 14 „russische" Arbeitskräfte, und zwar 11 weibliche „Hausangestellte", eine Hilfsarbeiterin, ein Krankenpfleger und ein Bäcker, aus dem Dienst des St. Barbara-Hospitals in Hamborn; wohin sie gebracht wurden, ist nicht zu ermitteln. Die meisten ausländischen Krankenpfleger und -pflegerinnen müssen zu einem späteren Zeitpunkt entlassen worden sein; die sowjetische Ärztin Dr. Jelena Lebedewa blieb bis zum 30. März, also bis nach der Besetzung Hamborns durch amerikanisches Militär, in dem kaum beschädigten Krankenhaus, das von der Besatzungsmacht sofort zum 135. Amerikanischen Feldlazarett erklärt, für Deutsche gesperrt und für die Pflege und Versorgung kranker Ausländer bestimmt wurde. Aber auch für den Norden gilt, daß kein vollständiger Abmarsch oder Abtransport der Zwangsarbeiter nach Osten stattfand. Von den Zwangsarbeitern der August Thyssen-Hütte AG im Stadtgebiet nördlich der Ruhr ist ein Teil in den Lagern geblieben, soweit diese nicht zerstört waren. Nach dem 28. März wurden die in Hamborn noch anwesenden zivilen Ausländer in den drei leerstehenden, wenig beschädigten Volksschulen an der Comeniusstraße, der Humboldtstraße und der Grimmstraße untergebracht. Die Friedrich-Alfred-Hütte in Rheinhausen mußte am 1. März ihre letzten 132 Kriegsgefangenen (*„ausnahmslos Russen"*)

---

¹⁴ Manfred Tietz, Die „wertlose" Frau, in: Rudolf Tappe u. Manfred Tietz (Hrsg.), Tatort Duisburg, Bd. 2, Essen 1993, S. 379; die Erinnerungen wurden 1991 in einem Brief niedergeschrieben.
¹⁵ Schwieren, Neumühl, S. 109; Grillo-Archiv GAA 375 („Gewerbesteuer Hamborn"): Aufzeichnungen.

entlassen; die Männer wurden von der Wehrmacht auf die rechte Rheinseite geschafft, weiteres ist nicht bekannt. Am folgenden Tag verlor die Hütte auch ihre zivilen Zwangsarbeiter, die, wohl aufgrund eines Befehls der Gauleitung, ebenfalls ins rechtsrheinische Gebiet beordert worden waren. Eine Produktion war nun nicht mehr möglich, weshalb die Betriebsführung die Hütte am folgenden Tag stilllegte.[16] Am 5. März besetzten amerikanische Truppen Rheinhausen und Homberg.

Anfang März 1945 erreichte die Front das westliche Ruhrgebiet. Die Wehrmacht zog sich auf das rechte Rheinufer zurück und sprengte am 4. März die fünf Duisburger Rheinbrücken. Am Abend des 3. März, als die ersten Granaten in Beeckerwerth, in der Nähe der Eisenbahnbrücke bei Haus Knipp, niedergingen, begann die systematische Beschießung Duisburgs durch amerikanische Artillerie, die für den südlich der Ruhr gelegenen Teil der Stadt bis zum 11. April dauern sollte. Die Artillerie bezog seit dem 4. März Stellungen in Rheinhausen und weiter südlich, von denen aus zunächst vor allem das Hafengebiet, der Ruhrschnellweg und das Gebiet um die Wedau, wo es deutsche Artilleriestellungen gab, unter Feuer genommen wurden, später aber auch Industrieanlagen, Wohnviertel, Bunker, Straßenkreuzungen und Flakstellungen. Jeden Tag kamen zehn bis zwanzig Menschen durch Granaten ums Leben, darunter auch ausländische Zwangsarbeiter. Als auch noch Tieffliegerangriffe einsetzten, war es oft nicht mehr möglich, Verstorbene zu den Friedhöfen zu überführen; sie mußten dann in Gärten beigesetzt werden. Am 8. März gab die Gauleitung in Essen bekannt, daß den feindlichen Truppen im westlichen Industriegebiet härtester Widerstand geleistet werden sollte; jetzt war die „Fortschaffung" der noch anwesenden ausländischen Zwangsarbeiter ein unumgängliches Gebot. Die schnelle Umfassungsbewegung der alliierten Armeen entzog jedoch allen Absichten, die Städte des westlichen Reviers als „Festungen" zu verteidigen, den Boden. Der am 17. März bekanntgegebene Befehl, noch am gleichen Tag einen mehrere Kilometer breiten Streifen auf dem rechten Rheinufer von Zivilisten zu räumen (wovon drei Viertel aller Häuser Duisburgs betroffen gewesen wären) und die Bürger in westfälische und lippische Gebiete zu transportieren, wurde auch von der Stadtverwaltung, der Polizei und der Wehrmacht sofort als undurchführbar angesehen; vom Hauptbahnhof fuhren keine Züge mehr ab, und die anderen möglichen Abfahrtsbahnhöfe, die man unter ständigem Artilleriebeschuß zu Fuß hätte erreichen müssen, lagen viel zu weit weg. Die übergroße Mehrheit der Einwohner hielt es für sicherer, in der Stadt auf den Einmarsch der amerikanischen Truppen zu warten, als sich auf eine anstrengende und gefährliche Reise zu begeben.[17]

---

[16] HAK WA 65/1.43-45: Entwurf für einen Geschäftsbericht [der Friedrich-Alfred-Hütte] für das Rumpfgeschäftsjahr vom 1.10.1944 bis zum 31.3.1945, S. 22ff.
[17] Kraume, Duisburg im Krieg, S. 88-91.

In der Nacht vom 23. auf den 24. März setzten die 2. britische und die 9. amerikanische Armee nördlich und südlich von Wesel über den Rhein. Während die Briten entlang der Lippe ins Münsterland vorstießen, wandten sich die Amerikaner nach Süden und Südosten, besetzten am 25. März, ohne nennenswerten Widerstand brechen zu müssen, Dinslaken und Walsum, und machten an der nördlichen Stadtgrenze (Alt-) Duisburgs zunächst halt. Am Grenzpunkt „Schwan" war auf der Reichsstraße 8 (Weseler Straße) eine große Panzersperre gebaut worden, hinter der deutsche Soldaten Stellung bezogen hatten. In Duisburg befanden sich an regulären deutschen Truppen noch Teile der 2. Fallschirmjägerdivision, ein 200 Mann starkes Bataillon einer sogenannten Volksgrenadierdivision und der *Volkssturm*. Zu diesem Zeitpunkt beabsichtigten die Wehrmacht und die Gauleitung in Essen, ungeachtet der klaren Unterlegenheit der deutschen Truppen die Städte am Rhein sowie Oberhausen und Mülheim mit allen Mitteln zu verteidigen, d. h. weitere Bombenangriffe, schwersten Artilleriebeschuß und letztlich Häuserkampf mit der Folge massivster Zerstörungen in Kauf zu nehmen. Am 27. März rief der Reichsverteidigungskommissar Schleßmann die zivile Bevölkerung der Städte Duisburg und Oberhausen und der Kreise Dinslaken und Rees auf, die Heimatgebiete zu verlassen, da die Städte und Gemeinden zu Kampfgebieten werden würden, in denen „*Frauen und Kinder*" nicht überleben könnten, weshalb die „*totale Räumung [...] zwingendes Gebot*" sei. Die Zivilisten sollten in Trecks über mehrere Wochen nach Westfalen und Nordhessen ziehen. Doch obwohl die Gauleitung die Räumung Duisburgs erzwingen wollte und der Polizeipräsident den Gebrauch von Schußwaffen gegen alle Bürger androhte, die sich weigern würden, die Stadt zu verlassen, leisteten nur sehr wenige Menschen dem Befehl vom 27. März Folge, der im übrigen in Hamborn auf Veranlassung des dortigen NSDAP-Ortsgruppenleiters und *Volkssturm*-Führers Heinz Tenter überhaupt nicht publiziert worden ist, wodurch der Bevölkerung weitere, sinnlose Aufregung erspart blieb. Angesichts der völligen Umfassung des Ruhrgebietes durch die amerikanischen Truppen, die am 1. April bei Lippstadt im Osten den „Ruhrkessel" schlossen, hat die Gauleitung den Räumungsbefehl am 6. April offiziell zurückgenommen, ohne daß sich zu diesem Zeitpunkt noch jemand dafür interessiert hätte.[18]

Vom 25. bis zum 27. März stand die amerikanische Infanterie vor der Alt-Duisburger Stadtgrenze; noch waren die große Panzersperre am „Schwan" und andere Stellungen mit Wehrmacht und *Volkssturm* besetzt. Am Nachmittag des 27. März nahm zunächst ein amerikanischer Stoßtrupp die nördlichsten, noch vor dem „Schwan" gelegenen Häuser von Hamborn ein. Zur gleichen Zeit konnte Tenter den Wehrmachtskommandanten des Abschnitts Hamborn, Oberst May, nach harten Auseinandersetzungen dazu bewegen, mit seiner Einheit das Stadtgebiet nördlich der Ruhr und des Rhein-Herne-Kanals zu räumen; auch Tenter

---

[18] Ebd., S. 87-96.

selbst zog mit dem *Volkssturm* nach Duisburg-Mitte ab. Am Vormittag des 28. März besetzten die Amerikaner Hamborn; um 16 Uhr erteilten sie die ersten Befehle an die Verwaltungsstelle im fast unbeschädigten Rathaus.[19]

Die Stadtteile Ruhrort und Laar wurden bis zum 28. März von Homberg aus stark beschossen. Am Nachmittag des 28. März zogen die Amerikaner von Hamborn aus in Beeck, Laar und Ruhrort ein, am folgenden Tag besetzten sie Meiderich bis zur Ruhr und zum Rhein-Herne-Kanal. Die Ruhr- und Kanalbrücken waren zuvor von der Wehrmacht gesprengt worden. In Hamborn und Ruhrort ernannten die Amerikaner zwei politisch unbelastete Persönlichkeiten zu kommissarischen Bürgermeistern, wobei der Hamborner Bürgermeister Wilhelm Bambach, ein angesehener Kaufmann und früheres Mitglied der Zentrumspartei, auch für Meiderich zuständig war. Die Bürgermeister sollten vom Hamborner und vom Ruhrorter Rathaus aus mit den noch verfügbaren Beamten und Angestellten der Stadtverwaltung die öffentliche Ordnung wiederherstellen und sich außerdem um die Lebensmittelversorgung und die Herrichtung der Wasser- und Stromzufuhr kümmern. Die Besatzungsmacht erließ am 30. März einige Anordnungen an die Bevölkerung, darunter den Befehl zur Abgabe aller Waffen, ein Ausgangsverbot für die Zeit von sechs Uhr abends bis sieben Uhr morgens, das auch für Ausländer galt, und das Verbot, die Häuser zu verschließen.[20] Letzteres war im Hinblick auf die Straftaten, die seit dem Abzug der deutschen Sicherheitsorgane von befreiten Zwangsarbeitern, einzeln oder in Gruppen, verübt wurden, von einiger Bedeutung.

Im Duisburger Stadtgebiet südlich der Ruhr und des Rhein-Herne-Kanals waren nach dem Abzug der Fallschirmjägereinheit am 29. März noch das erwähnte Volksgrenadier-Bataillon der Wehrmacht sowie rund 3 000 nur zum Teil bewaffnete *Volkssturm*-Leute stationiert. Die Beschießung des Stadtgebietes von Westen und (seit dem 30. März) auch von Hamborn und Meiderich aus wurde von Tag zu Tag stärker. Eine erste Aufforderung der Amerikaner, auch das südruhrische Stadtgebiet zu übergeben, lehnte der örtliche Wehrmachtskommandant am 2. April ab. Bald darauf verließ auch das Volksgrenadier-Bataillon Duisburg in südöstliche Richtung, nur der *Volkssturm* blieb zurück. Nachdem die Amerikaner von Oberhausen aus Mülheim eingenommen und am 10. April das Zentrum von Essen unter ihre Kontrolle gebracht hatten, forderten sie am 11. April telefonisch abermals die Übergabe Duisburgs, die Oberbürgermeister Freytag verweigerte. Doch noch am selben Tag verließ Freytag zusammen mit dem NSDAP-Kreisleiter Loch die Stadt in Richtung Essen-Werden.[21] Stadtkämmerer Zweigert blieb als kommissarischer Leiter der Stadtverwaltung in Duisburg zurück. Auch Polizeipräsident Bauer setzte sich am 11. April ab, nicht ohne

---

[19] Ebd., S. 96f.
[20] Ebd., S. 100.
[21] Essen-Werden wurde erst am 17. April von den Amerikanern besetzt.

zuvor die Vernichtung von Akten angeordnet und wohl auch beaufsichtigt zu haben, darunter die Unterlagen über die „Hinrichtungen" vom 21. März und vom 9. April. Als eine amerikanische Einheit am 12. April von Mülheim-Speldorf aus einen Vorstoß zur Duisburger Grenze wagte, fand sie die Panzersperren unbesetzt; die *Volkssturm*-Einheiten hatten sich klugerweise zurückgezogen. Die Amerikaner rückten in Duisburg-Mitte ein und besetzten gegen 13 Uhr das zur Hälfte zerstörte Rathaus. Anstelle von Stadtkämmerer Zweigert, der sich weigerte, die förmliche Übergabe der Stadt zu erklären, da kein Widerstand stattgefunden habe, unterschrieb Polizeioberst Gustav Krampe ein Übergabe-Dokument; gleichzeitig wurde die Polizei entwaffnet.[22] Die Militärregierung für das südruhrische Duisburg nahm ihren Sitz in dem Privathaus Fuldastraße 30 und im Hotel Duisburger Hof. Stadtkommandant wurde Oberst Frank L. Barnett. Am 13. April besetzten die Amerikaner den Duisburger Süden.

Am Nachmittag des 13. April bestellte die amerikanische Stadtkommandantur eine Reihe von Duisburger Wirtschaftsführern zu einer Besprechung mit der Militärregierung am folgenden Tag. Bei der am 14. April um 10 Uhr im Rathaus eröffneten Konferenz waren Vertreter der Vereinigte Stahlwerke AG (für die Niederrheinische Hütte und die Hütte Vulkan), der Mannesmannröhren-Werke, der DEMAG, der Kupferhütte, des Eisenwerks Wanheim, des Kabelwerks Duisburg, der Chemischen Fabrik Curtius, der Rütgerswerke, der Berzelius-Metallhütte, der Reederei Haniel, des Stahl- und Brückenbauunternehmens Wilhelm van Lackum, der Stadtwerke und der Duisburger Verkehrsgesellschaft AG anwesend. Die Amerikaner und die Industriellen erörterten neben der Wiederaufnahme der Produktion und der Behebung der schlimmsten Kriegsschäden auch die Schaffung von Auffanglagern für ehemalige Duisburger Zwangsarbeiter, die, aus welchen Gründen auch immer, in die Stadt zurückkehren würden, sowie für Westarbeiter aus anderen Städten, die auf dem Rückweg nach Hause waren und in Duisburg über den Rhein setzen wollten oder mußten, was wegen der Zerstörung der Brücken nicht ohne weiteres möglich war. Die Amerikaner rechneten mit hunderten von Rückkehrern und fragten daher die Vertreter der Unternehmen, welche Lager und Unterkünfte noch bewohnbar oder teilweise bewohnbar seien.[23] Die Federführung bei der Unterbringung der Ausländer konnte aber nur bei der Stadtverwaltung liegen, die sich seit dem 16. April um die Angelegenheit kümmerte und zunächst eine Übersicht der Unterbringungskapazitäten bei den Unternehmen anfertigen ließ.[24] Am selben Tag wies die Stadtverwaltung die

---

[22] Zu den Vorgängen ausführlich: Kraume, Duisburg im Krieg, S. 106.
[23] Zu der Besprechung am 14. April: Schulze, Aus Duisburgs dunkelsten Tagen, S. 251-53, der aber das Thema der Auffanglager nicht erwähnt; StADU 302/143, fol. 11: Die Berzelius Metallhütten-GmbH an den Städt. Oberbaurat Gablonsky, 23. April 1945.
[24] StADU 302/143, fol. 6-8: Aufstellung von Ausländerunterkünften im südruhrischen Duisburg (nach Unternehmen und Betrieben), undatiert (wohl Mitte April 1945).

DEMAG an, *„etwa 200-250 ausländische Arbeiter für die nächste Zeit unterzubringen und zu verpflegen."*[25] In den folgenden Tagen und Wochen strömten so viele befreite Zwangsarbeiter – woher auch immer – nach (Alt-) Duisburg, daß bald mehr als zehn Prozent des geschätzten Höchststandes vom August und September 1944 (34 000 Köpfe) erreicht waren. Nach den Formulierungen in den zeitgenössischen Dokumenten zu urteilen waren diese Ausländer weit überwiegend Männer; von Frauen und Kindern ist selten die Rede.

Am selben 16. April setzte der Stadtkommandant für das Stadtgebiet südlich der Ruhr einen neuen Oberbürgermeister ein: Dr. iur. Heinrich Weitz, einen erfahrenen Verwaltungsmann und erwiesenen Gegner des nationalsozialistischen Regimes, der bis zu ihrer Auflösung 1933 der Zentrumspartei angehört hatte und der katholischen Kirche nahestand. Weitz war von 1920 bis 1927 Wohnungsbaudezernent in Duisburg und anschließend bis zu seiner erzwungenen Pensionierung im Januar 1934 Oberbürgermeister von Trier gewesen. Die NS-Zeit hatte er als Rechtsanwalt in Duisburg verbracht. Anfang März 1945 hatten Duisburger Industrielle durch einen Vertrauensmann bei Weitz angefragt, ob er bereit wäre, nach dem bevorstehenden Zusammenbruch der nationalsozialistischen Herrschaft die Leitung der Stadtverwaltung zu übernehmen, und er hatte dies grundsätzlich zugesagt. Um der drohenden Verhaftung durch die GESTAPO zu entgehen, war Weitz mit seiner Familie am 24. März in eine verlassene Hausmeisterwohnung in Wedau gezogen, wo ihn die Amerikaner, begleitet von dem katholischen Pfarrer Schwering, am 15. April abholten. Der neue Oberbürgermeister konferierte in den folgenden Wochen beinahe täglich mit Offizieren der Militärregierung, die ihm konkrete Anweisungen gaben. Weitz wollte von Anfang an auch das Stadtgebiet nördlich der Ruhr unter seine Amtsgewalt bringen, obwohl dort seit dem 28. März eine eigene amerikanische Stadtkommandantur bestand und die Autonomie Hamborns und Meiderichs schon wegen Zerstörung der Ruhrbrücken sachlich gerechtfertigt war; er erreichte dieses Ziel jedoch erst Ende Juni, nachdem die Amerikaner als Besatzungsmacht von den Briten abgelöst worden waren.[26]

Die Besetzung der Stadt durch die Amerikaner bedeutete für die noch anwesenden, weit überwiegend männlichen Zwangsarbeiter die ersehnte Befreiung. Wie in anderen Städten, z. B. in Essen,[27] kamen auch im Duisburger Stadtgebiet

---

[25] Schulze, Aus Duisburgs dunkelsten Tagen, S. 254.
[26] StADU 102/399: Aufzeichnung von Heinrich Weitz: „Hergang meiner Ernennung zum Oberbürgermeister" vom 18. Mai 1945; Schulze, Aus Duisburgs dunkelsten Tagen, S. 254; Michael A. Kanther, Heinrich Weitz, in: Geschichte im Westen, 4. Jg. (1989) Heft 2, S. 198-215; zur Einsetzung von Weitz auch Hartmut Pietsch, Militärregierung, Bürokratie und Sozialisierung. Zur Entwicklung des politischen Systems in den Städten des Ruhrgebietes 1945 bis 1948, Duisburg 1978 (Duisburger Forschungen Bd. 26), S. 46.
[27] Herbert, Fremdarbeiter, S. 397; Klaus Wisotzky, Die „Parias der Kriegsgesellschaft". Aspekte des Zwangsarbeitereinsatzes in Essen, in: Ders. (Bearb.), Zwangsarbeit. Begleitheft für den Geschichtswettbewerb für Schülerinnen und Schüler in Essen, Essen 2001, S. 43.

südlich der Ruhr nach der Befreiung am 12. April – oder sogar noch kurz davor – Plünderungen von Lebensmittellagern und Privathäusern durch Ausländer, und zwar vor allem Ostarbeiter und Polen, vor – Straftaten, die nach dem Zeugnis des DEMAG-Direktors Erich Edgar Schulze in der Bevölkerung *„erhebliche Beunruhigungen"* verursachten.[28] Hier ist jedoch gleich zu ergänzen, daß auch mehr oder weniger bandenmäßig organisierter *„deutscher Pöbel"*[29] bestimmte Stadtteile mit Plünderungen heimsuchte. Ein Teil der ausländischen Straftäter verfügte über Schußwaffen, die entweder auf dem Schwarzen Markt gekauft worden waren oder aus Hinterlassenschaften der „Banden" stammten, die vor der Besetzung Duisburgs von der GESTAPO zerschlagen worden waren, wobei man aber kaum je *aller* Mitglieder habhaft geworden sein dürfte. Für das Stadtgebiet nördlich der Ruhr finden sich für die ersten beiden Monate der Besatzungszeit (Ende März bis Ende Mai), *„als noch kein Polizeischutz vorhanden war"*, ebenfalls Hinweise auf *„Plünderungen"*; man muß annehmen, daß auch hier mehrmals Raubüberfälle und Diebstähle stattgefunden haben. Hinter der Bezeichnung „bewaffneter Übergriff" darf man neben Raubüberfällen auch Racheakte an Deutschen vermuten, die bis zur Befreiung in den Betrieben mit Zwangsarbeitern zu tun gehabt hatten. Die schwersten von Ausländern begangenen Verbrechen im Gebiet nördlich der Ruhr ereigneten sich in Meiderich, wo am 11. April nachts ein Metzgermeister, seine Frau und ein Nachbarsehepaar und in der Nacht zum 21. April sieben Mitglieder der Familie eines anderen Metzgermeisters sowie ein Hilfspolizist durch Mord umkamen. Die ursprüngliche Absicht der Täter war wohl in beiden Fällen der Raub von Lebensmitteln,[30] wogegen sich die Metzger gewehrt haben dürften, was dann die Morde zur Folge hatte. Allerdings läßt sich für das Massaker vom 21. April, ebenso für einen neunfachen Mord in Meiderich Ende Juli (s. u.), auch eine Art Mordrausch nicht definitiv ausschließen. Polizeiakten über diese Straftaten sind nicht erhalten. Auf einer Besprechung bei der Militärregierung in Hamborn am 18. April baten die Bürgermeister von Hamborn und Dinslaken die Vertreter der Besatzungsmacht *„nochmals"* dringend um Schutz vor *„Plünderungen sowie Erschießungen von deutschen Zivilisten"* durch Ausländer. Die von der Besatzungsmacht und den Stadtverwaltungen eingesetzten *„Hilfspolizisten seien nicht in der Lage, sich gegenüber den in großer Anzahl auftretenden Plünderern zur Wehr zu setzen, da sie nicht im Besitz von Waffen seien"*; die Amerikaner sagten Hilfe zu.[31] In Walsum ist, wie auch in der Stadt Dinslaken und den anderen Gemeinden des Kreises Dinslaken, mindestens

---

[28] Schulze, Aus Duisburgs dunkelsten Tagen, S. 251; Tagebucheintrag zum 12. April: *„Nachrichten über Plünderungen von Proviantlagern und auch Privathäusern durch zurückgebliebene Kriegsgefangene und ausländische Arbeiter verursachen erhebliche Beunruhigungen"*; zum Thema allgemein: Herbert, Fremdarbeiter, S. 397ff.
[29] Verwaltungsbericht Duisburg für 1939-1944, S. 13.
[30] Günter von Roden, Geschichte der Stadt Duisburg, Band II, Duisburg 1974, S. 414f.
[31] StA Dinslaken 1/1253: Protokoll einer Besprechung beim Militärgouverneur in Hamborn am 18. April 1945.

bis Mitte April von Ausländern mehrmals Vieh auf den Weiden abgeschlachtet worden, wodurch die Fleischversorgung für die Bevölkerung des Kreises in eine schwere Notlage geriet.[32] In Anbetracht der besseren Lebensmittelversorgung der Ausländer gegenüber den Deutschen seit der Besetzung und Befreiung ist es höchst zweifelhaft, daß diese Straftaten aus Hunger verübt wurden. Vermutlich wollten sich die Plünderer mit den geraubten Lebensmitteln am Schwarzhandel beteiligen.

In Hamborn wurde Anfang April der ehemalige Leiter der Abteilung *Gemeinschaftsläger* bei der August Thyssen-Hütte AG, Albert Kaschewsky, von etwa 50 Ausländern schwer verprügelt. Diese Tat scheint in einem Zusammenhang damit gestanden zu haben, daß zuvor mehrere befreite Westarbeiter, offenbar auf dem Gelände des Werkes Hochöfen Hüttenbetrieb, von deutschen Belegschaftsmitgliedern bei *„Plünderungen"* (vermutlich Diebstählen von Lebensmitteln oder Kleidungsstücken aus Werksbeständen) ertappt und festgenommen worden waren. Der nach der Mißhandlung bewußtlose Kaschewsky wurde von den Ausländern zum Hamborner Rathaus geschleppt und dort der amerikanischen Militärpolizei übergeben. Der Stadtkommandant ließ ihn ins Hamborner Gerichtsgefängnis stecken und ordnete eine Untersuchung der gegen ihn erhobenen Vorwürfe an. Nach acht Tagen wurde Kaschewsky mit dem Bemerken, daß man ihm *„eine Schuld nicht habe nachweisen können"*, aus der Haft entlassen.[33]

Im Duisburger Süden haben befreite Zwangsarbeiter mehrmals Bauernhöfe überfallen, wahrscheinlich mit der Absicht, Lebensmittel zu stehlen. Am 17. April wurde in Serm (Holtum) ein Landwirt, der sich vermutlich gegen den Überfall auf seinen Hof oder die Abschlachtung seines Viehs gewehrt hatte, *„von plündernden Fremdarbeitern ermordet"*; dem städtischen Verwaltungsbericht für 1939-1944 zufolge handelte es sich dabei um *„Russen."*[34] Die Berzelius Metallhütten-GmbH schrieb am 23. April 1945 an das Besatzungsamt, in ihrem ehemaligen Arbeiterlager östlich der Ehinger Straße hätten sich *„verschiedene Ostarbeiter wieder eingerichtet, was sich aber für die Werke und insbesondere für die Bevölkerung sehr nachteilig bemerkbar"* mache, *„da diese Leute doch wohl nur von Diebstählen leben."*[35] Am 19. April brachte Oberbürgermeister Weitz bei der Militärregierung die verschiedenen Straftaten von Ausländern im südruhrischen Stadtgebiet zur Sprache. Oberleutnant Schwobeda bedauerte die

---

[32] StA Dinslaken 1/1258: Protokolle der Besprechungen über die Ernährungslage im Kreis Dinslaken am 12. und 13. April 1945.
[33] TKKA A/948/16: Schreiben von Albert Kaschewsky an die August Thyssen-Hütte AG, 20. Juni 1952; Dokumentation Ausländische Arbeitskräfte 1939-1945, S. 29.
[34] Günter von Roden, Geschichte der Stadt Duisburg (wie Anm. 30), S. 415; Verwaltungsbericht Duisburg für 1939-1944, S. 13.
[35] StADU 302/143, fol. 11: Die Berzelius Metallhütten-GmbH an den Städt. Oberbaurat Gablonsky, 23. April 1945.

Vorfälle, sah jedoch die einzige Lösung des Problems *"in der möglichst schnellen Fortschaffung der Ausländer."* Am 26. April erörterte Weitz mit dem Stadtkommandanten Barnett persönlich die *"Unsicherheit im Süden"* und die *"Plünderungen"*; Barnett sagte Weitz zu, daß die Militärregierung *"Patrouillen"* in den Süden der Stadt schicken würde und erklärte, daß er sich bei den vorgesetzten Stellen für eine Wiederbewaffnung der deutschen Polizei verwenden wolle.[36]

Im St. Anna-Krankenhaus in Huckingen wurden von April bis Juni mehrmals Lebensmittel und Schlachtvieh gestohlen, wobei es aber stets ohne Gewalt gegen Personen abging. Einer der Diebe hat hier sogar kurz vor dem Abtransport eine originelle „Entschädigung" geleistet:

„Eine indirekte Kriegsfolge verursacht eine andere Sorge. Im Krankenhaus haben auch Ausländer gearbeitet, vor allem Russen und Ukrainer. Als die Amerikaner einmarschiert sind, fühlen sie sich befreit. Gleich in den ersten Tagen der Amerikanerherrschaft verschwinden die Ausländer, einer nach dem anderen, und mit ihnen die Vorräte aus dem Keller, Eier, Fett, Weinbrand, der kurz vorher für die Kranken geliefert worden war. Dann fehlt ein Schwein, dann noch eins, dann fünf Kaninchen. Eines Tages aber, als die Russen von den Amerikanern abtransportiert werden sollen, wird ein Pferd mit einem Wagen in den Krankenhaushof gefahren [sic]. Das Gefährt, so stellt sich heraus, ist das Geschenk eines jungen Russen, der damit offenbar den Ausgleich schaffen will für gestohlene Lebensmittel. Um die Russen von Übergriffen abzuhalten, wird von der Kommandantur eine Wache abgestellt, die das Krankenhaus unter Kontrolle hält.

Noch bevor die amerikanische Wache aufgezogen war, ist das Krankenhaus knapp einem Überfall entgangen. Was die wild gestikulierende Gruppe von Russen auf dem Krankenhaushof im Schilde führte, wird erst später klar. Ein Mann, der als Schwerkranker im Krankenhaus gesund gepflegt worden ist, protestierte heftig gegen das Unternehmen Überfall, obwohl Vater und Bruder zu der Gruppe gehören. Der Patient setzt sich durch, weil er gute Erfahrungen bei seinem Aufenthalt im Hause gemacht hatte. So geht das Schlimmste an den Schwestern vorbei."[37]

Die Eigentumsdelikte ehemaliger Zwangsarbeiter hörten nicht auf. Einen Bericht über die Plünderung eines Hauses an der Lotharstraße *„durch bewaffnete Russen"* Anfang Mai gab die Militärregierung Weitz mit dem Bemerken zurück, daß am Vortage *„die letzten Ausländer von Duisburg abtransportiert worden seien"* – was überhaupt nicht stimmte – und eine Verfolgung der Tat daher nicht mehr stattfinden könne. In einer Besprechung am 12. Mai fragte Hauptmann

---

[36] StADU 100/1 a, fol. 35: Bericht über die Besprechung bei dem Stadtkommandanten am 26. April 1945.

[37] St. Anna-Krankenhaus Duisburg-Huckingen (Hrsg.), 75 Jahre St. Anna-Krankenhaus Duisburg-Huckingen. Im Dienst am Nächsten (Verf.: Wilhelm Bettecken), o. O. (Duisburg) 1989, S. 31.

Harris Weitz, *„ob auch in der letzten Zeit weitere Übergriffe von Russen bekannt geworden seien"*, und betonte nochmals, daß alle derartigen Fälle *sofort* und nicht erst nach einigen Tagen gemeldet werden müßten. Die Militärregierung würde jede mögliche Hilfe leisten, *„um sowohl im Interesse der Besetzung, als auch im Interesse der Bevölkerung diese unhaltbaren Zustände unverzüglich zu beseitigen"* – eine Beteuerung, die jedenfalls bis dahin nicht von der Wirklichkeit gedeckt war. Vor dem 28. Mai jedoch verlegte die Militärregierung zur *„Bekämpfung der Plünderungen durch Russen"* eine Kompanie vom Hauptquartier in der Stadtmitte nach Buchholz.[38]

Von Mai an, als die Kohleförderung und zum Teil auch schon die industrielle Produktion wieder aufgenommen worden waren, wirkte sich die, vor allem nächtliche, Unsicherheit für deutsche Einwohner in den Straßen auch in wirtschaftlicher Hinsicht nachteilig aus. Noch bis in den Juli kamen Überfälle auf Deutsche durch ehemalige Zwangsarbeiter und Plünderungen von Wohnungen und Schrebergärten vor. In einer „Industriebesprechung" für die Stadtbezirke Hamborn und Meiderich, die am 12. Juli im Hamborner Rathaus stattfand, kam als dritter Punkt der Tagesordnung die *„Unsicherheit auf Straßen und in den Wohnungen"* zur Sprache. Dem Protokoll zufolge klagten alle Teilnehmer *„über die zahlreichen Überfälle durch Ausländer auf Werksangehörige"*, d. h. auf Arbeiter und Angestellte der vertretenen Unternehmen und Betriebe, die mit einer Ausnahme (die Hamborner Betriebsstelle des Rheinisch-Westfälischen Elektrizitätswerkes) bis Ende Februar oder Anfang März 1945 Zwangsarbeiter beschäftigt hatten. Man beschloß, künftig alle bekannt werdenden Fälle unter Betonung der *„außerordentlich starken Hemmung für die Kohleproduktion"* schriftlich der Militärregierung zu melden. Die Hervorhebung der Kohleförderung darf wohl als Indiz dafür gewertet werden, daß die beiden Bergbauunternehmen, GBAG und Gewerkschaft Neumühl, am stärksten von den Übergriffen ehemaliger Zwangsarbeiter auf Belegschaftsmitglieder betroffen waren, und die Beschränkung auf *„Werksangehörige"* gibt der Vermutung Raum, daß Ausländer nicht wahllos deutsche Bürger angriffen, sondern Personen, mit denen sie bis zur Befreiung in den Einsatzbetrieben zu tun gehabt hatten. Der Hamborner Bezirksvorsteher (als solcher Nachfolger des von den Briten abgesetzten Bürgermeisters Bambach), Amtsgerichtsrat Becker, kündigte eine erneute Demarche der Stadt-

---

[38] StADU 100/1 a, fol. 85-87: Niederschrift über die Besprechung mit Major Erdman und Hauptmann Harris am 12. Mai 1945; StADU 100/1 b, fol. 135-138: Niederschrift über die Besprechung mit Major Erdman und Hauptmann Harris am 28. Mai 1945.

verwaltung bei der Militärregierung an; frühere Erörterungen des Problems mit der Besatzungsmacht hatten also offenkundig nichts oder nur wenig gefruchtet.[39]

In der Hamborner Industriebesprechung am 3. August wurde festgestellt, daß die *„Diebstähle durch die Ausländer und andere dunkle Elemente* [...] *nicht weniger geworden"* seien, und die Teilnehmer ersuchten die Stadtverwaltung, *„auf energisches Durchgreifen der Polizeiorgane hinzuwirken."*[40] Die bisherige Forschung zur Zwangsarbeit ist zu dem Ergebnis gekommen, daß die nach der Befreiung an Deutschen begangenen *physischen* Gewaltdelikte ehemaliger Zwangsarbeiter aus der Sowjetunion und Polen in der Regel *„gezielte Racheakte"* an Personen waren, die während des Krieges als *„Vorgesetzte, Meister, Lagerleiter oder Werkschutzleute"* und als Steiger im Bergbau mit Ausländern zu tun gehabt hatten.[41] Morde an ehemaligen Vorgesetzten und Lagerleitern sind für Duisburg, anders als für Essen, nicht belegt.

Es wurde bereits angesprochen, daß die Besatzungsmacht und die Leiter der Industriebetriebe schon Mitte April, unmittelbar nach der Besetzung der Stadtmitte und des Südens, mit einem starken Rückstrom von ehemaligen Zwangsarbeitern in die Stadt rechneten, weshalb die Amerikaner der Stadtverwaltung die Anweisung gaben, in Kooperation mit der Industrie mehrere Auffanglager einzurichten. Die Stadtverwaltung bildete für zwei neue Aufgaben, die Unterbringung der Besatzungstruppen und die Sammlung und Verpflegung der *„umherziehenden Ausländer"*, am 16. April eine neue Dienststelle, das *Besatzungsamt* (19/6), zu dessen Leiter der Oberbaurat Max Gablonsky bestellt wurde, der auch dem Hochbauamt I (Süd) und dem ehemaligen Amt für Sofortmaßnahmen, jetzt *Amt für die Behebung von Kriegsschäden* (19/5), vorstand; sein Stellvertreter war der Technische Stadtamtmann Friedrich Oberbeck.[42] Eine weitere Aufgabe, die dem Besatzungsamt übertragen wurde, war die Verpflegung der *„Durchwanderer"* an der sogenannten Werthauser Fähre zwischen Duisburg-Hochfeld und Rheinhausen. Am 2. Mai 1945 richtete die Stadt auf Anordnung der Militär-

---

[39] StADU 102/397 und StADU 16/3642: Ergebnisprotokoll der Industriebesprechung am 12. Juli 1945. Die Teilnehmer bildeten anscheinend einen feststehenden Kreis; Vorsitzender war Bergwerksdirektor Bergassessor a. D. Adolf Hueck von der GBAG (Gruppe Hamborn), der aber an diesem Tag verhindert war und von Direktor Wilhelm Temme von der ATH vertreten wurde. Zum Kreis gehörten Vertreter der GBAG, der ATH, der TGW, der Gewerkschaft Neumühl, der DEMAG-Greiferfabrik, des RWE, der Gesellschaft für Teerverwertung, der Deutsche Eisenwerke AG (Gießerei Meiderich), der Niederrheinische Maschinenfabrik AG (NIEMAG), der Industrie- und Handelskammer Duisburg-Wesel (Stadtkämmerer a. D. Zweigert) und der Stadtverwaltung (mit dem Hamborner Bezirksvorsteher, Amtsgerichtsdirektor Becker, und Oberbaurat Steinhauer als Protokollführer).
[40] StADU 16/3642: Ergebnisprotokoll der Industriebesprechung vom 3. August 1945.
[41] Herbert, Fremdarbeiter, S. 397, mit Feststellungen über schwere Gewalttaten von Ausländern in Essen.
[42] Zum Besatzungsamt: Vorläufiger Verwaltungsbericht Duisburg für die Zeit von April 1945 - Januar 1946, S. 12ff. und Verwaltungsbericht Duisburg für 1945, S. 29-32; ferner StADU 103 A/27443: Personalakte Dipl.-Ing. Max Gablonsky.

regierung in der Schule an der Werthauser Straße eine Küche zur Versorgung von 2 000 Personen pro Tag ein. Hier wurden vornehmlich ehemalige Zwangsarbeiter aus Frankreich, Belgien und den Niederlanden, die nach Hause wollten und deren Transport in Duisburg den Rhein überqueren sollte, aber auch *„durchzuschleusende Flüchtlinge"* aus Mittel- und Osteuropa beköstigt. Wie der Verwaltungsbericht für 1945 feststellt, wurden außerdem alle *„Personen, die über den Rhein gesetzt werden sollten"*, in der Schule an der Werthauser Straße entlaust.[43] Das am 16. April gegründete Besatzungsamt agierte mindestens bis Mitte Juni nur im südruhrischen Teil der Stadt. Im Norden scheint zunächst das Hochbauamt II (Nord) unter der Leitung von Oberbaurat Franz Steinhauer die einschlägigen Aufgaben erfüllt zu haben. Im Mai gab es auch im Hamborner Rathaus ein Besatzungsamt, dem durch Verfügung des Bürgermeisters Bambach vom 10. Mai ein *Amt für die Betreuung der Ausländer* angegliedert wurde. Zum Leiter des letzteren ernannte Bambach am selben Tag den von der Polizei zur Stadtverwaltung versetzten Kriminalsekretär Gerhard Haverkamp. Ihn unterstützten zwei Assistenten, die für die Ernährung und Versorgung der Ausländer und die „Instandhaltung" der Lager zuständig waren. Haverkamp erfüllte diese Aufgaben noch im Herbst 1945, als die Hamborner Verwaltung längst wieder dem Duisburger Oberbürgermeister unterstellt und die beiden Besatzungsämter vereinigt worden waren.

Zum Zeitpunkt der Besetzung der Stadtmitte am 12. April lebten wahrscheinlich nur noch etwa 100 Zwangsarbeiter im südruhrischen Teil der Stadt. In einem Lager der DEMAG waren bei der Räumung Anfang März vier ausländische Arbeiter zurückgeblieben, die sich Mitte April noch dort aufhielten. Das frühere Gesellenhaus am Dellplatz, das offenbar nicht oder nicht ganz zerstört war, beherbergte zur selben Zeit noch rund 30 von ehemals 50-60 Ausländern, die für kleinere Unternehmen gearbeitet hatten. Von den etwa 100 Ausländern der Stadtwerke waren zwei *„noch da."* Die Berzelius Metallhütten-GmbH meldete Mitte April, fünf ihrer rund 450 früheren ausländischen Arbeiter würden sich in der Umgebung *„herumtreiben"*, die Rütgerswerke AG sprach von drei sich *„herumtreibend*[en]*"* Ausländern und einem weiteren, der sich im Betrieb befinde. In einer Unterkunft der Abteilung Großenbaum der Mannesmannröhren-Werke schließlich lebten noch vier Ausländer, die, vermutlich durch den Artilleriebeschuß vom linken Rheinufer her, verletzt worden waren.[44] Bis Mitte April kehrten, aus welchen Gründen auch immer, ehemalige Zwangsarbeiter in ihre früheren Lager in Duisburg zurück, so etwa 20 Arbeiter der Kupferhütte, was

---

[43] Verwaltungsbericht Duisburg für 1945, S. 30f.
[44] StADU 302/143, fol. 6-8: Aufstellung von Ausländerunterkünften im südruhrischen Duisburg (nach Unternehmen und Betrieben), undatiert (s. Anm. 24). Für den Norden Alt-Duisburgs läßt sich die Zahl der zur Zeit der Besetzung durch die Amerikaner noch anwesenden Zwangsarbeiter wegen des Fehlens von aussagekräftigen Quellen nicht einmal grob schätzen.

vielleicht damit zu tun gehabt hat, daß die Küche des teilzerstörten Lagers noch betriebsfähig war.

Wohl unmittelbar nach der Entwaffnung der Polizei durch die Amerikaner am 12. April besorgten sich befreite Zwangsarbeiter unbekannter Zahl eigenmächtig neue Unterkünfte, so im Gebäude des Land- und Amtsgerichtes, wo sie die Räume 50-57, die früher von der Kreisleitung der NSDAP genutzt worden waren, in Besitz nahmen. Um den 25. April lebten rund 150 *„Russen"* in diesen Räumen. Nach Aussage des Landgerichtspräsidenten haben die Ausländer im Gerichtsgebäude verschlossene Schränke aufgebrochen und Gegenstände gestohlen. Der Präsident, der von der Militärregierung mit der Sicherung der Aktenbestände des Land- und Amtsgerichts beauftragt worden war und jetzt die Gefahr der Entwendung von Akten sah, wandte sich wohl am 22. April an den Oberbürgermeister um Hilfe; Weitz besprach die Sache am 23. April mit dem Oberleutnant Schwobeda, der Verständnis für den Wunsch des Landgerichtes und der Stadtverwaltung zeigte, das Gerichtsgebäude räumen zu lassen. Am 28. April wurde das Landgericht *„freigemacht"*, aber wohl weniger aufgrund der Eingabe des Präsidenten als deshalb, weil sich ein lokaler *„Gerichtshof"* der Alliierten dort einrichten wollte. Die *„Russen"* wurden mit drei großen Lastkraftwagen, die im Auftrag der Stadt von einem Speditionsunternehmer beschafft worden waren, zum Bunker am Hochfelder Markt gebracht, den ihnen die Stadt als neue Unterkunft zugedacht hatte.[45] Schon anderthalb Wochen nach der Besetzung wollten die Amerikaner einzelne, eigenmächtig beschaffte Unterkünfte von befreiten Ausländern nicht mehr dulden. Militärregierung und Stadtverwaltung planten zu diesem Zeitpunkt längst, alle Ausländer in wenigen „Sammelheimen" zusammenzufassen.[46] Dafür kamen einige ehemalige Arbeiterlager der Industrie, vor allem aber Hochbunker in Frage, die nicht von ausgebombten Deutschen „bewohnt" wurden, etwa die Bunker an der Oberstraße, am Hochfelder Markt, an der Petristraße, der Eschenstraße und der Eberstraße. Die Militärregierung setzte für jedes dieser Lager einen der Bewohner, der vielleicht von der Gemeinschaft vorgeschlagen worden war, als Lagerführer ein.

Die Amerikaner legten von Anfang an großen Wert darauf, daß die Ausländer, die *„Verbündete der USA"* seien und als solche *„Anspruch auf die gleiche Behandlung wie die US-Armee"* hätten, in menschenwürdiger Weise untergebracht wurden, d. h. nicht in beschädigten Barackenlagern und schon gar nicht in La-

---

[45] Zu den Ausländern im Landgerichtsgebäude und dessen Räumung StADU 100/14, fol. 37: Übermittlung einer Eingabe des Landgerichtspräsidenten an den Oberbürgermeister vom 23. April 1945 durch letzteren an die Militärregierung, sowie fol. 14: Anfrage der Militärregierung an den Oberbürgermeister vom 1. Mai; StADU 100/1 a: Vermerke über Besprechungen mit der Militärregierung am 22., 23. und 28. April 1945; StADU 302/143, fol. 55f.: Auszug aus dem Protokoll der Besprechung des Oberbürgermeisters mit der Militärregierung (Hauptmann Harris) am 30. April 1945.
[46] StADU 302/143, fol. 14f.: Vermerk von Oberbaurat Gablonsky für Oberbürgermeister Dr. Weitz vom 23. April 1945.

gern „*hinter Stacheldraht*"; auch einwandfreie sanitäre Einrichtungen waren gefordert. Die Militärregierung wollte wohl Barackenlager als Wohnstätten von Ausländern nur für eine kurze Übergangszeit dulden. Bei einer Besichtigung der Ausländerunterkünfte im südruhrischen Duisburg am 18. April hatten Offiziere der Kommandantur Zustände vorgefunden, die sie „*als nur zum Teil tragbar*" bezeichneten. Von den besichtigten Lagern herkömmlicher Art wurden nur „*das Kupferhütten-Lager und das Lager der Niederrheinischen Hütte-Vulkan*" als halbwegs akzeptabel anerkannt. Am folgenden Tag drohten die Amerikaner Weitz, daß sie, wenn „*die deutsche Behörde nicht selbst weitere geeignete Unterbringungsmöglichkeiten ausfindig mache,* [...] *den besten Teil der Stadt räumen lassen*" würde, weshalb es „*im deutschen Interesse*" liege, „*die Regelung selber in der Hand zu behalten.*" [47] Als allgemeine Bezeichnung für die Unterkünfte wurde „*Heim für Ausländer*" vorgeschrieben. Weitz konnte zunächst nur darauf hinweisen, daß mit Oberbaurat Gablonsky und Stadtamtmann Oberbeck „*die besten städtischen Beamten*" mit der Regelung der Ausländerangelegenheiten beauftragt seien. Oberleutnant Schwobeda schlug vor, die „*bisherigen Luftschutzbunker*" als Ausländerheime einzurichten, und dies geschah auch.

Die Amerikaner nahmen am 19. April an, daß sich rund 5 000 Ausländer in Duisburg aufhielten – eine viel zu hohe Schätzung, wenn nur das südruhrische Gebiet gemeint war –, und rechneten damit, daß es „*noch mehr werden*" könnten, worauf sich die Stadtverwaltung einrichten müsse.[48] Ende April wurde auch der Bunker am Hochfelder Markt als Ausländerheim hergerichtet; dorthin kamen die aus dem Landgerichtsgebäude ausquartierten Ostarbeiter.[49] In der letzten Aprilwoche waren an mindestens acht Stellen südlich der Ruhr Ausländer untergebracht (Tabelle 24).

Am 26. April besichtigten Offiziere der Militärregierung die Lager und stellten teilweise schlimme hygienische Zustände fest. So waren im Bunker an der Petristraße die Waschgelegenheiten unbenutzbar und die außerhalb gelegenen Latrinen „*unzureichend.*" Im Bunker an der Eschenstraße haperte es mit der Wasserzufuhr, es gab Schäden an den Abflußrohren der Waschräume der Toiletten, auch lagen die Latrinen zu nahe an den Wohnräumen. Auch beim Bunker an der Oberstraße wurden Störungen der Wasserzufuhr und die Einrichtung der Latrinen bemängelt. Teile des DEMAG-Lagers hatten kein Licht, weil Glühbirnen fehlten. Es gab dort nur vier WCs für etwa 350 Personen, was bedeutete, daß

---

[47] StADU 100/1 a, fol. 5-8: Niederschrift der Besprechung bei der Besatzungsbehörde (Oberleutnant Schwobeda) am 19. April 1945.
[48] Ebd. und StADU 302/143, fol. 86: Auszug aus der Niederschrift über die Besprechung bei der Besatzungsbehörde am 19. April 1945.
[49] StADU 302/143, fol. 55f.: Auszug aus dem Protokoll der Besprechung des Oberbürgermeisters mit der Militärregierung am 30. April 1945.

mindestens 12 zusätzliche Latrinen angelegt werden mußten. Überall fehlte es an Reinigungsmitteln, Reinigungsgerät (Eimern, Besen und Bürsten) und Desinfektionsmitteln (Chlorkalk oder einem gleichwertigem Stoff), und auch die Müllabfuhr funktionierte noch nicht.[50] Noch am selben Tage schrieb die Militärregierung dem Oberbürgermeister, die Lager bedeuteten *„in ihrem augenblicklichen Zustand eine Gefahr für die Gesundheit ihrer Insassen und der Allgemeinheit"*; das städtische Aufsichtspersonal sei *„unzureichend"* und müsse verstärkt werden.[51]

Tabelle 24: Ausländerlager in Duisburg (südlich der Ruhr) um den 30. April 1945[52]

Bezeichnung	Straße	Bettenkapazität	Anzahl der Bewohner	Nationalität
Lager DEMAG	Werthauser Str.	k. A.	200	Belgier u. Franzosen
			k. A.	Niederländer
Lager Kupferhütte	Werthauser Str.	k. A.	400	Franzosen
			200	Belgier
Lager Vulkan	Maibüschenweg[a]	k. A.	310	Niederländer
Bunker	Petristraße 11	450	300	Niederländer
Bunker	Hochfelder Markt	450	100	„Russen"
			50	Polen
Bunker	Eberstraße 29	840	110	Polen
			40	Jugoslawen
Bunker	Eschenstraße 22	1 000	420[b]	„Russen"
Bunker	Oberstraße	1 000	k. A.	Italiener

[a] Seitenstraße der Rheinhauser Straße parallel zum Außenhafen (existiert nicht mehr)
[b] Darunter 11 Kinder

---

[50] Zur Besichtigung von Lagern durch die Militärregierung StADU 302/143, fol. 24f. und 48f.: Die Militärregierung (Hauptmann Harris) an den Oberbürgermeister, 26. April 1945; fol. 35 und 50: Die Militärregierung (Major Barnard) an den Oberbürgermeister, undatiert (wohl ebenfalls vom 26. April).
[51] StADU 302/143, fol. 79f.: Die Militärregierung (Hauptmann Harris) an den Oberbürgermeister, 26. April 1945. Hauptmann Harris verlangte von der Stadtverwaltung außerdem die Registrierung aller Insassen auf *"allerschnellstem Wege"*.
[52] StADU 302/143, fol. 16: Vermerk des Städt. Oberbaurats Gablonsky für den Städt. Medizinaldirektor Dr. Müller-Voigt vom 25. April 1945; fol. 79f.: Schreiben der Militärregierung an den Oberbürgermeister vom 26. April 1945; fol. 29ff. und fol. 67ff.: Stellungnahme von Oberbaurat Gablonsky und Stadtamtmann Oberbeck zu den Schreiben der Militärregierung vom 26. April 1945; fol. 39: Aufstellung „Bunker im Stadtteil Duisburg".

Die Amerikaner forderten in der Tagesbesprechung vom 27. April, alle Mängel sofort zu beheben. Weitz schlug vor, *"an einem der nächsten Tage"* eine gemeinsame, *"unvorhergesehene Besichtigung"* der Unterkünfte vorzunehmen, was die Amerikaner offenbar ablehnten. Schon am folgenden Tag besichtigte Weitz in Begleitung einiger Beamter die *"Ausländerheime"* und Küchen und kam hinsichtlich des DEMAG-Lagers zum gleichen Urteil wie die Offiziere der Stadtkommandantur. Gablonsky und Oberbeck gingen den Beanstandungen nach, sorgten dafür, daß Seife und Reinigungsgerät geliefert wurden und beauftragten die Stadtwerke, die Wasserzufuhr, wo sie gestört war, unverzüglich wiederherzustellen. Das stark ramponierte DEMAG-Lager hielten sie für nicht renovierungsfähig; statt einer *"Instandsetzung"*, die *"nur mit größtem Arbeits- und Materialaufwand durchgeführt werden"* könne, schlugen sie vor, die ehemaligen Westarbeiter in den etwa 15 bis 20 Minuten entfernten Bunker an der Friedenstraße zu verlegen. Die Sprecher der Belgier und Niederländer im DEMAG-Lager hatten freilich den Wunsch geäußert, in dem Lager zu bleiben, weil sie auf eine baldige Heimkehr hofften und bei einem Ende der provisorischen Unterbringung die Chance dafür schwinden sahen. Was das Latrinen-Problem beim Bunker Eschenstraße betraf, vereinbarte man, daß die Latrinen *"in angemessener Entfernung"* zum Bunker *"neu angelegt"* wurden, und zwar – auf deren Wunsch – durch die Bewohner selbst; die Stadt würde Baumaterial und Geräte stellen. Gablonsky wies noch darauf hin, daß das Problem nicht von der Stadt verschuldet war, sondern von den sowjetischen Bewohnern, die einen städtischen Bautrupp weggeschickt und die Anlage *"an dieser unzweckmäßigen Stelle"* selbst gebaut hatten.[53] Am 1. Mai unterbreitete Weitz der Militärregierung den Vorschlag des Besatzungsamtes zur Unterbringung der Westarbeiter im Bunker an der Friedenstraße und sicherte die Behebung der Mißstände in den Lagern zu.[54]

Während sich die Stadtverwaltung um die Verbesserung der Verhältnisse in den Unterkünften kümmerte, strömten täglich weitere ehemalige Zwangsarbeiter in die Stadt, ohne daß die Militärregierung, die deutsche, nun kommunalisierte, nicht mehr staatliche Polizei und das Einwohnermeldeamt dies überschauen und kontrollieren konnten. Die Militärregierung verlangte von der Stadtverwaltung, alle Ausländer zu registrieren, worüber diese nicht durchweg erfreut waren. Zunächst erhielten die Sprecher der Ausländerheime die Anweisung, *"Listen über sämtliche Insassen aufzustellen und die notwendigen Ergänzungen täglich einzureichen."* Die *"Westvölker"* (Gablonsky) scheinen auch in diesem Sinne mit der Verwaltung kooperiert zu haben, wogegen sich bei den *"Ostvölkern"*

---

[53] StADU 302/143, fol. 29ff. und fol. 67ff.: Stellungnahme von Oberbaurat Gablonsky und Stadtamtmann Oberbeck zu den Schreiben der Militärregierung vom 26. April 1945.
[54] StADU 302/143, fol. 57f.: Der Oberbürgermeister an die Militärregierung, 1. Mai 1945.

Schwierigkeiten ergaben.[55] Die Stadtverwaltung konnte der Kommandantur – wohl erstmals – zum 30. April melden, daß sich im Gebiet südlich der Ruhr 3 151 Ausländer aufhielten.[56] Die Zahl der Ausländer im Stadtgebiet nördlich der Ruhr betrug zu diesem Zeitpunkt rund 1 200.[57] Daß im Norden weniger ehemalige Zwangsarbeiter als im Süden lebten, ist vielleicht darauf zurückzuführen, daß die Werthauser Fähre in Hochfeld, einer der wenigen offiziellen Rheinübergänge, als eine Art Magnet für ehemalige Westarbeiter wirkte, die in den „Heimen" in Hochfeld und Wanheimerort auf die Stromüberquerung warteten, während im Norden eine entsprechende Einrichtung fehlte.

In Hamborn gab es Ende April mindestens die drei Ausländerlager in den genannten Volksschulen. Die Verwaltung scheint damit – wohl auf Drängen der Hamborner Kommandantur – Quartiere bereitgestellt zu haben, die baulich sicher besser waren als die Barackenlager in der Stadtmitte, obschon auch bei den Schulen einige sanitäre Mißstände vorlagen. Die Militärregierung in Hamborn forderte seit Ende April, alle Ausländer in *einem* Lager zusammenzufassen, was aber nicht geschah, wobei die Gründe nicht mehr zu ermitteln sind.[58] Die Schule an der Comeniusstraße beherbergte mindestens bis einschließlich Juli 1945 „*Russen*" und „*Russinnen*" unbestimmter Zahl. Auch in der Volksschule an der Grimmstraße (früher Norbertusschule) waren ehemalige Ostarbeiter beiderlei Geschlechts untergebracht; bei den Männern handelte es sich z. T. um ehemalige Zwangsarbeiter der Zeche Neumühl, die sich „*Kosakenmützen*" anfertigten, an denen sie auf den Straßen sofort zu erkennen waren.[59] Nachdem diese ehemaligen Ostarbeiter Hamborn wohl am 12. Juli verlassen hatten, zogen für wenige Wochen 600 zugewiesene Italiener in das Gebäude an der Grimmstraße, deren Anwesenheit für den 3. August belegt ist.[60] In Walsum wurde nach der Besetzung durch die Amerikaner das vormalige Lager für zivile Zwangsarbeiter an der Elisabethstraße zum Wohnlager der zurückgebliebenen und zurückkehrenden Ausländer bestimmt; es war eines von vier Nachkriegs-Lagern im Kreis Dinslaken. Im Mai 1945 sollen dort rund 1 500 Menschen gelebt haben.[61]

---

[55] StADU 302/143, fol. 29ff. und fol. 67ff.: Stellungnahme von Oberbaurat Gablonsky und Stadtamtmann Oberbeck zu den Schreiben der Militärregierung vom 26. April 1945.
[56] Vorläufiger Verwaltungsbericht Duisburg für die Zeit von April 1945 - Januar 1946, S. 12; Verwaltungsbericht Duisburg für 1945, S. 29f.
[57] StADU 16/3642: Ergebnisprotokoll der Besprechung der Hamborner Verwaltung mit dem Stadtkommandanten am 30. April 1945.
[58] StADU 16/3642: Ergebnisprotokolle der Besprechungen der Hamborner Verwaltung mit dem Stadtkommandanten am 30. April und am 2. Mai 1945.
[59] StADU 16/3642: Ergebnisprotokoll der Besprechung der Hamborner Verwaltung mit dem Stadtkommandanten am 30. April 1945; StADU Best. 104: Standesamtsformulare (Ausländer) 1945: Geburten; „Kosakenmützen": Schwieren, Neumühl, S. 108f.
[60] StADU 16/3642: Ergebnisprotokoll der Industriebesprechung am 3. August 1945.
[61] StA Dinslaken 1/1253; die anderen Lager im Kreis Dinslaken waren „Viehhalle Dinslaken", ein Lager in Dinslaken-Lohberg sowie „Buschmannshof" in der Gemeinde Voerde.

Hinsichtlich der *Ernährung* hat die Besetzung Duisburgs durch amerikanische Truppen die Verhältnisse der Zeit davor völlig umgekehrt. Auf Anordnung der Besatzungsmacht mußten die Ausländer erheblich besser mit Lebensmitteln versorgt werden als die Deutschen. Konkret sah das so aus, daß Ausländer in der Regel die doppelten, manchmal sogar die dreifachen Lebensmittelrationen eines deutschen Normalverbrauchers bekamen. Bisweilen stellte sich nun eine Situation des Überflusses ein; so erhielten einige befreite Ostarbeiterinnen der Friedrich-Alfred-Hütte in Rheinhausen, die vom Frühjahr 1945 bis zu ihrer Repatriierung im Oktober 1945 in einer amerikanischen Lagerküche in Hamborn arbeiteten, soviel Lebensmittel, daß sie sie zum Teil mit Deutschen gegen Kleidung und Schmuck tauschen konnten.[62] Als in der dritten Aprilwoche wieder über tausend Ausländer in Duisburg lebten, richtete die Stadtverwaltung für sie mehrere Gemeinschaftsküchen ein, die aufgrund der Vorgaben der Besatzungsmacht vom Ernährungsamt mit Lebensmitteln beliefert wurden. Allerdings haben die Bewohner der Westarbeiterlager DEMAG, Vulkan und Kupferhütte ihr Essen von Anfang an selbst gekocht. Um den 28. April ernährte die Küche des DEMAG-Lagers täglich rund 550 Franzosen, Belgier und Niederländer und die Küche des Vulkan-Lagers rund 410 Niederländer. Die Unterkünfte in Hochbunkern wurden von den städtischen Großküchen beliefert, wobei die Küche in der Großenbaumer Schule wegen der Qualität – nicht wegen der Quantität – des Essens mehrmals die Kritik der Ausländer auf sich zog. Für die Ausländer-Lager in Hamborn kochte die ehemalige Werks- und Lagerküche der Zeche Neumühl an der Haldenstraße 45.[63]

Für die Amerikaner war die Frage der Ernährung der ehemaligen Zwangsarbeiter von höchster Wichtigkeit; sie machten offenbar Qualitätsstichproben in den städtischen Großküchen, und jede Beschwerde, die in der Fuldastraße 30 einging, wurde dem Oberbürgermeister oder seinen Vertretern zur Kenntnis gebracht, jeweils mit der Anordnung, sofort für Abhilfe zu sorgen; das spiegelt sich etwa in einem Vermerk von Weitz für Oberbaurat Gablonsky und Stadtamtmann Oberbeck vom 23. April wieder, in dem Weitz die Beamten ersuchte, *„unter allen Umständen dafür zu sorgen, daß Beanstandungen hinsichtlich des Essens vermieden werden"*.[64] Am 28. April ordnete die Militärregierung eine Erhöhung der Kalorienmenge für Ausländer um 30 Prozent an. Als Weitz am selben Tage zusammen mit einigen Beamten die Lager und die Küchen besichtigte, wies er den Küchenleiter in Großenbaum streng darauf hin, daß alle für die „Ausländerheime" gelieferten Lebensmittel restlos verarbeitet werden müßten. Es zeigte sich jedoch, daß aus den Hochfelder Westarbeiterlagern nur deshalb weniger

---

[62] Klingenburg, Spurensuche, S. 76.
[63] StADU 302/143, fol. 45: „Besichtigung der Ausländerheime und deren Küchen" am 28. April 1945 durch den Oberbürgermeister; StADU 302/189: Vermerke des Kriminalsekretärs Haverkamp für den (Ober-) Bürgermeister von Hamborn vom 18. Mai und 8. Juni 1945.
[64] StADU 302/143: Vermerk des Oberbürgermeisters vom 23. April 1945.

Klagen über die Ernährung vorgebracht wurden, weil die Franzosen, Belgier und Niederländer aus einem halb gesunkenen Schiff im Rhein mehrere Tonnen Roggen geborgen hatten, woraus sie Roggengrütze und zusätzliches Brot herstellten. Weitz teilte das am 1. Mai den Amerikanern mit. Den Mangel an Kartoffeln, der die deutsche Bevölkerung noch stärker betraf als die Ausländer, konnte keiner der Verantwortlichen beheben.[65]

Am 30. April schlug Weitz der Militärregierung vor, nach dem Muster der Küchen des DEMAG-, des Kupferhütten- und des Vulkan-Lagers, deren Bewohner mit dem Essen durchweg zufrieden waren, auch die anderen Küchen in die Eigenregie der Lagerbewohner zu geben; die Amerikaner stimmten dem zu.[66] Am 3. Mai wurde die Küche in Großenbaum von den ehemaligen Ostarbeitern in Selbstverwaltung übernommen. Für Mai und Juni 1945 sind keine Klagen über schlechtes Essen mehr überliefert. Kleinkinder und kranke Ausländer erhielten wohl von Anfang an Sonderrationen; so befanden sich unter den Niederländern, die im April 1945 im Bunker Petristraße lebten, 15 Magenkranke, die seit dem 20. April von den Schwestern an der Petrikirche mit Weißbrot, Nährmitteln, Butter und Vollmilch versorgt wurden.[67] Auch Kinder erhielten täglich Vollmilch.

Im nordruhrischen Duisburg wurde die Ernährung der einheimischen und der ausländischen Bevölkerung von der Militärregierung in Hamborn unter dem Stadtkommandanten Oberst Reil und der Stadtverwaltung unter der Leitung von Bürgermeister Bambach organisiert. Zum Befehlsbereich der amerikanischen Militärregierung in Hamborn gehörte auch der gesamte Kreis Dinslaken bis zur Lippe im Norden und sowie Kirchhellen, mithin auch Walsum; die Funktionen des Landrates waren auf den Bürgermeister von Dinslaken übergegangen. Auf einer Besprechung am 19. April wurde festgestellt, daß die Ausländer im Kreisgebiet Dinslaken große Mengen an Pflanzkartoffeln *„gestohlen"* hätten, was die künftige Versorgung erheblich gefährdete. Den Stadtverwaltungen in Hamborn und Dinslaken wurde auf einer Besprechung beim Befehlshaber der 17. US-Luftlandedivision, die das westliche Ruhrgebiet besetzt hatte, in Essen am Nachmittag desselben Tages nochmals eingeschärft, daß die Ausländer in

---

[65] StADU 100/1 a, fol. 36-38: Besprechung mit dem Ortskommandanten am 27. April 1945; StADU 302/143, fol. 41 u. 73: Auszüge aus den Protokollen über die Besprechungen des Oberbürgermeisters mit Hauptmann Harris am 27. und 28. April 1945; weiter fol. 44f.: „Besichtigung der Ausländerheime und deren Küchen" am 28. April 1945 durch den Oberbürgermeister, fol. 67ff.: Stellungnahme des Besatzungsamtes (Oberbaurat Gablonsky und Stadtamtmann Oberbeck) zu den beiden Briefen der Militärregierung vom 26. April, und fol. 57f.: Schreiben des Oberbürgermeisters an die Militärregierung vom 1. Mai 1945. Nach einer Erklärung des Besatzungsamtes wurde das Personal in der Küche Großenbaum *„ständig streng kontrolliert, so daß Unstimmigkeiten eigentlich nicht vorkommen"* konnten.
[66] StADU 100/1 a, fol. 43-46: Bericht über die Besprechung am 30. April 1945.
[67] StADU 302/143: Das Amt für die Behebung von Kriegsschäden (19/5) an das Ernährungsamt, 25. April 1945.

jedem Fall besser mit Lebensmitteln versorgt werden müßten als die deutsche Bevölkerung.[68]

In einer Besprechung am 8. Mai ordnete die Militärregierung an, daß aus Anlaß des „*Kriegsschlusses*" (d. h. der Kapitulationsakte in Reims am 7. und in Berlin am 9. Mai) alle Franzosen, Belgier und Niederländer in der Stadt je eine Flasche Wein erhalten mußten, wobei die Kontingente „*rechtzeitig*" – das hieß sofort – zu den Lagern zu liefern waren. Polen, Tschechen und ehemalige Ostarbeiter wurden dabei nicht berücksichtigt. Ihre Benachteiligung darf wohl kaum schon als ein Indiz für die Verschlechterung der Atmosphäre zwischen den Westmächten und der Sowjetunion gewertet werden; auch die Amerikaner in Duisburg wußten wohl, daß die Sowjetunion, was Menschenleben anbetraf, am meisten zum Sieg über Hitler-Deutschland beigetragen hatte, und daß die Gesamtkapitulation der Wehrmacht am 9. Mai nicht von ungefähr im Hauptquartier der Roten Armee in Berlin-Karlshorst vollzogen wurde. Wahrscheinlich war die Besatzungsmacht der Ansicht, daß sich Polen, Russen, Weißrussen und Ukrainer ohnehin nichts aus Wein machten und Wodka bevorzugten, der aber in den deutschen Lebensmittellagern vermutlich nicht vorhanden war. Auch die Italiener erhielten keine Weinzuteilung. Die Stadtverwaltung lieferte an die vier Lager, in denen ehemalige Westarbeiter lebten, insgesamt 387 Flaschen Wein aus, die bei einer Weinhandlung und aus dem Keller des Hotels Duisburger Hof requiriert worden waren. Für die Feier des Kriegsendes mußte die Stadtverwaltung außerdem „sämtlichen" etwa 2 000 Ausländern eine Extra-Ration Tabak zukommen lassen, und zwar 100 Gramm pro Person; die Gesamtmenge von 178,5 Kilogramm wurde von der Tabakfabrik Böninger bezogen.[69]

Die beiden Stadtverwaltungen im Duisburger und im Hamborner Rathaus hatten auch dafür zu sorgen, daß die befreiten Ausländer Wäsche, Kleidung, Schuhe, Wolldecken, Waschmittel und Fußbälle erhielten.[70] Anders als die Lebensmittel, wurden diese Waren zumindest teilweise von den Ausländern bezahlt, die wahrscheinlich noch über kleine Ersparnisse verfügten. Das Verfahren beim Bezug von Konsumgütern war bei den Ausländern zunächst dasselbe wie bei den Deutschen: Das örtliche Wirtschaftsamt gab Bezugsscheine aus, die, vergleichbar mit den Lebensmittelkarten, zusammen mit dem Kaufpreis dem Lieferanten ausgehändigt wurden. Im Prinzip mußte sich die Menge der Waren, die auf den Bezugsscheinen freigegeben wurde, mit der tatsächlich vorhandenen Warenmenge decken. Nachdem Anfang Mai einige Ausländer im Geschäften südlich der Ruhr für ihre Bezugsscheine keine Kleidungsstücke und Schuhe er-

---

[68] StA Dinslaken 1/1253, vor allem die Protokolle der Besprechungen am 19. April 1945 vormittags in Dinslaken und nachmittags in Essen.
[69] StADU 100/1 a, fol. 74f.: Bericht über eine Besprechung mit Hauptmann Harris am 8. Mai 1945 im Rathaus Duisburg; StADU 302/98: Vermerk des Beamten Nick vom 13. Mai 1945.
[70] Verwaltungsbericht Duisburg für 1945, S. 29f.

halten hatten, weil es an Ware fehlte, forderte die Militärregierung von Weitz, ihr Personen zu benennen, die für eine problemlose Versorgung der Ausländer sorgen und einstehen könnten. Weitz nannte für Kleidung und Wäsche den Geschäftsführer der Duisburger Filiale der Konfektionshauskette C&A (Brenninkmeyer) und für Schuhe den Inhaber eines alteingesessenen Fachgeschäftes auf der Königstraße. Am 12. Mai übergab Hauptmann Harris Weitz eine Aufstellung *„der den Russen im Hochfelder Bunker zu liefernden Kleidungsstücke und Schuhe."* Aber bis zum 25. Mai waren nicht alle Probleme aus der Welt geschafft. Die Militärregierung ging daher dazu über, die von den Ausländern benötigten Waren bei den Einzelhändlern zu requirieren.[71] Auch im Norden (Alt-) Duisburgs, wo die Versorgungsfragen zwischen Hauptmann Carrouth von der Hamborner Stadtkommandantur und dem erfahrenen Stadtoberamtmann Anton Kreuter besprochen wurden, gab es zur selben Zeit (Mai 1945) einige Schwierigkeiten. Es fehlte zeitweilig an Einrichtungsgegenständen für die Ausländerlager und an Kleidung. Dann aber scheint sich die Versorgung mit Kleidung gebessert zu haben. Wohl Anfang Juni schickte der neue Stadtkommandant von Hamborn, Oberst Ashworth, 2 000 Bezugsscheine, die ihm das Wirtschaftsamt für die Ausländer übermittelt hatte, mit dem Bemerken ins Rathaus zurück, daß die Ausländer besser gekleidet seien als die Deutschen. Etwa zur selben Zeit tauschten, wie die Stadtverwaltung feststellte, ehemalige Ostarbeiter in der Schule an der Grimmstraße neu ausgegebene Schuhe, die sie selbst nicht benötigten, mit Bergleuten der Zeche Neumühl gegen Schnaps.[72]

Auch die *medizinische Versorgung* der Ausländer in Duisburg ließ in den ersten beiden Wochen nach der Befreiung noch viel zu wünschen übrig; bis Ende April hat jedoch die Stadtverwaltung, gedrängt von der Militärregierung, akzeptable Verhältnisse geschaffen. Es wurde schon erwähnt, daß die amerikanische Kommandantur in Hamborn gleich nach der Besetzung des nordruhrischen Gebietes das unzerstörte St. Barbara-Hospital beschlagnahmte und für die stationäre Behandlung kranker Ausländer reservierte; dabei blieb es bis ins Jahr 1946, als längst das Kapitel der *Displaced Persons* begonnen hatte. Im südruhrischen Duisburg gab die Militärregierung der Stadtverwaltung die Anweisung, dafür zu sorgen, daß in allen „Ausländerheimen" täglich ärztliche Sprechstunden abgehalten wurden; Oberbürgermeister Weitz und der Städtische Medizinaldirektor Dr. med. Müller-Voigt haben hierfür offenbar zunächst die Ärzte des Gesundheitsamtes eingesetzt. Die Städtischen Kliniken standen ausländischen Pa-

---

[71] Zur Versorgung mit Konsumgütern: Verwaltungsbericht Duisburg für 1945, S. 29f.; Vorläufiger Verwaltungsbericht Duisburg für die Zeit von April 1945 - Januar 1946, S. 12; StADU 100/1 a, 100/1 b und 100/5 (Besprechungsprotokolle und Korrespondenz mit Lieferanten).
[72] StADU 16/3642: Ergebnisprotokoll der Industriebesprechung am 22. Juni 1945; StADU 302/189: Vermerk des Amtsleiters Haverkamp für Bürgermeister Bambach vom 2. Juni 1945.

tienten offen. Wie bei der Ernährung, ging es in den ersten Wochen nach der Besetzung nicht ohne Probleme ab. Um den 20. April weigerte sich ein Arzt, den vor allem von Polen bewohnten Bunker Eberstraße zu betreten, weil kein amerikanischer Soldat anwesend war; er fürchtete wohl, bedroht oder angegriffen zu werden. Am 1. Mai erklärte Weitz gegenüber der Militärregierung, die *„Tätigkeit der Ärzte in dem Russenheim"* – gemeint war wohl der Bunker Eschenstraße – würde *„dadurch außerordentlich erschwert, daß die medizinischen Einrichtungsgegenstände entwendet werden."*[73] Daß eine intensive ärztliche Betreuung der Ausländer in den Unterkünften notwendig war, wird auch daraus deutlich, daß um den 8. Mai in mehreren der „Ausländerheime" Verdacht auf *„ansteckende Krankheiten"* bestand.[74]

Die Heimreise der ehemaligen Zwangsarbeiter wurde im allgemeinen im Zusammenwirken der lokalen Militärregierungen, der Stadtverwaltungen und von Behörden der Heimatländer organisiert. Im Normalfall übergaben die Militärregierungen die erfaßten Ausländer irgendwann im Sommer 1945 an Regierungsbeauftragte der Heimatländer, die über Transportmöglichkeiten verfügten. Dies geschah vor allem bei den Polen und ehemaligen Ostarbeitern. Es kamen aber auch Transporte vor, die von den Stadtverwaltungen organisiert wurden und vermutlich von den Unterkünften zu einigen wenigen Sammelplätzen führten. In Duisburg hatten die Amerikaner schon in der ersten Woche nach der Besetzung des Stadtgebietes südlich der Ruhr ihre Absicht bekundet, die befreiten ausländischen Zwangsarbeiter so bald wie möglich auf die Heimreise zu schicken. In den Besprechungen der Militärregierung mit dem Oberbürgermeister am 17. und 18. April gaben die Amerikaner Weitz die Anweisung, *„acht bis zehn Autobusse zum Abtransport der Ausländer"* bereitzustellen. Zumindest die Westarbeiter wollten unverzüglich nach Hause gebracht werden. Doch die Verwirklichung des Vorhabens zog sich einige Wochen hin, und aus den Autobussen, die offenbar nicht zu beschaffen waren, wurden Lastkraftwagen. Nach dem Verwaltungsbericht für 1945/46 begann der Abtransport aus Duisburg Anfang Mai. Am 25. Mai teilte Hauptmann Harris dem Oberbürgermeister mit, *„daß wahrscheinlich viele Ausländer (Franzosen, Belgier und Holländer)"*, etwa 400 Personen, die im Bunker an der Petristraße und im Vulkan-Lager lebten, *„im Laufe des heutigen*

---

[73] Zur medizinischen Versorgung: StADU 302/143, fol. 1: Vermerk des Oberbürgermeisters vom 18. April 1945; fol. 9: Vermerk des Städt. Oberbaurates Gablonsky für Oberbürgermeister vom 18. April 1945; fol. 13: Vermerk des Oberbaurates Gablonsky für den Städt. Medizinaldirektor Dr. Müller-Voigt vom 23. April 1945; fol. 14f.: Vermerk des Oberbaurates Gablonsky für den Oberbürgermeister vom 23. April 1945; fol. 57f.: Der Oberbürgermeister an die Militärregierung, 1. Mai 1945.

[74] StADU 100/1 a, fol. 74: Bericht über eine Besprechung mit Hauptmann Harris am 8. Mai 1945.

Tages Duisburg verlassen" würden, was vermutlich auch geschehen ist;[75] Zielpunkt der Transporte war in diesem Fall wohl die Werthauser Fähre. Am 6. Juni traten die „Russen" und Polen im südruhrischen Stadtgebiet, oder jedenfalls der größte Teil von ihnen, die Heimreise an; am selben Tag übernam die Stadtverwaltung die von den Polen autonom geführte Großküche in Großenbaum mit den dort noch vorhandenen Lebensmittelbeständen. Am 17. Juni wurde das letzte städtische Ausländerlager südlich der Ruhr aufgelöst, aber auch danach blieben noch ehemalige Zwangsarbeiter in der Stadt, denen wahrscheinlich Einzel- oder Gemeinschaftswohnungen gegeben wurden. Drei Wochen später, am 8. Juli, lebten noch 78 polizeilich registrierte Ausländer im südruhrischen Stadtgebiet.[76]

In Hamborn waren am 22. Juni die drei Schulgebäude mit insgesamt rund 1 600 Ausländern belegt, deren Zahl bis Anfang August nur um etwa 100 abnahm. Der planmäßige Abtransport begann erst am 12 Juli, als etwa 200 in der Schule an der Grimmstraße wohnende ehemalige Ostarbeiter *„abgeschoben"* wurden, nachdem sie die Unterkunft vorher noch verwüstet hatten. Als nächste Ethnie kamen am 13. August 316 Polen in der Schule an der Humboldtstraße an die Reihe; wie zuvor die *„Russen"*, verließen sie die Stadt in einem *„Sammeltransport"* mit Lastkraftwagen. 122 sowjetische Staatsangehörige *„mit Frauen und Kindern"* und sechs Polen, die nach Belgien einreisen wollten, blieben zunächst noch in der Humboldtschule zurück, die danach als *„Durchgangslager"* noch weitere Ausländer aufnahm. Die Schule an der Comeniusstraße war zu diesem Zeitpunkt schon geräumt. Am 2. September gingen 150 *„Russen"* aus der Humboldtschule auf die Heimreise. Das Lager beherbergte unmittelbar danach noch 45 Personen verschiedener Nationalität: *„Russen"*, Rumänen, Niederländer und Belgier. Sechs Tage später lebten wieder sehr viel mehr *„Russen"* (118) mit 34 Rumänen in der Schule, die Schauplatz eines ständigen Kommens und Gehens war und nach wie vor unter der Aufsicht der Besatzungsmacht stand. Die Rumänen können keine ehemaligen Zwangsarbeiter gewesen sein, aber auch sie gehörten zu den Millionen von Menschen, die 1945 infolge von Kriegsereignissen auf dem europäischen Kontinent, zwischen den Pyrenäen und Weißrussland, der Nordsee und dem Schwarzen Meer herumirrten. Es wurde schon erwähnt, daß die Schule an der Grimmstraße nach der Abfahrt der *„Russen"* am 12. Juli noch 600 Italiener, wahrscheinlich ehemalige Militärinternierte, aufgenommen hat. Die Dauer ihres Aufenthaltes kann höchstens zwei Monate betragen haben, denn Mitte September war die Schule definitiv geräumt. Als am 13. September die „Ausländerküche" an der Haldenstraße geschlossen wurde, lebten nur noch 15 Ausländer in der Humboldtschule, deren Versorgung nun die Küche des St.

---

[75] StADU 100/1 b, fol. 125-130: Niederschrift über die Besprechung mit Major Erdman und Hauptmann Harris am 25. Mai 1945.
[76] Vorläufiger Verwaltungsbericht Duisburg für die Zeit von April 1945 - Januar 1946, S. 12; StADU 302/98: Vermerk des Besatzungsamtes für den Oberbürgermeister vom 7. Juni 1945; StADU 302/22: Der Oberbürgermeister an die Militärregierung, 8. Juli 1945.

Barbara-Hospitals übernahm, das bis 1946 unter der Leitung der Besatzungsmacht stand und als Ausländerkrankenhaus mit einem recht großen „Einsatzgebiet" fungierte.[77]

Die Heimholung der ehemaligen Ostarbeiter durch sowjetische Beauftragte, zumeist mit Lastkraftwagen, ging entgegen der Absicht der westlichen Militärregierungen nicht in einer einzigen Aktion, sondern in mehreren Schüben vor sich und dauerte mindestens bis in den Spätherbst 1945 hinein. So wurden einige ehemalige Ostarbeiterinnen der Friedrich-Alfred-Hütte in Rheinhausen, die nach der Befreiung in einer Lagerküche der amerikanischen, dann britischen Besatzungsmacht in Hamborn beschäftigt gewesen waren, erst im Oktober 1945 abgeholt.[78] Die Bemühungen der Polizei, alle in Duisburg zurückgebliebenen Ausländer zu erfassen, waren zunächst nicht erfolgreich, weshalb Oberst Bawker und Hauptmann Harris den Oberbürgermeister am 29. Juni, einen Tag, bevor die Amerikaner die Stadtkommandantur an die Briten übergaben, noch einmal mit Nachdruck an diese Aufgabe erinnerten. Auch die Amerikaner wußten nun, daß sich noch Ausländer in Duisburg „*herumtrieben*", was besonders für Hamborn gelte, und forderten, alle noch anwesenden Ausländer müßten „*unter Kontrolle gestellt werden.*"[79] Mit dieser Mahnung reißt die Erörterung der „*Ausländerfrage*" in den Besprechungsprotokollen ab.

Kurz vor dem Abtransport der Ostarbeiter und der Polen, von Anfang bis Mitte Juni 1945, kam es noch einmal zu einer Serie von Plünderungen und Raubüberfällen. Wer solche Straftaten beging, rechnete wohl damit, sich durch die Abreise einer Bestrafung entziehen zu können, und dieses Kalkül ging anscheinend auf. In Meiderich wurden Ende Mai oder Anfang Juni die Bewohner des Hauses eines Stadtoberinspektors überfallen. Nachdem die Stadtverwaltung am 2. Juni der Militärregierung einen Bericht über den Vorfall übermittelt hatte, erklärte Major Erdman in einer Besprechung am 7. Juni, daß der Täter wahrscheinlich einer der „*Polen aus dem Ausländerlager*" gewesen sei und daß in diesem Falle nichts mehr unternommen werden könne, „*nachdem die letzten Fremdarbeiter gestern aus Duisburg herausgeschafft worden*" seien. Es bliebe natürlich der deutschen Polizei unbenommen, weitere Nachforschungen anzustellen. Die Militärregierung wußte anscheinend nicht, daß etliche osteuropäische Ausländer es verstanden hatten, dem Abtransport zu entgehen. Weitere, von Ausländern nachts

---

[77] StADU 16/3642: Ergebnisprotokoll der Industriebesprechung am 3. August 1945; StADU 302/22: Vermerk des Besatzungsamtes vom 22. Juni 1945; Der Oberbürgermeister an die Militärregierung (Major Barnard), 22. Juni; Amtsgerichtsrat Becker (Bezirksvorsteher von Hamborn) an Oberbürgermeister Dr. Weitz, 19. Juli; Der Oberbürgermeister an die Regierungspräsidenten in Düsseldorf, 8. September. - StADU302/190: Vermerke von Amtsleiter Haverkamp für Amtsgerichtsrat Becker vom 14. August und 3. September 1945, und Vermerk von Haverkamp vom 13. September.
[78] Klingenburg, Spurensuche, S. 76.
[79] StADU 100/1 b, fol. 239-243: Niederschrift über die Besprechung mit Oberst Bawker und Hauptmann Harris am 29. Juni 1945.

begangene Straftaten – wohl Überfälle und Plünderungen – ließen die Amerikaner und die sie ablösenden Briten bald erkennen, daß sie die Situation nicht vollständig kontrollierten. Am 18. Juni beauftragten der neue Stadtkommandant Oberst Bawker und Major Barnard den Oberbürgermeister, durch die Polizei feststellen zu lassen, *„wo sich noch Russen oder sonstige Ostarbeiter aufhalten."*[80] Deren Aufenthaltsorte seien dann zu melden, damit die Militärregierung *„alles weitere veranlassen"* könne. Die Sperrstunden, so wurde unterstrichen, würden auch für die Ausländer gelten. Am gleichen Tag schrieb der frühere Duisburger Oberbürgermeister Dr. Karl Jarres an Weitz, im Duisburger Süden kämen *„Brandschatzungen der Russen und Ostarbeiter"* vor. Noch Ende Juli ereignete sich in Meiderich im Zusammenhang mit einem Lebensmittelraub ein neunfacher Mord, dessen Opfer der Leiter der Werkskantine des ATH-Werkes Hüttenbetrieb, seine Frau und sieben weitere Personen waren.[82] Der städtische Verwaltungsbericht für 1939-1944 erwähnt zwei weitere, von *„fremdländische[n] Arbeiter[n]"* an einem städtischen Angestellten und einem Bürger im Stadtteil Wedau verübte Morde im Sommer 1945.[83] In Hamborn wurde vermutlich Mitte Juni das von der Besatzungsmacht geräumte Polizeigebäude an der August-Thyssen-Straße von *„Russen"* geplündert, die danach vergeblich versuchten, es in Brand zu stecken.[84]

Ein Problem, das eigentlich vor dem Abtransport der ehemaligen Zwangsarbeiter gelöst werden sollte, war die Auszahlung von Löhnen, die die Arbeitgeber in den letzten Kriegswochen schuldig geblieben waren. Obwohl die amerikanische Militärregierung angeordnet hatte, daß alle Lohnrückstände bis zur Abreise der ausländischen Arbeiter auszugleichen seien, geschah dies bei den Ostarbeitern nicht. Zunächst, Anfang Mai 1945, haben wohl einige ehemalige Ostarbeiter versucht, die Mannesmannröhren-Werke AG (Hüttenwerk Huckingen) und die Berzelius Metallhütten-GmbH zur Auszahlung rückständiger Löhne zu bewegen; sie sollen aber, wie sie gegenüber der Militärregierung behaupteten, *„ziemlich brüsk abgewiesen worden sein."* Die Besatzungsmacht erwog daraufhin zunächst eine Klärung der Angelegenheit mit den beiden Unternehmen, verzichtete dann aber in Anbetracht der unmittelbar bevorstehenden *„Fortschaffung"* der sowjetischen Arbeiter auf ein womöglich langwieriges Verfahren und verständigte sich mit dem Oberbürgermeister darauf, daß die Stadt die Beträge an die Arbeiter auszahlte, um sie später von Mannesmann und Berzelius einzuziehen. Aus unbekannten Gründen wurde der Plan nicht verwirklicht. Am 25. Mai, als

---

[80] StADU 100/1 b, fol. 208-212: Niederschrift über die Besprechung mit Oberst Bawker und Major Barnard am 18. Juni 1945.
[81] StADU 100/7 a, fol. 128f.: Dr. Karl Jarres an Oberbürgermeister Dr. Weitz, 18. Juni 1945.
[82] von Roden, Geschichte der Stadt Duisburg (wie Anm. 30), S. 414f.
[83] Verwaltungsbericht Duisburg für 1939-1944, S. 13.
[84] StADU 16/3642: Ergebnisprotokoll der Industriebesprechung am 21. Juni 1945.

die „Russen" noch in Duisburg waren, hatten weder die Stadt noch die beiden Arbeitgeber die Löhne ausgezahlt. Die Militärregierung gab der Stadtverwaltung auf, die Sache nun unverzüglich („bis morgen") zu erledigen,[85] doch gelang dies offenbar nicht. Einen Monat später war von ausstehenden Löhnen polnischer Zwangsarbeiter bei Mannesmann in einer Gesamthöhe von rund 40 000 Reichsmark die Rede. Mannesmann verweigerte die Auszahlung mit dem Hinweis, es sei kein Bargeld vorhanden, weshalb die Auszahlung erst nach der Freigabe von Geldern, die das Gauarbeitsamt Essen dem Unternehmen schuldete und die noch gesperrt waren, möglich sei. Auf einer Besprechung mit dem Oberbürgermeister am 30. Juni erklärte Hauptmann Harris, daß er die Behauptungen von Mannesmann nicht glaube:

„Die Angaben der Fa. Mannesmann, daß der ganze Betrieb zur Zeit ruhe und daß sie daher kein Geld habe, stimmen nicht. Die Fa. Mannesmann arbeite. In Folge dessen wäre auch Geld vorhanden oder käme herein. Er hätte schon viel Arbeit damit gehabt, die mannigfaltigen Anträge und Schreiben der Fa. Mannesmann zu prüfen und mit seiner Unterschrift zu versehen. Die Fa. Mannesmann müsse darauf aufmerksam gemacht werden, was ihr auch ohne dies durchaus bekannt sein müßte, daß Forderungen ausländischer Arbeiter (displaced persons) Vorrecht vor allen anderen Verpflichtungen haben, und daß die Löhne an die ausländischen Arbeiter unbedingt und ohne Aufschub gezahlt werden müssen, sobald und sofern Geld verfügbar wäre."[86]

Weitz erhielt den Auftrag, die Mannesmannröhren-Werke *„sehr deutlich auf den Ernst dieser Frage aufmerksam zu machen"* und dem Unternehmen nicht zu gestatten, *„darauf zu warten, bis die gesperrten Beträge des Gauarbeitsamtes unter Umständen freigegeben würden."*[87] Wie die Sache bei den polnischen Zwangsarbeitern ausging, läßt sich nicht feststellen. Im Falle der Ostarbeiter wurden die Lohnschulden erst nach dem Abtransport beglichen. Nach einer wohl im Oktober 1945 vom Büro des Oberbürgermeisters gefertigten Aufstellung haben 54 Unternehmen und Institutionen in Alt-Duisburg und Walsum, die Ostarbeiter oder sowjetische Kriegsgefangene beschäftigt hatten und in den letzten Kriegswochen Löhne schuldig geblieben waren, im August und September 1945 insgesamt 678 458 Reichsmark nachgezahlt, indem sie die jeweiligen Lohnbeträge an die Reichsbanknebenstelle Herford in Westfalen überwiesen, wo ein Sammelkonto der sowjetischen Militärmission eingerichtet worden war. Ein weiteres Unternehmen, die Thermosbau-Fabrikate KG, übersandte am 26. Oktober

---

[85] StADU 100/1 b, fol. 126-130: Niederschrift über die Besprechung mit Major Erdman und Hauptmann Harris am 25. Mai 1945.
[86] StADU 100/1 b, fol. 244f.: Niederschrift über die Besprechung mit Hauptmann Harris am 30. Juni 1945.
[87] Ebd.

1945 „Ostarbeiter-Sparkarten" im Werte von 400 Reichsmark an den Regierungspräsidenten in Düsseldorf.[88]

Wenn die Duisburger Stadtverwaltung in ihrem Verwaltungsbericht für die Zeit von April 1945 bis März 1946 feststellte, sie habe das letzte Ausländerlager südlich der Ruhr am 17. Juni 1945 aufgelöst, sprach daraus wohl neben Erleichterung auch der Wille, ein trauriges Kapitel der Geschichte für beendet und ein schwieriges Problem für gelöst zu erklären. Doch in der Realität verhielt es sich anders. Noch für viele Jahre sollten Menschen in Duisburg leben, die während des Krieges nicht freiwillig nach Deutschland gekommen waren. Im Sommer 1945 ging das Kapitel der Zwangsarbeit in Duisburg wie überall in das Kapitel der *Displaced Persons* über.

---

[88] StADU 302/129: „Zusammenstellungen der Zahlungen deutscher Arbeitgeber an russische Ostarbeiter bzw. Kgf.", sowie „Zusammenstellung der Übersendungen der Sparmarken u. Sparkarten russischer Ostarbeiter an den Regierungspräsidenten der Nord-Rheinprovinz", wohl von Ende Oktober 1945.

Kapitel 9
Die Gräber

Schlaft ruhig, Brüder!
Der Faschismus ist geschlagen.

Inschrift auf dem Denkmal für sowjetische Kriegsgefangene, die bei dem Luftangriff am 14./15. Oktober 1944 im Lager Schüttung Rönsbergshof in Duisburg-Beeck ums Leben kamen

Während des Krieges starben in Duisburg, in den heutigen Grenzen, mehr als 1 870 ausländische Menschen; nicht alle waren Zwangsarbeiter. Etwa zwei Drittel davon verloren ihr Leben durch Kriegsereignisse im engeren Sinn, vor allem Luftangriffe. Die (Alt-) Duisburger Verwaltungsberichte nennen unterschiedliche, aber nur unwesentlich differierende Zahlen der kriegsbedingt zu Tode gekommenen Ausländer, und zwar einmal 709 und einmal 715; beide Zahlen sind unkorrekt, weil mehr als 50 ausländische Kriegstote, die erst in den fünfziger Jahren in Notgräbern außerhalb der Friedhöfe aufgefunden wurden, nicht enthalten sind. Die Zahl der „ordentlichen" Beerdigungen von Ausländern auf den städtischen Friedhöfen während des Krieges beträgt, wie die nachstehende Tabelle ausweist, 1 414. In Rheinhausen starben während des Krieges mindestens 237 Ausländer. Grundlagen für die Ermittlung dieser Zahl sind eine Aufstellung der 83, größtenteils aus der Sowjetunion und Italien stammenden zivilen ausländischen Männer, Frauen und Kinder, die durch Luftangriffe oder Artilleriebeschuß ums Leben kamen, und ein Verzeichnis der in Rheinhausen während des Krieges beerdigten „russischen Staatsangehörigen", das 199 Namen enthält; die Herausnahme von 45 zivilen Sowjetbürgern, deren Namen in der erstgenannten Quelle erscheinen, ergibt die Zahl von 154 Personen, bei denen es sich um Kriegsgefangene gehandelt haben muß. In Homberg wurden durch Luftangriffe 11 Ausänder getötet; hier sind aber 22 Gräber ausländischer Zwangsarbeiter aus der Kriegszeit erhalten. In der Gemeinde Walsum verloren in den Kriegsjahren mindestens 118 ausländische Zwangsarbeiter, die bei der Zeche beschäftigt waren, ihr Leben, davon 106 sowjetische Staatsangehörige. Für die Gemeinde Rumeln-Kaldenhausen liegen keine Angaben vor.[1]

---
[1] StADU 24/2220 (Verwaltungsbericht Rheinhausen für 1939-46): Verzeichnis der Kriegstoten; *Gräberliste über die in der Stadt Rheinhausen beerdigten russischen Staatsangeörigen* (der Verf. dankt Frau Christel Klingenburg, Duisburg-Rheinhausen, für die Gewährung der Einsicht in diese Quelle aus dem Kreisarchiv Wesel); Archiv des Heimatvereins Walsum, Akte *Zweiter Weltkrieg*: Summarische Aufstellung der während des Krieges bei der Zeche Walsum

Tabelle 25: Beerdigungen von Ausländern auf den städtischen Friedhöfen in (Alt-) Duisburg 1939-1945[2]

Friedhof	1939	1940	1941	1942	1943	1944	1945[a]	Gesamt
Neuer Friedhof Duisburg-Mitte (Waldfriedhof)	-	2	58	42	73	426	78	679
Friedhof Buchholz	-	-	-	-	-	-	2	2
Friedhof Ruhrort (Eisenbahnstraße)	-	-	-	-	-	4	1	5
Friedhof Beeck (Papiermühlenstraße)	-	3	3	10	11	18	9	54
Friedhof Meiderich (Bügelstraße)	-	7	3	4	5	203	55	277
Nordfriedhof Hamborn	-	-	-	-	-	-	4	4
Fiskusfriedhof Hamborn	-	-	-	163	118	89	23	393[b]
Gesamt	-	12	64	219	207	740	172	1414

a) Bis zum 13. April
b) Ausschließlich sowjetische Kriegsgefangene und Ostarbeiter

Anders als im Ersten Weltkrieg, als Kriegsgefangene, die in Deutschland starben, *zwischen* den gefallenen oder sonst durch Kriegsereignisse umgekommenen deutschen Soldaten auf den Ehrenfeldern der Friedhöfe beerdigt worden waren, wurde im Zweiten Weltkrieg gegenüber sowjetischen Kriegsgefangenen noch im Tod die übliche „Apartheid" praktiziert. Allerdings scheint es auch für Kriegsgefangene der westlichen Feindmächte separate Gräberfelder gegeben zu haben, die immerhin als Ehrenfelder bezeichnet wurden. Nachdem im Spätsommer und Frühherbst 1941 die ersten großen „Schübe" sowjetischer Kriegsgefangener in die Industriestädte gebracht worden und die ersten Todesfälle eingetreten waren, erließ das Reichsinnenministerium einheitliche Bestattungsvorschriften, die den Gemeindeverwaltungen durch einen Schnellbrief vom 27. Oktober 1941 bekanntgegeben wurden. In Duisburg fand bald darauf eine Erörterung des Themas

---

beschäftigten Ausländer, nach Nationalitäten, mit Angabe der Totenzahlen zu jeder Nationalität aufgeschlüsselt nach Todesursachen (Unfälle, Selbstmord, „sonstige" Ursachen). Verwaltungsbericht der Stadt Homberg für 1938-58, Kapitel „Luftschutz" und Tabelle zur Bevölkerungsentwicklung.

[2] Verwaltungsbericht Duisburg für 1939-1944, Tabelle 49.

zwischen dem Oberbürgermeister Hermann Freytag, dem für die Friedhofsverwaltung zuständigen Stadtrat Wilhelm Birkenbeul und dem Kreisleiter der NSDAP, Wilhelm Loch, statt. Am 12. November 1941 erließ Birkenbeul im Einvernehmen mit dem Oberbürgermeister und dem Kreisleiter eine Anordnung über die Bestattung von sowjetischen („russischen") Kriegsgefangenen. Sie behandelte zunächst die vor einer Beerdigung stattfindende Besprechung zwischen dem Leiter der zuständigen Gefangenen-Beerdigungskommission (einem Gremium, das von dem leitenden Offizier des jeweiligen Wachbezirkes der Wehrmacht einberufen wurde und das sich wohl häufig aus Wehrmachtssoldaten zusammensetzte, aber prinzipiell auch aus Kriegsgefangenen bestehen konnte) und dem Leiter des in Frage kommenden Friedhofes, der die Grabstätte auszuwählen und der Kommission anzuweisen hatte. Die Anordnung stellte klar, daß die „*Gemeinschaftsgräber*" der sowjetischen Kriegsgefangenen „*numeriert werden*" mußten „*und im Verzeichnis zu jeder Zeit festzustellen sein*" mußte, „*wer, wann und wohin beerdigt wurde*". Eine besondere Behandlung der „russischen" Kriegsgefangenen auch im Tode war verbindlich vorgeschrieben, was nun in Duisburg einen grotesken Ringtausch von Grabstätten auf dem Waldfriedhof notwendig machte:

„*Die bereits auf dem Waldfriedhof beigesetzten Russen sind sofort auszugraben und auf das Judenfeld umzubetten. In Zukunft werden die Russen nur noch dorthin begraben. [...] Die Umbettung ist unauffällig vorzunehmen.*

Des weiteren sind die auf dem Friedhof neben Deutschen liegenden Belgier und Franzosen nach dem Feld in der Nähe des Ehrenfriedhofes – wo die drei SA-Leute liegen – umzubetten. Die dort ruhenden SA-Leute werden ebenfalls umgebettet, und zwar nach Möglichkeit auf ein Feld, bei dem schon mit Belegungen begonnen ist. Es ist selbstverständlich, daß vor der Umbettung mit den Angehörigen verhandelt wird und daß diese damit einverstanden sind [sic]. *[...]*

Da zu erwarten ist, daß noch mehrere Russen nach hier kommen, ist noch ein Beerdigungsfeld auf einem Friedhof nördlich der Ruhr möglichst bald festzulegen. Hier ist ein Platz zu wählen, dessen Belegung bis jetzt nicht vorgesehen war und in dessen Umgebung möglichst noch keine Beerdigungen vorgenommen wurden. Ich bitte, mir vor der ersten Beerdigung nach dort Mitteilung zu machen.

Kurz gesagt, werden die Russen, die südlich der Ruhr sterben, auf dem Waldfriedhof und diejenigen, die nördlich der Ruhr sterben, auf einem Friedhof nördlich der Ruhr beigesetzt."[3]

In einem Artikel der *Rheinischen Landeszeitung* vom 3. August 1942 wurde den Kommunalverwaltungen nochmals eingeschärft, daß zwar die Gräber „*der*

---

[3] StADU 607/139: „Ausbau des Ehrenfeldes 1939-1942 Friedhof Düsseldorfer Chaussee" (Erlaß des Stadtrats Birkenbeul vom 12. November 1941).

im Reichsgebiet bestatteten Wehrmachtsangehörigen der Feindmächte und der Zivilinternierten" gepflegt werden müßten, jedoch die Angehörigen der Feindmächte *„grundsätzlich nicht mit inländischen Toten zusammengebettet werden"* sollten. Spätestens zu diesem Zeitpunkt gab es auf dem Waldfriedhof ein besonderes Gräberfeld für *„Soldaten der Feindmächte"* (offenbar aber nur der westlichen Kriegsgegner und vielleicht noch Polens) sowie ein Gräberfeld *„für sowjetrussische Soldaten"* auf dem Fiskusfriedhof in Hamborn.[4] Die Kosten für die Beerdigungen von verstorbenen Kriegsgefangenen und zivilen ausländischen Arbeitern trug entweder der jeweilige Einsatzbetrieb oder, wenn der oder die Verstorbene bei einem kleineren Gewerbebetrieb beschäftigt gewesen war, die Stadtverwaltung. Bei Kriegsgefangenen in Arbeits- und Baubataillonen, Dachdecker- oder Glaserbataillonen, die in Duisburg starben, übernahm das Amt für Sofortmaßnahmen die Beerdigungskosten.[5] Nach der Beerdigung des zivilen polnischen Arbeiters Florian Proch auf dem städtischen Friedhof an der Bügelstraße am 3. April 1944 beglich der *Reichseinsatz des Deutschen Handwerks* die Rechnung für Sarg und Überführung.[6] Wenn man von der rassistisch motivierten räumlichen Trennung der ausländischen von den deutschen Toten und der Separierung der verstorbenen Ausländer nach Nationalitäten absieht, scheinen bei den Beerdigungen die kulturell-zivilisatorischen Standards der christlichen Welt eingehalten worden zu sein. Es steht allerdings zu vermuten, daß in allen materiellen Aspekten, insbesondere bei der Wahl der Särge, der möglichst geringste Aufwand betrieben wurde. Über die Beerdigungspraxis bei sowjetischen Kriegsgefangenen, die bei der Zeche Neumühl beschäftigt waren, wird das folgende berichtet:

„Wenn eine kleine Gruppe von Kriegsgefangenen mit einer Karre über die Lehrerstraße zog, auf der eine mannshohe Kiste montiert war, wußten die Neumühler, daß ein russischer Kriegsgefangener gestorben war, der zur letzten Ruhe auf dem Fiskusfriedhof gebracht wurde. Die Aufsicht über den Zug hatte ein drahtiger russischer Gefangener, der von den Bergleuten „der Kommissar" genannt wurde, weil man durch sein forsches Auftreten vermutete, daß er für die Gefangenen eine geachtete – vielleicht auch gefürchtete – Respektsperson war. [...]

Die verstorbenen Gefangenen wurden [...] in einem Reihengrab auf dem Ehrenfeld des Friedhofs begraben. Das Friedhofsamt trug Grabstätte und Toten

---

[4] StADU 607/139: „Ausbau des Ehrenfeldes 1939-1942 Friedhof Düsseldorfer Chaussee."
[5] Im Mai 1943 stürzte der französische Kriegsgefangene Marcel Badin, Angehöriger der 4. Kompanie des Kriegsgefangenen-Dachdeckerbataillons 10, die seit dem 27. April 1943 in Duisburg eingesetzt war, bei der Arbeit ab und kam zu Tode. Die Beerdigung erfolgte am 14. Mai 1943 auf dem *„Ehrenfeld für Feindmächte"* des Waldfriedhofes (StADU 600/972: Der Oberbürgermeister als Leiter der Sofortmaßnahmen an das Kriegsgefangenen-Dachdecker-Bataillon 10, 14. Mai 1943; dazu Kostenberechnung für die Beerdigung vom 12. Mai 1943).
[6] StADU 600/971: Rechnung vom 1. Mai 1944.

in die Gräberliste ein und sorgte dafür, daß am Kopfende des Grabes ein Kissenstein mit dem Namen des Toten gesetzt wurde."[7]

Die Beerdigungen ziviler ausländischer Arbeiter verliefen nach einem Bericht der Leitung des Eisenwerkes Wanheim über die Fremdarbeitereinsatz bis in die letzten Kriegswochen hinein *„stets in menschenwürdiger Weise"*, mit einer kirchlichen Feier und unter starker Beteiligung der jeweiligen *„Landsleute".*[8] Sieben Ostarbeiter des Eisenwerkes Wanheim, die bei dem britischen Luftangriff vom 11./12. Juni 1943 durch eine Luftmine ums Leben kamen, wurden auf dem Ehrenfeld II des Waldfriedhofes beigesetzt, wobei *„fast sämtliche Ostarbeiter"* des Betriebes ihren Kameraden das letzte Geleit gaben.[9] Nachdem Anfang März 1945 der Artilleriebeschuß auf Duisburg von der linken Rheinseite her eingesetzt hatte, mußten zwei Franzosen, die dadurch getötet worden waren, wegen der ständigen Lebensgefahr *„still beigesetzt werden"*, d. h. ohne kirchliche Feier und ohne die Teilnahme von Landsleuten.[10] Die Leichname der verstorbenen Häftlinge des Duisburger KL-Außenlagers wurden im Krematorium auf dem Waldfriedhof eingeäschert. Über die Beisetzung der Urnen liegen unterschiedliche Aussagen vor. Vermutlich hat man zunächst die Urnen per Post in das Stammlager (Sachsenhausen respektive Buchenwald) geschickt; dies geschah im Februar 1943 bei zehn Häftlingen aus der Sowjetunion und zwei deutschen Häftlingen, die wohl einem Luftangriff zum Opfer gefallen waren. Es gab aber auch die Praxis, Urnen mit der Asche verstorbener Häftlinge *„auf dem Urnenfeld"* des Waldfriedhofes beizusetzen, entweder *„geschlossen in einem Sammelgrab oder zwischen den Normalurnengräbern".*[11]

Wie bereits erwähnt, bestimmte die Duisburger Stadtverwaltung 1941 zwei kommunale Friedhöfe, nämlich den Neuen Friedhof (inoffiziell *Waldfriedhof*) im Stadtteil Wanheimerort und den Friedhof an der Fiskusstraße (volkstümlich *Fiskusfriedhof*) in Hamborn-Neumühl, zu zentralen Friedhöfen für die kriegsbedingt nach Duisburg gekommenen und hier verstorbenen Ausländer. Der Waldfriedhof, angelegt auf einem Waldgelände, das vordem der Familie Haniel gehört hatte, war am 14. Juni 1923 eröffnet worden und mit einer Fläche von 69 Hektar der größte Friedhof der Stadt. Auf ihm gab es seit 1927 separates Feld für Verstorbene jüdischen Bekenntnisses (in der NS-Zeit kurz *„Judenfeld"* genannt). Im August 1932 hatte das am Südrand des Friedhofes (Wedauer Straße) gelegene Krematorium, das einzige in Duisburg, den Betrieb aufgenommen.[12] Als Ruhe-

---

[7] Schwieren, Neumühl, S. 107.
[8] Zit. nach Hildebrand, Wanheim-Angerhausen, S. 483f. u. 486.
[9] Zit. nach Hildebrand, Wanheim-Angerhausen, S. 480 u. 486.
[10] Zit. nach Hildebrand, Wanheim-Angerhausen, S. 484.
[11] StADU 607/266: Aktenvermerk des Grünflächen- und Friedhofsamtes für den Oberstadtdirektor vom 9. April 1954; StADU 503/492: Mitteilungen über erfolgte Einäscherungen.
[12] Wanheimerort. Berichte, Bilder und Betrachtungen. Hrsg. vom Wanheimerorter Bürgerverein anläßlich seines 125jährigen Bestehens, Duisburg 1999, S. 91f.

stätte für die im Stadtgebiet nördlich der Ruhr verstorbenen Ausländer wurde der Friedhof an der Fiskusstraße in Hamborn ausersehen, der bis Anfang 1942 überhaupt noch nicht belegt worden war. Seine Wahl resultierte wohl aus der Tatsache, daß auf dem alten Hamborner Kommunalfriedhof, dem 1908 eröffneten Nordfriedhof, nur noch geringe Platzreserven vorhanden waren. Die Stadtverwaltung reservierte das Gräberfeld 6a an der südlichen Grenze des Friedhofes für ausländische Tote. Der Fiskusfriedhof war bereits 1936-38 gärtnerisch angelegt worden, jedoch hatte das Fehlen einer Leichenhalle, bedingt durch die Baustoffknappheit, die Belegung bis 1942 verhindert. Die ersten, 1942 auf dem Fiskusfriedhof beigesetzten Toten waren 163 Ausländer. Aus den Lagern der Gewerkschaft Neumühl wurden vom Beginn der Belegung 1942 an bis zum Kriegsende 56 Tote auf den Fiskusfriedhof gebracht, und zwar 33 sowjetische Kriegsgefangene, 13 Ostarbeiter, sieben Polen und drei Jugoslawen.[13] Auf dem Nordfriedhof sind während des ganzen Krieges nur vier Ausländer beigesetzt worden, sämtlich in den ersten vier Monaten von 1945;[14] hier dürfte es sich überwiegend um „dezentrale" Beisetzungen nach schweren Luftangriffen gehandelt haben, d. h. um Abweichungen von der Vorschrift, die wahrscheinlich durch fehlende Transportkapazitäten bedingt waren.

Sechs Kinder von Ostarbeiterinnen des Eisenwerkes Wanheim, die zwischen Ende Dezember 1943 und Januar 1945 an verschiedenen Krankheiten oder Unterernährung starben oder, in einem Fall, tot geboren wurden, fanden auf dem Evangelischen Friedhof in Wanheim ihre letzte Ruhestätte. An sie erinnert seit dem 1. September 1999, dem sechzigsten Jahrestag des Kriegsbeginns, eine Gedenktafel an der Friedhofskapelle.[15] In Rheinhausen wurden verstorbene Ausländer, darunter die Toten des Bombenangriffs am 22. Mai 1944, auf dem kommunalen Friedhof im Stadtteil Trompet beerdigt, in Walsum auf dem Friedhof an der Königstraße in Alt-Walsum, dem älteren und kleineren der beiden kommunalen Walsumer Friedhöfe.

Verschiedene Umstände im letzten Kriegsjahr, vor allem die großen Luftangriffe, zwangen mehrmals dazu, auf die Transporte zum Waldfriedhof oder zum Fiskusfriedhof und die üblichen Beerdigungsrituale zu verzichten und stattdessen schnelle Notbegräbnisse auf dem jeweils nächstgelegenen Friedhof – oder sogar auf irgendeinem freien Gelände – vorzunehmen; dies geschah vor allem nach dem großen Luftangriff auf ganz Duisburg am 14./15. Oktober 1944, nach dem Angriff auf den Norden der Stadt am 22. Januar und nach dem Angriff auf das südruhrische Stadtgebiet am 21. Februar 1945. Ein Zeichen dieser Zeit

---

[13] Schwieren, Neumühl, S. 108.
[14] Verwaltungsbericht Duisburg für 1939-1944, S. 177 und Tabelle 49.
[15] Hildebrand, Wanheim-Angerhausen, S. 486f. u. 498. Es handelt sich um drei Mädchen und zwei Jungen, die getauft wurden, sowie um eine männliche Totgeburt, die keinen Vornamen erhalten hatte.

waren die *Sammelgräber*, die jeweils mehrere Leichname aufnehmen mußten. Auf dem Waldfriedhof gab es mindestens neun Sammelgräber, davon sechs für „Bombenopfer", auf dem Friedhof an der Bügelstraße in Meiderich eines (für „Bombenopfer").[16] Für den Stadtteil Beeck wurde nach dem schweren Oktoberangriff 1944 durch die Stadtverwaltung verfügt, daß die Bombenopfer auf dem Evangelischen Friedhof an der Möhlenkampstraße beizusetzen waren, offenbar weil Transporte zu dem mehr als sieben Kilometer entfernten Fiskusfriedhof nicht möglich waren;[17] zu diesen Toten gehörten neben Deutschen auch 19 ehemalige italienische Militärinternierte aus dem Barackenlager der Gelsenkirchener Bergwerks-AG (Gruppe Hamborn) auf der Schüttung (d. h. Schlackenhalde) Rönsbergshof. In diesem Lager hatten bis zu der Zerstörung auch sowjetische Kriegsgefangene gelebt. 22 von ihnen, die bei dem Angriff ums Leben kamen, wurden nicht, wie die Italiener, zu dem nahegelegenen Friedhof an der Möhlenkampstraße gebracht, sondern in einem Sammelgrab auf der Schüttung selbst beerdigt, ohne daß die zuständige Stelle der Stadtverwaltung davon Kenntnis erlangt hätte. Noch im Frühjahr 1955 wußte die Stadtverwaltung nicht von der Existenz dieses Grabes.[18] Im Sommer 1955 hat man diese Toten zum Waldfriedhof umgebettet, wovon noch die Rede sein wird.

Wie im Kapitel 7 dargestellt, wurden kurz vor dem lokalen Kriegsende in Duisburg, am 21. März und am 9. April 1945, insgesamt 38 Untersuchungshäftlinge, darunter mehr als 21 Ostarbeiter, sechs Deutsche, zwei Niederländer und ein Belgier, auf Befehl des Polizeipräsidenten Bauer von der Schutzpolizei erschossen.[19] Die Leichen begrub man notdürftig in einem Bombentrichter auf dem Waldfriedhof, in der Nähe des Krematoriums. Nach der Besetzung und Befreiung Duisburgs befahl der amerikanische Stadtkommandant, daß einige ehemalige nationalsozialistische Funktionäre 33 der inzwischen exhumierten Leichname der Ermordeten (nicht ausschließlich sowjetische Staatsangehörige) in der Erde der Rasenfläche des König-Heinrich-Platzes - des zentralen Platzes der Stadtmitte, der von 1933 bis zum Kriegsende Adolf-Hitler-Platz geheißen hatte - bestatten sollten. Dort wurden die sogenannten „Russengräber" zu einer Episode der Stadtgeschichte. Am 7. Juni 1945 befahl die örtliche Militärregierung der Stadtverwaltung, die 33 Gräber auf dem König-Heinrich-Platz in derselben Weise wie Gräber auf einem gewöhnlichen Friedhof zu pflegen.[20]

---

[16] StADU 607/260: Aufstellung „Sammelgräber mit Kriegstoten auf den Friedhöfen in Duisburg".
[17] StADU 607/296: Erläuterungen zu der Kostenmitteilung A zur Anlegung einer Kriegsgräberstätte auf dem ev. Friedhof an der Möhlenkampstraße in Duisburg-Beeck (1957).
[18] StADU 607/257: *Verlegung von Kriegsgräbern (Russen)* [vom] *Schlackenberg Rönsbergshof Duisburg-Beeck* (mit einem Schreiben des Grünflächen- und Friedhofsamtes an den Polizeipräsidenten vom 25. Mai 1955).
[19] Kraume, Duisburg im Krieg, S. 96.

Zwei Jahre nach dem lokalen Kriegsende, im März 1947, hegte die Stadtverwaltung den Wunsch, die *„Russengräber"* aus dem Stadtzentrum auf einen normalen Friedhof zu verlegen. Am 27. März bat Oberbürgermeister Dr. Heinrich Weitz den britischen Stadtkommandanten, Oberstleutnant Parsons, brieflich um die Erlaubnis, *„die Russengräber am König-Heinrich-Platz pietätvoll unterzubringen und sie aus dem Gesichtsfeld des öffentlichen Verkehrs zu bringen"*. Wenig später, vor dem 12. April, besprach Oberstadtdirektor Dr. Gustav Klimpel die Angelegenheit mit dem Stadtkommandanten. Klimpel wies darauf hin, daß auch in Mülheim *„solche Gräber"* mit Zustimmung der Militärregierung *„nach dem Friedhof verlegt worden seien"*, weil sie in der Nähe von Trinkwasserleitungen in dicht bebautem Gebiet eine Gefahr für die öffentliche Wasserversorgung darstellten. Parsons wollte sich diesem Argument nicht verschließen, beschied jedoch Klimpel dahingehend, daß die Regierung der britischen Besatzungszone zunächst die Einwilligung der sowjetischen Verbindungsmission in der Zone einholen müsse. Die Anfrage bei der Verbindungsmission erging vor dem 22. April.[21] Wohl schon vor der Einwilligung der zonalen Militärregierung konzipierte das Garten- und Friedhofsamt zwei Alternativen für die Umbettung, die am 7. Mai dem Oberstadtdirektor unterbreitet wurden. Eine Möglichkeit war die Beisetzung der Ermordeten auf dem Feld 6a des Friedhofes an der Fiskusstraße, wo während des Krieges sowohl sowjetische Kriegsgefangene als auch Ostarbeiter beerdigt worden waren, die andere Möglichkeit sah man in einer Beisetzung auf dem Ehrenfeld für Angehörige der alliierten Staaten (hauptsächlich Soldaten) auf dem Waldfriedhof. Das Garten- und Friedhofsamt favorisierte die erste Alternative, weil es sich bei den Ermordeten um Zivilisten gehandelt hatte. Unterdessen erstellte Regierungsbaumeister a. D. Oberbaurat Bock in Essen für die Duisburger Stadtwerke ein vom 9. Mai 1947 datiertes Gutachten über die Gesundheitsgefährdung, die von den Gräbern auf dem König-Heinrich-Platz ausgehen könnte; am folgenden Tag empfahlen die Stadtwerke der Stadtverwaltung, die Gräber zu verlegen. Offenbar nachdem die sowjetische Verbindungsmission in der britischen Besatzungszone der Umbettung zugestimmt hatte, besprachen am 15. August 1947 der Stadtkommandant und der Beigeordnete Tenhagen die Angelegenheit, wobei der Stadtkommandant den Wunsch äußerte, daß die Umbettung *„möglichst in einer Nacht"* und *„möglichst pietätvoll"* vorgenommen werden sollte. Die Verwaltung, die sich schon vorher für den Fiskusfriedhof entschieden hatte, beschloß am 25. August, die Umbettungen in zwei Nächten, und zwar am 26./27. und am 27./28. August jeweils zwischen 23 Uhr und 4 Uhr, durchzuführen; jeweils um 5 Uhr sollte die eigentliche Beisetzung stattfinden. Zehn Bedienstete des Garten- und Friedhofsamtes, und zwar vier Friedhofsarbeiter, fünf Gartenarbeiter und ein Gärtner, führten die Arbeiten aus.

---

[20] StADU 100/11: „Anordnungen der Militärregierung 1945", fol. 17.
[21] Der Vorgang ist dokumentiert in StADU 100/33 (fol. 42-44), StADU 100/36 und StADU 607/262 („Russengräber").

Die Gräber wurden mit Kreuzen aus Holz versehen, von denen bis Anfang September sechs gestohlen wurden; die Stadt hat diese Kreuze sofort ersetzt.[22] Die 33 Gräber auf dem Fiskusfriedhof waren bis zum Juli 1948 die einzigen Zwangsarbeiter-Gräber in Duisburg, die *„Schilder und Beschriftungen"* trugen.[23]

Gut zwei Wochen nach Abschluß der Umbettungen zum Fiskusfriedhof, am 14. September 1947, wurde auf dem Waldfriedhof, in der Nähe des Krematoriums, ein Ehren- und Mahnmal für die durch das NS-Regime Verfolgten und ums Leben Gekommenen eingeweiht.[24] Zur selben Zeit, im August und September 1947, forderte das nordrhein-westfälische Innenministerium über den Regierungspräsidenten in Düsseldorf Angaben darüber an, wieviele Gräber sowjetischer Staatsbürger sich in Duisburg befanden. Die Stadtverwaltung teilte am 30. September mit, es gebe in Duisburg 1363 Gräber sowjetischer Verstorbener, davon 1349 *„zusammenhängend auf Friedhöfen"* und 14 als *„verstreute"* Einzelgräber *„zwischen den anderen Reihengräbern des Friedhofs Ostacker"*.[25] Im Juli 1948 existierten geschlossene Felder mit *„Russengräbern"* auf dem Waldfriedhof, dem Fiskusfriedhof und dem Friedhof an der Bügelstraße; auf dem Beecker Ostackerfriedhof gab es eine „zusammenhängende Gruppe" von 12 Gräbern und 11 (nicht 14) *„zwischen Reihengräbern verstreute"* Einzelgräber, auf dem Nordfriedhof schließlich 24 Einzelgräber von Kindern und sieben von Erwachsenen.[26] Anfang 1948 erging eine Weisung des Innenministers an die Stadtverwaltung, die *„Russengräber"* in Duisburg in einen *„ordnungsgemäßen Zustand"* zu versetzen, womit die Beseitigung einer gewissen Verwahrlosung gemeint gewesen sein muß. Am 28. Juli 1948 schrieb der Oberstadtdirektor an die britische Stadtkommandantur, daß sämtliche Gräber sowjetischer Zivilpersonen *„inzwischen überholt worden* [seien] *und* [sich] *in einem sauberen und gepflegten Zustand"* befänden; sie seien mit Efeu und Blumen bepflanzt worden.[27]

Bereits im Juni 1945 wurden von der Stadtverwaltung auf Anordnung der amerikanischen Besatzungsmacht Vorbereitungen zur systematischen Lokalisierung der Ausländer-Gräber im Hinblick auf den Besuch von Angehörigen getrof-

---

[22] StADU 607/262: Auszug aus der Niederschrift über die Dienstbesprechung beim Stadtkommandanten am 2. September 1947.
[23] Ebd.: Das Garten- und Friedhofsamt an den Regierungspräsidenten, 30. September 1947; Der Beigeordnete Holke (im Auftrag des Rates der Stadt) an den Regierungspräsidenten, 1. Juni 1948.
[24] Wanheimerort (wie Anm. 13), S. 91f.
[25] StADU 607/262: Das Garten- und Friedhofsamt an den Regierungspräsidenten, 30. September 1947.
[26] Ebd.: Das Garten- und Friedhofsamt an den Oberstadtdirektor, 20. Juli 1948.
[27] Ebd.: Der Oberstadtdirektor an die Stadtkommandantur, 28. Juli 1948.

fen. Nach einer Besprechung mit Major Erdman und Hauptmann Harris von der Stadtkommandantur am 4. Juni 1945 ordnete Oberbürgermeister Dr. Weitz an, daß in *„der Verwaltungsstelle des Neuen Friedhofes"* ein Verzeichnis der Grabstätten von Ausländern (*„Holländer, Belgier, Franzosen usw."*) anzulegen sei, *„damit Angehörige jeder Zeit sofort das Grab finden können"*,[28] denn es gab noch keine Grabsteine. Nachdem in der ersten Jahreshälfte 1949 in Verhandlungen zwischen der Militärregierung der britischen Besatzungszone und Behörden der Sowjetunion vereinbart worden war, daß Gräberfelder mit sowjetischen Toten auf den deutschen Friedhöfen der britischen Zone gärtnerisch einheitlich gestaltet und mit kleinen Denkmälern versehen werden sollten, ergingen von den Innenministerien der Länder entsprechende Weisungen an die Stadt- und Gemeindeverwaltungen. Zu den Forderungen der Militärregierung gehörte die Errichtung eines Obelisken *„für jedes Massengrab"*, der mit einer deutlich sichtbaren Inschrift versehen werden mußte, und die Anfertigung kleiner Namenssteine mit kyrillischer Beschriftung für alle Einzelgräber, bei denen der Name des Toten bekannt war. Kreuze auf den Gräbern waren *„sowjetischerseits [...] nicht erwünscht"*.[29] Diese Maßnahmen waren offenbar eine Voraussetzung für die förmliche Übergabe der Ruhestätten sowjetischer Staatsangehöriger (Zivilpersonen und Soldaten) an deutsche Behörden zur künftigen *„Betreuung und Instandhaltung"*. Im Zusammenhang damit besichtigte der Duisburger Stadtkommandant am 17. September 1949 die *„russischen Soldatengräber auf den Friedhöfen im Duisburger Stadtgebiet"*.[30] Zu diesem Zeitpunkt war die Finanzierung der Grabsteine, ein Thema, über das die Städte mit der Landesregierung verhandelten, noch nicht geklärt. Im Oktober 1949 schrieb Oberstadtdirektor Klimpel an den Innenminister, die Stadt Duisburg beabsichtige, *„die Gräber der sowjetischen Staatsbürger mit kleinen Kopfsteinen in Muschelkalk oder Kunststein, 26 x 35 cm groß [...], zum Preise von etwa 25 DM einschließlich Beschriftung auszustatten"*. Von Obelisken für die Massengräber war nicht die Rede. Damals befanden sich in (Alt-) Duisburg insgesamt 1 288 Gräber sowjetischer Staatsangehöriger; es handelte sich um 661 Soldaten und 627 Zivilisten. Durch Multiplikation der Gesamtzahl mit 25 ergab sich ein Kostenaufwand von 32 200 DM. Der britische Stadtkommandant hatte dem Oberstadtdirektor dazu erklärt, der Preis von 25 DM für einen Namensstein erscheine ihm recht hoch,

---

[28] StADU 100/1 b, fol. 160-163: Niederschrift über die Besprechung [des Oberbürgermeisters] mit Major Erdman und Hauptmann Harris am 4. Juni 1945.
[29] StADU 607/265: Die Militärregierung der britischen Besatzungszone (Regional Government Office) in Düsseldorf an das Innenministerium des Landes Nordrhein-Westfalen, 21. Juni 1949 (Abschrift der Übersetzung); Der Innenminister an die Regierungspräsidenten und die Stadt- und Kreisverwaltungen des Landes Nordrhein-Westfalen, 15. September 1949.
[30] Ebd.: „Bericht über die Besichtigung der russischen Soldatengräber durch den Herrn Stadtkommandanten".

hätten doch die *„Eisenkreuze"* für den britischen Soldatenfriedhof im Reichswald bei Kleve nur 6 DM pro Stück gekostet.[31]

Die Bewilligung der Kosten ließ noch einige Monate auf sich warten. Am 25. Februar 1950 teilte der Innenminister der Stadtverwaltung Duisburg mit, das Land übernehme die *„Kosten für* [die] *Beschaffung von 1 288 Kissensteinen"* in Höhe von 32 200 DM.[32] Die Herstellung und Niederlegung der Steine war bis zum 12. August 1950 abgeschlossen, denn unter diesem Datum übersandte die Stadtverwaltung Duisburg dem Innenminister die Kostenabrechnung. Dazu wurde bemerkt, *„daß auf den drei Friedhöfen Düsseldorfer Chaussee* [Waldfriedhof - M. K.] *in Duisburg, Bügelstraße in D.-Meiderich und Fiskusstraße in D.-Hamborn je ein Obelisk zur Aufstellung gekommen ist, der eine russische Inschrift trägt"*; die deutsche Übersetzung dieser Inschrift lautete *„Auf diesem Friedhof ruhen die sterblichen Überreste von .... sowjetischen Staatsangehörigen, gestorben in faschistischer Gefangenschaft im Zeitraum von 1941-45"*. Nach einem Vermerk vom 4. November 1950 gab es auf dem Waldfriedhof 384, auf dem Fiskusfriedhof 550, auf dem Friedhof Bügelstraße 181, auf dem Nordfriedhof 33 und auf dem Ostackerfriedhof 31 Gräber sowjetischer Verstorbener; auf den beiden letztgenannten Friedhöfen waren lediglich Namenssteine niedergelegt worden, auf Obelisken hatte man verzichtet.[33] Die auf dem Nordfriedhof und dem Ostackerfriedhof beigesetzten sowjetischen Toten müssen zu einem nicht bekannten Zeitpunkt verlegt worden sein, wahrscheinlich auf den Fiskusfriedhof, denn gegenwärtig (2003) sind auf beiden Friedhöfen keine Ausländer-Gräber aus der Zeit des Zweiten Weltkrieges (auf dem Ostackerfriedhof auch keine deutschen Kriegsgräber) mehr aufzufinden. Im Juli 1948 waren erstmals Leichname belgischer Staatsangehöriger, die während des Krieges in Duisburg verstorben waren, nach Belgien überführt worden. Die vier Duisburger Standesämter hatten während des Krieges 96 Sterbefälle von belgischen Staatsangehörigen beurkundet.[34] Bis zum 21. Oktober 1958 haben 24 belgische, in Duisburg verstorbene „Kriegstote" in ihrem Heimatland eine letzte Ruhestätte gefunden.[35]

Im Frühjahr 1952 regelte der Bundesgesetzgeber die Erhaltung und Pflege der Gräber deutscher und ausländischer Kriegsopfer in der Bundesrepublik in dem *Gesetz über die Sorge für die Kriegsgräber* (Kriegsgräbergesetz) vom 27. Mai

---

[31] Ebd.: Der Oberstadtdirektor an den Innenminister, 18. Oktober 1949.
[32] Ebd.: Der Innenminister an die Stadtverwaltung Duisburg, 25. Februar 1950.
[33] Ebd.: Entwurf des Garten- und Friedhofsamtes für ein Schreiben an den Innenminister, 12. August 1950; Vermerk des Amtes 22 für den Oberstadtdirektor vom 4. November 1950.
[34] StADU 607/260: „Nachweisung von belgischen Kriegstoten", mit Personenlisten, die 1959 erstellt wurden und zum Teil auch die Todesursachen angeben; das Standesamt Duisburg-Mitte I beurkundete 32 belgische Sterbefälle, das Standesamt Mitte II (Ruhrort-Meiderich) 44, das Standesamt Süd neun und das Standesamt Nord (Hamborn) 11 Sterbefälle.
[35] Ebd.: Liste der in Duisburg ausgegrabenen und nach Belgien überführten belgischen Staatsangehörigen (Datum der letzten Überführung: 21. Oktober 1958).

1952,[36] das rückwirkend zum 1. April 1951 in Kraft trat und in Paragraph 6 den Bundesländern die Möglichkeit einräumte, die *„Sorge"* für die Gräber *„der ausländischen Arbeiter, die während des zweiten Weltkrieges von der deutschen Arbeitseinsatzverwaltung für eine Beschäftigung im damaligen Reichsgebiet verpflichtet wurden und während der Zeit ihres Arbeitseinsatzes gestorben sind"*, zu übernehmen. Die „Sorge" bestand in der Feststellung, dem Nachweis, der Anlage, der Instandsetzung und der Pflege der Gräber (§ 2). Wenn ein Land die Sorge für die Gräber der ausländischen Zwangsarbeiter übernahm, wie es überall geschah, trug der Bund als Rechtsnachfolger des für den Krieg verantwortlichen Deutschen Reiches die anfallenden Kosten, ganz wie bei den Kriegsgräbern im engeren Sinn, d. h. den Gräbern von *„Kriegsteilnehmern"* (Soldaten) und Zivilpersonen, die durch *„unmittelbare Kriegseinwirkungen"* (Luftangriffe und Erdkampfhandlungen) ums Leben gekommen waren. Die Gemeinden hatten nach dem Kriegsgräbergesetz nur die Pflicht, *„sämtliche in ihrem Gebiet gelegenen Kriegsgräber in Listen nachzuweisen und diese auf dem laufenden zu halten"* (§ 2), jedoch konnte die tatsächliche Pflege der Gräber nur von ihnen und nicht von den Ländern ausgeführt werden, die ansonsten viele dezentrale Gärtnereien auf ihrem Gebiet hätten schaffen müssen. Die Länder delegierten die Aufgabe folglich an die Gemeinden und erstatteten ihnen die Kosten aus den Mitteln, die der Bund für die „Sorge" (sprich Pflege) aufgrund von Pauschalsätzen überwies. Den Gemeinden war somit faktisch – nicht schon allein aufgrund des Kriegsgräbergesetzes – mit der Pflege der Zwangsarbeitergräber eine neue Pflichtaufgabe zugewachsen. Diese Situation bildete sehr wahrscheinlich den Hintergrund für die Duisburger Umbettungsaktionen des Jahres 1955. Wie andere Gemeinden wollte die Stadt Duisburg die Kriegsgräberpflege so rationell, und, im Hinblick auf die Abrechnung der Kosten mit Land und Bund, so kostengünstig wie möglich gestalten, zumal der Bund nicht nur die laufende Gräberpflege, sondern auch die Schaffung von Ehrengräberfeldern *„einschließlich einer* [dafür] *etwa erforderlichen Umbettung"* finanzierte (§ 2 Absatz 5).

Seit Mitte 1955 nahm das Duisburger Grünflächen- und Friedhofsamt umfangreiche Umbettungen von ausländischen Kriegstoten mit dem Ziel einer Zentralisierung der Grabstätten auf wenigen Friedhöfen vor. In diesem Zusammenhang wurde im Juni das erwähnte Sammelgrab auf der Schüttung Rönsbergshof in Beeck amtlicherseits festgestellt. Eigentümerin des Geländes war nun die Hamborner Bergbau AG, eine der beiden Nachfolgeunternehmen der Gruppe Hamborn der Gelsenkirchener Bergwerks-AG. Durch das dort vorgefundene kleine Denkmal aus Beton am *„Kopfende des Grabes"* wurden die Beigesetzten als sowjetische Kriegsgefangene klassifiziert. Weil zu diesem Zeitpunkt ein Beschluß existierte, sowjetische Kriegsgefangene und Ostarbeiter aus Notgräbern

---

[36] Bundesgesetzblatt, Jg. 1952, Teil I, S. 320ff.

außerhalb der Friedhöfe im nordruhrischen Stadtgebiet auf den Nordfriedhof umzubetten, wurde das Sammelgrab am 10. Juli 1955 durch das Grünflächen- und Friedhofsamt in Anwesenheit eines Vertreters des Polizeipräsidiums und eines Dolmetschers geöffnet. Eine Identifizierung der 22 Toten war nicht mehr möglich, *„da lediglich nur noch Knochenreste vorgefunden wurden"*, aber die Namen der Toten waren der Hamborner Bergbau AG aus den Unterlagen des Vorgängerunternehmens bekannt. Die sterblichen Überreste der 22 Kriegsgefangenen wurden noch am selben Tag zum Waldfriedhof (nicht zum Nordfriedhof) überführt und in das Sammelgrab Nr. 3 auf dem Ehrenfeld II umgebettet. Das *„Gedenkmal"* aus Beton, über das bereits am 20. Februar 1954 die *Westdeutsche Allgemeine Zeitung* berichtet hatte, trug eine kyrillische Inschrift, die von 33 Toten spricht und von dem Dolmetscher am 10. Juli wie folgt übersetzt wurde:[37]

„Zum Andenken an die gefallenen 33 Kameraden russischer Kriegsgefangener. Gefallen beim Angriff am 14.10.1944. Für den Sieg über den Feind der Arbeiter. Der Sieg ist unser. 1945"

Dieses Denkmal war vermutlich unmittelbar nach dem Kriegsende von befreiten Kriegsgefangenen oder auch Ostarbeitern errichtet worden, die nicht wußten, daß sich tatsächlich nur 22 (und nicht 33) Leichname von Landsleuten in dem Sammelgrab befanden. Und es gab zumindest einen Menschen, der sich in den gut zehn Jahren, die seit dem Kriegsende vergangen waren, um das Grab gekümmert hatte:

„Während der Umbettung war auch der Arbeiter Stanislaus Grabinksi, 9.9.1901 zu Wreschen / Posen [sic], *wohnhaft in Duisburg-Meiderich, Bruchfeldstraße 16, zugegen. Er teilte mit, das Grab habe er bei Beendigung des Krieges so hergerichtet, wie es jetzt noch zu sehen gewesen sei. Als Kämpfer gegen den Nationalsozialismus habe er es für seine Pflicht erachtet, das Grabmal in Ordnung zu halten. Es sei ihm nicht recht, das es nunmehr – nach Umbettung der sterblichen Überreste – dem Erdboden gleichgemacht werden sollte. Er bat dringend darum, es bei dem gegenwärtigen Zustand zu belassen."*[38]

Nach der Aufstellung des Gedenksteins hatte Grabinski rings herum, *„pyramidenförmig etwa 1,50 m hoch"*, Kletterrosen angepflanzt und *„in einem Quadrat von etwa 6 x 6 m [...] einen Zaun von schweren Eisenbahnschwellen"* gesetzt. Als das Grünflächen- und Friedhofsamt seine Absicht bekundete, nach der Umbettung der Toten *„den Steinsockel in das entstandene Loch zu senken"*, stieß es bei Grabinski *„auf Widerstand"*. Auf Vorschlag des Vertreters der Polizei

---

[37] StADU 607/257: Bericht des Kriminal-Obersekretärs Feldhaus (Polizeipräsidium Duisburg) an den Oberstadtdirektor (Grünflächen- und Friedhofsamt) vom 11. August 1955. Die Übersetzung stimmt nicht mit dem wahrscheinlich erst 1988 unter dem russischen Text angebrachten deutschen Text überein, dem das diesem Kapitel vorangestellte Zitat entnommen wurde.
[38] Wie Anm. 37.

einigte man sich darauf, daß das Grünflächen- und Friedhofsamt *„eine Entscheidung höheren Orts"* einholen sollte, womit sich *„beide Parteien zufrieden"* gaben. Der Gedenkstein blieb stehen und steht bis heute, am Kopf eines kleinen, von Sträuchern eingefaßten Platzes. In mehr als vier Jahrzehnten etwas verfallen, ist er 1988 restauriert worden;[39] wahrscheinlich damals hat man ihn durch die Einfügung eines Betonblocks mit einer freien deutschen Übersetzung des russischen Widmungstextes etwas erhöht.

Im Juli 1955 wurden 114 sowjetische Tote innerhalb des Waldfriedhofes und eine unbekannte Anzahl Toter innerhalb des Friedhofes an der Bügelstraße in andere Grabstätten verlegt. Gleichzeitig führte die Friedhofsverwaltung eine größere Umbettungsaktion zum Waldfriedhof durch. Insgesamt 173 während des Krieges gestorbene sowjetische Staatsangehörige wurden von mehreren städtischen Friedhöfen nördlich der Ruhr, auch vom Fiskusfriedhof, auf den Waldfriedhof umgebettet. Außerdem kamen die sterbichen Überreste acht *„unbekannter"* Personen vom Evangelischen Friedhof an der Möhlenkampstraße in Beeck, neun unbekannter Personen vom Pfarrfriedhof in Huckingen und zwei solcher Personen aus dem Stadtteil Buchholz, ferner, wie bereits gesagt, die Überreste der 22 *„unbekannte[n] Russen"* von der Notgrabstätte auf der Schüttung Rönsbergshof in drei Sammelgräber auf den Waldfriedhof.[40] Schon im Mai 1955 hatte die Duisburger Friedhofsverwaltung die Überreste einer unbekannten Anzahl niederländischer Staatsangehöriger exhumiert und nach Düsseldorf überstellt.[41]

Im Juli 1958 wurden 155 italienische Kriegstote auf sechs Duisburger Friedhöfen exhumiert und nach Hamburg überführt. Drei weitere Italiener, die in einem Lager der Mannesmannröhren-Werke AG in Huckingen untergebracht gewesen und bei dem Luftangriff am 1. November 1944 ums Leben gekommen waren, konnten nicht exhumiert werden, weil sie *„in einem Sammelgrab mit Russen"* auf dem Waldfriedhof beigesetzt worden waren. Bei den Zahlenangaben zu den einzelnen Friedhöfen fallen besonders der Waldfriedhof mit 61 Toten und der Evangelische Friedhof in Beeck mit 52 Toten auf. Die auf dem

---

[39] Manfred Tietz, Solidarität auf Zeche Beeckerwerth, in: Rudolf Tappe u. Manfred Tietz (Hrsg.), Tatort Duisburg 1933-1945. Widerstand und Verfolgung im Nationalsozialismus, Bd. 1, Essen 1989, S. 318.

[40] StADU 607/258: *„Umbettungen von Russen am 15.7.1955 innerhalb des Friedhofes Bügelstraße und Umbettungen innerhalb und zum Waldfriedhof"*. Die Akte enthält eine Liste von 17 sowjetischen Toten beiderlei Geschlechts, von denen sieben am 13. Mai 1943 wohl durch einen Luftangriff umgekommen sind, sowie eine Aufschlüsselung („Beerdigungsstatistik 1955") der 173 verstorbenen sowjetischen Staatsangehörigen, die von städtischen Friedhöfen nördlich der Ruhr zum Waldfriedhof überführt wurden. Die 41 unbekannten Toten, die zum Waldfriedhof verlegt wurden, fanden endgültige Ruhestätten in den Sammelgräbern (Blocks) 1, 2 und 3 auf dem Ehrenfeld II. Bei den neun Toten vom Pfarrfriedhof Huckingen handelte es sich wahrscheinlich um Ukrainer, die in den letzten Kriegswochen durch den Artilleriebeschuß von der linken Rheinseite her umgekommen sind.

[41] Ebd.: Vermerk „Beerdigungsstatistik 1955".

großen, als Zentralfriedhof für den südruhrischen Teil von Duisburg genutzten Waldfriedhof beigesetzten Italiener könnten in verschiedenen Betrieben gearbeitet und dementspechend in verschiedenen Lagern gewohnt haben. Die auf dem großen, als Zentralfriedhof für den südruhrischen Teil von Duisburg genutzten Waldfriedhof beigesetzten Italiener könnten in verschiedenen Betrieben gearbeitet und dementspechend in verschiedenen Lagern gewohnt haben. Die 52 Italiener auf dem recht kleinen Evangelischen Friedhof in Beeck jedoch dürften ehemalige Militärinternierte gewesen sein; 19 von ihnen sind bei dem Luftangriff vom 14./15. Oktober 1944 in dem Lager Schüttung Rönsbergshof der Gelsenkirchener Bergwerks-AG getötet worden.[42]

Im Jahre 2000 befanden sich auf sechs noch belegten Duisburger Friedhöfen Grabstätten von Zwangsarbeitern beiderlei Geschlechts und von Zwangsarbeiter-Kindern. Es handelt sich um drei kommunale Friedhöfe auf Alt-Duisburger Stadtgebiet (Waldfriedhof, Fiskusfriedhof und Friedhof an der Bügelstraße), um die kommunalen Friedhöfe in Alt-Walsum und Rheinhausen-Trompet und um den Friedhof der Evangelischen Kirchengemeinde Wanheim, als einzigen von 14 kirchlichen Friedhöfen auf dem Alt-Duisburger Stadtgebiet. Auf dem Waldfriedhof ruhen in mehreren Gräberfeldern insgesamt 3 516 Opfer des Zweiten Weltkriegs. Zwei Felder sind für sowjetische Zwangsarbeiter und Zwangsarbeiterinnen angelegt worden. Auf einem dritten Feld mit besonderem Denkmal findet man die mit „Kissensteinen" versehenen Gräber von 263 in den Jahren 1942 bis 1945 gestorbenen Kindern von sowjetischen Zwangsarbeiterinnen; es ist dies der größte Friedhof für „Ostkinder" in Deutschland.[43] Auf dem Fiskusfriedhof in Hamborn ruhen in einem großen Ehrenfeld 719 ausländische Kriegstote, darunter 394 sowjetische Staatsangehörige.[44] Auch der Friedhof an der Bügelstraße in Meiderich umfaßt ein großes Ehrenfeld für Ausländer, die sich kriegsbedingt in Duisburg aufhielten und hier verstarben. Der Friedhof in Alt-Walsum weist ein kleineres Feld mit 102 „Grabkissen" auf, die Namen sowjetischer Staatsangehöriger in kyrillischer Schrift tragen. Das Feld befindet sich in der Nähe des Gedenksteins für die Walsumer „Märzgefallenen" der *Roten Ruhrarmee* aus dem

---

[42] StADU 607/261: Namenslisten, die von den Büros der fünf beteiligten städtischen Friedhöfe aufgestellt wurden. Die Zahlen im einzelnen: Waldfriedhof (Wanheimerort): 61, Evangelischer Friedhof Beeck: 52, Friedhof Bügelstraße (Obermeiderich): 26, Friedhof Fiskusstraße (Hamborn-Neumühl): 10, Friedhof Ostacker (Beeck): 4, Nordfriedhof (Hamborn-Obermarxloh): 2. Die Sterbedaten sind für den Waldfriedhof angegeben, für die anderen Friedhöfe nicht. Die Umbettungen nach Hamburg wurden von der deutschen Delegation des *Commissariato Generale Onoranze Caduti in Guerra* (Generalkommissariat für die Ehrung der Kriegsgefallenen) organisiert.
[43] Wanheimerort (wie Anm. 13), S. 91f.; Manfred Tietz, Die „wertlose" Frau, in: Rudolf Tappe u. Manfred Tietz (Hrsg.), Tatort Duisburg. Widerstand und Verfolgung im Nationalsozialismus, Bd. 2, S. 354-397, hier: S. 376.
[44] StADU 607/262: Das Garten- und Friedhofsamt an den Oberstadtdirektor, 7. Mai 1947; Schwieren, Neumühl, S. 107f.

Jahr 1920. In Rheinhausen wurde am 22. Mai 1994, genau 50 Jahre nach dem schwersten Luftangriff auf die früher selbständige Stadt, ein Mahnmal eingeweiht, das von Bürgern initiiert und mit finanzieller Hilfe der Alfried Krupp von Bohlen und Halbach-Stiftung hergestellt worden war. Bei der Einweihungsfeier waren mehrere ehemalige Zwangsarbeiterinnen zugegen.[45] In Homberg existieren auf dem ehemaligen, jetzt als Park genutzten Alten Friedhof (Schillerstraße) 22 Grabstätten von zivilen Zwangsarbeitern, weit überwiegend aus der Sowjetunion (bei zweien der hier Bestatteten könnte es sich um Polen handeln). Die Grabstätten sind mit Namenstafeln versehen, auf denen nur in vier Fällen auch der Sterbetag angegeben ist (1943 bis 1945). Diese 22 Zwangsarbeiter wurden neben 15 russischen Kriegsgefangenen des Ersten Weltkrieges beerdigt, die wahrscheinlich bei der Zeche Rheinpreußen gearbeitet haben und denen erheblich aufwendigere, aufrecht stehende Grabsteine gesetzt worden sind. Auf dem Friedhof in Rumeln erinnern ein Gedenkstein und ein Kreuz an die 1941 bis 1945 in dieser Gemeinde ums Leben gekommenen Zwangsarbeiter, deren Zahl nicht bekannt ist und deren Gräber wahrscheinlich vor der Eingemeindung Rumeln-Kaldenhausens nach Duisburg am 1. Januar 1975 eingeebnet worden sind.

---

[45] Klingenburg, Spurensuche, S. 77.

Kapitel 10
Displaced Persons

Viele von den Leuten hier haben 15 Lager hinter sich. Sie werden so durch die Gegend geschickt. Das hört nicht damit auf, daß sie, die meist vom Land stammen, jung von Hause weg kamen, als sie noch keinen Beruf erlernt hatten. Sie kamen nach Deutschland in Lager, wo alles beieinanderhockt. Und immer wieder in Lager. Keiner blieb von dem verschont, was wir hier die Lagerpsychose nennen. Es ist einem schließlich alles egal, man ist mutlos, weil nirgends ein Ausweg ist und am Ende hat dieses Sichtreibenlassen etwas Faszinierendes an sich.

Rheinische Post, 15. Januar 1955[1]

Als die alliierten Streitkräfte im Frühjahr 1945 Deutschland besetzten und eine deutsche Zentralgewalt nicht mehr bestand, fiel den Siegermächten die politisch-ökonomische Verantwortung für die knapp zehn Millionen Menschen zu, die während des Krieges als Zwangsarbeiter der verschiedenen Kategorien ins Deutsche Reich gebracht worden waren. *Displaced Persons*, wie die Verschleppten von den Westmächten genannt wurden, gab es allerdings auch jenseits der Grenzen des nun liquidierten Deutschen Reiches, in Frankreich, Belgien, den Niederlanden und einigen Ländern Mittelosteuropas. Fast überall in der nun eroberten „Festung Europa", wo Industrie und Landwirtschaft für Zwecke der deutschen Kriegswirtschaft produziert hatten, konnten die Einheiten der westlichen Streitkräfte und der Roten Armee auf Menschen stoßen, die gegen ihren Willen an dem betreffenden Ort lebten. Die Alliierten schätzten die Zahl der Displaced Persons in ganz Europa – ohne die Flüchtlinge und Vertriebenen aus Ostdeutschland – auf mehr als 11,3 Millionen; 10,3 Millionen davon befanden sich auf deutschem Gebiet. Die geordnete, auf die verkehrstechnischen Möglichkeiten des verwüsteten Kontinentes abgestimmte Rückführung der Displaced Persons in ihre Heimatländer und -gemeinden war eine der großen Aufgaben der vier Alliierten, die nun gemeinsam die Geschicke Mitteleuropas bestimmten. Schon die Rückreise der Westarbeiter aus dem Ruhrgebiet war nicht problemlos, weil fast alle Rheinbrücken zerstört waren. Dennoch gelangten die Zwangsarbeiter aus Frankreich, Belgien und den Niederlanden im Frühsommer 1945 teils in organisierten Eisenbahntransporten, teils selbständig und zu Fuß, relativ zügig wieder in ihre Heimatgemeinden. Die Probleme einer Rückwanderung von Zwangsarbeitern in die Sowjetunion in den ersten Nachkriegsmonaten sind bereits im Kapitel 8 (S. 316f.) angesprochen worden. Bis Ende 1945 waren rund

---
[1] *Rheinische Post* vom 15. Januar 1955: „Sie warten – warten – warten"; hier zitiert nach: Kaminsky, Dienen unter Zwang, S. 245.

80 Prozent aller DPs in den drei Westzonen repatriiert.[2] Aber nicht alle ehemaligen Zwangsarbeiter konnten oder wollten dorthin zurück, von wo aus sie ins Deutsche Reich verschleppt worden waren. In Duisburg wie im ganzen besetzten Deutschland hat sich ein beträchtlicher Teil der aus Ost- und Südosteuropa verschleppten Personen nicht nur vorläufig, sondern definitiv gegen eine Rückkehr in die Heimat entschieden. Sie zogen das Leben in einem Lager bei ausreichender Versorgung aufgrund alliierter Anordnungen einem ungewissen Schicksal in der Heimat vor. Die dokumentierte und beschreibbare Geschichte der Displaced Persons sollte vom Frühjahr und Sommer 1945 an länger als zwei Jahrzehnte dauern, über das 1966 endende deutsche *Wirtschaftswunder* hinaus.[3]

Nach einer Bestimmung des interalliierten Abkommens von Jalta vom 11. Februar 1945 sollten die westlichen Alliierten alle sowjetischen Staatsangehörigen, die sich in den von den Westmächten besetzten Gebieten aufhielten, an Beauftragte der Sowjetunion übergeben. Eine *zwangsweise* Repatriierung gegen den Willen der Betroffenen sollte jedoch nur bei Personen stattfinden, die der NS-Diktatur als Uniformträger, etwa in der Wlassow-Armee oder in Kosakenverbänden, gedient oder sonst in irgendeiner Weise mit dem Feind kollaboriert hatten, wobei die Zwangsarbeit in der deutschen Wirtschaft nicht als Kollaboration galt. Die Sowjetunion bestand auch wegen des erheblichen Mangels an Arbeitskräften in ihrer Volkswirtschaft auf der Rückkehr aller im Ausland lebenden, von ihr als Staatsbürger deklarierten Personen. Briten und Amerikaner waren zunächst, bis in das Jahr 1946 hinein, auch gewillt, ihrem östlichen Verbündeten alle aus der Sowjetunion (in ihren Vorkriegsgrenzen) verschleppten Menschen „zurückzugeben". In den neun Monaten von Mai 1945 bis Februar 1946 wurden 4,2 Millionen Sowjetbürger repatriiert, und zwar über 1,5 Millionen befreite Kriegsgefangene und knapp 2,7 Millionen Zivilisten, fast ausschließlich Zwangsarbeiter. Alle Rückkehrer mußten zunächst amtliche und geheimdienstliche Überprüfungen über sich ergehen lassen, wobei Kollaborateure aufgespürt werden sollten. Die befreiten Kriegsgefangenen wurden von der Spionageabwehr, die Zivilisten vom Geheimdienst NKWD (dem späteren KGB) „durchleuchtet" und währenddessen in Durchgangslagern festgehalten. Bezüglich der Kollaboration verdächtigten die sowjetischen Sicherheits- und Ermittlungsorgane vor allem Ukrainer und Angehörige der früheren baltischen Staaten, weniger Groß- und Weißrussen. Nach dem Aufenthalt im Überprüfungs- oder „Filtrations"-Lager konnten mehr als 57 Prozent der Repatriierten, größtenteils Frauen

---

[2] Kaminsky, Dienen unter Zwang, S. 233.
[3] Zum Thema der Displaced Persons allgemein: Wolfgang Jacobmeyer, Vom Zwangsarbeiter zum heimatlosen Ausländer: die Displaced Persons in Westdeutschland 1945-1951, Göttingen 1985; Stanislaus Stepien, Der alteingesessene Fremde. Ehemalige Zwangsarbeiter in Westdeutschland, Frankfurt a. M. u. New York 1989; Gabriele Dietz-Görrick, Displaced Persons. Ihre Integration in Wirtschaft und Gesellschaft des Landes Nordrhein-Westfalen, Diss. phil. Düsseldorf 1992.

und Kinder, in ihren Heimatort und zu ihren Familien, wenn diese noch existierten, zurückkehren. 19 Prozent der Durchleuchteten wurden zur Roten Armee eingezogen, oft in ein Strafbataillon, 14,5 Prozent mußten, normalerweise für zwei Jahre, in einem *Bataillon des Wiederaufbaues* Zwangsarbeit – nun im eigenen Land – leisten, und 8,6 Prozent (rund 360 000 Menschen) wurden, meist wegen „Landesverrats", zu zehn- bis zwanzigjähriger Lagerhaft verurteilt.[4] Die Angst vor Verfolgung und Repression in der Sowjetunion war bei vielen befreiten männlichen sowjetischen Zwangsarbeitern so groß, daß es angesichts der drohenden Rückführung in die Heimat zu unzähligen Selbsttötungen und vielfach zu tätlichen Auseinandersetzungen zwischen dem Rückführungspersonal der Roten Armee und sowjetischen Displaced Persons in DP-Lagern kam. Eine Bürgerin in Hamborn erinnerte sich, die nach dem lokalen Kriegsende in der Schule an der Grimmstraße einquartierten „*Russen*" hätten aus Hamborn „*gar nicht mehr weg*" gewollt, weil sie Angst gehabt hätten, daß sie „*der Stalin*" gleich „*nach Sibirien*" schickt.[5] Während die „einwandfreien" Kämpfer gegen den deutschen Feind, Soldaten der Roten Armee und Partisanen, beim Wiederaufbau ihrer kriegszerstörten Häuser in den ländlichen Gebieten von den örtlichen Kolchosen unterstützt wurden, erfuhren die meist nicht nur vom Staat, sondern auch von ihren Nachbarn geächteten, vermeintlichen „Kollaborateure" keinerlei Hilfe dieser Art. Die angeblichen „Kollaborateure" unter den ehemaligen zivilen Zwangsarbeitern wurden erst in den 1980er Jahren, während der Regierung des Staats-

---

[4] Nicolas Werth, Ein Staat gegen sein Volk. Gewalt, Unterdrückung und Terror in der Sowjetunion, in: Stéphane Courtois et al. (Hrsg.), Das Schwarzbuch des Kommunismus. Unterdrückung, Verbrechen und Terror, München 1998, S. 255. - Leicht abweichende Zahlen und Kategorien bei Pavel Poljan, Die Deportation der Ostarbeiter im Zweiten Weltkrieg, in: Andreas Gestrich et al. (Hrsg.), Ausweisung und Deportation. Formen der Zwangsmigration in der Geschichte, Stuttgart 1995, S. 115-140, hier S. 136ff.: 57,8 Prozent der Repatriierten wurden entlassen, 19,1 Prozent zur Roten Armee eingezogen, 14,5 Prozent in Arbeitsbataillone des *Volkskommissariates für Verteidigung* gesteckt, 6,5 Prozent kamen in die Straflager des GULAG, und 2,1 Prozent mußten auf Befehl der Militärverwaltung „verschiedene Arbeiten" leisten). - Zum Komplex der Repatriierung außerdem: Jacobmeier (s. Anm. 3); Bernd Bonwetsch, Sowjetische Zwangsarbeiter vor und nach 1945. Ein doppelter Leidensweg, in: Jahrbücher für Geschichte Osteuropas, Bd. 41 (1993), Heft 4, S. 532-546; Vladimir Naumov u. Leonid Resin, Repressionen gegen sowjetische Kriegsgefangene und zivile Repatrianten in der UdSSR 1941 bis 1956, in: Klaus-Dieter Müller et al. (Hrsg.), Die Tragödie der Gefangenschaft in Deutschland und der Sowjetunion 1941-1956, Köln u. Wien 1998, S. 335-364; Pavel Poljan, Die Endphase der Repatriierung sowjetischer Kriegsgefangener und die komplizierten Wege ihrer Rehabilitierung, in: Müller et al. (Hrsg.), Die Tragödie (s. o.), S. 365-394; ders., Deportiert nach Hause. Sowjetische Kriegsgefangene im „Dritten Reich" und ihre Repatriierung, München u. Wien 2001 (Kriegsfolgenforschung, Bd. 2) (Poljans Behauptung, bei Kriegsende hätten sich 2,1 Millionen sowjetische Kriegsgefangene in Deutschland befunden, ist in der Forschung umstritten; z. T. werden niedrigere Zahlen angenommen); Ulrike Goeken-Haidl, Von der Kooperation zur Konfrontation. Die sowjetischen Repatriierungsoffiziere in den westlichen Besatzungszonen, in: Müller et al. (Hrsg.), Die Tragödie (s. o.), S. 315-334, sowie dies., Repatriierung in den Terror? Die Rückkehr der sowjetischen Zwangsarbeiter und Kriegsgefangenen in ihre Heimat, 1944-1956, in: Felicitas Amler (Hrsg.), Zwangsarbeit, Dachau 2000 (Dachauer Hefte, Bd. 16), S. 190-209.

[5] Schwieren, Neumühl, S. 108 (Erinnerung von Frau Dudziak).

und Parteichefs Michail Gorbatschow, offiziell rehabilitiert. Doch auch für viele freiwillige Rückkehrer, denen der sowjetische Sicherheitsapparat nach der Überprüfung nichts vorzuwerfen hatte, war das Leid nach der Befreiung und der Rückkehr in die Heimat nicht vorbei. Viele hatten keine Familie mehr oder fanden nicht nur ihr Haus oder ihre Wohnung, sondern den ganzen Heimatort völlig zerstört vor. Soziale Netze der Vorkriegszeit waren zerrissen und mußten neu geknüpft werden. Vielen Jugendlichen war es nicht mehr möglich, den Schulbesuch wieder aufzunehmen und den Schulabschluß zu erlangen, den sie angestrebt hatten, als sie nach Deutschland verschleppt worden waren.

Nicht nur Staatsangehörige der Sowjetunion, von denen bisher fast ausschließlich die Rede war, wollten Deutschland nicht ohne weiteres verlassen. Tausende von Polen, die in den DP-Lagern erfuhren, daß in ihrer eben von deutscher Herrschaft befreiten Heimat ein sozialistisches Regime unter Kontrolle der Sowjetunion etabliert wurde, entschieden sich gegen eine Rückkehr dorthin. Durch die Westverschiebung Polens waren zwei Fünftel des Heimatstaates in seinen Vorkriegsgrenzen sogar „unmittelbar" ein Teil der Sowjetunion geworden. Wer von den aus dem früheren Ostpolen nach Deutschland Verschleppten sich eine Existenz unter der Diktatur Stalins nicht vorstellen konnte, mußte die Rückführung ablehnen. Das gleiche Problem lag bei den Esten, Letten und Litauern vor, deren Länder nun definitiv Teilrepubliken der Sowjetunion geworden waren. Ihre Befürchtung, die baltischen Länder würden einer Russifizierung unterworfen werden, sollte sich bewahrheiten. Eine beträchtliche Zahl an Staatsangehörigen Jugoslawiens versprach sich von einem Leben unter dem staatssozialistischen Tito-Regime nicht viel Gutes, was vor allem für die freiwillig nach Deutschland gekommenen Kroaten und Slowenen galt, die 1941 die Aufteilung Jugoslawiens in drei Staaten begrüßt hatten. Auch ein Teil der relativ wenigen osteuropäischen Juden, die die Shoah als Zwangsarbeiter in West- oder Mitteldeutschland überlebt hatten, konnte sich in Anbetracht ausgelöschter Familien, entvölkerter Heimatgemeinden und eines nicht unerheblichen Antisemitismus in der Sowjetunion und den sowjetischen Satellitenstaaten nicht zur Rückkehr entschließen.

Es ist nicht ganz klar, aus welchen Gründen mehrere tausend sowjetische Staatsangehörige, die nicht zurück in die Heimat wollten, der vorgesehenen zwangsweisen Rückführung entgehen konnten. Die Angehörigen der ehemaligen baltischen Staaten, die Westukrainer aus dem ehemaligen Ostpolen und alle weiteren Ausländer fielen ohnehin nicht unter die Vereinbarung von Jalta. Nachdem am 12. Februar 1946 eine Resolution der Vereinten Nationen die Beendigung der bis dahin verfolgten Rückführungspolitik und die *Freiwilligkeit* als Bedingung jeder Repatriierung gefordert hatte, stellten die Westmächte die Zwangsrückführungen in die Sowjetunion ein. Dieser Schritt hing auch mit der inzwischen schon beträchtlichen Entfremdung zwischen den Westmächten einerseits und der Sowjetunion andererseits, d. h. dem beginnenden *Kalten Krieg*, zusammen.

Die wirtschaftliche und soziale Betreuung der DPs wurde von den Alliierten nicht der deutschen Verwaltung übertragen, sondern der am 9. November 1943 gegründeten *United Nations Relief and Rehabilitation Administration* (UNRRA) anvertraut, die in Deutschland und Österreich zahlreiche Dienststellen einrichtete. 1947 wandelten die Vereinten Nationen die UNRRA in die *International Refugee Organization* (IRO) um. In Zusammenarbeit mit den Militärregierungen auf zonaler und Landes-Ebene und den Stadt- und Kreiskommandanturen kümmerten sich die UNRRA- und IRO-Mitarbeiter um die Unterbringung der DPs, die Versorgung mit Lebensmitteln und Konsumgütern und die medizinische Versorgung. Die von der UNRAA, dann IRO für die DPs benötigten Waren wurden aufgrund des Besatzungsrechts von Dienststellen der Besatzungsmächte aus der deutschen Produktion requiriert, wobei die Beschaffung Aufgabe der deutschen Besatzungsämter war. Eines der Lager, in denen UNRRA und IRO ehemalige Zwangsarbeiter betreuten, war ein früheres, 1943 gebautes großes Arbeiterlager des Krupp-Konzerns in Lintorf bei Ratingen. In diesem Lager lebten 1946 „nur" noch etwa 800 Ukrainer. Infolge der Auflösung kleinerer Unterkünfte, vermutlich auch in Duisburg, kamen im Frühsommer 1947 Russen, Ungarn und 600 bis 700 Jugoslawen nach Lintorf. Im März 1950 zählte das Lager rund 1 300 Bewohner; vor allem durch Auswanderung ging die Zahl bis Ende Juli auf 1 060 zurück.[6] Die IRO organisierte auch die Auswanderung (*Resettlement*) von DPs in traditionelle Einwanderungsländer wie die Vereinigten Staaten, Kanada, Australien und Neuseeland und, soweit es sich um Juden handelte, in den 1948 gegründeten Staat Israel. Der *Displaced Persons Act* der US-amerikanischen Regierung von 1949 erleichterte die Einwanderung von DPs in die Vereinigten Staaten erheblich. Allein aus Lintorf machten sich zwischen März 1950 und Ende 1951 etwa 700 Personen auf den Weg in ein neues Leben in Übersee.[7] Bis 1951 sind rund 712 000 DPs aus Deutschland nach Übersee ausgewandert. Wirklich willkommen waren in den Aufnahmeländern aber nur junge, gesunde und arbeitsfähige Personen, bevorzugt ledige Männer. Inwieweit das Urteil einiger Zeitgenossen berechtigt war, nach dem Auslaufen der Emigrationswelle um 1951/52 sei in Deutschland nur der in verschiedener Hinsicht problematische *hard core* der DPs zurückgeblieben – Behinderte und chronisch Kranke, psychisch Gebrochene, Alkoholiker, wenig Leistungsfähige, Alte und alleinerziehende Mütter – kann an dieser Stelle nicht genauer untersucht werden. Seit März 1951 mußte die IRO ihre Tätigkeit erheblich einschränken; im September 1953 wurde sie liquidiert. Ihre bis dahin verbliebenen Zuständigkeiten übernahm das 1951 geschaffene Amt des *Hochkommissars für Flüchtlinge bei den Vereinten Nationen* (UNHCR) in Genf.

---

[6] Kaminsky, Dienen unter Zwang, S. 228f. u. 239-246.
[7] Ebd., S. 241 (Anm. 49).

Schon das Ende der Zwangsrückführungen 1946 hatte deutlich gemacht, daß die DP-Lager in Westdeutschland zu Dauereinrichtungen werden würden. Ende 1946 lebte noch gut eine Million DPs in Deutschland, zum überwiegenden Teil in Lagern, die größtenteils während des Krieges erbaut worden waren, und zwar aufgrund einer Anordnung der Besatzungsmächte weitgehend nach Nationalitäten getrennt. 1947 gab es in den drei westlichen Besatzungszonen 733 DP-Lager und -Unterkünfte, davon gewiß ein halbes Dutzend – eher mehr als weniger – in Duisburg. Im Februar 1947, fast zwei Jahre nach dem lokalen Kriegsende, sollen in (Alt-) Duisburg 6 454 DPs gelebt haben, 3 150 Männer und 3 304 Frauen,[8] von denen die meisten in Lagern wohnten. Eigene Wohnungen für DPs – überwiegend für solche, die dank hoher beruflicher Qualifikation in Arbeit standen und für die Wirtschaft unentbehrlich waren – stellten Ausnahmefälle dar. Bis 1947 hatten Binnenwanderungen und von den Besatzungsmächten veranlaßte „Verschiebungen" von DPs dazu geführt, daß die Ausländer in den westdeutschen Städten nur zu einem sehr kleinen Teil schon während des Krieges als Zwangsarbeiter in dem betreffenden Ort gewesen waren. Ende 1947 lebten in Nordrhein-Westfalen 38 620 DPs, und zwar 23 313 Polen, 4 381 Ukrainer, 3 355 Letten, 1 940 Litauer, 1 340 Esten, 3 932 Jugoslawen und 439 Personen anderer Staatsangehörigkeit.[9] Schon seit 1945 waren besondere, ethnisch „homogene" Schulen für die Kinder von DPs mit muttersprachlichem Unterricht gegründet worden. 1947 gab es in den drei westlichen Besatzungszonen 112 Volksschulen, 57 höhere Schulen und fünf Fachschulen ausschließlich für DP-Kinder, deren Lehrer zumeist der jeweiligen Ethnie entstammten.[10]

Die Beziehungen zwischen den Deutschen, soweit sie nicht zu den betreuenden Institutionen gehörten, und den DPs blieben, von wenigen Ausnahmen abgesehen, unterkühlt. Die DPs wurden noch bis 1947 gegenüber den Deutschen bevorzugt behandelt; sie erhielten größere Lebensmittelrationen und wurden besser mit Konsumgütern versorgt. Dies in Verbindung mit der Tatsache, daß sie nicht arbeiten mußten und in den Lagern keine Miete zahlten, wurde von vielen Deutschen als unbillig und ungerecht empfunden. Zu freundschaftlichen, ja bloß „nachbarschaftlichen" Beziehungen zwischen Deutschen und DPs ist es daher kaum gekommen; eine wirkliche Integration in die deutsche „Zusammenbruchsgesellschaft" war nicht möglich, nicht nur wegen der abgeschotteten Existenz der weitaus meisten DPs in den Lagern. Als die Besatzungsmacht 1946 erstmals *Arbeitserlaubnisse* für DPs erteilte, machte nur ein Teil davon Gebrauch. Anfang 1947 führten die Briten in ihrer Zone den *Arbeitszwang* für erwachsene DPs ein,

---

[8] StADU 100/36, fol. 65: Besprechung von Oberstadtdirektor Dr. Klimpel mit Stadtkommandant Oberstleutnant Parsons am 12. Februar 1947, Tagesordnungspunkt *Zwangsverschleppte Ausländer*: „*Angeblich sollen sich in Duisburg noch 3 150 männliche und 3 304 weibliche Ausländer (Zwangsverschleppte) aufhalten*".
[9] Dietz-Görrick, Displaced Persons (wie Anm. 3), S. 35.
[10] Ebd., S. 83.

von dem nur Kranke und wegen einer Behinderung Arbeitsunfähige ausgenommen waren. Selbstverständlich konnte der Arbeitszwang nur greifen, wenn und soweit Nachfrage nach Arbeit bestand und Stellen angeboten wurden. Obwohl es objektiv keine spezifische DP-Kriminalität gab, die das Ausmaß der Kriminalität in der einheimischen Bevölkerung übertroffen hätte, wurden die DPs nicht nur vom Durchschnitt der Deutschen, sondern auch von den Stadt- und Kreisverwaltungen und den lokalen Militärregierungen als latent kriminelle Gruppe angesehen. Ein Delikt, bei dem tatsächlich in vielen Fällen Indizien für eine Täterschaft von Ausländern sprachen, war der Diebstahl von Kleinvieh und von Obst und Gemüse aus Schrebergärten. Kapitalverbrechen von Ausländern, wie sie in den ersten Monaten nach der Befreiung geschehen waren, kamen, jedenfalls in Duisburg, nicht mehr vor. Die Gerichtsbarkeit über die DPs war in Westdeutschland bis zum 1. Juli 1950 den alliierten Militärgerichten vorbehalten; Klagen gegen DPs konnten jedoch mit Genehmigung der zuständigen Militärbehörde auch vor deutsche Gerichte kommen.

Die lokalen Behörden, sowohl die alliierten als auch die deutschen, trachteten nach größtmöglicher „Kontrolle" der DPs, was praktisch jedoch so gut wie gar nicht zu erreichen war, denn die Lager konnten nicht mehr, wie die Ostarbeiter-Lager der Kriegszeit, eingezäunt und mit einer Torwache versehen werden. In einer Besprechung am 12. Februar 1947 beschlossen der Duisburger Stadtkommandant Oberstleutnant Parsons und Oberstadtdirektor Dr. Gustav Klimpel eine Art Bestandsaufnahme der DPs, wobei festgestellt werden sollte, ob und inwieweit sie polizeilich gemeldet waren und welche Möglichkeiten der „Kontrolle" der frei wohnenden DPs bestanden: *„Es soll vermieden werden, daß sich diese Ausländer ohne Kontrolle und ohne Meldung frei herumtreiben. Es wird wohl Aufgabe der Polizei sein zur Ermittlung mit beizutragen."* Aus einer nicht mehr feststellbaren Quelle war Parsons und Klimpel bei allen Informationsdefiziten doch die genaue Zahl der DPs in Duisburg (6 454) bekannt.[11] Zu dieser Zeit waren die Briten schon nicht mehr die unbedingten „Freunde" der osteuropäischen Ausländer und nur noch in einem sehr formalen Sinn deren Beschützer und Helfer. Immerhin wurden die DPs in der Quelle von Klimpel noch als „Zwangsverschleppte" bezeichnet; der neutrale Begriff des *Heimatlosen Ausländers* war noch nicht in Gebrauch. Durch die Zusammenlegung der Bewohner von kleineren Lagern in größeren Objekten verschwanden die DPs nach und nach aus dem Blickfeld der Öffentlichkeit; dafür wurden die wenigen Großlager an den Stadträndern umso eher zu Fremdkörpern, die der Durchschnittsdeutsche mit Argwohn betrachtete.

---

[11] StADU 100/36, fol. 65 (wie Anm. 8). Es ist bemerkenswert, daß weder die Stadtverwaltung noch die Stadtkommandantur genau über Lager und andere Aufenthaltsorte der Duisburger DPs informiert waren.

Infolge des faktischen Arbeitszwangs wurde offenkundig, daß arbeitsfähige DPs unschwer einen Platz in der gegen tausendfachen Mangel kämpfenden Wirtschaft, vor allem im Bergbau, finden konnten. Die Unentbehrlichkeit aller „gelernten" ausländischen Arbeitskräfte führte jedoch mehrfach zu neuen Formen der Zwangsarbeit, nur daß der Zwang nicht mehr von Deutschen, sondern von den lokalen Militärregierungen ausgeübt wurde, so auch in Duisburg. Auf einer Besprechung zwischen Oberstadtdirektor Klimpel und dem britischen Stadtkommandanten, Oberstleutnant Parsons, am 4. Dezember 1946 erfuhr Klimpel, daß auf dem Güterbahnhof Hamborn ein Eisenbahnzug stände, der für die Heimfahrt ehemaliger tschechischer Zwangsarbeiter und für den Transport von deren Möbeln bestimmt sei. Der Transport sei aber plötzlich, unmittelbar vor der geplanten Abfahrt, *„von höherer Stelle"* aufgeschoben worden. Die Tschechen, die bereits ihre Wohnungen in Duisburg aufgegeben hatten, säßen, so Parsons, mit Möbeln und Gepäck im Hamborner Bahnhof fest. Die Stadtkommandantur wollte die Lösung des Problems, d. h. die vorübergehende Unterbringung der Tschechen in normalen Quartieren, an die Stadtverwaltung delegieren, aber Klimpel konnte Parsons überzeugend deutlich machen, daß die Stadt nicht über freie Wohnungen verfügte. Parsons beauftragte daraufhin das Britische Rote Kreuz, sich um die Unterbringung der Tschechen zu kümmern, wobei aber ein Mitarbeiter des städtischen Bunkeramtes helfen sollte. Der Grund für die kurzfristige Absage des Transportes in die Tschechoslowakei blieb der Stadtverwaltung zunächst unbekannt; wahrscheinlich wußte zu diesem Zeitpunkt auch Parsons nicht Bescheid. Erst eine Woche später, am 11. Dezember, informierte der Stadtkommandant den Oberstadtdirektor über den Hintergrund der Entscheidung der „höheren Stelle". Die zonale Militärregierung wollte, wie Klimpel notierte, angesichts des horrenden Personalmangels im Kohlenbergbau alle tschechischen *Bergleute* in Duisburg (und vermutlich im ganzen Ruhrgebiet) festhalten:

„Der Kommandant übergab mir eine Liste mit Namen von tschechischen Bergarbeitern, die mit dem Tschechen-Transport nicht befördert werden dürfen und die als Bergleute hierbleiben müssen. Er beauftragte mich, die zuständigen Dienststelle anzuweisen, diesen Bergarbeitern, die ihre hiesigen Wohnungen aufgegeben haben, wieder bevorzugt und beschleunigt eine Wohnung zuzuweisen und sie überhaupt wieder in ihre bisherigen Rechte einzusetzen. Die entsprechende Anweisung wird hiermit erteilt."[12]

Die betroffenen Tschechen wurden also, nun aufgrund einer Verfügung der ihnen eigentlich wohlwollenden Besatzungsmacht, in gewisser Hinsicht wieder zu Zwangsarbeitern. Die Stadtkommandantur erließ ihre Anordnung nicht im Interesse der im härtesten Winter seit Jahren wegen Kohlemangels entsetzlich frierenden Deutschen, sondern damit genügend Reparationskohle für Großbritannien und die von Deutschland geschädigten Länder auf dem Kontinent geför-

---

[12] StADU 100/36, fol. 46: Vermerk über die Besprechung am 11. Dezember 1946.

dert wurde. Wie vor dem Kriegsende bestimmte auch hier ein wirtschaftliches Nutzen-Denken die Behandlung der deportierten Menschen. Die Rechtslage ist nicht ganz klar, aber die Entscheidung der Besatzungsmacht dürfte völkerrechtlich gedeckt gewesen sein.

Als drei Jahre nach der Einsetzung demokratischer Landesregierungen in der Britischen Besatzungszone, mehr als zwei Jahre nach den ersten freien Landtagswahlen in den westdeutschen Länder die Bundesrepublik ins Leben gerufen wurde, schien den Alliierten der demokratische deutsche Rechtsstaat so sehr gefestigt, daß sie guten Gewissens die administrative Zuständigkeit für die Displaced Persons an Bund und Länder und die Gerichtsbarkeit an die deutschen Gerichte abgeben konnten. Am 1. Juli 1950 ging die Verantwortung für die DPs in Westdeutschland offiziell auf die Bundesregierung über. In Nordrhein-Westfalen lebten zu diesem Zeitpunkt noch rund 21 500 DPs, davon etwa 17 000 in Lagern.[13] Faktisch wurden die Länder, nicht der Bund, für die Angelegenheiten der DPs zuständig. Am 1. Juli 1950 übernahm das nordrhein-westfälische Sozialministerium von der Besatzungsmacht die Verwaltung der 12 Hauptlager in Nordrhein-Westfalen[14] – in Duisburg gab es kein solches Lager – und die soziale und medizinische Betreuung der darin lebenden Menschen. Bei ihnen handelte es sich zu 50 Prozent um Polen, zu 18 Prozent um Balten und zu 11 Prozent um Staatsangehörige der Sowjetunion in ihren Vorkriegsgrenzen (Russen und Ukrainer); die restlichen 21 Prozent verteilten sich auf mehrere Nationalitäten.[15] In Münster wurde ein zentrales *Sozialamt für Ausländer* geschaffen, und das Sozialministerium organisierte mit den kirchlichen Wohlfahrtsverbänden (Innere Mission, Hilfswerk der Evangelischen Kirche und Caritas) die Betreuung der DPs, die sich am Ziel der Integration in die westdeutsche Gesellschaft ausrichtete. Dabei darf nicht vergessen werden, daß auch ausländische Institutionen wie die amerikanische katholische Wohlfahrtsorganisation NCWC den DPs in Deutschland Existenzhilfe geleistet haben. Mit der Auflösung der IRO endete die besondere Förderung der Auswanderung der DPs nach Übersee, die aber weiterhin möglich blieb und als Alternative zur Eingliederung angesehen wurde.

Die Eingliederung wurde vor allem durch den Bau von 16 kleineren DP-Siedlungen in mehreren Städten, nach der Leitvorstellung in der Nähe bestehender Wohngebiete, angestrebt. Anders als in den Lagern sollten die DPs in den Siedlungen nicht vom Alltagsleben der Deutschen abgeschottet sein. Für den Bau der Wohnungen stellten die Vereinten Nationen Fördermittel bereit, weshalb die entstehenden Komplexe volkstümlich auch *UNO-Siedlungen* genannt wurden. Auch in Duisburg sollte nach dem Willen der Landesregierung eine DP-Siedlung

---

[13] Dietz-Görrick, Displaced Persons (wie Anm. 3), S. 36; Kaminsky, Dienen unter Zwang, S. 235.
[14] Dietz-Görrick, Displaced Persons (wie Anm. 3), S. 37.
[15] Kaminsky, Dienen unter Zwang, S. 235.

entstehen, wofür 1949 das weite Gelände der ehemaligen Flak-Kaserne in Meiderich (Hagenshof-Gelände), das sich als ehemalige Liegenschaft des Deutschen Reiches nun im Eigentum des Bundes befand, ausersehen wurde; die geplanten Wohnungen waren für Bewohner des Lagers Lintorf gedacht. Rat und Verwaltung, die einen neuen sozialen Brennpunkt fürchteten, wollten jedoch dem Projekt nicht zustimmen;[16] vermutlich war der Problemdruck durch DP-*Lager* in Duisburg, anders als etwa in Essen oder Düsseldorf, nicht besonders hoch. Die Opposition der Stadt, deren Führung sich beim Sozialminister über das Vorhaben beschwerte, konnte freilich den Siedlungsbau nicht verhindern.

Die prinzipiell erwünschte Anbindung der DP-Siedlungen an bestehende Wohnquartiere wurde im Duisburger Fall nicht verwirklicht. Die im Winter 1949/50 in Meiderich gebaute Siedlung lag zwar verkehrsgünstig nahe der Einmündung der Essen-Steeler Straße in die Bundesstraße 8 (Neumühler Straße), jedoch beinahe am Stadtrand, und sie hatte an keiner Stelle eine Berührung mit bestehenden Wohngebieten. Westlich der Neumühler Straße dehnten sich landwirtschaftliche Flächen aus, im Norden gab es außer dem Gebäudekomplex des evangelischen Christophoruswerkes, der längst noch nicht die heutigen Ausmaße erreicht hatte, bis zur Alten Emscher ebenfalls nur Grünland. Im Osten existierte, bei einigem Abstand, mit den damals noch wenigen Häusern an der Essen-Steeler Straße und der Alexanderstraße die einzige nennenswerte Nachbarschaft, und im Süden lagen zwischen der Essen-Steeler Straße und dem Werk der Aktiengesellschaft für Teerverwertung, dessen Emissionen den weiten Umkreis in olfaktorischer Hinsicht dominierten, wie im Norden und Westen nur landwirtschaftlich genutzte Grundstücke. Immerhin konnte man per Straßenbahn von der Haltestelle *Am Zuschlag* in gut zehn Minuten das Hamborner Rathaus und das dortige Geschäftsviertel erreichen. Die den Steinbaracken der letzten Kriegsphase nicht unähnlichen Zeilenbauten wurden im Auftrage der Finanzbauverwaltung Nordrhein-Westfalen nach Entwürfen der Bauabteilung der Oberfinanzdirektion Düsseldorf für das Sozialministerium errichtet. Sie umfaßten insgesamt 158 Kleinwohnungen, denen die Stadt immerhin durch Trassierung und Benennung von drei kleinen Straßen (Hagensfeld, Mönchswiese und Feldheide) „normale" Anschriften gab. Die *Rheinische Post* schrieb am 3. Januar 1950 über die Siedlung:

„Im Zeilenbau wurden auf dem ehemaligen Flakkasernengelände nahe dem Zuschlag in Hamborn-Neumühl innerhalb 6 Wochen bei ungünstigem Bauwetter nicht weniger als 158 Wohnungen für die etwa vierhundert Ausländer errichtet, die hier angesiedelt werden sollen. Es sind keine Baracken, sondern richtige, aus Hohlblocksteinen errichtete Häuser mit festem Holzdachstuhl und Ziegel gedeckt [sic]. *Später sollen zwischen diesen Bauten Gärten angelegt werden.*

---
[16] Ebd., S. 244f.

Jede der 158 Wohnungen besteht aus einer Wohnküche, aus einer Kammer, einem Wirtschaftsraum und WC. Je zwei Wohnungen teilen sich eine Waschküche. Es sind eingeschossige Bauten, deren Dachgeschosse vorerst nicht ausgebaut wurden. Dieser Ausbau kann bei Bedarf später erfolgen. Eine Anzahl dieser Häuser ist bereits bezugsfertig. Die Straßenbauarbeiten sind leider durch den Frost unterbrochen worden, wie überhaupt das ungünstige Winterwetter die Bautätigkeit hier stark behinderte. Wasser und elektrischer Lichtanschluß sind vorhanden. Es sind, wie unsere Bilder zeigen, wirklich schmucke Häuser. [...][17]

Weitere DP-Siedlungen entstanden bis 1955 in Essen (zwei Siedlungen), Oberhausen-Sterkrade, Mülheim, Dortmund-Eving, Witten, Hagen, Düsseldorf (zwei Siedlungen), Velbert, Wuppertal-Oberbarmen, Mönchengladbach, Porz, Bocholt und Bielefeld-Stieghorst. Die Mieter wurden von den Wohlfahrtsverbänden aufgrund von Kriterien ausgewählt, die das Sozialministerium festgelegt hatte. Auch dort, wo die neuen Wohnungen näher an den Wohnstätten der deutschen Bevölkerung, den öffentlichen Einrichtungen und Einkaufsmöglichkeiten lagen als im Fall der Duisburger Siedlung, fiel den Menschen, die den Lagerkosmos mit seiner Rundum-Versorgung verlassen hatten, der Übergang in ein „normales" Leben schwer. Doch wer begriffen hatte, daß es eine Rückkehr zu den bequemen Verhältnissen der in mancher Hinsicht goldenen Zeit nach der Befreiung nicht geben würde und andererseits eine Repatriierung defintiv ablehnte, fand sich früher oder später mit den neuen Anforderungen an die Persönlichkeit zurecht. Auf einer Position zwischen vollständiger Eingliederung in die deutsche Nachkriegsgesellschaft und dem Festhalten am Lagerleben verharrten diejenigen DPs, die „auf gepackten Koffern" saßen und auf eine Möglichkeit zur Auswanderung nach Übersee warteten. Das *Gesetz über die Rechtsstellung heimatloser Ausländer* vom 25. April 1951 sicherte den Displaced Persons ein dauerndes Bleiberecht in der Bundesrepublik Deutschland zu. Von der für andere, „normale" Ausländer bestehenden Verpflichtung, immer wieder neue Aufenthaltsgenehmigungen zu beantragen, wurden sie befreit und in verschiedener Hinsicht den deutschen Staatsbürgern gleichgestellt. Den Wunsch zumindest der ihre Lage reflektierenden, politisch interessierten DPs, mit den Deutschen – und insbesondere mit den deutschen Flüchtlingen und Heimatvertriebenen – gleichgestellt zu werden, erfüllte der Bundesgesetzgeber nicht. Der in dem Gesetz statuierte neue Begriff des *Heimatlosen Ausländers* begann, die Bezeichnung Displaced Person, die in dezenter Form noch auf die einstige Deportation nach Deutschland verwies, zu verdrängen. Der Verschleppungszusammenhang geriet so aus dem Bewußtsein. „*Ein derartiger Verweis auf die Vergangenheit*",

---

[17] *Rheinische Post* (Duisburg) vom 3. Januar 1950: „158 Wohnungen in sechs Wochen. Die Ausländer-Wohnbauten auf dem ehemaligen Meidericher Flakkasernengelände". Die Zuordnung des Geländes zum Stadtbezirk Hamborn (Stadtteil Neumühl) am Anfang des Textes ist falsch.

schreibt Uwe Kaminsky, *„störte bei dem optimistischen Blick in die Wirtschaftswunderzukunft"*.[18]

Längst nicht alle DPs waren gewillt, in eine der neuen Siedlungen umziehen; viele wollten die gewohnte Umgebung nicht verlassen und zogen es vor, im Lager zu bleiben. Die Lager-Bewohner wurden durch die kirchlichen Sozialwerke betreut; Familien und Einzelpersonen, die von Arbeitslosenunterstützung oder Sozialhilfe leben mußten – und das waren viele – erhielten Zuwendungen an Lebensmitteln und Kleidung. Für Frauen und Mädchen wurden Kurse in Haushaltsführung und im Nähen eingerichtet, kränkliche Kinder in Erholungsheime auf dem Land oder an der See verschickt. Im Januar 1953 fand im Christlichen Hospiz Paul Humburg-Haus in Duisburg eine Tagung zur DP-Fürsorge statt.[19] In Nordrhein-Westfalen gab es Ende 1950, wie bereits erwähnt, noch 12 größere DP-Lager – keines davon in Duisburg (die nächstgelegenen waren in Lintorf und in Essen-Kray). Bis Ende 1956 wurden elf dieser Lager aufgelöst; übrig blieb das 67 Baracken umfassende, Anfang 1958 noch rund 1 000 Bewohner zählende Lager Lintorf, das erst Ende März 1960 geschlossen werden konnte und bald darauf abgerissen wurde.[20] Von diesem Zeitpunkt an lebten alle DPs, die noch keine „normale" Mietwohnung gefunden hatten, in den UNO-Siedlungen.

Auch in den Siedlungen gab es eine soziale Betreuung der Bewohner durch die karitativen Organisationen, wurden Haushaltsführungs-, Näh- und Kochkurse abgehalten. Die Integration der DPs in die deutsche Bevölkerung sollte durch die Abschaffung der exklusiven Schulen für DP-Kinder forciert werden. Die Militärregierung der Britischen Besatzungszone ordnete am 1. Juli 1949 an, daß es nach dem 1. Juli 1950 keine solchen Schulen mehr geben sollte.[21] Die Kinder der Duisburger DP-Siedlung wurden zunächst in einer Sonderklasse an einer normalen Volksschule, vermutlich in Obermeiderich, von DP-Lehrern unterrichtet, bis sie der deutschen Sprache so weit mächtig waren, daß sie in die normalen Klassen überwechseln konnten.[22] Über die Zahl der Bewohner der Duisburger Siedlung liegen widersprüchliche Nachrichten vor,[23] jedoch kann man für die zweite Hälfte der fünfziger Jahre eine Kopfzahl leicht über 600 annehmen. Wenn das Sozialministerium in Düsseldorf 1952 auch konstatieren konnte, daß sich keine der DP-Siedlungen zu einem Ghetto entwickelt hatte, so blieb doch die volle Integration der Siedlungsbewohner in die deutsche Gesellschaft der frühen *Wirtschaftswunder*-Jahre ein unerfüllter Wunsch. Auf der deut-

---

[18] Kaminsky, Dienen unter Zwang, S. 248.
[19] Ebd., S. 242 mit Anm. 55.
[20] Ebd., S. 245ff.
[21] Dietz-Görrick, Displaced Persons (wie Anm. 3), S. 83.
[22] Ebd., S. 105.
[23] Die bei Dietz-Görrick, Displaced Persons (wie Anm. 3), S. 145 gebotenen Tabellen sind unübersichtlich, kraß mißverständlich und somit wertlos.

schen Seite gab es Berührungsscheu und teilweise groteske Vorstellungen von den DPs. Im November 1954 berichtete der für die Duisburger Siedlung zuständige evangelische Pfarrer Löpmann auf einer Betreuungstagung in Düsseldorf, daß ihn deutsche Gemeindemitglieder, auf die Siedlung angesprochen, gefragt hätten, ob es sich dabei nicht um eine „Verbrecherkolonie" handeln würde.[24]

Die Stadt Duisburg betrachtete die UNO-Siedlung in Obermeiderich weiterhin wenn nicht als schwere Belastung für das soziale Leben, so doch wenigstens als ein störendes Objekt, das so bald wie möglich verschwinden sollte. Auch die langfristige Planung einer modernen Großwohnsiedlung in diesem Bereich spielte eine Rolle, deretwegen das Gebiet, obwohl es nicht zum Stadtbezirk Hamborn gehörte, zum *Sanierungsgebiet Neumühl* geschlagen wurde. Zunächst mußte jedoch die Eigentumsfrage geklärt werden. Seit 1962 pflegte die Stadt Verhandlungen mit dem Bundesschatzministerium über den Ankauf des 223 000 m^2 großen ehemaligen Flak-Geländes, der 1968 nach der endgültigen Freigabe durch den Bund im Herbst des Vorjahres gelang.[25] Schon 1965 hatte die Stadt einen Bebauungsplan aufgestellt. Die Umstände der Räumung der UNO-Siedlung – vermutlich unter Bereitstellung von Sozialwohnungen durch das städtische Wohnungsamt – müßten noch untersucht werden. Mit dem Auszug aus den Schlichtbauten an der alten Flakkaserne Hagenshof verlieren sich die Spuren der letzten Einwohner Duisburgs, die aufgrund ihrer Wohnumstände noch als ehemalige Zwangsarbeiter erkennbar gewesen waren. Im Sommer 1969 wurde die UNO-Siedlung abgebrochen.[26] Zu diesem Zeitpunkt lebten längst mehrere tausend „Gastarbeiter" in Duisburg, gerufen vom Bergbau und vor allem von der Stahlindustrie.

---

[24] Kaminsky, Dienen unter Zwang, S. 244.
[25] Verwaltungsbericht Duisburg für 1968, S. 79; *Westdeutsche Allgemeine Zeitung* (Duisburg) vom 24. Oktober 1967: „Bund gibt Neumühler Flak-Gelände frei".
[26] *Neue Ruhr-Zeitung* (Duisburg) vom 11. Juli 1969: „UNO-Siedlung wird abgebrochen".

Schlußbetrachtung

Aus der Entfernung betrachtet, sind die Erscheinungsformen der Zwangsarbeit in den Betrieben gleichförmig und die Schicksale der gezwungenen Menschen redundant. Doch diese Darstellung hat zu zeigen versucht, daß die Wirklichkeit vielgestaltiger war, als es die Massenmedien aus der Notwendigkeit heraus, Aussagen zuzuspitzen, in den Jahren eines gesteigerten Interesses der deutschen Öffentlichkeit an dem Thema (1998 bis 2002) vermittelt haben. Zwischen einzelnen Unternehmen, sogar zwischen verschiedenen Betrieben desselben Unternehmens gab es erhebliche Unterschiede hinsichtlich der Behandlung der Zwangsarbeiter und der materiellen Ausgestaltung ihres Lebens in der Fremde. Einige Arbeitgeber bemühten sich energisch, die Lebensumstände ihrer ausländischen Arbeiter und Arbeiterinnen zu verbessern, indem sie mit mehr oder weniger großem finanziellem Aufwand zeitgemäße Versorgungseinrichtungen schufen und Vorräte an Lebensmitteln und Kleidungsstücken anlegten, andere blieben aus Bequemlichkeit, Gleichgültigkeit oder Geiz noch unter den von staatlichen Behörden oder der Deutschen Arbeitsfront vorgeschriebenen Mindeststandards. Alle Bemühungen um Verbesserung stießen irgendwo an die sich aus den ökonomischen Prioritätsentscheidungen des Regimes ergebenden Grenzen.

Das Ausmaß des Leidens eines deportierten Menschen oder eines freiwillig gekommenen, dann aber an der Rückkehr gehinderten Arbeiters wurde von vielen Faktoren bestimmt: der Art und Härte der Arbeit, der Atmosphäre im Betrieb, den Wohnumständen, der Qualität der Ernährung und der medizinischen Versorgung, der Angst vor Luftangriffen; einiges davon konnten die Arbeitgeber beeinflussen, anderes nicht. Daß die Betriebe oft zu Orten nicht nur psychischen Leidens, mitunter sogar zu kleinen Höllen wurden, war die Schuld der „kleinen" Nazis, deren Treue zu Hitler und zu den nationalsozialistischen Ideen und Doktrinen die solide Basis der gesamten Diktatur war. Insofern kann das Hüttenwerk der Mannesmannröhren-Werke AG in Duisburg-Huckingen als Symbol für das *Dritte Reich* im Ganzen stehen. Höchste technische Modernität – das Werk war erst 1928/29 gebaut worden und galt neben dem Kruppschen Hüttenwerk in Essen-Borbeck als das modernste Hüttenwerk des Ruhrgebietes – paarte sich an diesem Ort mit der Mentalität von Sklavenhaltern und mit einer atavistischen Gewaltbereitschaft erschreckend vieler „kleiner" Täter; von letzteren wird am Ende dieser Betrachtung nochmals die Rede sein. Was nützte einem Zwangsarbeiter aus der Sowjetunion das Vorhandensein eines fachmännisch geführten Friseursalons im Lager oder ein eigens für die Zwangsarbeiter gebauter Theatersaal, wenn er tagtäglich fürchten mußte, wegen der kleinsten „Verfehlung" im Betrieb, vielleicht einer zweiminütigen Verspätung, halbtot geprügelt zu werden?

Der irrationale Rassismus des NS-Regimes und das rationale ökonomische Interesse der Kriegswirtschaft befanden sich in dauernder Frontstellung. Der Tatsache, daß Arbeitskraft, unabhängig von der ethnischen oder nationalen Herkunft des Arbeiters, eine wertvolle Ressource war, wurde, wenn man von den Häftlingen der Konzentrationslager absieht, vor allem seit dem Frühjahr 1943 stärker Rechnung getragen als zuvor. Aber wo es Verbesserungen der Situation der Zwangsarbeiter gab, entsprachen diese letztlich immer einem kriegs- oder betriebswirtschaftlichen Kalkül und nicht echter humaner Gesinnung; wenn es eine Moral gab, so war das eine „Moral der Effizienz" (Budraß/Grieger).[1] Viele Arbeitgeber waren – systemrational – humaner als die meisten Institutionen der NS-Diktatur (die Wehrmacht in ihrer Zuständigkeit für das Kriegsgefangenenwesen eingeschlossen), und schon die absolute Knappheit des „Sparstoffs Mensch" machte es den Arbeitgebern unmöglich, das von den NS-Ideologen angestrebte Ziel der „Vernichtung" bestimmter Ethnien „durch Arbeit" zu billigen. Dies bestätigen auch die zwischen den Wirtschaftsbranchen und einzelnen Unternehmen geradezu erbittert ausgetragenen Kämpfe um die „Ressource Mensch". Doch auch für die meisten Arbeitgeber war die Arbeitskraft zumindest der osteuropäischen Ausländer in viel stärkerem Maße als die der deutschen „Volksgenossen" und der „germanischen" Ausländer nur ein Rohstoff, der jenseits der rein betriebswirtschaftlichen Sphäre keine Bedeutung hatte. Für das Regime und seine halbstaatlichen Organisationen wie die Deutsche Arbeitsfront, ja sogar für die „normenstaatliche" Arbeitsverwaltung, gilt dies ohnehin. Die Resistenz der rassistischen Anschauungen der Führung des Regimes gegen „rationale", aus der Wirtschaft vorgetragene Argumente erhellt aus kaum etwas anderem so deutlich wie aus der Tatsache, daß die Ostarbeiter und Polen erst im Spätherbst 1944 sozialpolitisch den westeuropäischen Arbeitern gleichgestellt wurden.

Wenn man die Opferbilanz des Zweiten Weltkrieges betrachtet, wird deutlich, daß der Rassismus der deutschen Diktatur auch jenseits der Shoah entsetzliche Wirkungen zeitigte. Im Krieg entstanden vor allem bei den ost- und mittelosteuropäischen Völkern hohe Menschenverluste. Während Deutschland in den Grenzen von 1938 (d. h. einschließlich Österreichs) durch den Krieg 9,5 Prozent der Vorkriegsbevölkerung verlor, Italien knapp ein Prozent und die westeuropäischen Kriegsgegner zwischen 2,4 Prozent (Niederlande) und 0,8 Prozent (Großbritannien), büßten die Sowjetunion 12,1 Prozent und Polen sogar rund 17 Prozent ihrer Vorkriegsbevölkerungen ein; in absoluten Zahlen sind das 20,6 Millionen sowjetische und mehr als sechs Millionen polnische Staatsangehörige gegenüber 7,2 Millionen deutschen Staatsangehörigen.[2] Von den Kriegsgefange-

---

[1] Lutz Budraß u. Manfred Grieger, Die Moral der Effizienz. Die Beschäftigung von KZ-Häftlingen am Beispiel des Volkswagenwerkes und der Henschel Flugzeugwerke, in: Jahrbuch für Wirtschaftsgeschichte, Jg. 1993, Heft 2, S. 89-136.

[2] Dietmar Petzina, Werner Abelshauser u. Anselm Faust (Bearb.), Sozialgeschichtliches Arbeitsbuch, Bd. III, München 1978, Tabelle 27.

nen aus westlichen Staaten starben 3,5 Prozent während der Gefangenschaft in Deutschland, von den sowjetischen Kriegsgefangenen aber fast 58 Prozent (3,3 von 5,7 Millionen). Wie die Opferbilanz bei der Bevölkerung der Sowjetunion aussähe, wenn die Kriegsentwicklung die Führung des Reiches nicht 1942 genötigt hätte, die sowjetische Industriearbeiterschaft als eine relativ wertvolle Ressource anzusehen und den ursprünglichen Plan aufzugeben, außer den Kriegsgefangenen auch die gesamte städtische Bevölkerung der SU dem Hungertod zu überanworten, muß offen bleiben.

Die Jahre der Zwangsarbeit waren für die deportierten Männer und Frauen nicht wie ein böser Traum, aus dem man im Frühjahr 1945 in eine lichte Gegenwart erwacht wäre, oder den man einfach abgeschüttelt hätte. Die mehrjährige Zwangsarbeit hat, über das demütigende Erlebnis der Verschleppung hinaus, unzählige Biographien zerbrochen und Lebensplanungen zerstört. Die Deportation führte bei den Geburtsjahrgängen 1924 bis 1931 vor allem der Russen, Ukrainer und Polen zum unfreiwilligen Abbruch der Lebens- und Berufsplanung respektive des Schulbesuches; ein Wiederanknüpfen an den abgerissenen Faden war oft auch deshalb nicht möglich, weil die Kampfhandlungen, teilweise auch absichtliche Zerstörungen durch die deutschen Invasoren, die schulische Infrastruktur in Polen und den besetzten Gebieten der Sowjetunion stark reduziert hatten. Der Abbruch der Ausbildungsbiographie bewirkte eine lebenslange Beschränkung auf unqualifizierte Erwerbsarbeit. Die gewaltsame Entwurzelung hat die Lebensläufe irreparabel strukturiert. Auch in gesundheitlicher Hinsicht leiden hunderttausende ehemaliger Zwangsarbeiter aus Ost- und Mittelosteuropa bis heute an den Folgen des physischen Raubbaues und der mangelhaften Ernährung in jenen Jahren.

Eine zentrale Frage der Zwangsarbeits-Forschung war von den Anfängen in den 1960er Jahren an die nach der Rolle, der „Schuld" und der Verantwortlichkeit der Arbeitgeber, d. h. vor allem der industriellen Unternehmer. Sie ist auch in den vergangenen sechs Jahren im Zusammenhang mit der Entschädigungsdebatte wieder lebhaft diskutiert worden. Zwar bleibt die gemeinsame Feststellung der jüngeren Zwangsarbeits-Forschung gültig, daß Arbeitgeber, die keine Zwangsarbeiter beim Arbeitsamt anforderten, auch keine erhielten, und daß der NS-Staat in dieser Hinsicht keinen unmittelbaren Zwang auf Unternehmen, die in irgendeiner Weise an der Kriegswirtschaft beteiligt waren, ausgeübt hat. Aussagen über die „Schuld" der Arbeitgeber und über „Profite" der Unternehmen aus Zwangsarbeit können jedoch nur dann auf festem Boden stehen, wenn die *Gesamtrationalität* der Kriegswirtschaft in die Betrachtung einbezogen und geklärt wird, ob und inwieweit noch Handlungsautonomie gegenüber den Behörden gegeben war. Für die meisten, im weitesten Sinn kriegswirtschaftlich relevanten Unternehmen war die Beschäftigung von Zwangsarbeitern eine Existenzfrage. Wenn sie den Krieg überleben wollten, *mußten* sie Zwangsarbeiter beschäftigen, da freiwillige männliche Arbeitskräfte als Ersatz für die an die Wehrmacht verlorenen Männer nicht mehr zur Verfügung standen und dienstverpflichtete deutsche Frauen die Lücken nur zum Teil schließen konnten. Von diesem Systemzwang ausgenommen war nur die Arbeit von Konzentrationslager-Häftlingen, weil, wie Mark Spoerer 1999 gezeigt hat, bei der unternehmerischen Entscheidung dafür oder dagegen wohl noch ein gewisser Ermessensspielraum bestand und sich mehrere Unternehmer erfolgreich geweigert haben, die Arbeitskraft von KL-Häftlingen auszunutzen.[3] Ein kriegswirtschaftlich wichtiges Unternehmen jedoch, dessen Produktion beeinträchtigt oder gar ausgefallen wäre, weil die Leitung sich geweigert hätte, Kriegsgefangene oder zivile Zwangsarbeiter zu beschäftigen, wäre zweifellos sofort unter Kontrolle der Rüstungsbürokratie gestellt, die Leitung abgesetzt und sehr wahrscheinlich von der GESTAPO verhaftet worden. Hitler, Göring und Speer hielten in der Wirtschaft niemanden für unersetzlich, wie nicht nur die Hinrichtung eines fähigen Bergbauindustriellen des Ruhrgebietes, des Bergwerksdirektors Wilhelm Ricken, wegen „defätistischer" Äußerungen im Jahre 1944 beweist.[4] Das zuständige Rüstungskommando hätte in Abstimmung mit dem Berliner Ministerium die Betriebsstätten des betreffenden Unternehmens einem Konkurrenten übergeben, der den Betrieb unter Einsatz von Zwangsarbeitern fortgeführt hätte.

Davon unabhängig ist die Frage nach den Profiten der Unternehmen „aus" oder „durch" Zwangsarbeit. Die Diskussion über unternehmerisches Profitinteresse, Zwangsarbeiterlöhne und Handlungsspielräume der Arbeitgeber muß die Preis- und Finanzpolitik des NS-Regimes einbeziehen. Wie Cornelia Rauh-Kühne jüngsthin feststellte, hat es der Staat bis in die letzten Kriegsmonate verstanden, den Unternehmen keine Lohnkostenvorteile durch „Billigtarife" für ausländische Arbeitskräfte zukommen zu lassen, indem er diese Vorteile durch höhere Steuern abschöpfte.[5] Die Unternehmen haben zwar *mit Hilfe* von Zwangsarbeitern Gewinne erzielt, in dem Sinn, daß Zwangsarbeiter die Produktion im geforderten Umfang überhaupt erst ermöglichten, jedoch, mit wenigen Ausnahmen, nicht *unmittelbar aus* der Ausbeutung von Zwangsarbeitern, weil der Staat die Vorteile wegsteuerte und weil der Zwangsarbeiter-Einsatz teurer war als die Beschäftigung deutscher Arbeitskräfte. Wer ausländische Arbeitskräfte in größerer Zahl bekam, mußte Wohnlager und Küchen einrichten, verschiedene Versorgungseinrichtungen vorhalten und Lagerverwalter, Küchenpersonal, Reinigungskräfte und Dolmetscher einstellen. Auch die Anreisekosten der ausländischen Arbeiter wälzte der Staat auf die Arbeitgeber ab. Dadurch stiegen die Gemein-

---

[3] Mark Spoerer, Profitierten Unternehmen von KZ-Arbeit? Eine kritische Analyse der Literatur, in: Historische Zeitschrift, Bd. 268 (1999), Heft 1, S. 61-95.
[4] HSTAD NW 1935-108 (Entnazifizierungsakte Wilhelm Roelen): chronologische Bemerkungen Roelens zum Entnazifizierungs-Fragebogen (zu 1943/44).
[5] Cornelia Rauh-Kühne, Hitlers Hehler? Unternehmerprofite und Zwangsarbeiterlöhne, in: Historische Zeitschrift, Bd. 275 (2002), Heft 1, S. 1-55.

kosten, mitunter erheblich, und auch das zehrte die Kostenvorteile aufgrund der niedrigen Lohntarife auf. Weil höhere Kosten durch Ausländer-Arbeit nicht zu vermeiden waren, kam es entscheidend auf die Produktivität der Arbeitskräfte an, und diese lag aus verschiedenen Gründen bei Ausländern niedriger als bei Deutschen. Sowjetische Kriegsgefangene, italienische Militärinternierte und zum großen Teil Ostarbeiter beiderlei Geschlechts waren wegen geschwächter Physis – infolge der unzureichenden Ernährung – weniger produktiv als Deutsche, und bei allen Ausländern, die nicht halbwegs der deutschen Sprache mächtig waren, kam das Verständigungsproblem als weiteres Moment der Verteuerung hinzu. Daher ist an der aus gründlichen Untersuchungen gewonnenen Erkenntnis des Kruppschen Revisionsbüros, des Mannesmann-Konzerns oder der Wirtschaftsgruppe Maschinenbau, daß deutsche Arbeitskräfte, selbst fachfremde und ungelernte, letztlich die billigsten waren, nicht zu zweifeln.[6] Diese Feststellungen gelten *nicht* für den Bereich der Zwangsarbeit von sowjetischen Kriegsgefangenen und KL-Häftlingen.

Eine umfassende, normativ-ethische Bewertung und Würdigung des Verhaltens der Arbeitgeber im System der Zwangsarbeit soll an dieser Stelle nicht versucht werden, da sie auf einer breiteren Faktenbasis stehen müßte, als eine Lokalstudie wie diese schaffen könnte. Die innere Einstellung der Arbeitgeber zur Beschäftigung von Zwangsarbeitern war unterschiedlich und oft von einem Zwiespalt bestimmt. Viele Quellen lassen ein eigenartiges Nebeneinander von Verdruß über die Sachzwänge, denen man sich beugen mußte, und schlechtem Gewissen einerseits, Stolz auf die betriebswirtschaftliche Leistung der Integration manchmal tausender ausländischer Arbeiter in die Belegschaften und die Produktionsprozesse andererseits erkennen. Verräterische Formulierungen deuten auf eine Spannung zwischen innerer Ablehnung und konstruktiver Akzeptanz hin. So konnte im April 1942 der Vorstand der Gewerkschaft Walsum in ein und demselben Brief an eine staatliche Behörde schreiben, die beiden Arbeiterunterkünfte der Zeche (*Bergmannsheim I* und *II*) beherbergten *„ausschließlich freie ausländische Arbeiter"*, und an anderer Stelle zur Entlastung von bestimm-

---

[6] Ebd., S. 36ff. (für Krupp); Werner Abelshauser, Rüstungsschmiede der Nation? Der Kruppkonzern im Dritten Reich und in der Nachkriegszeit, in: Lothar Gall (Hrsg.), Krupp im 20. Jahrhundert, Berlin 2002, S. 267-472, hier: S. 414f.; Mannesmann-Archiv M 12.821.2: Bericht über den Fremdarbeiter-Einsatz bei der Mannesmannröhren-Werke AG, Abteilung Großenbaum, Duisburg-Großenbaum, 1. September 1945, S. 6: *„Abschliessend und zusammenfassend ist zu sagen, dass die ausländischen Arbeitskräfte mit Ausnahme der Kriegsgefangenen dem Werk höhere Kosten verursachten als deutsche Arbeitskräfte. Diese Mehrkosten waren bedingt durch den hohen Aufwand für die Unterbringung, Verpflegung und Betreuung, die durch die von den ausländischen Arbeitern gezahlten Beträge bei Weitem nicht abgedeckt wurden. Weiter hatte das Werk die beträchtlichen Zureisekosten für die ausländischen Arbeiter zu übernehmen und ebenfalls sämtliche Kosten für die nicht einsatzfähigen im Lager verbleibenden Kräfte zu tragen."* - Wirtschaftsgruppe Maschinenbau: TKKA VSt/1406: Bericht *Der Arbeitseinsatz in der Maschinenindustrie während der Kriegsjahre 1939-1945* vom 12. November 1946 (Verf.: Dipl.-Ing. Hanns Kolberg), S. 4.

ten, die hygienischen Verhältnisse betreffenden Vorwürfen anführen, die Bewohner der Unterkünfte seien *„ein Gemisch von fremden, durchweg gegen ihren Willen zugewiesenen Arbeitern, die weitgehend auch innerlich nicht freundlich eingestellt sind".*[7] Mithin war, in diesem Fall wie in den allermeisten, ein Bewußtsein von Unrechtstatbeständen vorhanden. Hier liegt der Hauptgrund für das Beschweigen der Zwangsarbeit als eines dunklen Kapitels der deutschen Wirtschaftsgeschichte, mit dem man sich während der Wiederaufbau- und *Wirtschaftswunder*-Jahre nicht belasten wollte. In der Einleitung wurde schon angesprochen, daß die Zwangsarbeit in fast allen „offiziellen", autorisierten Darstellungen der Geschichte von Unternehmen, die vor 1970 erschienen, nicht vorkommt und der Zweite Weltkrieg überhaupt nur insoweit behandelt wird, als man selber „Opfer" (der Einberufung deutscher Stammarbeiter zur Wehrmacht, des Bombenkrieges) war.

Wo positiv zu wertendes, noch irgendwie humanistischen Prinzipien verpflichtetes Verhalten von Arbeitgebern oder Behördenvertretern gewürdigt wird, steht die Beurteilung immer unter dem Vorbehalt, nach dem es, um es mit Brecht zu sagen, „kein richtiges Leben im falschen" geben kann. Dennoch sollten Bemühungen, die Lebensumstände der Zwangsarbeiter zu verbessern oder Mißhandlungen durch deutsche Vorgesetzte oder „Kollegen" zu unterbinden, nicht zu stark relativiert werden. Bei der Beurteilung des Verhaltens eines Unternehmensleiters ist neben seinen Anstrengungen zur Gewährleistung einer ausreichenden Ernährung, menschenwürdiger Wohnverhältnisse in den Lagern, eines hohen Standards bei der medizinischen Betreuung und der Konsumgüter-Versorgung der ihm anvertrauten ausländischen Arbeiter die Frage wichtig, welche Möglichkeiten er hatte, Unrechtstaten seiner deutschen Untergebenen an ausländischen Arbeitern (vor allem physische Mißhandlungen) zu unterbinden, und ob er von diesen Möglichkeiten Gebrauch gemacht hat. Hierzu ist eine genaue Kenntnis der jeweiligen betrieblichen Hierarchie und der Kommunikationswege in dem Unternehmen vonnöten, die sich nur bei einer sehr guten Quellenlage gewinnen läßt. Vielleicht kann insoweit ein Konsens hergestellt werden, als die Beschäftigung von Zwangsarbeitern durch ein Unternehmen *an und für sich* die Mitglieder des Vorstandes oder einen einzelnen Geschäftsführer nicht schon zu „Verbrechern" macht. Es gab mehrere Stufen der Beteiligung von Institutionen und Einzelakteuren am System der Zwangsarbeit. Über die simple Beschäftigung von Zwangsarbeitern hinaus begründet sicher der Betrieb eines *Arbeitserziehungslagers*, der eine enge Kooperation mit der GESTAPO erforderte, einen höheren Grad an „Schuld". Eine besonders schwere Schuld von Arbeitgebern liegt auch dort vor, wo von der Arbeit von KL-Häftlingen profitiert wurde. Es sei daran erinnert, daß zu den Nutznießern von KL-Häftlings-Arbeit in der

---
[7] HSTAD BR 1136-236: Die Gewerkschaft Walsum an den Staatlichen Gewerbearzt bei der Bezirksregierung Düsseldorf, 23. April 1942.

Zeit, in der ein KL-Außenlager in Duisburg existierte, auch diese Stadt gehörte, deren Hochbauverwaltung in Abstimmung mit der SS-Baubrigade III den Einsatz der Häftlinge bei der Bombentrümmerräumung und bei Baumaßnahmen koordinierte, wogegen nach dem gegenwärtigen Forschungsstand die privaten Unternehmen in Duisburg in keinem Fall KL-Häftlinge eingesetzt haben, es sei denn bei Bauarbeiten, die sie im Auftrag der Stadtverwaltung und nach deren Personaldispositionen ausführten.

Die Frage, in welchem Umfang die Zwangsarbeit zum „Überleben" der deutschen Industrie und der deutschen Wirtschaft überhaupt beigetragen hat (ein Stichwort der Diskussion ist der „Kapitalstock aus Zwangsarbeit"), wird im Kontext der Entschädigungsdebatte seit 1991, besonders seit 1998 intensiv diskutiert.[8] In dieser Hinsicht ist das letzte Wort noch nicht gesprochen – wenn es in der historischen Forschung überhaupt ein „letztes Wort" gibt. Zwar wurden schon während des Krieges in der Industrie die Weichen für den relativ zügigen Wiederaufstieg gestellt, und die deutsche Wirtschaft hatte 1945 etwa den gleichen Kapitalstock wie 1939, was bedeutet, daß im Kriege – nach einer volkswirtschaftlichen Gesamtrechnung – nur soviel an Anlagekapital vernichtet wurde, wie auch durch den Krieg generiert wurde; man wird jedoch auch den immensen Substanzverschleiß durch den Verzicht auf Neuinvestitionen während der zweiten Kriegshälfte bedenken müssen. Wie dem immer sei, Zwangsarbeiter haben zum Überleben der deutschen Wirtschaft beigetragen, vor allem durch ihre Arbeit beim Bau unterirdischer Produktionsstätten, in denen wertvolle Maschinen vor dem Luftkrieg geschützt waren; hier hat „billige" KL-Häftlings-Arbeit „teures" Kapital in die Nachkriegszeit hinüber gerettet. Die Erfahrungen, die bei der Einführung der Fließbandfertigung großer Serien auch durch den Einsatz von Zwangsarbeitern gesammelt wurden, gingen in den industriellen Wiederaufbau in der Bundesrepublik ein und wirkten weiter im *Wirtschaftswunder* der fünfziger und sechziger Jahre.

Die Bedeutung der Zwangsarbeit für die Wirtschafts- und Unternehmensgeschichte der Nachkriegszeit wird schlagartig deutlich, wenn man feststellt, daß das Volkswagenwerk in Wolfsburg, eines der Unternehmen mit den höchsten Ausländerquoten (Kapitel 1), bereits im September 1945 unter der Aufsicht der britischen Militärregierung wieder die Friedensproduktion – den Bau des VW-*Käfer* – aufnehmen konnte, und seit März 1946 schon 1000 *Käfer* pro Monat fer-

---

[8] U. a.. Avraham Barkai, Das Wirtschaftssystem des Nationalsozialismus, Frankfurt a. M. ²1988 und ders., Die „stillen Teilhaber" des NS-Regimes, in: Lothar Gall u. Manfred Pohl (Hrsg.), Unternehmen im Nationalsozialismus, München 1998, S. 117-20; Werner Abelshauser, Kriegswirtschaft und Wirtschaftswunder. Deutschlands wirtschaftliche Mobilisierung für den Zweiten Weltkrieg und die Folgen für die Nachkriegszeit, in: Vierteljahrshefte für Zeitgeschichte, 47. Jg. (1999), Heft 4, S. 503-38; Mark Spoerer, Profitierten Unternehmen von KZ-Arbeit? (wie Anm. 3); Cornelia Rauh-Kühne, Hitlers Hehler? (wie Anm. 5).

tiggestellt wurden.⁹ Doch nicht überall war die Bedeutung der Zwangsarbeit für die „Rettung" von Unternehmen eine so große wie beim VW-Werk. Im Ruhrgebiet, wo zwar der Kohlenbergbau schon wenige Wochen nach Kriegsende wiederaufgenommen wurde und einen relativ schnellen Wiederaufstieg erlebte, wo aber die Stahlerzeugung und -verarbeitung eine mehrjährige Phase erheblicher Produktionsbeschränkungen und vor allem gravierender Demontagen unzerstörter Anlagen zu überstehen hatten, ehe auch sie an einen wirklichen Neuaufbau gehen konnten, lagen die Dinge wesentlich anders. Wer das bezweifelt, möge sich mit dem Schicksal der August Thyssen-Hütte in den Jahren bis 1950 oder mit der radikalen Demontage der Kruppschen Betriebe in Essen beschäftigen.

Was bleibt zu tun nach einem guten Jahrzehnt beispielloser, gesellschaftlich mitgetragener Forschungsanstrengungen? Ende 2003 warten auf die historische Forschung noch Themen wie der Zwangsarbeiter-Einsatz in der Bauwirtschaft, in mittelständischen Industriebetrieben und im Handwerk. Über die Zwangsarbeit für die deutsche Kriegswirtschaft *außerhalb* des Reiches, etwa im *Generalgouvernement*, in den besetzten Gebieten der Sowjetunion, in Frankreich, Belgien und den Niederlanden, ist noch wenig bekannt.¹⁰ Das gilt auch für die Zwangsarbeit für kommunale Verwaltungen, die erst in einer Regionalstudie (Annette Schäfer für Württemberg [2001]) eingehender untersucht wurde.¹¹ Die Rolle der Arbeitsverwaltung im System der Zwangsarbeit, erstaunlicherweise lange Zeit ein fast unbekanntes Terrain, wird erst seit kurzem am Beispiel des Landesarbeitsamtes Rheinland in Köln erforscht. Über die Beziehungen zwischen den verschiedenen ethnischen Gruppen der Zwangsarbeiter an den Arbeitsplätzen und in den großen Lagern wissen wir noch nicht viel. Auch die soziale und berufliche Struktur der ethnischen Gruppen und der Bildungsstand der betroffenen Menschen waren anscheinend noch nicht Gegenstände einer histori-

---

⁹ Hans Mommsen u. Manfred Grieger, Das Volkswagenwerk und seine Arbeiter im Dritten Reich, Düsseldorf 1996, S. 962 f. u. 1031 (Tab. 10).

¹⁰ Zum Forschungsbedarf u. a.. Ulrich Herbert, Zwangsarbeit im „Dritten Reich". Kenntnisstand, offene Fragen, Forschungsprobleme, in: Wilfried Reininghaus u. Norbert Reimann (Hrsg.), Zwangsarbeit in Deutschland 1939-1945. Archiv- und Sammlungsgut, Topographie und Erschließungsstrategien, Bielefeld 2001, S. 16-37; Lutz Niethammer, Klärung und Aufklärung. Aufgaben und Lücken der Zwangsarbeiterforschung, in: Stiftung Bibliothek des Ruhrgebietes (Hrsg.), Zwangsarbeiterforschung als gesellschaftlicher Auftrag, Bochum 2001, S. 13-22.

¹¹ Annette Schäfer, Zwangsarbeit in den Kommunen. „Ausländereinsatz" in Württemberg 1940-1945, in: Vierteljahrshefte für Zeitgeschichte, 49. Jg. (2001), Heft 1, S. 53-75. Zu beachten auch: Klaus Wisotzky, Der Ausländereinsatz bei der Stadt Essen während des Zweiten Weltkrieges, in: Archivkurier des Landschaftsverbandes Rheinland Nr. 14/2000, S. 134-40. - Ein größer angelegtes Forschungsprojekt zur Zwangsarbeit für Kommunalverwaltungen ist im Gang; dazu Ralf Himmelmann, Heinz-Jürgen Priamus u. Roland Schlenker, Zwangsarbeit und Bombenkrieg. Eine vergleichende Studie von Kommunen in Rheinland und Westfalen 1940-1945, in: Informationen zur modernen Stadtgeschichte, Bd. 2 (2001), S. 7-10; von denselben Autoren zuvor: Zwangsarbeit in den Städten - ein vernachlässigtes Kapitel deutscher Geschichte, in: Standorte: Jahrbuch Ruhrgebiet 1999/2000, S. 433-37.

schen Untersuchung. Der sozial- und wirtschaftsgeschichtlichen Forschung stellt sich eine Aufgabe auch dort, wo es um die Verarbeitung von Erfahrungen mit dem Ausländer-*Einsatz* in der Arbeitswelt nach 1945 geht, also etwa um die Nachwirkung der *Überschichtungs*-Erfahrung in der frühen Zeit der Beschäftigung von „Gastarbeitern"; Ulrich Herbert hat diese Frage für das Ruhrgebiet schon einmal aufgeworfen.[12] Die Nutzung von betriebswirtschaftlichem, beim Zwangsarbeiter-Einsatz gewonnenem Organisationswissen durch Industrieunternehmen mit hohen „Gastarbeiter"-Quoten in den fünfziger und sechziger Jahren wäre ein Thema für die Wirtschafts- und Unternehmensgeschichte.

Wünschenswert ist ferner eine empirische Studie über die Verfolgung von Gewaltverbrechen an Zwangsarbeitern in den zahllosen Fällen der „kleinen Täter", also des brutalen Meisters oder Vorarbeiters, des rassistisch-sadistischen Lagerführers, des seine „Macht" auskostenden Werkschutzmannes, die es an Prügel und sonstigen Schikanen nicht fehlen ließen, ohne dazu von den Leitungen ihrer Unternehmen gezwungen oder auch nur ermächtigt worden zu sein. Wir kennen bisher nur die Bestrafungsfälle, die in der umfangreichen, aber nicht benutzerfreundlichen Edition *Justiz und NS-Verbrechen* veröffentlicht wurden, zu der es bis heute kein Register gibt. Trifft eigentlich im Bereich der Strafverfolgung nationalsozialistischer Unrechtstaten das Sprichwort zu, daß man die „Kleinen" hänge und die „Großen" laufen lasse? Oder ist nicht eher das Gegenteil der Fall? Die Tatsache, daß uns die Nürnberger Prozesse gegen die „Hauptkriegsverbrecher" (unter ihnen Göring, Speer und Sauckel) und mehrere Großindustrielle, die Haftstrafen verbüßten (darunter Alfried Krupp von Bohlen und Halbach), die schonungslose Internierungspraxis der britischen Besatzungsmacht gegenüber Vorstandsmitgliedern fast aller großer Industrieunternehmen des Westens und die Strafverfahren gegen Polizeipräsidenten und Funktionäre der Konzentrationslager bekannt sind, wir aber über die Strafen der „kleinen Nazis" außerhalb der KL fast nichts wissen, zeigt durchaus ein weiteres Forschungsdefizit an.

Das Thema Zwangsarbeit wird in wenigen Jahren so gründlich erforscht sein wie kein anderes aus den zwölf Jahren des Unheils. Diese Leistung der historischen Wissenschaft, dazu die Aufklärungsarbeit der vielen lokalen Bürgerinitiativen (auch in Duisburg existieren zwei), schließlich auch die fast nur symbolischen, pekuniären Entschädigungen der noch lebenden Zwangsarbeiter aus dem Fonds der Stiftung *Erinnerung, Verantwortung und Zukunft* sind moralisch-notwendige Voraussetzungen dafür, daß man legitimerweise beklagen darf, daß in den Jahren nach Kriegsende auch Deutsche in der Sowjetunion, in Polen und in Ländern Südosteuropas Zwangsarbeit leisten mußten und daß 1,1 Millionen

---

[12] Ulrich Herbert, Zur Entwicklung der Ruhrarbeiterschaft 1930 bis 1960 aus erfahrungsgeschichtlicher Perspektive, in: Lutz Niethammer u. Alexander von Plato (Hrsg.), „Wir kriegen jetzt andere Zeiten". Auf der Suche nach der Erfahrung des Volkes in nachfaschistischen Ländern, Berlin u. Bonn 1985 (Lebensgeschichte und Sozialkultur im Ruhrgebiet 1930 bis 1960, Bd. 3), S. 19ff.

deutsche Kriegsgefangene in der Sowjetunion umgekommen sind. Auch hier liegen Forschungsthemen der kommenden Jahre.

Danksagung
Bei der Arbeit an diesem Buch habe ich vielfach Rat und Hilfe erfahren. Vor allem Stadtarchivamtsfrau Monika Nickel im Stadtarchiv Duisburg hat zum Gelingen beigetragen, indem sie aus laufenden Verzeichnungsarbeiten heraus viele Hinweise auf wichtige Quellen gab. Einige Duisburger Bürgerinnen und Bürger halfen ebenfalls durch wertvolle Hinweise; ich nenne stellvertretend für alle Christel Klingenburg und Heinrich Hildebrand. Zu Dank verpflichtet bin ich auch Dr. Lutz Budraß (Ruhr-Universität Bochum), Dr. Uwe Kaminsky (Philipps-Universität Marburg) und Prof. Dr. Manfred Rasch (Thyssen Krupp Konzernarchiv). In dem von Susanne Abeck M. A. moderierten und von Dr. Klaus Wisotzky im Stadtarchiv Essen bewirteten *Arbeitskreis Zwangsarbeit* des *Forums Geschichtskultur an Ruhr und Emscher* empfing ich viele Anregungen und Informationen, was auch für die von Dr. Baldur Hermans geleitete Forschungsgruppe *Zwangsarbeit in katholisch-kirchlichen Einrichtungen auf dem Gebiet des heutigen Bistums Essen* gilt. Alle Fehler, mit denen diese Arbeit behaftet ist (etwa nicht „entdeckte" Arbeitgeber von Zwangsarbeitern oder Lager), verantworte ich allein.

Duisburg, am 60. Jahrestag der Ermordung Michail Pawelschenkos, 16. Oktober 2003

Michael A. Kanther

Verzeichnisse der Lager und Unterkünfte

Anmerkung

Die Auflistung der Lager nach Gemeinden (Alt-Duisburg, Rheinhausen, Homberg und Walsum) und innerhalb Alt-Duisburgs nach Stadtbezirken (Mitte, Süd, Meiderich, Ruhrort [mit Beeck] und Hamborn) trägt der polyzentrischen Struktur des Duisburger Stadtgebietes Rechnung.

Im Verzeichnis der Lager für zivile Arbeitskräfte sind Bauernhöfe und Privathaushalte nicht erfaßt. Manche Lager lassen sich keinem Unternehmen oder Arbeitgeber zuordnen, z. B. das Lager für zivile Arbeiter in der Gastwirtschaft Liesen in Baerl, laut dem CCP mit 150 Insassen, oder das *Gemeinschaftslager Ost* in Hamborn.

Siglen für Archive, Quellen und Literatur mit Belegen

StADU	Stadtarchiv Duisburg
Standesamt	Stadtarchiv Duisburg, Best. 104: Standesamtsformulare (Ausländer): Geburten
HSTAD	Nordrhein-Westfälisches Hauptstaatsarchiv Düsseldorf
BA	Bundesarchiv (Abteilungen in Berlin)
BBA	Bergbau-Archiv Bochum
TKKA	ThyssenKrupp Konzernarchiv
TKKA FSV	ThyssenKrupp Konzernarchiv, Fernsprechverzeichnis der August Thyssen-Hütte AG von Mai 1944 (Dokumentation Ausländische Arbeitskräfte 1939-45, S. 10)
HAK	Historisches Archiv Krupp
MA	Mannesmann-Archiv
GAA	Grillo-Archiv (Bestand A)
AVG/BUR	Sozialministerium des Königreiches Belgien, Brüssel, Archiv des *Service des Victimes de la Guerre* (AVG), Bestand BUR
CCP	Martin Weinmann (Hrsg.), Das nationalsozialistische Lagersystem (CCP = Catalogue of Camps and Prisons in Germany), Frankfurt a. M. ^{3}1998
Q 1	Auszüge aus den hauseigenen Chroniken I und II des Postamtes zu Duisburg (Typoskript), Duisburg 1966 (Stadtarchiv Duisburg, Bibliothek S 722)
Q 2	Chronik der St. Dionysius-Pfarre in Alt-Walsum
Q 3	Lohnkontenblätter des St. Barbara-Hospitals
Q 4	Lohnkontenblätter des St. Joseph-Hospital
Q 5	Personalbuch des St. Marien-Hospitals
Q 6	Schreiben des Bistumsarchivs Münster an das Stadtarchiv Duisburg vom 9. Juli 2001 (Auskunft zum St. Camillus-Hospital in Walsum und zum St. Johannes-Stift in Homberg)
Lit 1	Manfred Tietz, Die „wertlose" Frau, in: Rudolf Tappe u. Manfred Tietz (Hrsg.), Tatort Duisburg 1933-1945. Widerstand und Verfolgung im Nationalsozialismus, Bd. II, Essen 1993, S. 354-

Lit 2	Bernhard Schmidt u. Fritz Burger, Tatort Moers. Widerstand und Nationalsozialismus im südlichen Altkreis Moers, Moers ²1995
Lit 3	Heinrich Hildebrand, Wanheim-Angerhausen. Heimat zwischen Anger und Rhein, Bd. 3, Duisburg 2001
Lit 4	Hermann Schwieren, Leben und Arbeit in Neumühl, Teil II: 1933-1963, Duisburg (Selbstverlag des Verfassers) 1998
Lit 5	Emile Eche, „Ich diente und mein Lohn ist Frieden". Maria Euthymia, Klemensschwester aus Westfalen, in den Erinnerungen des kriegsgefangenen französischen Soldatenpriesters Emile Eche. Hrsg. von Franz Kroos, Münster ⁹1981
Lit 6	St. Anna-Krankenhaus Duisburg-Huckingen (Hrsg.), 75 Jahre St. Anna-Krankenhaus Duisburg-Huckingen. Im Dienst am Nächsten (Verf.: Wilhelm Bettecken), o. O. (Duisburg) 1989
Lit 7	M. Kaehler (Hrsg.), Das Evangelische Kaiser-Wilhelm-Krankenhaus Duisburg-Meiderich 1895-1955, o. O. (Duisburg) o. J. (1955) (darin: Johann Hasley: 1943-1946, S. 29-37)

Verzeichnis der Kriegsgefangenenlager

Arbeitgeber, Lagerstandort u. -bezeichnung	Belegungsstärke (Pers.)	Insassen (Nationalität)	Existenzzeit (belegt)	Belege
Alt-Duisburg				
Duisburg-Mitte				
Stadtverwaltung (für Privatunternehmen), Lager Dellplatz 16 (Gastwirtschaft Union)			1941	StADU 600/973 StADU 600/849
Stadtverwaltung (für Privatunternehmen), Lager Bauschenstraße (Burgacker-Saal)			1941	StADU 600/973 StADU 600/849
Stadtverwaltung (für Privatunternehmen), Lager Parkhaus Grunewald, Düsseldorfer Straße Später Lager für zivile Arbeitskräfte			1941	StADU 600/973 StADU 600/849
Stadtverwaltung (für Privatunternehmen) Lager Forsthaus Ashauer, Düsseldorfer Straße			1942	StADU 600/849
Stadtverwaltung (für Privatunternehmen) Lager Wedauer Schützenhaus, Kalkweg			1942	StADU 600/849
Deutsche Reichspost, Postamt Duisburg I, Lager Felsenstraße 95 (Gastwirtschaft Ocklenburg)	78	Franzosen u. Belgier	1941-43	Q 1, S. 32 u. 38
Deutsche Reichspost, Bauabteilung Duisburg, Lager Turnhalle Stapeltor	50	Sowj. KG	1944/45	Q 1, S. 38f.
Gewerkschaft Diergardt-Mevissen, Schachtanlage 3, Lager Neuenkamp	ca. 300	div. Nation.		AVG/BUR

August Thyssen-Hütte AG, Betrieb Niederrheinische Hütte, Lager Sportplatz Wörthstraße („08-Platz") Zuvor (Juni 1943) und später (belegt für Sept. u. Dez. 1944) Lager für zivile Arbeitskräfte		wahrscheinlich Ital. Mil.-Int.	Mai 1944	TKKA FSV
August Thyssen-Hütte AG, Betrieb Hüttenwerk Vulkan, Lager Vulkanstraße	217 215	Sowj. KG Sowj. KG	Mai 1943 Juni 1943 Mai 1944	TKKA A/5227 TKKA A/5227 TKKA FSV
Duisburger Kupferhütte AG, Lager zw. Kupferhüttenstraße und Blücherstraße			1943	StADU 611/3293
Didier-Werke AG, Lager auf der Reichsbahn-Halde, Krummenhakstraße Heute südl. Teil der Gießingstraße		Sowj. KG	1941	StADU 611/2903

Duisburg-Süd

Mannesmannröhren-Werke AG, Hüttenwerk Huckingen Wahrscheinlich identisch mit: Mannesmannröhren-Werke, Lager am Profilwalzwerk, Huckinger Straße		Franzosen		MA M 12.821.1 AVG/BUR
Mannesmannröhren-Werke AG, Hüttenwerk Huckingen		Ital. Mil.-Int.		MA M 12.821.1
Mannesmannröhren-Werke AG, Abteilung Großenbaum, Lager Ledigenheim		Franzosen		MA M 12.821.2
Eisenwerk Wanheim GmbH, Lager im Werksgelände	160 89	Franzosen Ital.-Int. Sowj. KG	1940-42 1943/44 1944/45	Lit 3, S. 472ff. Lit 3, S. 472ff. Lit 3, S. 472ff.
Berzelius Metallhütten GmbH, Lager im Werksgelände	64	Franzosen Ital. Mil.-Int.	1940-44 (1944) 1943	Lit 3, S. 300ff. Lit 3, S. 300ff.
Berzelius Metallhütten GmbH, Lager an der Schlackenhalde, Ehinger Straße	49	Ital. Mil.-Int.	1943	Lit 3, S. 304f.

Duisburg-Meiderich

Stadtverwaltung, Lager Schule an der Horststraße			1944	AVG/BUR StADU 600/972
Stadtverwaltung (Amt für Sofortmaßnahmen), Lager Kaiser-Wilhelm-Krankenhaus		Franzosen	1944/45	Lit 7, S. 63
August Thyssen-Hütte AG, Betrieb Hochöfen Hüttenbetrieb, Lager Talbahnstraße 55	127 128 200	Franzosen Franzosen Franzosen	Mai 1943 Juni 1943 Mai 1944 Sept. 1944	TKKA A/5227 TKKA A/5227 TKKA FSV TKKA A/5227

    Zuvor Lager für Ostarbeiterinnen

August Thyssen-Hütte AG, Betrieb Hütte Ruhrort-Meiderich, Lager *Kosthaus Tor 5*, Stahlstraße 50	198 200-211 200	Belgier Belgier Belgier	Mai 1943 Juni 1943 Mai 1944 Sept. 1944	TKKA A/5227 TKKA A/5227 TKKA FSV TKKA A/5227

    Daneben existierte ein Lager für zivile Arbeitskräfte

Duisburg-Ruhrort (mit Beeck u. Laar)

Stadtverwaltung (für Privatunternehmen), Lager Laarer Straße 6 [Kath. Vereinshaus]		1942	StADU 600/849

    Später Lager der August Thyssen-Hütte, Betrieb Hütte Ruhrort-Meiderich

Gelsenkirchener Bergwerks-AG, Gruppe Hamborn, Lager Beeckerwerth, Hoffsche Straße	Sowj. KG desgl. desgl.	1942-43 desgl. desgl.	BBA 55/608 BBA 55/1316 BBA 55/1317

    Neben dem Lager der August Thyssen-Hütte

Gelsenkirchener Bergwerks-AG, Gruppe Hamborn, Lager Schüttung Rönsbergshof, Papiermühlenstraße	Sowj. KG desgl. desgl. Ital. Mil.-Int. Sowj. KG u. ital. Mil.-Int.	1942-43 desgl. desgl. März 1944 1944-45	BBA 55/608 BBA 55/1316 BBA 55/1317 StADU 55 StADU 607/257
August Thyssen-Hütte AG, Betrieb Hütte Ruhrort-Meiderich, Lager Erzstraße 9		Mai 1944 Sept. 1944	TKKA FSV TKKA A/5227

    Zuvor (noch Mai 1943) Lager für zivile Arbeitskräfte (Deckname *Tannhäuser*)

August Thyssen-Hütte AG, Betrieb Thyssenhütte, Lager Beeckerwerth, Hoffsche Straße 2 Neben dem Lager der GBAG	535 625 120	Sowj. KG Sowj. KG Italiener (ehem. Mil.-Intern.)	Mai 1943 Juni 1943 Mai 1944 Sept. 1944	TKKA A/5227 TKKA A/5227 TKKA FSV TKKA A/5227

Arbeitgeber unbekannt:

Lager Ruhrschleuse		Sowj. KG	März 1944	HSTAD RW 36-26

Duisburg-Hamborn

Stadtverwaltung (für Privatunternehmen), Lager Apollotheater (ehem. Stadttheater Hamborn), Kronprinzenstraße (Bayreuther Straße) 21		Franzosen	1942 März 1942	StADU 600/849 StADU 600/972
Stadtverwaltung (für Privatunternehmen), Lager Glückaufschule, Marienstraße 18			Okt. 1942	StADU 600/972
Gelsenkirchener Bergwerks-AG, Gruppe Hamborn, Lager Pollmannshof, Fahrner Straße 121	450	Sowj. KG Sowj. KG desgl. desgl.	1942 1942-43 desgl. desgl.	StADU 611/1477 BBA 55/608 BBA 55/1316 BBA 55/1317
Gewerkschaft Neumühl, Lager Holtener Straße / Gartenstraße (Gastwirtschaft Kaldenhoff)	187	Sowj. KG	1942	Lit 4, S. 100
Gewerkschaft Neumühl, Lager Oberhauser Allee („Hippenwiese")	240	Sowj. KG	1943-45 1945	CCP, 414 Lit 4, S. 100 u. 104
August Thyssen-Hütte AG, Betrieb Thyssenhütte, Lager Franz-Lenze-Straße	396 127 393 123 900	Sowj. KG Franzosen Sowj. KG Franzosen Sowj. KG	Mai 1943 desgl. Juni 1943 desgl. Mai 1944 Sept. 1944	TKKA A/5227 desgl. TKKA A/5227 desgl. TKKA FSV TKKA A/5227
Brüggemann-Vollrath (Arbeitsgemeinschaft), Lager auf dem Gelände der August Thyssen-Hütte AG an der Alsumer Straße (bei Tor V)	120-180		1940/41	StADU 611/1704

Ruhrchemie AG AVG/BUR 74
(Oberhausen-Holten),
Lager Sassenstraße 96
   Daneben existierte ein Lager für
   zivile Arbeitskräfte

Stadt Homberg

Stadtverwaltung (für Privatunternehmen) Kriegsgefangenenlager bei der Schule am Kaiserplatz (Roonstraße)	25	Franzosen Ital. Mil.-Int. Ziv. Ital.	Nov. 1943 1944 Okt. 1944	StADU 22/1103 StADU 22/1103 StADU 22/1099

   Seit August 1944 Lager für
   zivile Arbeitskräfte [Italiener]

Gewerkschaft Rheinpreußen, Lager Schachtanlage 3, Homberg-Hochheide			1942	StADU 611/15

Stadt Rheinhausen

Gewerkschaft Diergardt-Mevissen III, Kriegsgefangenenlager Moerser Straße 166a	480	Sowj. KG		AVG/BUR
Fried. Krupp AG, Betrieb Friedrich-Alfred-Hütte, Kriegsgefangenenlager an der Bahnhofstraße 113 (Gastwirtschaft Vereinshaus)	145 150	Franzosen Franzosen	1945	AVG/BUR HAK WA 70/923
Fried. Krupp AG, Betrieb Friedrich-Alfred-Hütte, Kriegsgefangenenlager an der Parallelstraße	400 400	Sowj. KG Sowj. KG	1945	AVG/BUR HAK WA 70/923
Fried. Krupp AG, Betrieb Friedrich-Alfred-Hütte, Kriegsgefangenenlager an der Reichsstraße	200	Sowj. KG	1944	HAK WA 70/923
Fried. Krupp AG, Betrieb Friedrich-Alfred-Hütte, Lager für Militärinternierte an der [heutigen] Walther-Rathenau-Straße	800	Ital. Mil.-Int.	1945	HAK WA 70/923
Wilhelm Maas OHG, Lager in Hochemmerich [Bauunternehmen]		Sowj. KG	Dez. 1942 Jan. 1943	StADU 22/1095 StADU 22/1103

Gemeinde Walsum

Gewerkschaft Walsum, Kriegsgefangenenlager Elisabethstraße		Sowj. KG	1942	HSTAD BR 1136-236 StADU 600/973
Gewerkschaft Walsum, Lager Bergmannsheim II, Königstraße (Sandbergweg)	ca. 1000	Sowj. KG	März 1945	Q 2, S. 135
Gewerkschaft Walsum, Lager Vereinshaus, Kaiserstraße 41		Sowj. KG u. Franzosen	März 1945	Q 2, S. 161
August Thyssen-Hütte AG, Betrieb Thyssenhütte, Lager Wehofen	16 37 55 50	Sowj. KG Sowj. KG Sowj. KG	Mai 1943 Juni 1943 Juni 1944 Sept. 1944	TKKA A/5227 TKKA A/5227 TKKA A/5227 TKKA A/5227
Schenk & Lüttgen, Lager Am Weißen Stein [Bauunternehmen]		Franzosen	1940	Q 2, S. 97 Lit 5, nach S. 47

Verzeichnis der Zivilarbeiterlager

Arbeitgeber, Lagerstandort und -bezeichnung	Belegungs-stärke (Personen)	Bewohner (Kategorie oder Nationalität)	Existenz-zeit (belegt)	Belege
Alt-Duisburg				
Duisburg-Mitte				
Stadtverwaltung, Lager Neuer Friedhof, Düsseldorfer Chaussee	25	Ostarbeiter/-innen	1943-45	StADU 103/1852
		Ostarbeiterinnen	1945	Standesamt
Stadtverwaltung, Krankenanstalten (Krankenhaus Papendelle)	10	Ostarbeiterinnen	1942	StADU 103/1911
Stadtverwaltung (für Privatunternehmen), Lager Schule an der Beguinengasse			Nov. 1943	StADU 103/1852 StADU 600/971
Stadtwerke Duisburg, Lager Walzenstraße	110	Niederländer	1943	CCP, 120 StADU 63-19
	ca. 100		Anf. 1945	StADU 302/143
Anfang 1945 zusätzlich zwei kleine Unterkünfte im Werk (StADU 302/143)				
Duisburger Verkehrsgesellschaft AG, Baracke am Grunewald, Düsseldorfer Chaussee 15	115			CCP, 120
	80		Anf. 1945	StADU 302/143
			1945	Standesamt
Polizeipräsidium Duisburg, Luftschutzpolizei (3. Bereitschaft), Schule a. d. Eschenstraße			1944/45	Standesamt
Deutsche Reichspost, Postamt Duisburg I	155			CCP, 120
Wahrscheinlich identisch mit: Lager Kath. Vereinshaus, Dellplatz	89	Niederländer	1943/44	Q 1, S. 36 u. 70
Ersatzlager: Postamt Poststraße		Niederländer	1944/45	Q 1, S. 70

Deutsche Reichspost, Postamt Duisburg I, Lager Sternbuschweg 220 (Gastwirtschaft Wolf)		Franzosen	1943-45	Q 1, S. 38 u. 70
Deutsche Reichsbahn, Güterabfertigung Duisburg-Hauptbahnhof	285			CCP, 120
Deutsche Reichsbahn, Bahnhof Hochfeld Süd	260			CCP, 120
Deutsche Reichsbahn, Betriebsamt Duisburg 1, Bahnmeisterei 11, Lager Schwiesenkamp 26	70 M, 20 F	Div. Nation.	1944/45 1945	CCP, 414 AVG/BUR StADU 607/348 Standesamt
Deutsche Reichsbahn, Ausbesserungswerk Wedau, Lager I	820			CCP, 120
		Ostarbeiter/-innen	1944/45	Standesamt
	193 M 58 F	Ostarbeiter/-innen		HSTAD RW 36-10
Deutsche Reichsbahn, Bahnbetriebswerk Krummenhakstraße	185			CCP, 120
Deutsche Reichsbahn, Bahnmeisterei 6	115			CCP, 120
Organisation Todt, Lager Richthofen-Schule, Lilienthalstraße				AVG/BUR
Bauhilfe der DAF (Bauhof Essen), Lager Steinbart-Gymnasium, Realschulstraße 1	300	Ostarbeiterinnen	1943	CCP, 414 StADU 41/68
		Ostarbeiterinnen	1944	Standesamt
	171 M 123 F	Ostarbeiter/-innen		HSTAD RW 36-10
Bauhilfe der DAF (Bauhof Essen), Lager Hüttenschule, Bismarckstraße 81			1944/45	StADU 600/971
Bauhilfe der DAF (Bauhof Essen), Lager Diakonenhaus, Kuhlenwall vorher (bis Mai 1944) KL-Außenlager		Ostarbeiter u. Volksdeutsche	1944/45	StADU 600/971

Bauhilfe der DAF (Bauhof Essen), Lager Parkhaus Grunewald, Düsseldorfer Straße 386 (später Schule an der Mozartstr.)	500-600	Ostarbeiterinnen	1944	Standesamt
		Ostarbeiter	1944/45	StADU 607/348
		Ostarbeiter	1944/45	StADU 600/971
		Anf. 1945	StADU 302/143	
Bauhilfe der DAF (Bauhof Essen), Lager Schule an der Mozartstraße			1944/45	StADU 600/971
Bauhilfe der DAF (Bauhof Essen), Lager Baracke Forsthaus			1944	StADU 600/971
Gewerkschaft Diergardt-Mevissen, Lager Schachtanlage 3, Essenberger Straße 228	50			CCP, 413
August Thyssen-Hütte AG, Betrieb Niederrheinische Hütte, Lager *Wildschütz* (1944 auch *Indra*), Wörthstraße 116 [Rhein-Ruhr-Halle Hochfeld]	300 M 240 F 255 M 127 F 350-450			CCP, 414
		Ostarbeiter/-innen	Mai 1943	TKKA A/5227
		Ostarbeiter	Juni 1943	TKKA A/5227
			Mai 1944	TKKA A/FSV
		Ostarbeiterinnen	1944	Standesamt
	254 M 129 F	Ostarbeiter/-innen	Anf. 1945	HSTAD RW 36-10 StADU 302/143 AVG/BUR
In CCP: „Hüttenwerk Niederrhein AG", in AVG/BUR: „Hüttenbetrieb Niederrhein AG"				
August Thyssen-Hütte AG, Betrieb Niederrheinische Hütte, Lager *Salome*, 110 Wanheimer Straße 155a [Kath. Vereinshaus]	100 28 170	Niederländer	Mai u. Juni 1943	TKKA A/5227
		Deutsche	Juni 1943	TKKA A/5227
			Mai 1944	TKKA FSV
		Niederländer u. Italiener	Sept. 1944	TKKA A/5227
August Thyssen-Hütte AG, Betrieb Niederrheinische Hütte, Lager Sportplatz, Wörthstraße („08-Platz")	130 120	Ostarbeiter	Juni 1943	TKKA A/5227
		Italiener	Sept. 1944	TKKA A/5227
		Italiener	Dez. 1944	TKKA A/5227
Im Mai 1944 Kriegsgefangenenlager (wahrscheinlich für Ital. Mil.-Int.)				
August Thyssen-Hütte AG, Betrieb Niederrheinische Hütte, Lager Wörthstraße 130				AVG/BUR 74

August Thyssen-Hütte AG, Betrieb Niederrheinische Hütte, Dienstverpflichtetenlager, Hüttenstraße 76 (Gastwirtschaft Keusch)	20 6	Belgier Dänen	Juni 1943 1944	TKKA A/5227 AVG/BUR
In AVG/BUR: „Hüttenbetrieb Niederrhein AG"				
August Thyssen-Hütte AG, Betrieb Niederrheinische Hütte, Lager Wanheimer Straße 215 (Gastwirtschaft Lohberg)				AVG/BUR
In AVG/BUR: „Hüttenbetrieb Niederrhein AG"				
Deutsche Eisenwerke AG, Panzerwerk Duisburg, Lager Sedanstraße 13	740	Ostarbeiterinnen	1944/45	CCP, 413 Standesamt
Deutsche Eisenwerke AG, Betrieb „Stahlindustrie" (Panzerwerk Duisburg), Lager Sedanstraße 25	220 50 183 M 38 F	Ostarbeiter/ -innen	Anf. 1945	CCP, 414 AVG/BUR StADU 302/143 HSTAD RW 36-10
DEMAG, Lager Vulkanstraße	125			CCP, 413
Wahrscheinlich identisch mit: DEMAG, Lager Harkort, im Werksgelände			Anf. 1945	StADU 302/143
DEMAG, Lager Wirtschaftsgebäude, Werthauser Straße 48			Anf. 1945	AVG/BUR StADU 302/143
DEMAG, Lager Stadtrand, Blücherplatz			1944/45 Anf. 1945	Standesamt StADU 302/14 AVG/BUR
DEMAG, Lager bei der Maschinenfabrik Jäger			Anf. 1945	StADU 302/143
DEMAG, Lager Petristraße 3 (Gastwirtschaft Fürst Blücher)				AVG/BUR
DEMAG, Lager Hindenburgplatz (Gastwirtschaft Fasoli)				AVG/BUR
DEMAG, Lager Immendal 2 (Gastwirtschaft Beusken)				AVG/BUR

DEMAG, Lager Mohrenstraße 2		Ostarbeiter/-innen	1942-44	AVG/BUR Standesamt
	rd. 70	Ostarbeiterinnen	Juli 1942	Lit 1, S. 383
Die Mohrenstraße (zwischen Werthauser Straße u. Vulkanstraße) existiert nicht mehr				
VDM Halbzeugwerke GmbH, Lager Hüttenstraße 135	130 F			CCP, 414
	130	Ostarbeiterinnen		AVG/BUR Lit 1, S. 387
	143	Ostarbeiterinnen		HSTAD RW 36-10
VDM Halbzeugwerke GmbH, Lager Gitschiner Straße	100			CCP, 414
VDM Halbzeugwerke GmbH, Lager Wanheimer Straße 96	50			CCP, 414
VDM Halbzeugwerke GmbH, Lager Hochfeldstraße 101		Ostarbeiterinnen	1942	Standesamt
VDM Halbzeugwerke GmbH, Lager Hochfeldstraße 136 (Gastwirtschaft Bauth)				AVG/BUR
Esch-Werke KG, Lager Liebigstraße 24 [Maschinenfabrik u. Eisengießerei]	100		Anf. 1945	AVG/BUR StADU 302/143
Gebr. Scholten, Lager Ruhrau, Moltkestraße 21 [Maschinenfabrik u. Eisengießerei; Firmensitz: Alte Weseler Str. 29]		Ostarbeiterinnen	1944	Standesamt
Emil Baltzer, Lager Sternbuschweg 27 [Maschinenfabrik]				AVG/BUR
Ewald Berninghaus, Lager Niederrhein [Werft und Stahlbaubetrieb; Firmensitz: Vulkanstraße 71-75 Außenhafen Hochfeld]	140	Ostarbeiterinnen	1944	CCP, 120 Standesamt

Duisburger Kupferhütte AG, Lager	420 327 M 87 F	Ostarbeiter/ -innen		CCP, 120 HSTAD RW 36-10
Wahrscheinlich identisch mit:				
Duisburger Kupferhütte AG, Lager Werksgelände	750		Anf. 1945	StADU 302/143
Wahrscheinlich identisch mit:				
Duisburger Kupferhütte AG, Ostarbeiterlager			Juli 1944	StADU 103/1852
Duisburger Kupferhütte AG, Lager Rheinhauser Straße 46	100		1944	StADU 611/3293
Duisburger Kupferhütte AG, Lager Werthauser Straße 182 [Kath. und Ev. Schule]		Ostarbeite- rinnen	1944/45	AVG/BUR Standesamt
Vereinigte Deutsche Metallwerke GmbH	175			CCP, 120
Wahrscheinlich identisch mit:				
C. Heckmann Zweigniederlassung der Ver- einigte Deutsche Metallwerke AG [Firmensitz: Hüttenstraße 135-139]		Ostarbeite- rinnen	1944	Standesamt
Didier-Werke AG, Lager Düsseldorfer Chaussee 30	145 120-160 M. u. F. 102 M	Ostarbeiter/ -innen Ostarbeiter Ostarbeite- rinnen	1944	CCP, 120 StADU 302/129 HSTAD RW 36-10 Standesamt
Friedrich Kemper, Kupfer- und Drahtwerk, Lager [Firmensitz: Düsseldorfer Straße 387]	50			CCP, 414
Kabelwerk Duisburg AG, Lager beim Werk	155 99 13 M 156 F 300-400 F	Ostarbeite- rinnen Ostarbeiter/ -rinnen	Juni 1942 Anf. 1945	CCP, 120 Lit 1, S. 382f. HSTAD RW 36-10 StADU 302/143
E. Matthes & Weber AG, Lager Rechtsstraße 11 [Chemische Fabrik]	100 ca. 130		Anf. 1945	CCP, 120 AVG/BUR StADU 302/143

401

Hermann Verlohr jr., Lager Kommandantenstraße [Geldschrankfabrik]	100	Ostarbeiter Ostarbeiterinnen	1942 1944/45 1944	CCP, 120 HSTAD RW 58/23711 StADU 607/348 Standesamt
Espera-Werke, Lager Moltkestraße 19 [Fabrik für Industrie- und Handelswaagen; Firmensitz: Moltkestraße 21]	70			CCP, 413 AVG/BUR
Karl Hitzbleck [Bauunternehmen; Firmensitz: Friedenstraße 100]	400			CCP, 120
Gebr. Kiefer AG, Lager Plessingstraße 18 [Bauunternehmen]	120			CCP, 120 AVG/BUR
Nebel & Fritzsche, Lager Reitbahn [Bauunternehmen]	100	Westarbeiter Polen		CCP, 120 AVG/BUR
Nebel & Fritzsche, Lager Rheinhausener Straße 173 (Gastwirtschaft Lutherhaus)				AVG/BUR
Nebel & Fritzsche, Lager Eigenstraße 45 (Gastwirtschaft Pasetti)				AVG/BUR
Schramm, Lager Wanheimer Straße 177 (Gastwirtschaft Koppenburg)				AVG/BUR
Duisburger Lagerhaus-Vereinigung [Firmensitz: Ruhrorter Straße 144]		Ostarbeiterinnen	1944	Standesamt
Kath. Kirchengemeinde St. Bonifatius, St. Marien-Hospital, Wanheimer Straße 167 a	10-12 F	div. Nation.	1942-43	Q 5
Kleine Unternehmen, Lager Gesellenhaus am Dellplatz	50-60		Anf. 1945	StADU 302/143

Kleine Unternehmen, Lager Duissernschule [wohl Ev. Schule Duissernstraße]	ca. 250	u. a. Niederl.	Nov. 1944 Anf. 1945	StADU 41/289 StADU 302/143
Wilhelm Steffen [Isolierwerke für Wärme- und Kälteschutz; Firmensitz: Oststraße 236; Fabrik und Warenlager in Ruhrort, Am Eisenbahnbassin]		Frauen	1944	Standesamt

Arbeitgeber unbekannt:

Lager Sternbuschweg 23		Ostarbeiterinnen	1944/45	StADU 607/348
Lager Mohrenplatz („Eisenhütte")			1945	Standesamt
Lager Preußenplatz (Sportplatz des DSC Preußen), Meidericher Straße			1945	Standesamt

Duisburg-Süd

Deutsche Reichsbahn Bahnmeisterei, Lager Ackerstraße		Ostarbeiter/ -innen	1944/4	AVG/BUR Standesamt
Organisation Todt, Lager Wodan [Duisburg-Mündelheim]		div. Nation.	1944/45	StADU 607/348
Bauhilfe der DAF (Bauhof Essen), Lager Margaretenstraße		Ostarbeiter/ -innen	1945	Standesamt
Mannesmannröhren- Werke AG, Lager Huckingen („auf dem Werk")	1930 854 M 389 F 1800	Ostarbeiter Ostarbeiter/ -innen Ostarbeiter/ -innen	1944/45 Anf. 1945 1945	CCP, 120 StADU 607/348 HSTAD RW 36-10 StADU 302/143 Standesamt
Wahrscheinlich identisch mit:				
Mannesmannröhren- Werke AG, Ostarbeiterlager			Juli 1942	MA M12.821.1
Wahrscheinlich identisch mit:				
Mannesmannröhren- Werke AG, Lager Huckinger Straße (Werksgelände)				AVG/BUR

Mannesmannröhren-Werke AG, Lager Hüttenheim, Medefurthstraße	210			CCP, 414
Wahrscheinlich identisch mit: Mannesmannröhren-Werke AG, Westarbeiterlager Ehinger/Medefurthstraße		Franzosen, Belgier, Niederländer, Polen		AVG/BUR
Mannesmannröhren-Werke AG, Lager Ehingen Tor III	1450 M u. F			CCP, 414
Mannesmannröhren-Werke AG, Lager Ehinger Berg	575	Polen		CCP, 414 AVG/BUR
Mannesmannröhren-Werke AG, Abteilung Großenbaum, Lager I, Altenbrucher Damm 171	815	Ostarbeiter Ostarbeiterinnen	1944	CCP, 120 MA M 12.821.2 Standesamt
	600		Anf. 1945	StADU 302/143
Mannesmannröhren-Werke AG, Abteilung Großenbaum, Lager Werksgelände	310			CCP, 414
In CCP: „Stahl- und Walzwerke Großenbaum"				
Wahrscheinlich identisch mit: Mannesmannröhren-Werke AG, Abteilung Großenbaum, Westarbeiterlager		Westarbeiter		MA M 12.821.2
Wahrscheinlich identisch mit: Stahl- und Walzwerke Großenbaum, Lager Mannesmann				AVG/BUR
Mannesmannröhren-Werke AG, Abteilung Großenbaum, Lager Ledigenheim	150	Italiener		CCP, 414 MA M 12.821.2
In CCP: „Stahl- und Walzwerke Großenbaum"				

Lager	Anzahl	Art	Jahr	Quelle
Mannesmannröhren-Werke AG, Abteilung Großenbaum, Lager Angermunder Straße 6 (später [1944]: Großenbaumer Allee 143)	100		1944	CCP, 414 AVG/BUR
In CCP: „Stahl- und Walzwerke Großenbaum"				
Mannesmannröhren-Werke AG, Abteilung Großenbaum, Lager Gastwirtschaft Küster				MA M 12.821.2
Mannesmannröhren-Werke AG, Lager Rottstraße		Ostarbeiterinnen	1944	Standesamt
Eisenwerk Wanheim GmbH, Lager I	440			CCP, 413
Vielleicht identisch mit:				
Eisenwerk Wanheim GmbH, Lager Ev. Gemeindehaus, Ehinger Straße			1941-44	AVG/BUR Lit 3, S. 472 ff.
Eisenwerk Wanheim GmbH, Ostarbeiterlager (Lager II), Ehinger Straße	540			CCP, 413
		Ostarbeiter	1942	Lit 3, S. 472 ff.
	622 M u. F	Ostarbeiter	1943	Lit 3, S. 472 ff.
	593 M u. F	Ostarbeiter	1944	Lit 3, S. 472 ff.
	548 M u. F	Ostarbeiter	1945	Lit 3, S. 472 ff.
	ca. 1000		Anf. 1945	StADU 302/143
		Ostarbeiterinnen	1945	Standesamt
	390 M 256 F	Ostarbeiter/-innen		HSTAD RW 36-10
Wahrscheinlich identisch mit:				
Eisenwerk Wanheim GmbH, Lager Schönholz, Ehinger Straße 334		Ostarbeiter/-innen	1944/45	Standesamt Lit 3, S. 472 ff.
Eisenwerk Wanheim GmbH, Lager Ehinger Straße 205 (Gastwirtschaft Hamm)			1941-45	AVG/BUR Lit 3, S. 472 ff.
Eisenwerk Wanheim GmbH, Lager Ehinger Straße 375 (Gastwirtschaft Kraus)			1943-45	AVG/BUR Lit 3, S. 472 ff.

Wilhelm van Lackum, Lager Im Eichelkamp, In der Ketzerburg [Stahl- und Brückenbau; Firmensitz: Forststraße 2]	40		Anf. 1945	StADU 302/143
Berzelius Metallhütten GmbH, Lager im Werksgelände [Firmensitz: Ehinger Straße 460]	144	Westarbeiter	1940-45	Lit 3, S. 167-72
Berzelius Metallhütten GmbH, Lager Halde	625	Ostarbeiter	1942	CCP, 120 Lit 3, S. 167-73
	264 M u. F	Ostarbeiter/ -innen	1944	Lit 3, S. 172f.
		Ostarbeiter	1944/45	Standesamt
	450		Anf. 1945	StADU 302/143
	261 M 75 F	Ostarbeiter/ -innen		HSTAD RW 36-10
Chem. Fabrik Curtius AG, Lager im Werksgelände [Firmensitz: Eichelkamp 39]	130 36	Franz. u. a.	1943 Anf. 1945	CCP, 120 StADU 611/2718 StADU 302/143
Rütgerswerke AG, Unterkunft Ketzerburg	12		Anf. 1945	StADU 302/143
Boswau & Knauer, Düsseldorf [Bauunternehmen] und Ruhrgas AG, Essen, Lager Ehingen, Ehinger Berg				AVG/BUR
Kath. Kirchengemeinde St. Peter und Paul,		Ostarbeiterinnen	1944	Standesamt
St. Anna-Krankenhaus, Magnusstraße 33		Ostarbeiter	1944/45	Lit 6

Arbeitgeber unbekannt:

Lager Kesselsberg		div. Nation.		StADU 607/348
Lager Schule an der Heiligenbaumstraße (vermutlich Organisation Todt)		Ostarbeiterinnen	1945	Standesamt

Duisburg-Meiderich

Stadtverwaltung (für Privatunternehmen), Lager Metzer Straße 5 (Gastwirtschaft Parkhaus)				AVG/BUR

Deutsche Reichsbahn, Bahnmeisterei 3 (Ruhrort Hafen), Lager Stolzestraße	320	Ostarbeiterinnen	1944	CCP, 120 Standesamt
Organisation Todt, Lager Kaiser-Wilhelm-Krankenhaus		Dienstverpflichtete ausländische Arbeiter	1944/45	Lit 7, S. 30f.
August Thyssen-Hütte AG, Betrieb Hochöfen Hüttenbetrieb, Lager Talbahnstraße 55	50	Ostarbeiterinnen	Okt. 1942	TKKA A/9238
	49	Ostarbeiterinnen	Mai 1943	TKKA A/5227
	48	Ostarbeiter/-innen	Juni 1943	TKKA A/5227
Im Mai 1943 auch Lager für 127 französische Kriegsgefangene; 1944 nur noch Kriegsgefangenenlager (TKKA A/5227)				
August Thyssen-Hütte AG, Betrieb Hütte Ruhrort-Meiderich, Lager *Oberon*, Stahlstraße 50	150	Ostarbeiterinnen	Juni 1943	CCP, 414 TKKA A/5227
			Mai 1944	TKKA FSV
	230	Ostarbeiterinnen	Sept. 1944	TKKA FSV
		Ostarbeiterinnen	1944/45	Standesamt
	190			Lit 1, S. 387
Bezeichnung bis Mitte 1943: *Kosthaus Stahlstraße*; im Mai 1944 auch Kriegsgefangenenlager (TKKA A/5227; TKKA FSV)				
August Thyssen-Hütte AG, Betrieb Hütte Ruhrort-Meiderich, Lager *Aida*, Düppelstraße 81	91	Franzosen	Juni 1943	TKKA A/5227
			Mai 1944	TKKA FSV
	140 F	Ostarbeiterinnen	Sept. 1944	TKKA A/5227
August Thyssen-Hütte AG, Betrieb Hochöfen Hüttenbetrieb, Lager *Medas* (Ziegelei), Emscherstraße 24	60 M	Franzosen, Niederländer, Belgier	Mai 1944 Sept. 1944	TKKA FSV TKKA A/5227
August Thyssen-Hütte AG Betrieb Hochöfen Hütten-, betrieb, Lager *Hamlet*, Emscherstraße 59	160 F	Ostarbeiterinnen	Mai 1944 Sept. 1944	TKKA FSV TKKA A/5227
		Polen	Sept. 1944	TKKA A/5227
Deutsche Eisenwerke AG, Gießerei Hüttenbetrieb, Lager Voßstraße	75	Westarbeiter Westarbeiter	Juli 1944	CCP, 413 StADU 70/3963 AVG/BUR

Firma	Anzahl	Art	Jahr	Quelle
Deutsche Eisenwerke AG, Gießerei Hüttenbetrieb, Lager Essen-Steeler Straße 155 (Gastwirtschaft Nühlen)				AVG/BUR
Gesellschaft für Teerverwertung mbH, Lager Varziner Straße		Ostarbeiterinnen	1944	Standesamt
Niederrheinische Maschinenfabrik (NIEMAG) GmbH [Firmensitz: am Hafenbecken C, Kiffwardt 1-3]	350			CCP, 120 StADU 506/6238 u. 6239
		Ostarbeiterinnen	1944	Standesamt
	153	Ostarbeiter/-innen		HSTAD RW 36-10
Meidericher Schiffswerft . vorm. Thomas & Co. GmbH [Firmensitz: am Hafenbecken A]	85			CCP, 120 StADU 302/129
Heck & Co. KG [Schrott-Maschinen-Abbrüche]	135			CCP, 120 StADU 302/129
Vollrath-Betonbau KG [Firmensitz u. Bauhof: Emmericher Straße 92]	600	Ostarbeiter		CCP, 120 StADU 302/129
Peter Fix Söhne AG [Bauunternehmen; Firmensitz: Kiffwardt 1-3 (am Hafenbecken C)]	150			CCP, 120
Thermosbau Duisburg, Lager Krabbenkamp 15		Ostarbeiterinnen	1944	Standesamt
Kath. Kirchengemeinde St. Michael, St. Elisabeth-Hospital, Von-der-Mark-Straße 52		Ostarbeiterinnen	1944	Standesamt

Duisburg-Ruhrort (mit Beeck und Laar)

Firma	Anzahl	Art	Jahr	Quelle
Gelsenkirchener Bergwerks-AG, Gruppe Hamborn, Schachtanlage Westende, Lager Flottenstraße 8 (Ev. Kirchengemeinde)	90			CCP, 414 AVG/BUR
Gelsenkirchener Bergwerks-AG Gruppe Hamborn, Schachtanlagen Beeckerwerth od. Westende, Lager Gastwirtschaft Burghof	72 M 76 M		1941 1942	BBA 55/1316 BBA 55/1317

407

August Thyssen-Hütte AG, Betrieb Hütte Ruhrort-Meiderich, Lager Rheinstahl (bis 1943) resp. *Undine* I und II (seit 1943), Mühlenfelder Straße 2	68 116 17 300-373 370 410	Niederländer Franzosen div. Nation. Franzosen Franzosen Niederländer Polen Polen	Mai 1943 desgl. desgl. Juni 1943 Mai 1944 Sept. 1944 desgl. desgl. Okt. 1944 1944	TKKA A/5227 desgl. desgl. TKKA A/5227 TKKA FSV TKKA A/5227 desgl. desgl. StADU 41/450 CCP, 413
August Thyssen-Hütte AG, Betrieb Hütte Ruhrort-Meiderich, Lager *Tosca*, Adolf-Hitler-Straße (jetzt Friedrich-Ebert-Straße) 96 [Kinderheim Laar]	ca. 210 237 260 260	Ostarbeiterinnen Ostarbeiter Ostarbeiter	Mai 1943 Juni 1943 Mai 1944 Sept. 1944 1944	TKKA A/5227 TKKA A/5227 TKKA FSV TKKA A/5227 CCP, 413
August Thyssen-Hütte AG, Betrieb Hütte Ruhrort-Meiderich, Lager *Tannhäuser*, Erzstraße 9 Später (Mai 1944) Kriegsgefangenenlager	150 190 187	Franzosen Ostarbeiterinnen	Mai 1943 Juni 1943	CCP, 413 TKKA A/5227 TKKA A/5227
August Thyssen-Hütte AG, Betrieb Hütte Ruhrort-Meiderich, Lager *Daldibor*, Laarer Straße 6 [Kath. Vereinshaus]	500	Polen	Sept. 1944	TKKA A/5227
August Thyssen-Hütte AG, Betrieb Thyssenhütte, Lager *Domino*, Hoffsche Straße 2	120	Italiener (ehem. Mil.-Int.)	Sept. 1944	TKKA A/5227
Franz Haniel & Cie. GmbH, Gesellschaft für Binnenschiffahrt (Einsatz auf Schiffen)	250		Anf. 1945	StADU 302/143
Gebr. Benzenberg GmbH Lager Krausstraße 35 [Kohlenhandlung; Firmensitz: Mercatorstraße in Duisburg-Mitte]		Westarbeiter u. Polen	1944/45	StADU 607/348
Kath. Kirchengemeinde St. Ewaldi, St. Joseph-Hospital, Apostelstraße 16				Q 4

Duisburg-Hamborn

Stadtverwaltung, Amt für Sofortmaßnahmen, Lager Kolpinghaus, Diesterwegstraße 1-3		Ostarbeiterinnen	Juni 1944	StADU 600/971
		Ostarbeiterinnen	1944	Standesamt
Stadtverwaltung (für Privatunternehmen), Lager Heinrichplatz				AVG/BUR
Daneben Lager der Organisation Todt				
Polizeipräsidium Duisburg, Luftschutzpolizei (4. Bereitschaft), Lager Parallelstraße 20			1944/45	Standesamt
Deutsche Reichsbahn, Bahnmeisterei 18 (Bahnhof Hamborn-Neumühl), Lager Wilmsstraße 31 (Gastwirtschaft Kanngießer)	90	Ostarbeiterinnen	1944	CCP, 414 Standesamt
Organisation Todt, Lager Comeniusschule, Comeniusstraße			1945	AVG/BUR Standesamt
Organisation Todt (für August Thyssen-Hütte AG), Lager Alsum, Sonnenstraße			Mai 1944	TKKA FSV
Zuvor vermutlich Lager für zivile Arbeitskräfte der August Thyssen-Hütte AG				
Organisation Todt (für August Thyssen-Hütte AG), Lager Heinrichplatz			Mai 1944	TKKA FSV
Daneben Lager der Stadtverwaltung				
Gelsenkirchener Bergwerks-AG, Gruppe Hamborn, Lager Schulstraße 29 [Ketteler-Haus]	120	Westarbeiter u. Polen	1944/45	CCP, 414 StADU 607/348 AVG/BUR
Lt. AVG/BUR für Schachtanlagen Beeckerwerth und Westende				
Gelsenkirchener Bergwerks-AG, Gruppe Hamborn, Lager Marienstraße 2	160			CCP, 413

Gelsenkirchener Bergwerks-AG, Gruppe Hamborn, Lager Henriettenstraße 35 (Gastwirtschaft Paulus-Haus)	100			CCP, 413
Gelsenkirchener Bergwerks-AG, Gruppe Hamborn, Lager Weseler Straße 98 (Gastwirtschaft Rosendahl) Lt. AVG/BUR für Schachtanlage 2/5				AVG/BUR
Gelsenkirchener Bergwerks-AG, Gruppe Hamborn, Lager Warbruckstraße 29 (Gastwirtschaft Kaspers) Lt. AVG/BUR für Schachtanlage 2/5	70			CCP, 413 AVG/BUR
Gelsenkirchener Bergwerks-AG , Gruppe Hamborn, Lager Freiligrathstraße 13 (Gastwirtschaft van Leuwen) Lt. AVG/BUR für Schachtanlage 4/8	160			CCP, 414 AVG/BUR
Gewerkschaft Neumühl, Schachtanlage 1/2, Lager Holtener Straße	270			CCP, 414
Gewerkschaft Neumühl, Schachtanlage 1/2, Lager Haldenstraße	207 M	Ostarbeiter Ostarbeiter	1942-45	AVG/BUR Lit 4, S. 100 HSTAD RW 36-10
Gewerkschaft Neumühl, Schachtanlage 1/2, Lager Rosenstraße [Ernst-Weinstein-Haus]		Franzosen, Belgier, Jugoslawen	1941	Lit 4, S. 98
August Thyssen-Hütte AG, Betrieb Thyssenhütte, Lager Sonnenstraße / Prinzenstraße Später Lager der Organisation Todt	266 150 145	Italiener Italiener Italiener Franzosen	1942 Mai 1943 Juni 1943 desgl.	StADU 611/435 StADU 611/1274 TKKA A/5227 TKKA A/5227 desgl.
August Thyssen-Hütte AG, Betrieb Thyssenhütte, Lager EBW (Eisenbahnwerkstätten), im Werksgelände	217 46 135 630 240	Ostarbeiter/ -innen Franzosen Belgier Ostarbeiter Ostarbeiter Franzosen	1942/43 Mai 1943 desgl. desgl. Juni 1943 desgl. Mai 1944	TKKA A/9238 TKKA A/5227 desgl. desgl. TKKA A/5227 desgl. TKKA FSV

August Thyssen-Hütte AG, Betrieb Thyssenhütte, Lager *Rosamunde*, Matenastraße 9	225 225 370	Belgier Belgier (Flam.) Franzosen, Belgier (Flam.), Niederl.	Mai 1943 Juni 1943 Mai 1944 Sept. 1944 1944	TKKA A/5227 TKKA A/5227 TKKA FSV TKKA A/5227 AVG/BUR
August Thyssen-Hütte AG, Betrieb Thyssenhütte, Lager *Lakmé*, Parkstraße (Am Grillopark) 99	378 420 420 19 450 450	Ostarbeiterinnen Ostarbeiterinnen Ostarbeiterinnen Italienerinnen Ostarbeiter-/ -innen Ostarbeiterinnen	Mai 1943 Juni 1943 Mai 1944 Sept. 1944 desgl. 1944 1944/45	TKKA A/5227 TKKA A/5227 TKKA FSV TKKA A/5227 desgl. CCP, 413 Standesamt Lit 1, S. 387
August Thyssen-Hütte AG, Betrieb Thyssenhütte, Lager *Rienzi*, Kaiser-Wilhelm-Straße (bei Tor 3)	900 M u. F	Ostarbeiter/ -innen Ostarbeiter/ -innen	Mai 1944 Sept. 1944	TKKA FSV TKKA A/5227 HSTAD RW 36-10
August Thyssen-Hütte AG, Betrieb Thyssenhütte, Lager *Marat*, Franz-Lenze-Straße	400	Polen	Mai 1944 Sept. 1944	TKKA FSV TKKA A/5227
August Thyssen-Hütte AG, Betrieb Thyssenhütte, Lager *Orienta*, Neue Schwelgernstraße	490 M u. F 450 M u. F	Ostarbeiter, Polen, Esten, Letten, Litauer	1944 Mai 1944 Sept. 1944 1945	CCP, 413 TKKA FSV TKKA A/5227 Standesamt
August Thyssen-Hütte AG, Betrieb Thyssenhütte, Lager *Figaro*, Neue Schwelgernstraße	200 242	Niederl., Belgier (Wall.), Franzosen, Italiener, Serben	1944 Mai 1944 Sept. 1944	CCP, 413 TKKA FSV TKKA A/5227

Lager	Anzahl	Gruppe	Jahr	Quelle
August Thyssen-Hütte AG, Betrieb Thyssenhütte, Lager Werksgelände an der Alsumer Straße (Tor 5)			1944	StADU 611/258
Thyssensche Gas- und Wasserwerke GmbH, Lager im Ferngaswerk, Beecker Str. 67	70 M 30 F		1944/45	CCP, 414 AVG/BUR Standesamt
Thyssensche Gas- und Wasserwerke GmbH, Lager Rolfstraße 1 (Gastwirtschaft Kleine-Natrop)	50			CCP, 414 AVG/BUR
DEMAG-Greiferfabrik GmbH, Lager I, Hagelkreuzstraße 43	150 199 M 65 F	Ostarbeiter Ostarbeiter Ostarbeiterinnen Ostarbeiter/-innen	1942 1943 1944	CCP, 413 AVG/BUR StADU 611/604 BA R 10 III/51 Standesamt HSTAD RW 36-10
DEMAG-Greiferfabrik GmbH, Lager II, Hagelkreuzstraße 77	50			CCP, 413
DEMAG-Greiferfabrik GmbH, Lager Duisburger Straße 149 (Gastwirtschaft Krinn)				AVG/BUR
AG für Zinkindustrie vorm. Wilhelm Grillo, Lager Egonstraße	215	Ostarbeiter/-innen Ostarbeiter/-innen	1943 1945	CCP, 120 GAA 432 HSTAD RW 36-10 Standesamt
AG für Zinkindustrie vorm. Wilhelm Grillo, Italienerlager			1943	GAA 432
Ruhrchemie AG (Oberhausen-Holten), Lager Sassenstraße 96	F	Niederländer u. Belgier	1945	AVG/BUR Standesamt
Daneben existierte ein Lager für Kriegsgefangene				
Josef Brand, Lager Sofienstraße [Stahlkonstruktionen, Rohr- und Behälterbau]				AVG/BUR

Jacob Mayer & Söhne, Lager Haldenstraße 141 (im Betriebsgelände) [Stahl- und Apparatebau]	60			CCP, 414 AVG/BUR
Arbeitsgemeinschaft Brüggemann-Laupner [Bauunternehmen]	180			CCP, 120
Heinrich Hagen KG, Lager *Union* (Sportverein Union Hamborn 02), Warbruckstraße 181 [Bauunternehmen]	100			CCP, 414 AVG/BUR
Kath. Kirchengemeinde Herz Jesu, St. Barbara-Hospital, Barbarastraße 67	3-23 M u. F	div. Nation.	1941-45	Q 3
Arbeitgeber unbekannt:				
Gemeinschaftslager Ost			1945	Standesamt
Lager Berufsschule Hamborn		Westarbeiter u. Polen	1944/45	StADU 607/348
Lager Norbertusschule			1945	Standesamt
Lager Mattlerbusch			1945	Standesamt

Stadt Homberg und Gemeinde Rheinkamp

Stadtverwaltung (für Privatunternehmen), Lager Baracke Jahn-Sportplatz, Rheinpreußen-straße	36 M M u. F	Ostarbeiter Ostarbeiter Ostarbeiter Franzosen Ostarbeiter/ -innen	Jan. 1943 Apr. 1943 Nov. 1943 1943 Sept. 1944	StADU 22/1103 StADU 22/722 StADU 22/1103 StADU 22/1099 StADU 22/1103
Im August 1944 Lager der Organisation Todt				
Stadtverwaltung (für Privatunternehmen), Lager Baracke Ottostraße		Ostarbeiter	April 1943 1943	StADU 22/722 StADU 22/1103

413

Stadtverwaltung (für Privatunternehmen), Lager Ev. Gemeindehaus, Kreuzstraße	20	Franzosen	Jan. bis April 1943	StADU 22/1099
Stadtverwaltung (für Privatunternehmen), Lager Kath. Vereinshaus, Viktoriastraße Unsicher		Franzosen	1943	StADU 22/1099
Organisation Todt, Lager Schule an der Kirchstraße	175 M u. 22 M 169	div. Nation. Deutsche Belgier	Dez. 1944	StADU 22/1908 AVG/BUR
Organisation Todt, Lager Schule an der Ottostraße	86	Italiener	Dez. 1944	StADU 22/1908
Steinkohlenbergwerk Rheinpreußen und Stadtverwaltung, Lager Schachtanlage 3	207 185	Italiener div. Nation.	Dez. 1944	CCP, 117 StADU 22/1908 StADU 22/1100
Sachtleben AG für Bergbau und chemische Industrie, Ausländerlager	410 102	Franz., Ital., Niederländer	Dez. 1944	CCP, 117 StADU 22/1908
Sachtleben AG für Bergbau und chemische Industrie, Lager Schule a. d. Rheinstraße	„wenige"	Niederländer	Sept. 1944	StADU 22/1103
Schmitz & Söhne [Maschinenfabrik]	55			CCP, 410
Rhenania Rheinschiffahrtsgesellschaft	420			CCP, 410
Kath. Kirchengemeinde St. Johannes, St. Johannes-Stift, Johannisstraße 21		Ostarbeiterinnen	1942-45	Q 6
Arbeitgeber unbekannt: Lager Wirtschaft Liesen (Rheinkamp-Baerl)	150			CCP, 411

415

**Stadt Rheinhausen und
Gemeinde Rumeln-Kaldenhausen**

Stadtverwaltung Rhh., Arbeiter-Gemeinschafts- lager Hermann-Göring-Schule	69	Niederl. u. Deutsche div. Nation.	Feb. 1943 1944	StADU 24/892 StADU 24/892
Stadtverwaltung Rhh., Lager Krefelder Straße 170 (Gastwirtschaft Grafen)	120 200	Italiener Franzosen, Niederländer, Belgier	Dez. 1944	CCP, 117 CCP, 411 StADU 24/892 AVG/BUR 6/2-6
Ein Teil der Bewohner arbeitete anscheinend bei der Friedrich- Alfred-Hütte (CCP S. 411)				
Gemeindeverwaltung Rumeln (wahrscheinlich für Privatunter- nehmen)	450			CCP, 117
Deutsche Reichsbahn, Lager Hohenbudberg, Uerdinger Straße 61	110	Belgier, Niederländer, Franzosen, Polen	Dez. 1940	AVG/BUR 6/2-6
Deutsche Reichsbahn, Bahnmeisterei Trompet, Lager am Trompeter Bahndamm	320			CCP, 118
Wahrscheinlich identisch mit:				
Deutsche Reichsbahn, Bahnmeisterei Trompet, Lager Wahlen	100 100	Ostarbeiter	1942	HSTAD RW 36-46 HSTAD RW 36-10
Organisation Todt (für Fried. Krupp, Betrieb Friedrich-Alfred-Hütte), Lager Parallelstraße 105-108	500		1941	StADU 611/4258
Später Umwidmung für ausländische Arbeitskräfte der Fried. Krupp AG				
Gewerkschaft Diergardt- Mevissen III, Lager Werksheim Mevissen, Moerser Straße 166 a	660	Polen Franzosen u. Belgier	1940ff. 1941 1943	CCP, 117 StADU 24/4203-05 StADU 24/4363 AVG/BUR 6/2-6
Gewerkschaft Diergardt- Mevissen, Schachtanlage Rumeln, Lager Am Volkesberg	150 340 340	Ostarbeiter	1942ff.	CCP, 117 HSTAD RW 36-10 Lit 2, S. 380 AVG/BUR

Fried. Krupp AG, Betrieb Friedrich Alfred-Hütte, Lager Parallelstraße 106-108/ Friedrich-Alfred-Straße	1200	div. Nation.	1943 1944 1945	StADU 611/4252 StADU 24/2220 HAK WA 70/923
Wahrscheinlich identisch mit: Fried. Krupp AG, Betrieb Friedrich Alfred-Hütte, Lager Friedrich-Alfred-Straße 182	850	Westarbeiter Ital. (frei) Ital. (frei) Ostarbeiter Belgier	1940ff. 1941 1942 1942ff.	CCP, 411 StADU 24/2220 StADU 24/ 4203-05 StADU 24/4363 StADU 24/ 4203-05 StADU Best. 24/ 4203-05 AVG/BUR 6/2-6
Fried. Krupp AG, Betrieb Friedrich Alfred-Hütte, Lager Atroper Straße 91-99 (Lager J)	400 400	Italiener Italiener	1942 1942 1945	CCP, 411 StADU VB RH StADU 611/3927 HAK WA 70/923
Fried. Krupp AG, Betrieb Friedrich-Alfred-Hütte, Lager Atroper Straße (Lager I)	500	Ostarbeiter	1945	HAK WA 70/923
Fried. Krupp AG, Betrieb Friedrich-Alfred-Hütte, Lager Parallelstraße (Lager II)	1300 675 M 336 F	Ostarbeiter Ostarbeiter/ -innen	1942-45	HAK WA 70/923 IISTAD RW 36-10
Fried. Krupp AG, Betrieb Friedrich-Alfred-Hütte, Lager Annastraße 19		Belgier (2 Familien)		AVG/BUR 6/2-6
I. G. Farbenindustrie AG, Werk Krefeld-Uerdingen, Lager Alte Ziegelei Kaldenhausen	890			CCP, 411 AVG/BUR
Vielleicht identisch mit: I. G. Farbenindustrie AG („Farbenfabriken Bayer"), Lager Kaldenhausen und Rumeln	850			CCP, 117
Vielleicht identisch mit: I. G. Farbenindustrie AG, Lager Rumeln, Düsseldorfer Straße 205				AVG/BUR

I. G. Farbenindustrie AG, Werk Krefeld-Uerdingen, Lager Düsseldorfer Straße 134 (Gastwirtschaft Bünders)	30-40	Ostarbeiter	AVG/BUR
Geschwister Otten Düsseldorfer Straße 124 [Bauunternehmen]	15	Niederländer u. Belgier	AVG/BUR
Schreinerei Hendrickx, Düsseldorfer Straße 124	28	Niederländer u. Belgier	AVG/BUR
Rheinkies-Baggerei Lager Deichstraße 25	40	Franzosen, Belgier u. Niederländer	AVG/BUR 6/2-6
Fa. Töpper, Lager Borgschenweg 11			AVG/BUR

Arbeitgeber unbekannt:

Lager Moerser Straße 72			1944	StADU
Lager Ziegelei, Ziegeleistraße 21		Niederländer u. Belgier		AVG/BUR
Sonderlager	150			CCP, 411

Gemeinde Walsum

Gewerkschaft Walsum, Schachtanlage 1/2, Lager Bergmannsheim I, Adolf-Hitler-Straße (heute Dr. Wilhelm-Roelen-Straße)	140 309 M u. F	div. Nation. Ostarbeiter/ -innen	April 1942 Sept. 1943	CCP, 412 HSTAD BR 1136-236 HSTAD BR 1136-236
Gewerkschaft Walsum, Schachtanlage 1/2, Lager Bergmannsheim II, Königstraße / Sandbergweg	500 143 M u. F 118 M 25 F	div. Nation. Ostarbeiter Ostarbeiter	April 1942 Sept. 1943	CCP,412 HSTAD BR 1136-236 HSTAD BR 1136-236 HSTAD RW 36-10
Gewerkschaft Walsum, Schachtanlage 1/2, Lager Kath. Vereinshaus, Kaiserstraße 41 1945 Kriegsgefangenenlager	119 54	Polen Ostarbeiter	1940 April 1942	Q 2, S. 94 HSTAD BR 1136-236
Gewerkschaft Walsum, Schachtanlage 1/2, Lager Opgen-Rheins-Hof	95	Ostarbeiter/ -innen	Sept. 1943	HSTAD BR 1136-236

Gewerkschaft Walsum, Schachtanlage 1/2, Lager Heetheidestraße	500		CCP, 412
Gutehoffnungshütte Oberhausen, Lager Rheinwerft, Werftgelände	250		CCP, 412
Gutehoffnungshütte Oberhausen, Lager Hafen (Südhafen), Hafengelände	250		CCP, 412
Aschaffenburger Zellstoffwerke AG, Werk Walsum, Lager Rheinstraße 228	160	Westarbeiter, Jugoslawen, Ostarbeiterinnen	1944	CCP, 119 AVG/BUR 21/5-6
Aschaffenburger Zellstoffwerke AG, Werk Walsum, Lager Rheinstraße 210	140	Ostarbeiterinnen		HSTAD RW 36-10
Kath. Kirchengemeinde St. Dionysius, St. Camillus-Hospital, Kirchstraße 12		Ostarbeiter	1944/45	Q 6

Tabellen

1) Kriegsgefangene und ausländische zivile Zwangsarbeiter im „Großdeutschen Reich" im August/September 1944 — 46
2) Deutsche und ausländische Beschäftigte in (Alt-) Duisburg im August 1942 — 60
3) Rohstahlproduktion der Duisburger Hüttenwerke 1939/40 - 1944/45 — 66
4) Todesfälle durch Luftangriffe und Artilleriebeschuß in (Alt-) Duisburg 1940-45 — 69
5) Die Bevölkerung (Alt-) Duisburgs 1938-44 — 74
6) Beschäftigung von Ausländern bei der Gelsenkirchener Bergwerks-AG 1940-44 — 87
7) Beschäftigte (nur Arbeiter) der Gruppe Hamborn der Gelsenkirchener Bergwerks-AG 1940-44 — 88
8) Belegschaftsentwicklung im Ruhrbergbau 1942-44 — 92
9) Kriegsgefangene und Ostarbeiter im Bereich des Bergamtes Duisburg April bis November 1943 — 93
10) Belegschaftsentwicklung (nur Arbeiter) im Bereich des Bergamtes Duisburg 1944 — 95
11) Kriegsgefangene bei der August Thyssen-Hütte AG 1940-44 — 103
12) Ostarbeiter und Ostarbeiterinnen bei der August Thyssen-Hütte AG Juli 1943 bis Dezember 1944 — 105
13) Beschäftigte der August Thyssen-Hütte AG am 31. August 1944 — 111
14) Einsatz der belgischen Kriegsgefangenen der ATH AG nach Betriebsstellen im März 1942 — 112
15) Ausländische Beschäftigte bei der Friedrich-Alfred-Hütte der Fried. Krupp AG 1943-45 — 116
16) Belegschaftsentwicklung (nur Arbeiter) in der Abteilung Duisburg-Großenbaum der Mannesmannröhren-Werke AG 1939-45 (Monatsdurchschnittswerte) — 120
17) Belegschaft der AG für Zinkindustrie (Werk Hamborn) am 1. Mai 1944 — 122
18) Ausländische Beschäftigte bei der Eisenwerk Wanheim GmbH 1940-45 (Herkunft und Jahresdurchschnittszahlen) — 125
19) Ausländische Beschäftigte beim Fried. Krupp Maschinen- und Stahlbau Rheinhausen 1943-45 — 126

20) Lebensmittelzuteilungen für ausländische Zivilarbeiter in der
    62. Ernährungsperiode vom 1. bis zum 28. Mai 1944   219
21) Niederkünfte von mutmaßlichen Zwangsarbeiterinnen und
    Ehefrauen von Zwangsarbeitern in (Alt-) Duisburg 1942-45   240
22) Ausländer in (Alt-) Duisburg 1933-39   262
23) Arbeitsfluchten von zivilen ausländischen Arbeitern bei
    der Eisenwerk Wanheim GmbH 1941-45   285
24) Ausländer-Lager in Duisburg (südlich der Ruhr) um den
    30. April 1945   331
25) Beerdigungen von Ausländern auf den städtischen Friedhöfen
    in (Alt-) Duisburg 1939-45   346

Abkürzungen

AEL	Arbeitserziehungslager
ATH	August Thyssen-Hütte AG
AVG/BUR	Archiv des *Service des Victimes de la Guerre* (Belgisches Sozialministerium, Brüssel), Bestand BUR
BA Berlin	Bundesarchiv (Abteilungen in Berlin)
BBA	Bergbau-Archiv
BdO	Befehlshaber der Ordnungspolizei
CCP	Catalogue of Camps and Prisons (sog. Arolsener Lagerkatalog)
DAF	Deutsche Arbeitsfront
DP	Displaced Person(s)
DULAG	Durchgangslager
EW	Eisenwerk Wanheim
GBA	Generalbevollmächtigter für den Arbeitseinsatz
GBAG	Gelsenkirchener Bergwerks-AG
GBB	Generalbevollmächtigter für die Bauwirtschaft
GESTAPO	Geheime Staatspolizei
HAK	Historisches Archiv Krupp
HSSPF	Höherer SS- und Polizeiführer
HStAD	Nordrhein-Westfälisches Hauptstaatsarchiv Düsseldorf
IRO	International Refugee Organization
KLV	Kinderlandverschickung
KL	Konzentrationslager
KZ	Konzentrationslager
LAA	Landesarbeitsamt
NRW	Nordrhein-Westfalen
NS	Nationalsozialistisch
NSDAP	Nationalsozialistische Deutsche Arbeiterpartei
NSV	Nationalsozialistische Volkswohlfahrt
OKH	Oberkommando des Heeres
OKW	Oberkommando der Wehrmacht
OT	Organisation Todt
RAD	Reichsarbeitsdienst

RM	Reichsmark
RSHA	Reichssicherheitshauptamt
SA	Sturmabteilung (der NSDAP)
SD	Sicherheitsdienst
SS	Schutzstaffel (der NSDAP)
StA (DU)	Stadtarchiv (Duisburg)
STALAG	Mannschafts-Stammlager für Kriegsgefangene
STO	Service de Travail Obligatoire
SU	Sowjetunion
TKKA	ThyssenKrupp Konzernarchiv
UNRRA	United Nations Relief and Rehabilitation Administration

Quellen

Gedruckte Quellen

Der Arbeitseinsatz im Rheinland. Mitteilungen des Landesarbeitsamtes Rheinland, Kriegsfolge 1 (Juni 1941), Kriegsfolge 2 (November 1941) u. Kriegsfolge 3 (Oktober 1942)

Meldungen aus dem Reich. Die geheimen Lageberichte des Sicherheitsdienstes der SS 1938-1945. Hrsg. v. Heinz Boberach, 17 Bände u. Registerband, Herrsching 1984/85

Berichte des SD und der Gestapo über Kirchen und Kirchenvolk in Deutschland 1934-1944. Bearbeitet v. Heinz Boberach, Mainz 1971 (Veröffentlichungen der Kommission für Zeitgeschichte bei der Katholischen Akademie in Bayern, Reihe A: Quellen, Bd. 12)

Justiz und NS-Verbrechen. Sammlung deutscher Strafurteile wegen nationalsozialistischer Tötungsverbrechen 1945-1966. Hrsg. von A.L. Rüter-Ehlermann u. C. F. Rüter, 22 Bände, Amsterdam 1969ff.

Walter Kempowski (Hrsg.), Das Echolot. Fuga furiosa. Ein kollektives Tagebuch – Winter 1945, 4 Bde., München 1999

Statistik des Deutschen Reiches

Unveröffentlichte Quellen

Stadtarchiv Duisburg (StADU)

Bestand 16: Hamborn

16/3642	Industriebesprechungen (1945-48)

Bestand 22: Homberg

22/722	Einrichtung eines Kriegsgefangenenlagers (1940-43)
22/1095	Kriegsgefangenenlager (1942-1948)
22/1099	Lager für französische zivile Arbeitskräfte, Bd. 1 (1942-45)
22/1100	Lager für französische zivile Arbeitskräfte, Bd. 2 (1943-47)
22/1103	Beschäftigung von Ostarbeitern und anderen ausländischen Arbeitskräften (1942-44)
22/1104	Beschäftigung italienischer Arbeiter (1943-48)
22/1908	Lager für ausländische Zivilarbeiter und Zuweisung von 213 italienischen Zivilarbeitern (1944/45)

Bestand 24: Rheinhausen

24/892	Arbeitseinsatzlager: Verpflegungsentschädigung für Handwerker und Kriegsgefangene für die Beseitigung von Bombenschäden (1943-45)
24/1489	Schadensaufstellung für Fliegerschäden am 22. Mai 1944 im Ostarbeiterlager der Friedrich-Alfred-Hütte (1944)
24/2220	Verwaltungsbericht für 1939-46
24/4195	Aufklärung über das NS-Regime und Besetzung Rheinhausens durch die Militärregierung (1945-73)
24/4203	Ausländer-Meldekartei (Namensanfänge A-B)
24/4204	Dto. (C-G)
24/4205	Dto. (H-Z)
24/4363	Aufenthalt der Ausländer im Inlande, Ein- und Durchwanderung, Ausländerlisten usw. (1929-42)

Bestand 41: Handschriften

41/68	Schulchronik der Evangelischen Volksschule Duisburg-Neuenkamp
41/282	Bericht des Oberbürgermeisters Freytag über die Auswirkungen der Luftangriffe auf Duisburg (21. Juni 1943)
41/287	Bericht des Chefarztes Dr. Heinrich Börger über die Zerstörung des St. Anna-Krankenhauses in Duisburg-Huckingen im Mai 1944
41/289	J. A. Mosheuvel: „Der Arbeitseinsatz" (Übersetzung des Artikels „De arbeidsinzet" in der Zeitung *De Stem*, Breda [NL]), ohne Datum), sowie Schreiben von J. A. Mosheuvel an das Stadtarchiv Duisburg vom 20. Juni 1966
41/290	Walter Ring, Chronik der Stadt Duisburg für die Jahre 1937-1939
41/302	Gefangenenlager in Duisburg-Meiderich (Ratingsee) zur Zeit des Nationalsozialismus (1942 ff.)
41/436	Berichte über Inspektionen des Beauftragten der DAF für die Betreuung ausländischer Arbeitskräfte (E. v. Seydlitz-Kurzbach) (1943-44)
41/450	Tagebuch-Aufzeichnungen von Kazimierz Pustola (1944)
41/520	Sozialfürsorge der Firma Krupp (Friedrich-Alfred-Hütte) in Rheinhausen (1941-48)

Bestand 55: Luftschutzaufzeichnungen (unverzeichnet)

55	Berichte über die Luftangriffe auf den Luftschutzort (Alt-) Duisburg (1940-45)
55	Bericht von Oberbürgermeister Freytag über die Auswirkungen der Luftangriffe auf Duisburg, 21. Juni 1943
55	(Duisburg-) Hamborn: Bau-Schäden durch Fliegerangriffe (1942-45)

Bestand 63: Einzelforschungen zur Stadtgeschichte

63/19	Walter Ring: Manuskript für eine Geschichte der Stadtwerke Duisburg

Bestand 70: Karten

70/485	Plan der Stadt Duisburg (1934)
70/3963	Entwurfsplan für Behelfsheime des Deutschen Wohnungshilfswerks an der Voßstraße, Stadtplanungsamt Duisburg (1944)

Bestand 100: Akten der Oberbürgermeister Dr. Weitz und Dr. Storm

100/1 a	Niederschriften von Oberbürgermeister Dr. Weitz über Besprechungen mit der Militärregierung, Bd .1 (1945)
100/1 b	Dto., Bd. 2 (1945)
100/5	ohne Titel [u. a.: Versorgung der Ausländer und der deutschen Bevölkerung mit Textilwaren] (1945)
100/7 a	Korrespondenz von Oberbürgermeister Dr. Weitz (1945)
100/11	Anordnungen der Militärregierung und Eingaben (1945)
100/14	Besprechungen mit der Militärregierung (1945-46)
100/17 b	Eingaben und Verfügungen (1907; 1946-48)
100/33	Korrespondenz von Oberbürgermeister Dr. Weitz mit der Militärregierung (1933; 1945-48)
100/36	Niederschriften über Dienstbesprechungen von Oberstadtdirektor Dr. Klimpel mit dem Stadtkommandanten (1946-48)

Bestand 102: Hauptamt

102/397	Bezirksvorsteher für die Stadtteile (1945-49)
102/399	Stellung des politischen Oberbürgermeisters (1945-51)
102/799	Kriegsmaßnahmen, Bd. 1 (1935-45)

Bestand 103: Personalamt

103/1852	Jüdische Arbeiter und Ostarbeiter (1943-45; 1955)
103/1909	Lohnüberweisungen an ausländische Arbeiter (1941-43)
103/1910	Arbeitsrechtliche Behandlung der Arbeitskräfte aus den neu besetzten Ostgebieten (Ostarbeiter) (1942-44)
103/1911	Hauswirtschaftlicher Arbeitseinsatz von Ostarbeiterinnen (1942-44)
103/1915	Einsatzbedingungen der Ostarbeiter (1944)
103 A/3202	Personalakte Gustav Kochan
103 A/34674	Dto.
103 A/27443	Personalakte Dipl.-Ing. Max Gablonsky

Bestand 104: Standesamtsformulare (Ausländer)

Bestand 302: Besatzungsamt / Kreisfeststellungsbehörde

302/22	Ausländer und KZ-Häftlinge (1945-46)
302/98	Versorgung der Ausländerheime (1945)
302/129	Rückständige Ostarbeiterlöhne (1945-46)
302/143	Ausländerlager (1945)
302/189	Betreuung der Ausländerlager (1945)
302/190	Allgemeine Angelegenheiten des Besatzungsamtes Hamborn (1945-46)

Bestand 503: Gesundheits- und Veterinärwesen

503/492	Mitteilungen an das Gesundheitsamt über erfolgte Einäscherungen (1943-44)
503/603	Beschäftigung von Ausländerinnen [in den Städt. Krankenanstalten (Haus Papendelle)] (1941-44)

Bestand 506: Wiedergutmachungsamt

506/3861	Fallakte Wilhelm Huvermann
506/4160	Fallakte Peter Kerkering
506/6238	Fallakte Paul Weiland
506/6239	Dto.

Bestand 600: Bauverwaltungsamt

600/849	Aufzeichnungen des Bauverwaltungsamtes für eine Chronik der Stadt Duisburg (1937-46)
600/970	Technische Nothilfe (1943-45)
600/971	Ostarbeiter (1944-45)
600/972	Einsatz der Kriegsgefangenen (1942-45)
600/973	Kriegsgefangenen-Angelegenheiten (1941-46)
600/974	Einsatz (1941-45)

Bestand 607: Grünflächen- und Friedhofsamt

607/139	Ausbau des Ehrenfeldes Friedhof Düsseldorfer Chaussee (1939-42)
607/257	Verlegung von Kriegsgräbern (Russen) auf dem Schlackenberg Rönsbergshof Duisburg-Beeck (1955)
607/258	Umbettungen von Russen am 15.7.1955
607/260	Nachweisung von belgischen Kriegstoten (1959)
607/261	Umbettung von italienischen Kriegstoten nach Hamburg im Juli 1958
607/262	Russengräber (1947-56)
607/265	Kriegsgräberfürsorge; Ausbau und Unterhaltung sowjetischer Gräber und Ehrenfelder; Grabzeichen und Denkmäler (1949/50)
607/266	Instandhaltung und Pflege von Einzel- und Massengräbern ehemaliger KZ-Insassen (1952-56)
607/296	Anlage eines Ehrenfeldes auf dem Evangelischen Friedhof an der Möhlenkampstraße in Duisburg-Beeck (1956-58)
607/348	Nachlaß von Ausländern (meist aus 1944)

Bestand 611: Industrieakten

611/15	Steinkohlenbergwerk Rheinpreußen: Kriegsgefangenenlager auf Schacht III (1942)
611/258	August Thyssen-Hütte AG: Holzbaracke an Tor 5 (1942)
611/435	August Thyssen-Hütte AG: Deckungsgraben Nr. 2, Barackenlager Bruch- und Sonnenstraße in Hamborn-Alsum (1942)
611/604	DEMAG-Greiferfabrik GmbH: Bau einer Bürobaracke (Hagelkreuzstraße 43) (1942)
611/1274	August Thyssen-Hütte AG: Deckungsgräben hinter dem Barackenlager Ecke Sonnen- und Widderstraße (1942)

611/1477	Gelsenkirchener Bergwerks-AG: Aufstellung von sieben Barakken an der Fahrner Straße (1941/42)
611/1704	Brüggemann-Vollrath (Arbeitsgemeinschaft): Baracke für Gefangenenlager / Hüttengelände an der Alsumer Straße (1940)
611/2903	Haus-Akten Didier-Werke AG, Werk Duisburg (Düsseldorfer Chaussee 30) (1938-43)
611/3293	Haus-Akten Werksgelände Kupferhütte (1943-49)
611/3927	Fried. Krupp AG: Baracken an der Atroper Straße (1942; 1947)
611/4252	Fried. Krupp AG: Baracken Parallelstraße (1943-46)
611/4258	Fried. Krupp AG: Baracken Parallelstraße (1940-48)

Weitere Quellen im Stadtarchiv Duisburg

Verwaltungsberichte der Stadt Duisburg (1939-46)

Verwaltungsbericht der Stadt Homberg (Niederrhein) für 1938-58

Verwaltungsbericht der Gemeinde Walsum für 1945-50

Auszüge aus den hauseigenen Chroniken I und II des Postamtes zu Duisburg (Typoskript), Duisburg 1966 (zitiert: Postchronik)

Adreßbuch 1937 der Stadt Duisburg

Adreßbuch 1939 der Stadt Duisburg

Stadtarchiv Dinslaken (StADIN)

Bestand 1: Amtsbücher und Akten der Dinslakener Bürgermeistereien von 1597 bis 1961

1/1253	ohne Titel (1945)
1/1258	ohne Titel (1940-45)

Nordrhein-Westfälisches Hauptstaatsarchiv Düsseldorf (HSTAD)

Bestand RW 13: Gauwirtschaftskammer Köln-Aachen / Gauwirtschaftskammer Essen / Rüstungsobmann des Wehrkreises VI b (Dienststelle Duisburg)

RW 13-5	Erfahrungsbericht des Rüstungsobmannes des Wehrkreises VI b (Dienststelle Duisburg) für August 1943
RW 13-6	Dto. für September 1943
RW 13-7	Dto. für Oktober 1943
RW 13-8	Dto. für November 1943
RW 13-9	Dto. für Dezember 1943

RW 13-10   Dto. für Januar 1944
RW 13-11   Dto. für Februar 1944
RW 13-12   Dto. für März 1944
RW 13-13   Dto. für April 1944
RW 13-14   Dto. für Mai 1944
RW 13-15   Dto. für Juli 1944
RW 13-16   Dto. für August 1944
RW 13-18   Dto. für Juni 1944

Bestand RW 23: NS-Stellen

RW 23-87   NSDAP-Gauleitung Essen: Arbeits- und Kriegseinsatz (Aug.-Sept. 1944)
RW 23-92   Reichsverteidigungskommissar Düsseldorf: Richtlinien zur Sicherung des Arbeitseinsatzes nach einem Großangriff (10. August 1943)

Bestand RW 36: Geheime Staatspolizei, Staatspolizeileitstelle Düsseldorf und Außendienststellen

RW 36-10   Ausländische Arbeiter und Kriegsgefangene (1941-44)
RW 36-18   Polizeigefängnisse und Straflager für ausländische Arbeiter (1938-44)
RW 36-25   Ausländische Arbeiter und Kriegsgefangene (1940-44)
RW 36-26   Kriegsgefangene

Bestand RW 37: Der Höhere SS- und Polizeiführer West und der Inspekteur der Sicherheitspolizei und des SD im Wehrkreis VI

RW 37-13   Sozial- und Wirtschaftsangelegenheiten (1940-45)
RW 37-23   Ausländische Arbeiter und Kriegsgefangene (1940-44)

Bestand RW 58: Geheime Staatspolizei, Staatspolizeileitstelle Düsseldorf: Personenakten

RW 58-7891   Anneliese Weinert
RW 58-50605   Erich Wenghoefer
RW 58-53935   Hedwig Golik

Bestand NW 1004: Entnazifizierungs-Haupt- und Berufungsausschuß für den Stadtkreis Duisburg

NW 1004　　　Generalia [des Entnazifizierungs-Hauptausschusses] [Darin:
Gen. 1b　　　Aussagen über das Verhalten von Vorgesetzten (u. a. gegenüber
　　　　　　ausländischen Arbeitskräften) im Siemens-Martin-Stahlwerk der
　　　　　　Mannesmannröhren-Werke, Duisburg-Huckingen, während des
　　　　　　Zweiten Weltkrieges] (1946)

NW 1004　　　Entnazifizierung Albert Kaschewsky
G6.1-140

NW 1004　　　Entnazifizierung Fritz Mittag
G22.2-20

Bestand NW 1035: Entnazifizierungs-Hauptausschuß für den Kohlenbergbau in Essen

NW 1035-108　Entnazifizierung Wilhelm Roelen

NW 1035-852　Entnazifizierung Peter Nacken

NW 1035-1120 Entnazifizierung Heinrich Kost

Bestand BR 1111: Polizeipräsidium Duisburg

BR 1111-106　[Maßnahmen gegen asoziale Personen:] Ostarbeiter P. K.

Bestand Bergamt Duisburg

Nr. 190　　　Belegschaftswechsel (1943-45)

Nr. 255　　　Belegschafts- und Angestelltenwechsel (1934-43)

Bestand BR 1136: Bergamt Dinslaken

BR 1136-68　Allgemeine Lage des Bergbaues / Oberbergamtsberichte

BR 1136-236　Betrieb über Tage: Schachtanlage Walsum 1/2 (1941-50)

Bundesarchiv
Abteilung III in Berlin (BA Berlin)

Bestand R 3: Reichsministerium für Rüstung und Kriegsproduktion

R 3/138　　　Der Beauftragte für den Vierjahresplan / Der Generalbevollmächtigte für Rüstungsaufgaben - Planungsamt: Akten betr. Versorgung der ausländischen Arbeiter im Reichsgebiet mit Arbeitskleidung und Schuhen (1944)

R 3/466　　　Arbeitseinsatz (Deutsche u. Ausländer) (1941-45)

Bestand R 3101: Reichswirtschaftsministerium

R 3101/30459 Wirtschaftliche Lageberichte (Monatsberichte) der Oberbergämter an die Bergbauabteilung des Reichswirtschaftsministeriums, Bd. 6: Oberbergamt Dortmund (1941-44)

R 3101/30470 Wirtschaftliche Lageberichte der Wirtschaftsgruppe Bergbau und der Bezirksgruppe Steinkohlenbergbau Ruhr an die Bergbauabteilung des Reichswirtschaftsministeriums (1937-43)

Bestand R 3901: Reichsarbeitsministerium

R 3901/20154 Wirtschaftliche Lageberichte (Sept. 1939 - Jan. 1940)

R 3901/20167 Arbeitseinsatz von Kriegsgefangenen und ausländischen Zivilarbeitern in der Kriegswirtschaft, Bd. 5 (1939-42)

R 3901/20169 Dto., Bd. 7 (1941-42)

R 3901/20467 Arbeitseinsatz, insbesondere von Ausländern und Kriegsgefangenen (1943-44)

R 3901/20480 Runderlasse und Schnellbriefe des Reichsarbeitsministers sowie des Generalbevollmächtigten für den Arbeitseinsatz, insbesondere zum Arbeitseinsatz ausländischer Arbeiter(innen), Bd. 2 (1941)

R 3901/21510 Erlasse und Anordnungen des Reichskommissars für den sozialen Wohnungsbau, Bd. 3 (1943)

Bestand R 10 III: Reichsvereinigung Eisen

R 10 III/51 ohne Titel [u. a.: Fragen des Arbeitseinsatzes in der Eisen schaffenden Industrie]

R 10 III/52 ohne Titel [u.a.: Abzug französischer Kriegsgefangener bei der August Thyssen-Hütte AG (1942)]

R 10 III/65 ohne Titel [u. a.: Sitzungen des engeren Beirates der Bezirksgruppe Nordwest (1943)]

Bestand R 10 VIII: Reichsvereinigung Kohle

R 10 VIII/15 Reichsvereinigung Kohle: Entstehung, Struktur und Aufgaben

R 10 VIII/20 Rüstungsindustrie (1941-44)

R 10 VIII/56 Arbeitseinsatz Kohlenwirtschaft, insbesondere Bergbau: Deutsche und Ausländer, Bd. 5 (1941-45)

Bestand R 13 XX: Wirtschaftsgruppe Bergbau

R 13 XX Wohnbaracken, Bd. 1 (1939-44)
Rep. 315-33
Nr. 95

Bergbau-Archiv beim Deutschen Bergbau-Museum Bochum (BBA)

Bestand 11: Rheinpreußen AG für Bergbau und Chemie, Homberg (Niederrhein)

11/363 Protokollbuch [des Grubenvorstandes der Zeche] Neumühl (1941-51)

Bestand 13: Bezirksgruppe Steinkohlenbergbau Ruhr der Wirtschaftsgruppe Bergbau

13/1760 ohne Titel [Wirtschaftslage Ruhrbergbau; u. a. „Stimmungsberichte"] (1940)

13/3028 Rundschreiben an die Mitglieder, Direktionen und Direktoren (1941)

13/3029 Dto. (1941)

13/3030 Dto. (1941)

Bestand 15: Fachgruppe / Wirtschaftsgruppe Bergbau (Berlin)

15/269 Beschäftigung von Kriegsgefangenen und zivilen Ausländern im deutschen Bergbau (1939-41)

Bestand 16: Bergbau-Verein (Essen)

16/587 Arbeitskreise für Leistungssteigerung bei den Bergwerksverwaltungen (1942-44)

16/590 Dto. (1942-44)

Bestand 55: Gelsenkirchener Bergwerks-AG

55/595 Bericht über das Geschäftsjahr 1942/43

55/596 Bericht über das Geschäftsjahr 1943/44

55/597 Bericht über das Geschäftsjahr 1944/45

55/608 ohne Titel [u.a.: Berichte des Vorstandes und Betriebsberichte über die Geschäftsjahre 1939/40 bis 1944/45]

55/1315 Betriebsbericht für das 7. Geschäftsjahr 1939/40

55/1316	Betriebsbericht für das 8. Geschäftsjahr 1940/41
55/1317	Betriebsbericht für das 9. Geschäftsjahr 1941/42
55/1318	Zahlenbericht zum Betriebsbericht für 1942/43
55/1319	Zahlenbericht zum Betriebsbericht für 1943/44
55/1320	Zahlenbericht zum Betriebsbericht für 1944/45

Thyssen Krupp Konzernarchiv (TKKA)

Bestand A: August Thyssen-Hütte AG

A/948/16	Personalakte Albert Kaschewsky (1942-55)
A/3371	Kriegsschäden bei den Fliegerangriffen vom 14. und 15. Oktober 1944
A/3374	Fliegerschäden I (1940-44)
A/3375	Fliegerschäden II (1944-45)
A/5012	Arbeiterangelegenheiten (1941-44)
A/5016	Lohnordnende Maßnahmen (1943-54)
A/5214	Fliegerschäden (1941-45)
A/5215	Dto.
A/5227	Gemeinschaftsläger (1943-45)
A/5596	Wirtschaftsbetriebe (1923-54)
A/8200	Ostarbeiter (1943-44)
A/8643	Einstellungen (1940-57)
A/8644	Dto.
A/8645	Dto.
A/8646	Dto.
A/9238	Transportlisten eingetroffener russischer Zwangsarbeiter (1942-43)
A/10938	Thyssen Industrie AG / Umformtechnik Remscheid [Enthält u. a.: Übertragung der Tonbandaufnahme eines Gesprächs von Otto Voigtländer, Jürgen M. Lohmann und Heinz Gehm mit Wilhelm Temme, 29. Dezember 1987]
A/12615	Dokumentation *Ausländische Arbeitskräfte bei der August Thyssen-Hütte AG 1939-1945* (Bearbeiter: Michael A. Kanther), Thyssen-Archiv 1990

Bestand VSt: Vereinigte Stahlwerke AG

VSt/156	Verpflegung in den Betrieben (1944-46)
VSt/177	Weihnachts-Sonderzuwendungen (1943-44)
VSt/618	Arbeitseinsatz, vor allem der Arbeiter in der Eisen- und Stahlindustrie (1941-43)
VSt/619	Dto.
VSt/620	Dto.
VSt/621	Fremdarbeitereinsatz (1940-46)
VSt/622	Fremdarbeitereinsatz (1946)
VSt/647	Arbeitskräfteeinsatz in Rüstungsbetrieben (1942-45)
VSt/652	Arbeitseinsatz, vor allem der Arbeiter in der Eisen- und Stahlindustrie (1943-44)
VSt/720	Tarifordnungen für Werksküchen, Verpflegungsbetriebe und Gemeinschaftslager (1943-44)
VSt/1406	Materialsammlung zum Fremdarbeitereinsatz in der deutschen Industrie (1942-48)
VSt/2545	Richtlinien für die Verwaltung von Arbeiter- und Kriegsgefangenenlagern sowie für Werksküchen und Kantinen (1.10.1942)
VSt/3785	Statistische Quartalsberichte der ATH AG (1934-44)
VSt/5096	Behelfsheime und Barackenlager Vereinigte Stahlwerke AG und Konzerngesellschaften (1944-47)
VSt/5592	Objekt 42 (Werk III in Duisburg-Hochfeld): Umbau von Luftschutzbauten auf dem Gelände (1948-50)

Bestand FWH: Friedrich-Wilhelms-Hütte

FWH/1690	Verlagerung kriegswichtiger Produktionszweige der Deutsche Eisenwerke AG (1943-44)
FWH/1697	Verlagerung der Panzerwagenmontage nach Teplitz-Schönau und Birkenfeld/Nahe
FWH/1698	Dto.
FWH/1699	Dto.
FWH/1741	Stahlindustrie GmbH bzw. Deutsche Eisenwerke AG Stahlindustrie Duisburg: Allgemeiner Schriftwechsel (1941/42; 1962)
FWH/2426	Abwicklung der Deutsche Eisenwerke AG - Stahlindustrie Duisburg (1945-47; 1963)

Weitere Quellen

Geschäftsberichte der August Thyssen-Hütte AG über die Geschäftsjahre 1939/40, 1940/41, 1941/42, 1942/43 und 1943/44

Jahres- und Monatsberichte der Vereinigte Stahlwerke AG, 1940-43

Gesamt-Fernsprech-Teilnehmer-Verzeichnis der Vereinigte Stahlwerke AG, Ausgabe Mai 1944

Historisches Archiv Krupp (HAK)

Bestand WA 65: Geschäftsberichte Krupp-Konzern

WA 65-1.42-43   Geschäftsbericht der Friedrich-Alfred-Hütte für das Geschäftsjahr 1942-43

WA 65-1.43-45   Geschäftsbericht der Friedrich-Alfred-Hütte für das Geschäftsjahr 1943-44 und Entwurf für einen Geschäftsbericht für das Rumpfgeschäftsjahr vom 1.10.1944 bis zum 31.3.1945

Bestand WA 70: Hüttenwerk Rheinhausen Archiv

WA 70/1614   Kriegsgefangene und ausländische Zivilarbeiter im Ersten und Zweiten Weltkrieg (1915-19; 1940-44)

Bestand WA 153: Krupp Wohnungsbau

WA 153v 1421   Barackenlager in Voerde (1944-47)

Mannesmann-Archiv (MA)

Bestand M

M 12.821.1   Bericht über den Fremdarbeitereinsatz bei den Mannesmannröhren-Werken, Abteilung Heinrich-Bierwes-Hütte, Duisburg-Huckingen (31. August 1945)

M 12.821.2   Bericht über den Fremdarbeitereinsatz bei den Mannesmannröhren-Werken, Abteilung Großenbaum, Duisburg-Großenbaum (1. September 1945)

Grillo-Archiv

Bestand GAA

GAA 22 Anlagen zu den Aufsichtsratsprotokollen 286.-301. Sitzung, I. Teil (286.-296. Sitzung)

GAA 23 Besprechungen und Schriftwechsel mit dem Arbeitsamt (1942-49)

GAA 108 Anlagen zu den Aufsichtsratsprotokollen 286.-301. Sitzung, II. Teil (297.-301. Sitzung)

GAA 361 Military Government I (1. Teil) (1945-49)

GAA 362 Military Government I (2. Teil) (1945-49)

GAA 375 Gewerbesteuer Hamborn (1943-50)

GAA 405 Aufstellung von 2 Baracken auf dem Werksgelände und Lohstraße 12, 1941-42

GAA 430 Lohn-Unterlagen (2. Teil) (1925-56)

GAA 432 Protokolle der Aufsichtsratssitzungen (297.–348. Sitzung), 1. Teil

Namenliste von Fremdarbeitern bei Grillo, 1939-45

Katholisches Klinikum Duisburg (Archiv)

St. Barbara-Hospital Duisburg-Hamborn-Neumühl, Ordner „Lohn- und Gehaltskonten 1941-1945"

St. Joseph-Hospital Duisburg-Laar, Ordner „Gehalt 1942-1948"

St. Marien-Hospital Duisburg-Mitte, Personalbuch

Katholisches Pfarramt St. Dionysius (Duisburg-) Walsum (Archiv)

B 22 Chronik der St. Dionysius-Pfarre in Walsum

Archiv des Heimatvereins (Duisburg-) Walsum

Akte „Zweiter Weltkrieg"

Literatur

1. Zeitgenössische Literatur

BARGEL, Richard, Neue deutsche Sozialpolitik. Ein Bericht über Grundgedanken, Aufbau und Leistungen, Berlin 1944

BIRKENHOLZ, Carl, u. Wolfgang SIEBERT (Hrsg.), Der ausländische Arbeiter in Deutschland, Berlin o. J. [1943]

DER RUHRKOHLENBERGBAU. Vergleich der Entwicklung im ersten und zweiten Weltkrieg. Hrsg. v. Rheinisch-Westfälischen Institut für Wirtschaftsforschung Essen, Essen 1944

DIDIER, Friedrich, Europa arbeitet in Deutschland, Berlin 1943

HERKER, Hellmuth, Der Arbeitseinsatz im Kriege. Aufgaben, Organisation, Methoden, in: Ruhr und Rhein, Jg. 1940, Hefte 44 u. 46

HERTEL, Philipp, Arbeitseinsatz ausländischer Zivilarbeiter, Stuttgart 1942

KRAUSKOPF, Otto Karl, Der ausländische Arbeiter in Deutschland, 2 Bde., Berlin 1943

KRAUSMÜLLER, Rudolf, Der Einsatz ausländischer Arbeitskräfte in der gewerblichen Wirtschaft, in: Nationale Wirtschaft, 10. Jg. (1942), S. 67-71 u. 95-98

KÜPPERS, Hans, u. Rudolf BANNIER, Einsatzbedingungen der Ostarbeiter sowie der sowjetrussischen Kriegsgefangenen (Sonderveröffentlichung des Reichsarbeitsblattes), Berlin 1942

ODENTHAL, Matthias, Die Entwicklung des Arbeitseinsatzes in Rheinland und Westfalen unter besonderer Berücksichtigung der Ausländer und Kriegsgefangenen 1938-1943, Essen 1944

OERMANN, Josef, Die arbeits- und steuerrechtliche Behandlung der Ostarbeiter, Berlin 1944

STARCKE, Gerhard, Die Deutsche Arbeitsfront. Eine Darstellung über Zweck, Leistungen und Ziele, Berlin 1940

SAUCKEL, Fritz, Totaler Arbeitseinsatz für den Krieg, Weimar 1943

SYRUP, Friedrich, Arbeitseinsatz in Krieg und Frieden, Essen 1942 (Schriften der Volkswirtschaftlichen Vereinigung im rheinisch-westfälischen Industriegebiet, Hauptreihe Heft 10)

WILLEKE, Eduard, Der Arbeitseinsatz im Kriege, in: Jahrbücher für Nationalökonomie und Statistik, Bd. 154 (1941), S. 177-201 u. 311-348 [auch in: Walter Steitz (Hrsg.), Quellen zur deutschen Wirtschafts- und Sozialgeschichte in der Zeit des Nationalsozialismus, 2. Teilband: Die Kriegswirtschaft, Darmstadt 2000 (Ausgewählte Quellen zur Deutschen Geschichte der Neuzeit. Freiherr vom Stein-Gedächtnisausgabe, Bd. XXXIX)]

2. Wirtschafts- und Sozialgeschichte der nationalsozialistischen Zeit und der frühen Nachkriegszeit

ABELSHAUSER, Werner, Kriegswirtschaft und Wirtschaftswunder. Deutschlands wirtschaftliche Mobilisierung für den Zweiten Weltkrieg und die Folgen für die Nachkriegszeit, in: Vierteljahrshefte für Zeitgeschichte, 47. Jg. (1999), Heft 4, S. 503-538

ALY, Götz, u. Susanne HEIM, Vordenker der Vernichtung. Auschwitz und die deutschen Pläne für eine europäische Ordnung, Frankfurt a. M. ³1997

BARKAI, Avraham, Das Wirtschaftssystem des Nationalsozialismus, Frankfurt a. M. ²1988

BARKAI, Avraham, Die „stillen Teilhaber" des NS-Regimes, in: Lothar Gall u. Manfred Pohl (Hrsg.), Unternehmen im Nationalsozialismus, München 1998, S. 117-120

BAUMAN, Zygmunt, Das Jahrhundert der Lager?, in: Kommune. Forum für Politik, Ökonomie und Kultur, Bd. 11 (1993), Heft 12, S. 43ff.

BENZ, Wolfgang, Herrschaft und Gesellschaft im nationalsozialistischen Staat. Studien zur Struktur- und Mentalitätsgeschichte, Frankfurt a. M. 1990

BENZ, Wolfgang, Hermann GRAML u. Hermann WEISS, Enzyklopädie des Nationalsozialismus, München ³1998

BENZ, Wolfgang, Geschichte des Dritten Reiches, München 2000

BERLEKAMP, Brigitte, u. Werner RÖHR (Hrsg.), Terror, Herrschaft und Alltag im Nationalsozialismus. Probleme der Sozialgeschichte des deutschen Faschismus, Münster 1995

BLAICH, Fritz, Wirtschaft und Rüstung im „Dritten Reich", Düsseldorf 1987

BLEYER, Wolfgang, Pläne der faschistischen Führung zum totalen Krieg im Sommer 1944, in: Zeitschrift für Geschichtswissenschaft, Bd. 17, 1969, II, S. 1312-1329

BOBERACH, Heinz et al. (Bearb.), Ämter, Abkürzungen, Aktionen des NS-Staates: Handbuch für die Benutzung von Quellen der nationalsozialistischen Zeit. Amtsbezeichnungen, Ränge und Verwaltungsgliederungen, Abkürzungen und nichtmilitärische Tarnbezeichnungen. Bearbeitet von Heinz Boberach, Rolf Thommes u. Hermann Weiß, München 1997

BOELCKE, Willi A., Die deutsche Wirtschaft 1930-1945. Interna des Reichswirtschaftsministeriums, Düsseldorf 1983

BOELCKE, Willi A., Die Kosten von Hitlers Krieg. Kriegsfinanzierung und finanzielles Kriegserbe in Deutschland 1933-1948, Paderborn 1985

BROSZAT, Martin, u. Norbert FREI (Hrsg.), Das Dritte Reich im Überblick. Chronik - Ereignisse - Zusammenhänge, München ⁶1999

BUCHBENDER, Ortwin, u. Reinhold STERZ (Hrsg.), Das andere Gesicht des Krieges. Deutsche Feldpostbriefe 1939-1945, München 1982

BURCHARDT, Lothar, Die Auswirkungen der Kriegswirtschaft auf die deutsche Zivilbevölkerung im Ersten und im Zweiten Weltkrieg, in: Militärgeschichtliche Mitteilungen, Bd. 15, 1974, I, S. 65-97

DAS DEUTSCHE REICH UND DER ZWEITE WELTKRIEG. Hrsg. vom Militärgeschichtlichen Forschungsamt, 5 Bde., Stuttgart 1979-1988

DAS URTEIL VON NÜRNBERG. Mit einem Vorwort von Jörg Friedrich, München ⁴1996

EICHHOLTZ, Dietrich, Geschichte der deutschen Kriegswirtschaft 1939-1945, Bde. I-III, Berlin 1969 (³1984), 1983 (²1985), 1996

EICHHOLTZ, Dietrich, Die „Großraumwehrwirtschaft" für den großen Krieg. Zwei geheime Memoranden der Reichsstelle für Wirtschaftsausbau vom Frühjahr/Sommer 1939, in: Bulletin des Arbeitskreises „Zweiter Weltkrieg", Nr. 1-4/1986, S. 86-160

EICHHOLTZ, Dietrich, Ökonomie, Politik und Kriegführung. Wirtschaftliche Kriegsplanungen und Rüstungsorganisationen bis zum Ende der „Blitzkriegs"-Phase, in: Ders. (Hrsg.), Krieg und Wirtschaft. Studien zur deutschen Wirtschaftsgeschichte 1939-1945, Berlin 1999, S. 9-41

EICHHOLTZ, Dietrich, Die deutsche Kriegswirtschaft 1944/45. Eine Bilanz, in: Ders. (Hrsg.), Krieg und Wirtschaft. Studien zur deutschen Wirtschaftsgeschichte 1939-1945, Berlin 1999, S. 325-347

FACIUS, Friedrich, Wirtschaft und Staat. Die Entwicklung der staatlichen Wirtschaftsverwaltung in Deutschland vom 17. Jahrhundert bis 1945, Boppard 1959 (Schriften des Bundesarchivs, Bd. 6)

FEIL, Ernst, Bewältigung oder Verfälschung der Vergangenheit. Zu heutigen Bewertungen des Verhaltens im nationalsozialistischen Regime, in: Geschichte im Westen, 7. Jg. (1992), S. 202-212

FELDENKIRCHEN, Wilfried, Die deutsche Wirtschaft im 20. Jahrhundert, München 1998

FEST, Joachim C., Das Gesicht des Dritten Reiches. Profile einer totalitären Herrschaft, München 1963 (^{8}1998)

FISCHER, Wolfram, Deutsche Wirtschaftspolitik 1918-1945, Opladen ^{3}1968

FORSTMEIER, Friedrich, u. Hans-Erich VOLKMANN (Hrsg.), Kriegswirtschaft und Rüstung 1939-1945, Düsseldorf 1977

FREI, Norbert, Der Führerstaat. Nationalsozialistische Herrschaft 1933 bis 1945, 6. erweiterte u. aktualisierte Auflage München 2001 [1. Aufl. 1987]

FRIEDRICH, Jörg, Der Brand. Deutschland im Bombenkrieg 1940-1945, München 2002

GALL, Lothar, u. Manfred POHL (Hrsg.), Unternehmen im Nationalsozialismus, München 1998 (Schriftenreihe zur Zeitschrift für Unternehmensgeschichte, Bd. 1)

GELLATELY, Robert, Die Gestapo und die deutsche Gesellschaft. Die Durchsetzung der Rassenpolitik 1933-1945, Paderborn 1993 [engl. Originalausgabe 1988]

GELLATELY, Robert, Hingeschaut und weggesehen. Hitler und sein Volk. Aus dem Amerikanischen von Holger Fliessbach, Stuttgart u. München 2002 [Titel d. Originalausgabe: Backing Hitler. Consent and Coercion in Nazi Germany, Oxford 2001]

GEORG, Enno, Die wirtschaftlichen Unternehmungen der SS, Stuttgart 1963 (Schriftenreihe der Vierteljahrshefte für Zeitgeschichte, Bd. 7)

GERSDORFF, Ursula von, Frauen im Kriegsdienst 1914-1945, Stuttgart 1969

GRAML, Hermann, Rassismus und Lebensraum. Völkermord im Zweiten Weltkrieg, in: Karl Dietrich Bracher, Manfred Funke u. Hans-Adolf Jacobsen (Hrsg.), Deutschland 1933-1945. Neue Studien zur nationalsozialistischen Herrschaft, Bonn ^{2}1993, S. 440-451

GROEHLER, Olaf, Bombenkrieg gegen Deutschland, Berlin (DDR) 1990

GRUCHMANN, Lothar, Totaler Krieg. Vom Blitzkrieg zur bedingungslosen Kapitulation, München 1991

HEIM, Susanne, u. Götz ALY, Sozialplanung und Völkermord. Thesen zur Herrschaftsrationalität der nationalsozialistischen Vernichtungspolitik, in: Wolfgang Schneider (Hrsg.), „Vernichtungspolitik". Eine Debatte über den Zusammenhang von Sozialpolitik und Genozid im nationalsozialistischen Deutschland, Hamburg 1991, S. 11-23

HEIM, Susanne, u. Götz ALY, Wider die Unterschätzung der nationalsozialistischen Politik. Antwort an unsere Kritiker, in: Wolfgang Schneider (Hrsg.), „Vernichtungspolitik". Eine Debatte über den Zusammenhang von Sozialpolitik und Genozid im nationalsozialistischen Deutschland, Hamburg 1991, S. 165-175

HERBERT, Ulrich, Vor der eigenen Tür - Bemerkungen zur Erforschung der Alltagsgeschichte des Nationalsozialismus, in: Dieter Galinski, Ulrich Herbert u. Ulla Lachauer (Hrsg.), Nazis und Nachbarn, Hamburg 1982, S. 9-33

HERBERT, Ulrich, Zur Entwicklung der Ruhrarbeiterschaft 1930 bis 1960 aus erfahrungsgeschichtlicher Perspektive, in: Lutz Niethammer u. Alexander von Plato (Hrsg.), „Wir kriegen jetzt andere Zeiten". Auf der Suche nach der Erfahrung des Volkes in nachfaschistischen Ländern (Lebensgeschichte und Sozialkultur im Ruhrgebiet 1930 bis 1960, Bd. 3), Berlin u. Bonn 1985, S. 19-52

HERBERT, Ulrich, Apartheid nebenan. Erinnerungen an die Fremdarbeiter im Ruhrgebiet, in: Lutz Niethammer (Hrsg.), „Die Jahre weiß man nicht, wo man die heute hinsetzen soll". Faschismuserfahrungen im Ruhrgebiet (Lebensgeschichte und Sozialkultur im Ruhrgebiet 1930 bis 1960, Bd. 1), Berlin u. Bonn ²1986, S. 233-266

HERBERT, Ulrich, Arbeiterschaft im „Dritten Reich". Zwischenbilanz und offene Fragen, in: Geschichte und Gesellschaft, 15. Jg. (1989), S. 320-360

HERBERT, Ulrich, Rassismus und rationales Kalkül. Zum Stellenwert utilitaristisch verbrämter Legitimationsstrategien in der nationalsozialistischen „Weltanschauung", in: Wolfgang Schneider (Hrsg.), „Vernichtungspolitik". Eine Debatte über den Zusammenhang von Sozialpolitik und Genozid im nationalsozialistischen Deutschland, Hamburg 1991, S. 25-35

HERBERT, Ulrich (Hrsg.), Nationalsozialistische Vernichtungspolitik 1939-1945. Neue Forschungen und Kontroversen, Frankfurt a. M. 1998

HERBST, Ludolf, Die Krise des nationalsozialistischen Regimes am Vorabend des Zweiten Weltkriegs und die forcierte Aufrüstung, in: Vierteljahrshefte für Zeitgeschichte, 26. Jg. (1978), S. 347-392

HERBST, Ludolf, Der totale Krieg und die Ordnung der Wirtschaft. Die Kriegswirtschaft im Spannungsfeld von Politik, Ideologie und Propaganda 1939-1945, Stuttgart 1982

HERBST, Ludolf, Die Großindustrie und der Zweite Weltkrieg, in: Venanz Schubert et al. (Hrsg.), Der Zweite Weltkrieg und die Gesellschaft in Deutschland. 50 Jahre danach. Eine Ringvorlesung der Universität München, St. Ottilien 1992, S. 63-88

HERBST, Ludolf, Das nationalsozialistische Deutschland. Die Entfesselung der Gewalt 1933-1945, Frankfurt a. M. 1996

HERBST, Ludolf, Entkoppelte Gewalt - Zur chaostheoretischen Interpretation des NS-Herrschaftssystems, in: Tel Aviver Jahrbuch für deutsche Geschichte, Bd. 28 (1999), S. 117-158

HILDEBRAND, Klaus, Das Dritte Reich, München u. Wien ²1980

HÜTTENBERGER, Peter, Die Gauleiter. Studie zum Wandel des Machtgefüges in der NSDAP, Stuttgart 1969

HÜTTENBERGER, Peter, Nationalsozialistische Polykratie, in: Geschichte und Gesellschaft, 2. Jg. (1976), S. 417-442

HÜTTENBERGER, Peter, Führer und Polykratie im Nationalsozialismus, in: Aurelius Freytag et al. (Hrsg.), Geschichte und Verantwortung, Wien 1988, S. 123-138

JANSSEN, Gregor, Das Ministerium Speer. Deutschlands Rüstung im Kriege, Berlin-Frankfurt a. M.-Wien 1968

KEHRL, Hans, Krisenmanager im Dritten Reich. 6 Jahre Frieden - 6 Jahre Krieg. Erinnerungen, Düsseldorf 1973

KERSHAW, Ian, Der NS-Staat. Geschichtsinterpretationen und Kontroversen im Überblick, Reinbek b. Hamburg 1988

KLESSMANN, Christoph, Befreiung durch Zerstörung. Das Jahr 1945 in der deutschen Geschichte, in: Jan-Pieter Barbian u. Ludger Heid (Hrsg.), Zwischen gestern und morgen: Kriegsende und Wiederaufbau im Ruhrgebiet, Essen 1995, S. 32-43

KOLB, Eberhard, Die Maschinerie des Terrors. Zum Funktionieren des Unterdrückungs- und Verfolgungsapparates im NS-System, in: Karl Dietrich Bracher (Hrsg.), Nationalsozialistische Diktatur 1933-1945. Eine Bilanz, Bonn 1986, S. 270-284

KRAUSE, Michael, Flucht vor dem Bombenkrieg. „Umquartierungen" im Zweiten Weltkrieg und die Wiedereingliederung der Evakuierten in Deutschland 1943-1963, Düsseldorf 1997 (Beiträge zur Geschichte des Parlamentarismus und der politischen Parteien, Bd. 109)

KREIDLER, Eugen, Die Eisenbahnen im Machtbereich der Achsenmächte während des Zweiten Weltkriegs. Einsatz und Leistung für die Wehrmacht und Kriegswirtschaft, Göttingen u. a. 1975

KUCZYNSKI, Jürgen, Die Lage der Arbeiter unter dem Kapitalismus, Bd. 6, Berlin (DDR) 1964

KÜHNE, Thomas, Der nationalsozialistische Vernichtungskrieg im kulturellen Kontinuum des 20. Jahrhunderts. Forschungsprobleme und Forschungstendenzen der Gesellschaftsgeschichte des Zweiten Weltkrieges, in: Archiv für Sozialgeschichte, Bd. XXXIX (1999), S. 580-662 (Erster Teil), Bd. XXXX (2000), S. 440-486 (Zweiter Teil)

LEMBERG, Hans, Nationale „Entmischung" und Zwangswanderungen in Mittel- und Osteuropa 1938-1948, in: Westfälische Forschungen, Bd. 39 (1998), S. 383 ff.

LUNTOWSKI, Gustav, Hitler und die Herren an der Ruhr. Wirtschaftsmacht und Staatsmacht im Dritten Reich, Frankfurt a. M. u. a. 2000

MASON, Timothy W., Sozialpolitik im Dritten Reich. Arbeiterklasse und Volksgemeinschaft, Opladen 1977

MICHALKA, Wolfgang (Hrsg.), Der Zweite Weltkrieg. Analysen, Grundzüge, Forschungsbilanz, München u. Zürich 1989

MILWARD, Alan S., The End of the Blitzkrieg, in: Economic History Review, Bd. 17 (1964), S. 499-518

MILWARD, Alan S., Die deutsche Kriegswirtschaft 1939-1945, Stuttgart 1966

MILWARD, Alan S., Der Zweite Weltkrieg. Krieg, Wirtschaft und Gesellschaft 1939-1945, München 1977

MILWARD, Alan S., Arbeitspolitik und Produktivität in der deutschen Kriegswirtschaft unter vergleichendem Aspekt, in: Friedrich Forstmeier u. Hans-Erich Volkmann (Hrsg.), Kriegswirtschaft und Rüstung 1939-1945, Düsseldorf 1977, S. 73-91

MOLLIN, Gerhard Th., Montankonzerne und „Drittes Reich". Der Gegensatz zwischen Monopolindustrie und Befehlswirtschaft in der deutschen Rüstung und Expansion 1936-1944, Göttingen 1988

MOMMSEN, HANS, Der Mythos von der Modernität. Zur Entwicklung der Rüstungsindustrie im Dritten Reich, Essen 1999

MOSSE, George L., Die Geschichte des Rassismus in Europa, Frankfurt a. M. 1990

MÜLLER, Rolf-Dieter, Die Konsequenzen der „Volksgemeinschaft": Ernährung, Ausbeutung und Vernichtung, in: Wolfgang Michalka (Hrsg.), Der Zweite Weltkrieg. Analysen, Grundzüge, Forschungsbilanz, München u. Zürich 1989, S. 240-248

MÜLLER, Rolf-Dieter, Die Mobilisierung der Wirtschaft für den Krieg - eine Aufgabe der Armee? Wehrmacht und Wirtschaft 1933-1942, in: Wolfgang Michalka (Hrsg.), Der Zweite Weltkrieg. Analysen, Grundzüge, Forschungsbilanz, München u. Zürich 1989, S. 349-362

MÜLLER, Rolf-Dieter, Grundzüge der deutschen Kriegswirtschaft 1939-1945, in: Karl Dietrich Bracher et al. (Hrsg.), Deutschland 1933-1945. Neue Studien zur nationalsozialistischen Herrschaft, Bonn u. Düsseldorf ²1993 (zuerst 1992), S. 357-376

MÜLLER, Rolf-Dieter, Albert Speer und die Rüstungspolitik im totalen Krieg, in: Bernhard R. Kroener, Rolf-Dieter Müller u. Hans Umbreit (Hrsg.): Das Deutsche Reich und der Zweite Weltkrieg, Bd. 5: Organisation und Mobilisierung des deutschen Machtbereichs, 2. Halbband: Kriegsverwaltung, Wirtschaft und personelle Ressourcen 1942-1944/45, Stuttgart 1999, S. 273-773

NEUFELDT, Hans-Joachim, Jürgen HUCK und Georg TESSIN, Zur Geschichte der Ordnungspolizei 1936-1945, Koblenz 1957 (Schriften des Bundesarchivs, Bd. 3)

OVERY, Richard J., „Blitzkriegswirtschaft"? Finanzpolitik, Lebensstandard und Arbeitseinsatz in Deutschland 1939-1942, in: Vierteljahrshefte für Zeitgeschichte, 36. Jg. (1988), S. 379-435

OVERY, Richard J., War and Economy in the Third Reich, Oxford 1994

PETZINA, Dietmar, Autarkiepolitik im Dritten Reich. Der nationalsozialistische Vierjahresplan, Stuttgart 1968

PETZINA, Dietmar, Die deutsche Wirtschaft in der Zwischenkriegszeit, Wiesbaden 1977

PETZINA, Dietmar, Werner ABELSHAUSER u. Anselm FAUST, Sozialgeschichtliches Arbeitsbuch III. Materialien zur Statistik des Deutschen Reiches 1914-1945, München 1978

PEUKERT, Detlev J. K., Alltag unter dem Nationalsozialismus, Berlin 1981

PEUKERT, Detlev, u. Jürgen REULECKE (Hrsg.), Die Reihen fast geschlossen. Beiträge zur Geschichte des Alltags unterm Nationalsozialismus, Wuppertal 1981

RADEMACHER, Michael, Handbuch der NSDAP-Gaue 1928-1945. Die Amtsträger der NSDAP und ihrer Organisationen auf Gau- und Kreisebene in Deutschland und Österreich sowie in den Reichsgauen Danzig-Westpreußen, Sudetenland und Wartheland, Vechta 2000

REBENTISCH, Dieter, Führerstaat und Verwaltung im Zweiten Weltkrieg: Verfassungsentwicklung und Verwaltungspolitik 1939-1945, Stuttgart 1989

RECKER, Marie-Luise, Wohnen und Bombardierung im Zweiten Weltkrieg, in: Lutz Niethammer (Hrsg.), Wohnen im Wandel. Beiträge zur Geschichte des Alltags in der bürgerlichen Gesellschaft, Wuppertal 1979, S. 408ff.

RECKER, Marie-Luise, Nationalsozialistische Sozialpolitik im Zweiten Weltkrieg, München 1985

RECKER, Marie-Luise, Zwischen sozialer Befriedung und materieller Ausbeutung. Lohn- und Arbeitsbedingungen im Zweiten Weltkrieg, in: Wolfgang Michalka (Hrsg.), Der Zweite Weltkrieg. Analysen, Grundzüge, Forschungsbilanz, München u. Zürich 1989, S. 430-444

REULECKE, Jürgen, Probleme einer Sozial- und Mentalitätsgeschichte der Nachkriegszeit, in: Geschichte im Westen, 2. Jg. (1987), S. 7-25

RIEDEL, Matthias, Eisen und Kohle für das Dritte Reich. Paul Pleigers Stellung in der NS-Wirtschaft, Göttingen 1973

RINGS, Werner, Leben mit dem Feind. Anpassung und Widerstand in Hitlers Europa 1939-1945, München 1979

RÖHR, Werner, Rassismus als Expansionsprogramm. Über die Leistungsfähigkeit der NS-Ideologie, in: Wolfgang Schneider (Hrsg.), „Vernichtungspolitik". Eine Debatte über den Zusammenhang von Sozialpolitik und Genozid im nationalsozialistischen Deutschland, Hamburg 1991, S. 199-134

RÖHR, Werner (Hrsg.), Terror, Herrschaft und Alltag im Nationalsozialismus. Probleme einer Sozialgeschichte des deutschen Faschismus, Münster 1995

ROHDE, Horst, Das Eisenbahnverkehrswesen in der deutschen Kriegswirtschaft 1939-1945, in: Friedrich Forstmeier u. Hans-Erich Volkmann (Hrsg.), Kriegswirtschaft und Rüstung 1939-1945, Düsseldorf 1977, S. 134-163

ROHLAND, Walter, Bewegte Zeiten. Erinnerungen eines Eisenhüttenmannes, Stuttgart 1978

ROMEYK, Horst, Die rheinischen Polizeipräsidenten der NS-Zeit, in: Volker Ackermann, Bernd-A. Rusinek u. Falk Wiesemann (Hrsg.), Anknüpfungen. Kulturgeschichte - Landesgeschichte - Zeitgeschichte. Gedenkschrift für Peter Hüttenberger, Essen 1995, S. 247-263

RUCK, Michael, Bibliographie zum Nationalsozialismus, Köln 1995

RUSINEK, Bernd-A., Gesellschaft in der Katastrophe. Terror, Illegalität, Widerstand - Köln 1944/45, Essen 1989

SCHMIDT, Herbert, „Beabsichtige ich die Todesstrafe zu beantragen". Die nationalsozialistische Sondergerichtsbarkeit im Oberlandesgerichtsbezirk Düsseldorf 1933 bis 1945, Essen 1998 (Düsseldorfer Schriften zur Neueren Landesgeschichte und zur Geschichte Nordrhein-Westfalens, Bd. 49)

SCHNEIDER, Wolfgang (Hrsg.), „Vernichtungspolitik". Eine Debatte über den Zusammenhang von Sozialpolitik und Genozid im nationalsozialistischen Deutschland, Hamburg 1991

SCHUMANN, Wolfgang, Die wirtschaftspolitische Überlebensstrategie des deutschen Imperialismus in der Endphase des Zweiten Weltkriegs, in: Zeitschrift für Geschichtswissenschaft Bd. 27 (1979), S. 499-513

SEIDLER, Franz W., Die Organisation Todt. Bauen für Staat und Wehrmacht 1938-1945, Bonn ²1998

SIEGEL, TILLA, Rationalisierung statt Klassenkampf. Zur Rolle der DAF in der nationalsozialistischen Ordnung der Arbeit, in: Hans Mommsen u. Susanne Willems (Hrsg.), Herrschaftsalltag im Dritten Reich, Düsseldorf 1988, S. 97-150

SPEER, Albert, Erinnerungen, Frankfurt a. M. u. Berlin ³1969

SPEER, Albert, Spandauer Tagebücher, Frankfurt a. M. u. a. 1975

STEINERT, Marlis G., Hitlers Krieg und die Deutschen. Stimmung und Haltung der deutschen Bevölkerung im Zweiten Weltkrieg, Düsseldorf 1970

SÜLLWOLD, Fritz, Deutsche Normalbürger 1933-1945. Erfahrungen, Einstellungen, Reaktionen. Eine geschichtspsychologische Untersuchung, München 2001

THAMER, Hans-Ulrich, Der Umgang der Deutschen mit der NS-Vergangenheit, in: Norbert Fasse, Johannes Houwink ten Cate und Horst Lademacher (Hrsg.), Nationalsozialistische Herrschaft und Besatzungszeit. Historische Erfahrung und Verarbeitung aus niederländischer und deutscher Sicht, Münster-New York-München-Berlin 2000, S. 317-320

THOMAS, Georg, Geschichte der deutschen Wehr- und Rüstungswirtschaft (1918-1943/45). Hrsg. von Wolfgang Birkenfeld, Boppard a. Rh. 1966 (Schriften des Bundesarchivs, Bd. 14)

VOLKMANN, Hans-Erich, Zum Verhältnis von Großwirtschaft und NS-Regime im Zweiten Weltkrieg, in: Waclaw Dlugoborski (Hrsg.), Zweiter Weltkrieg und sozialer Wandel. Achsenmächte und besetzte Länder, Göttingen 1981, S. 87-116

VOLKMANN, Hans-Erich, Zur nationalsozialistischen Aufrüstung und Kriegswirtschaft, in: Militärgeschichtliche Mitteilungen, Bd. 47 (1990), S. 133-77

VOLKMANN, Hans-Erich (Hrsg.), Das Rußlandbild im Dritten Reich, Köln 1994

WAGENFÜHR, Rolf, Die deutsche Industrie im Kriege 1939-1945. Hrsg. vom Deutschen Institut für Wirtschaftsforschung, Berlin ²1963

WELTER, Erich, Falsch und richtig planen. Eine kritische Studie über die deutsche Wirtschaftslenkung im Zweiten Weltkrieg, Heidelberg 1954

WERNER, Wolfgang Franz, „Bleib übrig!" Deutsche Arbeiter in der nationalsozialistischen Kriegswirtschaft, Düsseldorf 1983

WILHELM, Friedrich, Die Polizei im NS-Staat. Die Geschichte ihrer Organisation im Überblick, Paderborn, München, Wien u. Zürich ²1999

WINKLER, Heinrich August, Vom Mythos der Volksgemeinschaft, in: Archiv für Sozialgeschichte, Bd. XVII (1977), S. 484-490

WOLF, Werner, Luftangriffe auf die deutsche Industrie 1942-1945, München 1985

YANO, Hisashi, Hüttenarbeiter im Dritten Reich, Stuttgart 1986

ZILBERT, Edward R., Albert Speer and the Nazi Ministry of Arms. Economic Institutions and Industrial Production in the German War Economy, London 1981

ZUMPE, Lotte, Wirtschaft und Staat in Deutschland 1933 bis 1945, Vaduz 1980

3. Geschichte der Zwangsarbeit
(ohne Lokal-, Branchen- und Unternehmensstudien)

ANTWEILER, Wolfgang, Quellen zum Nachweis von Zwangsarbeit in Kommunalarchiven, in: Archivkurier der Abteilung Archivberatungsstelle / Archiv des Landschaftsverbandes Rheinland, Nr. 14/2000, S. 145-149

AUGUST, Jochen, Die Entwicklung des Arbeitsmarktes in Deutschland in den 30er Jahren und der Masseneinsatz ausländischer Arbeitskräfte während des Zweiten Weltkrieges. Das Fallbeispiel der polnischen zivilen Arbeitskräfte und Kriegsgefangenen, in: Archiv für Sozialgeschichte, Bd. XXIV (1984), S. 305-353

AUGUST, Jochen, Erinnern an Deutschland. Berichte polnischer Zwangsarbeiter, in: Ders. et al. (Hrsg.), Herrenmensch und Arbeitsvölker. Ausländische Arbeiter und Deutsche 1939-1945, Berlin 1986 (Beiträge zur nationalsozialistischen Gesundheits- und Sozialpolitik, Bd. 3), S. 109-129

BACH, Dieter, u. Jochen LEYENDECKER, „Ich habe geweint vor Hunger". Deutsche und russische Gefangene in Lagern des Zweiten Weltkrieges, Wuppertal ²1995

BADE, Klaus J., Vom Auswanderungsland zum Einwanderungsland? Deutschland 1880-1980, Berlin 1983

BARWIG, Klaus, Günter SAATHOFF u. Nicole WEYDE (Hrsg.), Entschädigung für NS-Zwangsarbeit. Rechtliche, historische und politische Aspekte, Baden-Baden 1998

BENZ, Wolfgang (Hrsg.), Täter und Opfer, Dachau 1994 (Dachauer Hefte Bd. 10)

BENZ, Wolfgang, Zwangsarbeit im nationalsozialistischen Staat. Dimensionen - Strukturen - Perspektiven, in: Ders. (Hrsg.), Zwangsarbeit, Dachau 2000 (Dachauer Hefte Bd. 16), S. 3-17

BERMANI, Cesare, Sergio BOLOGNA u. Brunello MANTELLI, Proletarier der „Achse". Sozialgeschichte der italienischen Fremdarbeit in NS-Deutschland 1937-1943, Berlin 1997

BONWETSCH, Bernd, Sowjetische Zwangsarbeiter vor und nach 1945. Ein doppelter Leidensweg, in: Jahrbücher für Geschichte Osteuropas Bd. 41, 1993, S. 532-546

BONWETSCH, Bernd, Die sowjetischen Kriegsgefangenen zwischen Stalin und Hitler, in: Zeitschrift für Geschichtswissenschaft, Bd. 41 (1993), S. 135-142

BORIES-SAWALA, Helga, Franzosen im „Reichseinsatz". Deportation, Zwangsarbeit, Alltag. Erfahrungen und Erinnerungen von Kriegsgefangenen und Zivilarbeitern, 3 Bde., Frankfurt a. M. u. a. 1996

BROSZAT, Martin, Nationalsozialistische Polenpolitik 1939-1945, Stuttgart 1961 (Schriftenreihe der Vierteljahrshefte für Zeitgeschichte, Bd. 2)

BROWNING, Christopher R., Vernichtung und Arbeit. Zur Fraktionierung der planenden deutschen Intelligenz im besetzten Polen, in: Wolfgang Schneider (Hrsg.), „Vernichtungspolitik". Eine Debatte über den Zusammenhang von Sozialpolitik und Genozid im nationalsozialistischen Deutschland, Hamburg 1991, S. 37-51

CAJANI, Luigi, Die italienischen Militär-Internierten im nationalsozialistischen Deutschland, in: Ulrich Herbert (Hrsg.), Europa und der „Reichseinsatz", Essen 1991, S. 295-316

CZOLLEK, Roswitha, Zwangsarbeit und Deportationen für die deutsche Kriegsmaschine in den baltischen Sowjetrepubliken während des zweiten Weltkriegs, in: Jahrbuch für Wirtschaftsgeschichte, Jg. 1970, Heft II, S. 45-67

DAHLMANN, Dittmar u. Gerhard HIRSCHFELD (Hrsg.), Lager, Zwangsarbeit, Vertreibung und Deportation: Dimensionen der Massenverbrechen in Sowjetunion und in Deutschland 1933 bis 1945, Essen 1999

DIETZ-GÖRRIG, Gabriele, Displaced Persons. Ihre Integration in Wirtschaft und Gesellschaft des Landes Nordrhein-Westfalen, Diss. phil. Düsseldorf 1992

DOEHRING, Karl, Bernd Josef FEHN u. Hans Günter HOCKERTS, Jahrhundertschuld, Jahrhundertsühne. Reparationen, Wiedergutmachung und Entschädigung für nationalsozialistisches Kriegs- und Verfolgungsunrecht, München 2001

DOHSE, Knut, Ausländische Arbeiter und bürgerlicher Staat. Genese und Funktion von staatlicher Ausländerpolitik und Ausländerrecht. Vom Kaiserreich bis zur Bundesrepublik Deutschland, Königstein/Ts. 1981

DROBISCH, Klaus, Der Werkschutz: betriebliches Terrororgan im faschistischen Deutschland, in: Jahrbuch für Wirtschaftsgeschichte, Jg. 1965, Heft IV, S. 217-247

DROBISCH, Klaus, u. Dietrich EICHHOLTZ, Die Zwangsarbeit ausländischer Arbeitskräfte in Deutschland während des Zweiten Weltkrieges, in: Zeitschrift für Geschichtswissenschaft, Jg. 1970, Heft 5, S. 626-639

DÜLFFER, Jost, Das Ende hieß Zwangsarbeit. Die italienischen Militärinternierten im Zweiten Weltkrieg, in: DIE ZEIT Nr. 49/1990 (30.11.1990), S. 49

DURAND, Yves, Vichy und der „Reichseinsatz", in: Ulrich Herbert (Hrsg.), Europa und der „Reichseinsatz", Essen 1991, S. 184-199

EICHHOLTZ, Dietrich, Die Vorgeschichte des „Generalbevollmächtigten für den Arbeitseinsatz", in: Jahrbuch für Geschichte, Bd. 9, 1973, S. 339-383

EICHHOLTZ, Dietrich, Die „Krautaktion". Ruhrindustrie, Ernährungswissenschaft und Zwangsarbeit 1944, in: Ulrich Herbert (Hrsg.), Europa und der „Reichseinsatz", Essen 1991, S. 270-294

EICHHOLTZ, Dietrich, Unfreie Arbeit - Zwangsarbeit, in: Ders. (Hrsg.), Krieg und Wirtschaft. Studien zur deutschen Wirtschaftsgeschichte 1939-1945, Berlin 1999, S. 129-155

EICHHOLTZ, Dietrich, Probleme und Praxis der Zwangsarbeit in der deutschen Kriegswirtschaft, in: Winfried Meyer u. Klaus Neitmann (Hrsg.), Zwangsarbeit während der NS-Zeit in Berlin und Brandenburg. Formen, Funktion und Rezeption, Potsdam 2001, S. 3-21

EIKEL, Markus, Französische Katholiken im Dritten Reich. Die religiöse Betreuung der französischen Kriegsgefangenen und Zwangsarbeiter 1940-1945, Freiburg 1999

ELSNER, Lothar, Belgische Zwangsarbeiter in Deutschland während des ersten Weltkrieges, in: Zeitschrift für Geschichtswissenschaft, Bd. 24 (1976), S. 1256-1267

ELSNER, Lothar, u. Joachim LEHMANN, Ausländische Arbeiter unter dem deutschen Imperialismus 1900-1985, Berlin (DDR) 1988

FASSE, Norbert, Johannes HOUWINK TEN CATE u. Horst LADEMACHER (Hrsg.), Nationalsozialistische Herrschaft und Besatzungszeit. Historische Erfahrung und Verarbeitung aus niederländischer und deutscher Sicht, Münster-New York-München, Berlin 2000

FAUST, Anselm, Akten zu Zwangsarbeit und Zwangsarbeitern im Nordrhein-Westfälischen Hauptstaatsarchiv. Vortrag bei der Fortbildungsveranstaltung des Westfälischen Archivamtes zum Thema Zwangsarbeiter am 12. April 2000 in Essen

FERREAU, Christine, „Zwischenspiele". Frauenarbeit in der Eisen- und Stahlindustrie während der Weltkriege, in: industrie-kultur, Heft 4/2000, S. 14f.

FRANK, Wolfgang, Russische Frauen in der Kriegsgefangenschaft, in: Dieter Bach u. Jochen Leyendecker, „Ich habe geweint vor Hunger." Deutsche und russische Gefangene in Lagern des Zweiten Weltkrieges, Wuppertal 1993, S. 50-52

FRANKENBERGER, Tamara, „Wir waren wie Vieh". Lebensgeschichtliche Erinnerungen ehemaliger sowjetischer Zwangsarbeiterinnen, Münster 1997

FRANKENSTEIN, Roger, Die deutschen Arbeitskräfteaushebungen in Frankreich und die Zusammenarbeit der französischen Unternehmen mit der Besatzungsmacht 1940-1944, in: Waclaw Dlugoborski (Hrsg.), Zweiter Weltkrieg und sozialer Wandel. Achsenmächte und besetzte Länder, Göttingen 1981, S. 211-223

FREI, Norbert (Hrsg.), Ausbeutung, Vernichtung, Öffentlichkeit. Neue Studien zur nationalsozialistischen Lagerpolitik, München 2000

FRÖBE, Rainer, Der Arbeitseinsatz von KZ-Häftlingen und die Perspektive der Industrie, 1943-1945, in: Ulrich Herbert (Hrsg.), Europa und der „Reichseinsatz", Essen 1991, S. 351-383

GERLACH, Christian, Krieg, Ernährung, Völkermord. Forschungen zur deutschen Vernichtungspolitik im Zweiten Weltkrieg, Hamburg 1998

GOEKEN (-HAIDL), Ulrike, Von der Kooperation zur Konfrontation. Die sowjetischen Repatriierungsoffiziere in den westlichen Besatzungszonen, in: Klaus-Dieter Müller et al. (Hrsg.), Die Tragödie der Gefangenschaft in Deutschland und der Sowjetunion 1941-1956, Köln u. Wien 1998, S. 315-334

GOEKEN-HAIDL, Ulrike, Repatriierung in den Terror? Die Rückkehr der sowjetischen Zwangsarbeiter und Kriegsgefangenen in ihre Heimat 1944-1956, in: Wolfgang Benz (Hrsg.), Zwangsarbeit, Dachau 2000 (Dachauer Hefte Bd. 16), S. 190-209

GOSCHLER, Constantin, Wiedergutmachung. Westdeutschland und die Verfolgten des Nationalsozialismus (1945-1954), München 1992

GRUNER, Wolfgang, Der geschlossene Arbeitseinsatz deutscher Juden. Zur Zwangsarbeit als Element der Verfolgung 1938-1943, Berlin 1997 (Reihe Dokumente ... des Zentrums für Antisemitismusforschung der Technischen Universität Berlin, Bd. 20)

HACHTMANN, Rüdiger, Industriearbeit im „Dritten Reich". Untersuchungen zu den Lohn- und Arbeitsbedingungen in Deutschland 1939-1945, Göttingen 1989

HACHTMANN, Rüdiger, Die Deutsche Arbeitsfront im Zweiten Weltkrieg, in: Dietrich Eichholtz (Hrsg.), Krieg und Wirtschaft. Studien zur deutschen Wirtschaftsgeschichte 1939-1945, Berlin 1999, S. 69-107

HAMMERMANN, Gabriele, Die italienischen Militärinternierten im deutschen Machtbereich 1943-1945, in: Rolf Wörsdörfer (Hrsg.), Sozialgeschichte und soziale Bewegungen in Italien 1848-1998. Forschungen und Forschungsberichte, Bochum 1998 (Mitteilungsblatt des Instituts zur Erforschung der europäischen Arbeiterbewegung, Heft 21/98), S. 184-206

HAMMERMANN, Gabriele, Zwangsarbeit für den „Verbündeten". Die Arbeits- und Lebensbedingungen der italienischen Militärinternierten in Deutschland 1943-1945, Tübingen 2002

HERBERT, Ulrich, Zwangsarbeit als Lernprozeß. Zur Beschäftigung ausländischer Arbeiter in der westdeutschen Industrie im Ersten Weltkrieg, in: Archiv für Sozialgeschichte, Bd. XXIV (1984), S. 285-304

HERBERT, Ulrich, „Europa arbeitet in Deutschland". Ausländische Arbeiter in der deutschen Rüstungsindustrie während des Zweiten Weltkrieges, in: Lutz Niethammer et al. (Hrsg.), Die Menschen machen ihre Geschichte nicht aus freien Stücken, aber sie machen sie selbst, Berlin u. Bonn ²1985, S. 180-185

HERBERT, Ulrich, Fremdarbeiter. Politik und Praxis des „Ausländer-Einsatzes" in der Kriegswirtschaft des Dritten Reiches, Berlin u. Bonn 1985 [hier zitiert nach der 3. Auflage, Bonn 1999: Herbert, Fremdarbeiter]

HERBERT, Ulrich, Der „Ausländereinsatz". Fremdarbeiter und Kriegsgefangene in Deutschland 1939-1945 - ein Überblick, in: Götz Aly et al. (Hrsg.), Herrenmensch und Arbeitsvölker. Ausländische Arbeiter und Deutsche 1939-1945, Berlin 1986 (Beiträge zur nationalsozialistischen Gesundheits- und Sozialpolitik, Bd. 3), S. 13-54

HERBERT, Ulrich, Geschichte der Ausländerbeschäftigung in Deutschland 1880 bis 1980. Saisonarbeiter, Zwangsarbeiter, Gastarbeiter, Berlin u. Bonn 1986

HERBERT, Ulrich (Hrsg.), Europa und der „Reichseinsatz". Ausländische Zivilarbeiter, Kriegsgefangene und KZ-Häftlinge in Deutschland 1938-1945, Essen 1991

HERBERT, Ulrich, Arbeit und Vernichtung. Ökonomisches Interesse und Primat der „Weltanschauung" im Nationalsozialismus, in: Ders. (Hrsg.), Europa und der „Reichseinsatz". Ausländische Zivilarbeiter, Kriegsgefangene und KZ-Häftlinge in Deutschland 1938-1945, Essen 1991, S. 384-426

HERBERT, Ulrich, „Ausländer-Einsatz" in der deutschen Kriegswirtschaft 1939-1945, in: Klaus J. Bade (Hrsg.), Deutsche im Ausland - Fremde in Deutschland. Migration in Geschichte und Gegenwart, München ²1992, S. 354-367

HERBERT, Ulrich, Opposition und Widerstand der ausländischen Zwangsarbeiter in Deutschland 1939-1945, in: Klaus-Jürgen Müller u. David Dilks (Hrsg.), Großbritannien und der deutsche Widerstand, Paderborn 1994, S. 245-260

HERBERT, Ulrich, Das Millionenheer des modernen Sklavenstaats, in: Frankfurter Allgemeine Zeitung Nr. 63/1999 (16. März 1999), S. 54

HERBERT, Ulrich, Geschichte der Ausländerpolitik in Deutschland: Saisonarbeiter, Zwangsarbeiter, Gastarbeiter, Flüchtlinge, München 2001

HERBERT, Ulrich, Zwangsarbeit im „Dritten Reich". Kenntnisstand, offene Fragen, Forschungsprobleme, in: Wilfried Reininghaus u. Norbert Reimann (Hrsg.), Zwangsarbeit in Deutschland 1939-1945. Archiv- und Sammlungsgut, Topographie und Erschließungsstrategien, Bielefeld 2001, S. 16-37

HETZER, Gerhard, Unternehmer und leitende Angestellte zwischen Rüstungseinsatz und politischer Säuberung, in: Martin Broszat et al. (Hrsg.), Von Stalingrad zur Währungsreform. Zur Sozialgeschichte des Umbruchs in Deutschland, München ³1990, S. 551-591 [zuerst 1988]

HIMMELMANN, Ralf, Heinz-Jürgen PRIAMUS u. Roland SCHLENKER, Zwangsarbeit und Bombenkrieg. Eine vergleichende Studie zur Situation von Kommunen in Rheinland und Westfalen 1940-1945, in: Informationen zur modernen Stadtgeschichte, Bd. 2 (2001), S. 7-10

HIRSCHFELD, Gerhard, Die niederländischen Behörden und der „Reichseinsatz", in: Ulrich Herbert (Hrsg.), Europa und der „Reichseinsatz", Essen 1991, S. 172-183

HOCKERTS, Hans Günter, Wiedergutmachung in Deutschland. Eine historische Bilanz 1945-2000, in: Vierteljahrshefte für Zeitgeschichte, 49. Jg. (2001), Heft 2, S. 167-214

HOMZE, Edward L., Foreign Labor in Nazi Germany, Princeton, N. J. 1967

ISSMER, Volker, Hitler-Deutschland in unmittelbarer Anschauung: Blickwinkel und Erfahrungen niederländischer Zwangsarbeiter während des Krieges, in: Norbert Fasse, Johannes Houwink ten Cate u. Horst Lademacher (Hrsg.), Nationalsozialistische Herrschaft und Besatzungszeit. Historische Erfahrung und Verarbeitung aus niederländischer und deutscher Sicht, Münster-New York-München-Berlin 2000, S. 245-256

JACOBMEYER, Wolfgang, Vom Zwangsarbeiter zum Heimatlosen Ausländer. Die Displaced Persons in Westdeutschland 1945-1951, Göttingen 1985

JACOBMEYER, Wolfgang, Ortlos am Ende des Grauens. „Displaced Persons" in der Nachkriegszeit, in: Klaus J. Bade (Hrsg.), Deutsche im Ausland - Fremde in

Deutschland. Migration in Geschichte und Gegenwart, München 1992, S. 367-373

JACOBSEN, Hans-Adolf, Kommissarbefehl und Massenexekution sowjetischer Kriegsgefangener, in: Hans Buchheim et al. (Hrsg.), Anatomie des SS-Staates, Bd. 2, München 1984 (1967), S. 135-232

KAIENBURG, Hermann (Hrsg.), Konzentrationslager und deutsche Wirtschaft 1939-1945, Opladen 1996

KAIENBURG, Hermann, KZ-Häftlingsarbeit im Spannungsfeld von Repression und Wirtschaftsinteresse, in: Winfried Meyer u. Klaus Neitmann, Zwangsarbeit während der NS-Zeit in Berlin und Brandenburg. Formen, Funktion und Rezeption, Potsdam 2001, S. 23-44

KANNAPIN, Hans-Eckhardt, Wirtschaft unter Zwang. Anmerkungen und Analysen zur rechtlichen und politischen Verantwortung der deutschen Wirtschaft unter der Herrschaft des Nationalsozialismus im Zweiten Weltkrieg, besonders im Hinblick auf den Einsatz und die Behandlung von ausländischen Arbeitskräften und Konzentrationslagerhäftlingen in deutschen Industrie- und Rüstungsbetrieben, Köln 1966

KANTHER, Michael A., Zwangsarbeit im Deutschen Reich 1939-1945. Ein Teilsystem der deutschen Kriegswirtschaft zwischen ökonomischer Rationalität und rassistischer Ideologie, in: Baldur Hermans (Hrsg.), Zwang und Zuwendung. Katholische Kirche und Zwangsarbeit im Ruhrgebiet, Bochum 2003, S. 19-90

KARBE, Karl-Heinz, Das faschistische Betriebsarztsystem als Werkzeug rücksichtsloser Kriegführung der „inneren Front", in: Sabine Fahrenbach u. Achim Thom (Hrsg.), Der Arzt als „Gesundheitsführer". Ärztliches Wirken zwischen Ressourcenerschließung und humanitärer Hilfe im Zweiten Weltkrieg, Frankfurt a. M. 1991, S. 85-92

KOGON, Eugen, Der SS-Staat. Das System der deutschen Konzentrationslager, München 1974 (TB [34]1997)

KROENER, Bernhard R., Die personellen Ressourcen des Dritten Reiches im Spannungsfeld zwischen Wehrmacht, Bürokratie und Kriegswirtschaft 1939-1942, in: Bernhard R. Kroener, Rolf-Dieter Müller u. Hans Umbreit, Das Deutsche Reich und der Zweite Weltkrieg, Bd. 5: Organisation und Mobilisierung des deutschen Machtbereichs. Erster Halbband: Kriegsverwaltung, Wirtschaft und personelle Ressourcen 1939-1941. Hrsg. vom Militärgeschichtlichen Forschungsamt, Stuttgart 1988, S. 693-1001

KROENER, Bernhard R., Der Kampf um den „Sparstoff Mensch". Forschungskontroversen über die Mobilisierung der deutschen Kriegswirtschaft 1939-1942, in: Wolfgang Michalka (Hrsg.), Der Zweite Weltkrieg. Analysen, Grundzüge, Forschungsbilanz, München u. Zürich 1989, S. 402-417

KROENER, Bernhard R., „Soldaten der Arbeit". Menschenpotential und Menschenmangel in Wehrmacht und Kriegswirtschaft, in: Dietrich Eichholtz (Hrsg.), Krieg und Wirtschaft. Studien zur deutschen Wirtschaftsgeschichte 1939-1945, Berlin 1999, S. 109-127

KROENER, Bernhard R., „Menschenbewirtschaftung", Bevölkerungsverteilung und personelle Rüstung in der zweiten Kriegshälfte (1942-1944), in: Bernhard R. Kroener, Rolf-DieterMüller u. Hans Umbreit, Das Deutsche Reich und der Zweite Weltkrieg, Bd. 5: Organisation und Mobilisierung des deutschen Machtbereichs.

Zweiter Halbband: Kriegsverwaltung, Wirtschaft und personelle Ressourcen 1942-1944/45. Hrsg. vom Militärgeschichtlichen Forschungsamt, Stuttgart 1999, S. 777-1001

KÜLOW, Marion (Bearb.), Archivalische Quellennachweise zum Einsatz von ausländischen Zwangsarbeitern sowie Kriegsgefangenen während des Zweiten Weltkriegs, Leipzig ²1994

LANG, Ralf, Italienische „Fremdarbeiter" im nationalsozialistischen Deutschland 1937-1945, Frankfurt a. M. u. a. 1996

LEHMANN, Joachim, Faschistische „Deutsche Arbeitsfront" und Ausländerbeschäftigung, in: Lothar Elsner (Hrsg.), Migration, Ausländerbeschäftigung und Gewerkschaften. Materialien des 9. Rostocker Migrations-Kolloquiums, Rostock 1988, S. 94-100

LEHMANN, Joachim, Zwangsarbeiter in der deutschen Landwirtschaft 1939 bis 1945, in: Ulrich Herbert (Hrsg.), Europa und der „Reichseinsatz", Essen 1991, S. 127-139

LOTFI, Gabriele, Niederländische Zwangsarbeiter in Arbeitserziehungslagern der Gestapo, in: Norbert Fasse, Johannes Houwink ten Cate und Horst Lademacher, (Hrsg.), Nationalsozialistische Herrschaft und Besatzungszeit. Historische Erfahrung und Verarbeitung aus niederländischer und deutscher Sicht, Münster-New York-München-Berlin 2000, S. 257ff.

LOTFI, Gabriele, KZ der Gestapo. Arbeitserziehungslager im Dritten Reich. Mit einem Vorwort von Hans Mommsen, Stuttgart u. München 2000

LUCZAK, Czeslaw, Polnische Arbeiter im nationalsozialistischen Deutschland während des Zweiten Weltkrieges, in: Ulrich Herbert (Hrsg.), Europa und der „Reichseinsatz", Essen 1991, S. 90-105

LUDEWIG, Hans-Ulrich, Zwangsarbeit im Zweiten Weltkrieg. Forschungsstand und Ergebnisse regionaler und lokaler Fallstudien, in: Archiv für Sozialgeschichte, Bd. XXXI (1991), S. 558-577

MAJER, Diemut, „Fremdvölkische" im Dritten Reich. Ein Beitrag zur nationalsozialistischen Rechtssetzung und Rechtspraxis in Verwaltung und Justiz unter besonderer Berücksichtigung der eingegliederten Ostgebiete und des Generalgouvernements, Boppard 1981 (Schriften des Bundesarchivs, Bd. 28)

MANTELLI, Brunello, Von der Wanderarbeit zur Deportation. Die italienischen Arbeiter in Deutschland 1938-1945, in: Ulrich Herbert (Hrsg.), Europa und der „Reichseinsatz", Essen 1991, S. 51-89

MENDEL, Annekatrein, Zwangsarbeit im Kinderzimmer. „Ostarbeiterinnen" in deutschen Familien von 1939 bis 1945. Gespräche mit Polinnen und Deutschen, Frankfurt a. M. 1994

MÜLLER, Rolf-Dieter, Die Zwangsrekrutierung von „Ostarbeitern" 1941-1944, in: Wolfgang Michalka (Hrsg.), Der Zweite Weltkrieg. Analysen, Grundzüge, Forschungsbilanz, München u. Zürich 1989, S. 772-783

MÜLLER, Rolf-Dieter, Die Rekrutierung sowjetischer Zwangsarbeiter für die deutsche Kriegswirtschaft, in: Ulrich Herbert (Hrsg.), Europa und der „Reichseinsatz", Essen 1991, S. 234-250

NAASNER, Walter, Neue Machtzentren in der deutschen Kriegswirtschaft 1942-1945. Die Wirtschaftsorganisation der SS, das Amt des Generalbevollmächtigten für den

Arbeitseinsatz und das Reichsministerium für Bewaffnung und Munition / Reichsministerium für Rüstung und Kriegsproduktion im nationalsozialistischen Herrschaftssystem, Boppard 1994 (Schriften des Bundesarchivs, Bd. 45)

NAASNER, Walter, SS-Wirtschaft und SS-Verwaltung. „Das SS-Wirtschafts-Verwaltungshauptamt und die unter seiner Dienstaufsicht stehenden wirtschaftlichen Unternehmungen" und weitere Dokumente, Düsseldorf 1998 (Schriften des Bundesarchivs, Bd. 45a)

NAUMOV, Vladimir, u. Leonid RESIN, Repressionen gegen sowjetische Kriegsgefangene und zivile Repatrianten in der UdSSR 1941 bis 1956, in: Klaus-Dieter Müller et al. (Hrsg.), Die Tragödie der Gefangenschaft in Deutschland und der Sowjetunion 1941-1956, Köln u. Wien 1998, S. 335-364

OTTO, Reinhard, Wehrmacht, Gestapo und sowjetische Kriegsgefangene im deutschen Reichsgebiet 1941/42, München 1998 (Schriften der Vierteljahrshefte für Zeitgeschichte, Bd. 77)

PAGENSTECHER, Cord, Vergessene Opfer. Zwangsarbeit im Nationalsozialismus auf öffentlichen und privaten Fotografien, in: Fotogeschichte, Bd. 17 (1997), S. 59-72

PETZINA, Dietmar, Die Mobilisierung deutscher Arbeitskräfte vor und während des Zweiten Weltkrieges, in: Vierteljahrshefte für Zeitgeschichte, 18. Jg, (1970), S. 443-455

PETZINA, Dietmar, Soziale Lage der deutschen Arbeiter und Probleme des Arbeitseinsatzes während des Zweiten Weltkriegs, in: Waclaw Dlugoborski (Hrsg.), Zweiter Weltkrieg und sozialer Wandel. Achsenmächte und besetzte Länder, Göttingen 1981, S. 65-86

PFAHLMANN, Hans, Fremdarbeiter und Kriegsgefangene in der deutschen Kriegswirtschaft 1939-1945, Darmstadt 1968 (Beiträge zur Wehrforschung, Bd. XVI/XVII)

PINGEL, Falk, Die Konzentrationslager im nationalsozialistischen Arbeitseinsatz, in: Waclaw Dlugoborski (Hrsg.), Zweiter Weltkrieg und sozialer Wandel. Achsenmächte und besetzte Länder, Göttingen 1981, S. 151-163

PINGEL, Falk, Die KZ-Häftlinge zwischen Vernichtung und NS-Arbeitseinsatz, in: Wolfgang Michalka (Hrsg.), Der Zweite Weltkrieg. Analysen, Grundzüge, Forschungsbilanz, München u. Zürich 1989, S. 784-797

POLJAN, Pavel, Die Deportation der Ostarbeiter im Zweiten Weltkrieg, in: Andreas Gestrich et al. (Hrsg.), Ausweisung und Deportation. Formen der Zwangsmigration in der Geschichte, Stuttgart 1995, S. 115-140

POLJAN, Pavel, Die Endphase der Repatriierung sowjetischer Kriegsgefangener und die komplizierten Wege ihrer Rehabilitierung, in: Klaus-Dieter Müller et al. (Hrsg.), Die Tragödie der Gefangenschaft in Deutschland und der Sowjetunion 1941-1956, Köln u. Wien 1998, S. 365-394

POLJAN, Pavel, Deportiert nach Hause. Sowjetische Kriegsgefangene im „Dritten Reich" und ihre Repatriierung, München u. Wien 2001

PONTIER, Aart, Deutsche Desperado-Politik: Großstadtrazzien, Arbeitsdeportationen und rücksichtsloser Zwangsarbeitereinsatz, in: Norbert Fasse, Johannes Houwink ten Cate und Horst Lademacher (Hrsg.), Nationalsozialistische Herrschaft und Besatzungszeit. Historische Erfahrung und Verarbeitung aus niederländischer und deutscher Sicht, Münster-New York-München-Berlin 2000, S. 307ff.

POSTA, Stephan, Tschechische „Fremdarbeiter" in der nationalsozialistischen Kriegswirtschaft, Dresden 2002 (Berichte und Studien Nr. 37 des Hannah-Arendt-Instituts für Totalitarismusforschung an der Technischen Universität Dresden)

RAUH-KÜHNE, Cornelia, Hitlers Hehler? Unternehmerprofite und Zwangsarbeiterlöhne, in: Historische Zeitschrift, Bd. 275, Heft 1, S. 1-55

REININGHAUS, Wilfried, Zwangsarbeit und Zwangsarbeiter in Westfalen 1939-1945. Quellen des Staatsarchivs Münster. Vortrag auf der wissenschaftlichen Tagung „Entschädigung für die NS-Zwangsarbeit. Zum Umgang mit Quellen und Auskünften" in Witten am 28. Januar 2000, in: Der Archivar, Bd. 53 (2000), S. 114ff.

REININGHAUS, Wilfried, u. Norbert REIMANN (Hrsg.), Zwangsarbeit in Deutschland 1939-1945. Archiv- und Sammlungsgut, Topographie und Erschließungsstrategien, Bielefeld 2001

RICHTER, Timm C., „Herrenmensch" und „Bandit". Deutsche Kriegführung und Besatzungspolitik als Kontext des sowjetischen Partisanenkrieges (1941-44), Münster 1998

RIEDER, Maximiliane, [Arbeitsmigration nach Deutschland:] Von 1933 bis in die Gegenwart, in: Rolf Wörsdörfer (Hrsg.), Sozialgeschichte und soziale Bewegungen in Italien 1848-1998: Forschungen und Forschungsberichte, Mitteilungsblatt des Instituts zur Erforschung der europäischen Arbeiterbewegung, Heft 21/98, S. 95-105

SCHAUSBERGER, Norbert, Mobilisierung und Einsatz fremdländischer Arbeitskräfte während des Zweiten Weltkriegs in Österreich, Wien 1970

SCHILLER, Thomas, Lagerzeitungen für Fremdarbeiter. NS-Propaganda für den „Arbeitseinsatz" 1939-1945, in: 1999. Zeitschrift für Sozialgeschichte des 20. und 21. Jahrhunderts, Bd. 12 (1997), Heft 4, S. 58-70

SCHILLER, Thomas, NS-Propaganda für den „Arbeitseinsatz". Lagerzeitungen für Fremdarbeiter im Zweiten Weltkrieg. Entstehung, Funktion, Rezeption und Bibliographie, Hamburg 1997

SCHMINCK-GUSTAVUS, Christoph Ulrich (Hrsg.), Hungern für Hitler. Erinnerungen polnischer Zwangsarbeiter im Deutschen Reich 1940-1945, Reinbek b. Hamburg 1984

SCHOCKENHOFF, Volker, „Eine Tragödie größten Ausmaßes". Zum Schicksal der sowjetischen Kriegsgefangenen im Stalag 326 (VI/K) Senne, in: Geschichte im Westen, 7. Jg. (1991), Heft 2, S. 151-161

SCHREIBER, Gerhard, Militärsklaven im „Dritten Reich". Zum Schicksal der entwaffneten italienischen Soldaten nach dem 8. September 1943, in: Wolfgang Michalka (Hrsg.), Der Zweite Weltkrieg. Analysen, Grundzüge, Forschungsbilanz, München u. Zürich 1989, S. 761-771

SCHREIBER, Gerhard, Die italienischen Militärinternierten im deutschen Machtbereich 1943 bis 1945. Verraten-Verachtet-Vergessen, München 1990 (Schriftenreihe des Militärgeschichtlichen Forschungsamtes, Bd. 28)

SCHRÖDER, Joachim, Überraschender Fund umfangreicher Zwangsarbeiter-Listen im Archiv des Service des Victimes de la Guerre in Brüssel, in: Der Archivar, Bd. 53 (2000), S. 354ff.

SCHULTE, Jan Erik, Zwangsarbeit und Vernichtung. Das Wirtschaftsimperium der SS. Oswald Pohl und das SS-Wirtschafts-Verwaltungshauptamt, Paderborn u. a. 2001

SCHWARZ, Gudrun, Die nationalsozialistischen Lager, Frankfurt a. M. 1996

SCHWARZE, Gisela, Kinder, die nicht zählten. Ostarbeiterinnen und ihre Kinder im Zweiten Weltkrieg, Essen 1997

SEEBER, Eva, Zur Rolle der Monopole bei der Ausbeutung der ausländischen Zwangsarbeiter im zweiten Weltkrieg, in: Der deutsche Imperialismus und der zweite Weltkrieg, Bd. 3, Berlin (DDR) 1962, S. 7-52

SEEBER, Eva, Zwangsarbeiter in der faschistischen Kriegswirtschaft. Die Deportation und Ausbeutung polnischer Bürger unter besonderer Berücksichtigung der Lage der Arbeiter aus dem sogenannten Generalgouvernement (1939-1945), Berlin (DDR) 1964

SOFSKY, Wolfgang, Die Ordnung des Terrors: Die Konzentrationslager, Frankfurt a. M. 1993 (Neuauflage 1997)

SPANJER, Rimco, et al. (Hrsg.), Zur Arbeit gezwungen. Zwangsarbeit in Deutschland 1940-1945, Bremen 1999

SPEER, Albert, Der Sklavenstaat. Meine Auseinandersetzungen mit der SS, Stuttgart 1981

SPOERER, Mark, Profitierten Unternehmen von KZ-Arbeit? Eine kritische Analyse der Literatur, in: Historische Zeitschrift, Bd. 268, Heft 1, S. 61-95

SPOERER, Mark, NS-Zwangsarbeiter im Deutschen Reich. Eine Statistik vom 30. September 1944 nach Arbeitsamtsbezirken (Dokumentation), in: Vierteljahrshefte für Zeitgeschichte, 49. Jg. (2001), Heft 4, S. 665-684

STEPIEN, Stanislaus, Der alteingesessene Fremde. Ehemalige Zwangsarbeiter in Westdeutschland, Frankfurt a. M. 1989

STREIM, Alfred (Hrsg.), Die Behandlung sowjetischer Kriegsgefangener im „Fall Barbarossa", Heidelberg u. Karlsruhe 1981

STREIM, Alfred, Sowjetische Gefangene in Hitlers Vernichtungskrieg. Berichte und Dokumente 1941-1945, Heidelberg 1982

STREIT, Christian, Keine Kameraden. Die Wehrmacht und die sowjetischen Kriegsgefangenen 1941-1945, Stuttgart 1978; Bonn ^{2}1991, Bonn ^{3}1997

STREIT, Christian, Sozialpolitische Aspekte der Behandlung der sowjetischen Kriegsgefangenen, in: Waclaw Dlugoborski (Hrsg.), Zweiter Weltkrieg und sozialer Wandel. Achsenmächte und besetzte Länder, Göttingen 1981, S. 184-196

STREIT, Christian, Die Behandlung der sowjetischen Kriegsgefangenen und völkerrechtliche Probleme des Krieges gegen die Sowjetunion, in: Gerd R. Ueberschär u. Wolfram Wette (Hrsg.), Der deutsche Überfall auf die Sowjetunion, Frankfurt a. M. ^{2}1991, S. 159-183, 379-386 (zuerst Paderborn 1984)

STREIT, Christian, Sowjetische Kriegsgefangene - Massendeportationen - Zwangsarbeiter, in: Wolfgang Michalka (Hrsg.), Der Zweite Weltkrieg. Analysen, Grundzüge, Forschungsbilanz, München u. Zürich 1989, S. 747-760

TIMM, Elisabeth, Quellen und Recherchen in einem Stadtarchiv, in: Klaus Barwig et al. (Hrsg.), Zwangsarbeit in der Kirche. Entschädigung, Versöhnung und historische Aufarbeitung, Stuttgart 2001 (Hohenheimer Protokolle, Bd. 56), S. 223-237

VORLÄUFIGES VERZEICHNIS der Konzentrationslager und deren Außenkommandos sowie anderer Haftstätten unter dem Reichsführer-SS in Deutschland und deutsch besetzen Gebieten (1933-1945). Hrsg.: Internationales Komitee vom Roten Kreuz, Internationaler Suchdienst, Bd. 1, Arolsen 1969

WELLMER, Marlies, Leben und Überleben im Kinderlager Voerde 1944/45, in: Dieter Bach u. Jochen Leyendecker (Hrsg.), „Ich habe geweint vor Hunger". Deutsche und russische Gefangene in Lagern des Zweiten Weltkriegs, Wuppertal ²1995, S. 181ff.

WEINMANN, Martin (Hrsg.), Das nationalsozialistische Lagersystem (CCP). Mit Beiträgen von Anne Kaiser und Ursula Krause-Schmitt, Frankfurt a. M. 1990 [Darin: Catalogue of Camps and Prisons in German-Occupied Territories 1939-1945] (zitiert: Weinmann (CCP))

WERNER, Wolfgang Franz, Die Arbeitserziehungslager als Mittel nationalsozialistischer „Sozialpolitik" gegen deutsche Arbeiter, in: Waclaw Dlugoborski (Hrsg.), Zweiter Weltkrieg und sozialer Wandel. Achsenmächte und besetzte Länder, Göttingen 1981, S. 138-147

WERTH, Nicolas, Ein Staat gegen sein Volk. Gewalt, Unterdrückung und Terror in der Sowjetunion, in: Stéphane Courtois et al. (Hrsg.), Das Schwarzbuch des Kommunismus. Unterdrückung, Verbrechen und Terror. Aus dem Französischen von Irmela Arnsperger et al., München 1998, S. 51-295

WIPPERMANN, Wolfgang, Konzentrationslager. Geschichte, Nachgeschichte, Gedenken, Berlin 1999

WOYDT, Johann, Ausländische Arbeitskräfte in Deutschland. Vom Kaiserreich zur Bundesrepublik, Heilbronn 1987

ZWANGSARBEITERFORSCHUNG als gesellschaftlicher Auftrag. Öffentliche Vortrags- und Diskussionsveranstaltung der Stiftung Bibliothek des Ruhrgebiets und des Instituts für soziale Bewegungen der Ruhr-Universität Bochum am 27. März 2001 in Haus der Geschichte des Ruhrgebiets zu Bochum. Hrsg.: Stiftung Bibliothek des Ruhrgebiets, Bochum 2001

4. Ausgewählte Lokal- und Regionaluntersuchungen und lokale Quellensammlungen zur Zwangsarbeit (ohne Duisburg)

ANSCHÜTZ, Janet, Feinde im eigenen Land. Zwangsarbeit in Hannover im Zweiten Weltkrieg, Bielefeld 2000

BILLSTEIN, Aurel, Fremdarbeiter in unserer Stadt. Kriegsgefangene und deportierte „fremdländische Arbeitskräfte" 1939-1945 am Beispiel Krefelds, Frankfurt a. M. 1980

BÖTTCHER, Karin-Anne, „Schuld daran sind nur der Faschismus und der verfluchte Krieg". Zwangsarbeiterinnen und Zwangsarbeiter in Reutlingen während des Zweiten Weltkriegs, in: Reutlinger Geschichtsblätter, N. F. 34, 1995, S. 29-102

BOLAND, Karl, Zivilarbeiter und Kriegsgefangene. Beobachtungen und Erfahrungen in Mönchengladbach und Rheydt, in: Geschichte im Westen, 8. Jg. (1993), S. 38-64

BOLL, Bernd, „Das wird man nie mehr los ...". Ausländische Zwangsarbeiter in Offenburg 1939 bis 1945, Pfaffenweiler 1994

BÜTER, Heinz, Ausländische Arbeiter während des Weltkrieges 1939-1945 in Ratingen, Ratingen 1955

DEMPS, Laurenz, Zwangsarbeiter und Zwangsarbeiterlager in der faschistischen Reichshauptstadt Berlin 1939-1945, Berlin (DDR) 1986

DÜNHÖFT, Ralf, Fremdarbeiter in Delmenhorst während des Zweiten Weltkrieges, Oldenburg 1995

DER BAU DER HELMETALBAHN. Ein Bericht von der Eisenbahngeschichte, den KZ-Außenlagern der SS-Baubrigaden, der Zwangsarbeit im Südharz in den Jahren 1944-45 und den Evakuierungsmärschen im April 1945, hrsg. v. d. Arbeitsgemeinschaft Spurensuche in der Südharzregion, Duderstadt 2000

ENZWEILER, Miriam, Fremdarbeiterinnen und Fremdarbeiter in Krefeld 1939-1945. Eine Dokumentation der Geschichtswerkstatt Krefeld. Hrsg. vom Oberstadtdirektor der Stadt Krefeld, Krefeld 1994

FERNHOUT, Jan (Red.), Niederländer und Flamen in Berlin 1940-1945: KZ-Häftlinge, Inhaftierte, Kriegsgefangene und Zwangsarbeiter, Berlin 1996

FINGS, Karola, Messelager Köln. Ein KZ-Außenlager im Zentrum der Stadt, Köln 1996 (Schriften des Dokumentationszentrums der Stadt Köln, Bd. 3)

FÖLSTER, Dieter (Bearb.), „ ... zum Arbeitseinsatz nach Deutschland". Zwangsarbeiter in Unna und Umgebung (1939-1945). Eine historische Dokumentation, Unna 1995

FREITAG, Gabriele, Zwangsarbeiter im Lipper Land. Der Einsatz von Arbeitskräften aus Osteuropa in der Landwirtschaft Lippes 1939-1945, Bochum 1996

GESCHICHTSVEREIN MÜLHEIM AN DER RUHR - unter Mitarbeit von Dr. Hans Fischer und Dr. Barbara Kaufhold - (Hrsg.), Das Zwangsarbeitersystem im Dritten Reich. Als Dolmetscherin in Mülheimer Lagern. Die Erinnerungen von Eleonore Helbach, Mülheim 2003

GEZWUNGENERMASSEN. Zwangsarbeit in der Region Rhein-Erft-Rur, Hrsg. v. d. Arbeitsgemeinschaft der Archivarinnen und Archivare im Erftkreis, Bergheim/Erft 2002

GRIEGER, Manfred, Zwangsarbeit in Bochum. Die Geschichte der ausländischen Arbeiter und KZ-Häftlinge 1939-1945, Bochum 1986

GRIEGER, Manfred, Die vergessenen Opfer der Bochumer „Heimatfront". Ausländische Zwangsarbeiter, Kriegsgefangene und KZ-Häftlinge in der heimischen Rüstungswirtschaft 1939-1945, Bochum 1991

GRIEGER, Manfred, u. Klaus VÖLKEL, Das Außenlager „Annener Gußstahlwerk" (AGW) des Konzentrationslagers Buchenwald. Hrsg. von der Stadt Witten, Essen 1997

GROSSMANN, Anton J., Polen und Sowjetrussen als Arbeiter in Bayern 1939-1945, in: Archiv für Sozialgeschichte, Bd. XXIV (1984), S. 355-397

GROSSMANN, Anton J., Fremd- und Zwangsarbeiter in Bayern 1939-1945, in: Vierteljahrshefte für Zeitgeschichte, 34. Jg. (1986), Heft 4, S. 481-521

HEUSLER, Andreas, Zwangsarbeit in der Münchener Kriegswirtschaft 1939-1945, München 1991

HEUSLER, Andreas, Ausländereinsatz. Zwangsarbeit für die Münchner Kriegswirtschaft 1939-1945, München 1996 (Quellen und Forschungen zur Geschichte der Stadt München, Bd. 1)

HEUSLER, Andreas, Prävention durch Terror. Die Gestapo und die Kontrolle der ausländischen Zwangsarbeiter am Beispiel Münchens, in: Gerhard Paul u. Klaus-Michael Mallmann (Hrsg.), Die Gestapo im Zweiten Weltkrieg. „Heimatfront und besetztes Europa", Darmstadt 2000, S. 222-236

HOCKAMP, Karin, „Hunderte von Ausländern aller Sorten". Zwangsarbeit während des Zweiten Weltkrieges im Gebiet der heutigen Stadt Sprockhövel und im ehemaligen Amt Haßlinghausen, Schwelm 2000

HÖGL, Günther, Das 20. Jahrhundert. Urbanität und Demokratie, in: Gustav Luntowski, Günther Högl, Thomas Schilp u. Norbert Reimann, Geschichte der Stadt Dortmund. Hrsg. vom Stadtarchiv Dortmund, Dortmund 1994, S. 355-506

JACHNOW, Waltraud, Sabine KRÄMER, Wilfried KORNGIEBEL u. Susanne SLOBODZIAN, [für die Initiative „Entschädigung jetzt"] (Hrsg.), „... und die Erinnerung tragen wir im Herzen". Briefe ehemaliger Zwangsarbeiter - Bochum 1942-1945, Bochum 2002

KAMINSKY, Uwe, Fremdarbeiter in Ratingen während des Zweiten Weltkrieges, in: Ratinger Forum. Beiträge zur Stadt- und Regionalgeschichte, Heft 1, Ratingen 1989, S. 90-212

KAMINSKY, Uwe, „... waren ja auch Menschen" - Zwangsarbeiter im Revier, in: Ulrich Borsdorf u. Mathilde Jamin (Hrsg.), ÜberLeben im Krieg. Kriegserfahrungen in einer Industrieregion 1939-1945, Reinbek b. Hamburg 1989, S. 111-122

KUBATZKI, Rainer, Zwangsarbeiter- und Kriegsgefangenenlager. Standorte und Topographie in Berlin und im brandenburgischen Umland 1939-1945. Eine Dokumentation, Berlin 2001

KUBATZKI, Rainer, Topographie und Nutzungsgeschichte der 700 Zwangsarbeiterlager in und um Berlin 1939-1945, in: Winfried Meyer u. Klaus Neitmann (Hrsg.), Zwangsarbeit während der NS-Zeit in Berlin und Brandenburg. Formen, Funktion und Rezeption, Potsdam 2001, S. 89-110

KUHN, Anja, u. Thomas WEISS, Zwangsarbeit in Hattingen, Essen 2003

KÜHNE, Hans-Jörg, Kriegsbeute Arbeit. Der „Fremdarbeitereinsatz" in der Bielefelder Wirtschaft 1939-1945, Bielefeld 2002 (Bielefelder Beiträge zur Stadt- und Regionalgeschichte, Bd. 17)

LECHNER, Silvester (Hrsg.), Schönes, schreckliches Ulm. 130 Berichte ehemaliger polnischer Zwangsarbeiterinnen und Zwangsarbeiter, die in den Jahren 1940 bis 1945 in die Region Ulm/Neu-Ulm verschleppt worden waren, Ulm 1996

LEISSA, Rafael R., u. Joachim SCHRÖDER, „Fremd"- und Zwangsarbeiter in Düsseldorf während des Zweiten Weltkrieges. Ein Zwischenbericht, in: Augenblick. Berichte, Informationen und Dokumente der Mahn- und Gedenkstätte Düsseldorf, Nr. 17, 2000, S. 1-8

LEISSA, Rafael R., u. Joachim SCHRÖDER., Zwangsarbeit in Düsseldorf. Struktur, Organisation und Alltag im Arbeitseinsatz von Ausländern im nationalsozialistischen Düsseldorf, in: Clemens von Looz-Corswarem (Hrsg.), Zwangsarbeit in Düsseldorf. „Ausländereinsatz" während des Zweiten Weltkrieges in einer rheinischen Großstadt, Essen 2002, S. 19-362 (Zitiert: Leissa/Schröder, Zwangsarbeit in Düsseldorf)

LITTMANN, Friederike, Ausländische Zwangsarbeiter in Hamburg während des Zweiten Weltkriegs, in: Arno Herzig, Dieter Langewiesche u. Arnold Sywottek (Hrsg.), Arbeiter in Hamburg. Unterschichten, Arbeiter und Arbeiterbewegung seit dem ausgehenden 19. Jahrhundert, Hamburg 1983, S. 569-583

LITTMANN, Friederike, Ausländische Zwangsarbeiter in der Hamburger Kriegswirtschaft 1940 bis 1945, in: Frank Bajor u. Joachim Szodrzynski (Hrsg.), Hamburg in der NS-Zeit: Ergebnisse neuerer Forschungen, Hamburg 1995, S. 175-202

LOOZ-CORSWAREM, Clemens von (Hrsg.), Zwangsarbeit in Düsseldorf. „Ausländereinsatz" während des Zweiten Weltkrieges in einer rheinischen Großstadt, Essen 2002 (Düsseldorfer Schriften zur Neueren Landesgeschichte und zur Geschichte Nordrhein-Westfalens, Bd. 62) [Mit Einzelstudien zu den Stadtwerken Düsseldorf, zur Rheinischen Bahngesellschaft AG, zur Rheinmetall-Borsig AG, zur Henkel & Cie. GmbH, zur Mannesmannröhren-Werke und Deutsche Röhrenwerke AG sowie zur Evangelischen und Katholischen Kirche]

MEYER, Winfried u. Klaus NEITMANN (Hrsg.), Zwangsarbeit während der NS-Zeit in Berlin und Brandenburg. Formen, Funktion und Rezeption, Potsdam 2001

OPFERMANN, Ulrich, Heimat-Fremde - „Ausländereinsatz" im Siegerland 1939-1945: Wie er ablief und was ihm vorausging, Siegen 1991

PAUL, Gerhard, u. Alexander PRIMAVESI, Die Verfolgung der „Fremdvölkischen". Das Beispiel der Staatspolizeistelle Dortmund, in: Gerhard Paul u. Klaus-Michael Mallmann (Hrsg.), Die Gestapo. Mythos und Realität, Darmstadt 1995, S. 388-401

RATHMER, Christian, „Ich erinnere mich nur an Tränen und Trauer ...". Zwangsarbeit in Lübeck 1939 bis 1945, Essen 1999

SCHÄFER, Annette, Zwangsarbeiter und NS-Rassenpolitik. Russische und polnische Arbeitskräfte in Württemberg 1939-1945, Stuttgart 2000

SCHLENKER, Roland, „Ihre Arbeitskraft ist auf das schärfste anzuspannen". Zwangsarbeiter und Zwangsarbeiterlager in Gelsenkirchen 1940-1945, Essen 2003 (Schriftenreihe des Instituts für Stadtgeschichte Gelsenkirchen - Materialien Bd. 6)

SCHRÖDER, Joachim, „... und peinlichst alles vermeiden, was irgendwie gegen deutsche Ordnung, Zucht und Sitte verstößt": Zwangsarbeiter in Hilden während des Zweiten Weltkrieges. Hrsg. vom Stadtarchiv Hilden, Hilden 2001

SCHULTE, Armin, „Es war so schwierig, damals zu leben". Ausländische Zivilarbeiter und Kriegsgefangene in Solingen 1939-1945. Hrsg. von der Stadt Solingen, Solingen 2001

SCHWARZE, Gisela, Gefangen in Münster. Kriegsgefangene, Zwangsarbeiter, Zwangsarbeiterinnen 1939 bis 1945, Essen 1999 (Kleine Schriften aus dem Stadtarchiv Münster, Bd. 4)

STOPSACK, Hans-Hermann, u. Eberhard THOMAS (Hrsg.), Stalag VI A Hemer. Kriegsgefangenenlager 1941-1945. Eine Dokumentation, Hemer 1995

SULIK, Alfred, Volkstumspolitik und Arbeitseinsatz. Zwangsarbeiter in der Großindustrie Oberschlesiens, in: Ulrich Herbert (Hrsg.), Europa und der „Reichseinsatz", Essen 1991, S. 106-126

THORLÄNDER, Christa, Fremdarbeiter 1939-1945. Ausländische Arbeitskräfte in der Zeppelin-Stadt Friedrichshafen, Essen 2001

TILLMANN, Elisabeth, Zum „Reichseinsatz" nach Dortmund. Das Schicksal französischer Zwangsarbeiter im Lager Loh 1943-1945, Dortmund 1995

VEREINIGUNG DER VERFOLGTEN DES NAZIREGIMES / Bund der Antifaschistinnen und Antifaschisten, Kreisvereinigung Oberhausen e. V. (Hrsg.), Ein Tabuthema. Zwangsarbeit in der Zeit der Nazidiktatur 1939 bis 1945 am Beispiel Oberhausen, Oberhausen 1998

WEGER, Tobias, Nationalsozialistischer „Fremdarbeitereinsatz" in einer bayerischen Gemeinde 1939-1945. Das Beispiel Olching (Landkreis Fürstenfeldbruck), Frankfurt a. M. u. a. 1998

WEHOFEN, Klaudia, Nachweis der Lager, Haftstätten und Wohnplätze ausländischer Arbeiter und Arbeiterinnen in Düsseldorf, in: Clemens von Looz-Corswarem (Hrsg.), Zwangsarbeit in Düsseldorf. „Ausländereinsatz" während des Zweiten Weltkrieges in einer rheinischen Großstadt, Essen 2002, S. 543-663

WEISCHER, Heinz, Russenlager. Russische Kriegsgefangene in Heessen/Hamm, Essen 1992

WISOTZKY, Klaus (Bearb.), Zwangsarbeit. Begleitheft für den Geschichtswettbewerb für Schülerinnen und Schüler in Essen. Hrsg. vom Historischen Verein für Stadt und Stift Essen und dem Stadtarchiv Essen, Essen 2001

WISOTZKY, Klaus, Die „Parias der Kriegsgesellschaft". Aspekte des Zwangsarbeitereinsatzes in Essen, in: Ders. (Bearb.), Zwangsarbeit. Begleitheft für den Geschichtswettbewerb für Schülerinnen und Schüler in Essen. Hrsg. vom Historischen Verein für Stadt und Stift Essen und dem Stadtarchiv Essen, Essen 2001, S. 20-46

WISOTZKY, Klaus, Die Jahre der Gewalt - Essen 1914 bis 1945, in: Ulrich Borsdorf (Hrsg.), Essen. Geschichte einer Stadt, Bottrop u. Essen 2002, S. 368-467

ZWANGSARBEIT IN BERLIN 1940-1945. Erinnerungsberichte aus Polen, der Ukraine und Weißrußland, Hrsg. v. d. Berliner Geschichtswerkstatt, Erfurt 2000

ZWANGSARBEIT IN BERLIN 1938-1945. Hrsg. v. Arbeitskreis Berliner Regionalmuseen, Berlin 2003

ZIMMERMANN, Michael, Zwangsarbeit im Ruhrgebiet während des Zweiten Weltkrieges. Eine Zwischenbilanz der Forschung, in: Forum Industriedenkmalpflege und Geschichtskultur, H. 2/2003, S. 11-19

5. Untersuchungen zur Zwangsarbeit in einzelnen Unternehmen, Branchen und Institutionen (Auswahl)

ABELSHAUSER, Werner, Rüstungsschmiede der Nation? Der Kruppkonzern im Dritten Reich und in der Nachkriegszeit, in: Lothar Gall (Hrsg.), Krupp im 20. Jahrhundert. Die Geschichte des Unternehmens vom Ersten Weltkrieg bis zur Gründung der Stiftung, Berlin 2002, S. 267-472

ANNEN, Martin, Die Wahrnehmung des Zwangsarbeitereinsatzes in katholischen Sozialeinrichtungen. Ansätze zur Bewertung der Lebens- und Arbeitsbedingungen von ausländischen Arbeitskräften, in: Baldur Hermans (Hrsg.), Zwang und Zuwendung. Katholische Kirche und Zwangsarbeit im Ruhrgebiet, Bochum 2003, S. 118-175

BARWIG, Klaus, Dieter R. BAUER u. Karl-Joseph HUMMEL (Hrsg.), Zwangsarbeit in der Kirche. Entschädigung, Versöhnung und historische Aufarbeitung, Stuttgart 2001 (Hohenheimer Protokolle Bd. 56)

BATTENFELD, Beate, u. Florian SPEER, Vorwerk & Co. und seine Arbeiter im Zweiten Weltkrieg. Hrsg.: Vorwerk & Co., Wuppertal 2000

BUDRASS, Lutz, u. Manfred GRIEGER, Die Moral der Effizienz. Die Beschäftigung von KZ-Häftlingen am Beispiel des Volkswagenwerks und der Henschel Flugzeugwerke, in: Jahrbuch für Wirtschaftsgeschichte, Jg. 1993, Heft 2, S. 89-136

BUDRASS, Lutz, Flugzeugindustrie und Luftrüstung in Deutschland 1918-1945, Düsseldorf 1998 (Schriften des Bundesarchivs, Bd. 50)

BUDRASS, Lutz, Der Schritt über die Schwelle. Ernst Heinkel, das Werk Oranienburg und der Einstieg in die Beschäftigung von KZ-Häftlingen, in: Winfried Meyer u. Klaus Neitmann (Hrsg.), Zwangsarbeit während der NS-Zeit in Berlin und Brandenburg. Formen, Funktion und Rezeption, Potsdam 2001, S. 129-162

FINGS, Karola, „Not kennt kein Gebot". Kommunalverwaltung und KZ-Außenlager, in: Wolfgang Benz (Hrsg.), KZ-Außenlager - Geschichte und Erinnerung, Dachauer Hefte Bd. 15, Dachau 1999, S. 66-76

GREGOR, Neil, Stern und Hakenkreuz. Daimler-Benz im Dritten Reich, Berlin 1997

HIMMELMANN, Ralf, Heinz Jürgen PRIAMUS u. Roland SCHLENKER, Zwangsarbeit in den Städten - ein vernachlässigtes Kapitel deutscher Geschichte, in: Standorte: Jahrbuch Ruhrgebiet 1999/2000, S. 433-37

HOPMANN, Barbara, Mark SPOERER, Birgit WEITZ u. Beate BRÜNINGHAUS, Zwangsarbeit bei Daimler-Benz, Stuttgart 1994 (Zeitschrift für Unternehmensgeschichte, Beiheft 78)

KAISER, Ernst, u. Michael KNORN, „Wir lebten und schliefen zwischen den Toten". Rüstungsproduktion, Zwangsarbeit und Vernichtung in den Frankfurter Adlerwerken, Frankfurt a. M. u. New York 1994

KAMINSKY, Uwe, Dienen unter Zwang. Studien zu ausländischen Arbeitskräften in Evangelischer Kirche und Diakonie im Rheinland während des Zweiten Weltkriegs, Köln 2002 (Schriftenreihe des Vereins für Rheinische Kirchengeschichte, Bd. 155) (zitiert: Kaminsky, Dienen unter Zwang)

KÖRNER, Hans-Michael, Katholische Kirche und polnische Zwangsarbeiter 1939-1945, in: Historisches Jahrbuch, Bd. 112 (1992), S. 129-142

KÖRNER, Hans-Michael, Pragmatische Nichtanpassung und Religiosität. Die katholische Kirche und die polnischen Zwangsarbeiter im nationalsozialistischen Deutschland, in: Frankfurter Allgemeine Zeitung, 15. August 2000, S. 11

KROKER, Evelyn, Zur Überlieferung von Zwangsarbeit im Steinkohlenbergbau. Fragen zum Quellenwert, in: Wilfried Reininghaus u. Norbert Reimann (Hrsg.), Zwangsarbeit in Deutschland 1939-1945, Archiv- und Sammlungsgut, Topographie und Erschließungsstrategien, Bielefeld 2001, S. 243-247

LÄRMER, Karl, Vom Arbeitszwang zur Zwangsarbeit. Die Arbeitsordnungen im Mansfelder Kupferschieferbergbau von 1673-1945, Berlin (DDR) 1961

MEYER, August, Das Syndikat. Reichswerke „Hermann Göring", Braunschweig u. a. 1986

MOMMSEN, Hans, Geschichte des Volkswagenwerkes im Dritten Reich - Forschungsergebnisse, Bochum 1991

MOMMSEN, Hans, u. Manfred GRIEGER, Das Volkswagenwerk und seine Arbeiter im Dritten Reich, Düsseldorf 1996

O.M.G.U.S. (Office of Military Government für Germany, United States), Finance Division - Financial Investigation Section, Ermittlungen gegen die I. G. Farbenindustrie AG, September 1945. Bearb. v. d. Hamburger Stiftung für Sozialgeschichte des 20. Jahrhunderts, o. O. 1986 (Neudruck 1990)

PFISTER, Peter (Hrsg.), Katholische Kirche und Zwangsarbeit. Stand und Perspektiven der Forschung, Regensburg 2001 (Schriften des Archivs des Erzbistums München und Freising, Bd. 1)

POHL, Hans, Stephanie HABETH u. Beate BRÜNINGHAUS, Die Daimler-Benz AG in den Jahren 1933 bis 1945. Eine Dokumentation, Stuttgart ²1987 (zuerst 1986) (Beiheft 16 der Zeitschrift für Unternehmensgeschichte)

RASCH, Manfred, Granaten, Geschütze und Gefangene. Zur Rüstungsfertigung der Henrichshütte in Hattingen während des Ersten und Zweiten Weltkriegs, Essen 2003 (Schriften des Westfälischen Industriemuseums, Quellen und Studien, Bd. 9)

RATHKOLB, Oliver, u. Karl FALLEND (Hrsg.), NS-Zwangsarbeit: Der Standort Linz der Reichswerke Hermann Göring AG Berlin, 1938-1945, 2 Teilbände, Wien 2001

RATHKOLB, Oliver, u. Florian FREUND (Hrsg.), NS-Zwangsarbeit in der Elektrizitätswirtschaft der „Ostmark", 1938-1945. Kaprun - Ennskraftwerke - Draukraftwerke - Ybbs - Ernsthofen, Wien 2002

RICHTER, Felicitas, Die Ausbeutung ausländischer Arbeiter durch das deutsche Monopolkapital im zweiten Weltkrieg unter besonderer Berücksichtigung des Osram-Konzerns, in: Der deutsche Imperialismus und der zweite Weltkrieg, Bd. 3, Berlin (DDR) 1961, S. 43-54

SCHÄFER, Annette, Zwangsarbeit in den Kommunen. „Ausländereinsatz" in Württemberg 1940-1945, in: Vierteljahrshefte für Zeitgeschichte, 49. Jg. (2001), Heft 1, S. 53-75

SEEBOLD, Gustav-Hermann, Ein Stahlkonzern im Dritten Reich. Der Bochumer Verein 1927-1945, Wuppertal 1981

SEIDEL, Hans-Christoph, Zwangsarbeit im deutschen Kohlenbergbau (ZIB). Ein historisches Forschungsprojekt am Institut für soziale Bewegungen, in: Mitteilungblatt des Instituts für soziale Bewegungen 26 (2001), S. 253-260

SEIDEL, Hans-Christoph, Zwangsarbeit im deutschen Kohlenbergbau. Ein historisches Forschungsprojekt am Institut für soziale Bewegungen der Ruhr-Universität Bochum, in: Forum Industriedenkmalpflege und Geschichtskultur, H. 2/2003, S. 26-29

SELLIER, André, Zwangsarbeit im Raketentunnel. Geschichte des Lagers Dora. Aus dem Französischen von Maria-Elisabeth Steiner, Lüneburg 2000

SIEGFRIED, Klaus-Jörg, Rüstungsproduktion und Zwangsarbeit im Volkswagenwerk 1939-1945. Eine Dokumentation, Frankfurt a. M. u. New York ²1987

SIEGFRIED, Klaus-Jörg, Das Leben der Zwangsarbeiter im Volkswagenwerk 1939-1945, Frankfurt a. M. u. New York 1988

STEFANSKI, Valentina Maria, Zwangsarbeit in Leverkusen. Polnische Jugendliche im I. G. Farbenwerk, Osnabrück 2000 (Einzelveröffentlichungen des Deutschen Historischen Instituts Warschau, Bd. 2)

URBAN, Thomas, Über Leben und Sterben von Zwangsarbeitern im Ruhrbergbau, Münster 2002

WINKLER, Ulrike, „Hauswirtschaftliche Ostarbeiterinnen" - Zwangsarbeit in deutschen Haushalten, in: Dies. (Hrsg.), Stiften gehen. NS-Zwangsarbeit und Entschädigungsdebatte, Köln 2000, S. 148-168

WISOTZKY, Klaus, Der Ausländereinsatz bei der Stadt Essen während des Zweiten Weltkrieges, in: Archivkurier des Landschaftsverbandes Rheinland Nr. 14/2000, S. 134-140

WYSOCKI, Gerd, Zwangsarbeit im Stahlkonzern. Salzgitter und die Reichswerke „Hermann Göring" 1937-1945, Braunschweig 1985

WYSOCKI, Gerd, Arbeit für den Krieg. Herrschaftsmechanismen in der Rüstungsindustrie des „Dritten Reichs". Arbeitseinsatz, Sozialpolitik und staatspolizeiliche Repression bei den Reichswerken „Hermann Göring" im Salzgitter-Gebiet 1937/38 bis 1945, Braunschweig 1992

6. Stadt- und Wirtschaftsgeschichte Duisburgs und des Ruhrgebietes / Zwangsarbeit in Duisburg

ABELSHAUSER, Werner, Wirtschaft und Arbeit 1914-1945, in: Wolfgang Köllmann, Hermann Korte, Dietmar Petzina u. Wolfhard Weber (Hrsg.), Das Ruhrgebiet im Industriezeitalter. Geschichte und Entwicklung, Bd. 1, Düsseldorf 1990, S. 435-489

BORSDORF, Ulrich (Hrsg.), Feuer und Flamme - 200 Jahre Ruhrgebiet. Eine Ausstellung im Gasometer Oberhausen [Katalog], Essen 1994

DZUDZEK, Jürgen, Von der Gewerksgenossenschaft zur IG Metall. Zur Geschichte der Metallgewerkschaften in Duisburg, Oberhausen 1991

ECHE, Emile, „Ich diente und mein Lohn ist Frieden". Maria Euthymia, Klemensschwester aus Westfalen, in den Erinnerungen des kriegsgefangenen französischen Soldatenpriesters Emile Eche. Herausgegeben und mit Anmerkungen versehen von Dr. Franz Kroos, Münster ^{9}1981

FREYTAG, Hermann, u. Otto MOST (Hrsg.), Duisburg, Berlin 1937

FROBÖSE, Alfred, Die Industrie im Wirtschaftsraum der Stadt Duisburg. Eine wirtschaftskundliche Untersuchung, Diss. Königsberg 1939

75 JAHRE Bundesbahn-Ausbesserungswerk Duisburg-Wedau 1914-1989, hrsg. v. Bundesbahn-Ausbesserungswerk Duisburg-Wedau, o. O. (Duisburg) 1989

75 JAHRE Duisburger Kupferhütte 1876-1951, hrsg. v. d. Duisburger Kupferhütte, (Verf.: Walter Greiling u. Kurt Horalek), Duisburg 1951

75 JAHRE St. Anna-Krankenhaus Duisburg-Huckingen. Im Dienst am Nächsten. Hrsg. v. St. Anna-Krankenhaus (Verf.: Wilhelm Bettecken), o. O. (Duisburg) 1989

FÜNFZIG Jahre Rheinhausen 1934-1984, Duisburg 1984

GEBHARDT, Gerhard, Ruhrbergbau. Geschichte, Aufbau und Verflechtung seiner Gesellschaften und Organisationen. Unter Mitwirkung der Gesellschaften des Ruhrbergbaues zusammengestellt, Essen 1957

GEYER, Michael, Zum Einfluß der nationalsozialistischen Rüstungspolitik auf das Ruhrgebiet, in: Rheinische Vierteljahresblätter, Bd. 45 (1981), S. 201-264

HEIMAT ADE! Kinderlandverschickung im Dritten Reich, Hrsg. v. Kultur- und Stadthistorischen Museum der Stadt Duisburg (Eigendruck der Stadtverwaltung) 2001 (Infoblattsammlung, Info Nr. 17)

HERBERT, Ulrich, Zur Entwicklung der Ruhrarbeiterschaft 1930 bis 1960 aus erfahrungsgeschichtlicher Perspektive, in: Lutz Niethammer u. Alexander von Plato (Hrsg.), „Wir kriegen jetzt andere Zeiten". Auf der Suche nach der Erfahrung des Volkes in nachfaschistischen Ländern, Berlin u. Bonn 1985 (Lebensgeschichte und Sozialkultur im Ruhrgebiet 1930 bis 1960, Bd. 3), S. 19ff.

HILDEBRAND, Heinrich, Wanheim-Angerhausen. Heimat zwischen Anger und Rhein, Bd. 3, Duisburg 2001 (zitiert: Hildebrand, Wanheim-Angerhausen)

HILDEMANN, Klaus D., Uwe KAMINSKY u. Ferdinand MAGEN, Pastoralgehilfenanstalt - Diakonenanstalt - Theodor Fliedner Werk. 150 Jahre Diakoniegeschichte, Köln 1994 (Schriften des Vereins für rheinische Kirchengeschichte, Bd. 114)

HUSKE, Joachim, Die Steinkohlenzechen im Ruhrrevier, Bochum (Selbstverlag Deutsches Bergbau-Museum) 1987

JAHRBUCH für den Ruhrkohlenbezirk, 39. Jg. (1941), Essen 1941

JAHRBUCH für den Ruhrkohlenbezirk, 40. Jg. (1942), Essen 1942

JAHRBUCH für den Ruhrkohlenbezirk, 41. Jg. (1943), Essen 1943

KANTHER, Michael A., Heinrich Weitz (1890-1964), in: Geschichte im Westen, 4 Jg. (1989), S. 198-215

KANTHER, Michael A. [Bearbeiter], Rheinischer Städteatlas, Lieferung XIII, Nr. 70: Hamborn (Textheft). Hrsg.: Landschaftsverband Rheinland, Amt für Rheinische Landeskunde, Köln 1998

KINDERDORF MARIA IN DER DRUCHT, Duisburg o. J. (um 1966)

KINDERDORF „MARIA IN DER DRUCHT" Duisburg-Großenbaum. Chronik der ersten Jahre. Transskript, o. O. (Duisburg) o. J. (1979)

KLINGENBURG, Christel, Spurensuche, in: Jahrbuch für Rheinhausen und Umgebung, 12. Jg. (1995/96), S. 75ff. (zitiert: Klingenburg, Spurensuche)

KLINGENBURG, Christel, Pfarrer riskierten ihr Leben. Fluchthilfe für Zwangsarbeiter, in: Neue Ruhr-Zeitung (Duisburg) Nr. 86/2001, 11. April 2001

KRAUME, Hans Georg, Duisburg im Krieg 1939-1945, Düsseldorf 1982 (zitiert: Kraume, Duisburg im Krieg)

KRAUME, Hans Georg, Die Zeit des Nationalsozialismus (1933-1945), in: Kleine Geschichte der Stadt Duisburg, Duisburg 1983, S. 309-354

KRAUME, Hans Georg, Rheinhausen im Dritten Reich, in: Jahrbuch für Rheinhausen und Umgebung, Jg. 1984, S. 79-85

KRAUME, Hans Georg, 13. April 1945 - Kriegsende in Duisburg, in: Duisburger Journal, Jg. 1985, Heft 4, S. 7f.

KRÜGER, Norbert, Die Bombenangriffe auf das Ruhrgebiet im Frühjahr 1943, in: Ulrich Borsdorf u. Mathilde Jamin (Hrsg.), ÜberLeben im Krieg. Kriegserfahrungen in einer Industrieregion 1939-1945, Reinbek b. Hamburg 1989, S. 88-100

LENGKEIT, Reinhold, Gisela MEYER u. Hartmut PIETSCH, Duisburger im Dritten Reich. Augenzeugen berichten. Hrsg. vom Progressiven Eltern- und Erzieherverband, Stadtverband Duisburg, Duisburg 1983 (zitiert: Lengkeit et. al. (Hrsg.), Duisburger im Dritten Reich)

LISON, Rüdiger, u. Reinald LUKAS, „... war eine Lebensstellung damals. Und unser Werk". Ein Lesebuch zur Geschichte „von unten" der KruppianerInnen auf der Hütte Rheinhausen, o. O. (Duisburg) o. J. (um 1985)

MOHR, Theodor, Geschichte der Stadt Homberg (Niederrhein), o. O. (Homberg) o. J. (1967)

NIETHAMMER, Lutz (Hrsg.), „Die Jahre weiß man nicht, wo man die heute hinsetzen soll". Faschismuserfahrungen im Ruhrgebiet, Berlin u. Bonn ²1986 (Lebensgeschichte und Sozialkultur im Ruhrgebiet 1930 bis 1960, Bd. 1)

PIETSCH, Hartmut, Militärregierung, Bürokratie und Sozialisierung. Zur Entwicklung des politischen Systems in den Städten des Ruhrgebietes 1945-1948, Duisburg 1978 (Duisburger Forschungen, Bd. 26)

RING, Walter, Heimatchronik der Stadt Duisburg. Mit Beiträgen von Erich Schwoerbel und L. Kalthoff, Köln 1954

RING, Walter, Von der Öllaterne zur Leuchtstoffröhre. Duisburger Energie- und Wasserversorgung seit hundert Jahren. 1854-1954, Duisburg (Selbstverlag der Stadtwerke) 1954

RODEN, Günter von, Geschichte der Stadt Duisburg, Bd. 2, Duisburg 1974

RODEN, Günter von [in Zusammenarbeit mit Rita Vogedes], Geschichte der Duisburger Juden, Teil 2, Duisburg 1986 (Duisburger Forschungen, 34. Bd., Teilbd. 2)

SCHMIDT, Bernhard, u. Fritz BURGER, Tatort Moers. Widerstand und Nationalsozialismus im südlichen Altkreis Moers, Moers ²1995

SCHULZE, Erich Edgar, Aus Duisburgs dunkelsten Tagen, in: Duisburger Forschungen, Bd. 8 (1965), S. 238-268 (zit.: Schulze, Aus Duisburgs dunkelsten Tagen)

SCHWIEREN, Hermann, Leben und Arbeit in Neumühl. Teil II: 1933-1963, Duisburg (Selbstverlag des Verfassers) 1998 (zitiert: Schwieren, Neumühl)

SIE KAMEN NICHT WIEDER. Menschenopfer des 2. Weltkrieges 1939-1945. Hrsg. v. Statistischen Amt der Stadt Duisburg, Duisburg (Eigendruck der Stadtverwaltung) 1955

SOLLBACH, Gerhard E., „Mütter - schafft eure Kinder fort!" Kinderlandverschickung im Ruhrgebiet während des Zweiten Weltkriegs, in: Geschichte im Westen, 13. Jg. (1998), S. 135-166

ST. JOSEPH-HOSPITAL Duisburg-Laar 1867-1967. Chronik des St. Joseph-Hospitals, seiner Schwestern und seiner Ärzte (Verf.: Hermann Kunkler), o. O. (Duisburg) o. J. (1967)

STAHL VOM RHEIN. Die Geschichte des Hüttenwerkes Rheinhausen. Hrsg. v. d. Hüttenwerk Rheinhausen Aktiengesellschaft (Verf.: Gert von Klass), Darmstadt 1957

TIETZ, Manfred, Solidarität auf Zeche Beeckerwerth, in: Rudolf Tappe u. Manfred Tietz (Hrsg.), Tatort Duisburg 1933-1945. Widerstand und Verfolgung im Nationalsozialismus, Bd. I, Essen 1989, S. 313-348

TIETZ, Manfred, Die „wertlose" Frau, in: Rudolf Tappe u. Manfred Tietz (Hrsg.), Tatort Duisburg 1933-1945. Widerstand und Verfolgung im Nationalsozialismus, Bd. II, Essen 1993, S. 354-397

TIETZ, Manfred, Ruhrort, Carpstraße 18, in: Rudolf Tappe u. Manfred Tietz (Hrsg.), Tatort Duisburg 1933-1945. Widerstand und Verfolgung im Nationalsozialismus, Bd. II, Essen 1993, S. 398-448

TREUE, Wilhelm, u. Helmut UEBBING, Die Feuer verlöschen nie. August Thyssen-Hütte 1926-1966, Düsseldorf u. Wien 1969 (zit.: Treue/Uebbing, Die Feuer verlöschen nie)

UEBBING, Helmut, Wege und Wegmarken. 100 Jahre Thyssen, Berlin 1991

UEBBING, Helmut, Stahl schreibt Geschichte. 125 Jahre Wirtschaftsvereinigung Stahl, Düsseldorf 1999

VEREINIGTE STAHLWERKE AG (Hrsg.), Kohle Eisen Stahl. Ein Überblick über die Vereinigte Stahlwerke Aktiengesellschaft, Düsseldorf, und ihre Betriebsgesellschaften mit Bildbericht über den Werdegang des Stahls, o. O. (Düsseldorf) 1939

WAGEMANN, Karl, Die Stunde Null - 40 Jahre danach. Zerstörung, Demontage, Wiederaufstieg und Zukunft der Wirtschaft am Beispiel der Region Duisburg, Duisburg 1984 (Schriftenreihe der Niederrheinischen Industrie- und Handelskammer Duisburg-Wesel-Kleve zu Duisburg, Bd. 59)

WANHEIMERORT. Berichte, Bilder und Betrachtungen. Hrsg. vom Wanheimerorter Bürgerverein anläßlich seines 125jährigen Bestehens, Duisburg 1999

WESSEL, Horst A., Kontinuität im Wandel. 100 Jahre Mannesmann 1890-1990. Hrsg.: Mannesmann-Archiv, Düsseldorf 1990 (zitiert: Wessel, Kontinuität im Wandel)

WISOTZKY, Klaus, Der Ruhrbergbau am Vorabend des Zweiten Weltkriegs. Vorgeschichte, Entstehung und Auswirkung der „Verordnung zur Erhöhung der Förderleistung und des Leistungslohnes im Bergbau" vom 2. März 1939, in: Vierteljahrshefte für Zeitgeschichte, 30. Jahrgang (1982), S. 418-461

Bildnachweise

Stadtarchiv Duisburg: 1-4, 6, 12, 14 - 20, 22, 23

Ruhrland-Museum Essen: 9, 10, Umschlag
  (Archiv-Nrn. VH 2091/25 u. 30, Aufnahmen: Willy van Heekeren)

Heimat- und Bürgerverein Wanheim-Angerhausen: 13

Dr. Hans Georg Kraume, Duisburg: 21

Duisburger Mitglieder der Stiftung „Erinnerung, Verantwortung und Zukunft"

alphametals lötsysteme GmbH

Ambulantes Reha-Zentrum Duisburg

Atlas Film + Medien AG

Autozubehör Schweer GmbH

B.U.S. Berzelius Umwelt-Service AG

BÄKO-Zentrale West e.G.

Carl Spaeter GmbH

DK Recycling und Roheisen GmbH

Duisburger Verkehrsgesellschaft AG

ESPERA-Werke GmbH

Franz Haniel & Cie. GmbH

Grillo-Werke AG

Hans Fuchs KG Versandschlachterei und Fleischgroßhandel

Heinrich Elskes GmbH & Co. KG

Hüttenwerke Krupp Mannesmann GmbH

Jacob Niederberger Großbauten-Reinigung GmbH & Co. KG

Karl Hitzbleck GmbH & Co. KG

Klaus Wagener Organisationsentwicklung

Klöckner & Co. AG

Klöckner Werke AG

König-Brauerei GmbH & Co. KG

KRANKIKOM GmbH

Meidericher Schiffswerft GmbH & Co. KG

MHD M.I.M. Hüttenwerke Duisburg GmbH

Neue Ruhrorter Schiffswerft GmbH

Niederrheinische Zentrale für Kies und Sand GmbH

Praxis Dr. D. Wandschneider

PV Autoteile GmbH & Co. KG

RHS Qualifizierungs GmbH

Röchling GmbH & Co. Autohandelsgesellschaft

Schaumann GmbH & Co. KG

Schmitz Söhne GmbH Maschinenfabrik

Stadtwerke Duisburg AG

Thomas Gräbel EDV-Entwicklung, -Beratung und -Verkauf

Thyssengas GmbH

Thyssen Krupp Stahl AG

Wilhelm Buller GmbH & Co. KG

Wolfgang Ruland

Anmerkung

Die Ruhrkohle AG (RAG), Essen, Rechtsnachfolgerin aller Bergbauunternehmen, die 1945 Betriebsstätten in Duisburg hatten, ist ein Gründungsmitglied der Stiftungsinitiative.

Drei Duisburger Unternehmen, die der Initiative beigetreten sind, möchten nicht genannt werden.

Stand: Oktober 2003

Quelle: *www.stiftungsinitiative.de*

Register

Wegen sehr häufigen Vorkommens wurden die Begriffe Ausländische Arbeitskräfte, Deutsche, Deutsches Reich, Deutschland, Duisburg (Gesamtstadt), Fremdarbeiter(in), Industrie, Kriegsgefangene (allgemein), Kriegswirtschaft, NS-Staat/NS-Diktatur, Zwangsarbeit, Zwangsarbeiter(in) und Zweiter Weltkrieg nicht in das Register aufgenommen.

Abkürzungen und Siglen

f., ff.	folgende Seite(n)	s. (a.)	siehe (auch)
KL	Konzentrationslager	s. d.	siehe dort
NN.	(Vor-)Name nicht ermittelt	Tab.	Erwähnung in der Tabelle
		*	Erwähnung i. d. Anmerkung

A / a

A., NN. 296
Aachener Kohlenrevier / Raum Aachen 33*, 97, 276, 311
Abakumowa, Tamara 215
Abelshauser, Werner 6*
Abkommen von Jalta 362, 364
Abtransport s. Repatriierung
Abtreibungen 238f., 263f.
Abzeichen (P, OST) 34f., 263
Action Catholique en Allemagne 243f.
Ärzte s. Medizinische Versorgung
Aktiengesellschaft für Teerverwertung 57, 126, 327*, 370
Aktiengesellschaft für Zinkindustrie vorm. Wilhelm Grillo 56, 118f., 122, 176f., 317
Alliierte Mächte 76, 79, 187, 329, 336
Alliierte Streitkräfte (s. auch Royal Air Force, U.S. Air Force) 17, 44, 79, 94, 109, 142f., 145, 184, 239f., 270, 299, 306f., 309ff., 313, 315, 317-321, 329, 334, 338
Alfried Krupp von Bohlen und Halbach-Stiftung 360
Altmärkisches Kettenwerk GmbH (ALKETT) 123*
Amt für Sofortmaßnahmen s. Stadtverwaltung (Alt-) Duisburg
Arbeitgeber 18, 20, 22, 27f., 30, 32, 38ff., 42ff., 46, 51, 82, 104, 203ff., 210, 223f., 227f., 231, 248f., 251ff., 282f., 287, 289, 341ff.
Arbeitsamt Düsseldorf 65
Arbeitsamt / Arbeitsamtsbezirk Duisburg 8, 45, 59, 63, 77, 81*, 106-109, 117, 119, 126, 133, 143, 146, 167, 197, 206
Arbeitsamt Moers 141, 184
Arbeitsbummelei 39, 235, 279f., 282, 286-289, 297
Arbeitserziehungslager 4, 166, 288-292, 380
Arbeitsfluchten s. Arbeitsvertragsbruch
Arbeitsgemeinschaft Brüggemann-Laupner (Bauunternehmen) 127
Arbeitskreise für Leistungssteigerung (im Bergbau) 97
Arbeitslosigkeit 57f., 289, 314
Arbeitsschutz / Arbeitsunfälle 20, 226f.
Arbeitsvertragsbruch 45, 48, 86f., 90f., 100, 104, 204, 217, 226, 252f., 256, 279f., 282-286, 288, 312, 315
Arbeitsverwaltung / Arbeitsämter (allg.) 11, 17, 20ff., 24-27, 29f., 32, 45f., 55, 63, 82, 106f., 129, 135, 147, 150, 197, 228, 230, 238, 254f., 282f., 285f., 293, 376, 382
Arnold Dehnen (Handwerksunternehmen) 128
Arolsener Lagerkatalog 62, 155, 177, 180
Artilleriebeschuß (1945) 53, 199, 201, 239, 314, 318ff., 328, 349, 358*
Aschaffenburger Zellstoffwerke AG, Werk Walsum 57, 126, 186
Aschaffenburger Zellstoffwerke AG, Arbeitserziehungslager 186, 290
Ashworth, NN. (U.S. Army) 337
„Aufsässigkeit" 25, 76, 154, 295, 299f.
August Thyssen-Hütte AG, Betriebsgesellschaft und Hüttengruppe der Vereinigte Stahlwerke AG 28f., 45, 48*, 55, 59, 62, 64, 81*, 83, 101-115, 118, 159-163, 166f., 169, 171-175, 178, 182, 194f., 197-201, 210, 215, 221, 224f., 229, 233, 235f., 239, 248, 257, 275, 283, 287f., 290, 299-302, 311*, 317, 324, 327*, 382
August Thyssen-Hütte AG in der Nachkriegszeit s. Thyssen AG
August Thyssen-Hütte AG, Abteilung *Gemeinschaftsläger* 161, 301, 324

August Thyssen-Hütte AG, Hafen
  Schwelgern 54, 108, 171
August Thyssen-Hütte AG, Sonderlager für
  Westarbeiter (Arbeitserziehungslager)
  Orpheus 172f., 290f.
August Thyssen-Hütte AG, Werke in
  Duisburg 55, 70, 264, 268, 275
- Hochöfen Hüttenbetrieb (Meiderich) 55*,
  107f., 110, 113, 167, 171f., 275, 324, 341
- Hütte Ruhrort-Meiderich 55, 57f., 83,
  101f., 108, 110, 112f., 167, 172, 197,
  199f., 233, 266, 287f., 310f.
- Hütte Vulkan (Hochfeld) 55*, 63, 110,
  159, 167, 314, 321, 330
- Niederrheinische Hütte (Hochfeld) 55*,
  63, 107f., 110, 159, 167f., 171f., 200,
  314, 321, 330
- Thyssenhütte (Hamborn) 55*, 102, 108,
  110, 112ff., 144, 167, 172, 200, 257f.,
  311, 314
Ausgangssperren 34, 205, 275, 320, 341
Ausländer- resp. Nichtdeutschen-Anteile an
  der Bevölkerung 48ff., 71, 260ff.
Ausländer- resp. Nichtdeutschen-Anteile an
  Betriebsbelegschaften 48f., 62, 83-96,
  101-110, 118-22, 124-26
Ausländer- resp. Nichtdeutschen-Anteile an
  der Gesamtzahl der Luftkriegstoten
  201f.
Ausländer- resp. Nichtdeutschen-Anteile in
  Wirtschaftszweigen 42, 47ff., 59, 60f.
  (Tab.), 83-96, 101-110, 126f., 146
Ausländer-Bordelle 276f.
Ausländer-Kinderheime 241
Ausländer-Küchen (nach Kriegsende)
  328f., 332, 334f., 339f.
Ausländer-Unruhen 75-79, 312, 315
Auslandsbriefprüfstellen s. Postzensur
Auslandszeitungshandel GmbH 248
Auschwitz 51f., 133
Ausstehende Löhne 341ff.
Auswanderung von Displaced Persons
  (Resettlement) 365-369, 371
Automobilindustrie 16, 54, 381f.

B / b

B., NN., Betriebsleiter 296f.
B., NN., Betriebsobmann 296f.
B., NN., Bürgerin 271f.
Bach, Dieter 211
Backe, Herbert 218
Bade, Klaus J. 3
Bahnhof Duisburg-Hamborn 368
Bahnhof Duisburg-Hochfeld-Süd 128, 198
Bahnmeisterei Rheinhausen-Trompet 129

Balkan / Balkanfeldzug 42, 44, 89, 253,
  310
Baltische Staaten u. Staatsangehörige 35f.,
  172, 249, 253, 362, 364, 366, 369
Bambach, Wilhelm 320, 323, 326, 328, 335
Bandeisenwalzwerke AG 159*
Bandemer, Ida 162f.
„Banden"-Kriminalität 304f., 310, 323
Baracken s. Lager
Barnard, NN. (Brit. Army) 341
Barnett, Frank L. (U.S. Army) 321, 325
Bartscherer, Franz 288
Baubrigaden s. SS-Baubrigaden
Bauer, Franz 306f., 320f., 351
Bauhilfe der Deutschen Arbeitsfront 25, 39,
  127f., 163, 177
Bauwirtschaft 4, 43, 50, 58, 82f., 96, 115,
  127f., 136, 165, 382
Bau- und Arbeitsbataillone s.
  Kriegsgefangenen-Arbeitsbataillone
Bawker, NN. (Brit. Army) 340f.
Bayern 242
Becker, Peter 326, 327*
Beerdigungen 200, 318, 345-351, 356
Befreiung der Zwangsarbeiter 272
Belgien 24, 26, 35, 48, 82, 85f., 91, 153,
  240, 253, 266, 274, 313, 315, 339, 361,
  382
Belgien, Sozialministerium 290
Belgier (s. auch Flamen und Wallonen)
  24f., 59, 85f., 93, 104, 109, 115, 117, 119,
  123, 155, 169f., 172, 174f., 183, 197,
  200, 202, 234, 247, 250, 253, 281, 285,
  290, 295, 306, 328, 332, 334f., 338f.,
  351, 355
Belgische Kriegsgefangene 42, 58f., 85, 93,
  101, 104, 112, 117, 129, 169, 207
Benger (Landwirtschaftlicher Betrieb) 145f.
Bergbau (allg.; s. auch Ruhrbergbau,
  Steinkohlenbergbau) 4, 21, 28, 33*,
  40f., 43, 57, 82-100, 102, 106f., 151, 154,
  215f., 226, 230, 263, 282ff., 287, 294,
  299, 327
Bergämter / Bergreviere (allg.) 90*, 151
Bergrevier (Bergamtsbezirk) Dinslaken-
  Oberhausen 90*, 189, 216f.
Bergrevier (Bergamtsbezirk) Duisburg 90,
  93f., 99, 294
Berlin 2f., 32, 49, 53*, 65, 78, 134, 137*,
  150, 156, 224, 248, 255, 265, 295
Bernards (Waffengeschäft) 78
Berzelius Metallhütten-GmbH 56, 59, 119,
  158, 168, 176, 217, 321, 324, 328, 341
Besatzungsmacht in Duisburg (Amerikaner,
  Briten) 132, 317-320, 322-330, 332-341,
  367ff.

Besatzungsmächte (allg.) 187, 291, 299, 317, 339-342, 361, 365-369, 381, 383
Betriebsobleute der NSDAP 270, 292, 295f.
Bevollmächtigter für den Holzbau 152f.
Bezirksgruppe Nordwest der Wirtschaftsgruppe Eisen schaffende Industrie 34, 106f., 224
Bezirksgruppe Steinkohlenbergbau Ruhr der Wirtschaftsgruppe Bergbau 34, 40f., 89*, 91, 97, 99, 214
Bezirksregierungen (s. auch Regierungspräsident [Bezirksregierung] Düsseldorf) 29, 74, 151, 312
Birkenbeul, Wilhelm 347
Blumenthal, NN. 138
Blunck, Hans Friedrich 259, 265
Bocholt, Kriegsgefangenen-Stammlager 30, 108
Bochum 2f., 64f., 81, 277, 316
Bochumer Verein für Gußstahlfabrikation AG 2, 235, 287
Bock, NN. 352
Böninger (Tabakfabrik) 336
Börger, Heinrich 145*
„Bolschewismus" 37, 312
Bombenangriffe s. Luftangriffe
Bombenkrieg s. Luftkrieg
Bombenopfer s. Luftkriegsopfer
Bormann, Martin 279
Boulanger, NN. 159
Brauereien 81
Braunkohlenbergbau 33*
Brepohl, Wilhelm 31
Breslau 18
Brest-Litowsk 317
Briefverkehr mit der Heimat 253-258
Britische Besatzungszone 352, 354, 366, 369, 372
Britische Kriegsgefangene 41f.
Britische Luftwaffe s. Royal Air Force
Britisches Rotes Kreuz 368
„Brotmarken-Bettelei" 223
Brüderliche Zusammenarbeit der Kriegsgefangenen s. Widerstandsgruppen
Brüggemann-Vollrath (Arbeitsgemeinschaft) 169
Budraß, Lutz 376
Bürgerinitiativen 360, 383
Bulgaren 12, 36, 175, 249, 298
Bulgarien 36, 46*, 256
Bundesrepublik Deutschland / Bundesgesetzgeber / Bundesregierung 3, 355f., 369f., 381
Bunker und Luftschutzkeller (allg.; s. auch Splitterschutzgräben) 68, 70f., 75, 125f., 136, 138, 140, 142, 145, 173, 175, 195-201, 203f., 239f., 330, 334, 337

Bunker (Hochbunker), einzelne
- Alexstraße 239
- Eberstraße 239, 329, 331 (Tab.), 338
- Eschenstraße 329f., 331 (Tab.), 332, 338
- Friedenstraße 332
- Heinrichplatz 239
- Hochfelder Markt 329f., 331 (Tab.), 337
- Oberstraße 178, 329f., 331 (Tab.)
- Petristraße 329f., 331 (Tab.), 335, 338
Buskühl, Ernst 89*

C / c

C & A (Brenninkmeyer), Konfektionshaus 337
C. Heckmann (Hüttenbetrieb) 119
C., J. 270f.
Caritas 158, 369
Carrouth, NN. (U.S. Army) 337
Cellitinnen (Orden) 144
Chemische Fabrik Curtius AG 57, 126, 321
Chemische Industrie 43, 53, 57f., 83, 126
Clemensschwestern (Orden) 246
Cuxhaven 244

D / d

D., NN. 297
Dachdeckerbataillone s. Kriegsgefangenen-Arbeitsbataillone
Dänemark 35, 253, 266
Dänen 36, 227, 248f.
Daimler-Benz AG (Daimler-Benz-Konzern) 2, 49, 54
Dalbram, Bernhard 186
Decker, Otto 77
Deckungsgräben s. Splitterschutzgräben
Delikte von Ausländern s. Straftaten
DEMAG s. Deutsche Maschinenfabrik AG
Demontagen 382
Deutsche Arbeitsfront 18f., 22, 27ff., 37f., 46*, 150f., 156, 163, 165*, 186, 190-193, 211, 216, 230, 237, 246, 251, 255f., 263, 271, 287, 289, 375f.
Deutsche Babcock & Wilcox Dampfkessel-Werke AG 113
Deutsche Demokratische Republik 1
Deutsche Eisenwerke AG, Betriebe in Duisburg 54ff., 62f., 161, 174
- Gießerei Hüttenbetrieb Meiderich 55f., 123, 174, 327*
- Panzerfahrzeugwerk Hochfeld (Stahlindustrie GmbH; auch „Werk Stahlindustrie") 55f., 123

Deutsche Freiheitsbewegung (auf der Friedrich-Alfred-Hütte) 270f.
Deutsche Maschinenfabrik AG (DEMAG) 6, 27, 56, 124, 146, 217, 226, 273, 321ff., 328
- Werke in Duisburg 123
- Greiferfabrik (Hamborn) 56, 63, 123, 293, 295, 327*
- Werk *Harkort* (Hochfeld) 56, 63, 123, 179
Deutsche Reichsbahn 22, 24f., 45f., 57, 77, 128f., 153, 202, 211, 239, 251f.
- Ausbesserungswerk Duisburg-Wedau 45, 57, 129, 211, 291, 316
Deutsche Reichspost 77f., 128f., 169f., 177f., 255
- Bauabteilung Duisburg 170
Deutsche Röhrenwerke AG, Werk Dinslaken 159*
Deutsches Lagerpersonal 160-165, 173
Deutsches Rotes Kreuz 234, 273
Diakonenanstalt Duisburg 180f.
Diakonissen (Krankenpflege) 232
Diebstähle (ohne Lebensmitteldiebstähle) 300, 302f., 305f., 313
Dienstpflichtverordnungen s. Dienstverpflichtungen
Dienstverpflichtungen 12ff., 20, 24, 84, 130
Didier, Friedrich 37
Didier-Werke AG 123, 153, 168, 316
Dinslaken, Kreis 53, 237, 241, 319, 323f., 333, 335
- NSDAP-Kreisleitung 189
Dinslaken, Stadt 90*, 94, 159, 171f., 234, 246, 299, 301, 319, 323, 333*, 335
Displaced Persons 3, 8, 53, 337, 343, 361-373
- Lager 8, 362-364, 366f., 369-371
- Siedlungen (allg.) 369-372
- in Duisburg-Obermeiderich (Hagenshof) 369-373
Dolmetscher 39, 143, 162f., 295, 378
Dorsten, Kriegsgefangenen-Stammlager 30
Dortmund 53, 64f., 77, 81, 140, 208, 218, 225, 277, 307
- Kriegsgefangenen-Stammlager 30
Dortmund-Hörder Hüttenverein AG 235
Düsseldorf, Gau 150, 156, 237, 252, 255
Düsseldorf, Stadt 3, 65, 75, 78, 108, 156, 207, 209, 224, 287, 358, 370, 373
Duisburg (Gebiet vor 1975), Stadtbezirke
- Hamborn 40, 45, 54-57, 63, 70, 90*, 100, 102, 108, 110, 113f., 119, 122f., 127f., 138, 143f., 146, 153, 159, 162, 167, 169-172, 176f., 195, 198f., 207, 211, 224, 232, 239f., 257, 260f., 263, 271ff., 290, 293, 295, 299f., 314, 317, 319f., 322ff., 326ff., 333-337, 339f., 341, 349f., 373
- Meiderich 57, 70, 108, 123, 127f., 134, 139, 167, 169, 174, 198, 212, 232, 239, 275, 288, 300, 304, 320, 322f., 326, 340f., 351, 370
- Ruhrort (mit Beeck) 320
- Stadtmitte 81, 123, 127, 135, 138, 146, 170, 177, 180, 185, 198, 233, 299f., 311, 314, 321, 326, 328
- Süd 116, 199, 314, 321, 324f., 341
Duisburg (Gebiet vor 1975), Stadtteile
- Alsum 161*, 173
- Altstadt 70, 132
- Alt-Hamborn 55, 100, 119, 135f.
- Beeck 90*, 139, 166, 170, 314, 320, 345, 351, 356, 358
- Beeckerwerth 55, 166f., 212, 290, 300f., 318
- Bruckhausen 138, 161*, 162, 167, 170, 173, 178
- Buchholz 326, 358
- Duissern 70, 127, 169
- Großenbaum 115, 146, 158, 160, 162, 168, 334f.
- Hochfeld 55-57, 63, 81*, 107f., 110, 118f., 123, 145, 165, 167f., 171, 175, 180, 200, 239, 270, 302f., 327, 333f.
- Huckingen 54, 58, 83, 115, 144f., 160, 162, 168, 214, 239, 295f., 325, 358, 375
- Laar 55, 138f., 142, 144, 167, 171, 197f., 200, 232ff., 300, 320
- Marxloh 101, 136*
- Mittelmeiderich 144
- Neudorf 70, 127, 129
- Neuenkamp 55, 128
- Neumühl (amtlich Schmidthorst-Neumühl) 86, 221, 271, 348, 373
- Obermeiderich 146, 168, 171f., 369-373
- Ruhrort 57-59, 139, 198, 320
- Serm 58, 145f., 324
- Untermeiderich 167, 200
- Wanheim 56, 119, 158, 168, 248
- Wanheimerort 135f., 153, 168, 177, 180, 239, 333, 349
- Wedau 57, 135f., 305, 322, 341
Duisburger Hof, Hotel 321, 336
Duisburger Kupferhütte AG 5, 54, 56, 68, 118, 157, 165, 168, 197, 206, 269, 302f., 321, 328ff.
- Arbeitserziehungslager 290f.
Duisburger Lagerhaus-Vereinigung GmbH 81
Duisburger Verkehrsgesellschaft AG 132, 177, 321
Duisburg-Ruhrorter Häfen / Hafengebiet 53f., 56f., 123
Durchgangslager 22, 29, 237
Dzudzek, Jürgen 4

E / e

E., NN. 297
E. Matthes & Weber AG 126
Eche, Emile 246f.
Ehren- und Mahnmale 350, 353, 357-360
Eichholtz, Dietrich 1, 64*
Eichholz, Walter 106f., 114f.
Einheitskleidung 225f., 311
Einwohnerzahlen 73-75, 311
Eisen- und Stahlindustrie / Eisen- und Stahlproduktion 21, 43, 45, 53-58, 66 (Tab.), 67, 82f., 100-118, 120f. (Tab.), 231, 299, 373
Eisenhower, Dwight D. 79, 315
Eisenwerk Wanheim GmbH 54-56, 59, 63, 123ff., 149, 151f., 158f., 161, 168, 174f., 196, 213, 216, 224, 228f., 238, 248, 268, 271, 273f., 284f., 298f., 314ff., 321, 349f.
Eisenwerk Wanheim GmbH, Arbeitserziehungslager 224, 228f., 238, 248, 250, 290-293, 298
Elektrotechnische Industrie 57, 126
Emil Baltzer (Maschinenfabrik) 123
Entbindungsstationen für ausländische Arbeiterinnen 239f.
Entlausungsanlagen 183, 236, 328
Entnazifizierung (in Duisburg) 295f.
Entschädigungen / Entschädigungsdebatte 1, 3, 377, 381, 383
Erdman, NN. (Brit. Army) 340, 354
Ernährung, Ernährungslage und Lebensmittelversorgung (s. auch Ausländer-Küchen) 13, 37, 91, 97, 100, 140, 203f., 208-223, 234f., 269, 273, 295, 300ff., 304, 310f., 324, 328, 334-336, 338, 379
Ernährungsämter 73, 210
Ernährungsamt Duisburg 77f., 216, 334
Erster Weltkrieg 13, 82, 186, 209, 261, 346, 360
Erzbergbau 33*
Esch-Werke KG 123
ESPERA-Werke AG 127
Essen, Gau / Gauleitung 27, 63, 75, 156, 237, 255, 309f., 318f.
Essen, Stadt 3, 49, 52, 53, 64, 73, 81, 116, 140, 150, 153, 156, 159, 201, 241, 285, 320, 322, 327, 335, 370, 375
Essen- Kray, Lager für Displaced Persons 372
Essen-Mülheim, Flugplatz, Arbeitserziehungslager 289-291
Europa-Kampagne (1943) 29, 37, 281
Evangelische Kirche 244f.
Evangelische Kirchengemeinde Wanheim-Angerhausen 175*
Evangelisches Christophoruswerk 370
Evangelisches Gemeindehaus Wanheim 248
Evangelisches Krankenhaus Bethesda 145
Evangelisches Krankenhaus Hamborn (Eduard-Morian-Stiftung) 239
Evangelisches Schifferkinderheim 145
Ewald Berninghaus (Werft) 57, 123

F / f

F., NN. 297
Familiengründungen 206
Familienheimfahrten s. Urlaub
Fedorenko (geb. Melnik), Nadeshda 144*
Feldpost 129, 169
Ferngaswirtschaft 55, 100f.
Fiedler, NN. 160
Finanzbauverwaltung Nordrhein-Westfalen 370
Finanzverwaltung 19
Fiskusfriedhof s. Friedhöfe
Flakkaserne Hagenshof 370, 373
Flamen 25, 36, 42, 190, 248, 263
Flecktyphus s. Typhus
Fließbandproduktion 16, 42, 49, 381
Florian, Friedrich Karl 150
Fluchten s. Arbeitsvertragsbruch
Flüchtlinge und Vertriebene 158, 328, 361, 371
Flugabwehr (Flak) 68, 145
Flugplatz Essen-Mülheim, Arbeitserziehungslager 289ff.
Flugzeugproduktion 16f., 51
Folter 292
Forschungsstelle für das Volkstum im Ruhrgebiet 31
Fraenkel, Ernst 19
Frankfurt a.M. 255
Frankreich 24, 26, 31, 33, 35, 41, 43f., 48, 76, 82f., 85, 89, 91, 117, 153f., 240, 243, 253, 266, 274, 276, 310, 315, 361, 382
Franz, Fritz 301
Franz Brüggemann (Bauunternehmen) 59, 169
Franz Haniel & Cie. GmbH (s. auch Reederei Haniel) 57, 130
Franz Hecht & Co. 128
Französische „Geheimpriester" 243f.
Französische Kriegsgefangene 32, 41f., 44, 58f., 85, 99, 101, 104, 107f., 117ff., 123, 129, 132f., 137f., 140ff., 145, 167ff., 182, 185, 187f., 203, 207, 212, 243f., 246f., 267, 269, 273, 296
Franzosen 24, 32, 36, 40f., 43, 59, 85, 93, 104, 115ff., 119, 123, 126f., 135, 142f., 145, 154ff., 169f., 172, 175, 183f., 189,

197, 203, 223, 234, 243, 249, 252, 276, 281, 285-288, 295, 298, 328, 334f., 338f., 349
Frauenbeschäftigung (deutsche Frauen) 13ff., 33, 43, 58, 118f., 142, 146f., 163, 377f.
Freizeit 248ff.
Freizügigkeit 34, 204-208
Fremdsprachendienst-Verlagsgesellschaft 248
Freytag, Hermann 70, 134, 320, 347
Friedhöfe (einzelne)
- Evangelischer Friedhof an der Möhlenkampstraße 351, 358
- Evangelischer Friedhof Beeck (Lange Kamp) 358f.
- Evangelischer Friedhof Wanheim 350, 359
- Friedhof Alt-Walsum 350, 359
- Friedhof an der Bügelstraße 348, 351, 353, 355, 358f.
- Friedhof an der Fiskusstraße (Fiskusfriedhof) 346 (Tab.), 348-353, 355, 358f.
- Friedhof an der Papiermühlenstraße (Ostackerfriedhof) 353, 355
- Friedhof Homberg (Alter Friedhof, Schillerstraße) 360
- Friedhof Huckingen 358
- Friedhof Rheinhausen-Trompet 350, 359
- Friedhof Rumeln 360
- Nordfriedhof 350, 353, 355
- Waldfriedhof (Neuer Friedhof) 132, 135, 177, 200, 306f., 346 (Tab.), 347, 349-355, 357-359
Fried. Krupp AG resp. Einzelfirma (Gesamtunternehmen) 6f., 18, 55f., 59, 62, 64*, 124, 159, 161f., 181, 241, 365, 379
Fried. Krupp AG, Abteilung *Oberlagerführung* 162f.
Fried. Krupp AG, Werke in Rheinhausen
- Friedrich-Alfred-Hütte 6, 55f., 59, 62, 115f., 124, 157, 178, 181-184, 202, 215f., 218ff., 227. 248ff., 270f., 317f., 334, 340
- Fried. Krupp Maschinen- und Stahlbau Rheinhausen 56, 124, 126 (Tab.), 181, 183
Fried. Krupp AG, weitere Werke (ohne Rheinhausen) 124, 382
- Gußstahlfabrik Essen 52, 64*, 115f., 159
- Hüttenwerk Essen-Borbeck 64*, 375
Friedrich-Alfred-Hütte (allg.) s. Fried. Krupp AG, Werke in Rheinhausen
Friedrich-Alfred-Hütte, Arbeitserziehungslager in Rheinhausen und Friedrichsfeld (Kreis Dinslaken) 290f.

Friseurstuben 176, 228, 375
Fußball (Lagermannschaften) 250

G / g

G., NN., Betriebsleiter 267, 297f.
G., NN., Chefobermeister 296ff.
G., NN., Meister 296
Gablonsky, Max 72, 139f., 327, 330, 332, 334
Gärtnereien 146
„Gastarbeiter" 373, 383
Gauarbeitsämter (allg.) s. Arbeitsverwaltung
Gauarbeitsamt Essen 45, 50, 109*, 342
Gauleiter der NSDAP 19, 27, 74, 271, 280, 312
Gawrenko, Alexander 300
Gebhardt, Gerhard 7
Gebr. Kiefer AG 127
Gebr. Koppe (Eisenkonstruktionen) 112
Gebr. Scholten (Maschinenfabrik) 123
Geburten (Kinder ausländischer Arbeiterinnen) 143, 146, 200, 238-241
Gedinge 96f.
Geheime Staatspolizei s. GESTAPO
Gelsenkirchen 3, 65, 140
Gelsenkirchener Bergwerks-AG (Gesamtunternehmen) 48*, 64*, 86, 157, 161
Gelsenkirchener Bergwerks-AG Gruppe Hamborn 55, 64, 85f., 90, 153, 158, 159*, 166f., 170, 198f., 201, 275, 291, 293ff., 300, 326, 327*, 351
Gelsenkirchener Bergwerks-AG Gruppe Hamborn, Schachtanlage Lohberg (in Dinslaken) 94, 166
Gemeinschaftsbetrieb Eisenbahn und Häfen 159
Gemeinschaftsküche Großenbaum s. Ausländer-Küchen
Generalbevollmächtigter für den Arbeitseinsatz 11, 14*, 19-22, 24, 26, 30, 37ff., 43-45, 129f., 216, 251, 253, 255, 286
Generalbevollmächtigter für die Regelung der Bauwirtschaft 152, 157
Generalgouvernement 23, 26, 35f., 41, 89, 236, 253, 276, 282, 382
Genfer Kriegsgefangenen-Konvention 11
Gerichtsgefängnis Duisburg-Hamborn 238, 324
Gesellschaft für Teerverwertung mbH s. Aktiengesellschaft für Teerverwertung
Gesellschaft für Binnenschiffahrt 130
Gesetz über die Rechtsstellung Heimatloser Ausländer 371f.
GESTAPO 8, 18f., 21, 75-79, 104, 133, 178,

191, 207, 221, 223, 236, 245, 253, 268, 270, 274f., 279-282, 282-285, 289-295, 298ff., 302-306, 312, 315, 322f., 378, 380
Gesundheitsämter s. Medizinalaufsicht
Getreidehandel und -lagerung   57, 81
Gewaltverbrechen an Zwangsarbeitern (s. a. Mißhandlungen)   383
Gewerbeaufsicht   29, 150f., 195, 205, 230
Gewerkschaft Diergardt-Mevissen s. Zeche Diergardt-Mevissen
Gewerkschaft Neumühl s. Zeche Neumühl
Gewerkschaft Rheinpreußen s. Zeche Rheinpreußen
Gewerkschaft Walsum s. Zeche Walsum
Gewerkschaften   20
Glaserbataillone s. Kriegsgefangenen-Arbeitsbataillone
Goebbels, Joseph   37, 265f., 309
Göring, Hermann   20, 85, 89, 153, 267, 378, 383
Golik, Hedwig   272f.
Gorbatschow, Michail   364
Gorbunow, Fedor   131
Gottesdienste s. Religiöse Betreuung
Grabinski, Stanislaus   357f.
Graf Spee'scher Wald   207
Griechenland   35
Griechen   183, 249
Grieger, Manfred   376
Großbritannien   14f., 68, 376
Großhandel   57, 81f.
Großküchen s. Werks- und Lagerküchen, Ausländer-Küchen
Großlager (allg.)   158ff.
Großlager Hiesfelder Bruch (Dinslaken) der Vereinigte Stahlwerke AG   159f.
Großlager Voerde der Fried. Krupp AG   159
Großrussen s. Russen
„Grubenmilitarismus"   299
Grundmann, Wilhelm   158
Güternahverkehr   129f., 132f., 141
GULAG (sowjet. Straf- und Arbeitslager)   363*
Gutehoffnungshütte Aktienverein (Oberhausen)   45, 186
Gutehoffnungshütte Aktienverein, Betriebe in Walsum (Rheinwerft, Südhafen)   186
„GV-Verbrechen"   34, 274-277, 279f.

H / h

H., S.   302
Haager Landkriegsordnung   11
Häuser- und Barackenbau GmbH   276
Hagen   277, 315
Hagen, NN., Dr. med.   189

Hagenshof-Siedlung (Projekt)   373
Hamborn s. Duisburg, Stadtbezirke
Hamborner Bergbau AG   356f.
Hamburg   3, 53*, 54, 65, 73, 139f., 156, 303, 358
Handel (s. auch Großhandel)   43
Handwerk (v. a. Bauhandwerk)   21, 43, 83, 128, 130, 136-142, 382
Hannover   3
Harpener Bergbau AG   89*
Harris, Rufus (Brit. Army)   325f., 337f., 340, 342, 354
Hattingen   4, 316
Hauptbahnhof Duisburg   77, 128, 318
Hauptpostamt Duisburg   77, 129, 169, 177, 253
Hausangestellte (weibl.)   142, 146f., 309
Haverkamp, Gerhard   328
Heckmann s. C. Heckmann
„Heimatfront"   13, 71f., 209, 267
Heimatlose Ausländer s. Displaced Persons
Heimkehr s. Repatriierung
Heinkel-Konzern   51
Heinrich Hagen KG   127, 153
Helbach, Eleonore   162
Hemer, Kriegsgefangenen-Stammlager   30, 100, 150, 212, 294, 313
Herbert, Ulrich   2f., 7, 64*, 91, 100, 222, 259, 299, 383
Herbst, Ludolf   2
Hermann Verlohr jr. (Geldschrankfabrik)   127
Herten, Josef   156
Hildebrand, Heinrich   176
Hilfswachleute s. Wachleute / Wachmannschaften
Hilfswerk der Evangelischen Kirche   369
Himmler, Heinrich   8, 51, 134, 280
Hinrichtungen   299f., 301f., 305 (s. a. Polizeimorde)
Hinzert, Straflager der SS   289
Hitler, Adolf   13ff., 18f., 21, 25, 37, 44, 50f., 58, 68, 79, 215, 266, 281, 309, 375, 378
Hochtief AG   290
Höherer SS- und Polizeiführer West (Düsseldorf)   221, 286f.
„Höhlenprojekte" s. Industrieverlagerungen
Homberg (Stadt resp. Stadtbezirk von Duisburg)   53f., 57, 62, 71, 126f., 129f., 132f., 141f., 144, 181f., 184, 187f., 193f., 210, 220, 227, 231, 269, 295, 314, 318, 320, 345, 360
Homze, Edward   2
Hueck, Adolf   327*
Hüttenberger, Peter   18
Hütte Ruhrort-Meiderich s. August Thyssen-Hütte AG

Hungerstreik 214
Hunswinkel, Arbeitserziehungslager 289f.
Huster, NN. 161
Huvermann, Wilhelm 270

I / i

I. G. Farbenindustrie AG (Konzern) 51, 282
I. G. Farbenindustrie AG, Werke
- Auschwitz-Monowitz 51
- Duisburg-Hochfeld (Sauerstoffwerk) 57
- Krefeld-Uerdingen 57, 202*, 282
Illegale Abkehr s. Arbeitsvertragsbruch
Industrie- und Handelskammer Duisburg-Wesel 53, 327*
Industrieverlagerungen (auch Betriebsverlagerungen in unterirdische Anlagen) 17, 51f., 56, 75
Ingenhammshof (Landwirtschaftlicher Betrieb) 146
Innere Mission 369
Institut für soziale Bewegungen der Ruhr-Universität Bochum 4
International Refugee Organization 365, 369
Invasion (1944) 76f., 309
Israel 365
Italien 12, 36, 44, 45, 85, 118, 154f., 227, 252f., 256, 276, 310, 345, 376
Italiener (Zivilisten) 12, 14, 32, 36f., 59, 83, 85f., 91, 93f., 102, 104, 109, 115, 117, 122, 126f., 130, 133, 135, 142, 150f., 155, 164f., 168, 172f., 183f., 188, 193-197, 199f., 202, 206, 213, 223, 226f., 230ff., 234, 237, 245, 247, 249f., 252f., 260ff., 276f., 281, 288, 295*, 333, 336, 339, 358f.
Italienische Militärinternierte 3, 26*, 36, 44, 62, 91, 93f., 96, 100, 104, 109, 117ff., 122-125, 130, 132f., 142, 154f., 164ff., 168f., 177, 183, 198f., 211f., 215ff., 271, 296f., 301, 339, 351, 359, 379
Iwanowaschuwa, Lydia 269f.

J / j

J. H. Schmitz Söhne (Maschinenfabrik) 141, 184
Jacobmeyer, Wolfgang 3
Jarres, Karl 341
Josef Brand (Maschinenbau und Eisenkonstruktionen) 57, 123
Juden (allg.) 4, 19, 33, 35-39, 52, 82, 133f., 262, 279f., 349, 364

Jüdische Zwangsarbeiter (Deutsche) in Duisburg 133f.
Jugoslawen (s. a. Serben) 12, 14, 85f., 131, 261, 281, 350, 365f.
Jugoslawien 35, 261, 364
Justiz 18f., 165, 279-282, 289, 303, 307

K / k

K., B. 273, 298f.
K., NN., Betriebsassistent 267
K., NN., Kriegsgefangener 302
K., NN., Meister 297
K., P. 302f.
Kabelwerk Duisburg AG 57, 126, 180, 269, 273, 321
Kaiserberg 68
Kaiser-Wilhelm-Institut für Arbeitsphysiologie 208, 218
Kaminsky, Uwe 8*, 372
Kapitulation (1945) 56, 336
Karl Heck & Co. 113
Karl Hitzbleck (Bauunternehmen) 127
Kaschewsky, Albert 29, 161, 163, 301, 324
Kassenärztliche Vereinigung Deutschlands 230
Katholiken / Katholische Kirche 241-248, 263
Katholische Kirchengemeinde Liebfrauen (Hamborn) 170
Katholische Kirchengemeinde St. Dionysius (Alt-Walsum) 185, 246
Katholische Kirchengemeinde St. Ewaldi (Laar) 233
Katholische Kirchengemeinde St. Michael (Mittelmeiderich) 144
Katholische Kirchengemeinde St. Peter (Rheinhausen) 245
Kennzeichnung s. Abzeichen
Kerkering, Peter 306
Kiew 317
Kinder (von ausländischen Arbeiterinnen) 216, 238, 350
Kinderdorf *Maria in der Drucht* 158
Kindergräber auf Duisburger Friedhöfen 350, 359
Kinderlager s. Ausländer-Kinderheime
Kinderlandverschickung 70, 73f., 149
Kino 203, 249f.
Kirchliche Einrichtungen (als Arbeitgeber) 83, 142-145, 260
Klass, Gert von 5f.
Kleidung und Schuhe s. Versorgung mit Konsumgütern
Kleier, NN., Dr. med. 231
Klimpel, Gustav 352, 354, 367f.

Klingenburg, Christel 300*
Klöckner & Co., Metallabteilung 128
Koch & Co. 57
Kochan, Gustav 40, 72
Köln 74f., 225, 248, 255, 304, 306, 311
Köln, „Messelager" 180
Köln-Aachen, Gau 156, 237, 255
Köln-Düsseldorfer Dampfschiffahrts-Gesellschaft 183
König-Heinrich-Platz s. „Russengräber"
Königsberg 65
Kohleförderung (nach Kriegsende) 326
Kohlenbergbau s. Bergbau (allg.), Steinkohlenbergbau
Kohlenhandel 57, 81f.
Kokerei Westende 199
„Kollaboration" (Vorwurf) 362ff., 383
Kommunalverwaltungen (allg.) 43, 71-73, 77, 83, 130f., 132*, 136f., 163, 189, 197
Konsumgüterindustrie 21
Konzentrationslager (allg.) 20, 41, 48, 50, 180, 274ff., 280, 289, 303
Konzentrationslager (einzelne)
- Buchenwald 59, 134, 300, 180, 349
- Dachau 12
- Oranienburg 12
- Ravensbrück 275
- Sachsenhausen 59, 134, 180, 349
- Theresienstadt 133f.
Konzentrationslager-Außenlager (allg.) 50ff., 134, 151, 291
Konzentrationslager-Außenlager Duisburg 59, 134f., 166, 180f., 198, 212, 349, 380f.
Konzentrationslager-Häftlinge 12, 17, 21, 33, 35, 41, 44, 48-52, 59, 63, 72f., 134f., 180f., 211, 288f., 375, 378, 380f.
Korruption s. Veruntreuungen
Kosaken 38
Kosjatschenko, Anastasia 145
Kost, Heinrich 97f.
Kosten der Ausländerbeschäftigung 30, 33, 42, 378f.
Kowalenko, Alexander 304f.
Kowalenko-Bande 304ff.
Krakau 23
Krampe, Gustav 321
Krankenhäuser, Krankenreviere und -stationen 29, 38, 43, 45, 68, 134, 150ff., 160, 169, 175f., 189ff., 229-239, 247
Krankensammellager 22*, 29, 237f.
Krankenversicherung 38
Krankheiten / Krankenstand 106, 234-238
Kraume, Hans Georg 4
Kraut, Heinrich 218
„Krautaktion" (1944) 218
Krefeld 2, 75

Krefeld-Fichtenhain, Kriegsgefangenen-Stammlager 30, 130, 150f., 181, 212, 300
Kreisbauernschaften 21
Kreishandwerkerschaften 21, 81*, 137f., 140
Krematorium Duisburg (Waldfriedhof) 349, 351, 353
Kreuter, Anton 337
Kreyenpoth (Landwirtschaftlicher Betrieb) 146
Kriegsgefangene, belgische, 42, 58f., 85, 93, 101, 104, 112, 117, 129, 169, 207
Kriegsgefangene, britische 41f.
Kriegsgefangene, französische 32, 41f., 44, 58f., 85, 99, 101, 104, 107f., 117ff., 123, 129, 132f., 137f., 140ff., 145, 167ff., 182, 185, 187ff., 203, 207, 212, 243f., 246f., 267, 269, 273, 296
Kriegsgefangene, niederländische 42, 58f.
Kriegsgefangene, polnische 33*, 34, 41f., 140, 241f.
Kriegsgefangene, sowjetische 2, 3, 11, 26*, 32, 34f., 38, 40f., 43, 51, 59, 62, 76f., 82, 86, 89ff., 93f., 96, 98-102, 104, 107f., 123f., 129, 132f., 141f., 153f., 166ff., 170, 181f., 185, 192, 199, 205, 207f., 211-221, 226ff., 231, 235ff., 250, 263, 267f., 271f., 283f., 286, 294ff., 299-302, 345-348, 350ff., 357, 362, 377, 379
Kriegsgefangenen-Arbeitsbataillone (allg.) 136-140, 197, 348
Kriegsgefangenen-Arbeitsbataillone, einzelne
- Bau- u. Arbeitsbataillon 3 138, 140
- Bau- u. Arbeitsbataillon 5 138, 185
- Bau- u. Arbeitsbataillon 7 137f., 140, 142
- Bau- u. Arbeitsbataillon 33 137
- Bau- u. Arbeitsbataillon 39 139f.
- Dachdeckerbataillon 10 138ff.
- Dachdeckerbataillon 12 139
- Glaserbataillon 6 137, 139
- Glaserbataillon 10 138f.
- Glaserbataillon 12 138ff.
Kriegsgräbergesetz 355f.
Kriminalität s. Delikte
Kriwoj Rog (Erzbergbaurevier) 89
Kroaten 36, 93, 115, 154, 175, 183, 249, 260, 281, 284
Kroatien 36, 154, 256
Krupp s. Fried. Krupp AG
Krupp Eisenhandel GmbH 81
Krupp von Bohlen und Halbach, Alfried 383
Krupp-Prozeß 6
Kuczynski, Jürgen 64*
Kupferhütte s. Duisburger Kupferhütte AG

L / 1

Lager und Unterkünfte (allg.) 27-30, 33ff., 38, 53, 68, 77, 79, 85, 99, 104, 123, 128, 136f., 140f., 144, 149-207, 204, 210, 227f., 230, 236f., 239, 241, 244, 246, 262, 273, 276, 288, 293, 298, 302, 304f., 310-313, 315ff., 321, 327-330, 332ff., 336ff., 339f., 343, 375, 378, 382; s. a. Großlager

Lager und Unterkünfte (einzelne)
- *Aida* (Düppelstraße 21) 172, 200
- Aktiengesellschaft für Zinkindustrie (Werksgelände) 176f.
- Alsumer Straße (ATH-Gelände) 59, 169
- Alte Ziegelei Kaldenhausen 178
- Am Weißen Stein 182
- Bahnhofstraße 181
- Bahnmeisterei Ruhrort-Hafen 178
- Baldhausstraße 30 199
- Baracke am Grunewald 132*, 177, 201
- Baracke Jahn-Sportplatz 141f., 182, 184, 189
- Beeckerwerth s. Hoffsche Straße
- Beguinengasse 132
- Bergmannsheim I 184f., 189-192, 379
- Bergmannsheim II 182, 184f., 189-192, 379
- Berninghaus-Werft 178, 200
- Berufsschule Hamborn 74f.
- Berzelius Metallhütten-GmbH, Kriegsgefangenenlager 168f., 176
- - Italienerlager 169
- - Ostarbeiterlager 176
- - Westarbeiterlager (Ehinger Straße) 169, 176, 324
- Bunker Oberstraße 178
- Burgacker-Saal (Gastwirtschaft) 138
- Burghof (Gastwirtschaft) 170
- *Daldibor* (Laarer Straße 6) 138, 172, 200
- Dampfschiff *Drachenfels* (Werkshafen Krupp) 183
- DEMAG Werk Harkort, Lager Wirtschaftsgebäude (Werthauser Straße 48) 330ff., 334ff.
- Diakonenhaus (zeitweilig KL-Außenlager) 128, 135, 177, 180f.
- Didier-Werke AG, Ostarbeiterlager 316
- Düsseldorfer Chaussee (Didier-Werke AG) 168
- Duisburger Kupferhütte, Lager für sowjetische Kriegsgefangene 168
- Duisburger Kupferhütte, Ostarbeiterlager im Werksgelände 303
- Duisburger Kupferhütte, Lager Werthauser Straße 331 (Tab.), 334ff.
- Egonstraße (Angerstraße) 177
- Eisenbahnwerkstätten (EBW) 171f., 178
- Eisenwerk Wanheim, Kriegsgefangenenlager auf dem Werksgelände 168
- - Ostarbeiterlager 168, 175f., 198, 210, 228f., 238, 248
- Elisabethstraße (Lager nach Kriegsende) 333
- Ernst-Weinstein-Haus (Rosenstraße) 272
- Erzstraße 9 s. *Tannhäuser*
- Esch-Werke, Lager für zivile Arbeiter 201
- Evangelisches Gemeindehaus Wanheim 174f.
- Evangelisches Vereinshaus Homberg 142
- Felsenstraße 95 (Gastwirtschaft) 129, 169
- Ferngaswerk Beecker Straße 100f., 162
- *Figaro* (Neue Schwelgernstraße) 172, 200
- Forsthaus Ashauer 138
- Franz-Lenze-Straße (Kriegsgefangenenlager der ATH) 167, 172, 299
- Friedrich-Alfred-Hütte, Lager für ital. Militärinternierte 181f., 216
- - Lager für sowjetische Kriegsgefangene 216
- - Ostarbeiterlager s. Lager I u. Lager II
- Gelatine- und Dicalciumphosphatfabrik 177
- „Gemeinschaftslager Ost" 240
- „Gemeinschaftslager" Schachtanlage Rheinpreußen 3
- Gesellenhaus am Dellplatz 328
- Glückauf-Schule 139
- Gutehoffnungshütte, Rheinwerft 186
- - Südhafen 186
- Haldenstraße (Ostarbeiterlager der Zeche Neumühl) 170, 198, 317
- *Hamlet* (Emscherstraße) 171f., 275
- Hamm (Gastwirtschaft) 174
- „Hauptrussenlager" der Gewerkschaft Walsum (wohl an der Elisabethstraße) 185, 191, 302
- Haus Kaldenhoff (Gastwirtschaft) 166f., 317
- Heetheidestraße 185f.
- Heiden (Gastwirtschaft) 94
- Heinrichplatz (Organisation Todt) 173
- Heinrichplatz (Stadtverwaltung Duisburg) 162
- Hermann-Göring-Schule („Arbeiter-Gemeinschaftslager" der Stadt Rheinhausen) 140f., 155, 162
- Hochfeldstraße (Außenposten des KL-Außenlagers) 181
- Hochofen-Menage s. *Rosamunde*
- Hohenbudberg (Uerdinger Straße) 202
- Hoffsche Straße (ATH) 167, 221, 236, 301
- Hoffsche Straße (GBAG) 166

- Hüttenschule (Gebäude der Staatlichen Ingenieurschule Duisburg)   177
- Jägerhof (Gastwirtschaft)   175
- Kabelwerk (Außenposten des KL-Außenlagers)   180
- Kabelwerk Duisburg, Ostarbeiterlager   201
- Kaiser-Wilhelm-Krankenhaus   139
- Kaiserplatz   182
- Kaspers (Gastwirtschaft)   170
- Katholisches Vereinshaus Duisburg-Mitte (Dellplatz)   177
- Katholisches Vereinshaus Hochfeld s. *Salome*
- Katholisches Vereinshaus Homberg   142
- Katholisches Vereinshaus Laar s. *Daldibor*
- Katholisches Vereinshaus Walsum (Kaiserstraße 41)   182, 185, 189f., 230 (?)
- Ketteler-Haus (Schulstraße 29)   170
- Kinderheim Laar s. *Tosca*
- Kleine-Natrop (Gastwirtschaft)   100f.
- Kolpinghaus Hamborn   136*, 177
- Kraus (Gastwirtschaft)   174f.
- Küster (Gastwirtschaft)   173
- Lager A (Parallelstraße / Friedrich-Alfred-Straße)   178, 183, 202
- Lager für Italiener in Homberg   142
- Lager J (Italiener-Lager an der Atroper Straße)   181ff., 202
- Lager I (Ostarbeiterlager an der Atroper Straße)   178, 183
- Lager II (Ostarbeiterlager a. d. Parallelstraße)   71, 178, 183, 202, 227
- *Lakmé* (Parkstraße 99)   113, 239, 163, 171f., 178, 200
- Maas [Bauunternehmen], Kriegsgefangenenlager   181
- Maibüschenweg (Lager der Hütte Vulkan in Hochfeld)   331 (Tab.), 334ff., 338
- Mannesmannröhren-Werke, Kriegsgefangenenlager in Großenbaum (Ledigenheim)   168, 244
-   - Kriegsgefangenenlager in Huckingen   168
-   - Italienerlager im und am Ledigenheim Großenbaum   173
-   - Ostarbeiterlager Großenbaum   173f., 178, 196, 199, 306
-   - Ostarbeiterlager Huckingen   173f., 178, 245, 305f.
-   -Westarbeiterlager Großenbaum   173f., 196
-   - Westarbeiterlager Huckingen   173
- *Marat* (Franz-Lenze-Straße)   172
- Marienstraße 2   170
- *Medas* (Emscherstraße)   172
- Meiderich-Ratingsee (KL-Außenlager)   134, 212
- Moerser Straße 72   202
- Neuer Friedhof (Düsseldorfer Chaussee)   136 (Anm. 135), 206, 177
- Niederrheinische Maschinenfabrik GmbH, Ostarbeiterlager   304f.
- Nühlen (Gastwirtschaft)   174
- Oberhauser Allee („Hippenwiese")   158, 167, 284
- *Oberon* (Stahlstraße 50)   167, 172, 178, 200, 288
- Opgen-Rhein (Landwirtschaftl. Betrieb in Alt-Walsum)   185
- *Orienta* (Neue Schwelgernstraße)   239, 171f., 200
- *Palestrina* (in Dinslaken)   172
- Parallelstraße (Kriegsgefangenenlager)   181
- Parkhaus Grunewald (Gastwirtschaft)   39, 138, 177
- Parkstraße 99 s. *Lakmé*
- Paulus-Haus (Gastwirtschaft)   170
- Pollmannshof (Fahrner Straße)   153, 158, 166, 198
- Poststraße (Postamt)   178
- Reichsbahn-Halde Krummenhak   168
- Reichsstraße   181
- Rheinblick (Gastwirtschaft, als Lager vorgesehen)   141
- Rheinstraße 210   186
- Rheinstraße 228   186
- *Rienzi* (Kaiser-Wilhelm-Straße, bei ATH-Tor III)   172, 178, 200
- *Rosamunde* (Matenastraße 9)   171f., 200
- Rosendahl (Gastwirtschaft)   170
- Rütgerswerke AG, Lager für zivile Arbeiter   201
- Ruhrorter Straße (Außenposten des KL-Außenlagers)   180
- „Russenlager Rheinstahl" s. *Undine*
- „Russenlager Vereinshaus" s. Katholisches Vereinshaus Walsum
- Sachtleben AG, Lager für zivile Arbeiter   184
- *Salome* (Wanheimer Straße 155 a)   171f.
- Schachtanlage Rheinpreußen 3, Kriegsgefangenenlager   181f.
- Schachtanlage Rheinpreußen 3, Lager für zivile Arbeiter   133, 142, 210, 220f., 231, 164, 181, 184, 188, 193, 295
- Schachtanlage Wehofen   167, 182
- Schüttung Rönsbergshof   166, 198f., 345, 351, 359
- Schützenhaus Wedau (Gastwirtschaft)   138
- Schule an der Brückenstraße   139
- Schule an der Carpstraße   139
- Schule an der Comeniusstraße (Lager nach der Befreiung)   317, 333, 339

- Schule an der Duissernstraße 25, 247
- Schule an der Eschenstraße 136*
- Schule an der Grimmstraße (Lager nach der Befreiung) 317, 333, 337, 339
- Schule an der Henriettenstraße 138
- Schule an der Horststraße 139
- Schule an der Humboldtsraße (Lager nach der Befreiung) 317, 333, 339f.
- Schule an der Mozartstraße 177
- Schule an der Ottostraße („Schulbaracke") 141, 193
- Schule an der Rheinstraße 184
- Schule an der Seitenstraße 139
- Sonnen- und Prinzenstraße 173, 195f.
- Stadttheater Hamborn (ehem.), Großes Haus 138
- Stadtwerke Duisburg (im Werksgelände) 177
- Stahlstraße 50 s. *Oberon*
- Steinbart-Oberschule 128, 177
- Sternbuschweg 129
- Talbahnstraße 55 113, 167f., 171
- *Tannhäuser* (Erzstraße 9) 167, 200
- *Tosca* (Adolf-Hitler-Straße 96) 171f., 200
- Turnhalle Stapeltor 169
- *Undine* I u. II (Mühlenfelder Straße 2) 171f., 197, 200
- Union (Gastwirtschaft) 138
- van Leuwen (Gastwirtschaft) 170
- Vereinshaus Laar s. *Daldibor*
- Vollrath Betonbau KG 178
- Voßstraße (Westarbeiterlager) 174
- Wedau (Reichsbahn-Ausbesserungswerk) 165, 178, 211
- *Wildschütz* (Wörthstraße 116) 171f., 200f.
- Wittener Walzenmühle (Außenposten des KL-Außenlagers) 180
- Wörthstraße (Sportplatz) 168
- Wolf (Gastwirtschaft) 169f.
Lager, Beheizung im Winter 160, 174, 186ff.
Lager, Hygiene und Ungezieferbekämpfung 149, 160, 174f., 183, 188-95, 330f., 379f.
Lagerärzte s. Medizinische Versorgung
Lagerführer 28f., 151, 162-165, 173f., 177, 190f., 193, 210f., 235, 256, 258, 273, 275, 293f., 298, 304f., 316, 327, 329, 383
Lagerzeitschriften s. Zeitschriften für ausländische Arbeiter
Lager- und Küchenpersonal 293, 378
Landgericht Duisburg 281, 307, 316,
Land- und Amtsgericht (Gebäude) 329f.
Landesarbeitsämter (allg.) s. Arbeitsverwaltung
Landesarbeitsamt Rheinland (Köln) 20, 62, 107f., 292f., 382
Landesarbeitsamt Westfalen (Dortmund) 20

Landes-Bau-Bataillon B 15 140
Landesregierung Nordrhein-Westfalen s. Nordrhein-Westfalen
Landeswirtschaftsamt Bonn 214
Landeswirtschaftsamt Düsseldorf 224
Landratsamt Moers 227
Landwirtschaft (allg.) 2, 12f., 21, 31ff., 41f., 45, 82, 96, 99, 102, 259f., 267, 282, 285
Landwirtschaft in Duisburg 83, 145f.
Lebedewa, Jelena 40, 143, 317
Lebensmitteldiebstähle 212, 300ff., 305, 315f.
Lebensmittelrationen s. Ernährung
Lehnkering & Co. 57
Leipzig 65
Lengkeit, Reinhold 4
Lintorf, DP-Lager s. Displaced-Persons-Lager 365, 370, 372
Loch, Wilhelm 63, 146f., 320, 347
Lodz 58
Löhne und Tarife (s. auch Rückständige Löhne) 20, 30, 38-41, 43, 51, 134, 341ff., 378f.
Löpmann, NN. 373
Lohbeck (Schiffsreparaturbetrieb) 112
Lotfi, Gabriele 4, 291
Ludwigshafen 225
Luftangriffe auf (Alt-) Duisburg, Rheinhausen, Homberg u. Walsum 54, 67-74, 83, 128, 131, 134, 144f., 157f., 160, 168ff., 176, 178, 180, 183, 197-202, 227, 232, 234, 266, 305, 310ff., 314, 345, 349f., 357ff.
Luftkrieg / Luftangriffe (allg.) 17, 25, 49, 50, 65, 67f., 70-76, 96, 116, 123, 126, 128, 130f., 136, 153, 156-159, 187, 195, 203, 219, 227, 232f., 237, 241, 252, 303f., 310-313, 319, 381
Luftkriegsopfer 68-71, 145, 198-202, 345, 349ff., 359
Luftkriegsschäden 107, 114, 128, 133, 136-142
Luftschutz 68-71, 125f., 130, 175, 182, 195-202, 292
Luftschutzpolizei 135f., 307
Luftschutzstollen 68, 196
Luftwaffe (dt.) 19, 51, 67
Luxemburg 35

M / m

Maas (Bauunternehmen) s. Wilhelm Maas OHG
Magdeburg 65
Mann, Heinrich 259, 277

479

Mannesmann-Konzern (Nachkriegszeit) 7
Mannesmannröhren-Werke AG
 (Gesamtunternehmen) 6, 55, 59, 116f.,
 159, 168, 173, 194, 199, 200, 214, 229,
 257, 291, 297, 305f., 379
- Arbeitserziehungslager in Duisburg-
 Huckingen und -Großenbaum (letzteres
 fraglich) 290f.
- Rheinhafen Huckingen 54
- Werke in Duisburg 83, 115f., 162, 173,
 175, 210, 261, 311*, 321, 341f.
- Abteilung Großenbaum 64*, 117f., 162,
 168, 173, 178, 244, 290, 306, 328
- Hüttenwerk Huckingen 59, 83, 117f., 162,
 173, 178, 194, 198f., 200, 214, 220, 227,
 236f., 239, 245, 248, 267, 271, 288, 290,
 293, 295ff., 314, 341, 358, 375
Maschinenbau 26*, 43, 53, 56, 58, 83, 100,
 123-126, 161, 165
Massengräber s. Beerdigungen
„Maßnahmenstaat" 19, 27, 151, 280f.
May, NN. 319
Medizinalaufsicht 29, 188f., 230, 236
Medizinische Versorgung 40, 175, 189,
 203f., 215, 229-238, 298, 317, 337f.
Meiderich s. Duisburg, Stadtbezirke
Meidericher Schiffswerft vorm. Thomas &
 Co. 57, 123
Metko, Iwan 273
Meyer, Alex 133
Meyer, Alfred 31, 84f.
Milch, Erhard 51
Miletti, Aldo 130*
Milizen 21f.
Mißhandlungen von Zwangsarbeitern 91,
 165, 204, 267f., 270, 282, 292-299, 380,
 383
Mittag, Fritz 162
Mönchengladbach 209, 299
Moers, Kreis 53
Moers, Stadt 90*, 142
Moiseewa, Olga 81*, 115, 257f.
Moldhagen, Gertrud 269f.
Mosheuvel, J. A. 25f., 247
Moskau 15
Mülheim an der Ruhr 65, 73, 140, 156,
 162, 232*, 299, 319ff.
Müller & Co. Friedrich Rodiek (Bauunter-
 nehmen in Bremen) 153
Müller-Voigt, Fritz 337
München 3, 49, 65, 77, 255
Münster i.W. 3, 84, 89*, 225, 287, 311, 369
Mussolini, Benito 44, 154f., 253
Mutterschutz 238f., 270f.

N / n

Nachrichten über den Kriegsverlauf 154,
 256ff.
Nacken, Peter 246
National-Zeitung 304f.
Nationalsozialistische Deutsche Arbeiterpar-
 tei (s. auch Parteikanzlei der NSDAP) 9,
 19, 21, 31f., 34f., 37, 58, 63, 73*, 76,
 143, 270f., 292, 309, 221, 232f., 347
- Kreisleitung Dinslaken 189f.
- Kreisleitung Duisburg 78, 146f., 233,
 315, 329
Nationalsozialismus / Nationalsozialistische
 Ideologie (s. auch Rassismus) 13, 31-38,
 43, 52, 153f., 194, 208f., 263, 266, 277,
 310, 375f.
Nationalsozialistische Volkswohlfahrt 73f.
Nebel & Fritzsche 127
Neuer Friedhof s. Friedhöfe
Nick, NN. 336
Niederlande 24ff., 35, 42, 48, 82, 91, 117f.,
 240, 253, 266, 274, 313, 315, 328, 361,
 376, 382
Niederländer 12, 15, 24f., 36f., 40, 42, 45,
 59, 93f., 104, 112, 115, 117, 119, 123,
 126-131, 140, 143, 155, 162, 172, 175,
 177f., 183f., 194, 234, 247f., 253, 261f.,
 202, 263, 275f., 281, 285, 288, 290f.,
 306, 332, 334f., 338f., 351, 358
Niederländische „Kolonie" in Duisburg 63,
 261, 281
Niederländische Kriegsgefangene 42, 58f.
Niederrheinische Gas- und Wasserwerke
 GmbH 55
Niederrheinische Hütte s. August Thyssen-
 Hütte AG
Niederrheinische Maschinenfabrik GmbH
 (NIEMAG) 123, 304f., 327*
NKWD (sowj. Geheimdienst) 362
Nordrhein-Westfalen 30, 48, 64, 366, 369,
 372
Nordrhein-Westfalen, Landesregierung (Mi-
 nisterien) 353-355, 369-72
„Normenstaat" 19, 29, 151, 280f., 292, 294
Norwegen 35, 253, 266
Norweger 36, 227
Nürnberg 49, 65
Nürnberger Prozesse 6, 12, 383

O / o

Oberbeck, Friedrich 327, 330, 332, 334
Oberbergamt Dortmund 89, 97, 213, 294
Oberfinanzdirektion Düsseldorf 370
Oberhausen 1*, 45, 49, 57, 73, 75, 90*,

119, 122, 127, 150, 186, 209, 234, 290, 305, 319f.
Oberkommando der Wehrmacht 18, 30, 40f., 137, 154, 172, 208, 242f.,
Oberscheidt (Landwirtschaftlicher Betrieb) 146
Oberschlesien 20, 32, 33*, 35, 84, 86, 89, 96, 282, 313f.
Oemler, NN. 109*
Österreich 53*, 75, 365, 376
Offenburg 3
Ohletz, Wilhelm 130*
Oktoberrevolution 261
Ordensschwestern (Krankenpflege) 232ff., 335
Organisation Todt 27f., 46, 65, 127, 150, 159, 161*, 173, 183, 252, 295
Organisationen der Wirtschaft 18, 26, 152
Ostackerfriedhof s. Friedhöfe
Ostarbeiter 3, 26*, 32-40, 43, 45, 48, 59, 62f., 73, 76f., 86, 90f., 93, 96, 96-104, 106, 109f., 112-115, 117ff., 122ff., 127f., 131f., 135, 141, 143-146, 151f., 154f., 159, 162f., 165, 167, 170-178, 183-186, 194ff., 198ff., 202, 204ff., 208f., 211, 213-218, 220-230, 232, 234f., 237-241, 243ff., 247f., 249-252, 254-258, 263-269, 271-277, 280f., 283-286, 288, 293, 296-300, 302-307, 311f., 315ff., 323ff., 330, 332-337, 339-343, 349-352, 357, 362, 367, 376, 379
Ostarbeiterabgabe 39
Ostarbeiter-Erlasse 34, 205f., 244, 280
Ostarbeiter-Sparkarten
Ostpreußen 186, 313

P / p

P., E. 164
P., NN. 316
Panzerproduktion 54ff.
Paris 243, 276
Parsons, NN. (Brit. Army) 352, 367f.
Parteikanzlei der NSDAP 18, 29, 38, 279, 281
Pauels, Gertrude 273
Paul-Humburg-Haus 372
Pawelschenko, Michail 299f.
Peter Fix Söhne (Bauunternehmen) 127
Peter Maassen (Schaufelstielfabrik) 141, 184
Petzina, Dietmar 2
Pfahlmann, Hans 2
Pleiger, Paul 89, 97, 215f.
Plünderungen 279f., 302f., 305, 313, 316, 323-326, 340

Pohl, Oswald 51
Polen (Staat; s. auch Generalgouvernement) 2, 11, 20, 22, 24, 41f., 48, 240, 253, 266, 271, 280, 327, 348, 364, 376f., 383
Polen (Personen; s. auch Polnische Kriegsgefangene) 11f., 23, 31-43, 45, 48, 58f., 62, 77, 83-86, 93, 99, 109, 122f., 128, 134, 143, 151, 153ff., 165, 170ff., 174f., 180, 185, 196ff., 202, 205, 213, 215f., 227f., 230ff., 234f., 238-243, 245, 247f., 249, 251, 253, 257, 260ff., 263ff., 266, 274-277, 279-284, 290, 311f., 323, 327, 336, 338ff., 342, 350, 360, 364, 366, 369, 376f.
Polen-Erlasse 34, 205
Poletajew, Boris 268f.
Poli, Francesco 295
Polini, Gino 231
Polizei (s. auch GESTAPO) 18f., 21f., 30, 72, 75-79, 135, 150, 165, 187, 193, 205, 223, 234, 253, 271, 274, 276, 283, 288f., 293, 295*, 301-307, 309, 312, 315, 318, 321, 323, 325, 327ff., 332, 340f.
Polizeigebäude Hamborn 341
Polizeigefängnis Duisburg 302, 306f.
Polizeimorde (März/April 1945) 306f., 320f., 351
Polizeipräsident als *Leiter des Luftschutzortes* 68, 199, 232f.
Polizeipräsident Düsseldorf (Behörde) 78*, 284
Polizeipräsident Duisburg (Behörde) 76, 78, 288, 319
Polizeipräsidium Duisburg 270, 283, 299f., 357
Polizeipräsidium Oberhausen 283
Polnische Kriegsgefangene 33*, 34, 41f., 140, 241f.
Popowa, Xenia 39f.
Posen, Provinz 260
Postdienst (s. auch Deutsche Reichspost) 43, 83, 129, 253-256
Postzensur 25, 253-256, 293
Powstjanko, Anna 119*, 165*, 197
Private Unterkünfte 149f., 152, 174, 177
Privathaushalte (als Arbeitgeber) 83, 146f.
Proch, Florian 348
Pronina, Lydia 273f.
Pustoja, Jurek 197
Pustola, Kazimierz 83, 197, 220, 266, 311*
Pustola, Wojtek 197

R / r

R., NN. 296
Rassismus und Rassentrennung 2, 31-38,

52, 153f., 194, 196f., 204f., 208f., 217, 221f., 224, 228ff., 232, 239, 241-244, 250f., 259-277, 281, 306, 346ff., 375f.
Rathaus Duisburg 25, 77f., 321, 336
Rathaus Hamborn 78, 320, 324, 326, 328, 336, 370
Ratingen 3, 8*, 160
Rauh-Kühne, Cornelia 378
Recklinghausen 140
Reederei Haniel 321
Reedereien 130, 321
Rees, Kreis 319
Regierungsbezirk Düsseldorf 78, 281, 284
Regierungspräsident (Bezirksregierung) Düsseldorf 78, 130, 189, 343, 353
Reichsarbeitsdienst 134, 150ff., 163, 170, 175f., 180, 183
Reichsarbeitsministerium 18, 20f., 26, 30, 32, 35, 37f., 82, 89, 151, 228, 255, 279, 283
Reichsarbeitsverwaltung s. Arbeitsverwaltung
Reichsbahn s. Deutsche Reichsbahn
Reichseinsatz des Deutschen Handwerks 348
Reichsführer SS und Chef der Deutschen Polizei 205, 236, 245, 279f., 283, 293
Reichsgruppe Industrie 213
Reichskommissariat Ostland 35
Reichspost s. Deutsche Reichspost
Reichsminister s. unter (einzelnen) Reichsministerien
Reichsministerium der Finanzen 41
- der Justiz 280f.
- des Innern 75, 293, 346
- für die besetzten Ostgebiete 22, 280
- für Ernährung und Landwirtschaft 208f., 213f., 218
- für Rüstung und Kriegsproduktion 17ff., 26f., 91, 119, 152f., 159f., 193, 235, 285f., 378
- für Volksaufklärung und Propaganda 38, 248, 271, 281
- für Wissenschaft, Erziehung und Volksbildung 74f.
Reichsnährstand 37
Reichspostministerium 253
Reichsprotektorat Böhmen und Mähren 12, 35, 74, 118, 276, 281
Reichssicherheitshauptamt 20, 32, 35, 37f., 76, 153f., 208, 241, 243, 264, 279f., 282f., 300, 305
Reichsstelle für Kleidung 224ff.
Reichstreuhänder der Arbeit 18, 20, 29, 38, 286-288, 296
Reichsvereinigung Eisen 26
Reichsvereinigung Kohle 26, 89, 152

Reichsvereinigungen (allg.) s. Organisationen der Wirtschaft
Reichsverkehrsministerium 129f.
Reichswirtschaftsministerium 18, 89, 97, 213, 226, 252,
Reichswerke „Hermann Göring" 2
Reichswirtschafsministerium 26f.
Reichswohnungskommissar 73
Reil, NN. (U.S. Army) 335
Rekrutierung v. Arbeitskräften 22-26, 41-46
Religiöse Betreuung 241-48, 257
Remscheid 134
Repatriierung 317, 327f., 332ff., 338-343, 361-364, 366, 371
Resistance 24
Resistenza 44
Reuter, Hans 27, 49, 153, 217, 226, 235, 286
Rheinbrücken 142, 318, 321, 361
Rhein-Herne-Kanal 319f.
Rheinhausen 6, 53f., 55ff., 59, 62, 71, 90*, 98f., 115, 124, 127ff., 130, 133, 140, 155, 157, 178, 181-184, 98f., 192, 202, 216, 218ff., 227, 236, 245, 248, 270, 273, 290, 311, 314, 317f., 327, 334, 340, 345, 350, 360
Rheinische Mühlenwerke Hermann u. Wilhelm Werhahn 57
Rheinisch-Westfälisches Elektrizitätswerk AG 5, 326, 327*
Rheinisch-Westfälisches Industriegebiet (s. a. Ruhrgebiet) 34, 48-50, 65, 131, 137, 146, 156, 209, 237, 285, 289, 314
Rheinisch-Westfälische Speditions-GmbH 57
Rheinkamp (Gemeinde) 53
Rheinprovinz 31, 55, 186
Rhenania Rheinschiffahrtsgesellschaft mbh 57, 130
Rhenus Transport-GmbH 57
Ricken, Wilhelm 378
Ring, Walter 5
Roden, Günter von 4
„Röchling-Aktion" (1942) 107f.
Roelen, Wilhelm 97, 246
Rohland, Walter 26, 33
Rosiny-Mühlen AG 57
Rote Armee 15, 76f., 258, 265, 300, 309f., 313, 317, 336, 361, 363
Rotterdam 25, 247
Royal Air Force 67f., 70, 76, 310, 313
Rüsch, NN. 109*
Rüstungsindustrie / Rüstungsproduktion / Rüstungsendfertigung 12, 14-17, 20, 26, 33, 43, 45, 49-52, 54ff., 58, 103, 118f., 124, 135, 142, 146, 172, 187, 252, 287, 289, 313ff.

Rüstungskommandos 26*, 27, 378
Rüstungskommissionen 26*, 27
Rüstungsinspektionen 27, 135, 153
Rüstungslieferungsamt im Reichsministerium für Rüstung und Kriegsproduktion 27, 226
Rüstungsobmänner 27, 91, 286
Rütgerswerke AG 57, 126, 321, 328
Ruhrbrücken 320, 322
Ruhrbergbau 7, 31-34, 40f., 48f., 83-100, 152f., 191, 213f., 382
Ruhrchemie AG 57, 127, 221
Ruhrchemie AG, Arbeitserziehungslager in Duisburg-Hamborn 290
Ruhrepidemie (1942) 237
Ruhrgebiet 7, 20, 26f., 31f., 48-50, 53, 55, 57, 64f., 77, 83f., 94, 97, 102, 108, 123, 152f., 158f., 186f., 204, 217f., 242, 261f., 311, 313ff., 318f., 335, 361, 375, 382f.
Ruhrknappschaft 230
Ruhrkohle AG (RAG) 466
Ruhrstahl AG, Werke in Hattingen und Witten 218
Ruhrtalsperrenverein 290
Rumänen 36, 175, 339
Rumänien 36, 256
Rumeln-Kaldenhausen (Gemeinde und einzelne Ortsteile) 53, 128, 178, 345, 360
Rundfunk 79, 256ff., 315
Russen (s. auch Ostarbeiter) 24, 36, 45, 102ff., 106f., 135, 143ff., 208, 234, 244, 249, 261f., 263, 265ff., 279, 281, 317, 324ff., 329, 333, 336f., 339, 341ff., 362, 365, 369, 377
„Russengräber" auf dem König-Heinrich-Platz 4, 351-353
„Russenstrebe" (im Bergbau) 96f.
Rußland (s. auch Weißrußland, Ukraine) 35, 37
Rybnik 20

S / s

S., Dr. med. 231
S., NN. (bei Mannesmann) 296f.
S., NN. (Didier-Werke) 316
Saargebiet 83f., 94, 97
Sabotage 76f., 79, 287, 293, 296, 315
Sachartschenko, Nadeshda 316
Sachtleben AG 57, 126f., 184
Saisonarbeit (von Ausländern in Deutschland) 11, 32
Sammelgräber s. Beerdigungen
Sanitäter 150, 295, 229-231, 298
St. Anna-Krankenhaus 144f., 239, 325
St. Barbara-Hospital 40, 45, 143, 223, 232, 239f., 273, 294, 317, 337, 339f.

St. Camillus-Hospital 144
St. Elisabeth-Hospital 144, 232, 239
St. Elisabeth-Kirche 247
St. Johannes-Hospital (Hamborn) 144, 234, 238f.
St. Johannes-Stift (Homberg) 144, 231
St. Joseph-Hospital 144, 232f.
St. Marien-Hospital 239*, 302f.
St. Vinzenz-Hospital (Dinslaken) 234, 246f.
St. Vinzenz-Krankenhaus (Duisburg) 233
Sauckel, Fritz 14*, 21, 24f., 37, 43f., 216, 253, 286, 383
„Sauckel-Aktionen" 24f.
Sauckel-Speer-Kontroverse 44
Sauerland 315f.
Schäfer, Annette 382
Schäfer (Bauunternehmen) 193
Scharfe, Werner 162, 288
Schausberger, Norbert 2
Schenk & Lüttgen 182, 203*
Schetamanow, Peter 283f.
Schevtschuk, Maxim 304f.
Schlesien 49, 74f.
Schleßmann, Fritz 309, 319
Schmitz, Änne 268
Schmitz, Ferdinand 215*, 245
Schmitz, Heinrich 268*
Schnellbau Ewald Schekat KG 153
Schnürle (Stempelfabrik) 25f.
Schule an der Werthauser Straße 328
Schulgebäude als Arbeiterunterkünfte s. unter Lager (einzelne)
Schulze, Erich Edgar 323
Schwarz van Berk, Hans 265
Schwarzhandel / Schwarzmarkt 211, 222f., 323f.
Schwarzl, K. 272*
Schweiz 36, 46*
Schwering, Heinrich 322
Schwieren, Hermann 267
Schwobeda, NN. (U.S. Army) 324f., 329f.
Seeber, Eva 1
Seebold, Gustav-Hermann 2
Seelsorge s. Religiöse Betreuung
Seifenerzeugnisse 228
Semenko, Maria 270
Senne, Kriegsgefangenen-Stammlager 150, 313
Separierung der Ethnien (in den Lagern) 154f.
Serben 36, 93, 155, 172, 249, 295*
Serbien 35, 271
Service de Travail Obligatoire 24
Seuchen 151. 232, 235-238
Sexualverkehr s. GV-Verbrechen
Seydlitz-Kurzbach, Erich von 22*, 29, 46*, 156, 186, 237f.

Shoah 3, 19, 52, 364, 376
Slowakei 36, 256
Slowaken 36, 93f., 249, 261*
Slowenen 36, 260, 364
Sicherheitsdienst 18, 25, 75, 77, 209, 222f., 245, 253f., 257, 276f., 281, 312, 314
Sicherheitspolizei 75, 77
Sicherheits- und Hilfsdienst 135
Skandinavier 150, 205, 263
„Sklavenarbeit" (*Slave Worker Program*) 12
Sofortmaßnahmen 72f.
Sondergericht Duisburg 281, 302
Sondergerichte 7, 19, 280f.
Sonderstrafrecht 32, 279-281
Solidarität und Hilfe (auch Einzelfälle) 259, 267-273
Sowjetische Kriegsgefangene 2, 3, 11, 26*, 32, 34f., 38, 40f., 43, 51, 59, 62, 76f., 82, 86, 89ff., 93f., 96-102, 104, 107f., 123f., 129, 132f., 141f., 153f., 166ff., 170, 181f., 185, 192, 199, 205, 207f., 211-221, 226f., 231, 235ff., 250, 263, 267f., 271f., 283f., 286, 294ff., 299-302, 345-348, 350ff., 357, 362, 377, 379
Sowjetische Militärmission 342
Sowjetunion 2, 12ff., 17, 19, 21ff., 32, 34ff., 42f., 48, 62, 89, 91, 93, 101f., 114, 117, 123f., 131, 135, 180, 208, 215, 229, 244ff., 251ff., 261, 266, 312, 315, 327, 336, 345, 349, 354, 361f., 364, 369, 375ff., 382f.
Sozialamt für Ausländer (in Nordrhein-Westfalen) 369
Spanien 36
Spanier 249
Speer, Albert 15-17, 26, 44, 51, 157, 266, 378, 383
Sperling (Handwerksunternehmen) 185
Sperrbetriebe 44
Spitzbunker („Winkel-Türme") 195
Splitterschutzgräben 68, 168, 175, 195f., 198ff.
Spoerer, Mark 64*, 378
Sprockhövel 3
SS (allg.) 19, 21f., 25f., 33f., 37, 50-52, 59, 134f., 151, 180, 198, 208, 232, 289, 309, 312, 316
SS-Baubrigaden (allg.) 50, 72
SS-Baubrigade I 50, 59, 134
SS-Baubrigade III 50, 59, 134f., 180f., 381
SS-Betriebe und -Unternehmen 50f., 151, 289
SS-Wirtschafts-Verwaltungshauptamt 51, 134
Staatenlose 261, 281
Staatliche Gewerbeärzte s. Medizinalaufsicht

Staatspolizei s. GESTAPO
Stadtarchiv Duisburg 1, 8, 269
Stadthaus Duisburg 78
Stadtkommandanten / Stadtkommandanturen (in Duisburg-Mitte [für das südruhrische Gebiet] u. Duisburg-Hamborn) 321-324, 330-333, 335-338, 340ff., 351-354, 367f.
Stadtverwaltung (Alt-) Duisburg (allg.) 25, 39f., 59, 63, 72, 77f., 81*, 128, 131-140, 155f., 162, 166, 168, 174, 177, 180f., 206, 215, 233, 223, 291, 310, 315, 318, 320-323, 326-338, 339-343, 351ff., 355
Stadtverwaltung (Alt-) Duisburg, einzelne Ämter und Einrichtungen
- Amt für die Betreuung der Ausländer 328
- Amt für Raumbewirtschaftung 175*
- Amt für Sofortmaßnahmen (später Amt für die Behebung von Kriegsschäden) 40, 72, 128, 131f., 134, 136f., 139, 327, 348
- Besatzungsamt 324, 327f., 332, 335*
- Bunkeramt 368
- Einwohnermeldeamt 332
- Friedhofsdienst 131f., 135, 206, 215
- Fuhrpark 131ff.
- Garten- und Friedhofsamt (später Grünflächen- und Friedhofsamt) 352f., 356-358
- Gesundheitsamt 273
- Hochbauämter 72, 131
- Hochbauamt I (Süd) 72, 327
- Hochbauamt II (Nord) 328
- Lohnamt 40, 206
- Luftschutzamt 68
- Polizeiamt 78
- Tiefbauamt 1 133
- Waisenhaus Hamborn 132
Stadtverwaltung Essen 64*, 291
Stadtverwaltung Homberg 30*, 130, 132f., 136f., 141f., 155f., 164, 182, 184, 187ff., 194, 220f., 227, 231, 269
Stadtverwaltung Rheinhausen 133, 136f., 140f., 162, 182f.
Stadtwerke Duisburg 5, 78, 132, 177, 321, 328, 332, 352
Stadt- und Gemeindeverwaltungen s. Kommunalverwaltungen
Städtische Krankenanstalten (Kliniken) Duisburg 45, 131f., 239, 337f.
Städtische Sparkasse Duisburg 78
Stahlindustrie GmbH s. Deutsche Eisenwerke AG
Stahlproduktion s. Eisen- und Stahlproduktion
Stalin, Josef W. 363f.
Stalingrad, Schlacht 12, 14f., 43, 37, 76, 84, 91, 206, 216, 258, 281, 285, 310
Standesämter 238, 300
Stappert, NN. 162

483

Stein, NN. 31*
Steinhauer, Franz 327*, 328
Steinkohlenbergbau (s. auch Ruhrbergbau) 31-34, 40f., 53ff., 67, 83-100, 152, 165, 170, 186f., 191, 215f., 226f., 263, 368, 373
Steinkohlenbergbau, Schachtanlagen in Duisburg
- Beeckerwerth 55*, 86, 90*, 166, 267f., 294f.
- Diergardt I 90
- Friedrich Thyssen 2/5 55, 90, 166, 170, 236, 263, 294f.
- Friedrich Thyssen 3/7 (stillgelegt) 55*, 172
- Friedrich Thyssen 4/8 55*, 90, 166, 170
- Neumühl 1/2 55*, 267, 293f., 301
- Rheinpreußen 3 (stillgelegt) 184, 295
- Walsum 1/2 55*, 293f., 314
- Wehofen (stillgelegt) 167, 182
- Westende 3/4 55*, 90*, 166, 170
- Wilhelmine Mevissen 1/2 90
Stiftung *Erinnerung, Verantwortung und Zukunft* 383, 465f.
Stinnes-Konzern 64*
Strafen für allgemeine und betriebliche Delikte 279-307
Strafen für Mißhandlungen von ausländischen Arbeitern 292ff., 297
Straflager s. Arbeitserziehungslager
Straftaten von Ausländern vor Kriegsende 279f., 282-293, 296-307
Straftaten von Ausländern nach Kriegsende 320, 322f., 324-327, 335, 340f., 367
Strafverfolgung nationalsozialistischer Unrechtstaten 383
Stratmann, Heinrich 246
Streim, Alfred 2
Streit, Christian 2
Stuckart, Wilhelm 73*
Sudetendeutsche 261*
Sudetengau / Sudetenland 56, 123, 261*
Sussojewa, Taissa 306
Syrup, Friedrich 32

T / t

T., J. 296f.
Tabakindustrie 81
Tappe, Rudolf 4
Tauschhandel 221ff.
Taylorismus s. Fließbandproduktion
Technische Nothilfe 77
Temme, Wilhelm 114f., 160, 301, 327*
Tenhagen, Wilhelm 352
Tenter, Heinz 319f.

Teplitz-Schönau 56, 123
Textilindustrie 126
Theisselmann, Heinrich 246f., 182
Thelen, NN. 162, 194f., 257, 305
Thermosbau Fabrikate KG / Thermosbau Duisburg 127, 342
Thierack, Otto 279f.
Thüringen 21, 163f.
Thyssen, Fritz 58
Thyssen AG / Thyssen-Konzern (Nachkriegszeit) 6f.
Thyssensche Gas- und Wasserwerke GmbH 55, 90*, 100f., 162, 167, 327*
Tietz, Manfred 5
Todt, Fritz 15, 26
Totenzahlen 201f., 345f.
Transportwesen 43, 129f.
Treue, Wilhelm 6
Tritonwerft GmbH 57, 113
Tschechen 14, 35f., 77, 93f., 150, 154, 249, 260ff., 279, 281, 336, 368f.
Tschechoslowakei 12, 56, 261, 368
Tuberkulose 22*, 29, 234f., 237f., 295
Typhus 29, 192, 235ff.

U / u

Uebbing, Helmut 6
Überführungen von ausländischen Verstorbenen in die Heimatländer 355, 358
Ukraine 24, 35, 89
Ukrainer (s. auch Ostarbeiter) 24, 36, 38, 45f., 82, 89, 102, 143-146, 155, 177, 199, 208, 234, 244, 246, 249, 258, 261, 281, 304f., 307, 317, 325, 336, 358*, 362, 364-366, 369, 377
Ukrainischer Arbeitsdienst / Werksdienst 159f., 172
Umbettungen von Verstorbenen nach Kriegsende 352f., 355-358
Umsetzungen 43, 45, 282, 286
Unerlaubter Abgang s. Arbeitsvertragsbruch
Ungarn (Land und Personen) 12, 14, 33, 36, 46*, 52, 85, 93, 230, 249, 256, 365
Ungezieferbefall von Unterkünften und Ungezieferbekämpfung s. Lager, Hygiene
United Nations Relief and Rehabilitation Administration (UNRRA) 365
UNO s. Vereinte Nationen
UNO-Siedlungen s. Displaced-Persons-Siedlungen
Unternehmerprofite 377f.
Unterschichtung 266f., 383
Urlaub, Urlaubssperren 38f., 46, 204, 226, 250-253, 282, 285f.
Urlauber-Sonderzüge 29, 251
U.S. Air Force 67f., 76, 195, 313

V / v

V., NN. 297
VDM Halbzeugwerke GmbH 123
Vereinigte Deutsche Metallwerke AG 119
Vereinigte Staaten von Amerika 16, 329, 365
Vereinigte Stahlwerke AG 26, 33, 39, 48, 55-58, 101, 109, 159, 161, 167, 174f., 218, 235, 321
Vereinigte Stinnes Reedereien 57
Vereinigte Ultramarinfabriken AG 57
Vereinte Nationen 364f., 369
Vereinte Nationen, Hochkommissar für Flüchtlinge (UNHCR) 365
Vergeltungswaffen (V-Waffen) 17, 52
„Vernichtung durch Arbeit" 52
Verschleppte Personen s. Displaced Persons
Versorgung mit Konsumgütern (Textilien, Schuhen u. a.) 222-229, 269, 273, 282, 286, 334, 336f.203f, 216,
Veruntreuung von Lebensmitteln 165, 210f.
Vichy-Regierung (Frankreich) 24, 43
Vierjahresplan 11f., 15, 18-21, 26, 28, 38, 85, 153
Vögler, Albert 218
Voerde, „Gemeinschaftslager" des Krupp-Konzerns und „Ausländerkinder-Pflegestätte" 241
Volkmann, Hans-Erich 2
Volksdeutsche 128, 177, 261*, 275
Volksgerichtshof 19
Volksschule Neuenkamp 128
Volkssturm 270, 301f., 319ff.
Volkswagenwerk GmbH / VW-Werk Wolfsburg 2, 16, 49f., 54, 381f.
Volkswirtschaftliche Vereinigung im rheinisch-westfälischen Industriegebiet 32f.
Vollrath Betonbau KG 59, 127, 169

W / w

Wachleute / Wachmannschaften 30, 130, 136ff., 141f., 166-169, 173ff., 187, 197, 202, 207, 229, 284, 289, 291, 293, 301, 304, 312
Waffen-SS 275
Wagemann, Karl 67
Wagner, Richard 178
Waldfriedhof s. Friedhöfe
Wallonen 36
Wallonisches Industrierevier 311
Walsum (Gemeinde und einzelne Ortsteile) 53ff., 57, 62, 126, 144, 182, 184ff., 190, 203, 234, 246, 290, 302, 319, 323, 333, 335, 342, 345, 350
Walsum, Industriehäfen 54, 94
Walter, Paul 31*, 33*, 84f., 89
Warschau 26, 83, 220, 266, 310
Warthegau 35, 282
Wehrkreiskommando VI (Münster i. W.) 140, 231
Wehrmacht / Wehrmachtsverwaltung 13, 15f., 18f., 21, 23, 25, 27, 30f., 33, 38, 43f., 46, 50, 52, 54, 76f., 89ff., 94, 101f., 108, 110, 117, 119, 128, 131, 136-140, 142, 150f., 161, 167, 171, 181, 207, 226f., 229f., 241, 243, 252, 255-258, 270, 275, 284f., 287, 299, 301, 309-113, 318ff., 336, 347f., 376
Wehrmachtsauskunftsstelle für Kriegsverluste und Kriegsgefangene 300
Weihnachtsgratifikationen 39
Weihnachtsfeiern (1943) 269
Weiland, Paul 304f.
Weinert, Anneliese 273
Weißrussen s. Russen
Weißrußland 24f., 35, 339
Weitz, Heinrich 322, 324ff., 329f., 332, 334f., 337f., 341f., 352, 354
Weltwirtschaftskrise 57f., 110
Wenghoefer, Erich 221
Wenk, NN. 160
Werkschutz 33, 49, 77f., 160, 205, 214, 219f., 273, 280ff., 289, 291ff., 298, 301f., 305, 315, 327
Werks- und Lagerküchen 28, 33, 104, 160f., 163ff., 170, 173, 175, 184, 210, 212, 215, 220, 291, 298, 301f.; s. auch Ausländer-Küchen
Werthauser Fähre 327, 333, 339
Wessel, Horst A. 7, 117
Westarbeiter 24, 35-38, 40, 48, 56, 59, 85f., 91, 94, 101f., 104, 112, 114, 119, 123f., 150-153, 158, 169, 171f., 174, 176f., 183, 194ff., 204ff., 208ff., 215, 217f., 220, 223, 226ff., 232, 237, 249, 252, 266, 271, 273-276, 281f., 284ff., 289f., 293, 312, 315, 321, 324, 332, 334ff., 338; (s. a. Belgier, Franzosen, Niederländer)
Westfalen, Provinz 31, 319
Westfalen-Nord, Gau 31, 84, 218
Westfalen-Süd, Gau 31*, 218
Westliche Besatzungszonen 361f., 366, 369
Westmächte 17, 336, 361f., 364, 369 (s. a. Frankreich, Großbritannien, Vereinigte Staaten von Amerika)
Westpreußen, Provinz 35, 260
Westwall 12, 45, 184
Widerstandsgruppen 76f.
Wien 53*, 255
Wilhelm Buller GmbH & Co. KG 127

Wilhelm Maas OHG 127, 141, 181, 187f.
Wilhelm van Lackum (Stahl- und Brückenbau) 321
Winkel, Leo 195
Wirtschaftsämter 73, 187, 225, 227ff.
Wirtschaftsamt Duisburg 77f., 224f., 336f.
Wirtschaftsgebiet Westfalen-Niederrhein 286f.
Wirtschaftsgruppen (allg.) s. Organisationen der Wirtschaft
Wirtschaftsgruppe Bergbau 26*, 40, 152
Wirtschaftsgruppe Maschinenbau 18, 26*, 29*, 379
Wirtschafts-Verwaltungshauptamt der SS 21, 41
Wisotzky, Klaus 64*, 156
Wlassow, Andrej 38
Wlassow-Armee 38, 362
Wolfsburg 49, 381
Württemberg 74, 186, 242, 382
Wuppertal 75, 209, 315
Wysocki, Lucian 275

Z / z

Zeche Alstaden (in Oberhausen) 90*
Zeche Diergardt-Mevissen 55*, 62, 90, 98f.
Zeche Diergardt-Mevissen, Arbeitserziehungslager 290f.
Zeche Mauritz (Niederlande) 94
Zeche Neumühl 55*, 62, 86, 90, 94, 97, 99, 158, 163, 166f., 170f., 212, 267, 272, 283f., 286, 291, 293f., 301, 317, 326, 327*, 333, 337, 348ff.
- Lagerküche an der Haldenstraße 163, 211, 334, 339
Zeche Rheinpreußen 6, 90*, 97, 188f., 193, 291, 295, 360
Zeche Walsum 6, 55*, 62, 84, 86, 90, 93f., 97, 178, 182, 184ff., 189-192, 203, 212, 230, 246, 282, 291, 293f., 302, 314, 345, 379f.
Zeitschriften für ausländische Arbeiter 248f., 258
Ziegelei Graf Spee 58
Ziegelei Schäfersnolte 58, 133
Ziegelei Wilms 58
Zielkowski & Sohn 128
Zigeuner 35f., 39, 279f.
Zimmermann, Michael 6*
Zulagen s. Löhne und Tarife
Zwangsarbeit von Deutschen (seit 1945) 383
Zwangsarbeits-Forschung 1-7, 299, 377, 382f.
Zweigert, Walter 320f., 327*

Duisburger Forschungen
Schriftenreihe für Geschichte und Heimatkunde Duisburgs

Band 24/25:
Manfred Schulz:
Die Entwicklung Duisburgs
und der mit ihm vereinigten Gemeinden bis zum Jahre 1962.
1977, 269 Seiten, Tabellenanhang mit 29 Tabellen, 1 Falttabelle,
6 Faltkarten, kart. EUR 14,-

Band 27:
Sammelband.
1979, 278 Seiten, 40 Abbildungen, kart. EUR 14,-

Dieter Kastner: Zur Lage des Hofes Karls des Großen in Friemersheim.
Joseph Milz: Untersuchungen zur Baugeschichte der Marienkirche in Duisburg.
Mechthild Scholten-Nees: Duisburger Töpferfamilien.
Günter von Roden: Die Anfänge der katholischen Schule in (Duisburg-)Laar. Ein Beitrag zur Schulgeschichte im Rahmen industrieller Entwicklung.
Hildegard Storm: Zur Einwanderung der Polen um die Jahrhundertwende und ihrer Kulturkontinuität in Hamborn.
Friedrich-Wilhelm Donat: Werkskapellen im Raum um das alte Duisburg. Über berufsverbundenes Laienmusizieren im 19. Jahrhundert.
Hans Stöcker: Staat - Presse - Öffentliche Meinung. Ein Beitrag zur Geschichte der Lokalzeitung im Dritten Reich.
Franz Hirtler: Julius Weismann - Zum 100. Geburtstag des großen deutschen Komponisten.
Wilm Falcke: Bewahren und Bewegen - 25 Jahre Julius-Weismann-Archiv in Duisburg-Homberg. Literaturbericht.
Tätigkeitsbericht der Mercator-Gesellschaft für 1976, 1977 u. 1978.
Ausführliches Register.

Band 28:
Heinz Hohensee:
Duisburger Notgeld.
1980, 204 Seiten, zahlreiche Abbildungen,
14 Farbtafeln, kart. EUR 14,-

Band 31:
Sammelband.
1982, 376 Seiten, 139 Abbildungen, 3 genealog. Tafeln, kart. EUR 17,-

Fritz Holthoff: Über den realistischen Bildungsgedanken.
Karl Hengst, Werner *Reinhard:* Die Entwicklung der Hilfsschule in Duisburg.
Joseph Milz: Neue Quellen und Forschungen zu Johannes Corputius.
Joseph Milz: Zwei niederfränkische Zwangsgebete in einer Duisburger Handschrift aus dem Jahre 1483.
Kurt Hofius: Funde spätmittelalterlicher Kleinplastik auf dem Burgplatz in Duisburg.
Kurt Hofius: Archäologische Untersuchungen am Haus Hagen in Duisburg-Meiderich.
Monika Nickel: Die Vorfahren Wilhelm Lehmbrucks.
Heinz Nohlen: Die Aldenrader Höfe Becker und Möller.
Werner Burghoff: Bauten des Historismus in Duisburg.
Wilhelm Toups: Der erste Kirchbau in Hüttenheim.
Ludger Heid: Caspar Bergrath und die ADAV-Agitation in Duisburg und Essen.
Detlev Peukert, Michael Winter: „Edelweißpiraten" in Duisburg.
Günter von Roden (Hrsg.): Duisburger Straßennamen, T. 1: Altstadt.
Ausführliches Register.

Band 32
Ludger Heid:
Von der Zunft zur Arbeiterpartei.
Die Social-Demokratie in Duisburg 1848 - 1878.
1983, 366 Seiten, 55 Abbildungen, kart. EUR 17,-

Band 33
Ludger Heid und *Julius H. Schoeps* (Hrsg.):
Arbeit und Alltag im Revier.
Arbeiterbewegung und Arbeiterkultur
im westlichen Ruhrgebiet im Kaiserreich und in der Weimarer Republik.
1985, 248 Seiten, 50 Abbildungen, kart. EUR 14,-

Arno Herzig: Organisationsprobleme der Sozialdemokratie im Ruhrgebiet im 19. Jh.
Klaus Tenfelde: Vereinskultur im Ruhrgebiet.
James H. Jackson: Die sozialen Konsequenzen der Wohnungskrise in Duisburg im späten 19. Jh.
Lutz Voigtländer: Industriearbeiter und Hauseigentum in Duisburg 1865 - 1901.
Kurt Koszyk: Arbeiterpresse in Duisburg.
Klaus-Dieter Vinschen: Duisburger Sozialdemokraten gegen Militarismus und Krieg (1907 - 1916).
Ludger Horstkötter: Verschiedene Aspekte der katholisch-sozialen Arbeiterbewegung (insb. Franz Wieber).

Jürgen Dzudzek: Die Anfänge des Deutschen Metallarbeiterverbandes in Duisburg.
Hartmut Pietsch: Die Feuerarbeiter. Die Arbeitsverhältnisse in der Duisburger Großeisenindustrie.
Theo Schneid: Die Freidenkerbewegung in Duisburg und Umgebung im Kaiserreich 1898 - 1914.
Ludger Heid: Das ostjüdische Proletariat in Duisburg 1914 - 1922.
Karl-Heinz Treude: Hamborn 1918/1919. Drei Fragen an eine gescheiterte Revolution.
Gerold Olsen: Von einer unauffälligen Ruhrgebietsstadt zu einem syndikalistischen Zentrum.
Ausführliches Register.

Band 34
Günter von Roden in Zusammenarbeit mit *Rita Vogedes:*
Geschichte der Duisburger Juden.
1986, 2 Teilbände, zus. 1 535 Seiten, 54 Abbildungen, EUR 47,-

Band 35
Sammelband
1987, 486 Seiten, 143 Abbildungen, 23 genealog. Tafeln, kart. EUR 17,-

Joseph Milz: Reichszins und Stadtentstehung. Untersuchungen zur frühen Topographie Duisburgs.
Fritz Holthoff: Duisburger Meister des ausgehenden Mittelalters.
Jan P. J. Postema: Johannes Corputius (1542 – 1611). Kriegsmann, Kartenzeichner, Festungsbauer.
Joseph Milz: Geprägte Ledereinbände im Stadtarchiv Duisburg.
Heinz Nohlen: Die Cruisenberg-Ländereien in Duisburg-Beeck. Hufe - Weberei - Kate. Genealogie ihrer Aufsitzer.
Joseph Milz: Zwei Schützensilber aus der Grafschaft Moers, Homberg und Baerl.
Kurt Hofius: Geheimmittelherstellung und Handel in Duisburg. Der Unternehmer Friedrich Adolph Richter.
Dieter Klein: Martin Dülfer, Erbauer des Stadttheaters
Joseph Milz: Lehmbrucks „Gestürzter" – ein Denkmal für Duisburgs Ehrenfriedhof?
Rose Vetter: Kulturpolitik in Duisburg nach dem Zweiten Weltkrieg.
Otto C. A. zur Nedden: Das Werk Weißmanns in unserer Zeit.
Hans-Christian Siegert: Das Violinenkonzert Julius Weißmanns in heutiger Sicht.
Günter von Roden (Hrsg.): Duisburger Straßennamen, T. 2-4: Dellviertel, Kaßlerfeld, Neuenkamp.
Rezensionsteil.
Satzung und Tätigkeitsbericht der Mercator-Gesellschaft.
Ausführliches Register.

Band 37
Sammelband
1990, 434 Seiten, 23 Abbildungen, 30 Tabellen, 1 Faltplan, kart. EUR 17,-

Kurt Hofius: Armenfürsorge in Duisburg in der Zeit von 1578 bis 1620.
Kurt Hofius: Kohle als Heizmittel im 16. Jahrhundert in Duisburg.
Reinhold Kaiser: Französische Festungspläne für Duisburg und Ruhrort von 1758.
Ludger Heid: Wilhelm Hasenclever – Stationen seines politischen Lebens.
Heinrich Zähres: Geschichte der „Haniels Krankenstiftung" Duisburg-Ruhrort in Dokumenten.
Erhard Lucas: Der 9. November 1918 - Umschlagpunkt der Widerstandsbewegung in Duisburg, Hamborn und dem westlichen Ruhrgebiet.
Oliver Schmeer: Sozialpolitik in Duisburg 1930-1933. Staatliche Sozialpolitik und kommunale Selbstverwaltung in der Krise der Weimarer Republik.
Günter von Roden (Hrsg.): Duisburger Straßennamen, T. 5 u. 6: Duissern, Neudorf.
Fritz Holthoff: Zum Gedenken an Professor Dr. Ernst Horst Schallenberger.
Rezensionsteil.
Tätigkeitsbericht der Mercator-Gesellschaft.
Ausführliches Register.

Band 38
Günter Krause (Hrsg.):
Stadtarchäologie in Duisburg 1980-1990
1992, 560 Seiten, über 260 Abbildungen, Tabellen und Diagramme,
4 Farbtafeln, 1 Faltplan, kart. EUR 25,-

Günter Krause: Stadtarchäologie in Duisburg.
Renate Gerlach: Die Entwicklung der naturräumlichen historischen Topographie rund um den Alten Markt.
Günter Krause. Archäologische Zeugnisse zum ältesten Duisburg.
Karl-Heinz Knörzer u. *Jutta Meurers-Balke:* Pflanzenfunde aus dem 5. nachchristlichen Jahrhundert in Duisburg.
Hubert Berke: Tiernutzung in Duisburg im frühen Mittelalter.
Karl-Heinz Knörzer: Vorbericht über paläoethnobotanische Untersuchungen in Duisburg.
Günter Nobis u. *Lazar Ninov.* Zur Haustierwelt des Mittelalters.
Dirk Heinrich: Fischknochen aus mittelalterlichen Siedlungsabfällen.
Hans Reichstein: Vogelknochen aus mittelalterlichen Siedlungsabfällen.
Heidemarie Farke: Faser- und Gewebereste aus Grabungen in der Stadt Duisburg.
David R. M. Gaimster: Frühneuzeitliche Keramik am Niederrhein.
Luitgard Löw: Bunzlauer Keramik aus Duisburger Bodenfunden.
Joseph Milz: Der Duisburger Marktplatz im 16. Jahrhundert.
Matthias Untermann: Der Baukomplex der Markthalle am „Alten Markt".

Matthias Untermann: Das Steinhaus auf dem ehemaligen Grundstück Oberoederich 18.
Joachim Müller: Zur Baugeschichte der Duisburger Stadtmauer am Innenhafen und am Springwall.
Angela Pfotenhauer und *Joachim Müller:* Die Duisburger Stadtmauer – Rekonstruierte Geschichte als Denkmal der Gegenwart.
Literaturverzeichnis.
Ausführliches Register.

Band 39
Vicente Colom Gottwald:
Der Ruhrorter Hafen.
Technik und Innovation 1800-1870.
1991, 274 Seiten, 24 Abbildungen, kart. EUR 17,-

Band 40
Joseph Milz / Günter von Roden:
Duisburg im Jahre 1566.
Der Stadtplan des Johann Corputius.
Neu bearbeitete und ergänzte Auflage 1993,
78 Seiten, 9 Abbildungen, 2 Faltpläne, kart. EUR 14,-

Band 41
Sammelband
1994, 440 Seiten, 135 Abb., kart. EUR 19,-

Wilhelm Krücken: Wissenschaftsgeschichtliche und -theoretische Überlegungen zur Entstehung der Mercator-Weltkarte 1569 AD USUM NAVIGANTIUM.
Joseph Milz: Ein Fall von Kindestötung in den Duisburger Stadtrechnungen des 16. Jahrhunderts.
Kurt Hofius: Der Blasiustag und das Blesijagen im 15. und 16. Jahrhundert in Duisburg.
Kurt Hofius: Das Holzfahrtfest in Duisburg.
Kurt Hofius: Duisburger Prozesse am Kaiserlichen Hofgericht in Rottweil.
Kurt Hofius: Der gotische Brunnen auf der Burg in Duisburg.
Kurt Hofius: Der erste Ausbau des Duisburger Hafens im Jahre 1665.
Volker Sachtleben: Der flämische und der deutsche Gründer der Chemischen Fabrik Curtius in Duisburg.
Gerhard Kaldewei: „Geschlossen und einig ... im Ringen um die soziale Idee". Augustin Wibbelt „in der Industrie" und als reformkatholischer Arbeiterkaplan in Duisburg 1897-1906.
Ludger Heid: „Ist die Beteiligung ... russischer Juden festgestellt?" Ostjüdische Revolutionäre - revolutionäre Ostjuden im Ruhrgebiet.

Walter Haberstroh: Die Almosengelder der Herberge zur Heimat in Duisburg.
Walter Haberstroh: Die Ehrenmedaille der Stadt Duisburg (Duisburg-Hamborn).
Walter Haberstroh: Die Marathonläufe in Duisburg 1981 bis 1989 und ihre Medaillen.
Günter von Roden (Hrsg.): Duisburger Straßennamen, T. 7: Hochfeld.
Joseph Milz: Übersichtsregister zu den „Duisburger Forschungen".
Kurt Niederau: Saarn, Duissern, Sterkrade. Ergänzungen, Berichtigungen, Anmerkungen.
Rezensionsteil.
Ausführliches Register.

Band 42
*Wolfgang Scharfe (*Hrsg.):
Gerhard Mercator und seine Zeit.
7. Kartographiehistorisches Colloquium in Duisburg 1994.
Vorträge und Berichte.
1996, 274 Seiten, 92 z. T. farbige Abbildungen, kart. EUR 19,–

Band 43
Sammelband
1997, 380 Seiten, 38 Abb., kart. EUR 20,-

Joseph Milz: Ein bisher unbekannter Briefwechsel Gerhard Mercators mit Johannes Vivianus.
Gernot Tromnau: Zum Erwerb des letzten (?) Briefwechsels Gerhard Mercators.
Kurt Hofius: Die Lepra in Duisburg.
Günter von Roden: Zur Vorgeschichte des heutigen Duisburger Freihafens.
Horst A. Wessel: 175 Jahre Mannesmann Demag AG Duisburg.
Lutz Voigtländer: Bauen und Wohnen im Fabrikdorf.
Ludger Heid: Jüdische Arbeiterfürsorgeämter im rheinisch-westfälischen Industriegebiet 1919 - 1927.
Kurt Hofius: Hartman Weitsack, der erste Duisburger Buchbinder.
Günter von Roden (Hrsg.): Duisburger Straßennamen, T. 8: Wanheimerort.
Rezensionsteil.
Ausführliches Register.

Band 44
*Günter von Roden (*Hrsg.):
Duisburger Notizen.
Zeitgenössische Berichte von 1417 bis 1992.
1998, 277 Seiten, 43 Abbildungen, kart. EUR 20,-

Band 45
Sammelband
2000, 436 S., 51 Abbildungen, 4 Farbtafeln, 8 Faltpläne, EUR 20,-

Joseph Milz: Der Duisburger Stadtplan des Johannes Corputius und seine Vermessungsgrundlagen.
Joseph Milz: Alltagsleben im mittelalterlichen Duisburg.
Kurt Niederau: Urkunden des Katharinenklosters in Duisburg anno 1581.
Kurt Hofius: Die Pest am Niederrhein, insbesondere in Duisburg (Nachträge).
Manfred Vasold: Die Pockenepidemie am Ende des Deutsch-Französischen Krieges 1870/71 in der Stadt Duisburg.
Vera Schmidt: Kirchhofsunruhen und ein gestohlenes Hochkreuz. Eine kleine Geschichte der Kommunalfriedhöfe Duisburgs im 19. Jahrhundert.
Manfred Rasch: Vom geplanten Bau eines Denkmals für August Thyssen in Hamborn.
Josef Krings: In memoriam August Seeling.
Josef Krings: 1933 - 1948 - 1998. Daten deutscher Nachdenklichkeit.
Monika Nickel, *Rita Vogedes:* Duisburger Straßennamen, T. 9: Wanheim-Angerhausen.
Rezensionsteil.
Ausführliches Register.

Band 46
Conrad Jacob Carstanjen:
Chronik der Stadt Duisburg 1801 bis 1838.
Hrsg. u. bearb. von *Günter von Roden*
Festschrift zum 50jährigen Bestehen der Mercator-Gesellschaft e. V.
2000, 202 Seiten, 41 Abbildungen, geb. EUR 20,-

Band 47
Sammelband
2001, 402 S., 31 Abb., kart. EUR 20,-

Wilhelm Janssen: Kirche und Religiosität im spätmittelalterlichen Duisburg.
Joseph Milz: Die Duisburger Chronistik zur Zeit Gerhard Mercators.
Joseph Milz: Gerhard Mercator und die Gregorianische Kalenderreform von 1582.
Lutz Voigtländer: Kontributionen, Freikorps und Douceurs. Duisburg im Siebenjährigen Krieg 1756-1763.
Ludger Heid: Doppelte Diaspora. Kultur und Politik sozialistischer Zionisten im Ruhrgebiet in den Weimarer Jahren.
Monika Nickel, *Rita Vogedes:* Duisburger Straßennamen, T. 10: Ruhrort.
Rezensionsteil.
Ausführliches Register.

Band 48
Susanne Sommer und *Peter Dunas* (Hrsg.):
1902-2002. Kultur- und Stadthistorisches Museum Duisburg.
Festschrift zum 100jährigen Bestehen.
2002, 511 S., zahlr. Abb., 1 Faltplan, EUR 24,-

I. Zur Museumsgeschichte:

Martin Griepentrog: Die westfälischen Museen in der ersten Hälfte des 20. Jahrhunderts.

Gernot Tromnau: Am Anfang war die Bürgerschaft. Aus den Gründerjahren des heutigen Duisburger Kultur- und Stadthistorischen Museums.

Hans Georg Kraume: Heinrich Averdunk. Ein herausragende Persönlichkeit der Duisburger Geschichtsforschung.

Susanne Sommer: Von „Altertümern" und „überliefertem Hausgerät". Museumsgeschichte am Beispiel der volkskundlichen Sammlungen.

Tilmann Bechert: Hundert Jahre Stadtarchäologie in Duisburg. Ein Rückblick auf das 20. Jahrhundert.

Manfred Rasch: Bürgerliches Selbstbewußtsein und bürgerliche Selbstdarstellung. Zur Musealisierung von Industrie- und Technikgeschichte in Duisburg zu Beginn des 20. Jahrhunderts.

Peter Dunas: Von der „Commission zur Erhaltung und Sammlung von Altertümern" zum „Kultur- und Stadtgeschichtlichen Museum Duisburg". Eine Dokumentation.

II. Zu den Sammlungen

Gernot Tromnau: Vergangenheit im Zeitraffer. Kostbarkeiten aus Duisburgs Ur- und Frühgeschichte.

Hans-Peter Schletter: Stadtarchäologie. Ausgrabungen in der Salvatorkirche. Unter Mitarbeit von *Tilmann Bechert.*

Reinhard Karrenbrock: Zur Apostelreihe der Salvatorkirche in Duisburg. Oder: Ein Apostel kehrt zurück.

Ralf Althoff: Die mittelalterlichen Pfennige der Münzstätte Duisburg.

Irmgard Hantsche: Das Bild der Herzöge von Kleve. Ein Beispiel für Kunst mit politischer Absicht?

Ruth Löffler: Der Atlas. Die kartographiehistorische Schatztruhe des Kultur- und Stadthistorischen Museums Duisburg.

Ilka Thörner: Duisburger Ansichten im Bestand des Kultur- und Stadthistorischen Museums Duisburg.

Lars U. Scholl: Zwei Fabrikveduten der Firma E. Matthes & Weber aus dem Atelier des Bremer Industriemalers Otto Bollhagen.

Ralf Althoff: Die Sammlung Köhler-Osbahr.

Duisburger Geschichtsquellen

Band 1
Gisela Simon:
Familienkundliche Quellen im Stadtarchiv Duisburg.
1960, 74 Seiten, EUR 5,-

Band 2:
Hans Schaffner:
Duisburger Konsistorialakten 1635-1660.
1964, 242 Seiten, EUR 17,-

Band 3
Franz Rommel:
Alsumer Urkundenbuch.
1966, 131 Seiten, EUR 12,90

Band 4
Hans Schaffner:
Duisburger Konsistorialakten 1660-1689.
1970, 256 Seiten, EUR 17,-

Band 5
Hans Schaffner:
Duisburger Konsistorialakten 1689-1721.
1973, 288 Seiten, EUR 17,-

Band 6
Elisabeth Korn:
Quellen zur Duisburger Geschichte
im Hauptstaatsarchiv Düsseldorf.
1975, 563 Seiten, EUR 25,-

Band 7
Günter von Roden:
Duisburger Notariatsakten.
Notar Alexander Tendering 1818-1835.
1976, 404 Seiten, EUR 25,-

Band 8
Werner Bergmann u. a.:
Duisburger Urkundenbuch I: 904-1350.
1989, 404 Seiten, EUR 25,-

Band 9
Hans Schaffner:
Duisburger Konsistorialakten 1721-1792.
1990, 547 Seiten, EUR 25,-

Band 10
Margret Mihm:
Die Protokolle des Duisburger Notgerichts 1537-1545.
1994, 209 Seiten, EUR 19,-

Band 11
Joseph Milz:
Urkundenbuch der Stadt Duisburg II: 1350-1400.
1998, 325 Seiten, EUR 25,-

Band 12
Monika Nickel:
Familienkundliche Quellen im Stadtarchiv Duisburg.
- Verzeichnis der Bestände 80 und 81 -
Mit einer Bibliographie von *Regina Jesse.*
2003, 323 Seiten, EUR 19,-